SEITE 44

REISEZIELE IN NAMIBIA & BOTSUANA

ALLE ZIELE AUF EINEN BLICK
Fundierte Einblicke, detaillierte Adressen, Insider-Tipps und mehr

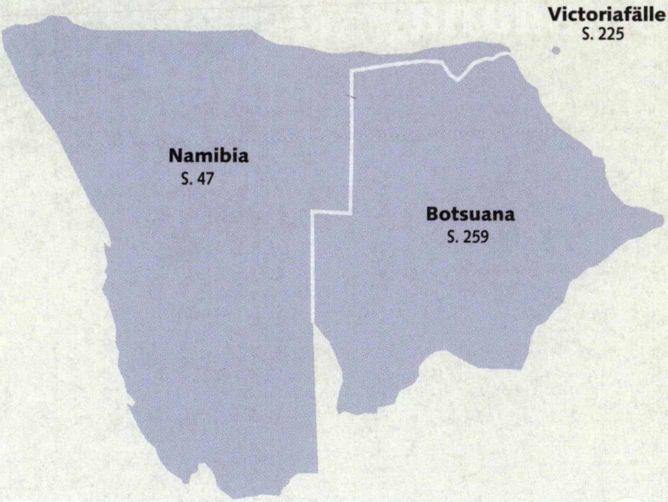

Alan Murphy
Anthony Ham, Trent Holden, Kate Morgan

Willkommen in Namibia & Botsuana

Tiere beobachten

Botsuana ist eines der großen Safari-Ziele in Afrika. Hier leben mehr Elefanten als in jedem anderen Land der Erde. Ob es nun Elefanten sind oder Löwen, Leoparden, Hyänen, Nashörner, Büffel, Antilopen oder sonstige Arten: Vor dieser Fülle und Vielfalt wird jede Kamera irgendwann kapitulieren. In Namibia locken die Wasserlöcher rund um die Etosha-Pfanne vor allem in der Trockenzeit unzählige Tiere an. Das Beobachten ist dann so einfach wie das Abstellen des Autos: Man legt die Beine hoch und wartet einfach darauf, dass die Tiere sich zeigen. Und für alle, die sich nach noch mehr Abenteuer und Nähe sehnen: Warum nicht einem der seltenen Spitzmaulnashörner folgen – zu Fuß?

Landschaften

Angesichts der Landschaften in Namibia und Botsuana fühlt man sich mitunter wie auf einem fremden Planeten. Der Fish River Canyon zum Beispiel, der tief in die Erdoberfläche eingeschnitten ist, zählt zu den großen Attraktionen des Kontinents. Auf einsamen Wüstenstraßen erfährt man eine unberührte Natur, die den Geist befreit und tief in die Seele eindringt. Hinter Schleiern aus verwehtem Sand tauchen dort urplötzlich riesige abgeflachte Granitscheiben auf: fast wie eine Vision, denn der Granit scheint über dem Boden zu schwe-

Wollen wir es nicht alle einmal schlagen hören – das wilde, ungezähmte Herz Afrikas? In Namibia und Botsuana mit ihrer reichen Tierwelt und den spektakulären Landschaften werden exotische Träume Wirklichkeit.

Links: Mächtige Sanddüne in Sossusvlei (S. 152)
Unten: Drohgebärde eines Flusspferds im Okavango-Delta (S. 307)

ben. Und während die Straße sich dem fernen Horizont entgegenwindet, glaubt man Motive aus einem prächtigen Bildband vor Augen zu haben.

Alte Kulturen

Die Vorfahren der San, ein altes Volk, das sich bis in die Steinzeit zurückverfolgen lässt, haben außerordentliche Zeugnisse hinterlassen: Felsmalereien, die über die ganze Region verstreut sind. Diese Relikte einer uralten Kultur finden sich in den Tsodilo Hills, Botsuanas einziger Unesco-Welterbestätte; auch in Namibia entdeckt man zahlreiche Beispiele dieser Felskunst. Namibia bietet noch weitere Möglichkeiten, mit den Kulturen im Norden des Landes in Kontakt zu treten; das gelingt etwa beim Besuch der Himba im Kaokoveld, einer Untergruppe der Herero. Die Frauen dieses Volkes bemalen sich mit einer duftenden Mischung aus Ocker, Butter und Kräutern, die ihre Haut ausbleicht und ihr einen orangefarbenen Teint verleiht.

Land der Abenteuer

Im gesamten südlichen Afrika gilt Namibia als Top-Ziel für Adrenalinjunkies. Hier springt man aus dem Flugzeug und schwebt zur Erde, man stürzt sich von hohen Sanddünen in die Tiefe, surft in der Brandung der Atlantikküste oder reitet auf dem Rücken eines Kamels der untergehenden Wüstensonne entgegen. Jeder findet hier etwas, das den Aufenthalt in diesem Land unvergesslich macht.

› Namibia & Botsuana

Tsodilo Hills
Uralte Felszeichnungen
(S. 334)
Victoriafälle
Die gewaltigsten Wasserfälle
der Erde (S. 225)
Chobe National Park
Tierwelt mit beeindruckender
Artenvielfalt (S. 293)
Okavango-Delta
Feuchtgebiet und Paradies
für Tiere (S. 308)
Makgadikgadi Pans NP
Kalahari-Landschaft mit
endloser Weite (S. 285)
Central Kalahari Game Reserve
Eine Wüste wie aus dem
Bilderbuch (S. 344)
SAMBIA
SIMBABWE
BOTSUANA
SÜDAFRIKA
SÜDAFRIKA
Kalahari
22° O
24° O
26° O
18° S
20° S
26° S
28° S
20° O
22° O
24° O
26° O
28° O
Katima Mulilo
Mpalila Island
Zambezi NP
Imusho
Kasane
Livingstone
Victoria Falls
Zambezi River
Chobe River
Andara
Caprivizipfel
Mudumu NP
Linyanti
Chobe FR
Kasane FR
Mahango GR
Bwabwata NP
Shakawe
Mamili NP
Kazuma FR
Pandamatenga
Tsodilo Hills
Savuti
Chobe NP
Sibuyu FR
Khaudum NP
Nxaunxau
Etsha 6
Xaa
Moremi GR
Kudumane
Gumare
Okavango-Delta
Tsumkwe
Nokaneng
Shorobe
Nxai Pan
Nxai Pan NP
Aha Hills (1250 m)
Gcwihaba (Drotsky's) Cave
Konde
Maun
Matlapaneng
Gweta
Nata
Nata Sanctuary
Semowane
Bulawayo
Toteng
Sehithwa
Makgadikgadi Pans NP
Ntwetwe Pan
Sowa (Sua) Pan
Tutume
Plumtree
Masunga
Siviya
Gwanda
Kuke
Rakops
Mopipi
Orapa
Letlhakane
Tlalamabele
Francistown
Matsiloje
North-East Tuli GR
Shashe River
Deception Pan
D'kar
Ghanzi
Rietfontein
Molapo
Mmashoro
Foley
Serule
Selebi-Phikwe
Tshootsha
Okwa River
Central Kalahari GR
Khama Rhino Sanctuary
Maope
Sefophe
Pont Drift
Xanagas
Palapye
Tuli Block
Mawana NR
Zanzibar
Takatshwaane
Quoxo River
Mosolotsane
Kalamare
Sherwood
Swartwater
Kule
Lokalane
Kodibeleng
Mahalapye
Sefare
Tom Burke
Ncojane
Ohe
Khutse GR
Parr's Halt
Tsetseng
Kang
Salajwe
Takatokwane
Artesia
Tshane
Morwamosu
Letlhakeng
Molepolole
Mochudi
Sekoma
Jwaneng
GABORONE
Union's End
Khakea
Mokolodi NR
Kgalagadi Transfrontier Park
Kanye
Otse Hill (1489 m)
Nossob River
Makopong
Werda
Mannyelanong GR
Lobatse
Pioneer Gate
Phepheng
Bray
Vlooskop (959 m)
Mata Mata
Phitshane
Ramatlabama
PRETORIA
Mabule
Mafikeng
Tshabong
JOHANNESBURG
Auob River
Khawa
McCarthysrus
Molopo River
Rooiputs
Fly's Kop
Rietfontein
Middlepits
Bokspits
Vryburg
Nakop
Spitskop NR
Upington
Augrabies Falls NP
Orange River
Vaal River
Kimberley
HÖHEN
2000 m
1500 m
1200 m
600 m
300 m
0
N
0
200 km

16 TOP ERLEBNISSE

Etosha National Park (Namibia)

1 Es gibt nur wenige Orte im südlichen Afrika, die es in puncto Tierbeobachtung mit dem außergewöhnlichen Nationalpark Etosha (S. 84) aufnehmen können. Das Netz aus Wasserlöchern im Busch- und Steppenland rings um die Etosha-Pfanne – eine grellweiße, flache Salzwüste, die sich bis zum Horizont erstreckt – lockt ungewöhnlich viele Tiere an. An einer einzigen Wasserstelle kann man im Laufe eines Tages Tausende vierbeiniger Besucher zählen. Wer die afrikanische Tierwelt erleben möchte, findet kaum irgendwo anders so gute Bedingungen wie hier in Etosha.

Sossusvlei (Namibia)

2 Die hohen roten Dünen mit ihrem unglaublich feinen Sand, der einem samtweich durch die Finger rinnt, wechseln ihren Farbton mit dem Sonnenstand. Sossusvlei (S. 152) ist wirklich ein erstaunlicher Ort, vor allem, wenn man bedenkt, dass dieser Sand schon vor Millionen von Jahren in der Kalahari entstanden ist. Das Tal von Sossusvlei ist angefüllt mit riesigen Dünen zwischen unglaublich trockenen *vleis* (offenem Flachland). Diese Giganten, die ständig in Bewegung sind, zu erklimmen, ist ein unglaubliches Erlebnis. Von oben überblickt man ein schier endloses Nichts, und die Zeit selbst scheint stillzustehen. Trockenes *vlei* und rote Dünen, Sossusvlei

PETER TEN BROECKE / GETTY IMAGES ©

JOHN WANG / GETTY IMAGES ©

Okavango-Delta (Botsuana)

3 Das Binnendelta des Okavango (S. 307) ist ein wunderschöner und wilder Ort. Das Delta mit seiner Tierwelt wandelt seine Gestalt je nach Jahreszeit und Hoch- oder Niedrigwasser; dabei entstehen immer neue Inseln, Kanäle und Pfade für die großen Tiere, die ihre Wege vom Wasser bestimmen lassen. Exklusive und entlegene Lodges sind typisch für die Region. Wer auf eigene Faust unterwegs ist, findet im Moremi Game Reserve mitten im Delta aber auch gute Zeltplätze. Und natürlich gehört zum Besuch im Delta auch eine Fahrt im *mokoro* (Einbaum).

Fish River Canyon (Namibia)

4 Die gewaltige Kerbe in der Oberfläche unseres Planeten hier im Süden Namibias wirkt aus der Nähe geradezu unglaublich. Am besten betrachtet man den Fish River Canyon (S. 172) am Vormittag; dieses Ödland von gigantischen Ausmaßen erscheint dann wie das Werk eines meisterhaften Bildhauers. Der nackte Fels ohne jeden Pflanzenbewuchs verwirrt den Betrachter zunächst und flößt ihm dann Ehrfurcht ein. Die scharfkantigen Grate und die weichen Rundungen ergeben eine Symphonie aus Stein von enormer Wucht.

3

TORSTEN KAROCK / GETTY IMAGES ©

4

MARTIN HARVEY / GETTY IMAGES ©

PATRICIO ROBLES GIL / GETTY IMAGES ©

DANITA DELIMONT / GETTY IMAGES ©

PATRICK DIEUDONNE / GETTY IMAGES ©

Chobe National Park (Botsuana)

5 In Chobe leben mehr Elefanten als irgendwo sonst auf der Welt. Es sind Zehntausende – und es sind wirklich große Tiere darunter! Hier findet man die klassisch-afrikanischen Landschaften des Savuti mit ihren Löwen, die sogar Elefanten erlegen. Und es gibt Linyanti, den idealen Ort, falls man die bedrohten Wildhunde zu Gesicht bekommen will. Benannt ist der Park nach dem Fluss Chobe, an dessen Ufern die großen Säugetiere des Kontinents ihren Durst stillen. Schon diese Stichworte dürften verdeutlichen, warum der Nationalpark Chobe (S. 293) zu den besten Safari-Zielen in Afrika zählt.

Lüderitz (Namibia)

6 Namibia straft alle bestehenden Afrika-Klischees Lügen. Nirgendwo wird das so deutlich wie in der kleinen Kolonialstadt Lüderitz (S. 162). Das bizarre Mini-Deutschland, zwischen dem eisigen Südatlantik und der glühend heißen Wüste Namib gelegen, ist ganz offensichtlich in einer Zeitschleife gefangen. Man spaziert durch die Straßen, isst irgendwo Würstchen mit Sauerkraut zu echtem Weißbier, bewundert die deutsche Jugendstilarchitektur, dann vergewissert man sich noch einmal kopfschüttelnd auf der Karte: Ob man es nun glaubt oder nicht, hier ist man tatsächlich in Afrika!

Felszeichnungen der San (Botsuana)

7 Die Tsodilo Hills (S. 336), Botsuanas einziges Unesco-Weltkulturerbe, gelten manchen auch als „Louvre in der Wüste". Mehr als 4000 alte Zeichnungen – manche sind schon vor mehreren Tausend Jahren entstanden – schmücken Höhlen und Felswände dieser Berge; für die San ist das Bergland bis heute ein heiliger Ort. Die kunstvoll mit natürlichen ockerfarbenen Pigmenten aufgetragenen Bilder sind nicht nur schön, sie dokumentieren auch die Beziehungen der Menschen untereinander und zu ihrer Umwelt. Und da die Stätten so einsam sind, hat man die Kunstwerke oft für sich allein.

Das Volk der San

8 Sowohl in Namibia als auch in Botsuana kann man Angehörigen der San begegnen – also den ursprünglichen Bewohnern des südlichen Afrika, die hier schon mindestens 20 000 Jahre lang heimisch sind. Otjozondjupa (S. 104) in Namibia am Rande der Kalahari gehört zur angestammten Heimat der Ju/'hoansi San. In Tsumkwe können Besucher an Wanderungen durchs Buschland und an Jagdausflügen teilnehmen. Und in Botsuana kommt man in Dörfern wie D'kar (S. 143) mit den Menschen in Kontakt, die eng verwandt sind mit den Ahnen aller Menschen.

Outdoor-Abenteuer

9 Namibia entwickelt sich immer mehr zum Zentrum des Sporttourismus in diesem Teil Afrikas. Ob man sich nun aus einem Flugzeug stürzen möchte, in der ältesten Wüste der Welt eine Sanddüne hinuntergleiten oder im Stil von Lawrence von Arabien einen Kamelritt wagen will: In Namibia ist man für all das genau am rechten Ort. Ein eher klassisches Afrika-Abenteuer bietet dagegen die Suche nach einem Spitzmaulnashorn – zu Fuß im wilden Buschland. Man braucht dazu nur Fährtenleser, einen Führer – und viel Umsicht.

Sandboarden bei Swakopmund

ARIADNE VAN ZANDBERGEN / GETTY IMAGES ©

KLAUS BRANDSTAETTER / GETTY IMAGES ©

IAN MURPHY / GETTY IMAGES ©

CRAIG PERSHOUSE / GETTY IMAGES ©

THORSTEN MILSE / ROBERT HARDING WORLD IMAGERY / CORBIS ©

Victoriafälle

10 Die höchsten, schönsten und schlicht und einfach die großartigsten und spektakulärsten Wasserfälle der Welt! Die Victoriafälle (S. 225) gehören ganz wesentlich zum Bild des afrikanischen Kontinents – und sie überwältigen jeden Besucher. Schon allein die schieren Ausmaße sind atemberaubend: Pro Sekunde stürzen eine Million Liter Wasser 108 m in die Tiefe; die mächtigen Wasserschleier sind kilometerweit zu sehen. Wer durchs südliche Afrika reist, sollte wirklich alles versuchen, um sich diesen Anblick nicht entgehen zu lassen. Victoria Falls National Park, Simbabwe

Swakopmund (Namibia)

11 Das elegante Swakopmund (S. 126) ist ohne Zweifel Namibias schönste Stadt – ein Juwel aus deutscher Jugendstilarchitektur mit Uferpromenade, Fachwerkhäusern und Bauten aus der Kolonialzeit. Der Ort, am Südatlantik und trotzdem mitten in der Wüste gelegen, wirkt wie eine Filmkulisse. Swakopmund ist die Sporthauptstadt der Region: für Fallschirmspringer, Reiter oder Sandboarder, die auf ihren Brettern 300 m hohe Dünen hinabgleiten. „Swakop" lockt die Backpacker-Szene ebenso wie die verwöhnteren Urlauber – ein echter Geheimtipp. Hohenzollernhaus, Swakopmund

Skelettküste (Namibia)

12 Eine Fahrt durch diese Region mit ihrer gefährlichen Küste, die schon vielen Schiffen zum Verhängnis wurde, ist derTraum eines jeden Abenteurers. Es ist ein düsterer Landstrich entlang einer Küste aus Sand und Fels; wandernde Nebelbänke und Sandstürme inmitten dieser Einsamkeit schaffen eine geisterhafte Stimmung. In den Weiten Namibias zählt die Skelettküste (S. 121) zu den entlegensten und unzugänglichsten Orten überhaupt. Inmitten der Wildnis kann man hier seine Lieblings-CD einlegen, sich zurücklehnen und spüren, wie Wirklichkeit und Fantasie einander durchdringen.

ROGER DE LA HARPE / GETTY IMAGES ©

DAVE HAMMAN / GETTY IMAGES ©

Makgadikgadi Pans National Park (Botsuana)

13 Makgadikgadi (S. 292) zählt zu den größten Salzpfannen der Erde – und ist doch eine der unbekanntesten Attraktionen der Kalahari. Während der Regenzeit ziehen riesige Zebraherden durch dieses Areal – bei einer der großen Tierwanderungen des Kontinents. In der Trockenzeit strömen Tiere in nicht geringerer Zahl zum Boteti-Fluss. In der Ferne, jenseits der Pfanne, ragen Gruppen von Affenbrotbäumen über dem Salz auf und erinnern an Berichte von uralten Oasen.
Felsformationen auf Kubu Island, Sowa Pan, Makgadikgadi Pans National Park

Central Kalahari Game Reserve (Botsuana)

14 Der Name „Kalahari" (S. 340) trägt einen ganz besonderen Klang – ihn umgibt so etwas wie der Zauber Afrikas. Vielleicht liegt es aber auch einfach an der grenzenlosen Leere dieser großen Wüste, gleichzeitig Afrikas größtes Naturreservat und Heimat der Kalahari-Löwen mit ihren schwarzen Mähnen. Eine ganz gewöhnliche Wüste ist die Kalahari jedenfalls nicht: Hier gibt es uralte Flusstäler, lichte Wälder und erstaunlich viele Tiere rund um die zahlreichen Salzpfannen. Hinzu kommt dann noch die vollkommene Stille der Kalahari-Nächte ...

SHAEN ADEY / GETTY IMAGES ©

DAVID CAYLESS / GETTY IMAGES ©

Auf Safari zelten

15 Will man seine Sinne schärfen und Afrika intensiv erleben, gibt es nichts Besseres. Unter dem Sternenhimmel zu schlafen ist eine überwältigende Erfahrung – und ein echter Kontrast zu unserer modernen Welt mit ihrem Lärm. Hier gibt es nur die unendliche Fülle der Sterne, das Knistern des Lagerfeuers, die gewaltige afrikanische Nacht. Allerdings gehört auch Mut dazu: Der Wind wispert in den Leinen, in der Nähe brüllt ein Löwe, und womöglich trennt einen nur die Zeltleinwand von einem wütenden Flusspferd. Zeltplatz am Orange River, |Ai- |Ais Richtersveld Transfrontier Park

Die Himba/Herero

16 Die vielfältigen Kulturen Namibias lernt man am besten in den Siedlungen der Herero kennen. Von den rund 120 000 Herero bilden die Himba im Kaokoveld eine Untergruppe. Die typische Frauenkleidung der Herero entspricht dem, was deutsche Missionare im 19. Jh. empfahlen: Sie besteht aus einem Reifrock über diversen Unterröcken, den Abschluss bildet ein gebogener Hut oder ein Kopfschmuck. Die Frauen der Himba bestreichen sich dagegen mit einer duftenden Mischung aus Ocker, Butter und Kräutern, die ihre Haut ausbleicht und ihr einen orangefarbenen Ton verleiht. Himba-Mutter mit Kind

Gut zu wissen

Siehe auch Einstiegsseiten der beiden Länderkapitel

Währung

» Namibia: Namibia-Dollar(N$)

» Botsuana: Pula (P)

Reisezeit

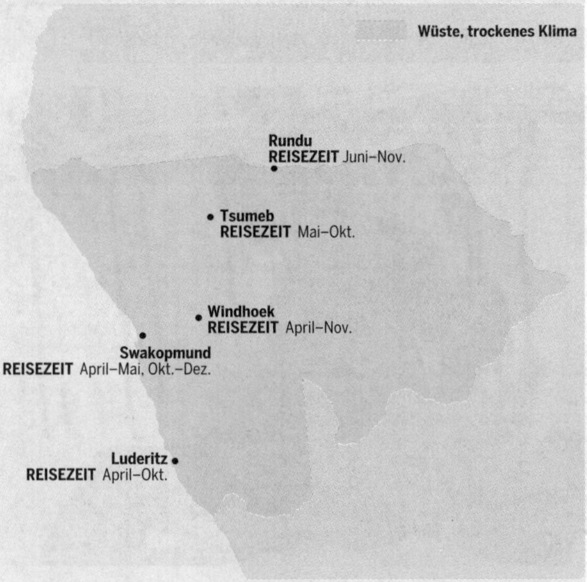

Hochsaison (Mai-Okt.)

» Trockenzeit, warme, klare Tage; in Botsuana ist es von Sept. bis Okt. heißer.

» Gut für Tierbeobachtung, da die Tiere sich an den Wasserlöchern sammeln.

» Von Juni bis August Sandstürme in Swakopmund und Walvis Bay.

Zwischensaison (Nov. & April)

» Gute Reisezeit, da weniger Touristen kommen und Tiere zu beobachten sind.

» Die „kleine Regenzeit" ist in Namibia im November.

» Bis April haben die Fluten dann das obere Delta in Botsuana erreicht.

Nebensaison (Dez.-März)

» Regenzeit, viele Wege sind unpassierbar, dafür aber weniger Besucher.

» In den Parks kann die Vegetation jetzt sehr üppig sein.

» Von Dezember bis März sind einige Wanderwege gesperrt.

Tagesbudget

Preiswert – weniger als 50 US$

» Schlafsaalbetten und Campingplätze: 10–20 US$

» Reisen zwischen größeren Städten mit Combis (Minibussen)

» Namibia ist preiswerter als Botsuana

» Einkaufen im Supermarkt vor dem Besuch eines Nationalparks lohnt

Mittelteuer 50–100 US$

» Doppelzimmer in Gästehäusern, im B&B oder Hotel: 60–80 US$

» In Namibia gibt es mehr Übernachtungsmöglichkeiten als in Botsuana

» Nach den besten Geländewagenangeboten suchen

Teuer – über 100 US$

» Lodges und Camps: 100 US$ oder mehr

» Gutes Essen in Städten und hochwertigen Unterkünften

» Gutes Angebot an organisierten Touren

Sprache

» Englisch

Visa

» Für Namibia brauchen die meisten Reisenden kein Visum; Besucher von Botsuana benötigen ein Visum, das jedoch für die Bürger vieler Staaten gratis erteilt wird.

Mobiltelefone

» Ortsübliche SIM-Karten passen in europäische Handys. In beiden Ländern, insbesondere aber in Namibia, gibt es in weiten Teilen des Landes kein Funknetz.

Auto fahren

» Wie in Großbritannien herrscht Linksverkehr; das Lenkrad befindet sich also auf der rechten Seite.

Internet

» **Botswana Tourism** (www.botswanatourism.co.bw) Website des nationalen Fremdenverkehrsbüros.

» **Cardboard Box Travel Shop** (www.namibian.org) Namibias beste Agentur für Abenteuerreisen.

» **Lonely Planet** (www.lonelyplanet.com) Infos über Reiseziele, Hotelbuchungen, Reiseforum und vieles mehr.

» **Namibia Wildlife Resorts** (www.namibiawildliferesorts.com) Info- und Buchungsservice für die Nationalparks in Namibia.

Geld

» Geldautomaten gibt es in größeren Städten.

» Kreditkarten werden in den meisten Geschäften, Restaurants und Hotels (nicht an allen Tankstellen) akzeptiert.

» Reiseschecks können in den meisten Banken und Wechselstuben eingelöst werden.

» Die beste Währung für unterwegs ist der US-Dollar. Das Britische Pfund oder der südafrikanische Rand werden auch genommen.

An alles gedacht?

» Fernglas und ein Bestimmungsbuch für die Tiere

» Insektenschutz gegen Moskitos, Moskitonetz

» Neutral gefärbte Kleidung für die Safari

» Kleiner Beanbag (T-Bag) zur Stabilisierung der Kamera

» Papier- und GPS-Karten von Tracks4Africa

» Reiseversicherung

» Wind- und wasserdichte Kleidung

» Nachweis über die Impfung gegen Gelbfieber

» Adapter für elektrische Geräte

» Multifunktionswerkzeug und Kompass

Ankunft im südlichen Afrika

» **OR Tambo International Airport, Johannesburg**
Das wichtigste Tor zur Region mit Linienflügen nach Windhoek und Gaborone.

» **Chief Hosea Kutako International Airport, Windhoek**
Taxis – 300 N$.

» **Sir Seretse Khama International Airport, Gaborone**
Taxis tauchen nur selten am Flughafen auf (70 P zum Zentrum). Zubringer-Minibusse werden von den Spitzenklassehotels eingesetzt; Nichthotelgäste dürfen manchmal auch mitfahren.

Fahrten in abgelegene Gebiete

Wer in Botsuana und Namibia in abgelegene Gebiete fahren will, muss sorgfältige Vorbereitungen treffen. Man benötigt einen robusten Geländewagen und genügend Proviant, also Trinkwasser und Essen für die Dauer der Reise. Außerdem sollte man in einem Konvoi mit mindestens zwei Wagen fahren. Mehrere Ersatzreifen für jedes Fahrzeug sind zwingend erforderlich, außerdem Werkzeug zum Reifenwechsel, ein gutes Flick-Set und diverse Ersatzteile. Mitnehmen sollte man doppel so viel Treibstoff wie für die Strecke benötigt. Zur Orientierung ist ein Kompass oder, noch besser, ein GPS-Gerät empfehlenswert. Gute topographische Karten sind extrem hilfreich. Niemals in schattigen ausgetrockneten Flussbetten campen, da große Tiere diese oft als Pfade nutzen. Außerdem können sich solche trockenen Flussbetten urplötzlich in reißende Flüsse verwandeln.

Wie wär's mit ...

Fly-In-Safaris

Botsuana ist das Top-Ziel im Süden Afrikas für Safaris. Viele Organisatoren setzen auf sogenannte Fly-In-Safaris oder bauen zumindest ein Flugelement in ihr Angebot ein. Manchmal ist der Flug die einzige Möglichkeit, in entlegene Gebiete Namibias, darunter der Norden der Skelettküste, zu gelangen.

Okavango-Delta Besonders beliebt. Die luxuriösen Lodges gehören zu den exklusivsten in ganz Afrika (S. 307).

Moremi Game Reserve Das einzige offiziell unter Schutz stehende Gebiet innerhalb des Deltas mit zahlreichen Wildtieren; einige wirklich dekadente Unterkünfte (S. 325).

Chobe National Park Von den Lodges hat man einen schönen Blick über den Chobe River mit Elefantenherden (S. 293).

Tuli Block Eine Schneise landwirtschaftlich genutzter Fläche im Osten Botsuanas mit luxuriösen Lodges, von denen aus Fly-In-Safaris in diese einzigartige Landschaft mit ihrer reichen Tierwelt organisiert werden (S. 283).

Skeleton Coast Wilderness Area Einsam, wild und ohne Flugzeug praktisch unerreichbar (S. 125).

Felsbildkunst

Die Felsmalerei dieser beiden Länder gibt einen guten Einblick in die Geschichte eines alten Volkes mit einer erstaunlichen künstlerischen Ausdrucksform, die eine Verbindung zu den Vorfahren der gesamten Menschheit bildet. Diese magischen, heiligen Kunstwerke finden sich hier und da in den Bergen und Höhlen.

Tsodilo Hills Dieser „Louvre in der Wüste" wird von den San verehrt und ist einer der wichtigsten Orte mit Felszeichnungen über die Geschichte der San. Hier finden sich u.a. faszinierende Zebra-Zeichnungen (S. 334).

Twyfelfontein Eine der größten Galerien der Felsbildkunst Afrikas (S. 112).

Brandberg Der Brandberg ist ein außergewöhnlich schöner Granitfelsen, zu dessen alten Felsmalereien die berühmte „Weiße Dame des Brandbergs" zählt (S. 110).

National Museum of Namibia Gezeigt und erläutert wird die hervorragende Felsbildkunst mit einigen großartigen Reproduktionen; eine Besichtigung ist ideal als Vorbereitung auf den Besuch der echten Felsbildkunst vor Ort (S. 53).

Birdwatching

Botsuana ist mit fast 600 erfassten Arten ein Paradies für Vogelfreunde. In Namibia konzentriert sich das Vorkommen der Vögel auf den üppig bewachsenen Caprivizipfel. Zu den Arten im Delta gehören der Afrikanische Scherenschnabel, Bienenfresser, Gabelracken, Zwerggänse, Habichte, verschiedenen Geierarten und Schreiseeadler.

Okavango Panhandle Ein Sumpfstreifen, der sich über rund 100 km bis zur namibischen Grenze erstreckt. Diese Gegend ist ideal für Vogelkundler (S. 331).

Ufer des Chobe Am Ufer gibt es eine außergewöhnliche Vielfalt an Vögeln und es ist sehr wahrscheinlich, dass man Schreiseeadler am Himmel erblickt (S. 299).

Nata Bird Sanctuary In diesem Schutzgebiet lebt ein Viertel aller Vögel Botsuanas. In der Regenzeit ist es übersät mit rosa Flamingos (S. 305).

Caprivizipfel Das Mahango Game Reserve und der Mamili National Park sind Namibias schönste Vogelparadiese (S. 97).

Walvis Bay Flamingos versammeln sich an den Wasserstellen entlang der Küste der Namib-Wüste, rund um Walvis Bay und Lüderitz (S. 139).

MARTIN HARVEY / GETTY IMAGES ©

» Gunn's Camp (S. 322), Okovango-Delta

Abenteuersport

Abenteuersport boomt in Namibia, besonders entlang der Atlantikküste. Hier kann man in einer uralten Wüste Sandboardfahren, sich wagemutig aus einem Flugzeug stürzen, auf dem Atlantik surfen oder in den flammenden Sonnenuntergang hinein reiten.

Swakopmund Zentrum für Abenteuersport in Namibia und im südlichen Afrika; ein Paradies für Adrenalinjunkies (S. 126).

Auf den Spuren der Nashörner Spitzmaulnashörnern durch den Busch zu folgen, klingt zunächst nicht wie ein typischer Abenteuersport, aber wenn man hier zu Fuß unterwegs ist … (S. 117).

Quadfahren Gelegenheit dazu gibt es in beiden Ländern, in Botsuana im Allgemeinen aber nur bei den teuren Lodges (z.B. in den Makgadikgadi Pans).

Panoramaflüge An Namibias Küste, insbesondere an der Skelettküste oder im Okavango-Delta in Botsuana, sind Rundflüge mit Leichtflugzeugen oder Hubschrauben über eine atemberaubende Landschaft möglich.

Wandern In der ganzen Region sind mehrtägige Wanderungen möglich, allerdings meist nur innerhalb der Saison.

Tiere beobachten

In Namibia und Botsuana liegen die besten Möglichkeiten des gesamten afrikanischen Kontinents zur Wildbeobachtung quasi vor der Tür. Zu den einzigartigen Erlebnissen zählen die Touren auf den Spuren der Nashörner und der weltweit letzten Exemplare der afrikanischen Wildhunde.

Chobe National Park Gilt vielen als einer der besten afrikanischen Parks zur Beobachtung von Tieren. Gut zugänglich und mit einer großen Artenvielfalt, z.B. mit großen Elefantenherden (S. 293).

Etosha National Park Ein weiteres gut zugängliches Ziel mit einer unglaublichen Menge an Tieren, die sich gut sichtbar an Wasserlöchern versammeln (S. 84).

Okavango-Delta Eines der weltweit größten im Binnenland gelegenen Flussdeltas. Das Wasser kommt und geht und schafft Lebensraum für unzählige Tiere (S. 307).

Makgadikgadi Pans National Park Das größte Netzwerk von Salzpfannen auf der Welt. Im Nxai-Pan-Nationalpark kann man wunderbar Geparden beobachten (S. 292).

Landschaften

Wer selbst umherfährt, findet sich in einer unglaublichen Abfolge von Landschaften wieder. Hier gibt es alles, von wirbelndem Wüstensand und uralten Granitplatten bis zu felsigen Mondlandschaften, Busch- und Grassavannen und lebensspendenden Wasserflächen mit dicht bewachsenen Inseln.

Südnamibia In der öden südlichen Namib „schweben" pastellfarbene Berge im wirbelnden Sand- und Staubnebel wie bei einer Fata Morgana.

Etosha-Pfanne Man sollte sich in die Pfanne stellen und in das salzige Nichts schauen, das nach den Regenfällen zum Leben erwacht; und direkt dahinter erstreckt sich die afrikanische Savanne (S. 84).

Okavango-Delta Wo sich die Wüste in fruchtbares Land verwandelt, wird der Kreislauf des Lebens deutlich sichtbar. Eines der größten im Binnenland gelegenen Flussdeltas der Welt (S. 307).

Nordwestnamibia Zu einer der unglaublichsten Landschaften der Region gehören die Skelettküste und das Kaokoveld mit seinen Ausblicken in die endlose Landschaft und seinen einsamen Wüstenstraßen (S. 109).

Wie wär's mit ... Drehorten von Kinofilmen? Freunde von Filmlocations sind in Namibia am rechten Ort, denn direkt an Henties Bay wurde kürzlich für *Mad Max 4* gedreht.

Wüsten

Die Wüsten hier werden oft mit Superlativen überschüttet, wie etwa „die älteste Wüste der Welt" und „die größte Sandmenge aller Wüsten der Erde" – aber es sind in erster Linie die besonderen Farben, die endlose Weite und der ständige Wechsel von Heiß und Kalt, die sich den meisten Besuchern am intensivsten einprägen.

Kalahari Das „durstige Land", eine trockene, ausgedörrte Region mit faszinierenden Farben, ist eine urzeitliche Landschaft aus Stein, Dornen und Gestrüpp (S. 340).

Kgalagadi Transfrontier Park Eine der größten und unberührtesten Wüstenlandschaften des afriknischen Kontinents. Dies ist der einzige Ort in Botsuana, an dem man sogar Wanderdünen zu Gesicht bekommt. Eine richtige Wüste eben (S. 350).

Namib-Wüste Eines der ältesten und trockensten Ökosysteme der Erde mit einer ständig im Wandel begriffenen Landschaft – bekannt wegen ihrer typischen, vom Wind geformten Sanddünen und den je nach Lichteinfall wechselnden Farben (S. 144).

Nationalparks

Die meisten Besucher kommen wegen der Parks, die bemerkenswerte Landschaften, Ökosysteme und Populationen afrikanischer Tiere schützen. Das Ausmaß vieler dieser Parks ist immens und die zahlreichen Aktivitäten, die dort möglich sind, werden gut organisiert.

Nationalparks in Namibia Etosha bietet eine außergewöhnliche Landschaft mit einer riesigen, ausgetrockneten Salzpfanne und reichem Buschwerk und Grasland, eine Lebensgrundlage für eine Vielzahl von Wildtieren. Der Khaudum National Park ist weitgehend unerschlossen und ein echtes Abenteuer. Im Caprivizipfel befinden sich viele Parks, die am Rande des Okavango-Deltas von Botsuana liegen (S. 204).

Nationalparks in Botsuana Im wildreichen Chobe kann man so viele Tiere beobachten wie sonst nur an wenigen Orten im südlichen Afrika. Das Moremi Game Reserve schützt eine recht große Population der seltenen Wildhunde. Der Makgadikgadi und Nxai Pans National Park bietet vielen Gnuherden, Zebras und anderen Huftieren einen sicheren Lebensraum. Hier kann man einige der größten Tierwanderungen der Welt miterleben (S. 377).

Offroad fahren

Für Geländewagenfans, die gerne offroad fahren, gibt es jede Menge Herausforderungen. In abgelegenen Regionen gibt es nur uralte Pfade (nach Regenfällen sehr gefährlich), um sich einen Weg durch die afrikanische Wildnis zu bahnen.

Central Kalahari Game Reserve Traum eines jeden Offroaders; wer die Einsamkeit, Wüsten und fernes Löwengebrüll in der Nacht sucht, für den könnte diese Wildnis zum Lieblingsort werden (S. 344).

Kaokoveld Eine der letzten wilden Gegenden im südlichen Afrika. Das abgelegene Kaokoveld wird von sandigen Wegen, die vor Jahrzehnten angelegt wurden, kreuz und quer durchzogen – dies ist eine wirklich ernsthafte Herausforderung für Offroader (S. 117).

Khaudum National Park Mit praktisch keinerlei Beschilderung ist man hier nur auf GPS-Koordinaten und topographische Karten angewiesen. So ist Khaudum ein wahres Offroad-Abenteuer mit reicher Tierwelt (S. 98).

Makgadikgadi Pans Alle, die davon träumen, einmal eine 12 000 km² große Salzfläche zu erkunden, sollten sofort ihr GPS-Gerät kalibrieren und losfahren (S. 285).

NIELS VAN GIJN / GETTY IMAGES ©

» Erdmännchen, Makgadikgadi Pans (S. 285)

Architektur

Die Ansammlung europäischer Architektur, besonders die Gebäude in Namibia im Stil des deutschen Jugendstils, verblüfft viele Besucher, die zum ersten Mal hierher kommen. In Botsuana stolpern die Touristen oft über die Überbleibsel der Kolonialzeit aus den frühen Jahren des 20. Jhs.

Lüderitz Dieser Stadt haftet etwas Absurdes an, wenn man die vielen Relikte aus der deutschen Kolonialzeit betrachtet, die hier zwischen der Wüste und den Wellen des Südatlantiks liegen (S. 163).

Swakopmund Hier glänzt Namibias deutsches Erbe mit Uferpromenaden, Fachwerkhäusern und Gebäuden aus der Kolonialzeit (S. 126).

Windhoek In der Hauptstadt gibt es einige Straßen, in denen der Kolonialstil noch ganz lebendig ist. Neubarocke Kathedralentürme sowie einige offensichtlich fehlplatzierte deutsche Burgen beherrschen die Skyline (S. 49).

Botsuana Die traditionelle Bauweise Botsuanas ist kompakt und wunderschön und passt sich gut in die Landschaft ein. Ein Musterbeispiel für ein Dorf mit typischer Architektur des Landes ist Mochudi (S. 273).

Wandern

Am intensivsten erlebt man den Zauber der Gegend, wenn man das Knirschen der Erde unter den Schuhen spürt. Hier sind einige der großartigsten Wanderungen des südlichen Afrika möglich, und auf mehrtägigen Touren taucht man komplett in diese altehrwürdige Landschaft ein.

Fish River Canyon Ein Gefühl für diese gewaltige Erdspalte bekommt man am besten auf der anspruchsvollen fünftägigen Wanderung durch die Talsohle (S. 172).

Kgalagadi Transfrontier Park Der Park in einem abgelegenen Fleckchen von Botsuana bietet einige anspruchvolle mehrtägige Wanderungen durch die Wildnis (S. 350).

Waterberg Plateau Park Hier sind viertägige geführte oder ungeführte Wanderungen durch eine unberührte Landschaft möglich. Unterwegs trifft man oft auf seltene Tierarten (S. 76).

Monat für Monat

Top -Events

1 **Windhoek Karnival (WIKA)** April

2 **Maitisong Festival** März

3 **Wild Cinema Festival** Mai

4 **/AE//Gams Arts Festival** September

5 **Oktoberfest** Oktober

März

Ein guter Monat für Festivals in der Region; noch hat sich der Regen nicht ganz verzogen, aber die glühende Hitze geht allmählich zurück.

Mbapira/ Enjando Street Festival

Alljährlich im März findet Windhoeks größte Straßenparty statt. Hier tragen die Menschen ausgefallene folkloristische Kleidung und bringen damit viel Leben in die Straßen.

Maitisong Festival

Dieses Festival findet eine Woche lang im März und/ oder April in Gaborone statt (www.maitisong.org) und ist für alle diejenigen das Highlight in Botsuana, die Musik, Tanz und Schauspiel des Landes mögen. Bei dem Festival gibt es auf verschiedenen Bühnen in der Stadt ein Open-Air-Programm.

Unabhängigkeitstag

Am 21. März wird dieser namibische Nationalfeiertag in großem Stil mit Umzügen und Sportveranstaltungen begangen. Viele im Land denken noch gern an den Tag zurück, als Namibia 1990 seine Unabhängigkeit von Südafrika errang.

Ditshwanelo Human Rights Film Festival

Bei diesem Festival (www.ditshwanelo.org.bw) werden im AV Centre der Maru-a-Pula School einige Filme zu Menschenrechtsthemen gezeigt und Gastredner berichten über ihre eigenen Erlebnisse.

April

Ende der Nebensaison – die Parks sind ergrünt, die Regenfälle lassen spürbar nach und die Temperaturen werden langsam erträglich, aber die Touristenströme bleiben noch aus.

Windhoek Karnival (WIKA)

Der Karneval in Windhoek (www.windhoek-karneval.com) wurde 1953 von einer kleinen deutschen Einwanderergruppe in Anlehnung an den rheinischen Karneval ins Leben gerufen und ist heute eines der Highlights in Namibias Kulturkalender im Monat April. Höhepunkt ist der Prinzenball.

Maun Festival

Ein zweitägiges Fest mit viel Musik, Umzügen, Dichtung, Theater, Kunsthandwerk, Tanz und Essen; auch bildende Künstler sind beteiligt und präsentieren ihre Werke. Bei diesem Festival in Maun wird Geld für die Schulen vor Ort gesammelt, und man erinnert sich gleichzeitig an die reichen kulturellen Wurzeln Nordwest-Botsuanas.

Mai

Beginn der Trockenzeit und ideal für eine Reise nach Namibia und Botsuana, denn die Hochsaison hat noch nicht begonnen; bei interessanten Festivals geht es sowohl ums Kino als auch um traditionelle Kultur.

Wild Cinema Festival

Dieses Filmfestival gibt es erst einige Jahre, aber es ist bereits sehr beliebt. Hier werden Werke sowohl von einheimischen als auch südafrikanischen Talenten in den Kinos von Windhoek gezeigt.

Tjilenje (Ngwao Boswa) Cultural Festival
Die Feierlichkeiten rund um dieses Festival in Nlapkhwane (Nordost-Botsuana) sind eher ländlich geprägt. Hier gibt es traditionellen Tswana-Tanz, Wettkämpfe und Spiele sowie leckeres selbst gemachtes Essen.

Juli

Die Hochsaison beginnt. Warme, klare Tage und ideale Urlaubsbedingungen (außer an der Küste Namibias, wo zu dieser Zeit Sandstürme wüten können).

Tag des Präsidenten
Die Leute strömen in ihre Dörfer, um diesen Tag am dritten Wochenende im Juli gebührend zu feiern. Das Fest besteht aus den für traditionelle Feierlichkeiten üblichen Elementen – viel Tanz, Gesang und öffentlichen Reden.

August

Nun ist die perfekte Zeit zur Beobachtung von Tieren gekommen, denn in den Parks werden die Wasservorräte langsam knapp. Im August finden einige Festivals statt, die sowohl der Kultur der San als auch wichtigen historischen Ereignissen gewidmet sind.

Kuru Dance Festival
Ein weiteres interessantes Kulturfestival, das in der Nähe von D'kar in der Kalahari-Wüste abgehalten wird und bei dem alle Aspekte der traditionellen Kultur der Buschmänner (San) gezeigt werden. Drei Tage lang gibt es Veranstaltungen mit traditionellem Tanz und einheimischer Musik.

Maherero Day
Der Hererotag ist eines der größten Festivals in Namibia; es fällt auf das dem 26. August am nächsten liegende Wochenende. In Okahandja versammelt sich das Volk der Red-Flag-Herero in traditioneller Kleidung und gedenkt seiner Häuptlinge, die im Krieg gegen die Khoikhoi und die Deutschen getötet wurden.

September

Die Temperaturen steigen in Botsuana langsam an, aber der Monat ist immer noch gut zum Reisen, und dementsprechend sind viele Touristen vor Ort. In Windhoek finden nun einige besonders schöne Feierlichkeiten statt.

/AE//Gams Arts Festival
Das wichtigste Kunstfestival in Windhoek wird im September abgehalten. Tanzgruppen, Musiker, Dichter und andere Künstler streiten um verschiedene Preise. Zu diesem Anlass kann man die köstlichsten Gerichte des Landes probieren.

Windhoek Show
Diese Ausstellung (www.windhoekshow.na) findet Ende September oder Anfang Oktober in Windhoek auf dem Gelände Ecke Jan Jonker und Centaurus Street statt und hat ihre Wurzeln in der Landwirtschaft. Die Veranstaltung geht auf das Jahr 1899 zurück.

Domboshaba Festival of Culture & History
Die Kulturveranstaltung findet in der Nähe der Ruinen von Domboshaba in Botsuana statt und erinnert an die Zeit vor 1000 Jahren, als die Kalanga die Täler bei Limpopo bewohnten. Es gibt Tanz der Kalanga, Gesang, Kunsthandwerk und traditionelles Essen.

Oktober

Das Ende der Hochsaison. Die Regenzeit steht vor der Tür, und Windhoek wandelt sich zum Mekka für Bier-Genießer, besonders aus Deutschland, denn das Oktoberfest naht.

Oktoberfest
Windhoek veranstaltet sein eigenes Oktoberfest – eine Ess-, Trink- und Frohsinnsorgie mit bestem deutschen Bier, das an Tischen in großen Festzelten getrunken wird. Hier sieht man noch viele Menschen in traditioneller deutscher Tracht.

Orange Youth Cup
Jedes Jahr im Oktober treffen sich die botsuanischen Top-Jugendmannschaften im Fußball zum entscheidenden Wettbewerb. Wichtigstes Ziel dieses Turniers ist die Entdeckung neuer Talente, und für manche jungen Leute markiert dieses Ereignis einen echten Einschnitt in ihrem Leben.

Reiserouten

Egal, ob man nun sechs oder 60 Tage Zeit für den Urlaub hat, diese Reiserouten geben viele Anreize für einen unvergesslichen Aufenthalt. Weitere interessante Anregungen und Tipps erhält man unter www.lonelyplanet.com/thorntree und unter www.lonelyplanet.de/forum.

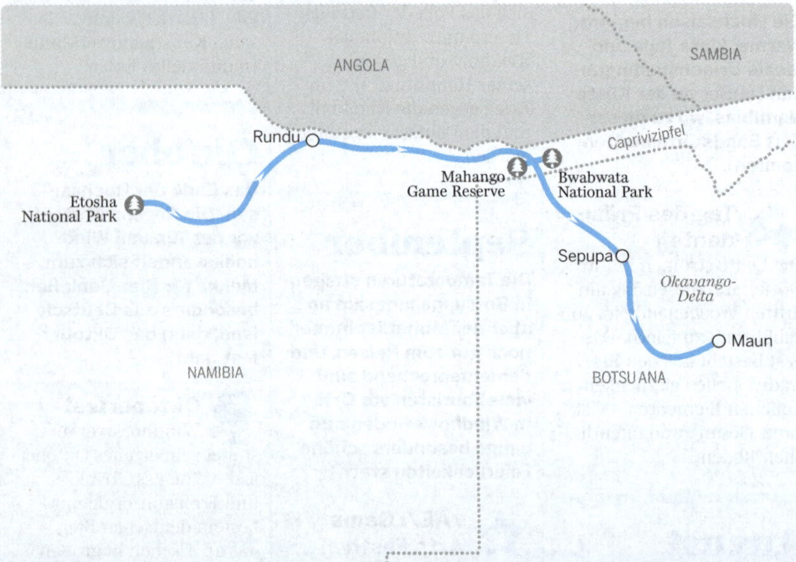

Zehn Tage
Reise durch den Norden

Vom **Etosha National Park**, einem der besten Naturschutzgebiete im südlichen Afrika, um Wildtiere zu beobachten, startet man am Von Lindequist Gate im Osten und reist nach Nordosten über Grootfontein in das heiße **Rundu** an der Grenze zu Angola. Einen Tag kann man in einer der Lodges am Ufer des Okavango faulenzen, danach nimmt man den Weg Richtung Osten in den Caprivizipfel zum Bwabwata National Park und **Mahango Game Reserve**, die mit großen Herden von Elefanten und anderen Tieren beeindrucken. Im Anschluss fährt man südwärts durch das Mahango Game Reserve zum Grenzübergang Mohembo, wo die Grenzformalitäten nach Botsuana unkompliziert sind. Entlang der Westseite des Okavango Panhandle geht es nach **Sepupa**. Mit einem *mokoro* (Einbaum) kann man das Okavango-Delta schon ein wenig kennenlernen oder angeln – ein guter Ort, um eine Pause einzulegen, bevor es mit der ausgiebigen Wildbeobachtung im Delta losgeht. Noch bevor man die große Deltaexpedition beginnt, sollte man **Maun** im Südosten erreicht haben, das Haupteingangstor zum Okavango-Delta, wo es gute Unterkünfte gibt. Alle Straßen, die dorthin führen, sind befestigt.

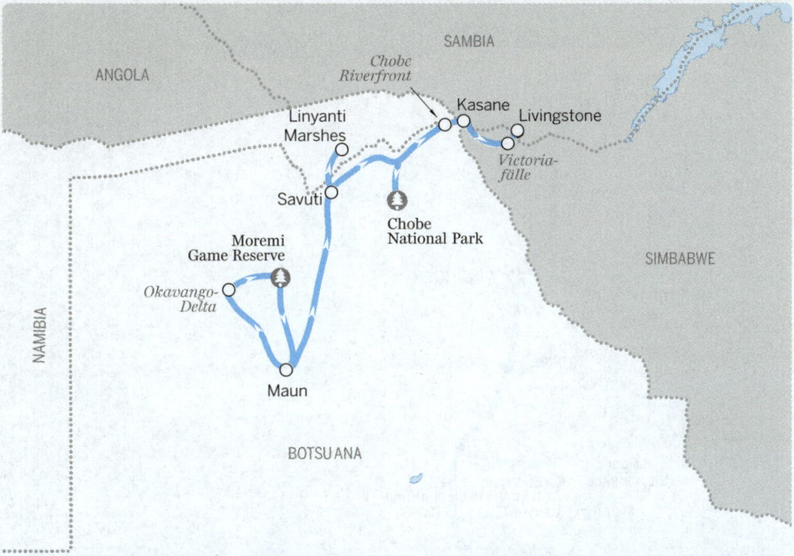

Drei Wochen

Botsuana & die Victoriafälle

Auf dieser Reise muss man sich voll und ganz auf sein Navigationsgeschick und seine Überlebensfähigkeiten verlassen können. Für die, die nicht so abenteuerlustig und erfahren sind, bieten verschiedene Tourenveranstalter in Maun aber auch eine maßgeschneiderte und erlebnsreiche Safari an.

Die Reise beginnt in **Maun**, dem klassischen Ausgangspunkt für alle Botsuana-Safaris. Dort kann man seine Vorräte auffüllen, bevor man sich ins **Okavango-Delta** begibt, entweder mit einem *mokoro* oder mit dem Flugzeug. Für den kleinen Geldbeutel gibt es keinen Mangel an preisgünstigen Unterkünften. Wenn es irgendwie möglich ist, dann sollte man sich einige Nächte in einem der mondänen Safari-Camps, beispielsweise Chief's Island, in dem für seinen Wildreichtum bekannten **Moremi Game Reserve** gönnen. Obwohl das Moremi die höchste Dichte an Wildtieren auf dem Kontinent aufweist, ist es das einzige Schutzgebiet im Delta.

Als nächste Etappe steht eine Expedition mit dem Allradfahrzeug durch den **Chobe National Park** (bekannt für seine große Elefantenpopulation) an. Ein Aufenthalt in **Savuti** lohnt sich, da hier zahlreiche Großsäuger und Raubtiere heimisch sind; die **Linyanti Marshes** sind ein großflächiges Feuchtgebiet, wo man Elefanten, Löwen, Wildhunde, Geparden und Leoparden beobachten kann; die **Chobe Riverfront**, der am besten zugängliche Teil von Chobe, verfügt über die höchste Dichte an Wildtieren im gesamten Nationalpark. Ob man nun mit einem Mietwagen oder mit einem Tourenbus unterwegs ist, die Überlandfahrt durch den Chobe National Park zählt zu den spektakulärsten landschaftlichen Highlights im ganzen Land.

Im Grenzort **Kasane** – am Vierländereck von Botsuana, Sambia, Namibia und Simbabwe – besteht die Möglichkeit, die Vorräte aufzufüllen; hier sollte man sich die Zeit nehmen und jenseits der Grenze die weltberühmten **Victoriafälle** besuchen. Die Fälle zählen zu den Sieben Weltwundern der Natur, ein Besuch wird unvergesslich bleiben. Egal ob man nun in **Livingstone** (Sambia) oder **Victoria Falls** (Simbabwe) unterkommt, beide Ufer des Sambesi lohnen eine ausgiebige Erkundung. Und natürlich gibt es hier auch keinen Mangel an aufregenden und adrenalinfördernden Aktivitäten, die natürlich nicht gerade billig sind. Wie wäre es etwa mit einem kleinen Rundflug über die Victoriafälle?

Drei Wochen

Durch Namibia

Bevor man sich in die Wüste aufmacht, sollte man die Gelegenheit wahrnehmen und einige Tage in der reizenden Hauptstadt Windhoek verbringen, die noch immer zahlreiche architektonische Zeugnisse aus der deutschen Kolonialzeit aufweist. Danach geht es mit einem Mietwagen, gut beladen mit Proviant, auf dem kürzesten Weg Richtung Norden zum **Etosha National Park**, einem der schönsten Safariparks in Afrika. Es ist auch möglich, einen Ausflug in die **Etosha-Pfanne** mit ihrer endlosen, bis zum Horizont gedehnten weißen Salztonebene zu unternehmen.

Auf dem Weg zurück passiert man Windhoek, um auf dem schnellsten Weg **Swakopmund** an der Küste zu erreichen. Dort gibt es eine Vielzahl an Freizeitmöglichkeiten, darunter Sandboarding und Quadfahren. Im Anschluss begibt man sich wieder auf der Hauptroute in Richtung Süden, um das atemberaubende und riesige Dünengebiet des **Sossusvlei** zu bewundern. Auch eine Wanderung durch den **Sesriem Canyon** bietet sich an. Die sich stetig verändernde Dünenlandschaft der Namib ist am schönsten bei Sonnenaufgang, wenn der Sand in unterschiedlichste Farbtöne getaucht wird.

Weiter südwärts erreicht man den **Fish River Canyon**, ein geologisches Wunder von monumentalen Ausmaßen und ein verborgenes Juwel Afrikas. Mit robusten Wanderschuhen kann man eine mehrtägige Wandertour durch die Talsohle des Canyons unternehmen. Vom Fish River Canyon geht die Fahrt westwärts nach **Lüderitz**, ein zauberhaftes Städtchen mit zahlreichen Gebäuden aus der deutschen Kolonialzeit. Bevor man weiterzieht, sollte man das deutsche Bier und die Würstchen probieren. Ganz in der Nähe lohnt ein Zwischenstopp in der Geisterstadt **Kolmanskop**, die einst durch die Diamantgewinnung zu großem Wohlstand kam, und im **Sperrgebiet National Park** (jetzt: Tsau//Khaeb National Park), dessen überwältigende Weite sehr beeindruckt.

Den Schlusspunkt der Reiseroute bildet **Noordoewer**, das auf einer Landzunge am Nordufer des Oranje liegt, ein idealer Ausgangspunkt für Raftingtouren in der näheren Umgebung. Als Alternative bietet sich ein Abstecher in die südafrikanische Metropole Kapstadt an, wo man für ein paar Tage oder auch eine ganze Woche das kosmopolitische Ambiente genießen kann, bevor man zu weiteren Abenteuern aufbricht.

» Oben: Die Christuskirche, Windhoeks bekanntestes Wahrzeichen (S. 49)
» Links: Raftingboote am Ufer des Oranje (S. 209)

Zwei Wochen

Geheimnisse der Kalahari

Wenn man den khakifarben gekleideten Touristen unbedingt entkommen möchte, dann sollte man sich abseits der ausgetretenen Pfade in das Herz der Kalahari (Botsuana) wagen. Wenn man diese Tour im südafrikanischen Johannesburg beginnt, geht es in Richtung Westen zur Grenze, wo man bei Bokspits den Eingang zum riesigen **Kgalagadi Transfrontier Park** erreicht. In diesem Park kann man Sanddünen sehen, die ihre Form andauernd wechseln - ein in der Kalahari einzigartiges Phänomen. Zu den unbestrittenen Vorzügen des Parks zählen die unberührte Wildnis und die geringen Besuchermassen. Die Kalahari ist bekannt für ihren Wildreichtum, heimisch sind zahlreiche Springböcke, Oryxantilopen, Elenantilopen und Gnus, aber auch Raubtiere wie Löwen, Geparden, Leoparden, Wildhunde, Schakale und Hyänen. Auch Freunde der Vogelbeobachtung können hier ihrem Hobby nachgehen.

Im Anschluss geht weiter in östliche Richtung nach Gaborone, um von dort davon eine Schleife zum südlichen Eingangstor des **Khutse Game Reserve** zu machen. Hier gibt es gut gewartete Wege und etwa 60 Salzpfannen, die aus dem einst größten Inlandsee des Kontinents hervorgegangen sind. Leoparden und Löwen sind u. a. hier zu sehen. Weiter geht es nordwärts durch ein spektakuläres Gebiet, am besten mit einem Allradfahrzeug, zum **Central Kalahari Game Reserve**; das weltweit zweitgrößte Wildschutzgebiet ist flächenmäßig etwas größer als Dänemark. Sehr zu empfehlen sind eine oder auch zwei Übernachtungen im **Deception (Letiahau) Valley**, das für die seltenen Schabrackenhyänen bekannt ist. Hier gibt es eine geringere Dichte an Wildtieren als im Chobe National Park oder im Okavango-Delta, dafür sind aber auch weniger Safarifahrzeuge unterwegs.

Weiter nordwärts passiert man **D'kar**, wo man schönes Kunsthandwerk der San erstehen kann. Im August findet hier das Kuru Dance Festival statt, bei dem die traditionelle Kultur der Buschleute im Mittelpunkt steht. Sehenswert ist auch die entfernt gelegene **Gcwihaba (Drotsky's) Cave**, wo es 10 m lange Stalagmiten und Stalaktiten sowie die Commerson-Rundblattnasen (Fledermäuse) gibt. Am Ende dieser Route erheben sich die mystischen **Tsodilo Hills**, ein wahres Schmuckkästchen an prähistorischen Felsmalereien; hier befinden sich etwa 4500 dieser Malereien (seit 2001 Unesco-Weltkulturerbe).

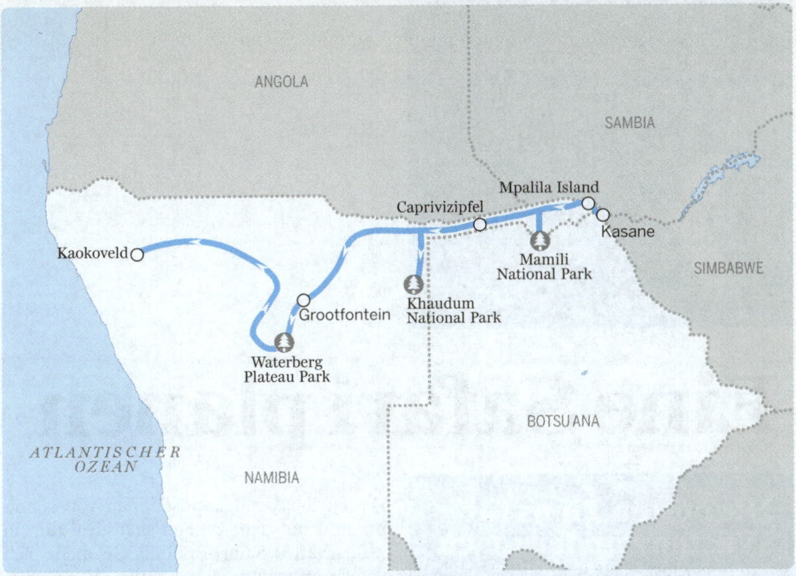

Zwei Wochen

Vom Caprivizipfel zum Kaokoveld

Diese Route ist nichts für Zartbesaitete. Obwohl es in Namibia viele Gebiete gibt, die einem das Gefühl geben, am Ende der Welt angekommen zu sein, sind manche Reiseziele auf dieser Route offenbar gar nicht mehr von dieser Welt. Dorthin zu gelangen ist eine echte Herausforderung – und kostet eine Menge Geld.

Am besten beginnt man diese Reise in **Kasane** in Botsuana. Hier kann man einen Flug oder eine Bootsfahrt zur **Mpalila Island** buchen, ein luxuriöser Zufluchtsort mitten im Sambesi. Dort grenzen Simbabwe, Botsuana, Namibia und Sambia aneinander. Von hier geht es in den Caprivizipfel, um den **Mamili National Park** zu erkunden, wo nach Regenfällen ein Großteil der Fläche von Wasser bedeckt ist; ein Paradies für Vogelbeobachter. Anschließend fährt man in eines der unberührtesten Wildschutzgebiete Namibias, in den **Khaudum National Park**. Tiefsandige Pisten führen die Besucher durch Buschland und Täler, wo neben Wildhunden auch eine große Zahl an Antilopenarten, darunter die Pferdeantilope, und etliche Vogelarten heimisch sind.

Ab Khaudum führt der Weg in südliche Richtung nach **Grootfontein**, von wo aus sich ein Abstecher zum **Waterberg Plateau Park** anbietet. Der Park ist berühmt für seine Fauna, darunter befinden sich auch einige gefährdete Arten wie die Rappen- und die Pferdeantilope oder das Breitmaul- und das Spitzmaulnashorn. Ein etwas unwirklicher Ort: Während es oben auf dem Felsplateau trocken ist, gibt es an dessen Fuß Gewässer und Quellen und damit zum Teil üppige Vegetation. Die Wasserstellen eignen sich ideal zur Wildbeobachtung.

Nördlich von Grootfontein führen die Straßen in das Herzland Namibias, in die Ovambo-Region. Von dort erreicht man das rätselhafte **Kaokoveld**, Heimat der Himba – ein halbnomadisches Volk, das zur Sprachfamilie der Bantu zählt –, und eines der am schwersten zugänglichen Gebiete des Landes.

Eine Safari planen

Die besten Tipps für Wüstenwanderungen

Vor dem Sonnenaufgang aufstehen und wandern, bis die große Hitze beginnt. In der Mittagszeit ausruhen und erst nach 15 Uhr weiterwandern.
In der wärmeren Jahreszeit lohnen sich Nachtwanderungen bei Vollmond.

Wildhunde beobachten

Im Moremi Game Reserve (im Okavango-Delta) – hier gibt es eine der wenigen natürlichen Wildhundepopulationen in Afrika. Außerdem leben die Hunde im Khaudum National Park in Namibia.

Die besten Reiseziele für eine Safari

Das Okavango-Delta und der Chobe National Park in Botsuana; der Etosha National Park in Namibia.

Die besten Tipps für Selbstfahrer

Wenn man noch nie selbst in Afrika gefahren ist, sollte man unbedingt jemanden dabeihaben, der das schon einmal gemacht hat.
Ein Satellitentelefon mitnehmen – das ist leicht und kostengünstig auszuleihen.

Die einzigartigen Landschaften von Namibia und Botsuana eignen sich ideal für ein zauberhaftes Safari-Erlebnis. Je mehr sich Safariveranstalter den heutigen Bedürfnissen ihrer Kunden angepasst haben, umso mehr gehört das klischeehafte Bild von khakifarben gekleideten Touristen, die unter Mühen durch das Unterholz kriechen, der Vergangenheit an. Heutzutage kann man auf Safaris mannigfaltige Unternehmungen machen, von der Ballonfahrt über die Dünengebiete der Namib bis zur Fahrt in einem traditionellem *mokoro* (Einbaum) durch die Flachwasserbereiche des Okavango. Außerdem stehen Reiten, Trekking, Vogelbeobachtungen, Angeln, Nachtfahrten und Kamelsafaris auf dem Programm. Die typische Safari von heute ist ein anspruchsvolles Erlebnis mit einem Touch Abenteuergeist.

Wildtiere zu beobachten gehört hier zu den absoluten Highlights der meisten Safaris. Der Etosha National Park in Namibia sowie das Okavango-Delta und der Chobe National Park in Botsuana (neben anderen) sind für ihren großen Reichtum an Wildtieren bekannt – in der Tat gibt es hier die höchste Dichte und größte Vielfalt an Wildtieren im südlichen Afrika und einige der besten Möglichkeiten auf diesem Kontinent, diese Tiere in freier Wildbahn zu beobachten. Die beeindruckende Topografie bildet sozusagen das Sahnehäubchen.

Man sollte sich auch vergegenwärtigen, dass es Safari-Verpflegungen für alle Geldbeutel gibt – in Botsuana günstiger, in Namibia etwas kostspieliger.

WILDTIEREN AUF DER SPUR

Viele Besucher Afrikas sind erstaunt darüber, mit welcher Leichtigkeit professionelle Führer Wildtiere aufspüren können. Solche Fähigkeiten und Kenntnisse kann man natürlich nicht auf die Schnelle erwerben. Die nachfolgenden Tipps könnten aber sehr hilfreich sein.

» **Tageszeit** Das ist möglicherweise der wichtigste Punkt, um Wildtiere zu beobachten. Man muss nur wissen, ob die Tiere tag- oder nachtaktiv sind. Säugetiere und Vögel sind am Morgengrauen und in der Abenddämmerung besonders aktiv. Dann ist es kühl; außerdem ist dann das Licht ideal, um Fotos zu schießen. Mitten am Tag ist es für viele Raubtiere zu heiß, um zu jagen; zu diesem Zeitpunkt kann man sie auch am besten sichten. Um diese Tageszeit suchen beispielsweise zahlreiche Antilopen die Wasserstellen auf.

» **Wetter** Die Witterung spielt eine große Rolle, um Tiere zu beobachten. Vor starkem Wind suchen beispielsweise Pflanzenfresser und Vögel Schutz; insofern sollte man bei der Tierbeobachtung geschützte Stellen aufsuchen. Auf ein Sommergewitter folgt hektisches Treiben, dann treten massenhaft Insekten und Frösche auf, die wiederum ihre Jäger auf den Plan rufen. An bewölkten oder kühlen Tagen verlängern dämmerungsaktive Raubtiere ihre Jagdzeit; in extrem kalten Winternächten sind nachtaktive Tiere auch in der Morgendämmerung zu sehen.

» **Wasser** Die meisten Tiere suchen täglich Wasserstellen auf, sofern Wasser vorhanden ist. Deshalb sollte man Wasserlöcher für Tierbeobachtungen aufsuchen, vor allem in der Trockenzeit. Raubtiere und sehr große Pflanzenfresser sieht man dort entweder früh am Tag oder in der Abenddämmerung, Antilopen frühmorgens oder am Mittag. An der Küste kann man während der Ebbe Watvögel und Aasfresser wie Krebse sehen.

» **Nahrung** Wer die Fressgewohnheiten der verschiedenen Tierarten kennt, weiß, wo er sich aufhalten muss, um bestimmte Tiere zu sehen. Eine blühende Aloe mag auf den ersten Blick kaum von Interesse sein. Das aber kann sich schnell ändern, wenn man weiß, dass die artenreiche Familie der Nektarvögel sich gerne vom Nektar dieser Pflanze ernährt. Affen lieben zum Beispiel Baumfrüchte, die Jungtiere von Herdentieren stehen ganz oben auf der Speisekarte der Raubtiere.

» **Lebensraum** Gute Kenntnisse der Habitate der einzelnen Tierarten vereinfachen ebenfalls deren Beobachtung. Tiere befinden sich nicht wahllos verstreut in ihrem bevorzugten Lebensraum. Stattdessen suchen sie sich bestimmte Plätze aus, um schnell Unterschlupf zu finden – Niederungen, Bäume, Höhlen und erhöhte Stellen in Ebenen. Viele Raubtiere bevorzugen das offene Grasland, jedoch mit der Möglichkeit, Deckung zu suchen, z. B. breite Bäume, Dickicht oder hohes Gras. Ein Ökoton – ein Rand- oder Saumbiotop, der den Übergangsbereich zwischen zwei verschiedenen Ökosystemen darstellt – weist eine höhere Artenvielfalt auf und ist deshalb für Safaris sehr gut geeignet.

» **Spuren und Fährten** Selbst wenn keine Tiere zu sehen sind, kann man anhand von Spuren deren Gegenwart erkennen: Fährten, Kot (Losung), Gewöll, Nistplätze, Kratzspuren und Duftmarken sind sehr aussagekräftig und hilfreich, um die Tiere aufzuspüren. Während der Fahrt auf Schotterpisten oder sonstigen unbefestigten Strecken stößt man relativ schnell auf interessante Spuren. Fußspuren von Elefanten sind unverkennbar und die Fährten großer Raubtiere sind ebenfalls nicht zu übersehen. Viele Raubkatzen und Wildhunde jagen oft in der Nähe von Straßen, deshalb sollte man stets darauf achten, wohin manche Spur führt – oft markieren die Tiere die Stelle, an der sie ihrer Beute nachstellten oder sich auf die Suche nach einem schattigen Platz machten.

» **Ausrüstung** Ein besonders wichtiger Gegenstand, den man keinesfalls auf einer Safari vergessen sollte, ist ein guter Feldstecher. Damit kann man nicht nur die

1

DAVID ELSE / GETTY IMAGES ©

ARIADNE VAN ZANDBERGEN / GETTY IMAGES ©

MARTIN HARVEY/ GETTY IMAGES ©

1. Naukluftberg (S. 147)
Aus den flachen Kiesebenen erheben sich diese Berge mit ihren Schluchten, Höhlen und Quellen.

2. Okavango-Delta (S. 307)
Ein *mokoro* (Einbaum) wird durch das Flachwassergebiet im Ngamiland-Distrikt gestakt.

3. Geparden beobachten
Ein Gepard kann kurzzeitig bis zu 112 km/h schnell laufen; danach muss er sich rund 30 Minuten ausruhen.

4. Damaraland (S. 110)
Reich an Flüssen und Quellen ist das Damaraland, eines der letzten noch „inoffiziellen“ Schutzgebiete für Wildtiere im südlichen Afrika.

MANIN RICHARD / GETTY IMAGES ©

Wildtiere erspähen, sondern auch korrekt identifizieren (besonders wenn man ornithologisch interessiert ist). Ein Fernglas ist vor allem dann ideal, wenn man sich nicht näher an die Tiere heranwagen kann. Bebilderte Handbücher, die über die Tier- und Pflanzenwelt in einer bestimmten Region Auskunft geben, sind ebenfalls unerlässlich. Solche Bücher enthalten oft nutzdienliche Karten, in denen die Verbreitung und die Wanderungsbewegungen der Tierarten eingetragen sind.

Dieses Kapitel bietet einen guten Überblick darüber, wie man eine Safari plant. Es besteht eine große Auswahl an hochpreisigen Safaris mit großartigem Ambiente, Stil und Luxus. Aber es gibt auch seriöse Veranstalter, die man für einen weitaus günstigeren Preis buchen kann – und zwar in beiden Ländern.

Reiseplanung

Die Wahl des richtigen Safarianbieters

Ein guter Anbieter ist von größter Bedeutung für eine gelungene Safari, deshalb sollte man sich sorgfältig informieren und sich mit der Wahl Zeit lassen. Was die Kosten betrifft, gibt es Anbieter, die an allen Ecken und Enden sparen; man sollte deshalb darauf achten, dass man einen seriösen Anbieter auswählt. Es gibt zahlreiche Veranstalter, die über einen ausgezeichneten Ruf verfügen, darunter diejenigen, die in diesem Buch empfohlen werden. Das gilt für viele andere auch, die jedoch aus Platzgründen hier nicht aufgeführt werden konnten. Man kann nicht oft genug betonen, dass man sich trotz aller Empfehlungen über die aktuelle Entwicklung informieren sollte.

Bevor man nach Botsuana oder Namibia aufbricht, sollte man sich zusätzlich informieren (das Internet ist geradezu ideal dafür); persönliche Erfahrungen und Empfehlungen von Freunden und Bekannten sind oft Gold wert. Am Urlaubsort angekommen, sollte man das Gespräch mit Leuten suchen, die erst kürzlich auf einer Safari waren. Deren Eindrücke vom jeweiligen Safarianbieter können sehr nützlich sein.

Besonders vorsichtig und skeptisch sollte man auch bei äußerst preisgünstigen Veranstaltern sein, man muss nicht gleich dem nächstbesten günstigen Angebot folgen.

Man sollte sich auch den schriftlichen Vertrag über den Ablauf der Safari durchlesen, z. B.: was ist geplant, welche Ereignisse erwarten einen Tag für Tag, welche Fahrten stehen an, wann beginnt und wann endet die Safari?

Art der Safari

Neben dem Preis gibt es auch andere wichtige Faktoren, die man bei der Planung einer Safari beachten sollte.

» **Ambiente** Befindet sich die Unterkunft in der Nähe oder in einem Nationalpark? Wenn man außerhalb eines Parks wohnt, dann verpasst man die günstigen Beobachtungszeiten am Morgen und am Abend. Welche Art der Unterkunft hat man ausgewählt: eine große Lodge oder ein kleines, privates Lager?

» **Ausrüstung** Durchschnittlich gute Fahrzeuge und eine mittelmäßige Ausrüstung können das gewünschte Erlebnis massiv beeinträchtigen. In abgeschiedenen Gegenden können eine minderwertige Ausrüstung oder veraltete Gerätschaften ein Sicherheitsrisiko darstellen.

» **Eintritt & Aktivitäten** Wenn man die Anreise auf holprigen und staubigen Straßen nicht besonders reizvoll findet, dann kann man sich auch in den Park oder zu einer Lodge einfliegen lassen. Raus aus dem Fahrzeug und ab in den Busch; in manchen Zielgebieten sind Wander- und Bootsafaris möglich.

» **Führer** Ein guter Fahrer/Führer kann über Wohl und Wehe einer Safari entscheiden.

» **Gesellschaftliches Engagement** Ideal sind Veranstalter, die sich für ökotouristische Grundsätze einsetzen und die nicht nur Lippenbekenntnisse abgeben. Anbieter, die sich auch kulturell und gesellschaftlich in der Verantwortung sehen, sind oftmals seriöser und authentischer.

» **Tagesprogramm festlegen** Manche Fahrer meinen von einem Ort zum anderen flitzen zu müssen. Wenn man allerdings der Ansicht ist, dass man an einem strategisch günstigen Punkt verweilen möchte, um einfach abzuwarten und die Dinge auf sich zukommen zu lassen, dann sollte

GANZ AUS DER NÄHE

Die Gefahr eines Angriffs durch Wildtiere ist gering und wird noch unwahrscheinlicher, wenn sich Besucher an eine Reihe von Regeln halten. Die gefährlichsten Tiere sind die „Big Five" : Löwe, Leopard, Büffel, Elefant und Nashorn.

» Immer in einem Zelt schlafen und den Reißverschluss komplett schließen. Wenn sich draußen ein großes Tier bemerkbar macht, ruhig liegen bleiben, selbst wenn der ungebetene Gast das Zelt streift.

» Nie ein Zelt auf einem offenen Gelände am Flussufer aufstellen, dort laufen wahrscheinlich die Flusspferde entlang.

» Beim Campen kein frisches Obst – vor allem Orangen – im Zelt lagern, weil dadurch Elefanten angelockt werden können.

» Wer von einem einzelnen Büffel, einem Löwen (oder vor allem einer Löwin) oder einem Elefanten entdeckt wird, sollte sich langsam und ruhig zurückziehen.

» Nicht vor einem Löwen davonlaufen. Wer sich wie ein Beutetier verhält, löst beim Löwen die entsprechende Reaktion aus.

» Immer Abstand halten von einer Elefantenkuh mit Kalb und auch von einem Elefanten mit sichtbaren Verletzungen.

» Bei einer Bootsfahrt nach Flusspferden Ausschau halten und einen großen Bogen um sie machen.

» Wenn ein Flusspferd sich bedroht fühlt, strebt es zum Wasser – besser den Weg frei machen.

» Nicht in Flüssen und Wasserlöchern schwimmen – wegen der Bedrohung durch Krokodile oder Flusspferde. Beim Laufen entlang eines Flusses oder einer Küste ist immer äußerste Vorsicht geboten.

» Daran denken, dass auch Hyänen potenziell gefährlich sind, auch wenn sie im Allgemeinen nur auf mitgeführte Nahrungsmittel aus sind.

man das mit dem Fahrer besprechen. Denn wenn man auf der hektischen Jagd nach den Big Five ist, dann entgehen einem oft die Feinheiten in der Umgebungen.

» **Weniger ist mehr** Bevor man sich mit anderen zusammenschließt, um sich mit einem Fahrzeug auf die Safari zu begeben, sollte man versuchen, seine Reisebegleiter ein bisschen kennenzulernen.

» **Besondere Interessen** Man sollte sich nach gemeinsamen Interessen, z. B. Vogelbeobachtung, zusammenschließen. Dafür gibt es spezialisierte Anbieter, die man für solche Fälle buchen kann.

Reisezeit

Als beste Reisezeit gilt die Trockenzeit (Mai bis Oktober), denn dann sind die Tiere in vielen Nationalparks und Schutzgebieten leichter zu beobachten, z. B. an Wasserstellen und Flüssen. Das Laubwerk ist dann lichter und erleichtert die Sicht auf die Tierwelt. Allerdings ist die Trockenzeit auch die Hauptsaison, die Lodges und die Camps sind in manchen Gebieten überfüllt und die Preise für die Unterkünfte überhöht.

Jenseits von allgemeinen Erwägungen hängt die beste Zeit für eine Safari natürlich davon ab, welche Nationalparks und Schutzgebiete man besuchen möchte bzw. welche Interessen man hat. So eignet sich beispielsweise die Regenzeit für die Vogelbeobachtung, andererseits sind während dieser Zeit viele Gebiete unzugänglich. Die Verbreitung und Verteilung der Tierwelt variiert und ist abhängig von der Jahreszeit. Mehr Informationen finden sich in den Hauptkapiteln.

Fly-In-Safaris

Die Welt liegt garantiert jedem zu Füßen, der mit einem winzigen sechssitzigen Safari-Flieger abhebt, um zu einem abgelegenen Safari-Camp oder einer Designer-Lodge zu fliegen. Fly-in-Safaris bieten die Chance, innerhalb kurzer Zeit eine ganze Reihe Nationalparks und Reservate kennenzulernen und einen Eindruck von der fantastischen Bandbreite der Landschaften zu bekommen.

Allerdings verführt diese Art der Fortbewegung dazu, sich zu viel in zu kurzer Zeit vorzunehmen. Die Erfahrung lehrt aber,

GELÄNDEFAHRTEN & CAMPING IN NAMIBIA & BOTSUANA

An dieser Stelle sind einige wichtige Tipps aufgeführt, die bei der Planung und Vorbereitung für sichere und erfolgreiche Touren mit Geländewagen oder Allradfahrzeugen von Nutzen sind.

» Hilfreich ist ein gutes GPS (Global Positioning System). Damit kann man jederzeit seine Position auf der Karte bestimmen, selbst wenn man per GPS navigiert. Die GPS-Karten von Tracks4Africa sind sehr zu empfehlen.

» Man sollte unbedingt die Vorräte bzw. die Notration auffüllen, selbst wenn man auf den Hauptstraßen unterwegs ist; bei jeder Gelegenheit, die sich bietet, sollte man auftanken. Wenn man sich auf eine längere Expedition begibt, dann sollte man die dafür erforderliche Menge an Treibstoff in Metallkanistern oder im Reservetank mitnehmen (auf Geländefahrten wird etwa die doppelte Menge an Sprit verbraucht als auf normalen Straßen). Pro Person muss man mit 5 l Wasser am Tag rechnen; mitzuführen ist kalorienreiche Kost, auch an eine haltbare, unverderbliche Notration sollte man denken.

» Unverzichtbar sind ein Abschleppseil, eine Schaufel, ein zusätzlicher Keilriemen, Kühlflüssigkeit, Zündkerzen, Ballendraht, Überbrückungskabel, Sicherungen, Schläuche, ein guter Wagenheber und eine Holzplanke (als Starthilfe, wenn man sich auf sandigem Untergrund festgefahren hat), mehrere Reservereifen und eine Pumpe. Ein Schweizer Messer und eine Rolle Gafferband (ein Klebeband aus faserverstärktem Kunststoff) sind ebenfalls sehr nützlich.

» Zur unerlässlichen Campingausrüstung gehören ein wasserdichtes Zelt, ein hochwertiger Schlafsack, eine Isomatte, Feueranzünder, Feuerholz, ein Erste-Hilfe-Kasten und eine Taschenlampe mit zusätzlichen Batterien.

» Die natürlichen Wasservorkommen sind lebenswichtig für die Einheimischen, deren Viehbestand und die Wildtiere. Deshalb sollte man unbedingt das Waschen in Flüssen, an Quellen oder an Wasserstellen unterlassen. Gleichwohl sollte man auch nicht in der Nähe von Quellen oder Wasserstellen campen, da man sonst die scheuen Tiere am Trinken hindern würde. Auch sollte man um Erlaubnis fragen, wenn man in einer Siedlung oder in deren Nähe zu campen beabsichtigt. Und natürlich sollte man die Umwelt und die Kultur der Einheimischen respektieren, auch dem (zukünftigen) Tourismus zuliebe, der in diesen Ländern ein wichtiger Wirtschaftsfaktor ist.

» Das Campen in ausgetrockneten Flussbetten sollte man vermeiden, da größere Tiere diese als Durchgangsroute nutzen. Gefahr droht auch durch plötzlich eintretende Fluten, die mit ungeheurer Wucht durchrauschen können. Aus Rücksicht auf die herrliche Landschaft und die wunderschöne Pflanzenwelt sollte man nicht abseits der Pisten fahren; die Reifenspuren und Schäden verschwinden in dieser ariden Region erst nach sehr vielen Jahren.

» Auf Sandpisten können Fahrzeuge in den kühlen Morgen- und Abendstunden einsinken; dann sind die Lufträume im Sandgefüge etwas geringer. In solch einem Fall sollte man sich etwas schneller fortbewegen, jedoch plötzliches Beschleunigen vermeiden, indem

dass weniger mehr ist. Ein Aufenthalt von mindestens drei Tagen in jedem Camp bzw. in jeder Lodge sollte eine Richtzahl sein, in dieser Zeit lassen sich die angebotenen Aktivitäten vor Ort entspannt genießen.

Für eine Fly-in-Safari müssen die Reisenden sehr tief in die Tasche greifen. Doch das Versprechen „all inklusive" versüßt den teuren Spaß – der Pauschalpreis umfasst in der Regel alle Safari-Flüge, Übernachtungen, Mahlzeiten inklusive Getränke in den Camps sowie die jeweiligen Kosten für Aktivitäten vor Ort (trotzdem das Kleingedruckte genau lesen!). All das erfordert seitens der Safari-Veranstalter eine Menge Planung, daher raten die meisten, mindestens sechs oder acht Monate im Voraus zu buchen. Den Rat sollten vor allem diejenigen beherzigen, die bei der Tourplanung mitreden möchten.

Fly-in-Safaris sind als Reisevariante beliebt, manchmal aber auch unumgänglich, z. B. in der botsuanischen Deltaregion. Man-

man einen oder mehrere Gänge herunterschaltet. Das gilt besonders auf tiefsandigen Stellen, sonst könnte das Fahrzeug stehenbleiben oder gar einsinken.

» Wenn man den direkten Kurs durch zerfurchten Sand passiert, sollte man mit dem Fahrzeug den Weg des geringsten Widerstands nehmen. Man sollte vorausschauend fahren und vor Kurven das Lenkrad etwas früher einschlagen als auf befestigten Straßen – dadurch schlittert man etwas sanfter durch die Biegung –, anschließend wird wieder vorsichtig beschleunigt.

» In der Kalahari fährt man oft durch hohes Gras, dabei kann der Kühler leicht verstopft werden und dadurch überhitzen; diese Gefahr besteht vor allem gegen Ende der Trockenzeit. Wenn die Kühlertemperatur steigen sollte, muss man das Pflanzenmaterial aus dem Kühlergrill entfernen.

» Der Reifendruck sollte etwas niedriger als im normalen Straßenverkehr sein; nach der Rückkehr sollte man die Reifen wieder aufpumpen.

» Nachtfahrten vermeiden, Dunkelheit und Staub trüben die Sicht.

» Auf die Geschwindigkeitsbegrenzung achten.

» Den Fahrspuren anderer Fahrzeuge folgen.

» Bei welligem Untergrund heißt es für den Fahrer: herunter vom Gas und die Geschwindigkeit anpassen!

» Bei einer Reifenpanne darf man nicht scharf bremsen, sonst verliert man die Kontrolle über das Fahrzeug. Stattdessen geradeaus fahren, so weit es geht, und das Auto ausrollen lassen, bis es zum Stehen kommt.

» Bei regnerischem Wetter verwandeln sich die Schotterpisten oft in einen Sumpf und die Wüstenrinnen füllen sich mit Wasser. Beim Queren solcher wassergefüllten Gerinne kann das Fahrzeug beschädigt werden; das hängt von der jeweiligen Tiefe ab. Im Zweifelsfall bleibt man besser stehen und prüft nach.

» Auf Wildwechsel achten.

» Auf Schotterpisten sollte man plötzliche Wendemanöver oder scharfes Bremsen vermeiden, sonst verliert man die Kontrolle über das Fahrzeug. Wenn die Hinterräder zu rutschen beginnen, sofort das Fahrzeug in die Richtung des Schlitterns lenken, bis man das Gefährt wieder unter Kontrolle hat. Wenn die Vorderreifen ins Rutschen geraten, sollte man versuchen gegenzulenken.

» Bei schlechten Sichtverhältnissen das Abblendlicht einschalten.

» Überholen kann extrem gefährlich sein, da die Sicht durch den aufgewirbelten Staub vom vorausfahrenden Fahrzeug erheblich getrübt ist. Mit der Lichthupe kann man dem Vordermann anzeigen, dass man überholen möchte. Beim Überholen sollte man so weit wie möglich nach links ausweichen.

che Reiseveranstalter integrieren eine mehr oder weniger ausgedehnte Fly-in-Safari in die Reiseroute, um dem Ganzen einen besonderen Kick zu verleihen oder weil es eben die Gegebenheiten im Land erfordern.

Geländewagensafaris

Viele Besucher von Namibia und Botsuana entscheiden sich für eine organisierte Geländewagen-Safari. Die zahlreichen Varianten reichen von der einfachen Form, bei der die Teilnehmer ihre Getränke, das Campingzubehör und den eigenen Schlafsack mitbringen und bei allen anfallenden Arbeiten mithelfen müssen, bis hin zur Luxusvariante mit persönlichem Reisebegleiter.

Die Angebote am unteren Ende der Preisskala variieren gewaltig in der Qualität. Daher lohnt es sich, Erfahrungen mit anderen Reisenden auszutauschen – vor allem über gute Anbieter. Eine hilfreiche Informationsquelle ist Lonely Planets Thorn Tree Forum (http://thorntree.lonelyplanet.com) bzw. www.lonelyplanet.de/forum oder entsprechende Chats und Reiseberichte im Internet.

Das Hauptquartier der botsuanischen Veranstalter von Geländewagensafaris ist Maun. Die meisten in Namibia stattfindenden Safaris müssen in Windhoek gebucht werden. Wer eine Safari zu Hause bucht, sollte mit seinem Reiseveranstalter die Route (Wünsche, Varianten usw.) so detailliert wie möglich besprechen, insbesondere wenn der Reisetermin in der Hochsaison der Schulferienzeit liegt und spezielle Camps und Lodges gewünscht werden.

Overland-Safaris

Angesichts der Kosten und der komplexen Logistik entscheiden sich viele Reisende für eine Overland-Safari, die von Spezialisten wie z. B. **Africa in Focus** (www.africa-in-focus.com) oder **Dragoman** (www.dragoman.com) organisiert werden. Die meisten dieser Expeditionen schließen Namibia und Botsuana ein. Viele beginnen in Kapstadt (Südafrika) oder in Nairobi (Kenia) und führen durch verschiedene ost- und südafrikanische Länder.

Diese Overland-Safaris sorgen unter Afrikareisenden häufig für heiße Diskussionen. Die Kritik betrifft die massiven Trucks sowie die hohe Zahl der Teilnehmer und – nicht zuletzt – deren Verhalten. Das sieht dann so aus: Eine Touristenhorde fällt wie Heuschrecken über winzige Dörfer her, begafft die Bewohner und veranstaltet in den Hostels und Buschcamps mehr oder weniger ausufernde Partys. Doch einmal abgesehen von der Kritik „Ballermann in Afrika" ist die Qualität der Reise allein schon durch die Gruppengröße (mind. 15 bis 20 Personen) eingeschränkt.

Andererseits bieten die Overland-Trucks natürlich eine tolle Chance, für relativ wenig Geld verschiedene afrikanische Nationalparks und Schutzgebiete kennenzulernen. Auch die bunt zusammengewürfelte Reisegruppe mit Menschen aus allen möglichen Berufen und Ländern kann viel Spaß machen. Wie auch immer: Wer sich solch einer straff organisierten Tour anschließt, wird sicher nur einen flüchtigen Eindruck von den bereisten Ländern bekommen.

Die klassischen Overland-Touren durch Namibia und Botsuana besuchen den Fish River Canyon, Sossusvlei, den Etosha National Park, Swakopmund, die Skelettküste, den Caprivizipfel, das Okavango-Delta, den Chobe National Park und die Victoriafälle in Simbabwe.

Safaris mit eigenem Fahrzeug

Safaris können auch auf eigene Faust mit einem eigenen oder gemieteten Wagen unternommen werden. Sie bieten gegenüber den organisierten Touren einige Vorteile: absolute Unabhängigkeit in der Wahl der Reiseziele und Zwischenhalte, aber auch bei der Auswahl der Reisebegleiter. Die Selbstfahrertouren kosten allerdings fast genauso viel wie eine preisgünstige organisierte Safari (und je nach Anspruch auch sehr schnell eine ganze Menge mehr). Die gesamte Reise (inklusive der unabdingbaren Vorausbuchung und -bezahlung der diversen Unterkünfte) muss dabei selbst organisiert werden.

Unabhängig von den Kosten spielen Autopannen oder -unfälle, Sicherheit, Wetterbedingungen und Ortskenntnisse eine (lebens-)wichtige Rolle. Mit dem Anmieten eines Geländewagens ist es noch lange nicht getan – auf den Pisten geht es oft über Stock und Stein, das Fahren ist für Ungeübte nicht ganz einfach und Kentnisse eines Mechanikers sind teilweise auch notwendig. Wer es sich aber zutraut, der kann ein großartiges Abenteuer erleben.

Vor dem Start ist die Auswahl einer zuverlässigen Mietwagenfirma das Wichtigste. Der Geländewagen muss optimal ausgestattet sein, vor allem für den Fall einer Autopanne.

Wichtig: Wer auf eigene Faust auf Safari in den Nordosten von Namibia oder den Norden von Botsuana reisen will, muss auf den Reisetermin achten. Von Dezember bis März herrscht Regenzeit in diesen Regionen. Das Autofahren ist dann oft ziemlich riskant, von den Pisten bleibt manchmal nicht viel mehr als Schlamm übrig.

Eine praktische Anlaufstelle in puncto Campingausrüstung sind die großen Supermarktketten, die Niederlassungen in ganz Botsuana und Namibia betreiben. Dort gibt es alles Notwendige zu kaufen – vom Zelt über Schlafsäcke bis hin zum Kochgeschirr und Anzündern.

Wandersafaris

In vielen Nationalparks werden zwei- bis dreistündige Wanderungen am Morgen

GELÄNDEWAGEN IN SÜDAFRIKA MIETEN

Das Mieten von Fahrzeugen ist in Südafrika ausnahmslos günstiger und zuverlässiger als in Botsuana oder Namibia, selbst wenn man die Entfernungen zum gewünschten Reiseland mit einberechnet. Neben den allseits bekannten Mietwagenfirmen gibt es auch einige Unternehmen, die sich auf privat durchgeführte Safaris mit Allradfahrzeugen in Botsuana oder Namibia spezialisiert haben.

Eine gute Mietwagenfirma ist **Explorer Safaris** (☎082-855 1574; www.explorersafaris.co.za; Johannesburg) mit Sitz in Johannesburg. Keines der Fahrzeuge ist älter als zwei Jahre; ausgestattet ist es mit aufklappbarem Wohnwagen, einem Dachzelt, einem Gasherd, einem Kühlschrank und der erforderlichen Campingausrüstung. Pro Tag kann man mit Kosten von 995 bis 1575 Rand rechnen; das ist abhängig vom Fahrzeugtyp und der Mietdauer plus Sprit und Versicherung. Die Buchung wird zusammen mit **Drive Botswana** (www.drivebotswana.com) vorgenommen. Sehr empfehlenswert!

Andere südafrikanische Firmen, die Allradfahrzeuge inklusive Campingausrüstung vermieten:

Around About Cars (☎0860 422 4022; www.aroundaboutcars.com)

Britz (☎011-396 1860; www.britz.co.za)

Buffalo Campers (☎27-11 021 0385; www.buffalo.co.za)

oder am Spätnachmittag angeboten. Nach der Wanderung kehrt man wieder ins Hauptcamp oder zur Lodge zurück.

In Namibia werden u. a. Wanderungen angeboten, auf denen man der Spur von Spitzmaulnashörnern folgt. Wandersafaris sind ein einmaliges Erlebnis, da man auf diesem Wege viele bedrohte Tierarten sehen kann. Diese Art der Safari ist aber normalerweise nur mit spezieller Genehmigung möglich.

Pferdesafaris

Bei einer Safari auf dem Pferderücken kann man wunderbar die Landschaft und deren Tierwelt bewundern – in Botsuana wird diese Art der Safari häufig angeboten; zahlreiche Veranstalter haben Pferdesafaris in ihrem Programm. Man sollte schon ein erfahrener Reiter sein, Anfänger werden in Botsuana nicht mitgenommen – das ist gut nachzuvollziehen, denn im Gefahrenfall sollte man die nötigen Fertigkeiten mitbringen, um sich eigenständig in Sicherheit zu bringen.

Safariveranstalter vor Ort

Die meisten Botsuana- und Namibia-Besucher buchen ihre Safari am liebsten bei einem Spezialisten, von denen es vor Ort viele gibt. Neben den an den entsprechenden Stellen des Buches genannten Veranstaltern werden hier einige der besten Safari-Anbieter in Botsuana und Namibia vorgestellt.

Audi Camp Safaris (www.safaris-botswana.com) Spezialisiert auf (günstige) Safaris mit dem Geländewagen und *Mokoro*-Fahrten in Einbaumbooten. Die Safaris stellen Zubehör sowie Verpflegung, die Teilnehmer müssen nur Schlafsäcke und Getränke mitbringen. Die Firma betreibt das freundliche, aber schlichte Audi Camp.

Capricorn Safaris (www.capricornsafaris.com) Einer der größten Veranstalter in Botsuana mit Filialen in Kenia und Tansania. Der Schwerpunkt liegt auf relativ luxuriösen Safaris in allen wichtigen Nationalparks. Die Gruppen können allerdings sehr groß sein.

Desert & Delta Safaris (www.desertdelta.co.za) Erstklassiger Veranstalter mit luxuriösen Camps und Lodges in Moremi, Chobe und dem Okavango-Delta. Bietet bei allen Programmen einen sehr guten Service.

Drive Botswana (www.drivebotswana.com) Der Veranstalter Andy Raggett arrangiert Safaris mit Allradfahrzeugen durch das südliche Afrika, bietet aber auch komplette Touren an, einschließlich Kartenmaterial, Routeninformationen und Campingplatzbuchungen – und das alles ohne zusätzliche Kosten.

Kaie Tours (www.kaietours.com) Sitz in Gaborone. Spezialisiert auf günstige Kunst- und Kunsthandwerkstouren, Wanderungen, Übernachtungen bei einheimischen Familien und Camping-Safaris durch die Kalahari mit einem San als Führer.

Mabaruli African Safaris (www.mabaruli.com) Sitz in Windhoek; angeboten werden Fahrradsafaris, ebenso Touren in Namibia (Etosha National Park), Botsuana (Okavango Delta) und Sambia (Victoriafälle).

Masson Safaris (www.massonsafaris.com) Familienbetrieb in Botsuana mit über 25 Jahren Erfahrung in Geländewagen-Safaris. Bietet auch maßgeschneiderte Programme für Safaris mit Kindern.

Skeleton Coast Safaris (www.skeletoncoastsafaris.com) Organisiert vier- bis sechstätige Expeditionen bei voller Verpflegung; zur Erkundung dieser einzigartigen Küstenlandschaft der Skelettküste werden Flugzeuge und Allradfahrzeuge eingesetzt. Zudem werden Schiffswracks aufgesucht. Touren zu anderen Reisezielen in Namibia wie Sossusvlei und Etosha sind ebenfalls im Angebot.

Wild Attractions Expeditions & Safaris (www.africansecrets.net) Betreibt die Island Safari Lodge. Ausgezeichnete Adresse für Vogelliebhaber und alle, die an einer *Mokoro*-Fahrt mit Einheimischen interessiert sind.

Wild Dog & Crazy Kudu Safaris (www.wilddog-safaris.com) Dieser auf Backpacker spezialisierte Veranstalter hat eine Vielzahl an Touren in ganz Namibia im Programm.

Wilderness Safaris (www.wilderness-safaris.com) Betreibt eine beeindruckende Reihe luxuriöser Camps und Lodges u. a. in Namibia, Botsuana und Simbabwe. Unterstützt zahlreiche Naturschutz- und Gemeindeprogramme.

Namibia & Botsuana im Überblick

Bevor man sich auf den Weg macht zu herrlichen Landschaften, Tierbeobachtungen und einzigartigen Kulturerfahrungen, sollte man sich darüber im Klaren sein, wie groß die beiden Länder tatsächlich sind. Jede Fahrt auf dem Landweg bedarf sorgfältigster Planung. In puncto Tiere stehen der Chobe National Park und das Okavango-Delta in Botsuana ganz oben auf der Liste; hinzu kommt noch der Etosha National Park im Norden Namibias. Unglaubliche Natur entdeckt man überall; wirklich überwältigend sind der Norden Namibias und die Kalahari: Hier erlebt man Wüsten, nebelverhangene Küsten und Granitmonolithen. Kulturell hält das Zentrum Namibias bis heute das deutsche Erbe lebendig; der Norden dagegen ist die Heimat der Himba. In beiden Ländern finden sich herausragende Zeugnisse der uralten Kunst der San. Der heutigen Kultur dieser Länder kommt man vor allem in den Hauptstädten Windhoek und Gaborone nahe.

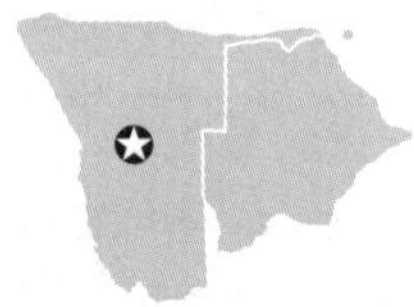

Windhoek

Architektur ✓
Shoppen ✓✓
Essen ✓✓

Lebendige Kolonialzeit
Windhoek mit seinen neubarocken Türmchen, ein paar kuriosen deutschen Burgen und den hübschen Kolonialbauten aus dem frühen 20. Jh. ist auf jeden Fall einen Stadtbummel wert. Am besten spaziert man über Independence Avenue und Fidel Castro Street zur Christuskirche.

Kunst & Kunstgewerbe
Beim Bummel durch die Post Street Mall entdeckt man viele Holzschnitzereien; Webarbeiten, Kunsthandwerk und Antiquitäten bekommt man vor allem auf dem Old Breweries Craft Market.

Gaumenfreuden
Ob man nun Pasta-Klassiker sucht oder Meeresfrüchte à la Angola – in Windhoek ist die Küche wirklich international. Natürlich findet man hier auch deutsche und namibische Kost, das Angebot ist aber weitaus reicher.

S. 49

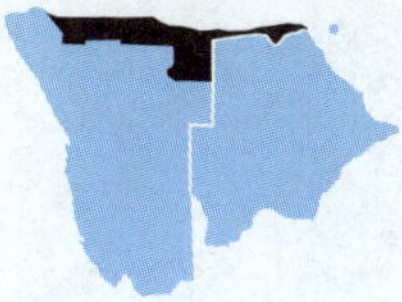

Nordnamibia

Tierwelt ✓✓✓
Off-Road ✓✓✓
Kultur ✓✓

Etosha & der Waterberg
Besonders ergiebig sind Safaris im Etosha National Park, denn in der Buschsteppe ist eine artenreiche Tierwelt heimisch. An Beobachtungsposten am Waterberg kann man Pferde- und Rappenantilopen sichten.

Fern der Zivilisation
Die Wildheit Afrikas erlebt man am intensivsten in den nördlichen Landstrichen Namibias, und zwar mit Geländewagen, robustem Navigationsgerät und reichlich Proviant. An Orten wie dem Damaraland, dem Kaokoveld, der Skelettküste oder dem Caprivizipfel trennt einen nichts mehr von der unberührten Wildnis.

Himba & San
Das Kaokoveld ist die angestammte Heimat der Himba, einer Stammesgruppe mit reicher Kultur. Den San zu begegnen ist schwieriger, zu sehen bekommt man aber ihre Felszeichnungen, vor allem rund um Damaraland. In Otjozondjupa sind Ausflüge zu den Dörfern der San möglich.

S. 90

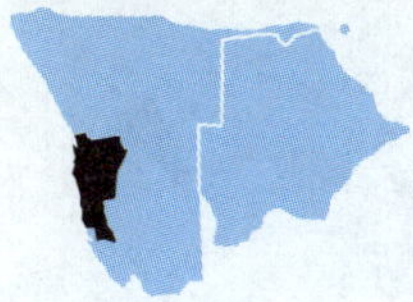

Zentralnamibia

Abenteuersport ✓✓✓
Küstenstädte ✓✓
Wüste ✓✓✓

Abenteuer pur
Namibia ist das Zentrum des Extremsports im südlichen Afrika. Man gleitet Dünen hinab, springt mit dem Fallschirm aus dem Flugzeug oder reitet auf dem Rücken eines Kamels in die Abendsonne. Die überwältigende Landschaft liefert dazu die Kulisse.

Städtereisen
Swakopmund ist ein Rätsel – ein Stück deutscher Kolonialgeschichte, das die Wüste vielleicht schon verschluckt hätte, wenn die Besucher nicht in Scharen kämen. Die Menschen suchen hier das Abenteuer, deutsche Gemütlichkeit, Küche und Gastfreundschaft. Auch Walvis Bay stellt sich gerade auf Gäste ein.

Sand in Bewegung
Der Namib-Naukluft Park zählt zu den größten Nationalparks der Welt; die Wüste mit ihren Sanddünen wirkt hypnotisierend. Die zeitlosen Dünen mit ihrer Stille, die Form und Farben ständig wechseln, ist eines der Highlights von Namibia.

S. 125

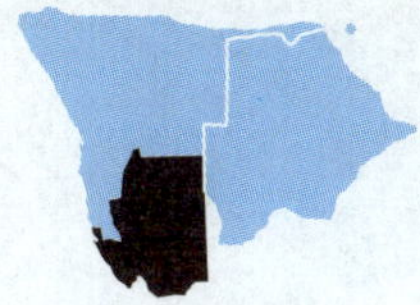

Der Süden

Landschaft ✓✓✓
Kolonialgeschichte ✓✓
Kanufahrten ✓✓

Canyons & Wüstenstraßen
Reist man von Südafrika aus in Namibia ein, wird man sofort von der Landschaft überwältigt: Aus Nebel und Sandwolken ragen Granitfelsen auf. Unbedingt anschauen sollte man sich auch die riesige Kluft des Fish River Canyon; diese Symphonie aus Stein kann man nur schweigend bewundern.

Lüderitz & seine Burgen
Die wie in einer Zeitschleife gefangene Stadt Lüderitz grenzt an die Wüste Namib und die Atlantikküste; die Kolonialgeschichte wird hier auf surreale Weise lebendig. Zeugen längst vergangener Zeiten wie die neubarocke Burg Duwisib wirken inmitten der Wüste bizarr.

Abenteuer auf dem Wasser
Noordoewer liegt an beiden Ufern des Orange River tief im Süden von Namibia. Das wunderbar wilde Land der Canyons lernt man am besten auf Kanu- oder Rafting-Touren kennen.

S. 155

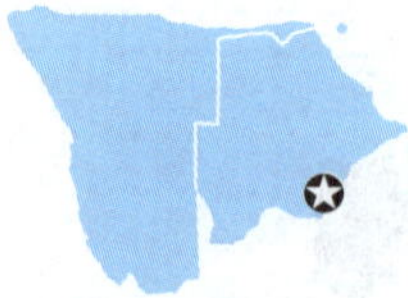

Gaborone

Tierwelt ✓
Kunst & Handwerk ✓✓
Essen ✓

Tiere in der Stadt
Das Mokolodi Nature Reserve (Raubtiere) und das Gaborone Game Reserve (Pflanzenfresser und Vögel) sind schon alles, was in Gaborone an Natur geboten wird. Andererseits liegt hier das Büro des Department of Wildlife and National Parks (um Parkgebühren zu zahlen und Zeltplätze zu reservieren).

Botswana's Story
Das Nationalmuseum und das Denkmal für die *Three Dikgosi* (Drei Häuplinge) verströmen einen etwas morbiden Charme, die Kulturszene der Stadt hat aber mehr zu bieten: Kunstprojekte und Führungen (sogar mit Opernhaus), inspiriert von den Romanen von Alexander McCall Smith.

Gastronomie
Was die Gastronomie angeht, nimmt es wohl kein Ort in Botsuana mit der Hauptstadt auf. Hier locken exzellente Cafés und Steakhäuser – und sogar Restaurants, in denen man einen Impala-Eintopf bekommt.

S. 261

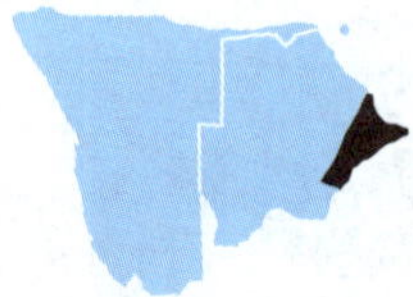

Der Osten

Tierwelt ✓✓
Landschaft ✓✓
Aktivitäten ✓✓

Tuli Block & Khama Rhino Sanctuary
Tuli Block ist die einzige wirklich naturbelassene Landschaft in diesem Teil des Landes; hier gibt es noch ordentliche Bestände an Großkatzen, Elefanten und anderen Arten. Ein Rückzugsgebiet für Nashörner ist das Khama Rhino Sanctuary.

Tswapong Hills
Botsuanas Salzpfannen bieten wenig Abwechslung – abgesehen von den Tswapong Hills mit ihren tiefen, canyonartigen Schluchten, die man erst aus der Nähe wahrnimmt.

Wandern
Die Wanderrouten des Landes sind zwar kaum bekannt, die Tswapong Hills sind aber dennoch lohnend – mit viel Landschaft, schönen Ruinen und zahlreichen Vögeln.

S. 275

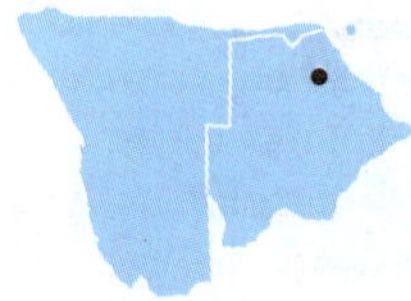

Makgadikgadi & Nxai Pans

Landschaft ✓✓✓
Tierwelt ✓✓✓
Lodges ✓✓

Salzpfannen
In den größten Salzpfannen der Erde schweift der Blick bis zum endlos fernen Horizont, nur gelegentlich unterbrochen von kleinen Wäldchen aus Affenbrotbäumen. Zu den großen Attraktionen zählt außerdem der Boteti River.

Wanderungen der Tiere
Die Wanderung von Zebras, vielleicht die größte in Afrika, zieht alle Blicke auf sich. Sehenswert sind aber auch die Flamingos im Nata Bird Sanctuary. Auch die Ansammlungen von Tieren am Boteti River in der Trockenzeit sind eine absolut sehenswerte Attraktion.

Luxus-Lodges
Auch hier gibt es exklusive Lodges, wenn sie auch weniger bekannt sind als die am Okavango oder am Chobe weiter nördlich. An den Salzpfannen und am Fluss finden sich aber ein paar wirklich noble Unterkünfte.

S. 285

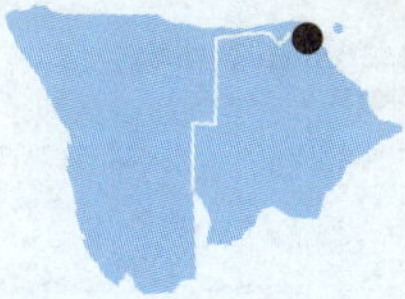

Chobe National Park & Kasane

Tiere ✓✓✓
Landschaft ✓✓✓
Lodges & Camps ✓✓✓

Elefanten & Co.

Chobe – das bedeutet Elefanten, riesige Elefanten, und noch dazu über 70 000 Tiere. Neben dieser Hauptattraktion leben hier aber auch noch Löwen, Leoparden, Geparden und Wildhunde – und unzählige Antilopen, die die Fleischfresser bei Laune halten ...

Flüsse, Felsen, Feuchtgebiete

Die Ufer des Chobe sind klassisches Safari-Land. Am Savuti findet man einige schöne geologische Aufschlüsse und den Savuti Channel. Die Feuchtgebiete des Linyanti wirken wie ein Okavango-Delta im Miniformat.

Schlafen in Chobe

Einsame Lodges in Linyanti, Savuti und anderswo, Camps am Flussufer – im Nationalpark Chobe ist das Angebot an Unterkünften wirklich erstklassig. Und natürlich kann man überall Tiere beobachten.

S. 293

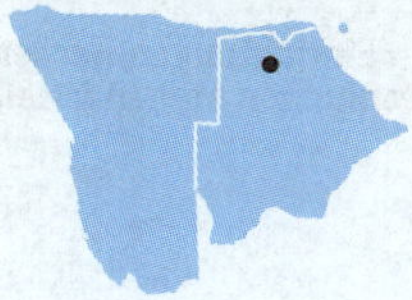

Okavango-Delta

Landschaft ✓✓✓
Tierwelt ✓✓✓
Aktivitäten ✓✓✓

Wasserwelten

Der Okavango formt eine klassisch afrikanische Landschaft, die sich dem wechselnden Wasserstand anpasst – Jahr für Jahr. Die Kombination aus Fluss, Savanne und Wald lädt zu echten Abenteuern ein.

Tiere in Hülle und Fülle

Die „Big Five" sind am Okavango wieder heimisch (nur Nashörner wird man äußerst selten sehen). Im Delta bewegt man sich deshalb wie durch die Kulissen eines Dokumentarfilms. Ornithologen zieht es vor allem zum Panhandle.

Erde, Wasser & Luft

Richtig viel von dieser Wasserwelt erlebt man auf einem Rundflug; hinzu kommen Fahrten im *mokoro* (Einbaum), Fußmärsche und Safari-Touren im Wagen – die Auswahl im Delta ist fast grenzenlos.

S. 307

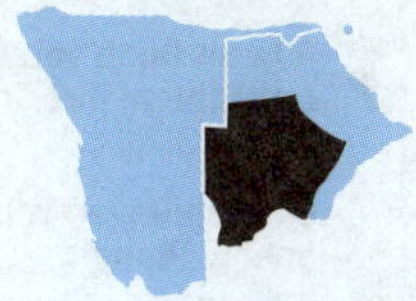

Kalahari

Landschaft ✓✓✓
Tiere ✓✓✓
Kultur ✓✓

Wüste

Die Kalahari ist eine Legende – ein unvergleichlicher Ort, an dem der Reisende die moderne Welt hinter sich lässt und die Einsamkeit der Wüste erfährt. Das einzigartige Spektrum reicht von den roten Dünen bei Kgalagadi bis zum Grasland ehemaliger Flusstäler.

Berühmte Löwen

Großkatzen meiden normalerweise die Wüsten, hier aber gibt es die berühmten schwarzmähnigen Kalahari-Löwen. Ihr Anblick ist atemberaubend.

Die San

Die Kalahari ist die traditionelle Heimat der San. Begegnungen mit diesem uralten Volk sind zwar selten, aber in manchen Lodges und Camps kann man Ausflüge unter Leitung eines San-Führers buchen. In D'kar kann man zudem ein Kunstprojekt der San bestaunen.

S. 340

Alle im Buch vorgestellten Einrichtungen werden von unseren Autoren empfohlen; ihre Top-Empfehlungen stehen jeweils ganz vorn.

Empfehlungen von Lonely Planet:

LP TIPP Das empfiehlt unser Autor | umweltverträglich | GRATIS Hier bezahlt man nichts

Alle im Buch erwähnten Orte sind im Register aufgeführt.

Reiseziele in Namibia & Botsuana

Namibia

UROS RAVBAR / GETTY IMAGES ©

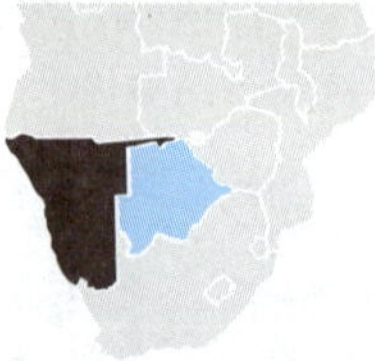

Namibia

264 / 2,1 MIO. EW.

Inhalt »

Die besten Plätze, um Tiere zu beobachten

» Etosha National Park (S. 84)

» Waterberg Plateau (S. 77)

» Bwabwata National Park (S. 97)

» Khaudum National Park (S. 96)

» Mamili National Park (S. 103)

Die schönsten Outdoor-Plätze

» Swakopmund (S. 126)

» Fish River Canyon (S. 171)

» Damaraland (S. 110)

» Das Kaokoveld (S. 117)

» Skelettküste (S. 121)

Auf nach Namibia!

Namibia besitzt einige der schönsten Landschaften Afrikas – eine Tour durchs Land gehört zu den großen Abenteuern des Kontinents. Naturwunder wie der tief eingeschnittene Fish River Canyon und das Tierparadies des Etosha National Park faszinieren, doch es sind die einsamen Wüstenstraßen, an denen mächtige Granitfelsen aus dem wirbelnden Sand aufragen, die sich für immer ins Gedächtnis einbrennen. Ein Bilderbuch scheint lebendig zu werden, wo die gewaltigen Brecher des Atlantiks auf die Sanddünen der ältesten Wüste der Welt treffen. Und das alles ist geprägt vom deutschen Erbe, das in der Küche und der Architektur sowie bei Festen wie dem legendären Oktoberfest von Windhoek noch immer lebendig ist.

Namibia ist zudem das Zentrum für viele Outdoor-Aktivitäten, sodass Romantiker ebenso wie jene, die gerne die Erde unter ihren Stiefeln spüren, auf ihre Kosten kommen.

Reisezeit

Windhoek

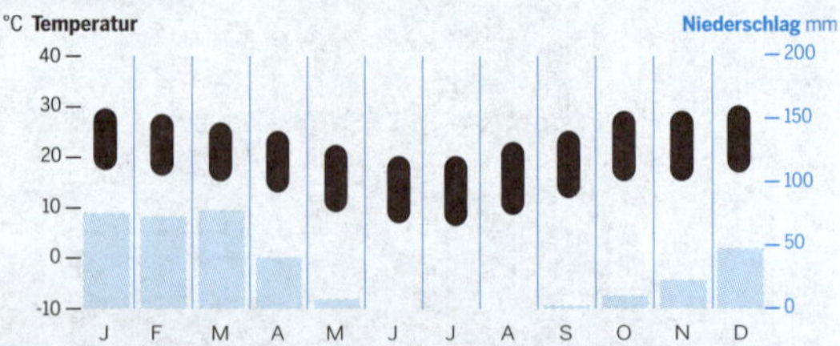

Mai-Okt. Die beste Zeit, um Tiere und Pflanzen zu beobachten.

Juni-Aug. Die Küstenstädte Swakopmund und Walvis Bay leiden unter heftigen Sandstürmen.

Sept.-Okt. In Windhoek herrscht Festivalbetrieb, es gibt Kunstveranstaltungen und das Oktoberfest.

WINDHOEK

☎061 / 340 000 EW. / 1660 M

Windhoek ist eine erstaunlich moderne und gepflegte Stadt; Büroangestellte verbringen ihre Mittagspause im Zoo, Touristen bummeln durch die Post Street Mall mit ihren afrikanischen Spezialitäten und Kuriositäten und Taxis hupen potenzielle Fahrgäste an. Auf den ersten Eindruck könnte die Stadt auch ohne weiteres in Europa oder Nordamerika liegen.

Windhoek ist keine große Stadt und die Entfernungen lassen sich gut zu Fuß bewältigen. Dazu kommen die bunt gemischte Bevölkerung, das fußgängerfreundliche Stadtzentrum, das entspannte, unaufgeregte Tempo und das kosmopolitische Flair. All das macht den Besuch und die Erkundung von Windhoek so angenehm. Neobarocke Kirchtürme und ein paar deutsche Burgen (die irgendwie ein bisschen fehl am Platz wirken) sorgen für eine unverwechselbare Skyline und bilden einen Gegenpol zu den Hochhäusern aus Stahl und Glas.

Natürlich ist das nur die eine Seite der Medaille. Ein Ausflug in die einst heruntergekommene Township Katutura, die heute einfach nur noch ein Vorort ist, gibt einen Einblick, wie die meisten Menschen in der Hauptstadt heute leben.

Windhoek eignet sich bestens als Startpunkt oder Zwischenstopp bei einer Reise durch das Land. Durch seine Auswahl an Unterkünften, das vielfältige Essen, die Sehenswürdigkeiten und Einkaufsmöglichkeiten und das afrikanische Stadtleben ist Windhoek innerhalb des Landes eine Welt für sich.

Geschichte

Die Stadt Windhoek existiert erst seit gut einem Jahrhundert, doch ihre Geschichte ist so vielfältig wie ihre Bevölkerung. Während der Kolonialzeit, als die Deutschen das Land besetzten, avancierte die Stadt zur Zentrale der deutschen Schutztruppe, die sich angeblich für den Frieden zwischen den kriegführenden Herero und Nama einsetzte und im Gegenzug das neu gewonnene Land der deutschen Besatzung unterstellte. Mehr als zehn Jahre lang fungierte Windhoek (Windhuk) zur Zeit der Jahrhundertwende als Verwaltungshauptstadt von Deutsch-Südwestafrika.

Als im Jahr 1902 eine Schmalspureisenbahn gebaut wurde, um Windhoek mit Swakopmund an der Küste zu verbinden, erlebte die Stadt einen plötzlichen Aufschwung. Damals entwickelte sich Windhoek nach und nach zum Geschäfts-, Handels- und Verwaltungszentrum des Landes, obwohl die moderne Stadt offiziell erst im Jahr 1965 gegründet wurde.

WICHTIGE TELEFONNUMMERN

Ländervorwahl	☎00264
Ortsvorwahlen	Ortsvorwahlen sind dreistellig
Notruf	☎10111

Sehenswertes

Windhoek ist nicht gerade für seine Sehenswürdigkeiten bekannt, aber wer einige Tage in der Stadt ist und Zeit hat, kann interessante Spaziergänge unternehmen.

Zoo Park PARK

(Karte S. 54; ⌚Sonnenaufgang–Sonnenuntergang) Dieser Park diente bis 1962 als Zoo, ist heute jedoch vor allem in der Mittagspause bei Büroangestellten beliebt oder auch als Picknickplatz. In der Steinzeit vor 5000 Jahren wurde hier noch Jagd auf Elefanten gemacht, wovon die Relikte zweier Elefanten und diverse Quarzwerkzeuge, die hier Anfang der 1960er-Jahre gefunden worden waren, Zeugnis ablegen. Dieses prähistorischen Ereignisses gedenkt die **Elefantensäule**, ein Werk der namibischen Bildhauerin Dörthe Berner.

Ein recht anachronistisches Pendant zur Elefantensäule ist das **Kriegerdenkmal**, das ein furchterregender goldener Reichsadler über einem Obelisken krönt. Es wurde 1897 zum Gedenken an die Soldaten der deutschen Schutztruppe errichtet, die in den Nama-Kriegen (1893/94) ums Leben kamen.

Christuskirche KIRCHE

(Karte S. 54; Fidel Castro St.) Windhoeks bekannteste Sehenswürdigkeit und irgendwie das inoffizielle Wahrzeichen der Stadt ist die deutsch-lutherische Kirche. Sie steht auf einer Verkehrsinsel und beherrscht das Stadtzentrum. Das ungewöhnliche Gebäude wurde 1907 aus Sandstein von der 20 km entfernten Guche-Ganus-Farm erbaut. Der Entwurf des Architekten Gottlieb Redecker ist eine Mischung aus Neugotik und Jugendstil, die die Kirche zum Abbild

Highlights

1. Die alten Felszeichnungen der San in **Brandberg** (S. 111) und **Twyfelfontein** (S. 113)
2. Die Wildnis der **Skelettküste** (S. 121) und des **Kaokoveld** (S. 117) abseits der ausgetretenen Pfade (und der asphaltierten Straße)
3. Die Tierschutzgebiete im **Caprivizipfel** (S. 97) – solange sie noch unentdeckt sind
4. Eine Wanderung durch den **Fish River Canyon** (S. 171), eines von Afrikas großen Naturwundern
5. Ein Aufenthalt an einem Wasserloch im **Etosha National Park** (S. 84), wo so viele Tiere zu sehen sind wie nur an wenigen anderen Plätzen auf der Welt
6. Eine Wanderung auf das **Waterberg Plateau** (S. 77), das atemberaubende Ausblicke bietet und wo man vielleicht eine Rappen- oder Pferdeantilope zu Gesicht bekommt
7. Ein Sonnenaufgang über den feuerroten Dünen von **Sossusvlei** (S. 144)
8. **Swakopmund** (S. 126), das namibische Zentrum der Extremsportler

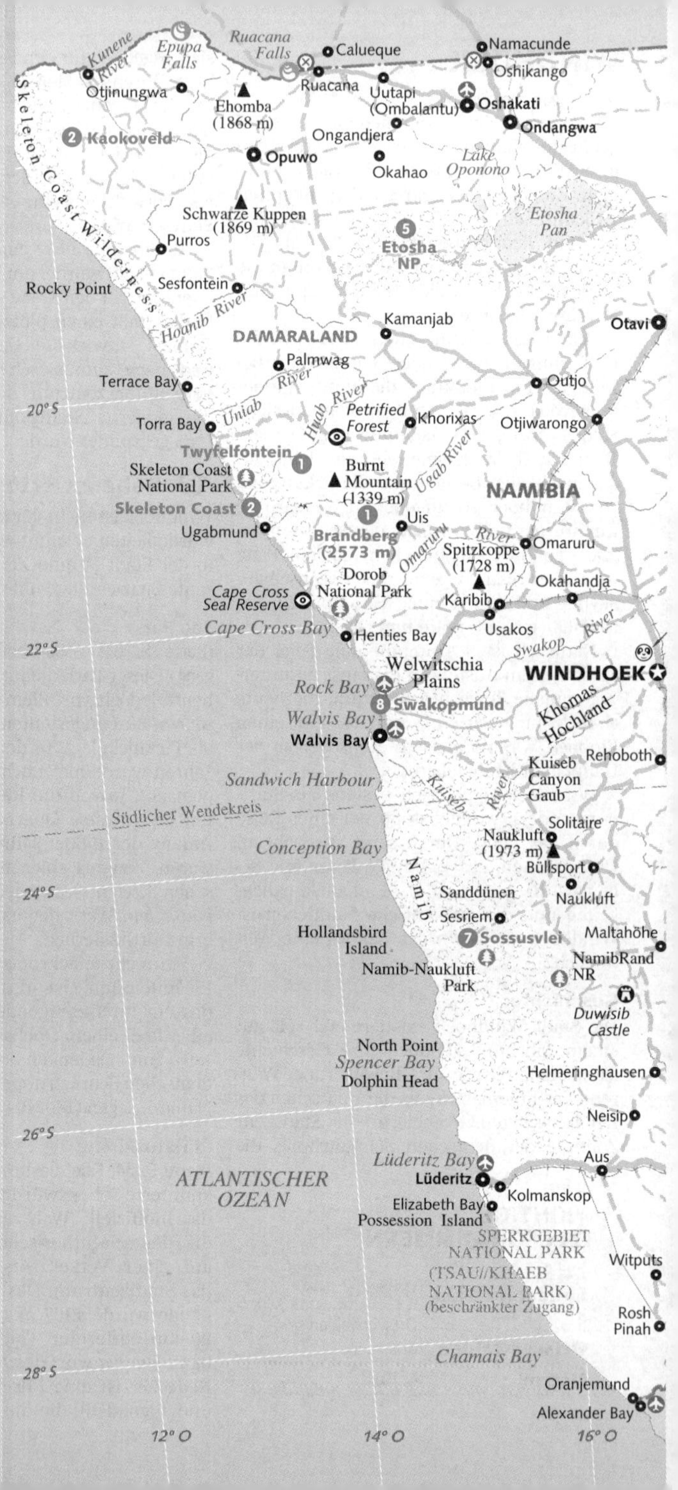

ANGOLA
CAPRIVIZIPFEL
Cubango River
Calai
Rundu
Andara
Divundu
Bwabwata NP
Mahango GR
Shakawe
Katima
Kasane
Kongola
Mudumu NP
Linyanti
Mamili NP
Chobe FR
Savuti
Mangetti
Khaudum NP
Tsumeb
Grootfontein
Tsumkwe
Aha Hills (1250 m)
Konde
Maun
Nxai Pan
Nxai Pan NP
Waterberg Plateau
Okakarara
Sehithwa
Lake Ngami
Eiseb River
NAMIBIA
Kuke
Deception Pan
Okanuwa
Otjosondu
Labora
Ghanzi
Epukiro River
Rietfontein
Okwa River
BOTSUANA
Daan Viljoen Game Park
Xanagas
Omitara
Seeis
Gobabis
Quoxo River
Kalahari
Dorbabis
Bergland
Khutse GR
Leonardville
Kang
Salajwe
Aminuis
Takatokwane
Oorwinning
Hukuntsi
Tshane
Kalkrand
Recreation Resort & Game Park
Stampriet
Sekoma
Mariental
Akanou
Union's End
Voigtsgrund
Gochas
Olifants River
Nossob River
Kwang
Witbooisvlei
Twee Rivier
Mata Mata
Vloorskop (959 m)
Katzies
Koës
Auob River
Garinais
Khawa
McCarthysrus
Molopo River
Fly's Kop
Keetmanshoop
Bethanie
Middlepits
Rietfontein
Bokspits
Goageb
Seeheim
Tsaraxaibis
Gondwana Cañon Park
SÜDAFRIKA
FR Forest Reserve
GR Game Reserve
NP National Park
NR Nature Reserve
0
100 km
Fish River Canyon
Upington
Richtersveld NP
Warmbad
Orange River
Vaal River
Noordoewer
Onseepkans
Kimberley
Vioolsdrif
Goodhouse

Windhoek

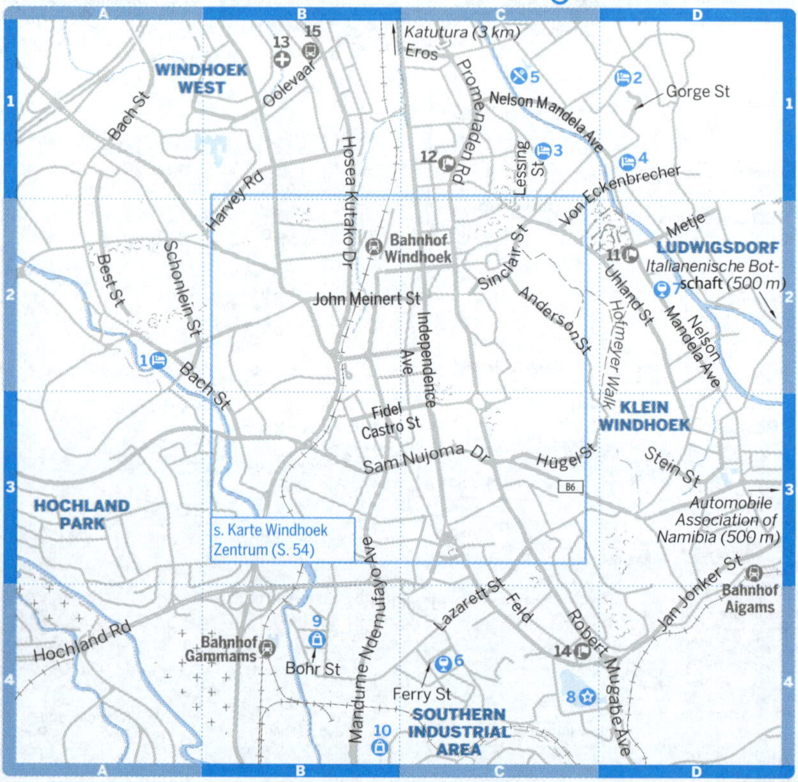

eines Lebkuchenhauses macht – zum Reinbeißen eben. Der Altaraufsatz zeigt die Auferstehung des Lazarus, eine Kopie des berühmten Werks von Rubens. Wer sich den Kirchenraum genauer anschauen möchte, kann sich während der Geschäftszeiten in der nahen Kirchenverwaltung in der Peter Müller-Street den Schlüssel geben lassen.

GRATIS Tintenpalast SEHENSWERTES GEBÄUDE

(Karte S. 54; ☎288 9111; www.parliament.gov.na; ⌚Führungen Mo–Fr 9–12 & 14–16 Uhr) Das ehemalige Verwaltungszentrum von Deutsch-Südwest-Afrika hat heute eine neue Funktion: Es ist das Parlamentsgebäude von Namibia. Der Name des Gebäudes passt bestens zur hier beheimateten Bürokratie und erinnert an die viele Tinte, die von der Regierung für all den Papierkram verbraucht wird.

Das Bauwerk ist vor allem bemerkenswert, weil es aus verschiedenen einheimischen Materialien besteht. Die umliegenden Gärten wurden in den 1930er-Jahren angelegt, darunter ein Olivenhain und eine Grünfläche, auf der nun Bowling gespielt wird. Vor dem Gebäude lohnt ein Blick auf das erste Denkmal Namibias seit der Unabhängigkeit: eine Bronzestatue des Herero-Häuptlings Hosea Kutako, der für seinen vehementen Widerstand gegen die südafrikanische Herrschaft bekannt war.

Gathemann's Complex HISTORISCHES GEBÄUDE

(Karte S. 54; Independence Ave.) In der Independence Avenue befinden sich drei Kolonialgebäude, die von dem berühmten Architekten Willi Sander entworfen wurden. Das südlichste, das Kronprinz Hotel, wurde 1902 errichtet und später dem Gathemann House (heute ein Gourmet-Restaurant) angeschlossen, einem Privatunternehmen. Das schönste der drei Gebäude ist aber sicher das Erkrath Building. Es wurde 1910 als Privat- und Geschäftshaus erbaut.

Windhoek

Schlafen

1 Haus Ol-Ga A2
2 Hotel Thule D1
3 Olive Grove C1
4 Roof of Africa D1

Essen

5 Joe's Beer House C1

Ausgehen

6 Club London C4
Joe's Beer House .... (siehe 5)
7 Pharaoh Lounge D2

Unterhaltung

8 Ster Kinekor C4

Shoppen

Cape Union Mart .... (siehe 8)
9 Gräber's B4
10 Safari Den B4

Praktisches

11 Botschft von Botsuana D2
12 Französische Botschaft C1
13 Rhino Park Private Hospital B1
14 Südafrikanisches Hochkommissariat C4

Transport

15 Minibus-Bahnhof B1

Turnhalle HISTORISCHES GEBÄUDE
(Karte S. 54; Bahnhof St.) Die Turnhalle wurde 1909 errichtet und als Trainingsraum für den Windhoek Gymnastic Club genutzt. Die Halle wurde 1975 modernisiert und in ein Konferenzzentrum umgewandelt. Am 1. September 1975 tagte hier die erste Constitutional Conference on Independence for South West Africa; diese verfassungsgebende Versammlung wurde dann kurz und bündig als „Turnhallenkonferenz" (Turnhalle Constitutional Conference) bezeichnet. In den 1980er-Jahren fanden in diesem Gebäude diverse Gipfeltreffen und Debatten statt, die Namibias Weg in die Unabhängigkeit vorbereiteten. Die nach einem Brand im Jahr 2007 wiederhergestellte Turnhalle ist heute Sitz des Gerichtshofs der Südafrikanischen Entwicklungsgemeinschaft (SADC).

Old Magistrates' Court HISTORISCHES GEBÄUDE
(Karte S. 54; Ecke Lüderitz & Park St.; ⏲Mo–Fr 8–13 & 14–17, Sa 8–13 Uhr) Das alte Amtsgericht wurde 1898 für den Staatsarchitekten Carl Ludwig errichtet, jedoch nie von ihm genutzt und deshalb schließlich als Gericht verwendet. Es lohnt ein Blick auf die Veranda an der Südseite; hier konnten sich diejenigen, die auf ihre Verhandlung warten mussten, in den Schatten setzen. Das Gebäude hat nun eine neue Funktion – als Konservatorium.

Kaiserliche Realschule HISTORISCHES GEBÄUDE
(Karte S. 54; Robert Mugabe Ave.) Die erste deutsche Grundschule in Windhoek wurde 1908 errichtet und ein Jahr später mit einer Klassenstärke von 74 Schülern eröffnet. Beachtenswert ist das seltsame Türmchen mit Holzrippen; es war zur Belüftung gedacht, denn die europäischen Kinder waren die afrikanische Hitze nicht gewohnt. In dem Gebäude wurden später dann das erste deutsche Gymnasium und eine englische Mittelschule untergebracht; heute befindet sich dort das Verwaltungszentrum des Nationalmuseums von Namibia.

GRATIS **National Museum of Namibia** MUSEUM
(Karte S. 54; Robert Mugabe Ave.; ⏲Mo–Fr 9–18, Sa & So 15–18 Uhr) Im historischen Museum des Landes gibt es eine ausgezeichnete Ausstellung über die Unabhängigkeit Namibias. Hier erhalten Besucher interessante Hintergrundinformationen zu den Kämpfen des jungen Landes. Doch der faszinierendste Teil des Museums sind wohl die Felsmalereien, die in hervorragenden Reproduktionen präsentiert werden. Es lohnt sich daher, vor einer Fahrt nach Brandberg oder Twyfelfontein dieser Abteilung des Museums einen Besuch abzustatten.

Es ist in Windhoeks ältestem noch existierendem Gebäude untergebracht, das Anfang der 1890er-Jahre gebaut wurde. Ursprünglich diente es als Hauptquartier der deutschen Schutztruppe. Der Rest des Museums zeigt Erinnerungsstücke und Fotos der Kolonialzeit sowie indigenes Kunsthandwerk.

Vor dem Museum lohnt ein Blick auf die etwas willkürliche Sammlung von Eisenbahnmotoren und Waggons, die allesamt zu einer der ersten Schmalspurbahnen des Landes gehörten. Diese Ausstellung im Freien wird von einer Bronzestatue dominiert:

Das **Reiterdenkmal** ehrt die Soldaten der Schutztruppe, die während der Herero-Nama-Kriege von 1904 bis 1908 ums Leben kamen. Geschichtsbewusste finden es vielleicht interessant, dass das Denkmal am 27. Januar 1912 enthüllt wurde – dem Geburtstag Wilhelms II.

GRATIS **Owela Museum** MUSEUM
(Staatliches Museum; Karte S. 54; 4 Robert Mugabe Ave.; ⏲Mo–Fr 9–18, Sa & So 15–18 Uhr) Die andere Hälfte des National Museum of Namibia, etwa 600 m vom Haupthaus gelegen, nennt sich Owela Museum und widmet sich vorwiegend der Natur- und Kulturgeschich-

Windhoek Zentrum

te Namibias. Achtung: Manchmal schließt es schon früher als angegeben.

Trans-Namib Transport Museum MUSEUM

(Karte S. 54; ☎298 2186; Eintritt N$5; ⏲Mo bis Fr 8–13 & 14–17 Uhr) Windhoeks schöner Bahnhof – an der Bahnhof Street – wurde 1912 von den Deutschen im Stil der niederländischen Kapprovinz gebaut und 1929 von der südafrikanischen Verwaltung erweitert. Gegenüber vom Eingang steht die deutsche Dampflok *Poor Old Joe*, die 1899 nach Swakopmund geliefert und dort für die schwierige Fahrt durch die Wüste nach Windhoek zusammengebaut wurde. Im Obergeschoss des Bahnhofs befindet sich das kleine, aber sehenswerte Trans-Namib Transport Museum, das einen Überblick über die Geschichte des Verkehrs, vor allem der Eisenbahn, in Namibia gibt.

Owambo Campaign Memorial MONUMENT

(Karte S. 54; Bahnhof St.) An der Einfahrt zum Bahnhofsparkplatz steht das Owambo Campaign Memorial; es wurde 1919 errichtet, um an den britisch-südafrikanischen Feldzug von 1917 gegen den Häuptling Mandume der Kwanyama Owambo zu erinnern. Der Häuptling war den Kolonialmächten hoffnungslos unterlegen und beging, nachdem ihm die Munition ausgegangen war, lieber Selbstmord, als sich zu ergeben.

National Art Gallery GALERIE

(Karte S. 54; Ecke Robert Mugabe Ave. & John Meinert St.; Eintritt Mo–Fr/Sa frei/N$20; ⏲Di–Fr 8–17, Sa 9–14 Uhr) Diese Kunstgalerie präsentiert in einer Dauerausstellung Werke, die Namibias historisches und Naturerbe widerspiegeln. Die Sammlung zeigt Werke von Muafangejo, dem ersten schwarzen Künstler Namibias, der internationalen Ruhm erlangte. Seine Linolschnitte illustrieren den Freiheitskampf aus einer religiösen und erzählerischen Perspektive heraus.

Daan Viljoen Game Park WILDPARK

(pro Pers./Fahrzeug 40/10 N$; ⏲Besucher Sonnenaufgang–18 Uhr) Der herrliche Wildpark liegt im Khomas-Hochland, etwa 18 km westlich von Windhoek.

Hier kann man nach Herzenslust in den herrlichen Wüstenhügeln herumstreifen und dabei eine Fülle von Tieren bestaunen, darunter Spießböcke, Kudus, Bergzebras, Springböcke, Kuhantilopen, Warzenschweine und Elenantilopen. Der Daan Viljoen ist auch für seine vielen Vögel bekannt – über 200 Arten wurden verzeichnet, darunter die seltenen Mangrovenreiher und Dominikanerwitwen.

Die Hügel im Daan Viljoen sind mit Dornbusch bestanden, was eine hervorragende Tierbeobachtung gewährleistet. Drei Wanderwege wurden eingerichtet: Der 3 km lange Wag-'n-Bietjie Trail beginnt am

Büro des Parks und folgt dann einem ausgetrockneten Flussbett bis zum Stengel Dam. Der Rooibos Trail, ein Rundweg von 9 km Länge, führt über Hügel und Bergkämme und bietet einen tollen Blick auf Windhoek in der Ferne. Der 34 km lange Sweet-Thorn Trail umrundet die östlichen Ausläufer des Reservats.

Wer nicht nach Windhoek zurückfahren möchte, findet im Park mit der Daan Viljoen Lodge eine luxuriöse Unterkunft, aber auch Zeltplätze.

Um nach Daan Viljoen zu gelangen, fährt man von Windhoek auf der C28 nach Westen; Daan Viljoen ist ab dem Bosua Pass Hwy, etwa 18 km außerhalb der Stadt, deutlich ausgeschildert.

Feste & Events

Windhoek Arts Festival KUNST

(www.bankwindhoekarts.com.na) Die Veranstaltungen des größten namibischen Kunstfestivals finden im Zeitraum von Februar bis September statt.

Windhoek Zentrum

Sehenswertes

1 Christuskirche E4
2 Elefantensäule D4
3 Gathemann-Gebäude D3
4 Kaiserliche Realschule E4
5 National Art Gallery (Nationalgalerie) .. D2
6 National Museum of Namibia E4
7 Old Magistrates' Court D3
Owambo Campaign Memorial .. (siehe 10)
8 Owela Museum D3
9 Tintenpalast E4
10 Trans-Namib Transport Museum C1
11 Turnhalle D2
12 Zoo Park D4

Schlafen

13 Cardboard Box Backpackers B2
14 Chameleon Backpackers Lodge & Guesthouse C6
15 Guesthouse Tamboti B6
16 Hotel Cela B2
17 Hotel Heinitzburg F6
18 Hotel-Pension Steiner C4
19 Rivendell Guest House A3
20 Villa Verdi B3
21 Vondelhof Guesthouse B4

Essen

22 Café Balalaika D4
Checkers .... (siehe 36)
23 Crafter's Kitchen D4
24 Gourmet C4
25 La Marmite D1
Leo's .... (siehe 17)
Namibia Crafts Cafe .... (siehe 38)
26 Nice B4
27 O Pensador C2
Paul's .... (siehe 38)
28 Pick & Pay C4
Restaurant Gathemann .... (siehe 3)
29 Sardinia's Restaurant D5

Ausgehen

Café Balalaika .... (siehe 22)
30 El Cubano D5
31 Wine Bar E5

Unterhaltung

32 College of the Arts (COTA) D4
33 National Theatre of Namibia D2
34 Playhouse Theatre D5

Shoppen

35 Cymot Greensport C4
36 Gustav Voigts Centre D4
37 House of Gems D2
Namibia Crafts Centre .... (siehe 38)
38 Old Breweries Craft Market D5

Praktisches

39 Botschaft von Angola D6
Cardboard Box Travel Shop ..... (siehe 13)
Chameleon Safaris .... (siehe 14)
40 Finnische Botschaft D4
Deutsche Botschaft .... (siehe 45)
41 Kenianisches Hochkommissariat E1
42 Innenministerium D3
43 Namibia Wildlife Resorts D4
44 Office of the Surveyor General E6
45 Sanlaam Centre D4
46 Britisches Hochkommissariat D2
47 Botschaft der USA E6
48 Windhoek Information & Publicity Office (Filliale Office) D3
49 Windhoek Information & Publicity Office (Zentrale) D4
50 Hochkommissariat von Sambia C5
51 Botschaft von Zimbabwe D1

ORIENTIERUNG VOR ORT

Windhoek, das sich über mehrere niedrige Hügel erstreckt, erfreut sich einer trockenen, sauberen Luft und eines gesunden Hochlandklimas. Im Winter sind die Nächte hier sogar wirklich kalt.

Die Innenstadt von Windhoek wird von der Independence Avenue in zwei Teile geteilt; hier befinden sich die meisten Ämter und Geschäfte. Das Einkaufsviertel konzentriert sich auf die Post Street, eine Fußgängerzone, auf das Gustav Voigts Centre gleich in der Nähe sowie auf das Wernhill Park Centre und die Levinson Arcade. Der Zoo Park neben der Hauptpost kann mit einer Rasenfläche und schattigen Plätzchen aufwarten, die zu einer Mittagspause einladen.

Im Norden der Independence Avenue schließen sich die Ausläufer von Windhoeks nördlichem Industriegebiet an. Im Westen und Nordwesten befinden sich die dicht besiedelten Townships Khomasdal und Katutura, die sich langsam in recht nette Viertel verwandeln, wobei an manchen Ecken aber noch immer schlimme Armut herrscht. In den anderen Richtungen erstrecken sich Vororte der Mittel- und Oberschicht wie Klein Windhoek und Eros Park. Auf den Hügeln rund um die Stadt gelegen, bieten sie eine herrliche Aussicht.

Unmittelbar hinter der Stadtgrenze beginnt die Wildnis. Rund 40 km östlich liegt der Hosea Kutako International Airport, mitten im Busch. Gleich westlich befindet sich der Daan Viljoen Game Park, in dem Wildtiere im Schatten der Hauptstadt umherstreifen.

Mbapira/Enjando Street Festival KUNST
Windhoeks große jährliche Straßenparty findet im März im gesamten Stadtzentrum statt. Dann nehmen Tänzer, Musiker und Leute in farbenprächtiger Folklorekleidung die Straßen in Beschlag.

Unabhängigkeitstag NATIONALFEIERTAG
Am 21. März wird der Nationalfeiertag in großem Stil mit einer Parade und Sportveranstaltungen gefeiert.

Windhoek Karneval (WIKA) KARNEVAL
(www.windhoek-karneval.com) Zum deutsch geprägten Karneval Ende April gehören verschiedene Musikveranstaltungen, ein Maskenball und ein farbenfroher Umzug über die Independence Avenue.

Wild Cinema Festival KINO
Das jährlich veranstaltete Filmfestival findet im späten Frühling und im Frühsommer statt.

Windhoek Show LANDWIRTSCHAFT
(www.windhoekshow.na) Ende September, Anfang Oktober trifft sich ganz Windhoek bei der Windhoek Show (ursprünglich eine Landwirtschaftsschau) auf dem Gelände an der Ecke Jan Jonker und Centaurus Street.

/AE//Gams Arts Festival KUNST
An verschiedenen Veranstaltungsorten in Windhoek gibt es im Oktober Ausstellungen namibischer Kunst

Oktoberfest BIER
In Erinnerung an seine deutsche Vergangenheit richtet Windhoek Ende Oktober dieses Fest aus – Bierliebhaber sollten es nicht versäumen.

Schlafen

Ob sich jemand in einem Billigbett langmachen möchte oder lieber eine lauschige Nacht in einer alten Burg verbringen will, in Windhoek herrscht kein Mangel an passenden Quartieren. Verglichen mit dem übrigen Land sind die Preise in der Hauptstadt relativ hoch, aber dafür gibt es an der Qualität in der Regel nichts auszusetzen. Aber Achtung: Weil die Stadt ja nun nicht besonders groß ist, sind natürlich auch die Kapazitäten begrenzt. Aus diesem Grund empfiehlt es sich, lang im Voraus zu buchen, und zwar vor allem in der Hochsaison, während der Ferienzeit und am Wochenende.

LP TIPP **Guesthouse Tamboti** PENSION $$
(Karte S. 54; ☎235515; www.guesthouse-tamboti.com; 9 Kerby St.; EZ/DZ ab N$415/620; ❄@📶🏊) Das Tamboti ist die Lieblingsunterkunft der Autoren in Windhoek: Die fantastischen Gastgeber, die alles tun, damit ihre Gäste sich wohlfühlen (z. B. sie zum Flughafen fahren), vermieten die Zimmer zu vernünftigen Preisen und bieten eine angenehme Atmosphäre. Die Zimmer sind geräumig und gut eingerichtet. Das Haus liegt

auf einem kleinen Hügel direkt oberhalb des Stadtzentrums. Unbedingt im Voraus buchen, da das Guesthouse schnell ausgebucht ist.

Hotel-Pension Steiner HOTEL **$$**
(Karte S. 54; ☎222898; www.natron.net/tour/steiner/main.html; Wecke St. 11; EZ/DZ ab 540/850 N$;) Obwohl diese Hotel-Pension ganz ideal nur ein paar Minuten von der Independence Avenue in der Innenstadt entfernt liegt, ist von der Hektik der Stadt hier nichts zu spüren. Die einfachen, aber gemütlichen Zimmer gehen auf eine Bar mit Strohdach und einen Pool hinaus, wo man angenehme Entspannung findet.

Vondelhof Guesthouse PENSION **$$**
(Karte S. 54; ☎248320; www.vondelhof.com; 2 Puccini St.; EZ/DZ 625/900 N$; @) Hier gibt es große Zimmer, ein sehr zuvorkommendes, gastfreundliches Personal und ein ordentliches Frühstück. Wer will, kann sich mehrere Zimmer zeigen lassen, besonders zu empfehlen ist Zimmer 8. Das schrecklich grüne Äußere des Gebäudes sollte einen nicht abschrecken – innen ist alles sehr viel angenehmer als man zunächst vermutet.

Rivendell Guest House PENSION **$$**
(Karte S. 54; ☎250006; www.rivendellnamibia.com; 40 Beethoven St.; SZ/DZ N$450/600, ohne Bad ab 345/450 N$; @) Diese gemütliche Unterkunft bekommt von Reisenden immer gute Bewertungen. Es handelt sich um eine sehr legere Pension in einem schattigen Vorort, von dem aus das Stadtzentrum gut zu Fuß zu erreichen ist. Helle, luftige Zimmer gehen auf einen üppigen Garten und einen blitzsauberen Pool hinaus. Wenn alles belegt ist, bemüht sich der Besitzer, eine andere Unterkunft zu finden. Das Frühstück ist nicht im Preis inbegriffen.

Daan Viljoen Lodge LODGE **$$$**
(☎232 393; info@sunkarros.com.na; Zeltstellplätze pro Pers. 200 N$, EZ/DZ Chalet ab 1090/1960 N$; @) Die Daan Viljoen Lodge bietet Luxusunterkünfte im Daan Viljoen Game Park. Wer eines der Chalets mit faszinierenden Ausblicken gebucht hat, kann vor der Hütte grillen, alternativ gibt es aber auch ein gut geführtes Restaurant. Fahrten zur Tierbeobachtung werden ebenfalls angeboten.

Chameleon Backpackers Lodge & Guesthouse BACKPACKERS **$**
(Karte S. 54; ☎244347; www.chameleonbackpackers.com; 5-7 Voight St.; Zeltstellplatz 80 N$, B/Zi. inkl. Frühstück ab 120/300 N$; @) Dieser Rivale der Cardboard Box strahlt eine lässige Atmosphäre aus und wendet sich mit seinen verschiedenen Unterkunftsmöglichkeiten an ein etwas ruhigeres Publikum. Es gibt afrikanisch schicke Zimmer in ordentlicher Größe und blitzsaubere Schlafsäle zu Minipreisen. Wer länger in der Stadt bleibt, findet hier drei Wohnungen für Selbstversorger. Das Safari Centre vor Ort bietet die preisgünstigsten Ausflüge des Landes.

Cardboard Box Backpackers BACKPACKERS **$**
(Karte S. 54; ☎228994; www.cardboardbox.com.na; 15 Johann Albrecht St.; Stellplatz fürs Zelt/B N$70/95, Zi. ab 300 N$; @) Es gibt nur wenige Hostels in diesem Land. Dieses hier gibt es schon seit Jahren und es ist nach wie vor sehr beliebt bei Rucksackreisenden. Es hat eine gut bestückte Bar und einen Swimmingpool, um sich anschließend abzukühlen. Manchen Besuchern fällt es schwer, sich aus dieser Oase des erschwinglichen Luxus zu lösen. Wer aber doch aktiv werden möchte: Das Stadtzentrum liegt nur einen kleinen Spaziergang entfernt und das ausgezeichnete Reisebüro im Haus bietet nützliche Informationen und Hilfe zur weiteren Reiseplanung. Der Preis schließt sowohl Kaffee und Pfannkuchen am Morgen als auch einen Abholservice von der Intercape-Bushaltestelle ein.

Olive Grove BOUTIQUEHOTEL **$$$**
(Karte S. 52; ☎239199; www.olivegrove-namibia.com; 20 Promenaden St.; EZ/DZ Standard 735/1260 N$, Luxus 1130/2030 N$, Suite ab 2000 N$; @) Raffinierte Eleganz ist das Motto dieses geschmackvoll eingerichteten Boutiquehotels in Klein-Windhoek. Es besitzt zehn individuell geplante Zimmer und zwei Suiten, alle ausgestattet mit feiner Wäsche und handgearbeiteten Möbeln. Wer sich verwöhnen lassen möchte, kann dies bei einer Massage tun oder sich an einem kalten Abend vor einem knisternden Kaminfeuer wärmen. Ist das alles noch nicht luxuriös genug? Dann bietet das Hotel noch exklusivere Unterkünfte nebenan.

Villa Verdi BOUTIQUEHOTEL **$$$**
(Karte S. 54; ☎221994; www.leadinglodges.com/villaverdi.htm; Verdi St. 4; EZ/DZ preiswert 735/1260 N$, Standard 1075/1930 N$; @) Diese Nobelherberge, eine einzigartige Mischung aus Mittelmeer und Afrika, bietet fantasievoll ausgestattete Zimmer mit Originalgemälden und künstlerischem Touch. Die Villa Verdi voll-

KATUTURA – EIN FESTER PLATZ?

1912, zur Zeit des südafrikanischen Mandats – und auch der Apartheid – legte der Stadtrat von Windhoek zwei Areale fest, in denen sich die in der Stadt arbeitenden Schwarzafrikaner ansiedeln durften: die sogenannte Main Location westlich vom Stadtzentrum sowie Klein Windhoek im Osten. Im Jahr darauf wurden viele Leute in diese Gebiete umgesiedelt; beide Areale entwickelten sich schnell und planlos zu einer Siedlung. Anfang der 1930er-Jahre wurden in der Main Location endlich Straßen angelegt und das Viertel in Regionen aufgeteilt. Jede Sektion innerhalb einer Region wurde einer ethnischen Gruppe zugesprochen und auch nach ihr benannt, also Herero, Nama, Ovambo, Damara, später bekamen die Sektionen nur noch seelenlose Nummern.

In den 1950er-Jahren beschloss der Stadtrat mit Unterstützung der südafrikanischen Regierung (die Namibia als ihre Provinz betrachtete), Klein Windhoek „zurückzunehmen" und alle Bewohner in einer einzigen Siedlung im Nordwesten der Stadt unterzubringen. Gegen diese Maßnahme erhob sich jedoch starker Widerstand, sodass Anfang Dezember 1959 eine Gruppe von Herero-Frauen einen Protestmarsch samt Boykott gegen den Stadtrat initiierten. Am 10. Dezember eskalierten die Unruhen in massiven Konfrontationen mit der Polizei. Elf Tote und 44 Schwerverletzte waren die traurige Bilanz. Die rund 4000 Anwohner der Main Location gaben daraufhin aus Angst nach und zogen in die neue Siedlung, die schließlich den Namen „Katutura" erhielt. Auf Herero bedeutet das so viel wie „wir haben keinen festen Platz", kann aber auch mit „Ort, wo wir nicht wohnen wollen" übersetzt werden.

Heute im unabhängigen Namibia hat sich Katutura zu einer pulsierenden Vorstadt von Windhoek entwickelt – Namibias Soweto –, in der Armut und Überfluss aufeinanderprallen. Die Stadtverwaltung hat die städtische Wasser-, Strom- und Telefonversorgung auf die meisten Gegenden Katuturas ausgedehnt und zudem den bunten und immer umtriebigen Soweto-Markt ins Leben gerufen, auf dem die Händler alles feilbieten, was man sich nur vorstellen kann. Im Gegensatz zu seinen Pendants in Südafrika ist Katutura tagsüber relativ sicher – Voraussetzung dafür ist allerdings ein vertrauenswürdiger Einheimischer, der dann als Führer fungiert.

Über die Touristeninformation können Township-Tours gebucht werden, doch noch besser sind die Touren von **Katu Tours** (☎081 3032856; www.katuturatours.com; Touren pro Pers. 350 N$), die die Township mit dem Fahrrad erkunden. Die Mitarbeiter vermitteln einen guten Einblick ins Leben einer Township, darüber hinaus besteht die Chance, auch in Kontakt mit Einheimischen zu treten. Zur Tour gehört auch ein Besuch bei Penduka, wo Frauen Kunsthandwerk und Textilien verkaufen. Gestartet wird morgens um 8 Uhr in Katatura, die Tour dauert 3½ Std.

führt einen Spagat zwischen Mittelklasse- und Spitzenklassehotel, kann aber in Sachen Stil und Luxus locker mit den großen Hotelnamen mithalten. Dennoch sind die Zimmer hier erschwinglicher und auf Gäste ausgerichtet, die Boutiquehotels schätzen; Reisegruppen verschlägt es kaum einmal in die Villa.

Hotel Thule HOTEL **$$$**
(Karte S. 52; ☎371950; www.hotelthule.com; 1 Gorge St.; EZ/DZ ab 1410/1960 N$; ❄@≋) Oben auf einem Hügel in Eros Park, der so etwas wie das Beverly Hills von Windhoek ist, bietet das Hotel Thule so ziemlich den eindrucksvollsten Ausblick aller Hotels der Stadt. Ein schickes Restaurant und eine Bar bilden eine angenehme Ergänzung zu den geräumigen Zimmern mit einem Hauch europäischer Eleganz. Dort nehmen die Gäste ihre Sundowners ein, während sie beobachten, wie sich die Stadt langsam in ein funkelndes Lichtermeer verwandelt. Bei Online-Buchung gibt es eventuell bessere Preise als die oben genannten.

Roof of Africa HOTEL **$**
(Karte S. 52; ☎254708; www.roofofafrica.com; 124–126 Nelson Mandela Ave.; EZ 660–1070 N$, DZ 860–1420 N$; ❄@≋) Zu Fuß läuft man von dieser Oase der Ruhe etwa 30 Min. bis ins Stadtzentrum. Roof of Africa wirkt rustikal. Seine gut eingerichteten Zimmer zu unterschiedlichen Preisen und mit unterschiedlichem Luxus locken entspannte Urlauber an, die ein bisschen Ruhe vor dem

Trubel der Stadt suchen. Es lohnt sich, ein paar Namib-Dollars mehr für die Luxuszimmer auszugeben, die wesentlich mehr Platz, sehr bequeme Betten und ein modernes Bad bieten. Da alle Räume sehr unterschiedlich ausgestattet sind, lohnt es sich, sich vorab einige anzusehen.

Hotel Heinitzburg HOTEL $$$
(Karte S. 54; ☎249597; www.heinitzburg.com; Heinitzburg St. 22; EZ/DZ ab 1530/2200 N$; ❄@) Dieses Hotel ist das nobelste B&B in ganz Windhoek. Es befindet sich in der Heinitzburg, die der Graf von Schwerin 1914 für seine Verlobte Margarethe von Heinitz in Auftrag gab. Das Hotel gehört zur renommierten Relais & Chateaux-Gruppe und ist unter den Nobelherbergen mit Abstand die persönlichste Unterkunft der Stadt. Die Zimmer wurden fürs 21. Jh. mit Satelliten-TV und Klimaanlage aufgepeppt, doch die eigentliche Attraktion ist der noble Speisesaal mit hervorragender Gourmet-Küche und einem riesigen Weinkeller.

Hotel Cela HOTEL $$
(Karte S. 54; ☎226295; info@hotelcela.com; Bulow St.; EZ 480–650 N$, DZ 660–850 N$) Dieses günstig gelegene Hotel hat für fast jeden Geschmack das passende Zimmer. Die teureren, renovierten Zimmer sind naturgegeben die besten. Wenn alle anderen Unterkünfte der Stadt ausgebucht sind, sollte man hier nach freien Zimmern fragen.

Haus Ol-Ga B&B $$
(Karte S. 52; ☎235853; 91 Bach St.; EZ/DZ 350/500 N$) Die Bezeichnung des deutsch geprägten Hauses setzt sich aus den Anfangssilben der Eigentümernamen zusammen: Gesa Oldach und Erno Gauerke sind sehr bemüht, deutsche Gastfreundschaft in Namibia zu pflegen. Das Haus Ol-Ga liegt in Gartenambiente von Windhoek West und ist eine gute Wahl für alle, die es lieben, sich wie zu Besuch bei Verwandten (etwa der Großmutter) zu fühlen.

Essen

Namibias multikulturelle Hauptstadt bietet eine breite Palette an Restaurants. Es lohnt sich, in Windhoek etwas mehr Geld auszugeben und einige der kulinarischen Köstlichkeiten zu probieren. Aber Achtung: Freitag- und Samstagabend sollte man unbedingt reservieren.

Für Selbstversorger ist Windhoek ein Paradies, in den großen Einkaufszentren **Pick & Pay** (Karte S. 54; Wernhill Park Centre) und **Checkers** (Karte S. 54; Gustav Voigts Centre) findet man alles Notwendige.

Paul's INTERNATIONAL $
(Karte S. 54; ☎307176; Old Breweries Complex, Craft Market Inner Courtyard, Ecke Garten & Tal St.; Hauptgerichte 30–60 N$; ⏰Mo–Fr 8 bis 17, Sa bis 14 Uhr) Dieses Lokal im Herzen von Windhoeks Kunsthandwerksmarkt ist eine Mischung aus Brasserie und Café. Das Essen wird in industriellem Ambiente serviert, das mit modernen afrikanischen Drucken verschönert ist. Es ist eine witzige Mischung – genau wie die Speisekarte, auf der Tapas, Salate, frische Brötchen und gehaltvollere Gerichte stehen. Für alles gilt: low-fat, kein Glutamat und nur die Verwendung von frischen Zutaten. Der Besitzer kämpft für die Rechte behinderter Menschen und bemüht sich, gesund zu kochen. Da manchmal zu unerwarteten Zeiten geschlossen ist, sollte man telefonisch nachfragen, ob es zum gewünschten Zeitpunkt geöffnet ist.

Sardinia's Restaurant ITALIENISCH $$
(Karte S. 54; 39 Independence Ave.; Gerichte 60–100 N$; ⏰Mittag- & Abendessen) Das Restaurant an der Hauptstraße ist immer gut besucht – und das zu Recht, den die Pizzas sind erstklassig, die Auswahl an Pasta ist eindrucksvoll. Und das ist noch nicht alles: Hühnchen- und Rindfleischgerichte sowie Salate sind ebenfalls im Angebot (das Stübenküken mit Kräutern und Zitrone ist ausgezeichnet).

Namibia Crafts Cafe CAFÉ $
(Karte S. 54; Old Breweries Complex, Ecke Garten & Tal St.; Hauptgerichte 40–80 N$; ⏰Mo–Fr 9–18, Sa & So 9–15.30 Uhr) Dieser Mix aus Café, Restaurant und Bar eignet sich bestens, um das geschäftige Treiben auf der Tal Street von oben zu betrachten und auf der Terrasse etwas frische Luft zu schnappen. Es ist eines der angenehmsten Lokale der Stadt, um zu essen oder ein kaltes Getränk zu genießen – die umfangreiche Getränkekarte enthält auch gesunde Shakes und frisch gepresste Säfte. Das Essen in Form von Salaten, großen Pita-Broten, Sandwiches und gesundem (oder auch nur sättigendem) Frühstück ist perfekt.

Gourmet INTERNATIONAL $$
(Karte S. 54; ☎232360; Kaiserkrone Centre, Post St. Mall; Hauptgerichte 70–180 N$; ⏰Mo–Sa Frühstück, Mittag- & Abendessen) Das Bistro in einem hübschen ruhigen Innenhof an der

Post Street Mall hat eine sehr umfangreiche Speisekarte. Aus ausgezeichneten Zutaten entsteht eine Mischung aus namibischen, deutschen, französischen und italienischen Gerichten, die ebenso einfallsreich wie köstlich sind. Das Straußen-Carpaccio ist empfehlenswert, doch sollte man darum bitten, dass nicht zu viel Öl verwendet wird.

Pensador ANGOLANISCH, FISCH **$$**
(Karte S. 54; ☎221223; Ecke Mandume Ndemufayo Ave. & John Meinert St.; Hauptgerichte 130–200 N$; ⏲Abendessen) Ein hervorragendes Fischrestaurant mit einem Hauch angolanischem Einfluss und hier und da einer Spur portugiesischer Würze. Die Zutaten sind so frisch, dass man fast meint, der Fisch und die Meeresfrüchte müssten noch auf dem Teller zappeln. Der Service ist freundlich und aufmerksam.

Café Balalaika CAFÉ **$$**
(Karte S. 54; ☎233479; Independence Ave., Zoo Park; Sushi 80 N$, Hauptgerichte 80–100 N$; ⏲11–2 Uhr; 📶) Das Lokal mit Außenterrasse liegt unter einem riesigen Gummibaum am Rand des Zoo Park. Hier lassen sich wunderbar ein Cappuccino und ein Teller Sushi genießen. Was gibt es schöneres, als hier einen Nachmittag zu verbringen, Bier vom Fass zu trinken und Pizza, Salat oder ein Fleischgericht zu bestellen? Am Abend wandelt sich das Ganze in eine Bar bzw. einen Club, doch Essen wird bis in die Nacht hinein serviert.

Nice INTERNATIONAL **$$**
(Karte S. 54; ☎300710; Ecke Mozart St. & Hosea Kutako Dr.; Hauptgerichte 70–130 N$; ⏲Mo–Fr Mittagessen, tgl. Abendessen) Das Namibian Institute of Culinary Education (Kochschule) – oder kurz „nice" genannt – betreibt dieses „lebende Klassenzimmer", wo künftige Küchenchefs ihre erlernten Künste zeigen können. Das Restaurant mit mehreren Speisesälen und einem schönen Innenhof wirkt wie eine elegante Galerie (weiße Tischtücher, glänzende Weingläser) und bietet zusätzlich eine Sushi- und Weinbar. Zu den Mittagsgerichten zählen Garnelen- und Avocadosalat, langsam gegarte Lammkeule und Wildfleisch wie etwa Oryx-Antilope. Die Speisekarte ist kurz; der Service ist sehr gut.

La Marmite WESTAFRIKANISCH **$$**
(Karte S. 54; Independence Ave.; Hauptgerichte 100 N$; ⏲Mittag- & Abendessen) Dieses einfache westafrikanische Lokal ist schon viele Jahre sehr beliebt. Zur Auswahl stehen Gerichte der nord- und westafrikanische Küche, darunter algerische, senegalesische, ivorische, kamerunische und nigerianische Gerichte, die alle mit der Raffinesse feinster französischer Kochkunst zubereitet werden.

Restaurant Gathemann NAMIBISCH **$$$**
(Karte S. 54; ☎223853; 179 Independence Ave.; Hauptgerichte 120–240 N$; ⏲Abendessen) In einem Gebäude aus der Kolonialzeit an der Independence Avenue liegt dieses teure namibische Gourmet-Restaurant. Es verarbeitet die einzigartigen Zutaten des Landes wie Trüffeln aus der Kalahari und Gemüse aus dem Ovamboland, dazu Wildfleisch und Austern aus der Walvis Bay und stellt damit auch die anspruchsvollsten Feinschmecker zufrieden.

Crafter's Kitchen CAFÉ **$**
(Karte S. 54; 109 Independence Ave.; Hauptgerichte 30–45 N$; ⏲Mo–Sa Frühstück & Mittagessen) Hier gibt es Kunsthandwerk zu kaufen und für den kleinen Hunger gibt es Toasts, Burger und Suppen. Das Essen ist bei Einheimischen ebenso beliebt wie bei Touristen. Auch für Kaffee und Kuchen lohnt sich ein Besuch.

Leo's INTERNATIONAL **$$$**
(Karte S. 54; ☎249597; www.heinitzburg.com; 22 Heinitzburg St.; Hauptgerichte 250 N$) Leo's wird seiner Lage im Heinitzburg Castle gerecht und begrüßt die Besucher im Bankettsaal, in dem früher Fürsten speisten. Das edle Porzellan und die funkelnden Kristallgläser sind fast so extravagant wie das Essen selbst, das sich über Länder und Kontinente, Land und Meer erstreckt.

Joe's Beer House PUB **$**
(Karte S. 52; 160 Nelson Mandela Ave.; Hauptgerichte 60–120 N$; ⏲Abendessen) Eine legendäre Institution in Windhoek! Hier finden Besucher all die erstaunlichen Tiere auf ihrem Teller (wenn auch mit ein bisschen schlechtem Gewissen), die sie bei der Safari gesehen haben. Es gibt riesige Zebrasteaks, Straußenspieße, Pfeffersteak vom Springbock, Oryx-Sirloin, Krokodil vom heißen Stein und mariniertes Kudu-Steak.

🍷 Ausgehen

Es gibt einige beliebte Lokale, um ein paar Drinks zu bestellen und vielleicht sogar ein bisschen zu tanzen. Viele Restaurants verwandeln sich am späten Abend in Bars, vor allem die auf Touristen ausgerichteten wie das Nice. Das Nachtleben von Windhoek ist entspannt und im Allgemeinen frei von Är-

1

DAVID WALL PHOTO / GETTY IMAGES ©

2

4

KLAUS LANG / GETTY IMAGES ©

DENNIS JONES / GETTY IMAGES ©

1. Kolmanskop (S. 169)
Kolmanskop gehörte zu einer ergiebigen Diamantenmine; heute ist die Stadt verlassen und dem Wüstensand preisgegeben.

2. Etosha National Park (S. 84)
Etosha mit seinen riesigen Herden gilt als einer der weltweit besten Orte zur Beobachtung wilder Tiere.

3. Köcherbäume
Der merkwürdige *kokerboom* (Köcherbaum) gehört zur Gattung der Aloen und wächst nur im Süden Namibias.

4. Moremi Game Reserve (S. 325)
Das nach dem Batawana-Häuptling Moremi III. benannte Moremi Game Reserve schützt die unterschiedlichsten Lebensräume: Wälder, Savannen, Überschwemmungsflächen, Feuchtgebiete, Lagunen und Inseln.

3

ANDREW PARKINSON / GETTY IMAGES ©

ger, doch sollte man abends immer mit dem Taxi heimfahren!

El Cubano NACHTCLUB
(Karte S. 54; Ecke Sam Nujoma Dr. & Independence St.; ⏲Fr & Sa) Hier lädt Habana ein – auf namibisch. Der beliebteste Club der Stadt mit moderner Einrichtung und bunt gemischten Besuchern wurde 2012 im Untergeschoss des Hilton Hotels wiedereröffnet. Der Nachtclub hat seine eigene Facebookseite.

Joe's Beer House PUB
(Karte S. 52; 160 Nelson Mandela Ave.) Getreu seinem Namen bietet Joe's eine große Auswahl sowohl an namibischen als auch deutschen Bieren. Geöffnet ist es bis in die frühen Morgenstunden.

Café Balalaika BAR
(Karte S. 54; Independence Ave., Zoo Park) In diesem Lokal – tagsüber Café, abends Bar – gibt es eine Terrasse mit dem größten Gummibaum der Stadt. Es locken Livemusik und Karaoke, eine coole Barszene und erfrischendes Bier vom Fass.

Pharaoh Lounge BAR
(Karte S. 52; 22 Nelson Mandela Ave.) In dieser Bar an der Ecke Nelson Mandela und Sam Nujona Avenue kann man einen Cocktail trinken und tanzen oder einfach nur in den bequemen Sesseln chillen.

Club London NACHTCLUB
(Karte S. 52; 4 Nasmith St., Southern Industrial Area; ⏲Do–Sa) Das frühere La Dee Da's hat den Standort gewechselt und sich am neuen Ort auch modernisiert. Auf der Facebook-Seite wird berichtet, was sich gerade tut: So gibt es Schaumpartys oder andere ausgefallene Events, mit denen die Besitzer von sich reden machen. An vielen Abenden können Besucher zu angolanischer *kizomba* (schnelle portugiesisch-afrikanische Musik), Hip-Hop, Rave, traditioneller afrikanischer Musik, Rock und kommerziellem Pop tanzen. Alles wird begleitet von Spezialeffekten.

Wine Bar WEINBAR
(Karte S. 54; ☎226514; 3 Garten St.; ⏲Mo–Do 16–23.30, Fr 15–24, Sa 17–22.30 Uhr) In diesem hübschen historischen Herrenhaus wurde ursprünglich der Wasservorrat der Stadt gelagert. Heute beherbergt es die beste Weinauswahl der Stadt, die Angestellten kennen sich alle hervorragend aus und man ruhugen Gewissens den Empfehlungen folgen. In einem gepflegten Rahmen wird der Gaumen der Gäste mit einer Auswahl südafrikanischer Weine und mediterraner Snacks wie Tapas verwöhnt. Ein herrlicher Ort für ein Glas Wein und einen feurigen afrikanischen Sonnenuntergang! Angeschlossen ist ein Weinladen.

☆ Unterhaltung

Egal, ob eine Theatervorstellung gewünscht wird oder der neueste Hollywoodfilm: Windhoek kann damit dienen.

National Theatre of Namibia THEATER
(Karte S. 54; ☎234 633; Robert Mugabe St.) Das Nationaltheater liegt südlich der National Art Gallery und zeigt in unregelmäßigen Abständen Aufführungen. Informationen zum Programm finden sich in der Zeitung *Namibian*.

Playhouse Theatre THEATER
(Karte S. 54; ☎402253; 48 Tal St., Old South-West Brewery Bldg.) Das Gebäude diente ursprünglich als Lager für Brauereien und wurde dann in ein vollwertiges Theater umgewandelt. Dank des industriellen Ambientes und der Gestaltungsmöglichkeiten ist das Playhouse der ideale Veranstaltungsort für Konzerte afrikanischer und europäischer Musik sowie für Theateraufführungen. Das Angebot runden ein Ausstellungsraum und ein Internetcafé ab.

Ster Kinekor KINO
(Karte S. 52; ☎215912; Maerua Park Centre) In diesem Kino bei der Robert Mugabe Avenue werden neue Filme gezeigt, dienstags zum halben Preis.

College of the Arts (COTA) KLASSISCHE MUSIK
(Karte S. 54; ☎225 841; 41 Fidel Castro St.) Das Konservatorium dieser Hochschule veranstaltet gelegentlich klassische Konzerte.

Shoppen

Das Kunsthandwerk, das in der Post Street Mall verkauft wird, stammt größtenteils aus den Nachbarländern, aber die Auswahl an Holzschnitzereien, Körben und anderen afrikanischen Souvenirs ist dennoch beeindruckend. Wer nicht zu viel Geld ausgeben will, muss knallhart feilschen – aber immer schön cool bleiben und vor allem nett lächeln! Am Ende siegt die Höflichkeit. Ebenfalls eine gute Auswahl findet man in der Fidel Castro Street nahe der Ecke Independence Street, wo es den Hügel hinauf zur Christuskirche geht.

Windhoek verfügt über eine gute, lebendige Shoppingmall-Kultur. Eine Vielzahl

EINEN RIECHER FÜR EDELSTEINE

Der 2003 verstorbene ehemalige Besitzer des House of Gems, Sid Pieters, war Namibias bedeutendster Edelsteinexperte. 1974 entdeckte Pieters an der namibischen Küste 45 Jeremejevit-Kristalle. Dieser meerblaue Turmalin enthält Boron und gilt als der seltenste Edelstein der Welt. Namibia war bislang erst der zweite Fundort, der erste Turmalin wurde Mitte des 19. Jhs. in Sibirien entdeckt. Zu Pieters' Funden gehörte auch der nach ihm benannte wunderschöne gestreifte „Krokydolith Pietersit" aus der Gegend von Outjo im nördlichen Zentralnamibia. Pietersit ist eine herrliche Variante von Jaspis mit Einschüssen von Asbestfasern und sicher eines der schönsten und ungewöhnlichsten Minerale der Welt. So mancher meint, dass er über besondere energie- und bewusstseinsfördernde Qualitäten verfügt. Verfechter der New Age-Theorien behaupten hingegen, er berge „die Schlüssel zum Himmelreich". Wer den Stein lange genug anschaut, kommt vielleicht zu dem gleichen Schluss.

von Einkaufszentren finden sich in der ganzen Stadt, aber auch in den Vororten. Die meisten Geschäfte sind typisch südafrikanisch und bieten hochwertige Waren zu einem Bruchteil des in der Heimat üblichen Preises.

Der **Soweto Market** in Katutura hat eher etwas von einem traditionellen afrikanischen Markt und sollte deshalb lieber in Begleitung von einem Einheimischen oder im Rahmen einer organisierten Tour besucht werden.

Ausrüstung für Allradexpeditionen gibt es bei **Safari Den** (Karte S. 52; ☎290 9294; www.safariden.com; 20 Bessemer St.) und bei **Gräber's** (Karte S. 52; ☎222732; Bohr St.) in der Southern Industrial Area.

Namibia Crafts Centre KUNSTHANDWERK
(Karte S. 54; ☎242222; 40 Tal St., Old Breweries Craft Market; ⏲Mo–Fr 9–17.30, Sa & So 9–15.30 Uhr) Hier findet man jede Menge wundervoller namibischer Arbeiten: Leder- und Korbwaren, Keramiken, Schmuck, Stickereien oderhandbemalte Textilien. Für jedes Stück sind Künstler und Herkunft dokumentiert. Schön sind auch die Schnitzereien aus Wurzeln.

Old Breweries Craft Market KUNSTHANDWERK
(Karte S. 54; Ecke Garten & Tal St.) In diesem Paradies für einkaufswütige Touristen locken sowohl viele kleine als auch ziemlichgroße Läden mit einer vielfältigen Auswahl an afrikanischem Kunsthandwerk. Zu den schönsten Läden zählen **Woven Arts of Africa** mit herrlichen handgewebten Wandteppichen und Teppichen und **ArtiSan**, ein winziger Laden, der mit echtem Kunsthandwerk der Buschmänner aufwartet.

House of Gems EDELSTEINE
(Karte S. 54; ☎225202; www.namrocks.com; 131 Werner List St.) Dies ist der renommierteste Laden in Windhoek für rohe und polierte Mineralien und Edelsteine.

Penduka KUNSTHANDWERK
(☎257210; www.penduka.com) Penduka bedeutet „aufwachen". Die Organisation betreibt ein nicht-gewinnorientiertes Handarbeitsprojekt von Frauen am Goreangab Dam, einem Stausee 8 km nordwestlich der Innenstadt. Erhältlich sind hier Handarbeiten, Körbe, Schnitzereien und Stoffe zu angemessenen Preisen; der Erlös kommt allein den Herstellern zugute. Wer hinfahren möchte, nimmt den Western Bypass in Richtung Norden und biegt links in die Monte Cristo Road ab, dann links in die Otjomuise Road, rechts in die Eveline Street und erneut rechts in die Green Mountain Dam Road. Von hier den Schilder zum Goreangab Dam/Penduka folgen.

Cymot Greensport OUTDOOR-AUSRÜSTUNG
(Karte S. 54; ☎234131; 60 Mandume Ndemufayo St.) Wer in die namibische Wildnis aufbrechen will, sollte sich vorher hier die nötige Ausrüstung besorgen. Hier gibt es auch Camping-, Wander- und Fahrradausrüstung, ebenso wie bei **Cape Union Mart** (Karte S. 52; Maerua Park Centre).

ℹ Praktische Informationen

Gefahren & Ärgernisse

In der Innenstadt von Windhoek geht es im Allgemeinen ruhig zu. Reisende sollten allerdings aufmerksam sein, keine Unsicherheit zeigen, die Hand am Geldbeutel halten und keine

MIT DEM FAHRRAD ÜBER DEN ELEPHANT HIGHWAY

MARA VORHEES

Als ich mir die Möglichkeit, mit dem Fahrrad durch Botsuana und Namibia zu strampeln, durch den Kopf gehen ließ, befragte ich zuerst einmal meinen Lonely Planet Reiseführer: „Wer kein erfahrener Radfahrer und für extreme Bedingungen nicht ausgerüstet ist, sollte sich Ideen wie ein Abenteuer mit dem Fahrrad besser aus dem Kopf schlagen." Das Buch betonte die Handicaps: wie irre die Sonne herunterbrennt, wie wenig Wasser es gibt und wie weit die Entfernungen sind. „Wer hier Rad fährt, kann gleich Selbstmord begehen", schloss ich messerscharf. Worauf hatte ich mich da nur eingelassen?

Die Tatsache, dass ich bei einer organisierten Tour mitfahren würde, beruhigte mich etwas. Die Tour d'Afrique (TDA; www.tourdafrique.com) ist eine Expedition über eine Distanz von 11 800 km, die von Kairo nach Kapstadt führt und sich in acht Streckenabschnitte gliedert. Als Mitglied des Lonely-Planet-Teams sollte ich das vorletzte Teilstück – den Elephant Highway – von den Victoriafällen nach Windhoek bestreiten.

Somit musste ich mich zum Glück nicht um so lästige Details wie Trinkwasser kümmern. Namibia und vor allem Botsuana sind dünn besiedelte Länder. Selbst auf den wichtigsten Highways fuhren wir stundenlang dahin, ohne an einem Zeichen der Zivilisation vorbeizukommen. Wir verbrachten jede zweite Nacht in einem Buschcamp, wo wir ohne jegliche Infrastruktur in der Wildnis schliefen, vom Transport-Truck einmal abgesehen. Und man sollte im Hinterkopf behalten, dass wir in der Wüste waren. Ohne ein Versorgungsfahrzeug hätten die Biker mindestens für zwei Tage Wasser und Nahrungsmittel herumkutschieren müssen.

Der andere Aspekt des Klimas – die Hitze – beunruhigte mich nicht so sehr, denn die Tour fand im April statt. Wie sich herausstellte, sind in Südafrika die Bedingungen zum Radfahren im Herbst ziemlich ideal. Wir fuhren immer bei Sonnenaufgang los, um die frische Morgenluft zu nutzen. Ich brauchte anfangs immer eine Jacke, allerdings nicht lange. Gegen Mittag wurde es heiß. Aber natürlich hatten die wirklich schnellen Biker mittags unser jeweiliges Ziel längst erreicht. Da ich zu den langsamen zählte, musste ich einige heiße Nachmittage durchstehen, aber die Temperaturen kletterten eigentlich selten über 30 °C.

Die Sonne ist brutal, da besteht kein Zweifel, und das Auftragen der Sonnencreme war ein Ritual, das jeden Morgen stattfand und alle paar Stunden auf der Straße wiederholt wurde. Einige Biker trugen unter ihren Trikots langärmelige, leichte Sachen, um ihre Arme vor der Sonne zu schützen. Aber jedenfalls bestand keine Möglichkeit, der „Bikerbräune" zu entgehen, die sich unterhalb der Chamois-Shorts ausbreitete.

Ich kam also mit der Hitze und dem wenigen Wasser zurecht, aber was war mit den Entfernungen? Mit 1576 km ist der Elephant Highway eine der längsten Teilstrecken der Tour – und mit Sicherheit weiter, als ich je mit dem Rad gefahren war. Die gute Nachricht ist, dass die Landschaft meist flach ist und die Straßen asphaltiert sind. Die schlechte Nachricht lautet, dass es ganz schön eintönig ist, sechs bis acht Stunden pro Tag in die Pedale zu treten. Wie kann man sich also vorbereiten? Man sollte auf seinen Körper achten: durch ein anständiges Training, bei dem jede Menge Kilometer gefressen werden. Und man sollte auf seinen Geisteszustand achten und einen iPod mitnehmen.

Von den desolaten Landschaften abgesehen, gibt es am Elephant Highway viel zu sehen. Elefanten beispielsweise. Ja, wirklich! Sie lassen sich häufig an der Hauptstraße nördlich und westlich von Nata blicken. Ich war total begeistert, als ich an einer Herde entlangfuhr, die sich an einem Wasserloch versammelt hatte, und dann – später – versperrte mir so ein Riese den Weg. Weniger begeistert war ich dann, als ich am Straßenrand ein Gerippe sah – oder roch.

Für den Fall, dass es jemanden interessiert: Die Höchstgeschwindigkeit eines Elefanten liegt bei 40 km/h, wenn er aufgeregt oder in Alarmbereitschaft ist. Zum Glück können die fünf Tonnen schweren Dickhäuter diese Geschwindigkeit aber nur ein paar Sekunden beibehalten. Wer also richtig kräftig in die Pedale tritt, kann ihnen schon noch entkommen.

In dieser Gegend gibt es aber noch mehr wilde Tiere, die allerdings von der Straße aus schwieriger zu sehen sind. Man halte nach Giraffen, Warzenschweinen, mehreren Antilopenarten, Echsen und Unmengen Vögeln Ausschau.

Somit ist also eines klar: Wer gern Wildtiere beobachtet, sollte einige Zeit im Sattel einplanen. Man kann sein Fahrrad aber auch in Maun parken und an einer Exkursion zum Okavango-Delta teilnehmen. Wer ein paar Nächte in einer der Lodges zwischen Nata und Maun verbringt, kann die Makgadikgadi Pans erkunden. Oder man tauscht sein Rad in Kasane gegen ein Boot aus und schippert über den Zambezi River. In den Nationalparks ist das Radfahren verboten, und zwar aus gutem Grund: Kein Biker will schließlich Essen auf Rädern abgeben.

Die Autorin Mara Vorhees war eine von 16 Lonely-Planet-Bikern, die 2009 an der Tour d'Afrique teilnahmen. Sie bewältigte den 1546 km langen Elephant Highway.

allzu auffällige Kleidung tragen. Dann sollte eigentlich nichts Schlimmeres passieren als kleine Belästigungen durch hartnäckige Schwarzhändler und Schwindler.

Abseits der Hauptstraßen sollte man in den vielen Seitenstraßen allerdings umso vorsichtiger sein – erst recht, wenn man mit einer Tasche unterwegs ist. Besonders „beliebt" sind protzige Kamera- oder Videotaschen.

Ein beliebter Einstieg für Diebe ist derzeit die Masche, an das Gewissen der Touristen zu appellieren und sie mit der Frage „Warum sprechen Sie nicht mit einem Schwarzen?" auf sich aufmerksam zu machen. In so einem Fall ist es am besten, keine Notiz zu nehmen und einfach weiterzugehen. Nachts sollte man immer mit dem Taxi fahren, selbst in den reichen Vororten. Die Straßen von Windhoek sind ab Sonnenuntergang meist ausgestorben, ausländische Touristen sind dann für Kleinkriminelle eine leichte Beute.

Das Hauptärgernis für Reisende sind Kleindiebstähle, die vor allem in den günstigen Hotels und Hostels der Stadt immer wieder vorkommen. Als Faustregel gilt: stets den Hotelsafe benutzen und Wertgegenstände nicht offen herumliegen lassen.

Wer mit dem Auto unterwegs ist, sollte nicht auf der Straße parken und nie irgendetwas Wertvolles im Auto lassen. Die Autotüren sollten immer verschlossen bleiben, selbst wenn jemand im Auto sitzt. Eine beliebte Masche der Kleinkriminellen ist es, den Autoinsassen abzulenken, während ein Komplize eine der hinteren Türen öffnet, sich eine Tasche schnappt und losrennt.

Tagsüber parkt man am sichersten und bequemsten in der Tiefgarage unter dem Wernhill Park Centre. Beim Übernachten ist es wichtig, dass die Unterkunft eine sichere Parkmöglichkeit abseits der Straße bietet.

Die Township Katutura und die nordwestlichen Industrievororte Goreangab, Wanaheda und Hakahana sind normalerweise weniger gefährlich als ihre Pendants in Südafrika. Bei Tag ist ein Besuch relativ sicher. Dennoch ist es empfehlenswert, sich einer organisierten Tour anzuschließen oder mit einem Einheimischen zu gehen.

Geld

Die großen Banken und Wechselstuben liegen alle rund um die Independence Avenue. Sie wechseln Fremdwährungen, lösen Reiseschecks ein und geben Bargeld auf Kreditkarten. Geldautomaten in Namibia akzeptieren in der Regel Visa und MasterCard.

Internetzugang

Praktisch alle Hotels und Hostels bieten preiswerten und zuverlässigen Internetzugang, dabei wird WLAN immer mehr zur Norm. Außerdem gibt es Internetcafés in jedem Einkaufszentrum der Stadt.

Medizinische Versorgung

Rhino Park Private Hospital (Karte S. 52; ☎225434; Sauer St.) Bietet exzellente Pflege und Versorgung, Patienten müssen jedoch im Voraus bezahlen.

Mediclinic Windhoek (☎222687; Heliodoor St., Eros; ⏲24 Std.) Notfallzentrum und eine Reihe medizinischer Dienste.

Notfall

Krankenwagen (☎211 111)
National Police (☎10111)
Stadtpolizei (☎290 2239; ⏲24 Std.)

Post & Telefon

Die moderne Hauptpost (Independence Ave.) hat kein Problem mit Sendungen jedweder Art nach Übersee. In der Lobby gibt es auch Telefonzellen. Direkt daneben liegt das **Telekommunikationszentrum** (Independence Ave.), von dem aus internationale Gespräche möglich sind und auch Faxe versandt und empfangen werden können.

Reisebüros

Cardboard Box Travel Shop (Karte S. 54; ☎256580; www.namibian.org) Das renommierte Reisebüro ist dem gleichnamigen Backpacker-Hostel angeschlossen. Hier lassen sich sowohl günstige als auch hochpreisige Buchungen im ganzen Land vornehmen.

Chameleon Safaris (Karte S. 54; ☎247668; www.chameleonsafaris.com) In diesem Reisebüro – angeschlossen an das gleichnamige Backpacker Hostel – kennt das stets hilfsbereite Personal sich besonders gut mit Safaris im Land aus.

Touristeninformation

Namibia Wildlife Resorts (NWR; Karte S. 54; ☎285 7200; www.nwr.com.na; Independence Ave.) Hier können Unterkunft und Wanderungen in den Nationalparks gebucht werden.

Windhoek Information & Publicity Office (Zentrale) (Karte S. 54; ☎290 2092, 290 2596; www.cityofwindhoek.org.na; Independence Ave.; ⏲7.30–16.30 Uhr) Das freundliche Personal in der Zentrale beantwortet Fragen und verteilt örtliche Prospekte, das Veranstaltungsprogramm *What's On in Windhoek* und praktische Stadtpläne. Es gibt eine Filiale (Karte S. 54; Post St. Mall; ⏲7.30–12 und 13–16.30 Uhr) in der Post Street Mall, die allerdings über Mittag geschlossen hat.

ℹ An- & Weiterreise

Auto & Motorrad

Windhoek ist das Drehkreuz des Landes – hier kreuzen sich die Nord-Süd-Route (B1) und die Ost-West-Routen (B2 und B6). Von welcher Seite man sich auch der Stadt nähert: Man fährt auf gut beschilderten Straßen durch eine ausgesprochen malerische hügelige Wüstenlandschaft. Wer vom Norden Namibias in den Süden fahren will, kann auf dem Western Bypass das Stadtzentrum umfahren.

Bus

Vom wichtigsten Busbahnhof (Ecke Independence Ave. & Bahnhof St.) der Stadt verkehrt der Intercape Mainliner (S. 223) von und nach Kapstadt, Johannesburg, Victoria Falls und Swakopmund, unterwegs hält er mehrmals. Tickets verkaufen die jeweilige Unterkunft und das Büro Intercape Mainliner, sie sind aber auch online buchbar. Da diese Strecken sehr beliebt sind, sollte man im Voraus reservieren.

Es gibt außerdem Verbindungen zwischen Windhoek, Swakopmund und Walvis Bay (Näheres bei der Touristeninformation), etwa mit Bussen der Firma Town Hoppers (☎081 210 3062). Der Bus fährt täglich um 14.30 Uhr (250 N$, 4 Std.), er kehrt am folgenden Morgen nach Windhoek zurück.

Örtliche Minibusse fahren, wenn sie voll besetzt sind, an der Tankstelle am Rhino Park, Katatura, ab. Sie fahren zu den meisten städtischen Zentren in Zentral- und Südnamibia man sollte(sehr früh kommen). Wer zu Zielen im Norden wie Tsumeb, Grootfontein und Rundu fahren will, geht zur Minibushaltestelle gegenüber vom Krankenhaus an der Independence Avenue, Katutura.

Im Allgemeinen bedienen die Minibusse nicht die wichtigen Touristenzentren Namibias, die oft weit abseits städtischer Zentren liegen. Dafür sind sie eine gute Möglichkeit, um einige der kleineren Städte des Landes zu besuchen. Und es macht Spaß in einem Bus mit Einheimischen mitzufahren.

Flugzeug

Der Chief Hosea Kutako International Airport liegt etwa 40 km östlich des Stadtzentrums. Hier landen und starten die meisten internationalen Flüge. Air Namibia (☎299 6333; www.airnamibia.com.na) fliegt täglich zwischen Windhoek, Kapstadt und Johannesburg. Auch tägliche Flüge von und nach Frankfurt stehen auf dem Programm. Mehrere Fluglinien, darunter Air Namibia, bieten auch internationale Flüge nach Maun (Botsuana) und Victoria Falls (Simbabwe) an.

Eros Airport, direkt südlich des Stadtzentrums, ist Dreh- und Angelpunkt für die meisten Inlandsflüge. Air Namibia fliegt dreimal wöchentlich von und nach Katima Mulilo, Ondangwa, Rundu und Swakopmund/Walvis Bay.

Wer von Windhoek mit dem Taxi zum Flughafen fährt, muss bei Fahrtantritt sicherstellen, dass der Taxifahrer weiß, zu welchem Flughafen die Fahrt geht.

Weitere Fluglinien, die Windhoek bedienen:

Lufthansa (☎415 3747; www.lufthansa.com)
South African Airways (S. 218)
TAAG Angola (☎226625; www.taag.com.br)

All diese Fluglinien haben Büros am Chief Hosea Kutako International Airport oder in Windhoek im Sanlaam Centre (Karte S, 54; Fidel Castro St.), aber natürlich lässt sich alles auch im Voraus online organisieren.

Trampen

Dank seiner Lage und seiner Bedeutung als Verkehrsknotenpunkt ist das Trampen von und nach Windhoek einfacher als das Trampen zu anderen Zielen im Land.

Zug

Am Bahnhof von Windhoek gibt es einen Fahrkartenschalter (☎298 2175; ⏲7.30–16 Uhr), wo Platzreservierungen für alle Züge des Landes möglich sind. Es gibt verschiedene Linien, dazu zählen auch über Nacht verkehrende Züge nach Keetmanshoop, Tsumeb und Swakopmund. Allerdings bevorzugen die meisten Reisenden aus Übersee wegen der unzuverlässigen Fahrpläne und der langen Fahrzeiten der Züge die wesentlich besseren Busverbindungen.

Unterwegs vor Ort

Sammeltaxis fahren ab den Taxiständen am Wernhill Park Centre auf festgelegten Strecken nach Khomasdal und Katutura. Wer zu einem Ziel entlang dieser Strecken will, zahlt zwischen 5 und 15 N$. Bei Taxis, die ab dem Busbahnhof fahren oder per Funk bestellt werden, läuft entweder der Taxameter oder man zahlt einen auf Kilometerbasis berechneten Preis. Eventuell lässt sich bei Antritt der Fahrt ein Festpreis aushandeln. Die meisten Fahrten in der Stadt kosten um die 50 N$.

Am Hosea Kutako International Airport warten in der Regel Taxis vor der Ankunftshalle. Es ist eine lange Fahrt in die Stadt, die je nach Ziel zwischen 270 und 300 N$ kostet.

Der Fahrpreis vom Eros Airport liegt deutlich niedriger, etwa bei 50 N$. In der Stadt warten vertrauenswürdige Taxis vor der Touristeninformation an der Independence Avenue. Wer ein Taxi auf der Straße anhält, muss sich bewusst sein, dass es viele Gauner gibt und dass von den Fahrern oft nur sehr wenig Englisch verstanden wird.

NÖRDLICHES ZENTRALNAMIBIA

Nur durchs Wagenfenster von der flirrend weißen Ebene getrennt, eine Thermoskanne mit Kaffee in der Hand und die Kameras immer schussbereit, erlebt der Besucher Begegnungen und Erlebnissen mit wilden Tieren, wie sie wohl nur an wenigen anderen Orten der Welt möglich sind. Im südlichen Randbereich des Nationalparks versammeln sich unzählige Vertreter der afrikanischen Tierwelt an künstlich angelegten Wasserstellen und natürlich sprudelnden Quellen. Es genügt, einen Tag an einem einzigen Wasserloch auszuharren, und man wird mit buchstäblich Tausenden Wildsichtungen belohnt. Dieser Tatsache verdankt Etosha zu Recht den Ruf, eines der weltbesten Reservate für die Beobachtung von Großsäugern zu sein.

Anders als in den meisten anderen afrikanischen Wildparks dürfen alle Schotterstraßen in Etosha von Individualreisenden mit einem normalen Pkw befahren werden. Mietwagenfahrern steht eine eindrucksvolle Safari bevor, die sie ihr Leben lang nicht vergessen werden. Zuhause der Familie und Freunden zu berichten, wie schnell der Guide ein Löwenrudel gesichtet hat, das kann jeder. Aber wie viele Reisende sind schon auf Kopfhöhe mit einer Herde Zebras am Rand einer Salzpfanne entlanggeprescht?

Als Kronjuwel in der reich gefüllten Schatztruhe der namibischen Schutzgebiete ist Etosha das wichtigste Ziel einer Rundfahrt durch das nördliche Zentralnamibia. Die Region bietet aber auch eine Vielzahl weiterer, reizvoller Gelegenheiten für Wanderungen und Entdeckungen, und mit ziemlicher Sicherheit sind hier kaum Touristen zu sehen. Wer Zeit hat, sollte auch den anderen Sehenswürdigkeiten Beachtung schenken: majestätischen Hochplateaus, kunstvoll bemalten Höhlen, schwergewichtigen Meteoriten und Fußspuren von Dinosauriern.

Geografie

Die Etosha-Pfanne ist das beliebteste Reiseziel im nördlichen Zentralnamibia. Es handelt sich um eine salzverkrustete Steppe, die berühmt für ihre ziehenden Gnuherden und die Vielzahl von Großsäugern an den Wasserbädern ist. Doch wirtschaftlich bedeutend wird dieser Teil des Landes vor allem als Viehzucht- und Bergbauzentrum. Der industriellen Bergbau, vorrangig um Tsumeb, nahm zu Beginn des 20. Jhs. seinen Anfang; die Weidewirtschaft, die vor allem von den Herero betrieben wird, gab es bereits vor der deutschen Kolonisierung. Mit dem Waterberg Plateau Park besitzt das an reizvollen Landschaften reiche, nördliche Zentralnamibia einen faszinierenden Inselberg; der Gebirgszug des Erongo (Erongoberg) bildet eine dramatische Felskulisse entlang der Straße von Windhoek nach Swakopmund.

Unterwegs vor Ort

Die meisten Sehenswürdigkeiten liegen außerhalb der Siedlungen und sind nur mit einem eigenen Fahrzeug erreichbar. Der Etosha-Nationalpark ist Programmpunkt auf den meisten organisierten Rundreisen, doch wer möchte schon auf eine spannende und aufregende Safari auf eigene Faust verzichten! Sogar in der Regenzeit sind die Zufahrtsstraßen zum Nationalpark, ebenso wie die Wege im Schutzgebiet selbst, problemlos mit einem normalen Pkw zu befahren.

Ein dichtes Netz von befestigten Straßen erschließt das gesamte nördliche Zentralnamibia. Abgesehen von einigen kleineren Zufahrtsstraßen ins Erongogebirge ist ein Geländewagen hier oft überflüssig.

Richtung Osten nach Botsuana

Schier endlos zieht sich die B6 von Windhoek nach Osten zur Grenze mit Botsuana. Die Straße durchquert eines der wichtigsten Viehzuchtgebiete Namibias. Die 970 Farmen der Region Omaheke besitzen zusammen 5 Mio. ha Grund und liefern ein Drittel des in Namibia produzierten Rindfleisches. Passionierten Fleischessern mögen diese Zahlen Freude bereiten; daran, dass die Straße nach Botsuana lang und monoton ist, wird das allerdings nichts ändern. Zum Glück ist sie befestigt, eben und hervorragend unterhalten.

GOBABIS

☎ 062

Gobabis liegt am Wit-Nossob-Fluss, 120 km von Buitepos, dem Grenzposten nach Botsuana, entfernt. In Khoikhoi bedeutet der Name „Ort des Streits". Leicht verändert geschrieben (Goabbis) kann er jedoch auch als „Ort der Elefanten" übersetzt werden, eine Version, der die Einheimischen trotz des offensichtlichen Mangels an Elefanten deutlich den Vorzug geben.

Gobabis ist zwar das wichtigste Versorgungszentrum der namibischen Kalahari, aber es gibt nicht viel zu sehen. Das alte Militärhospital, das **Lazarett**, ist das einzige historische Gebäude und diente früher als Stadtmuseum. Offiziell ist es geschlossen, doch in der Bibliothek im Stadtzentrum kann man den Schlüssel dafür bekommen.

Die **Harnas Wildlife Foundation & Guest Farm** (☎568828; www.harnas.org; Stellplatz 180 N$ pro Pers., Iglus/Hütten 750/950 N$ pro Pers., Iglus/Hütten mit Vollpension 935/1135 N$ pro Pers.) ist ein landwirtschaftliches Entwicklungsprojekt, vergleichbar mit einer Arche Noah. Hier erlebt der Gast die Wildnis inklusive Gepard, Leopard und Löwe hautnah. Viele der Tiere leben in Käfigen. Da sie aber entweder verwaist oder verletzt aufgefunden wurden, hätten sie ohne die Hilfe der Stiftung in freier Wildbahn nicht lange überlebt. An Schlafplätzen besteht kein Mangel – auch Unterkunft mit Vollpension ist möglich. Ein großes Angebot an verschiedensten Aktivitäten sorgt dafür, dass keine Langeweile aufkommt. Die Anfahrt erfolgt über die C22 Richtung Norden, auf die man hinter Gobabis einbiegt und ihr dann 45 km folgt. Danach geht es östlich auf die D1668. Das Ziel ist nach weiteren 45 km erreicht (der Beschilderung folgen).

Da öffentliche Verkehrsmittel auf dieser Strecke wenig zuverlässig sind, wird empfohlen, sich von Windhoek aus in östlicher Richtung im eigenen Fahrzeug auf den Weg zu machen. Für einen Abstecher nach Botsuana in einem Mietwagen muss vorher noch einiges an Papierkram erledigt werden.

BUITEPOS

Buitepos, eine Wüstenei am Grenzübergang zwischen Namibia und Botsuana, besteht aus kaum mehr als einer Tankmöglichkeit und einer Zoll- und Einwanderungsstelle. Der Grenzübergang ist von 7 bis 24 Uhr geöffnet. Dennoch ist es ratsam, die Grenze am Tage zu überqueren, da es von dort aus ein weiter Weg nach Ghanzi ist, dem nächsten größeren Ort am Trans-Kalahari-Highway.

Das **East Gate Service Station & Rest Camp** (☎062-560405; www.eastgate-namibia.com; Trans-Kalahari Hwy; Stellplatz 70 N$ pro Pers., Hütten ohne Dusche/WC 130 N$ pro Pers., 2-Personen-Bungalows 450 N$; ❄) erscheint wie eine Fata Morgana inmitten der Wüste und bietet einen angenehmen Schlafplatz für weniger wählerische Reisende.

Auf der anderen Seite der Grenze führt eine asphaltierte Straße weiter nach Ghanzi.

Richtung Norden nach Etosha

Die bestens unterhaltene B1 erschließt von Windhoek nach Norden sowohl die Region um Outjo als auch das Gebiet von Tsumeb und Grootfontein. Jede Stadt für sich ist sehenswert, zusammen dienen sie als Ausgangspunkt für Touren in den Etosha-Nationalpark. Auch wenn das Safarifieber einen möglichst schnell nach Norden treibt, lohnt es sich, anzuhalten und sich etwas Zeit für den Besuch der ungewöhnlichen Attraktionen dieses relativ wenig touristischen Teils des nördlichen Zentralnamibia zu nehmen.

OKAHANDJA & UMGEBUNG

☎ 062

In Okahandja ist einiges los, allerdings nicht so viel wie in Windhoek – der kleine Ort ist wesentlich übersichtlicher als die Hauptstadt und ist der optimale Ausgangspunkt für Ausflüge Richtung Norden nach Etosha und Richtung Westen nach Swakopmund.

Zwischen Mitte des 19. und Anfang des 20. Jhs. diente die Siedlung als deutsche Mission und Zentrale der Kolonialverwaltung. Das Stadtzentrum zieren heute noch einige Überbleibsel aus dieser Zeit.

Sehenswertes

Friedenskirche KIRCHE

(Friedenskirche; Kerk St.; Sonnenauf- bis Sonnenuntergang) Auf dem Friedhof und auch gegenüber der 1876 erbauten Friedenskirche finden sich Gräber vieler großer Männer. Hier ruhen das Herero-Oberhaupt Willem Maherero, der Namaführer Jan Jonker Afrikaner und der „Vater der namibischen Unabhängigkeit", Hosea Kutako. Als erster Politiker beantragte er in der UN Unterstützung im Kampf gegen die südafrikanische Besetzung.

Moordkoppie HISTORISCHE STÄTTE

Die historische Feindschaft zwischen Nama und Herero fand in der Schlacht auf dem Moordkoppie (Afrikaans für „Mörderhügel") am 23. August 1850 ihren heftigsten Ausbruch. In dieser Schlacht wurden 700 Herero unter Führung ihres Führers Katjihene von Nama-Verbänden umgebracht. Die Hälfte der Opfer waren Frauen und Kinder. Um an deren Kupferreifen zu kommen, hackten ihnen die Sieger Beine und Arme ab. Schauplatz der Tragödie war eine Felskuppe unweit des Stadtzentrums, 500 m nördlich der Abzweigung nach Gross Barmen, zwischen der B2 und der Eisenbahnlinie.

Feste & Events

Maherero Day GEDENKTAG

Am Wochenende, das dem 26. August am nächsten ist, wird der Maherero Day gefeiert. Die Herero der Red Flag-Fraktion versammeln sich in traditioneller Kleidung, um ihrer in den Kriegen mit Nama und Deutschen gefallenen Anführer zu gedenken. Ein ähnliches Fest begehen die Mbanderu bzw. Green Flag Herero am Wochenende um den 11. Juni.

Schlafen & Essen

Sylvanette Guest House PENSION

(505550; www.sylvanette.com; Anderson St.; EZ/DZ ab 390/600 N$;) Die Pension befindet sich in einem Vorort der Stadt. Mittelpunkt ist der Swimmingpool, der von Blumentöpfen eingerahmt wird. Die günstigen Zimmer sind mit Tierpostern dekoriert, die Namibias Wildreichtum Tribut zollen.

Okahandja Country Hotel HOTEL $$

(außerhalb der Karte S. 71; 504 299; www.okahandjahotel.com; Stellplatz 125 N$, DZ

Okahandja

0 — 400 m

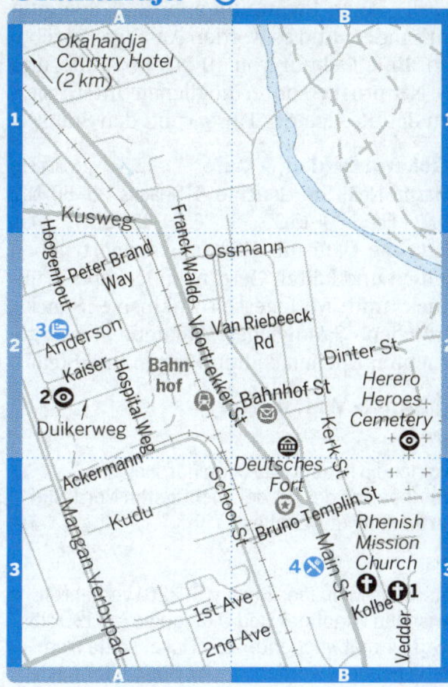

Okahandja

Sehenswertes
1 Friedenskirche B3
2 Moordkoppie A2

Schlafen
3 Sylvanette Guest House A2

Essen
4 Bäckerei Dekker & Café B3

880 N$) Der große, alte Kasten ist eine Oase der Gastfreundlichkeit. Die Steingebäude mit vorkragenden Reetdächern bleiben auch im Sommer angenehm kühl und bieten genug Platz. Trotz ihrer altmodischen Einrichtung sind die Zimmer gemütlich. Etwa 2 km nördlich der Stadt, gegenüber der Ausfahrt zur D2110, liegt dieses Fleckchen Grün inmitten der staubigen Landschaft.

Von Bach Dam Resort RESORT

(500162; Stellplatz 100 N$, EZ/DZ-Chalets ab 580/900 N$;) Das Von Bach Dam Ressort südlich von Okahandja an der B1 ist auch unter dem Namen Tungeni bekannt. Die früher recht einfache Anlage wurde vor einigen Jahren zu einem wesentlich größeren und besser besuchten Betrieb umgebaut. Zur Auswahl stehen mehrere Duzend Bungalows sowie Stellplätze mit eigenem *braai* (Grill). Auch Swimmingpool und Spa sind vorhanden, und es werden Ausflüge angeboten. Eine Gebühr von 10 N$ pro Auto und 10 N$ pro Person ermöglichen Interessierten den Besuch des Parks rund den Stausee.

Bäckerei Dekker & Café BÄCKEREI **$**
(Martin Neib St.; Gerichte & Snacks 25–50 N$; ⌚Mo–Fr 6.30–15.30, Sa 6.30–12 Uhr). Das deutsche Café mit Bäckerei serviert neben heißen und kalten Getränken leckeres Frühstück und Mittagessen inklusive Snacks, Brötchen, Sandwiches, Salaten, selbst gemachten Kuchen, kalten Platten und Steaks.

An- & Weiterreise

AUTO

Okahandja liegt etwa 70 km nördlich von Windhoek an der B1, der wichtigsten Nord-Süd-Verbindung des Landes.

BUS

Intercape Mainliner-Busse (S. 220) verkehren zwischen Windhoek und Okahandja (ab 190 N$, 1 Std., 4-mal wöchentl.). Ein Ticket sollte frühzeitig gebucht werden, da der Bus weiter nach Victoria Falls fährt und deshalb oft ausgebucht ist.

Kombis (Minibusse) fahren ebenfalls in recht regelmäßigen Abständen die B1 entlang. Die Strecke von Windhoek nach Okahandja sollte nicht mehr als 80 N$ kosten. Okahandja hat in punkto öffentliche Verkehrsmittel relativ wenig zu bieten, dennoch kann man von dort aus viele Ziele in der Region für einen Ticketpreis zwischen 40 N$ und 60 N$ erreichen.

ZUG

Die Züge der **Trans-Namib** (☎061-298 2175) verkehren zwischen Windhoek und Okahandja (Ticket ab 70 N$, 2Std., tgl. außer Sa). Leider fahren die Züge vor allem frühmorgens bzw. spätabends ab und werden deshalb von den meisten Reisenden nicht genutzt.

ERONGO-GEBIRGE (ERONGOBERG)

☎064

Das vulkanische Erongo-Gebirge, oft auch Erongoberg genannt, ist 2216 m hoch und befindet sich nördlich von Karibib und Usakos. Bekannt ist es vor allem für seine Höhlen und Felsmalereien, allen voran die 50 m tiefe Phillips Cave.

Nachdem die ursprüngliche vulkanische Aktivität vor etwa 150 Mio. Jahren endete, brach der Vulkan in seine Magmakammer ein, sodass sich das Becken mit langsam abkühlender Lava füllte. Das Ergebnis ist dieses harte, granitähnliche Kernstück, das der Erosion widerstand, während die umliegenden Felsschichten abgetragen wurden. Viel später lebten Volksgruppen der San in prähistorischer Zeit in dem Gebirge. Ihre reiche Hinterlassenschaft sind Höhlenmalereien und Felsgravuren, die der Verwitterung erstaunlich gut widerstanden haben.

Sehenswertes

Phillips Cave HÖHLE
(Permit für Tagesbesucher 50 N$) Berühmt ist das Erongo-Massiv für seine Höhlen- und Felsmalereien, beispielsweise in der 50 m tiefen Phillips Cave. Diese 3 km abseits der Straße gelegene Höhle birgt die Malerei des berühmten, buckligen weißen Elefanten. Den Elefanten überlagerte eine Elenantilope mit Höcker, möglicherweise ein Eland; umgeben ist das Motiv von tanzenden Straußen und Giraffen. Die Felsbilder wurden durch das Buch *Phillips Cave* des Prähistorikers Abbé Breuil bekannt. Seine Thesen über einen mediterranen Ursprung der Bilder stehen heute nicht mehr in der Diskussion. Tagesbesucher erreichen die prähistorischen Stätten über die Ameib Ranch.

Ein Wall scheinbar aufeinandergestapelter Felsbrocken rahmt Ameibs Picknickplatz ein; eine Formation, die bekannte Bull's Party, ähnelt tatsächlich einer Versammlung schwatzender Rinder. Auch die einem Elefantenkopf gleichende Gesteinsgruppe und der Felsen, der aussieht wie eine traditionell gekleidete Herero-Frau mit zwei Kindern, werden häufig fotografiert.

Schlafen

Ameib Ranch PENSION **$$$**
(☎684151; Camping 130 N$ pro Pers., EZ/DZ ab 600/1200 N$; 🏊) Die Ranch am „Grünen Hügel" zu Füßen der Erongo-Berge wurde 1864 als Station der Rheinischen Mission gegründet und fungiert heute als Gästefarm und Campingplatz. Die Zimmer befinden sich im historischen Farmhaus neben einem hübsch gestalteten Pool. Ebenfalls zur Anlage gehören eine Lapa, ein kreisförmiger Bereich mit Feuerstelle, an dem die Gäste zusammenkommen, sowie der gut unterhaltene Campingplatz. Phillips Cave liegt im Konzessionsgebiet der Ameib Ranch, die die Genehmigung für deren Besuch ausstellt sowie geführte Wanderungen und Tagesausflüge organisiert.

Erongo Wilderness Lodge LODGE **$$$**
(☎570537; www.erongowilderness-namibia.com; Zelt-Bungalows mit Vollpension ab 1515 N$ pro Pers.; ❄@🏊) In diesem sehr gelobten Schutz-

gebiet schaffen spektakuläre Gebirgslandschaft, Wild- und Vogelreichtum sowie eine den Bedingungen der Umwelt sensibel angepasste Architektur eine der bemerkenswertesten Lodges von Namibia. Übernachtungsmöglichkeit bieten 10 Zelt-Bungalows, die auf Holzpfählen zwischen turmhohe Granitfelsen gesetzt wurden. Gäste haben die Wahl zwischen Entspannung am Feuer in der Hauptlodge und einer geführten Wanderung (im Vollpensionspreis inbegriffen) oder einem Ausflug im Geländewagen (440 N$). Die Lodge erreicht man von Omaruru aus auf der D2315 nach Westen. Sie zweigt 2 km südlich der Stadt von der Straße nach Karibib ab und erreicht die Lodge nach 10 km.

ℹ An- & Weiterreise

Nördlich von Ameib schlängelt sich die D1935 um das Erongo-Gebirge, bevor sie sich nach Norden Richtung Damaraland wendet. Alternativ kann man auf der D1937 östlich in Richtung Omaruru fahren. Diese Straße führt einmal um das Erongo-Gebirge herum und bietet Zugang zu den kleineren, allerdings nur mit Geländewagen befahrbaren Pisten ins Innere des Massivs.

OMARURU

☎ 064

Die trockene und staubige Landschaft rund um Omaruru, direkt neben dem schattigen Omaruru Rivier, vermittelt das Gefühl unberührter Wildnis. Die Bedeutung der Stadt als künstlerisches und handwerkliches Zentrum wächst stetig. Sie wurde in den letzten Jahren zum Veranstaltungsort des Artist's Trail, eines jährlich im September stattfindenden Kunstevents. Kostenlose Programmhefte sind überall in der Stadt erhältlich.

Omaruru selbst ist eine einladende kleine Oase mit einer großen Auswahl an Unterkünften, hervorragendem Essen und einem der wenigen Weinkeller des Landes. Es wirkt fast etwas surreal, hier unter den Bäumen des namibischen Outbacks eine kalte Platte und gute Weine zu genießen.

Sehenswertes

Franketurm HISTORISCHE STÄTTE

Im Januar 1904 wurde Omaruru Schauplatz eines Herero-Aufstandes unter Häuptling Manassa gegen die dort stationierten deutschen Soldaten. Hauptmann Victor Franke, der gerade Aufstände in Südnamibia unterdrücken sollte, bat Gouverneur Leutwein um die Erlaubnis, Richtung Norden zu ziehen und die belagerte Stadt zu befreien. Nach einem 400 km langen Gewaltritt, den die Soldaten in nur fünf Tagen schafften, erreichte Franke Omaruru und schlug mit seinen Männern den Angriff der Herero erfolgreich nieder.

Für seine Tat wurde Franke mit den höchsten militärischen Ehrungen Deutschlands ausgezeichnet. 1908 errichteten die dankbaren deutschen Einwohner von Omaruru einen Beobachtungsturm, den sie ihm zu Ehren Franke-Turm nannten. 1963 wurde der Turm unter Denkmalschutz gestellt. Eine Gedenktafel erinnert an das historische Ereignis. Von oben bietet sich ein schöner Blick über die Stadt. In der Regel ist der Turm verschlossen, den Schlüssel händigen aber die Mitarbeiter des Central Hotels aus.

Kristall Kellerei WEINKELLER

(☎570083; ⏲Mo–Fr 8–16.30, Sa 8–12.30 Uhr) Die Kristall Kellerei ist einer der drei Weinkeller Namibias und ein wundervoller Ort zum Mittagessen. Nachmittags kann man hier kleine Mahlzeiten wie Käse- und Fleischplatten (70 N$) verzehren und dazu den hier gekelterten Wein und andere Produkte verkosten. Draußen im großzügig mit Kunstwerken dekorierten Garten schmeckt ein Glas namibischen Weins besonders gut. Neben Schnaps stellt der Weinkeller den Weißwein Colombard und den Paradise Flycatcher her, einen roten Cuvée aus Ruby Cabernet, Cabernet Sauvignon und Tinta Barocca. Die Kristall Kellerei befindet sich 4 km östlich der Stadt an der D2328.

Feste & Events

Seit 2007 ist Omaruru Schauplatz des **Artists Trail** und genießt so den Ruf als Kunstmetropole Namibias. Im September folgt drei Tage lang ein Musik- und Tanzevent auf den anderen. Gleichzeitig bietet das Festival gutes Essen und Wein, aber auch Handwerksarbeiten und Kunstwerke wie Schmuck, Fotografien und Bilder.

Jedes Jahr veranstalten an dem Wochenende, das dem 10. Oktober am nächsten liegt, die White Flag Herero eine Prozession vom Vorort Ozonde zum Friedhof gegenüber der Missionsstation. Dort liegt ihr Häuptling Wilhelm Zeraua beerdigt, er starb bei der Niederlage in den Kämpfen zwischen Deutschen und Herero.

Schlafen & Essen

Central Hotel Omaruru HOTEL $$

(☎570030; Wilhelm Zeraua St.; EZ/DZ ab 300/400 N$; ❄☒) Das Hotel ist Omarurus „Hotspot", was Essen und Trinken betrifft, und besteht aus *rondavels* in einem großen

Garten. Man nächtigt in den einfachen Betonbauten mit kleinen Betten, sauberen Bezügen und hübschen Badezimmern. Der Speisesaal ist offensichtlich der abendliche Treffpunkt der Stadt. Die Qualität des Essens ist für ein so abgelegenes Lokal ziemlich hoch. Es gibt deutsche Gerichte und heimische Wildgerichte (Hauptgerichte 75 N$).

Kashana Hotel HOTEL **$$$**
(☎571434; www.kashana-namibia.com; Dr I Scheepers St.; Zi. ab 400 N$ pro Pers.; ❄📶🏊) Das exklusive Kashana Hotel bietet eine Vielzahl an Übernachtungsmöglichkeiten, u. a. luxuriöse Bungalows und Zimmer rund um den schattigen Innenhof. Das Hauptgebäude beherbergt eine Bar und ein Restaurant, aber auch einen Goldschmied und einen Kräuterladen bieten ihre Produkte an.

River Guesthouse PENSION **$$**
(☎570274; Dr I Scheepers St.; Stellplatz 90 N$, EZ/DZ 390/610 N$; 🏊) Der schönste Campingplatz der Stadt – hier gibt es große Bäume, in deren Schatten man sein Zelt aufschlagen kann, und Stellplätze mit Feuerstellen und Stromanschluss. Es kann allerdings vorkommen, dass die Gäste Gesellschaft von vier Hunden bekommen – im Winter eignen sie sich ausgezeichnet als Wärmflaschen. Die hübschen Zimmer sind rund um einen schattigen Innenhof angeordnet, der zum Entspannen einlädt.

Omaruru Souvenirs & Kaffestube CAFÉ
(Wilhelm Zeraua St.; Gerichte 20–55 N$) Das gemütliche Café befindet sich in einem 1907 erbauten Gebäude. Hier bekommt man eine Tasse starken Kaffee und traditionelle deutsche Backwaren, aber auch einen Pint kühlen Hansa-Biers und deftige Kost im Biergarten.

Shoppen

CmArte Gallery KUNSTHANDWERK
(☎570017; Wilhelm Zeraua St.; ⌚9–17 Uhr) Der Laden verkauft nicht nur einige sehr schöne Handwerksarbeiten von einheimischen Künstlern, sondern auch importierte Antiquitäten aus Angola und dem Kongo. Es lohnt sich vorbeizuschauen und die Schätze zu durchstöbern – vielleicht ist ein Juwel dabei! Besonders schön sind die schwarz-weißen Skizzen der namibischen Wildnis, sie werden gerahmt (1600 N$) und ungerahmt (1300 N$) verkauft.

Omaruru Souvenirs & Kaffestube SOUVENIRS
(Wilhelm Zeraua St.) Die Auswahl an Souvenirs, die durchforstet werden will, ist riesig. Wer möchte, kann Getränke bestellen.

An- & Weiterreise

Mit dem Auto ist die asphaltierte C3, die durch Omaruru führt, die schnellste Verbindung zwischen Swakopmund und Etosha.

UIS

☎064

Etwas mehr als eine Stunde Fahrt von Omaruru entfernt befindet sich Uis, eine staubige Siedlung und Raststation für all jene, die sich auf dem Weg nach Norden ins Damaraland oder Richtung Südwesten zur Skelettküste oder nach Swakopmund befinden. Hier gibt es eine Reihe günstiger Unterkünfte wie das einladende **White Lady B&B** (☎504102; whitelady@iway.na; Stellplatz 80 N$, EZ/DZ mit Frühstück 380/680 N$; 📶🏊), dessen einfache Zimmer durch ihre Größe und den gepflegten Zustand bestechen. Auf dem kleinen, ordentlichen Campingplatz bietet einige Bäume Schatten. Auf Wunsch wird ein Abendessen serviert.

DAS LIVING MUSEUM ÜBER DAS VOLK DER SAN

Das **Living Museum** (☎064-571086; www.omandumba.de; Farm Omandumba) bietet die in Namibia einzigartige Möglichkeit, mehr über das Volk der San zu erfahren, eine der ältesten traditionellen Jäger- und Sammlerkulturen der Welt. Hier wird gezeigt, wie Pfeile, Schmuck und traditionelle Medizin hergestellt werden. Touristen können die San auf Buschwanderungen und Jagdausflügen begleiten, aber auch Musik- und Tanzaufführungen beiwohnen. Das Museum besteht aus einem typischen San-Dorf; der Aufbau einer Schule ist geplant. Vom Museum aus lassen sich Wanderungen zu Felsmalereien in der Umgebung unternehmen. Unterkünfte in Form von Stellplätzen und einfachen Zimmern werden ebenfalls angeboten. Das Freiluftmuseum befindet sich 50 km südwestlich von Omaruru an der D2315.

KALKFELD

☎067

Vor rund 200 Mio. Jahren war Namibia von einem flachen Meer bedeckt, das allmählich austrocknete und im Laufe der Zeit durch Schlamm und angewehten Sand aufgefüllt wurde. In der Nähe der winzigen Stadt Kalkfeld sind in den so entstandenen Schichten aus Sandstein auf 25 m Länge die Beweise für den Spaziergang eines Dinosauriers erhalten. Vor etwa 170 Mio. Jahren hat ein dreihzehiger, auf den Hinterbeinen laufender Dinosaurier seine Spuren im damals weichen Lehm hinterlassen. Wie alle Reptilien der damaligen Zeit war er ein Vorläufer der heutigen Vögel.

Die **Dinosaurier-Spuren** (Eintritt 20 N$), die 1951 zum nationalen Denkmal erklärt wurden, befinden sich auf einer Farm etwa 29 km von Kalkfeld entfernt, gleich an der D2414. Doch auf der **Otjihaenamparero Farm** (☎290153; www.dinosaurstracks.com/home.html; Stellplatz 80 N$ pro Pers., EZ/DZ N$350/600) sind nicht nur Dinosaurier-Spuren zu sehen; Besucher können hier auch in drei Zimmern eines B&B übernachten. Abendessen wird für einen Aufpreis (160 N$) bereitgestellt. Es gibt auch einen kleinen Campingplatz.

Die nahe gelegene **Mt. Etjo Safari Lodge** (☎290173; www.mount-etjo.com; 4-Personen-Stellplatz 400 N$, EZ/DZ 1590/3180 N$; ❄@≋) im Herzen eines privaten Naturreservats wartet mit einer kleineren Sammlung von Dinosaurier-Spuren auf, die sich am Rande eines passenderweise Dinosaur Campsite genannten Campingplatzes befinden. 'Mt Etjo' bedeutet Zufluchtsort und bezieht sich auf einen nahe gelegenen Tafelberg. Im April 1989 kam der Lodge eine besondere historische Rolle zu: Hier wurde das Mt Etjo Peace Agreement unterzeichnet, das den Befreiungskampf der South-West African People's Organisation's (Swapo) beendete und die Bedingungen für die namibische Unabhängigkeit im März des folgenden Jahres festschrieb. Übernachtungsmöglichkeiten gibt es entweder im Haupthaus der Lodge, einem exklusiven Bau, der sich in die wunderschöne Natur einfügt, oder aber auf dem teuren, aber abgeschotteten Campingplatz ein paar Kilometer die Straße hinunter. Die Lodge liegt 35 km von Kalkfeld entfernt und ist über die D2414 und die D2483 erreichbar – die Hinweisschilder sind unübersehbar.

Kalkfeld liegt direkt an der C33 etwa auf halbem Wege zwischen Omaruru und Otjiwarongo.

OTJIWARONGO

☎067

Otjiwarongo ist der perfekte Ausgangspunkt für eine Fahrt nach Etosha und vor allem zum Waterberg Plateau. Besonders im September und Oktober ist es hier sehr schön, da die Stadt in der bunten Blütenpracht von Jacaranda und Bougainvillea förmlich zu ertrinken scheint.

Als offizielles Gründungsdatum von Otjiwarongo gilt das Jahr 1906, als die in Bau befindliche Schmalspureisenbahn von Swakopmund zu den Minen von Otavi und Tsumeb den Ort erreichte. Eine alte Lokomotive steht noch heute dort und erinnert an das historische Vermächtnis.

Sehenswertes

Lokomotive Nr. 41 ZUG

Die Lokomotive Nr. 41 am Bahnhof wurde 1912 von der Firma Henschel aus Kassel gebaut und dann nach Namibia gebracht. Sie sollte Erz von den Minen in Tsumeb zum Hafen Swakopmund befördern. 1960 wurde die 0,6 m Schmalspur durch die breitere 1,067 m Normalspur ersetzt und die Lokomotive aus dem Dienst genommen.

Crocodile Ranch KROKODILFARM

(Ecke Zingel St. & Hospital St.; Eintritt 25 N$; ⏲Mo–Fr 9–17, Sa & So 9–15 Uhr) In Otjiwarongo befindet sich Namibias erste Krokodilfarm, die Krokodilleder für den Export produziert. Bei dem lohnenswerten Rundgang über die Farm bekommen Besucher die Tiere zu sehen. In einem Laden werden Holzschnitzereien, Schmuck und Metallarbeiten verkauft, allerdings gibt es kaum Produkte aus Krokodilleder. Das Restaurant führt eine große Frühstücks- und Mittagskarte – Krokodil-Delikatessen wie Wraps und Kebabs sind ein Muss.

Schlafen

Okonjima Lodge LODGE $$$

(☎687032; www.okonjima.com; EZ/DZ mit Halbpension ab 1500/2300 N$) Der „Platz der Paviane" beherbergt die AfriCat Foundation, die ein Rehabilitationszentrum für Geparde und Leoparden finanziert und sich als Zufluchtsort für verwaiste oder problematische Löwen, Geparde und andere Raubkatzen versteht. Neben Aktivitäten wie Wandern, Vogelbeobachtung und Pirschfahrten können die Gäste auch an Touren zum Aufspüren von Geparden und Leoparden teilnehmen (inklusive Abstecher zu Fuß). Unterkunft bieten verschiedene

Chalets, Luxussafarizelte und Zimmer mit Bad, die auf dem Gelände des Schutzgebiets verstreut sind. Nach Okonjima zweigt die D2515 49 km südlich von Otjiwarongo nach Westen ab; nach 15 km fährt man auf der Farmstraße nach links; 10 km weiter ist die Farm erreicht.

Bush Pillow PENSION $$
(☎303885; http://bushpillow.com; 47 Son Rd.; EZ/DZ mit Frühstück 490/620 N$;) Diese wundervolle kleine Pension sieht sich selbst als „Luxus-Unterkunft" und zielt vor allem auf Geschäftsleute ab, stellt aber mit ihren modernen Zimmern mit WLAN auch einen idealen Boxenstopp für Reisende dar. Von den sieben Zimmern sind einige familientauglich – Kinder werden den Pool lieben.

C'est Si Bon Hotel HOTEL $$
(☎301240; www.cestsibonhotel.com; Swembad Rd.; EZ/DZ ab 570/670 N$;) Der Name des Hotels – im Französischen „es ist so gut" – ist Programm. Das Hotel kombiniert namibisches Design mit europäischen Einflüssen. Und nach einem erfrischenden Sprung in den Pool, einem Cappuccino auf der Sonnenterasse und einem Glas Wein an der Bar wird wohl jeder sagen: *c'est si bon.*

Out of Africa Town Lodge LODGE $$
(☎302230; Long St.; EZ/DZ ab 570/670 N$;) Die hübsche, weiß getünchte Lodge im Kolonialstil eignet sich bestens für einen Übernachtungsstopp auf dem Weg nach Etosha, wenn man zu spät losgekommen ist. Die geräumigen Zimmer haben ihren kolonialen Stil bewahrt und sind dank Renovierung auf der Höhe der Zeit.

An- & Weiterreise

Der Intercape Mainliner (S. 220) kommt auf seiner Fahrt von Windhoek nach Victoria Falls durch Otjiwarongo (ab 300 N$, 3½ Std., 2-mal wöchentl.), Minibusse verkehren zwischen Windhoek und der nördlichen Haltestelle bei der Engen Tankstelle. Alle Züge zwischen Tsumeb und Windhoek oder Walvis Bay (via Swakopmund) fahren ebenfalls durch die Stadt.

OUTJO

☎067

Trotz des Touristenstroms, dem die Stadt ausgesetzt ist, ist sie überraschend ruhig und unauffällig. Obwohl Outjo eher ein Zwischenstopp mit wenigen Attraktionen ist, machen Restaurants und Unterkünfte die Stadt zum idealen Ort für eine Pause auf dem Weg zum Etosha National Park oder von dort zurück. Sie ist die letzte größere Rastmöglichkeit vor Okaukuejo, dem Verwaltungssitz von Etosha und seinem westlichen Zugang.

Sehenswertes

Naulila Monument HISTORISCHE STÄTTE
Das Denkmal erinnert an deutsche Soldaten und Offiziere, die am 19. Oktober 1914 bei Fort Naulila am Kunene in Angola von Portugiesen niedergeschossen wurden, als sie einen Nichtangriffspakt aushandeln wollten. Gedacht wird auch der Soldaten, die im gleichen Jahr am 18. Dezember starben, als sie unter Major Franke die Verluste der Deutschen rächen sollten.

Outjo Museum MUSEUM
(Eintritt 5 N$; Mo–Fr 8–13 & 14–17 Uhr) Das ursprünglich Kliphuis oder Steinhaus genannte **Franke-Haus** zählt zu den ältesten Gebäuden von Outjo. Major von Estorff ließ es 1899 als Haus für sich und die ihm nachfolgenden deutschen Befehlshaber errichten. Später diente es auch Major Franke als Wohnsitz. Posthum erhielt es seinen Namen, wenngleich sich das Museum eher der politischen und der Naturgeschichte widmet.

Schlafen & Essen

Etotongwe Lodge PENSION $$
(☎313333; www.etotongwelodge.com; Stellplatz 90 N$ pro Pers., EZ/DZ 410/680 N$) Dieses erfrischend andersartige Fleckchen auf dem Weg nach Etosha erinnert an einen Vorposten der Zivilisation. Der ordentliche Eindruck und der penibel gestutzte Rasen kontrastieren mit den massiven Stein- und Reetdächern, die sich harmonisch in die umgebende Landschaft einfügen. Die Zimmer wirken innen relativ kahl, haben aber einen netten afrikanischen Touch und sind sehr ordentlich und großzügig gestaltet. Das schönste an ihnen ist wohl das mit einer Veranda mit Stühlen und einem Tisch. Etotongwe verfügt über eine sehr angenehme Atmosphäre und wird professionell geführt – es gibt eine Bar und ein Restaurant.

Etosha Garden Hotel HOTEL $$
(☎313130; www.etosha-garden-hotel.com; EZ/DZ mit Frühstück 360/580 N$;) Das Hotel unweit des Stadtzentrums besitzt mit Kunsthandwerk dekorierte Zimmer, einen üppigen Garten und einen Swimmingpool. Leider wirkt es derzeit etwas heruntergekommen und desorganisiert, aber es lohnt sich, vorbeizuschauen und nach einem Sonderpreis zu fragen.

Farmhouse CAFÉ, PENSION $$

(☎313444; www.thefarmhouse-outjo.com; Hauptgerichte 50–80 N$; ⏲Frühstück, Mittag- & Abendessen) Dieser Allrounder ist die Nummer Eins in der Stadt, was Essen und Trinken betrifft, und serviert Mahlzeiten rund um die Uhr – und das an sieben Tagen die Woche. Im schönen Biergarten können Gäste ihre E-Mails checken (30 Min. 30 N$, WLAN oder am Endgerät) und verweilen. Burger, Grillplatten (inklusive Wildgerichte wie Kudu, Elenantilope und Oryx), Wraps, Pizza, Salate, wechselnde Tagesgerichte und eine verlockende Auswahl an Kuchen stehen auf der Speisekarte das Farmhouse. Vielleicht besitzt das Café nicht den typischen Farmhouse-Flair, aber es wirkt durchaus rustikal und serviert dafür den besten Kaffee der Stadt. Zudem bietet es ein Einzel- und drei Doppelzimmer, die einem gehobenen Standard entsprechen.

ℹ An- & Weiterreise

Kombibusse verkehren zwischen dem Ok Supermarkt in Outjo und vielen Städten im nördlichen Zentrum. Es gibt allerdings keine öffentlichen Verkehrsmittel, die Reisende nach Okaukuejo oder zum Andersson Gate des Etosha National Park befördern. Mit dem Auto lässt sich die asphaltierte Straße aber Richtung Norden bis zum Parktor befahren.

WATERBERG PLATEAU NATIONAL PARK

Den wilden Waterberg muss man besucht haben – er ist einzigartig in Namibia. Sein mächtiges Sandsteinplateau hat eine Fläche von 50 km Länge und 16 km Breite und erhebt sich 150 m über die Wüstenebene. Hier sucht man vergeblich nach den üblichen Attraktionen des afrikanischen Tierreichs wie Löwen oder Elefanten. Dafür gibt es Tiere, die sich sonst nur selten blicken lassen, und auch die sind aufgrund ihrer Scheu und des dichten Buschwerks nur schwierig zu sichten. Der Park bietet diesen seltenen und bedrohten Arten – wie etwa der Rappen- und Pferdeantilope sowie dem Breitmaul- und Spitzmaulnashorn – einen einzigartigen Schutz. Die meisten Tiere wurden aus anderen Regionen hierher gebracht und, nachdem sie sich erfolgreich vermehrt hatten, wiederum an andere Parks weitergegeben.

Geschichte

Touristen schätzen den Waterberg als Nationalpark mit guten Möglichkeiten der Wildbeobachtung. Doch das Plateau hat auch in der namibischen Geschichte eine wichtige Rolle gespielt.

1873 wurde am Waterberg eine Rheinische Missionsstation gegründet und 1880 in den Kriegen zwischen Nama und Herero

Waterberg-Plateau Park

wieder zerstört. 1904 fand hier die entscheidende Schlacht zwischen den deutschen Schutztruppen und dem Herero-Widerstand statt. Überlegene Bewaffnung und Kommunikationsmöglichkeiten sicherten den Deutschen, die mit einer handvoll Männer gegen eine riesige Übermacht kämpften, den Sieg; die überlebenden Herero waren gezwungen, nach Osten in die Kalahari zu fliehen. Den finalen Todesstoß versetzten den Flüchtenden deutsche Soldaten, die vorausgeschickt worden waren. Sie hatten die wenigen Wasserstellen besetzt und verweigerten den Herero den Zugang.

Aktivitäten

Wildlife Drive
PIRSCHFAHRT

(inkl. Frühstückspaket 450 N$; 6 oder 15 Uhr) Für Reisende, die nicht wandern möchten, ist ein Wildlife Drive die einzige Möglichkeit, auf das Plateau zu gelangen, um dort Tiere zu beobachten – die Nutzung des eigenen Fahrzeugs ist nicht erlaubt. Auf der vierstündigen Fahrt werden mehrere geschickt versteckte Unterstände an Wasserlöchern angesteuert. Meist sieht man Antilopen wie die Elen-, Rappen-, Pferde- und Kuhantilope. Auch Leoparden, Geparde und Schabrackenhyänen gibt es auf dem Plateau, sie lassen sich jedoch nur selten blicken.

Ungeführte Wanderung auf den Waterberg
WANDERN

Die viertägige, unbegleitete Wanderung führt auf 42 km in Form einer Acht über das Plateau. Start ist von April bis November jeweils Mittwoch, 9 Uhr; die Gebühren betragen 100 N$ pro Person. Gruppen müssen aus mindestens drei und höchstens zehn Personen bestehen. Reservierung bei Namibia Wildlife Resorts (S. 139) in Windhoek.

Die Wanderer übernachten in einfachen Unterständen und benötigen kein Zelt. Alles andere – Essen, Schlafsack, Taschenlampe (Batterien!) – muss mitgeführt werden. Trinkwasser gibt es an den Unterständen, aber das Wasser für unterwegs muss man ebenfalls tragen. Mit etwa drei bis vier Liter pro Tag sollte man rechnen, besonders in den heißen Sommermonaten.

Die erste Etappe beginnt am Besucherzentrum, dem Waterberg Camp, und führt 13 km am Felsabbruch entlang bis zum Unterstand von Otjozongombe. Die Etappe für den zweiten Tag zum Unterstand von Otjomapenda ist nur 7 km lang und dauert 3 Stunden. Am dritten Tag geht es dann 8 km zurück nach Otjomapenda, wo man die Nacht verbringt. Am vierten und letzten Tag der Tour kehren die Wanderer nach 14 km zum Besucherzentrum zurück.

Waterberg Wilderness Trail
WANDERN

Zwischen April und November wird die viertägige geführte Wanderung namens Waterberg Wilderness Trail angeboten, und zwar jeden Donnerstag. Die zugelassenen Gruppen aus mindestens zwei Personen werden von bewaffneten Rangern begleitet. Abmarsch ist Donnerstag 14 Uhr am Besucherzentrum; Rückkehr am frühen Sonntagnachmittag. Die Kosten betragen 220 N$ pro Person; eine Vorausbuchung beim NWR in Windhoek ist erforderlich. Der Routenverlauf ist nicht festgelegt, sondern der Laune des Führers überlassen. Übernachtet wird in einfachen Hütten; Essen und Schlafsack muss jeder Teilnehmer mit sich führen.

Wanderwege im Ressort
WANDERN

Rund um das von rosafarbenem Sandstein eingerahmte Rastlager sind neun kurze Wanderwege ausgewiesen. Einer davon führt zum Mountain View auf den Plateaurand hinauf. Man kann hier wunderbar einen Tag mit Wandern verbringen, sollte aber ein Auge auf die Schlangen haben, die auf Felsen und oft sogar auf dem Pfad ein Sonnenbad nehmen. Für diese Wanderungen ist keine Reservierung nötig.

Schlafen

Das Waterberg Camp sollte im Voraus über NWR in Windhoek gebucht werden. Spontanbesuche werden auch akzeptiert, sind aber nur möglich, wenn Plätze frei sind. Auch bei der privat geführten Waterberg Wilderness Lodge werden unangemeldete Besucher aufgenommen, wenn Platz ist. Angesichts ihrer Beliebtheit ist aber auch hier eine vorherige Reservierung sehr zu empfehlen.

Waterberg Camp
CAMPING, LODGE **$$**

(067-305001; 2-Personen-Stellplatz 300 N$, Buschchalet 1200 N$) Zusammen mit den Unterkünften in Etosha gehört das Waterberg Camp zu den Klassikern von NWR. Dort können Camper ihr Zelt auf einem der Stellplätze aufschlagen, die verstreut zwischen *Braai*-Grills und Picknicktischen liegen. Besonders hervorzuheben ist die Größe der Plätze, der wundervolle Blick über das Plateau und die Landschaft darunter sowie die gut gepflegte Ausstattung. Selbstversorger können sich im Laden mit Feuerholz, Alkohol, Grundnahrungsmitteln und anderen

Waterberg-Plateau-Wanderung (ungeführt)

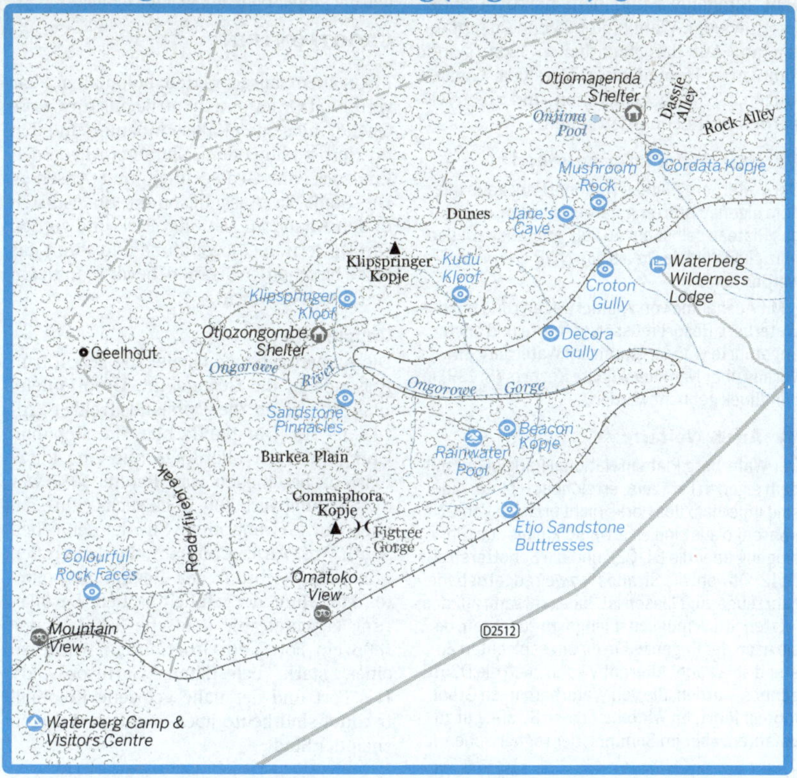

Vorräten eindecken, während alle anderen sich ein zartes Oryx-Steak im Restaurant schmecken lassen (das große Steingebäude oben am Hügel liegt einen ordentlichen Fußmarsch entfernt und ist mit alten Fotografien und Kronleuchtern dekoriert) und es anschließend mit einem Glas südafrikanischen Pinotage herunterspülen. Dennoch eine Warnung: Waterberg leidet unter einer Pavianplage, also sollten Zelte und Türen geschlossen gehalten und Essen nicht offen liegen gelassen werden.

Waterberg Wilderness Lodge LODGE $$$
(☎067-687018; www.waterberg-wilderness.com; Camping 150 N$, EZ/DZ mit Halbpension ab 1050/1800 N$; ❄@🏊) Die Lodge ist deutlich teurer als das Waterberg Camp, aber sie ist Teil eines riesigen, privaten Konzessionsgebiets innerhalb des Nationalparks und bietet eine herrliche, anspruchsvollere Alternative, wenn man etwas Geld übrig hat. Familie Rust hat ihren Grundbesitz, der ursprünglich als Rinderfarm geführt wurde, in mühevoller Arbeit renaturisiert, hat Tiere ausgewildert und der Natur Zeit gelassen, den Zustand vor der Beweidung wiederzuerlangen. Das Haupthaus steht auf einer sonnenbeschienenen Wiese am Ende eines Tals; die aus rotem Sandstein erbauten Chalets sind komfortabel mit Möbeln aus Hartholz eingerichtet. Zurückgezogener wohnen die Gäste in der Handvoll Chalets, die sich auf einer Felsterrasse tiefer im Konzessionsgebiet befinden. Sparsame errichten ihr Zelt in dem Campingplatz hoch oben auf dem Plateau. Vom Parkeingang führt die Schotterstraße D2512 8 km nach Nordosten bis zur Waterberg Wilderness Lodge.

Wabi Lodge LODGE $$$
(☎067-306500; www.wabi.ch; ab 650 N$ pro Pers. im Doppelbungalow) Wabi ist eine private Luxus-Lodge etwa 30 km vom Waterberg Plateau entfernt an der D2512. Die Tatsache, dass sie sich in Schweizer Besitz befindet,

spiegelt sich im Design, der Einrichtung der acht Bungalows und dem hervorragenden Essen wieder. Wabi bietet eigene Pirschfahrten an: Auf den nächtlichen Exkursionen kann man Honigdachse, Karakals, Ginsterkatzen, Schabrackenhyänen und sogar Geparden und Leoparden sehen.

Praktische Informationen

Der Waterberg Plateau National Park kann mit dem eigenen Auto angefahren werden, wobei das Plateau selbst nur zu Fuß oder aber auf den offiziellen Wildlife Drives von NWR erkundet werden kann.

Mit Ausnahme von Wanderwegen rund um das Waterberg Resort müssen geführte und auch ungeführte Wandertouren am Waterberg im Voraus über Namibia Wildlife Resorts (S. 139) in Windhoek gebucht werden.

An- & Weiterreise

Der Waterberg Plateau National Park ist nur mit dem eigenen Fahrzeug erreichbar – Motorräder sind innerhalb des Parks nicht erlaubt. Von Otjiwarongo aus sind es etwa 90 km bis zum Parkeingang über die B1, C22 und die Schotterstraße D512. Obwohl die Straße für zweiradgetriebene Fahrzeuge zugelassen ist, ist es ratsam, auf dem letzten Stück möglichst langsam zu fahren, da sie nach der Regenzeit in einem schlechten Zustand sein kann. Alternativ kann auch die D2512 genutzt werden, die von Waterberg nach Grootfontein führt. Im Winter ist diese Straße gut zu befahren, aber im Sommer, der regnerischen Jahreszeit, ist hier ein Wagen mit Allradantrieb und mit großer Bodenfreiheit notwendig.

GROOTFONTEIN

☎ 067

Mit seinem ausgeprägten kolonialen Flair verbreitet Grootfontein (afrikaans für Große Quelle) mit seinen Kalksteinbauten und den im Herbst blühenden Jacaranda-Alleen den Eindruck von Gediegenheit und Ansehen. Die Stadt ist Ausgangspunkt für Fahrten in den Khaudom National Park und zu den San Dörfern in Otjozondjupa und somit das letzte bisschen Zivilisation, bevor man tief in den Busch eintaucht.

Geschichte

Die namensgebende Quelle zog schon früh Reisende in die Gegend um Grootfontein. 1885 gründeten die Dorsland Trekker (Afrikaans für Durstland) hier die Republik Upingtonia, der allerdings nur eine kurze Existenz beschieden war. Bereits 1887 war die Siedlung verfallen, doch sechs Jahre danach wurde Grootfontein Sitz der deutschen South West Africa Company, die den großen Mineralienreichtum der Region ausbeutete. Mit Hilfe der einheimischen Bevölkerung errichtete die deutsche Schutztruppe 1896 ein Fort und Grootfontein wurde zu einer stark befestigten Garnisonsstadt. Das Fort und der nahe gelegene Kolonialfriedhof sind heute noch wichtige Wahrzeichen der Stadt.

DIE RED LINE

Zwischen Grootfontein und Rundu sowie Tsumeb und Ondangwa kreuzen B8 und B1 die „Red Line". Dieser Veterinärzaun des Animal Disease Control Checkpoint trennt die kommerziellen Rinderfarmen im Süden vom Kommunalland im Norden, auf dem Viehzucht als Subsistenzwirtschaft betrieben wird. Seit den 1960er-Jahren verhinderte der Zaun die Nord-Süd-Wanderung der Tiere und schützt den Süden so vor Maul- und Klauenseuche und Rinderpest. Tiere, die im Norden gezüchtet wurden, durften nicht in den Süden verkauft oder auf Märkte in Übersee exportiert werden.

Das Ergebnis: Die Rote Linie bildete zugleich eine Grenze zwischen dem entwickelten und dem unterentwickelten Teil Namibias. Die Landschaft im Süden besteht aus aridem, mit Büschen bestandenen Buschveld (offenes Grasland), auf dessen riesigen Farmen einige wenige Farmer mit großen Herden leben. Nördlich des Animal Disease Control Checkpoint verändert sich das Bild: dichtes Buschland, Baobabs, Mopanebüsche und kleine *kraals* (Rundhüttendörfer) prägen das Bild. Hier kämpfen die meisten Menschen darum, ihr Auskommen zu finden.

Diese Ungleichheit wird aber womöglich bald beseitigt. Ende 2012 intensivierte die namibische Regierung ihre Bemühungen, die meisten „geschützten" Regionen international als frei von Viehseuchen anerkennen zu lassen. Das könnte die Red Line viel weiter nach Norden bis an die Westgrenze des Bwabwata National Parks verschieben, denn der Caprivizipfel gilt immer noch als Hochrisikozone für Maul- und Klauenseuche. Und vielleicht wird die Linie eines Tages schließlich ganz aufgelöst.

Grootfontein

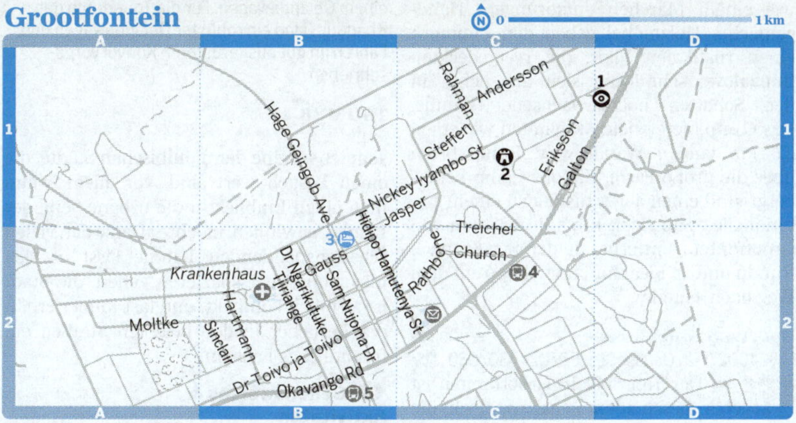

Sehenswertes

Deutsches Fort & Museum FORT, MUSEUM
(Erw./Kind 25/15 N$; Mo–Fr 8.30–16.30 Uhr) Die historische Siedlungsgeschichte wird hier anhand einiger faszinierender Schwarz-Weiß-Fotografien dargestellt. Auch die Sammlung von Artefakten und Fotos der Himba, Kavango und Mbanderu ist sehr interessant, ebenso wie die anschauliche Geschichte der Erforschung heimischer Felsmalereien. Für den Besuch dieses Museums sollten einige Stunden eingeplant werden – es ist beeindruckend groß.

Das 1896 errichtete Fort, das das Museum beherbergt, wurde im frühen 20. Jh. einige Male erweitert und 1922 durch einen großen Kalksteinbau komplettiert. Später diente das Gebäude als Internat, das aber im Jahr 1968 geschlossen wurde.

Friedhof FRIEDHOF
Auf dem Stadtfriedhof an der Okavango Road befinden sich viele Gräber von Soldaten der Schutztruppe, die um die Jahrhundertwende bei Kämpfen mit heimischen Truppen ihr Leben lassen mussten.

Hoba Meteorit NATURDENKMAL
(Eintritt Erw./Kind 20/10 N$; Sonnenauf- bis Sonnenuntergang) Nahe der Hoba Farm fand Jacobus Brits 1920 den weltgrößten Meteoriten. Dieses quaderförmige Stück aus dem All besteht aus 82 % Eisen, 16 % Nickel und 0,8 % Kobalt sowie Spuren anderer Metalle. Niemand kann sagen, wann der Meteorit auf die Erde fiel (es muss so etwa vor 80 000 Jahren gewesen sein), bei einem Gewicht von 54 000 kg muss er jedoch beim

Grootfontein

Sehenswertes
1 Friedhof D1
2 Deutsches Fort & Museum C1

Schlafen
3 Courtyard Guesthouse B2

Transport
4 Minibusse nach Rundu & Oshakati C2
5 Minibusse nach Tsumeb & Windhoek B2

Aufschlag einen ziemlichen Lärm verursacht haben.

Nachdem Touristen begonnen hatten, kleine Teile aus dem Quader zu schlagen, um sie als Souvenir zu behalten, wurde die Einschlagstelle 1955 zum Nationaldenkmal erklärt. Heute gibt es hier einen Informationstafel, einen kleinen Naturpfad sowie einen schattigen Picknickplatz. Reisende, die sich nicht so für Geologie begeistern können, legen hier meist nur einen kurzen Stopp ein – die Größe des Meteoriten an sich ist wenig beeindruckend.

Von Grootfontein geht es auf der C42 in Richtung Tsumeb und nach 500 m nach Westen auf die D2859. Nach weiteren 22 km ist der Meteorit erreicht. Die Einschlagsstelle ist gut ausgeschildert.

Schlafen & Essen

Roy's Rest Camp CAMPING, BUNGALOWS $$
(240302; www.roysrestcamp.com; Stellplatz 90 N$ pro Pers., EZ/DZ 700/1190 N$;) Diese sehr empfehlenswerte Unterkunft wirkt fast

wie einem Märchen entsprungen: Handgemachte Holzmöbel geben den Zimmern einen rustikalen Flair, die reetgedeckten Bungalows schmiegen sich angenehm in den Schatten hochgewachsener Bäume. Das Camp bietet viele Aktivitäten wie einen 2,5 km langen Wanderweg, Rundfahrten über die große Farm, die das Camp beherbergt, und einen Tagesausflug zu einem traditionellen San-Dorf. Roy's liegt 55 km von Grootfontein entfernt an der Straße nach Rundu und ist ideal für einen Stopp auf dem Weg nach Tsumkwe.

Courtyard Guesthouse PENSION $$
(☎240027; 2 Gauss St.; EZ/DZ 430/660 N$; ❄@📶🏊) Der Top Spot in Grootfontein ist zwar eher bescheiden gehalten, doch die riesigen Zimmer (nicht alle sind groß, bitte nachfragen!) bieten mehr als genug Platz, um die Taschen auszupacken und die Ausrüstung zu sichten. Vor dem Aufbruch in den umliegenden Busch kann man hier noch einmal einen Nachmittag am Pool verbringen und sich verwöhnen lassen. Das Essen im Courtyard Guesthouse dürfte das Beste der Stadt sein. Das Restaurant (Hauptgerichte 60–80 N$, 7–22 Uhr) serviert Fisch, Salat, Pasta und Grillplatten.

ℹ An- & Weiterreise

Minibusse fahren häufig zwischen Grootfontein und Tsumeb, Rundu, Katima Mulilo und Windhoek. Sie starten von den inoffiziellen Haltestellen am Stadtein- und -ausgang an der Okavango Road, wie in Afrika üblich, sobald alle Plätze besetzt sind. Auch der Intercape Mainliner (S. 220) zwischen Windhoek und Victoria Falls hält in Grootfontein (ab 350 N$, 6 Std., 2-mal pro Woche).

Die Weiterfahrt nach Tsumkwe ist nur mit einem eigenen Fahrzeug möglich. Bei gedrosseltem Tempo lässt sich die Schotterstraße in die Stadt auch mit einem Pkw befahren. Die Dörfer der Region Otjozondjupa sind nur mit einem hochrädrigen Fahrzeug mit guten Stoßdämpfern erreichbar, in der Regenzeit womöglich nur mit einem Geländewagen. Für die Tour durch den Khaudum sind ein robuster Geländewagen und Fahren im gut ausgerüsteten Konvoi vorgeschrieben.

TSUMEB

☎ 067

Tsumeb ist eine der namibischen Städte, die einen Besuch wert sind, vor allem, wenn man einen Einblick in die urbane Seite des Landes gewinnen möchte. Dank der vielen schattenspendenden Bäume lässt es sich hier wunderbar spazieren gehen, die Stadt ist ziemlich kompakt, und fast immer erhält der Besucher in den belebten Straßen ein freundliches Lächeln.

Sehenswertes & Aktivitäten

Tsumeb Mining Museum MUSEUM
(Ecke Main St. & 8th Rd.; Erw./Kind 30/5 N$; ⌚Mo–Fr 9–17, Sa 9–12 Uhr) Das Museum in einem Kolonialbau von 1915, der früher gleichzeitig als Schule und Krankenhaus für deutsche Soldaten diente, erzählt die Stadtgeschichte. Neben der einzigartigen Mineralienausstellung mit noch nie gesehenen Exponaten wie etwa Psitticinite zeigt das Museum auch verschiedenens Bergwerksgerät, ausgestopfte Vögel, Artefakte der Himba und Herero sowie Waffen, die aus dem Otjikoto-See geborgen wurden. Zudem gibt es eine große Sammlung von Militaria, die von den Deutschen Truppen hier zurückgelassen wurden, bevor sie sich den Südafrikanern 1915 ergaben.

Tsumeb Arts & Crafts Centre KUNSTHANDWERK
(☎220257; 18 Main St.; ⌚Mo–Fr 9–17, Sa 9–1 Uhr) In dem Kunsthandwerkszentrum stehen Schnitzarbeiten aus dem Caprivi, Kunst der San, Flechtkörbe der Ovambo (und auch einige schöne Stücke der San), europäisch-namibische Lederarbeiten, Karakul-Webteppiche und anderes traditionelles

WUNDERWELT DER MINERALIEN

Der Wohlstand von Tsumeb basiert auf dem Vorkommen von 185 Mineralien, darunter zehn, die es nur hier gibt. Kupfererz und eine enorme Vielzahl anderer Metalle und Minerale wie Blei, Silber, Germanium und Cadmium wurden durch einen Vulkanschlot an die Oberfläche transportiert. Dies und die Tatsache, dass hier Afrikas produktivste Bleimine arbeitet, macht die Stadt zu einem metallurgischen und mineralogischen Weltwunder. Gesteine aus Tsumeb finden sich in Museen auf der ganzen Welt, und auch Tsumebs Stadtmuseum präsentiert eine eindrucksvolle Sammlung, in der die mineralogische Bandbreite der Region und die Ortsgeschichte aufbereitet werden.

Tsumeb

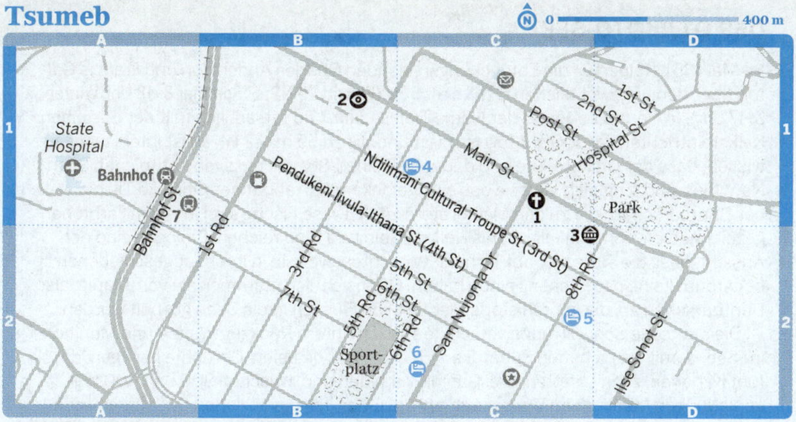

Kunsthandwerk aus Nordnamibia zum Verkauf. Eine sehr hilfsbereite, freundliche Dame betreut die kleine, aber interessante Sammlung.

St-Barbara-Kirche KIRCHE

(Ecke Main St. & Sam Nujoma Dr.) Tsumebs auffällige katholische Kirche wurde 1914 der hl. Barbara geweiht, der Schutzpatronin der Minenarbeiter. Im Inneren sind einige hübsche Wandmalereien der Kolonialzeit erhalten. Durch den eigenwilligen Turm sieht das Gotteshaus weniger wie eine Kirche denn wie ein Verwaltungsgebäude einer deutschen Kleinstadt aus.

Tsumeb Cultural Village FREILICHTMUSEUM

(☎220787; Eintritt 22 N$; ⌚Mo–Fr 8–16, Sa 8–13 Uhr) Der Komplex 3 km außerhalb an der Straße nach Grootfontein zeigt Beispiele für traditionelle Hausformen und präsentiert Kultur und Exponate aller in Namibia lebender Volksgruppen.

Schlafen & Essen

Travel North Namibia Guesthouse PENSION $$

(☎220728; http://natron.net/tnn/index.htm; Sam Nujoma Dr.; EZ/DZ 365/480 N$; ❄@📶) Die preiswerte Pension ist ideal für all diejenigen, die mit kleinem Reisebudget unterwegs sind. Der Empfang ist sehr freundlich, und die einfachen Zimmer sind ihr Geld wert. Sie sind zwar etwas altmodisch eingerichtet und einige der Accessoires würden im Zimmer einer Großmutter nicht weiter auffallen, aber die Zimmer sind gut gepflegt. Selbst die kleinen Betten stehen einem guten Schlaf nicht im Wege.

Tsumeb

Sehenswertes
1 St.-Barbara-Kirche C1
2 Tsumeb Arts & Crafts Centre B1
3 Tsumeb Mining Museum C2

Schlafen
4 Makalani Hotel C1
5 Mousebird Backpackers & Safaris C2
6 Travel North Namibia Guesthouse C2

Praktisches
Travel North Namibia Tourist Office .... (siehe 6)

Transport
7 Bahnhof St Minibus A1

Mousebird Backpackers & Safaris PENSION $

(☎221777; 533 4th St.; Stellplatz 90 N$ pro Pers., Bett/Twin 120/380 N$; @) Tsumebs beliebte Backpacker-Unterkunft bleibt auch weiterhin ihren Wurzeln treu und offeriert preiswerte Übernachtungsmöglichkeiten und eine gute Atmosphäre. Das Ambiente mit kleinem Gemeinschaftsraum und Küche wirkt gemütlich. Die besten Doppelzimmer im Haus haben ein Gemeinschaftsbad; das Doppelzimmer draußen besitzt ein eigenes Bad. Auch das Vierbettzimmer ist empfehlenswert.

Makalani Hotel HOTEL $$

(☎221051; www.makalanihotel.com; Ndilimani Cultural Troupe St.; EZ/DZ ab 460/680 N$;

DER OTJIKOTO-SEE

Im Mai 1851 stolperten die Entdeckungsreisenden Charles Andersson und Francis Galton über den ungewöhnlichen **Otjikoto-See** (Eintritt 25 N$; ⏲Sommer 8–18 Uhr, Winter 8–17 Uhr). In Herero bedeutet der Name Tiefes Loch, und tatsächlich füllt der See einen Kalksteintrichter, der 100 auf 150 m misst und bis zu 55 m tief ist. Es ist interessant zu wissen, dass der Otjikoto-See und der nahe Guinas-See die einzigen natürlichen Seen Namibias sind. Zugleich sind sie das einzige bekannte Habitat des Otjikoko Tilapia, einer Buntbarschart, die zu den Maulbrütern zählt. Diese Fische sind in vielen Farbtönen gezeichnet, die von Dunkelgrün bis Hellrot, Gelb und Blau reichen. Biologen sind der Ansicht, dass die Tiere hier auf Tarnung verzichten, weil sie in ihrem abgeschiedenen Lebensraum keine natürlichen Feinde haben. Offensichtlich stammen sie von Tilapia, also Buntbarschen ab, die in prähistorischer Zeit von Flüssen in die Seen gespült wurden.

Die deutsche Schutztruppe versenkte 1915 bei ihrem Rückzug Waffen und Munition im See, damit sie nicht den Südafrikanern in die Hände fielen. Gerüchte besagen, dass fünf Kanonen, zehn Lafetten, drei Gatling-Kanonen und zwischen 300 und 400 Wagenladungen Munition im Wasser versanken. Einen Teil davon ließen Südafrikanische Armee, Tsumeb Corporation und das National Museum of Namibia 1916 unter großen Kosten und Mühen bergen. 1970 entdeckten Taucher einen Munitionswagen von Krupp in 41 m Tiefe – er steht heute im Owela Museum in Windhoek. 1977 und 1983 wurden zwei weitere Munitionstransporter und eine große Kanone gehoben – sie sind im Tsumeb Mining Museum zu besichtigen.

Der Otjikoto-See liegt 25 km nördlich von Tsumeb an der B1; die Abzweigung ist ausgeschildert. Die Zufahrt zum See befindet sich, von Etosha kommend, etwa 100 m hinter dem Schild. Der See ist nicht als Attraktion ausgebaut, aber Ticket-Kiosk, Parkplatz einige Läden, an denen man Getränke und Snacks bekommt, sowie etwas Schatten sind vorhanden. Tauchen und Schwimmen sind verboten, wenngleich man immer wieder von Schatzsuchern hört, die den See mit Tauchausrüstung im Schutz der Nacht absuchen.

❄📶🏊) Das teure Makalani Hotel im Stadtzentrum sieht ziemlich schrill aus und vermarktet sich zugleich als kleines Hotel wie auch als Mini-Resort mit Casino. Beides zugleich geht aber nicht, sodass es etwas unglücklich zwischen den beiden Polen schwankt. Was wirklich toll ist, sind die Zimmer. Wer Komfort sucht, ist hier richtig.

ℹ Praktische Informationen

Travel North Namibia Tourist Office (☎220728; 1551 Sam Nujoma Dr.; 📶) Das Info-Büro befindet sich in der Pension gleichen Namens und hält Material über das gesamte Land bereit. Es bucht Unterkünfte, organisiert Transport, vermittelt Mietwagen, erledigt Buchungen für Etosha und hat Internet – nur Straßenkarten gibt es nicht.

ℹ An- & Weiterreise

AUTO

Tsumeb liegt eine bequeme Tagesetappe von Windhoek entfernt. Es ist Ausgangspunkt für Fahrten nach Namutoni und dem Von Lindequist Gate im Etosha Nationalpark. Die Straße ist bis zum Parktor asphaltiert; man sollte dennoch umsichtig fahren, denn häufig ist Wild entlang der Straße unterwegs.

BUS

Busse des Intercape Mainliner (S. 220) verkehren zwischen Windhoek und Tsumeb (ab 310 N$, 5½ Std., 2-mal wöchentl.). Tickets sollten online im Voraus gebucht werden, denn die Busse fahren weiter nach Victoria Falls und sind schnell voll.

Kombis befahren ebenfalls ziemlich regelmäßig die B1. Die Fahrt von Windhoek nach Tsumeb sollte nicht mehr als 220 N$ kosten. Wer zum Etosha National Park weiterreisen möchte, sollte wissen, dass es auf dieser Strecke keine öffentlichen Verkehrsverbindungen gibt.

Etosha National Park

☎067

Der Etosha National Park zählt zu den weltweit besten Orten für Wildbeobachtungen. Seine einzigartige Natur verdankt er der riesigen Etosha-Pfanne. Diese immens große, flache Salztonpfanne verwandelt sich nach Regenfällen für ein paar Tage im Jahr in eine flache Lagune, in der Flamingos und Pelikane gründeln. Das umliegende Busch- und Grasland ist Lebensraum einer vielfältigen Tierwelt. Und was für einer Tierwelt!

Etosha National Park

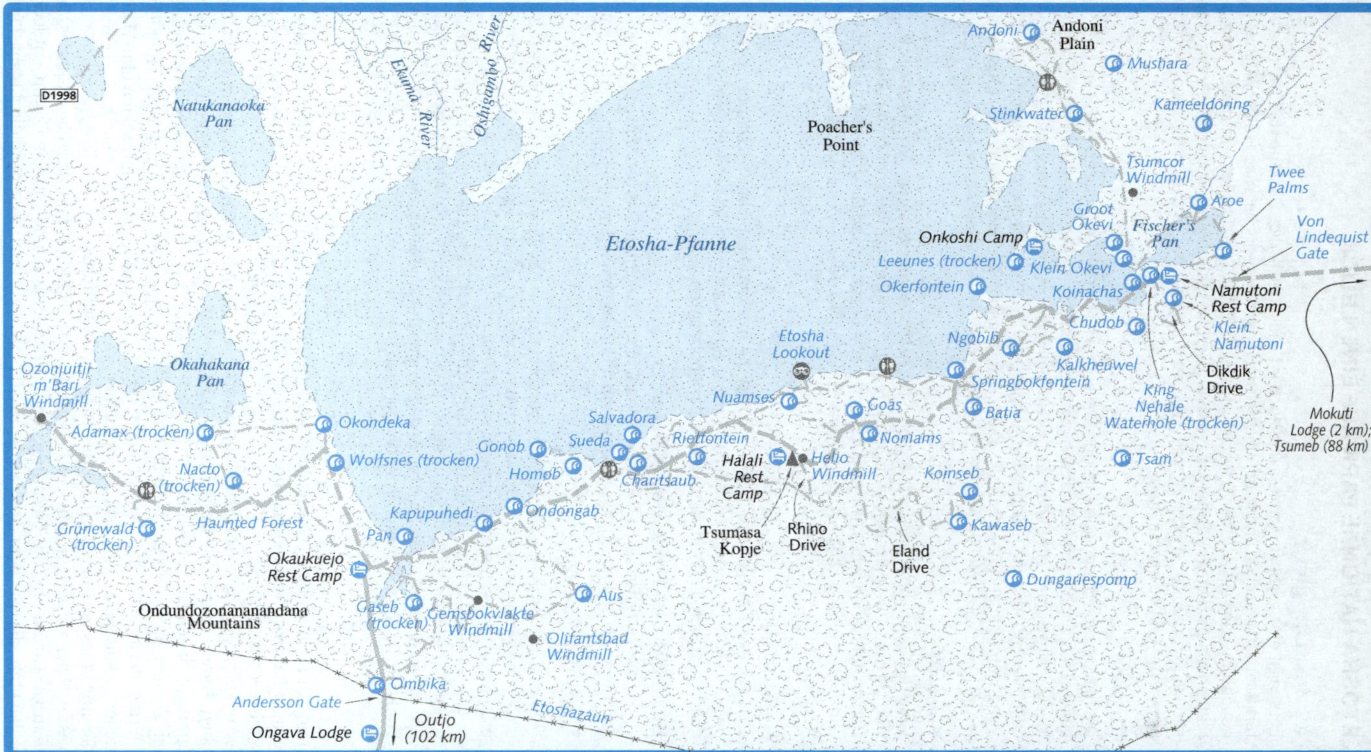

ETOSHA NATIONAL PARK AUF EINEN BLICK

Auf nach Etosha!

Etosha ist einzigartig in Namibia und auch im südlichen Afrika. Die raue Natur der Salztonpfanne, die flache Landschaft und natürlich die Wasserlöcher machen die Wildbeobachtung ganz einfach, der Erfolg ist garantiert. Etosha zählt außerdem zu den besten Plätzen für die Begegnung mit den vom Aussterben bedrohten Spitzmaulnashörnern im südlichen Afrika. Zudem lassen sich die Tiere ungemein bequem an den Wasserlöchern unweit der Camps beobachten.

Zugang

Die meisten von Süden kommenden Reisenden halten in Outjo, das etwa 100 km auf einer guten, asphaltierten Straße vom Andersson Gate in Etosha entfernt liegt. Outjo ist ideal, um im Supermarkt Vorräte aufzustocken, das Internet zu nutzen und gutes Essen zu genießen. Wer zum östlichen Parkeingang will, weil er etwa aus dem Caprivizipfel oder Rundu kommt, fährt über Tsumeb. Diese Ausgangsbasis für den Besuch von Etosha liegt etwa 110 km vom Von Lindequist Gate entfernt.

Tierwelt

Viele Besucher kommen, um hier die Spitzmaulnashörner zu sehen. Normalerweise sind sie nur schwer zu sichten, aber da sie regelmäßig einige Wasserlöcher bei den Camps aufsuchen, ist es hier ganz einfach. Auch Schakale und Giraffen sind zahlreich vorhanden, und wer keine Antilopen wie Springböcke oder Oryx sieht, trägt wohl eine Augenbinde.

Reisezeit

Etosha ist ein Ganzjahresziel, doch ideal ist die Trockenzeit von Mai bis Oktober, wenn das Gras kurz ist und die Wasservorräte fast verbraucht sind. An den wenigen Wasserlöchern lässt sich das Wild dann wunderbar beobachten.

Unterwegs im Etosha-Nationalpark

Ohne eigenes Fahrzeug ist der Nationalpark nicht erreichbar. Das benötigt man aber auch, um sich im Park zu bewegen. Je höher der Bodenabstand, desto besser die Sicht.

Tipps der Autoren

Man besucht Etosha besser als Selbstversorger, denn das Essen in den Camprestaurants ist gelinde gesagt sehr einfach. Da auch das Angebot an Nahrungsmitteln eher gering ist, bringt man am besten seine eigenen Vorräte mit.

Die mit Flutlicht angestrahlten Wasserlöcher in den Camps sind spätnachts, wenn die meisten Besucher schlafen gegangen sind, am interessantesten. Wir erlebten in Halali um diese Zeit eine unserer besten Begegnungen mit Wildtieren, die wir je in Afrika hatten: Wir konnten Spitzmaulnashörner beobachten.

Auch wer bereits andere Wildparks in Afrika besucht hat, wird von diesem hier wahrlich begeistert sein.

Anders als in vielen anderen afrikanischen Nationalparks, in denen man Tage damit zubringen kann, das Wild in den weiten Ebenen aufzustöbern, besteht Etoshas Charme darin, dass die Tiere zu den Besuchern kommen. Autofahrer brauchen hier nur eines zu tun: an einem der vielen Wasserlöcher zu parken, mit angehaltenem Atem zu warten und die Tierprozession zu beobachten, die vor dem Auto vorbeizieht: Löwen, Elefanten, Springböcke, einfach alle! Und das nicht in Zweiergruppen, sondern zu Hunderten.

Obwohl die Landschaft karg wirkt, bietet Etosha mit rund 20 000 km² Fläche 114 Säugetier- und 340 Vogelarten, 16 verschiedenen Reptilien und Amphibien, einer Fischspezies und zahllosen Insekten eine Heimat.

Geschichte

Die Händler und Forscher Charles John Andersson und Francis Galton entdeckten 1851 als erste Europäer die Etosha-Pfanne.

Ihnen folgte 1876 ein amerikanischer Händler, McKeirnan, der schrieb: „Selbst wenn die Tiere aller Menagerien der Welt frei umherliefen – es wäre kein Vergleich zu dem Schauspiel, das ich heute gesehen habe."

Dennoch begannen sich Touristen und Naturschützer erst Anfang des 20. Jhs. für Etosha zu interessieren. Damals machte sich der Gouverneur von Deutsch-Südwestafrika, Dr. von Lindequist, Sorge um die abnehmende Zahl bestimmter Tierarten. Er gründete deshalb ein 99,526 km² großes Reservat, das die gesamte Etosha-Pfanne einschloss.

Damals war das Gebiet noch nicht umzäunt, die Tiere konnten ihren normalen Wanderrouten folgen. In den kommenden Jahren wurden die Grenzen des Reservats jedoch immer wieder verändert (vor allem durch die Ausgliederung von Homelands); 1970 legte man den Etosha National Park endgültig auf seine heutige Größe fest.

Aktivitäten

Tiere beobachten

Der in Etosha vorherrschende Vegetationstyp ist Mopane; er säumt die Salzpfanne und stellt 80% der Pflanzen. Daneben wachsen auch Schirmakazien und andere von äsenden Tieren geschätzte Bäume. Zwischen Dezember und März kleidet sich das karge Buschland in ein hübsches, grünes Gewand.

Je nach Jahreszeit lassen sich Elefanten, Giraffen, Steppenzebras, Springböcke, Kuhantilopen, Streifengnus, Oryxantilopen, Elantilopen, Kudus, Pferdeantilopen, Strauße, Schakale, Hyänen, Löwen und sogar Geparde und Leoparden beobachten. Zu den bedrohten Tierarten zählen Schwarznasenimpala und Spitzmaulnashorn.

Wo sich das Wild konzentriert, ist von der Ökologie der Umgebung abhängig. Oliphantsbad in der Nähe von Okaukuejo ist, wie der afrikaanse Name sagt, beliebt bei Elefanten. Dagegen sind Nashörner nirgendwo besser zu beobachten, als am beleuchteten Wasserloch von Okaukuejo. Als Faustregel gilt: Je weiter nach Osten, desto mehr Gnus, Kudus und Impalas gesellen sich zu den Oryxantilopen, Springböcken und Steinböckchen. Das Gebiet um Namutoni empfängt jährlich 443 mm Regen (im Vergleich: Okaukuejo 412 mm) und gilt als bester Ort für Begegnungen mit Schwarznasenimpalas und Afrikas kleinster Antilopenart, dem Damara Dik-Dik. Auch zahllose kleinere Tiere leben in Etosha, darunter Fuchs- und Schlankmangusten, Honigdachse und Warane.

In der trockenen Winterzeit hält sich das Wild vorwiegend um die Wasserlöcher auf. In den heißen, regenreicheren Sommermonaten verteilen sich die Tiere im Busch, wo sie geschützt den Tag verbringen. Nachmittags lohnt es auch in der Trockenzeit, unter den Bäumen nach Wild Ausschau zu halten; vor allem Löwenrudel faulenzen hier gerne im Schatten. Im Sommer kann es bis zu 44 °C heiß werden, was im Auto beim Warten eingesperrt nicht unbedingt ein Vergnügen ist. Doch in dieser Zeit bekommen die Tiere ihre Jungen, und mit Glück können Besucher dann ein Zebrafohlen oder einen zerbrechlich wirkenden, neugeborenen Springbock sehen.

Häufige Vertreter der ebenfalls reichen Vogelwelt sind der Südliche Gelbschnabeltoko und die 15 kg schwere Riesentrappe, die sich meist am Boden aufhält und wegen ihres Gewichts nur selten fliegt. Auch Strauße, Gackeltrappen, Marabus, Weißrückengeier und viele kleinere Vogelarten sind in Etosha zu Hause.

Die besten Tageszeiten für Pirschfahrten sind die Morgendämmerung und der späte Abend. Allerdings ist es Besuchern nach Einbruch der Dunkelheit nicht erlaubt, die Camps zu verlassen.

Nächtliche geführte Wildbeobachtungsfahrten (600 N$ pro Pers.) können in allen Camps gebucht werden; sie bieten die einmalige Gelegenheit, Löwen bei der Jagd und verschiedene nachtaktive Tiere zu erleben. In jedem Camp liegt außerdem ein Besucherbuch auf, in dem aktuelle Tiersichtungen in der Nähe aufgelistet sind – eine gute Informationsquelle.

Schlafen & Essen

Die Hauptcamps im Nationalpark sind das ganze Jahr über geöffnet. Sie sind mit Restaurants, Bars, Läden, Swimmingpools, Picknickplätzen, Tankstellen, Kiosks und beleuchteten Wasserlöchern ausgestattet, zu denen das Wild die ganze Nacht über kommt. Obwohl die Übernachtungsgebühren normalerweise bei NWR in Windhoek beglichen werden, ist es in Ausnahmefällen möglich, die Unterkunft am jeweiligen Zugangstor zu reservieren. Dabei sollte man bedenken, dass der Nationalpark an den Wochenenden stark besucht ist, vor allem in der Trockenzeit. Wenn irgend möglich, sollte man im Voraus reservieren.

IM NATIONALPARK

Alle hier aufgeführten Übernachtungsmöglichkeiten sind in der Nebensaison von November bis Juni deutlich preiswerter. Die meisten Besucher verbringen mehrere Nächte in einem der drei Hauptcamps Namutoni, Halali oder Okaukuejo, die jeweils etwa 70 km voneinander entfernt liegen.

Okaukuejo Rest Camp LODGE, CAMPINGPLATZ **$$**
(Stellplatz 200 N$ zuzüglich 110 N$ pro Pers., EZ/DZ ab 1020/1840 N$, Chalets ab 1100/2000 N$;) Das 'o-ka-kui-yo' ausgesprochene Lager ist Standort der Etosha Research Station, Sitz der Nationalparkverwaltung und Etoshas größtes Besucherzentrum. Das Wasserloch von Okaukuejo gilt als bester Ort für die Beobachtung von Nashörnern, die vor allem zwischen 20 und 22 Uhr zum Trinken kommen. Zebras, Gnus, Schakale und Elefanten lassen sich nahezu zu jeder Tageszeit blicken. Okaukuejos Campingplatz ist häufig recht voll; der hervorragenden Ausstattung mit Waschmaschinen, *braii*-Plätzen sowie Duschen und WC mit Warmwasser tut der Ansturm jedoch keinen Abbruch. Die Unterkünfte für Selbstversorger bestehen aus älteren, aber jüngst neu möblierten Zimmern sowie frei stehenden Chalets. Wer sich etwas Besonderes leisten möchte, der sollte eines der fantastischen zweistöckigen Luxus-Chalets mit möbliertem Balkon mieten, von dem aus der Blick auf das Wasserloch und das dort zum Trinken anstehende Wild fällt.

Halali Rest Camp LODGE, CAMPINGPLATZ **$$**
(Camping 200 N$ pro Stellplatz, zusätzlich 100 N$ pro Pers., EZ/DZ ab 800/1400 N$, Chalets ab 1000/1700 N$;) Halali liegt etwa in der Mitte des Nationalparks und schmiegt sich zwischen Dolomithügel, die in dieser Landschaft ungewöhnlich sind. Der kurze Tsumasa-Wanderweg führt auf den dem Camp nächstgelegenen Hügel, Tsumasa Kopje, von wo aus herrliche Panoramafotos des Nationalparks möglich sind. Halalis Highlight ist das nachts beleuchtete Wasserloch, das rund 10 Minuten zu Fuß vom Camp entfernt liegt. Eingerahmt von einem baumbestandenen Tal, in dem riesige Felsbrocken herumliegen, hat es zwar nicht die große Bandbreite zu bieten wie Okakuejo. Doch der Platz ist hübsch, und bei einem Glas Wein kann man hier ruhig sitzen und den Busch nach Nashörnern und Löwen absuchen, die am späten Abend zum Trinken kommen. Wie in Okakuejo ist der Campingplatz gut unterhalten; hinzu kommen luxuriös ausgestattete Chalets, in denen die Gäste mitten im afrikanischen Busch wunderbar entspannt schlafen können.

Namutoni Rest Camp LODGE, CAMPINGPLATZ **$$**
(Stellplatz 200 N$ zuzüglich 110 N$ pro Pers., EZ/DZ ab 850/1500 N$, Chalets ab 1000/1800 N$;) Wahrzeichen des östlichsten Camps von Etosha ist das blendend weiße, deutsche Fort. Das Relikt der Kolonialära wirft einen irrealen Schatten über das Lager. Neben dem Fort entspringt eine hübsche Karstquelle, nicht weit entfernt befindet sich das beleuchtete King-Nehale-Wasserloch, dessen Schilfinseln ziemlich lärmende Frösche beherbergen. Aussichtsbänke laden zum Lunch oder zu einer Pause mit Blick auf die friedliche Uferszenerie, doch kommen erstaunlich wenige durstige Tiere hierher. Wie Okakuejo und Halali besitzt auch Namutoni einen exzellenten Campingplatz, der als einziger im Nationalpark mit Gras punkten kann. Einige luxuriöse Chalets stehen am Übergang zum Busch.

Onkoshi Camp LODGE **$$$**
(Inkl. Halbpension und Transfer ab Namutoni pro Pers. ab 2000 N$;) Wem der Sinn nach echtem Luxus steht, der sollte sich im Onkoshi Camp einquartieren. Nach der Ankunft in Namutoni werden die Gäste zu einer abgelegenen Halbinsel am Rand der Salzpfanne gefahren, wo sie eines der 15 mit Reet gedeckten Luxuszelte beziehen, die erhöht auf hölzernen Plattformen in herrlicher landschaftlicher Lage abseits aller Touristenrouten errichtet wurden. Schweres Massivholz, filigraner Bambus, kunstvolle Metallbeschläge, fein gearbeitete Möbel, Originalgemälde und elegantes Porzellan verleihen den Chalets eine umwerfend opulente Atmosphäre. Die Verlockung, seine Tage in diesem königlichen Ambiente mit Nichtstun zu verbringen ist groß; doch Etoshas beste Guides entführen die Gäste zu individuellen Pirschfahrten (ab 500 N$ pro Pers.), und die mehrgängigen Abendessen im Kerzenschein mag ebenfalls niemand missen.

Dolomite Camp LODGE **$$$**
(EZ/DZ mit Halbpension ab 1250/2300 N$;) Das kürzlich im bislang nicht zugänglichen, westlichen Teil von Etosha eröffnete Camp fügt sich wunderbar in seine felsige Umgebung ein. Unterkunft bieten hier reetgedeckte Chalets, die im Grunde Luxuszelte sind; einige besitzen ein eigenes Tauchbecken. Die Ausblicke auf die umliegenden Ebenen sind

fantastisch, und da das Camp ein eigenes Wasserloch besitzt, ist es nicht einmal nötig, sich weit von seinem Bett zu entfernen, um Wild zu beobachten. Bei Pirschfahrten erleben die Gäste eine erstaunliche Vielfalt an Tieren, denn die Region war mehr als 50 Jahre ohne menschliche Eingriffe sich selbst überlassen.

AUSSERHALB DES NATIONALPARKS

Am Rande Etoshas reiht sich eine Luxuslodge an die nächste. Für jede ist eine Reservierung erforderlich, die Anreise ist nur mit dem eigenen Fahrzeug oder einem Charterflugzeug möglich. Die hier angegebenen Preise gelten für die Hauptsaison und schließen Vollpension und Wildbeobachtungsfahrten ein; nach vorheriger Anmeldung kann auch ein Transfer von Windhoek organisiert werden.

LP TIPP Sachsenheim CAMPING, CHALETS **$$**

(☎081 215 0100, 067-230011; Stellplatz ohne/mit Bad 110/150 N$, EZ/DZ-Chalets 500/900 N$) Die Gästefarm 3 km nördlich der Kreuzung von C38 und B1 (Abzweig an der B1) bietet gute Unterkunftsmöglichkeiten: Camping auf einer Wiese mit *braai*-Platz, fließendem Wasser und Gemeinschafts- oder individuellen Sanitäreinrichtungen; oder einfache, aber hübsch eingerichtete Steinchalets mit Riesenzimmern und besonders angenehmer Bettwäsche. Die Lage wirkt sehr isoliert und rau, doch Wiesen und schattige Bäume vermitteln eine freundliche Stimmung. So nahe an Etosha ist die Gästefarm wirklich preiswert, und der Campingplatz zählt zu den schönsten in der Region. Es gibt auch Essen (Frühstück/Mittagessen 80/160 N$).

Etosha Aoba Lodge LODGE **$$$**

(☎229100; www.etosha-aoba-lodge.com; EZ/DZ mit Halbpension ab 1240/1980 N$; ❄@🏊) Die ruhige Lodge liegt in einem Wald aus Tamboti-Bäumen unweit eines Trockenflussbettes auf einem 70 km² großen, privaten Konzessionsgebict 10 km östlich des Von Lindequist Gate. Sie besteht aus zehn Cottages, die sich harmonisch in die Auenlandschaft einfügen. Obwohl das Hauptgebäude gelegentlich auch von Nicht-Gästen besucht wird, die nach einem langen Tag auf Safari abschalten möchten, ist die Atmosphäre friedlich und entspannt.

Taleni Etosha Village ZELTCAMP **$$**

(☎067-687190; EZ/DZ für Selbstversorger 900/1100 N$; ❄📶) Das kleine Refugium einige Kilometer außerhalb des Nationalparks bietet Unterkunft für Selbstversorger (auch mit Halb- und Vollpension buchbar) in Safarizelten, die sehr komfortabel mit Terrasse, *braai*, Holzböden, Stromanschluss und vielen kleinen Annehmlichkeiten ausgestattet sind. Die Zelte stehen verstreut im Busch unter Mopanebäumen. Für Selbstversorger organisiert das freundliche Personal sogar Lebensmittel. Internet kostet 60 N$ pro Stunde, es gibt ein großes Restaurant und eine Bar. Wer ohne Buchung vorbeikommt, zahlt etwa die Hälfte der hier genannten Preise. Etosha Village liegt 2 km vor dem Andersson Gate.

Mokuti Lodge LODGE **$$$**

(☎229084; www.mokutilodge.com; Twin mit Frühstück 1300 N$, Chalet 2300 N$; ❄@🏊) Die weitläufige Lodge 2 km vom Von Lindequist Gate entfernt, besteht aus Zimmern, Chalets, Luxussuiten, mehreren Swimmingpools, einem Spa und Tennisplätzen, wirkt dabei aber dank der niedrigen Gebäude dennoch intim. Die hübschen Zimmer sind modern mit afrikanischem Touch eingerichtet. In den Chalets stehen gemütliche Sofas. Dank der informellen, entspannten Atmosphäre eignet sich die Lodge gut für Familien mit Kindern, es gibt sogar eine *boma* mit Lagerfeuer und nächtlichen Geschichtenerzählern. Sehenswert ist der angeschlossene Reptilienpark mit seiner Schlangenpopulation – die meisten wurden in der Umgebung der Lodge gefangen.

Ongava Lodge LODGE **$$$**

(☎061-225178; www.wilderness-safaris.com; ab 2280 N$ pro Pers.; ❄@🏊) In der exklusivsten Luxuslodge in der Region um Etosha residiert man in einem privaten Schutzgebiet in der Nähe des Andersson Gate. Auf dem Gelände leben mehrere Löwenrudel, einige Breit- und Spitzmaulnashörner sowie die üblichen Herdentiere. Ongava besteht aus zwei Einheiten: Die Hauptlodge Ongava Lodge versammelt eine Reihe von schicken Chalets im Safaristil um ein kleines Wasserloch. Die acht im ostafrikanischen Kolonialstil gehaltenen Zelte des Ongava Tented Camp stehen etwas tiefer im Busch.

Toshari LODGE **$$**

(☎067-333440; Stellplatz 105 N$ pro Pers., DZ-Chalet 1100 N$) Die 25 km von Etosha an der C38 gelegene Lodge ist eine angenehme Alternative zu den Unterkünften im Nationalpark. Die kubischen Chalets sind zugegebenermaßen ziemlich hässlich, entschädigen aber durch ihren Komfort und die ruhige Lage im Busch. Die drei Stellplätze sind hervorragend angelegt und zwar für namibische Verhältnisse unüblich auf Gras. Zu jedem gehören eigene Sanitäranlagen, ein *braai*, eine Steinbank und Schatten. Camper können die Einrichtungen der Lodge wie die bestens ausgestattete Bar, den entspannten Gemeinschaftsbereich mit Erdmännchen als Haustieren sowie das Angebot von Gratis-Tee und -Kaffee nutzen.

Etosha Safari Camp CAMPINGPLATZ **$$$**
(☎061-230066; www.gondwana-collection.com; Stellplatz 120 N$, EZ/DZ-Chalets 1300/2000 N$; ❄🏊) Die exzellent ausgestatteten Stellplätze verteilen sich über ein großes, grasbestandenes Areal – auch wer ohne Reservierung kommt, hat deshalb die Chance, einen Platz zu ergattern. Die ganze Anlage wirkt wie ein Dorf, es gibt sogar eine *Shebeen*-Bar! Allerdings wurde auch tief in die Kitsch-Kiste gegriffen: Der Laden beispielsweise ist in einem Zugwaggon untergebracht. Vom Camp werden Pirschfahrten nach Etosha organisiert. Es liegt 9 km vom Park entfernt an der C 38 und ist deutlich ausgeschildert. Die Etosha Safari Lodge nebenan gehört ebenfalls der Gondwana-Gruppe.

ℹ Praktische Informationen

Nur die östlichen zwei Drittel von Etosha sind öffentlich zugänglich; das westliche Drittel ist Tourenveranstaltern vorbehalten. Die drei Hauptzugangstore von Etosha sind das Von Lindequist Gate (Namutoni) westlich von Tsumeb, das King Nehale Gate südöstlich von Ondangwa und das Andersson Gate (Okaukuejo) nördlich von Outjo.

Besucher sollten möglichst über das Von Lindequist oder das Andersson Gate in den Nationalpark fahren, da das King Nehale Gate häufig geschlossen ist. Am Tor erhalten sie ein Permit zum Preis von 80 N$ pro Pers. und 10 N$/Fahrzeug pro Tag. Diese Permits müssen im reservierten Restcamp vorgezeigt werden; dort werden auch eventuell ausstehende Camping- oder Unterkunftsgebühren beglichen.

Wer eine Übernachtung in einem Restcamp gebucht hat, muss sein Ziel vor Sonnenuntergang erreichen und kann das Camp erst nach Sonnenaufgang wieder verlassen; die genauen Zeiten sind an den Parktoren angeschlagen.

Fußgänger, Fahrrad-, Motorradfahrer und Tramper dürfen den Nationalpark generell nicht betreten; offene Trucks müssen verschlossen werden. Außerhalb der Restcamps dürfen Besucher ihre Fahrzeuge nicht verlassen (außer an den Toiletten).

ℹ Anreise & Unterwegs vor Ort

Da es zum und innerhalb des Nationalparks keinen öffentlichen Verkehrsmittel gibt, benötigen Besucher ein eigenes Fahrzeug; die Alternative ist eine organisierte Tour.

Alle Straßen im östlichen Teil Etoshas sind mit normalem Pkw befahrbar. Die Geschwindigkeitsbeschränkung auf 60 km/h schützt das Wild und reduziert die Staubentwicklung beim Fahren.

Die Straße von Namutoni nach Okaukuejo verläuft entlang der Etosha Pan und bietet faszinierende Ausblicke auf die endlose leere Landschaft. Man darf die Salztonpfanne nicht befahren, aber ein Netz von Schotterstraßen erschließt die angrenzenden Savannen und den Mopanebusch. Eine Stichstraße führt sogar zu einem Aussichtspunkt, dem Etosha Lookout, mitten in der Salzwüste.

NORDNAMIBIA

Afrika von seiner tief beeindruckenden Seite können Reisende in Nordnamibia kennenlernen. Namibias am dichtesten besiedelte Region bildet zweifellos auch sein kulturelles Herzstück. Ein weit entfernter Horizont begrenzt hier die unendliche Weite des Himmels und so fragt sich manch einer innerlich, ob er wirklich gerade hier die großartigste Autotour seines Lebens erleben wird. Zeit zum Nachdenken bleibt auf jeden Fall, wenn eine endlose Schotterstraßen das Auto durchschüttelt, der Fahrer über dem Lenkrad hängt, um die Stöße abzufangen, und die Mitreisenden ihren Gedanken nachhängen – stundenlang. Nordnamibias unvergessliche Landschaft inspiriert geradezu, nach der Lösung von Problemen zu suchen.

Der Caprivizipfel prägt Nordnamibias Umrisse und Identität. Rund um traditionelle Dörfer erstrecken sich hier mehrere Nationalparks, in denen sich nach Jahrzehnten der Kriege und Konflikte endlich wieder Wildtiere angesiedelt haben. Als Namibia seine Unabhängigkeit erlangte, hatten Wilderer die Tierwelt dieser Schutzgebiete buchstäblich entvölkert. Jahreslanges fortschrittliches Wildtier-Management hat die Region wieder in die Programme der Safariveranstalter zurückgebracht.

Geografie

Nordnamibia wird das Land der Flüsse genannt: Zu Angola hin begrenzen es Kunene und Okavango; im Osten bilden der Sambesi und das Flusssystem von Kwando/Mashe/

Linyanti/Chobe die Grenze. Die sanft hügelige Region Kavango im Nordosten ist vom Okavango geprägt.

Östlich von Kavango beginnt der schmale Caprivizipfel: Seine flache, monotone Landschaft ist dicht mit Mopane- und Blutfruchtbäumen bewachsen. Die Region Otjozondjupa verläuft entlang der Grenze zu Botsuana und ist ein wilder, nur dünn besiedelter Streifen Buschland mit verstreuten San-Dörfern.

Unterwegs vor Ort

Ovamboland ist ein bedeutendes Siedlungsgebiet und besitzt deshalb ein relativ gutes Netz von Minibusverbindungen (Kombis). Da hier viele Menschen leben, ist auch Trampen recht einfach. Die C46 und die B1 sind asphaltiert und gut unterhalten.

Abseits der beiden Hauptachsen ist der Straßenzustand eher schlecht, sodass man gelegentlich, vor allem nach ergiebigen Regenfällen, einen Geländewagen braucht. Treibstoff gibt es in Oshakati, Ondangwa, Oshikango und Uutapi (Ombalantu).

Die Strecke durch den Caprivizipfel in Richtung Victoria Falls befahren Busse des Intercape Mainliner, die zwischen Livingstone in Sambia und Windhoek verkehren. Da die Route durchgängig befestigt ist, genügt ein normaler Pkw. Der Besuch der Nationalparks ist allerdings nur mit einem hochrädrigen Fahrzeug durchführbar, möglichst mit einem Geländewagen.

Auch Tsumkwe in Otjozondjupa ist mit normalem Pkw erreichbar. Für den Besuch der San-Dörfer in der Umgebung wird allerdings ein robusteres Fahrzeug benötigt. Wer den Khaudum National Park durchqueren möchte, braucht einen komplett ausgestatteten Geländewagen und sollte auf jeden Fall nur im Konvoi mit anderen fahren.

Der Norden

Die Verwaltungsregionen Omusati, Oshana, Ohangwena und Otjikoto sind Heimat der Ovambo, Namibias größter Bevölkerungsgruppe.

Es gibt in diesem Teil Namibias nur wenige touristische Attraktionen. Ovamboland ist von einer bodenständigen und wohlhabenden ländlichen Gesellschaft geprägt, deren Mitglieder sehr geschäftstüchtig sind. Hier können Reisende hochwertige Korbwaren und Flechtarbeiten kaufen. Das Dekor ist einfach und anmutig: Meistens besteht es aus braunem, geometrischem Muster auf blassgelbem Grund.

ONDANGWA

☎ 065

Die zweitgrößte Stadt des Ovambolandes bildet einen kleinen Verkehrsknotenpunkt, von dem aus Kombis zu anderen Orten und Städten des Nordens starten. In den zahlreichen Lagerhäusern der Stadt stapeln sich die Waren für die 6000 winzigen Cuca Shops, die in den ländlichen Gebieten die Bevölkerung mit dem Lebensnotwendigen versorgen. Benannt sind diese kleinen Läden nach einer angolanischen Biersorte, die sie früher einmal verkauft haben.

Sehenswertes

Oponono-See SEE

Die Hauptattraktion der Gegend ist der Oponono-See, ein großes Feuchtgebiet, das von den Oshanas (unterirdische Wasserläufe) des Cuvelai-Systems gespeist wird. Nach einer sehr niederschlagsreichen Regenzeit lockt das Seeufer zahlreiche Vogelarten an, darunter Sattelstörche, Kronenkraniche, Flamingos und Pelikane. Von Ondangwa aus liegt das nächstgelegene Seeufer 27 km südlich der Stadt.

Nakambale-Museum MUSEUM

(Eintritt 10 N$; Mo–Fr 8–13 & 14–17, Sa 8–13, So 12–17 Uhr) Das Missionshaus, das heute das Nakambale-Museum beherbergt, errichtete der finnische Missionar Martti Rautanen in den späten 1870er-Jahren. Es gilt als das älteste Gebäude in Nordnamibia. „Nakambale" (der Mann mit dem Hut) ist der Spitzname, den die Einheimischen einst dem Missionar gaben. Das kleine Museum widmet sich der Geschichte und Kultur der Ovambo. Es liegt am Rand der Ortschaft Olukonda, 20 km südlich von Ondangwa an der D3629.

Schlafen & Essen

Nakambale-Camp CAMPINGPLATZ $

(☎245668; Campingplatz 50 N$, Hütte pro Pers. 100 N$) Gäste können hier in einfachen Hütten übernachten, die den Hütten gleichen, in denen früher ein Oberhaupt der Ovambo oder eine seiner Frauen wohnten. Der Campingplatz liegt am Rand der Ortschaft Olukonda, 20 km südlich von Ondangwa an der D3629.

Protea Hotel Ondangwa HOTEL $$$

(☎241900; www.proteahotels.com/protea-hotel-ondangwa.html; EZ/DZ ab 765/1050 N$;) Geschmackvolle Kunstwerke und moderne Möbel prägen das Ambiente der hellen Zimmer dieses eleganten Businesshotels. Das dazugehörige Chatter's Restaurant bietet eine gute Auswahl an europäischen Gerichten. In der Lobby befinden sich ein kleines Café und eine Imbissstube.

An- & Weiterreise

AUTO

Sowohl die B1 von Windhoek bis Ondangwa als auch die abzweigende Verbindungsstraße (C46) von Ondangwa nach Oshakati sind asphaltiert.

Der Grenzübergang Oshikango nach Santa Clara in Angola liegt 60 km nördlich von Ondangwa. Wer von hier aus weiter Richtung Norden reisen möchte, benötigt ein Visum für Angola, das die Einreise bzw. Durchreise erlaubt (s. auch Kasten S. 94).

BUS

Die B1 wird regelmäßig und häufig von Kombis befahren; die Strecke von Windhoek nach Ondangwa sollte nicht mehr als 160 N$ kosten. Von Ondangwa aus bedienen Kombis auf einem komplexen Streckennetz die Siedlungszentren im Norden; der Fahrpreis beträgt meist höchstens 30 N$ pro Fahrt.

FLUGZEUG

Tägliche Flüge der Air Namibia vom Eros Airport in Windhoek. Da die Landebahn in Oshakati Privatflugzeugen vorbehalten ist, dient Ondangwa als wichtigster Knotenpunkt für Flugreisende im Norden.

OSHAKATI

☎ 065

Die Hauptstadt der Ovambo ist ein für Besucher eher uninteressanter Wirtschaftsknotenpunkt, der aus kaum mehr als einem Streifen gesichtsloser Stadtviertel beiderseits der Hauptstraße besteht. Eine Stunde Zeit für den Besuch des großen überdachten Marktes, auf dem es von Kleidung über Körbe, Mopaneraupen bis zu frisch gebrautem *tambo*-Bier alles gibt, sollte man sich jedoch nehmen.

Wer es versäumt hat, sich vor Reiseantritt in seinem Heimatland ein Visum für Angola zu besorgen, kann es im **Angolan Consulate** (Angolanische Konsulat, ☎221799; Dr. Agostinho Neto Rd.) in Oshakti versuchen. Die Erfolgsaussichten sind jedoch erfahrungsgemäß gering (s. Kasten S. 94).

Reisende, die aus irgendwelchen Gründen in Oshakti übernachten wollen oder müssen, findet nahe der Flugpiste in der **Oshandira Lodge** (☎220443; oshandira@iway.na; EZ/DZ 490/690 N$; 🏊) eine passable Unterkunft. Die einfachen, aber geräumigen Zimmer liegen rund um einen hübsch angelegten Pool und ein reetgedecktes Restaurant. Etwas komfortabler ist die **Oshakati Country Lodge** (☎222380; Robert Mugabe Rd.; EZ/DZ ab 550/800 N$; ❄@🏊), in der gerne Regierungsvertreter und Geschäftsleute absteigen. Leute mit unwiderstehlichem Hang zu modernem Komfort kommen hier am besten auf ihre Kosten.

Von dem am Markt gelegenen Busbahnhof starten regelmäßig Minibusse zu Zielen im Norden.

UUTAPI (OMBALANTU) & UMGEBUNG

☎ 065

Rund um Uutapi, das auch Ombalantu genannt wird und an der C46 zwischen Oshakati und Ruacana liegt, finden sich mehrere hochverehrte Stätten des nationalen Erbes. Wer mit dem eigenen Fahrzeug in der Region unterwegs ist, sollte auf jeden Fall einen kurzen Besuch einplanen.

Uutapis bekannteste Sehenswürdigkeit ist die ehemalige Militärbasis der South African Defence Force (SADF) im Schatten eines mächtigen Baobabs. Die lokale Bevölkerung nennt den Baum *omukwa*. Früher wurde darin das Vieh vor Angreifern versteckt, und später diente er als Wachtturm, von dem aus man Eindringlinge in den Hinterhalt lockte. Bei der südafrikanischen Armee klappte das allerdings nicht. Diese nutzte den Baobab dann in verschiedenen Funktionen, u. a. als Kapelle und Café.

Zum Fort geht es an der Polizeistation, etwa 350 m südlich der Tankstelle, nach links und auf einem kaum erkennbaren, grasbewachsenen Pfad zwischen verfallenen Gebäuden auf den weithin sichtbaren Baobab zu.

ONGULUMBASHE

Die Stadt Ongulumbashe gilt als Geburtsort des modernen Namibia. Am 26. August 1966 wurden die ersten Schüsse des namibischen Unabhängigkeitskrieges von dieser Stelle im Busch abgefeuert. Hier konnte auch die namibische Befreiungsarmee ihren ersten Sieg über die südafrikanischen Truppen verbuchen, die beschuldigt wurden, potenzielle Guerillaaktivitäten im Keim zu ersticken und zu unterdrücken. Die Gegenseite konnte argumentieren, dass Freischärlertätigkeit gegen das Kriegsrecht ist. Auf dem Platz sind immer noch einige rekonstruierte Bunker und das „Nadel-Monument" zu sehen, welches den Ort der Schlacht markiert. Eine Abbildung an der anderen Seite ehrt das Pistolet-Pulemyot Shpagina (PPSh), ein russisches Maschinengewehr, das in dem Kampf eine große Rolle spielte.

Von Uutapi aus geht es Richtung Süden auf der D3612 in das Dorf Otsandi (Tsandi). Am östlichen Ende des Dorfes biegt der Weg Richtung Westen auf einen unbeschilderten Pfad ab und führt nach 20 km nach Ongulumbashe. Vorsicht: Das ist eine politisch heikle Gegend, und für einen Besuch dieses Ortes ist eine Erlaubnis von dem SWAPO-Büro in Uutapi erforderlich.

ONGANDJERA

Bei entsprechend heftigen patriotischen Gefühlen lohnt auch ein Besuch in Ongandjera, wo der ehemalige Präsident Sam Nujoma am 12. Mai 1929 geboren wurde. Der rosafarbene Kraal, in dem er seine Kindheit verbrachte, ist heute ein Pilgerort. An der in einem Baum aufgehängten, auffälligen blau-rot-günen Swapo-Fahne ist er unschwer zu erkennen. Ein Blick ist nur aus der Ferne gestattet, denn der Kraal ist Privatbesitz und nicht öffentlich zugänglich.

Ongandjera liegt an der D3612, 52 km südöstlich von Uutapi in der Nähe von Okahao. Man kann es auch auf der C41 von Oshakati aus anfahren.

RUACANA

☎ 065

Der Name der winzigen Stadt am Grenzfluss Kunene geht zurück auf die Herero-Wörter *orua hakahana* (die Stromschnellen). Sie ist der Ausgangspunkt für den Besuch der Ruacana Falls. An diesen Wasserfällen verzweigt sich der Kunene in mehrere Arme, bevor das Wasser über einen spektakulären, 85 m tiefen Steilhang stürzt und durch eine 2 km lange Schlucht fließt, die der Fluss mit der Zeit selbst ausgehöhlt hat. Ruacana ist der Firmensitz der Betreiber des unterirdischen 320-Megawatt-Wasserkraftwerks am Kunene und wurde entsprechend ausgebaut. Das Kraftwerk deckt heute mehr als die Hälfte des Strombedarfs von Namibia ab.

Sehenswertes

Ruacana Falls WASSERFALL

Die Ruacana Falls waren einst ein richtiges Naturwunder. Doch durch den Calueque-Damm in Angola, 20 km stromaufwärts, und das NamPower's-Kraftwerk in Ruacana hat sich das alles geändert. Das bisschen Wasser, das es bis hinter die erste Stauanlage schafft, wird von einem Einlaufwehr, 1 km oberhalb der Wasserfälle, abgefangen und in das Wasserkraftwerk geleitet, um die Turbinen anzutreiben. Bei den seltenen Gelegenheiten, wenn wieder einmal Wasser im Überfluss vorhanden ist, erlangt Ruacana seine alte Pracht. In sehr regnerischen Jahren ist es keine Übertreibung, einen Vergleich zu den Victoriafälllen zu ziehen. Wer erst einmal den Wasserfall rauschen hört, wird sich bestimmt für einen kurzen Abstecher entscheiden (zumal sich vielleicht keine eine Stelle findet, in derman Angola näher liegt).

15 km westlich von Ruacana weisen die Schilder in Richtung Grenze im Norden den Weg zu den Wasserfällen. Um die Schlucht zu besichtigen, müssen Besucher kurzfristig Namibia verlassen und einen speziellen Antrag ausfüllen. Vom namibischen Grenzübergang aus geht es nach links bis ans Ende der Straße (auf der rechten Seite befindet sich der baufällige angolanische Grenzübergang). Dort liegen die Ruinen des alten Kraftwerks, das von den namibischen Freiheitskämpfern zerstört wurde. Die Gebäude weisen noch Beschädigungen durch Minenwerfer und Gewehrfeuer auf, was in starkem Kontrast zu der sonst so friedlichen Landschaft steht.

Schlafen

Hippo Pools Camp Site CAMPINGPLATZ $

(☎270120; Zeltplatz pro Pers. 50 N$) Der von der örtlichen Gemeinde betriebene Campingplatz (auch Otjipahuriro genannt) liegt am Flussufer und bietet reichlich Schatten und Privatsphäre. Vorhanden sind auch *braai*, heiße Duschen und umweltfreundliche Plumpsklos. Gegen ein kleines Trinkgeld organisieren Gemeindemitglieder eine Tour zu den Ruacanafällen oder zum nahe gelegenen Dorf Himba.

Ruacana Eha Lodge LODGE $$$

(☎271500; www.ruacanaehalodge.com.na; Springbom Avenue; Zeltplatz pro Pers. 70 N$, Hütte pro Pers. 220 N$, EZ/DZ 775/1080 N$; ❄@≋) Eine schicke Lodge mit Unterkünften für jeden Geldbeutel – das Angebot reicht von gepflegten Zeltstellplätzen über rustikale A-förmige Hütten bis hin zu blitzblanken Zimmern. Mit ihrem üppigen Garten und einem erfrischenden kleinen Pool bildet die Eha Lodge eine attraktive Oase mitten in Ruacana.

An- und Weiterreise

Nicht weit von Ruacana kreuzen die Straßen von Opuwo, aus dem Ovamboland und die schwere, nur mit Geländewagen befahrbare Piste am Kunene entlang nach Swartbooi's Drift. Die Entfernungsangaben entlang der C46 vermischen

Ruacana-Stadt und das 15 km entfernte Kraftwerk. Beide sind als „Ruacana" ausgeschildert – man sollte sich dadurch nicht verwirren lassen.

Die rund um die Uhr geöffnete Tankstelle ist die letzte Tankmöglichkeit für Reisende, die nach Westen an den Atlantik fahren; hier starten und enden die Minibusverbindungen von und nach Oshakati und Ondangwa; der Fahrpreis beträgt normalerweise etwa 30 N$.

Kavango

Der Okavango, der Unterlauf des Cubango, und sein breites Flusstal beherrschen die dicht bewaldete und sanft hügelige Region Kavango. Fruchtbare Erde und fischreiche Gewässer ernähren große Gemeinschaften von Mbukushu, Sambiyu und Caprivianern. Die Volksgruppen sind berühmt für die hohe Qualität ihrer Schnitzarbeiten. Aus leichtem *dolfhout* (Dolfholz), einer Hartholzart, fertigen sie Tierfiguren, Masken, hölzerne Bierkrüge, Gehstöcke und Kästchen, die schöne Souvenirs abgeben. Außerhalb des Khaudum gibt es nur noch wenig Wild, doch der Nationalpark selbst stellt eine ernsthafte Konkurrenz für Etosha um den Titel des besten Safari-Ziels in Namibia dar.

In Sambiu, 30 km entlang des Okavango von Rundu nach Osten, befindet sich ein

Römisch-katholisches Missionsmuseum (☎251111; Eintritt frei; ⌚nach Voranmeldung). Die kleine Ausstellung zeigt Kunsthandwerk und Schnitzarbeiten aus Angola und der Provinz Kavango. Der Besuch sollte telefonisch angemeldet werden, man kann aber tagsüber auch einfach vorbeifahren und darauf setzen, dass man Glück hat und eingelassen wird.

RUNDU

☎066

Rundu ist ein tropisch-schwüler Vorposten am Hochufer über dem Okavango und das wichtigste Handelszentrum der stetig wachsenden angolanischen Volksgruppe in Namibia. Obwohl die Stadt Touristen nichts Besonderes bieten kann, ist sie Sitz mehrerer herrlich gelegener Lodges. Dort können die Gäste am Flussufer faulenzen und dabei Flusspferde und Krokodile beobachten, die im Grunde auch nichts anderes tun als zu ruhen und zu verdauen.

Der große, überdachte **Markt** zählt sicherlich zu den am besten sortierten Handelsplätzen ganz Afrikas. Zwischen Juli und September werden die Papayas frisch vom Baum verkauft. Auf dem **Khemo Open Market** (⌚tgl.) sind Grundnahrungsmit-

GRENZÜBERGANG VON RUNDU NACH ANGOLA

Der Grenzübertritt am Grenzposten von Rundu erfolgt fast ausschließlich in eine Richtung. Das heißt, sehr viele Angolaner überqueren die Grenze, um in Namibia einzukaufen, sich um medizinische Hilfe zu bemühen und Verwandte zu besuchen. Berichten zufolge droht Namibiern eine Menge Ärger, wenn sie versuchen, nach Angola zu gelangen. Touristen ergeht es nicht besser. Die angolanischen Behörden betrachten sie als leichte Beute – häufig wird Schmiergeld verlangt und sogar Verhaftungen kommen vor. Grundkenntnisse der portugiesischen Sprache sind von großem Vorteil, da in Angola kaum jemand Englisch spricht. Über die angolanische Botschaft in Windhoek ein Einreisevisum (über 100 US$) zu erhalten, ist ausgesprochen schwierig und erfordert sehr viel Geduld und Zeit. Ein Reisender berichtete, er habe Monate vergeblich gewartet. Womöglich hängt die Erteilung eines Visums vom Verhandlungsgeschick und sicherlich auch von der Nationalität des Antragsstellers ab. Zu den Unterlagen für den Antrag zählen auf jeden Fall ein Einladungsschreiben einer in Angola ansässigen Person und eine Kopie ihres Ausweises. Angeblich soll die Visaerteilung im Konsulat in Oshakati besser funktionieren. Doch Erfahrungsberichte sprechen eine andere Sprache.

Einige namibische Reisebüros organisieren einfache Ausflüge nach Angola. Die Arrangements gelten für die jeweiligen Reisenden, ggf. für den Führer, das Fahrzeug sowie die gesamte Campingausrüstung. Gute Möglichkeiten, solch eine Tour zu buchen, bestehen in der Hafenstadt Walvis Bay. Der Vorteil hierbei ist, dass sich der Tourveranstalter um die Visa inklusive Einladungsschreiben kümmert.

Manche Lodges, darunter die N'Kwazi Lodge in Rundu, bieten Bootsfahrten auf dem Grenzfluss Okavango River. Die Boote legen am angolanischen Ufer an, um den Gästen die Chance zu geben, mal angolanischen Boden unter den Füßen zu spüren.

Rundu

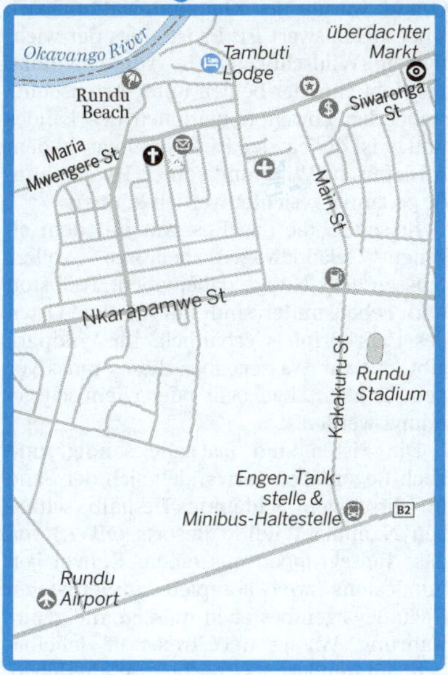

tel und Kunsthandwerk aus dem Kavango im Angebot.

Preisgünstige Holzschnitzereien in sehr guter Qualität verkauft das **Ncumcara Community Forestry Craft Centre** (B8; ⌚Mo–Sa, So nach dem Gottesdienst), ein Nachbarschaftsladen für Kunsthandwerk. Das Holz stammt aus nachhaltigen Ressourcen und die Einnahmen kommen der örtlichen Gemeinde zugute. Der Laden liegt 35 km südlich von Rundu. Wenn der Laden mal geschlossen ist, brauchen Besucher nur einen Moment zu warten, bis jemand kommt und das Tor öffnet.

Schlafen & Essen

Die Lodges in Rundu und Umgebung organisieren eine Vielzahl an Aktivitäten, darunter Bootsfahrten bei Sonnenuntergang, Kanu- und Angeltouren.

Selbstversorger können sich im gut sortierten **Shoprite Supermarket** im Stadtzentrum mit Vorräten eindecken.

LP TIPP **N'Kwazi Lodge** LODGE $

(☎081 242 4897; www.nkwazilodge.com; Zeltplatz/Zi. pro Pers. 120/420 N$) Die ruhige, preiswerte Lodge liegt ungefähr 20 km vom Stadtzentrum von Rundu entfernt am Ufer des Okavango. Zur Entspannung in der idyllischen Oase am Fluss leisten auch die coolen Besitzer einen entscheidenden Beitrag. Das gesamte Anwesen fügt sich harmonisch in die bewaldete Flusslandschaft ein. Eine persönliche Note weisen die schön ausgestatteten Zimmer auf. Zur Lodge gehört auch ein toller Campingplatz, der allerdings manchmal von Safarigruppen überrannt wird. Die Lodge bietet unglaublich günstige Preise und verlangt nicht mal einen Einzelzimmerzuschlag. Das hervorragende Abendbüffet kostet 175 N$ pro Person und Tag.

Die Lodgebesitzer, Valerie und Weynand Peyper, setzen sich für nachhaltiges Reisen ein und unterstützen zahlreiche Projekte vor Ort. Beispielsweise haben sie eine 2009 vom Hochwasser weggerissene Vorschule wieder aufgebaut und kümmern sich um die Waisenkinder in der Umgebung. Gäste können die Vorschule und die umliegenden Dörfer besuchen (Dorfbesuch 50 N$).

Tambuti Lodge LODGE $$

(☎255711; www.tambuti.com.na, auch auf Deutsch; Zeltplatz 60 N$, EZ/DZ inkl. Frühstück 510/612 N$; WLAN) Die Tambuti Lodge – knapp 1 km von der Stadt entfernt – besteht schon lange. Ihre Schönheit ist ziemlich verblasst und sie wirkt wie ein vergessener Urlaubsort, was ihr wiederum einen ganz eigenen Charme verleiht. Zur Ausstattung der großen Zimmer mit kleiner Veranda zählen Moskitonetze und eine freistehende Badewanne. Wenn zwei Personen sich ein Zimmer teilen, ist der Preis günstig, da hier jeder nur die Hälfte des Doppelzimmerpreises zu zahlen braucht. Einzelpersonen kommen dagegen wesentlich schlechter weg. Die Lodge organisiert Bootsfahrten auf dem Okavango, dem Grenzfluss zwischen Namibia und Angola. Übrigens: 2012 bildet die Lodge die Kulisse für eine Folge der deutschen Fernsehserie „Um Himmels Willen".

Sarasungu River Lodge LODGE $$

(☎255161; www.sarasunguriverlodge.com; Zeltplatz pro Pers. 70 N$, EZ/DZ/3BZ 530/750/1000 N$; ❄ WLAN Pool) Die Sarasunga River Lodge liegt 4 km vom Stadtzentrum entfernt auf einer sehr ruhigen, abgeschiedenen Lichtung am Fluss. Reetgedeckte Hütten gruppieren sich um einen malerisch angelegten Pool. Zur Lodge gehört ein relativ großer, einfach ausgestatteter Campingplatz mit Grasbewuchs und einem herrlichen Blick auf den Sonnenuntergang. Im Bar-Restaurant der Lodge gibt es einfache Gerichte, kaltes Bier und viel Gelegenheit, mit anderen Leuten zu plaudern. Die Entfernung zur Stadt mag ein kleiner Nachteil sein, doch das günstige Preis-Leistungs-Verhältnis und die ruhige Lage machen das allemal wett. Obendrein werden häufig Zimmer zu reduzierten Preisen angeboten.

Hakusembe Lodge LODGE **$$**
(☎257010; Zeltplatz pro Pers. 100 N$, Hütte pro Pers. mit Halbpension ab 1100 N$; ❄ 🏊) Das abgelegene Refugium liegt am Flussufer inmitten von üppig grünen Gärten. Safarimotive und Möbel aus einheimischer Herstellung prägen die Einrichtung der Luxushütten. Eine der Hütten ankert wie ein Hausboot im Fluss. Auf der Nkurenkuru Road zweigt nach 17 km die Lodgezufahrt ab, die nach 2 km Richtung Norden zum Flussufer führt.

ℹ An- & Weiterreise

AUTO & MOTORRAD

Auf der Straße (B8) zwischen Rundu und Grootfontein sind Geduld und Aufmerksamkeit erforderlich. Die B8 ist in einem guten Zustand, da sie jedoch an zahlreichen Schulen vorbeiführt, tauchen immer wieder plötzlich Geschwindigkeitsbegrenzungen auf – und Radargeräte, die hier reiche Beute machen.

BUS

Mehrmals die Woche absolvieren Busse des Intercape Mainliner (S. 220) die sieben Stunden dauernde Fahrt zwischen Windhoek und Rundu (Tarife ab 380 N$). Da diese Linie nach Victoria Falls weiterfährt und schnell ausgebucht ist, sollte man die Fahrkarte lange im Voraus online reservieren.

Es gibt häufige Minibusverbindungen zwischen Windhoek und Rundu; der Fahrpreis sollte nicht mehr als 250 N$ betragen. Von Rundu aus fächert das Streckennetz zu verschiedenen Orten und Städten im Norden auf. Tickets kosten weniger als 40 N$ pro Fahrt. Busse und Minibusse starten und halten an der Engen-Tankstelle.

KHAUDUM NATIONAL PARK

☎066

Die Fahrt durch den wenig erschlossenen, 384 000 ha großen Khaudum National Park ist ein intensives Wildniserlebnis, das garantiert niemanden enttäuschen wird. Die Sandpisten schlängeln sich durch jungfräulichen Busch und überqueren die *omiramba*. Diese fossilen Flusstäler verlaufen parallel zu den nach Ost-West ausgerichteten Kalaharidünen.

Da es im Khaudom keinerlei Wegweiser gibt, müssen Fahrer mit GPS-Koordinaten und topografischen Karten navigieren. Nur wenige Touristen lassen sich auf diese Herausforderung jenseits der sicheren Grenzen von Etosha ein. Und das genau ist der Grund, warum der Khaudum-Nationalpark so besuchenswert ist. Er ist eines der wichtigsten Wildschutzgebiete von Namibia; hier lebt eine der beiden unter Artenschutz stehenden Löwenpopulationen des Landes und er ist der einzige Park Namibias, in dem Afrikanische Wildhunde (auch Hyänenhunde genannt) gesichtet werden können.

Reisende, die das Reservat mit dem eigenen Geländewagen befahren wollen, müssen alles Nötige dabeihaben; Treibstoff und Lebensmittel sind nur in den Orten des Caprivizipfels erhältlich. Im Wildpark gibt es zwar Wasser, aber dieses muss vor dem Trinken abgekocht oder chemisch gereinigt werden.

Die Pisten sind fast alle sandig, und nach Regenfällen verwandelt sich der Sand in glitschigen Schlamm. Deshalb schreiben Namibia Wildlife Resorts (NWR) vor, dass Reisegruppen aus einem Konvoi von mindestens zwei komplett ausgerüsteten Geländewagen bestehen müssen, die genug Nahrung, Wasser und Treibstoff dabeihaben, um mindestens drei Tage zu überleben. Wohnmobile, Anhänger und Motorräder sind nicht zugelassen.

Aktivitäten

BEOBACHTEN VON WILDTIEREN

Im Schutz des Nationalparks leben große Populationen von Elefanten, Zebras, Giraffen, Gnus, Kudus, Oryxantilopen und Leierantilopen (auch Halbmondantilopen genannt). Auch die Chancen, große Herden von Pferdeantilopen zu sehen, stehen gut. Vogelbeobachtern hat der Khaudum National Park 320 dokumentierte Vogelarten zu bieten, darunter Sommergäste wie Störche, Rallen, Rohrdommeln, Pirole, Adler und Falken.

Die beste Zeit für die Wildbeobachtung ist Juni bis Oktober. Die Herden halten sich dann in der Nähe der Wasserlöcher und entlang der *omiramba*-Flusstäler auf. Zwischen November und April kommen Vogelbeobachter auf ihre Kosten; allerdings müssen sie in dieser Zeit mit einer anstrengenden Plackerei auf den Schlammpisten rechnen.

Schlafen

Früher unterhielt das staatliche Unternehmen Namibia Wildlife Resorts (NWR) zwei offizielle Campingplätze (Sikereti und Khaudum Camp). Nach zahlreichen Zwischenfällen mit außer Rand und Band geratenen

Elefanten wurden sie jedoch geschlossen. Von den beiden inzwischen verwahrlosten Plätzen dürfen Camper so gut wie nichts erwarten. Gerüchte über eine bevorstehende touristische Erschließung des Khaudum National Parks bestehen seit längerem, doch der Zeitpunkt steht anscheinend noch in den Sternen.

Das **Sikereti Camp** (Zigarettencamp) liegt in einem schattigen Hain mit Bäumen aus der Gattung der Myrobalanen *(Terminalia)*. Um diesen Platz wirklich zu würdigen, sollte man sich öffnen für den subtilen Zauber, den er der Isolation und Stille verdankt. Das **Khaudum Camp** wirkt wie eine Miniaturausgabe der Kalahari.

ℹ An- & Weiterreise

Wer von Norden her den Nationalpark ansteuert, folgt ab Katere, das 120 km östlich von Rundu an der B8 liegt, der Sandpiste mit der Beschilderung „Khaudum". Nach 45 km ist das trockene Flussbett Cwibadom Omuramba erreicht. Von hier aus geht es Richtung Osten in den Park.

Vom Süden kommend lässt sich das Sikereti Camp über Tsumkwe erreichen. Von Tsumkwe führt die Fahrt zunächst zum 20 km entfernten Groot Dobe, von hier aus geht es 15 km weiter bis zur Abzweigung Dorslandboom. Weitere 25 km in nördlicher Richtung liegt das Sikereti Camp.

Der Caprivizipfel

Laubwälder aus Mopane- und Blutfruchtbäumen prägen den Caprivizipfel, Namibias nordöstliches, schmales Anhängsel. Fossile, parallel zueinander verlaufende Dünen, *shonas*, sind Zeugen vergangener Epochen mit trockenerem Klima. Den meisten Reisenden dient der Caprivi als einfachste Anfahrtsroute zwischen Namibias Kernland und Victoria Falls sowie dem Chobe National Park in Botsuana. Wer genügend Zeit und noch Geduld hat, kann hier von den touristischen Hauptwegen abweichen und verborgene Schmuckstücke wie beispielsweise die Nationalparks Mudumu, Mamili und Bwabwata erkunden.

BWABWATA NATIONAL PARK

☎ 066

Das erst vor kurzem zum Nationalpark erklärte Schutzgebiet dient vornehmlich der Sicherung der lokalen Wildbestände. Vor dem Waffenstillstand 2002 in Angola gab es in dieser Region so gut wie keine Besucher; der Tierbestand war durch blindwütige Wilderei, die der andauernde Konflikt nur noch anstachelte, buchstäblich ausgerottet. Nun herrscht wieder Frieden, und wie durch ein Wunder ist das Wild zurückgekehrt. Auch der Tourismus läuft an.

Caprivizipfel (östlicher Teil)

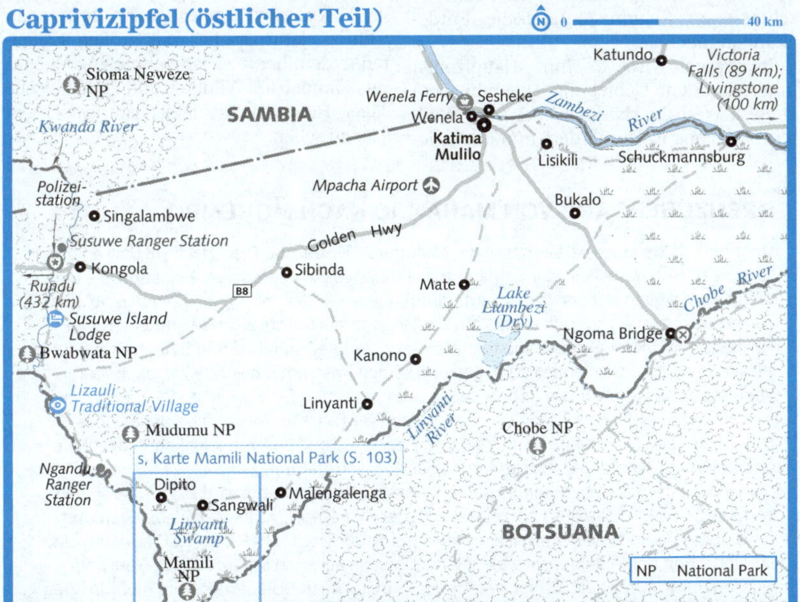

Bwabwata NP (Westlicher Teil)

0 — 5 km

Wer hier ein Schutzgebiet wie das touristisch erschlossene Etosha erwartet, wird bitterlich enttäuscht werden. Nur wenn man die Hauptrouten verlässt, kann man in der immer noch kaum erschlossenen Region fantastische Entdeckungen machen.

Bwabwata wird in fünf Hauptzonen unterteilt: dem Gebiet um Divundu, dem Dreieck West-Caprivi, dem Mahango Wildreservat, Popa Falls und dem nun im Nationalpark aufgegangenen West Caprivi Game Reserve. Die Mahango Game Reserve besitzt zurzeit im Vergleich die größte Wildkonzentration; deshalb finden hier auch die meisten Safaris statt.

Divundu verdankt seine Existenz hauptsächlich der Straßenkreuzung und versorgt Reisende auf der Weiterreise mit zwei tatsächlich rund um die Uhr geöffneten Tankstellen und einem gut sortierten Supermarkt. Die Menschen leben in den benachbarten Dörfern Mukwe, Andara und Bagani. Auf einigen Landkarten und Straßenschildern ist Divundu als Teil von Bagani vermerkt, obwohl die Orte rein technisch betrachtet deutlich, nämlich 2 km, voneinander entfernt sind.

Das Dreieck West-Caprivi ist ein Keil, den Angola im Norden, Botsuana im Süden und der Kwando im Osten begrenzen. Dieser Teil des Caprivi besaß früher die vielfältigste Tierwelt der Region. Wilderei, Abholzung, Buschbrände und menschliche Siedlungen haben die Tiere jedoch weitgehend vertrieben. Da aber noch sogenannte Lieferbiotope vorhanden sind, wandern im Bwabwata die Wildtiere erneut zu. Wichtig ist, dass Korridore frei bleiben. Wer das Dreieck bereisen möchte, folgt der Straße entlang des Westufers des Kwando unweit von Kongola.

Der Golden Highway von Rundu nach Katima Mulilo durchquert die ehemalige West Caprivi Game Reserve. Früher ein wahres Naturparadies mit großen Elefantenherden diente es jahrzehntelang als Vorratskammer für Wilderer und einheimische Jäger. Heute ist hier leider kaum noch ein Tier zu sehen.

GRENZÜBERGANG VON MAHANGO NACH MOHEMBO

Ungefähr 12 km vor dem Grenzposten **Mahango/Mohembo** (geöffnet 6–18 Uhr) an der Grenze zu Botsuana liegt der Eingang zum Mahango Game Reserve. Reisende, die den Wildpark lediglich auf der Transitroute durchqueren wollen, brauchen keinen Eintritt zu zahlen. Sie müssen sich allerdings am Eingangstor als Durchreisende anmelden. Die Formalitäten an der Grenze sind relativ einfach: Auf der namibischen Seite muss jeder Reisende eine Ausreisekarte ausfüllen und seinen Pass am Einwanderungsschalter abstempeln lassen. Vor der Schranke zur botsuanischen Seite müssen Fahrzeuge noch einmal halten. Dort ist ein kleines Büro, in dem der Fahrzeugführer die Ausreise des Fahrzeugs registrieren lassen muss – unter Vorlage von Führerschein, Fahrzeugschein und bei Mietwagen der Transiterlaubnis der Autovermietung.

Auf der botsuanischen Seite, an der Grenzstation Mohembo, wird in gleicher Weise verfahren: die Einreise des Fahrzeugs registrieren lassen, Einreisekarte ausfüllen und Pass abstempeln lassen. Außerdem muss man eine Maut (110 P oder 160 N$) und eine Versicherung bar bezahlen, sowohl die namibische als auch botsuanische Währung werden dafür akzeptiert. Danach steht der Einreise nach Botsuana nichts mehr im Weg.

DIE SCHATTEN DER VERGANGENHEIT

Wie es zu dem seltsam geformten Caprivizipfel kam, hat seine eigene Geschichte: 1890 beanspruchte Deutschland das von den Briten verwaltete Sansibar für sich. Großbritannien widersetzte sich natürlich, und kurze Zeit später wurde die Kongo-Konferenz einberufen, um den Konflikt beizulegen. Die Briten behielten Sansibar, Deutschland aber erhielt Helgoland sowie einen schmalen Landstreifen des von Briten verwalteten Protektorats Betschuanaland, des heutigen Botsuana. Benannt wurde dieser Caprivizipfel nach dem damaligen deutschen Reichskanzler General Graf Georg Leo von Caprivi di Caprara di Montecuccoli. Der Landstreifen war für das Deutsche Reich von großer Bedeutung, eröffnete er ihm doch den Zugang zum Sambesi.

Deutschlands Motivation für dieses Tauschgeschäft war der Plan, letzten Endes ein Kolonialreich zu schaffen, das von der südatlantischen Küste bis Tanganyika (heute Tansania) am Indischen Ozean reichen sollte. Zu ihrem Pech wurden die Deutschen durch die britische Kolonisierung von Rhodesien ein Stück flussaufwärts von den Victoriafällen gestoppt; die Wasserfälle hatten sich ohnehin als unüberwindbare Barriere für die Schifffahrt auf dem Sambesi erwiesen.

Es ist interessant, dass die deutsche Vereinnahmung des Caprivizipfels als Teil von Deutsch-Südwestafrika international kaum beachtet wurde. Es sollte fast 20 Jahre dauern, bis die ersten Bewohner des Caprivi merkten, dass sie unter deutscher Herrschaft lebten. 1908 schickte die deutsche Regierung schließlich einen gewissen Hauptmann Streitwolf in den Norden, um die lokalen Autoritäten zu überwachen. Die Lozi reagierten darauf, indem sie den gesamten Viehbestand, auch jenen anderer Volksgruppen, zusammentrieben und mit den Tieren die Region verließen. Die Rinder wurden schließlich ihren Eigentümern zurückgegeben, aber die meisten Lozi zogen es vor, in Sambia oder Angola zu bleiben und sich nicht der deutschen Herrschaft zu unterwerfen.

Am 4. August 1914 erklärte England Deutschland den Krieg. Nur einen Monat später wurde der deutsche Verwaltungssitz in Schuckmannsburg von den Engländern von ihrer Basis in Sesheke aus angegriffen und von der Polizei beschlagnahmt. Es wird erzählt, dass der deutsche Gouverneur Von Frankenberg gerade den englischen Verwalter von Nord-Rhodesien (heutiges Sambia) zu Gast hatte, als ein Diener eine Nachricht der britischen Behörden in Livingstone überbrachte. Nachdem der Verwalter die Nachricht gelesen hatte, erklärte er kurzerhand seinen Gastgeber zum Kriegsgefangenen, wodurch Schuckmannsburg in britische Hände fiel. Ob die Geschichte, die nach Verrat klingt, nun wahr ist oder nicht, die Belagerung von Schuckmannsburg war die erste alliierte Besetzung feindlichen Territoriums im Ersten Weltkrieg.

Sehenswertes

Mahango Game Reserve WILDPARK

(pro Pers./Fahrzeug 40/10 N$; Sonnenauf- bis Sonnenuntergang) Der kleine, aber vielseitige, 25 000 ha große Park erstreckt sich in einer breiten Flussniederung nördlich der Grenze zu Botsuana und westlich des Okavango. Vor allem in der Trockenzeit versammeln sich hier Elefanten- und andere Tierherden in großer Zahl.

Mit einem Pkw kann man den Park auf der Mahango-Transitroute durchqueren oder dem Scenic Loop Drive folgen, der jenseits des Kwetche-Picknickplatzes östlich der Hauptstraße verläuft. Mit einem Geländewagen steht dem Reisenden der 20 km lange Circular Drive Loop offen, der dem Verlauf eines *omuramba* (Singular für *omiramba*) folgt und die besten Möglichkeiten zur Wildsichtung eröffnet. Besonders interessant ist ein Halt am Wasserloch am späten Nachmittag: Die plantschenden und trinkenden Elefanten lassen sich dabei weder von Krokodilen noch Flusspferden stören.

Popa Falls WASSERFALL

(pro Pers./Fahrzeug 40/10 N$; Sonnenauf- bis Sonnenuntergang) In der Nähe von Bagani springt der Okavango über breite Stufen – dieser Flussabschnitt ist als Popa Falls bekannt. Zum Staunen bringen die Popafälle einen nicht unbedingt, ganz besonders dann nicht, wenn man noch die Victoriafälle vor Augen hat. Denn eigentlich sind die Popa Falls nicht viel mehr als große Stromschnellen. Bei Niedrigwasser zeigt sich, dass die Fallhöhe gerade mal 4 m beträgt. Neben dem Besuch des „Wasserfalls" lädt die Gegend zum Wandern und Vogelbeobachten ein. Schwimmen allerdings ist hier definitiv zu gefährlich, denn im Wasser lauern überall hungrige Krokodile.

Schlafen

Unterkünfte in den regionalen privaten Konzessionsgebieten müssen bei den jeweiligen Betreibern bzw. Organisationen gebucht werden. Der Campingplatz an den Popa Falls wird von NWR betrieben und muss in der NWR-Zentrale in Windhoek im Voraus gebucht werden.

WESTLICHER TEIL DES WILDPARKS

Ngepi Camp LODGE **$**

(☎259903; www.ngepicamp.com; Zeltplatz pro Pers. 95 N$, Busch-/Baumhütte pro Pers. 420/520 N$) Alle Reisende schwärmen von der Lodge, die auch zu Namibias besten Unterkünften für Rucksacktouristen gehört. Als Ausgangspunkt für Ausflüge in die Umgebung ist sie ideal und hat auch darüber hinaus viel zu bieten. Wunderschönes Grün umgibt den schattigen Gemeinschaftsbereich, der tagsüber zum Faulenzen einlädt. Interessante Gesprächspartner finden sich garantiert abends in der lebhaften Bar. Geschlafen wird in Busch- oder Baumhütten oder man schlägt sein Zelt am grasbewachsenen Flussufer auf und lässt sich vom leisen Plätschern der Flusspferde in einen erholsamen Schlaf wiegen. An preiswerten Aktivitäten mangelt es nicht, z. B. eine Fahrt in den Mahango-Wildpark (420 N$, 3 Std.), Kanutouren, Bootsfahrten mit Dämmerschoppen (190 N$, 1½ Std.) und Ausflüge in den Okavango Panhandle mit dem *mokoro*, dem traditionellen Einbaum (190 N$, 2½ Std.). Auch der Besuch eines der umliegenden Dörfer (100 N$) lohnt sich. Das Camp liegt 4 km abseits der Hauptstraße. Auf der sandigen Zufahrtsstraße kann ein normaler Pkw mit geringer Bodenfreiheit Probleme bereiten. Nach telefonischer Vereinbarung werden Gäste in Divundu abholt.

Nunda Lodge LODGE **$$$**

(☎686070; http://www.caprivi.org; Zeltplatz/Safarizelt pro Pers. 110/665 N$, Chalet ab 760 N$) Geschmackvolle gemauerte Chalets mit Reetdach und Holzveranda an der Flussseite bilden die Unterkünfte der ausgesprochen einladenden und gut organisierten Lodge. In den entspannenden Gemeinschaftsbereichen mit Blick auf den Fluss weht ein frisches Lüftchen vom Wasser herüber. Auf dem hervorragenden lodgeeigenen Campingplatz sind alle Zeltstellplätze mit Stromanschluss, *braai* (Grillstelle) und Abfallbehältern ausgestattet (Nr. 6 und 7 sind die besten Plätze). Am Flussufer stehen Safarizelte, deren verandaähnlicher Vorbau mit einem kleinen Tisch und Stühlen ausgestattet ist – ein Platz mit herrlichem Ausblick auf den Fluss. Safarizelte und Chalets sind ähnlich eingerichtet, doch die Chalets sind geräumiger und haben ein größeres Bad. Wer allerdings Wert auf eine besonders schöne Aussicht legt, sollte sich für ein Safarizelt entscheiden. Bei geringer Belegung reduziert die Lodge häufig ihre Preise.

ÖSTLICHER TEIL DES WILDPARKS

Auch am östlichen Ende des Parks befinden sich mehrere Unterkünfte.

Nambwa Camp Site CAMPINGPLATZ **$**

(Zeltplatz 60 N$ pro Perso.) Nambwa liegt 14 km südlich von Kongola. Der einzige offizielle Campingplatz im Nationalpark ermöglicht den Zugang zur der von Altwassern gebildeten, wildreichen Lagune 5 km weiter südlich. Buchung und Permit (eine Art Aufenthaltsgenehmigung) sind bei der Rangerstation bei Susuwe am Westufer des Flusses zu erledigen. Die Station befindet sich etwa 4 km nördlich von Kongola und ist nur mit Geländewagen erreichbar. Auch die Piste zum Camp ist ausschließlich Geländewagen vorbehalten und führt am Westufer des Kwando nach Süden.

Susuwe Island Lodge LODGE **$$$**

(☎061-401047; www.islandsinafrica.com/susuweisland-lodge; Jan.–April pro Pers. ab 3220 N$, Juni–Dez. ab 5480 N$; ❄@≋) Die schicke Safarilodge liegt auf einer abgeschiedenen Insel im Kwando, umgeben von so unterschiedlichen Landschaften wie Savanne, Wald- und Feuchtgebieten. Unterkunft bieten sechs elegante gemauerte Chalets mit Reetdach, die innen wie außen in Erdtönen gehalten sind. Jedes Chalet verfügt über einen eigenen kleinen Pool und eine Veranda, von der aus sich die Schönheit der Umgebung entspannt genießen lässt. Zu den Gemeinschaftsbereichen zählen eine Lounge mit offenem Kamin und ein Gourmetrestaurant mit Bar. Die Lodge ist nur mit Charterflugzeug oder Geländewagen zu erreichen. Eine Buchung im Voraus ist zwingend erforderlich.

An- & Weiterreise

Die asphaltierte Straße von Rundu nach Katima Mulilo kann problemlos mit normalem Auto

GRENZÜBERGÄNGE IM OSTEN DES CAPRIVIZIPFELS

Ziel: Chobe National Park & Kasane in Botsuana

Reisende mit eigenem Fahrzeug können über die **Ngoma Bridge** (Grenzstation von 8 bis 20 Uhr geöffnet) die namibisch-botsuanische Grenze überqueren. So dauert die Fahrt von Katima Mulilo zum Chobe National Park und nach Kasane in Botsuana nur wenige Stunden. Wer den Chobe National Park lediglich auf der Transitroute durchquert, braucht die Eintrittsgebühr für den Park nicht zu zahlen.

Ziel: Victoriafälle in Sambia

Die 1 km lange **Wenela Bridge** (Grenzstation von 7 bis 18 Uhr geöffnet) überspannt den Sambesi zwischen Katima Mulilo und Wenela. Von hier aus lassen sich die nahe Livingstone gelegenen Victoriafälle und andere Ziele in Sambia leicht erreichen. Die Straße ist bis nach Livingstone durchgehend asphaltiert und mit einem normalen Pkw befahrbar, sogar in der Regenzeit. Wer westwärts nach Mongu (Hauptstadt von Sambias Westprovinz) fahren will, sollte sich vorher über den Straßenzustand informieren. In der Regenzeit ist die Straße dorthin häufig ausgewaschen oder sogar weggeschwemmt.

befahren werden; das gilt auch für die Schotterstraße zwischen Divundu und Mohembo an der Grenze zu Botsuana. Für die Durchquerung des Nationalparks sind keine Gebühren zu entrichten; für die Rundfahrt hingegen wird Eintritt erhoben.

KATIMA MULILO

☎066

Die Stadt liegt am äußersten Ende des Caprivizipfel und mit 1200 km so weit von der Hauptstadt Windhoek entfernt, wie man in Namibia überhaupt nur fahren kann. Früher war Katima Mulilo ein Dorf, durch dessen Straßen die Elefanten trotteten; heute ist, abgesehen von den Krokodilen und Flusspferden im Sambesi, von Wild weit und breit nichts mehr zu sehen. Katima ist eine lebhafte Grenzstadt und ein mittelgroßer Warenumschlagplatz.

Schlafen & Essen

Mukusi Cabins HÜTTEN **$$**
(☎253255; Engen-Tankstelle; Zeltplatz 80 N$, EZ/DZ ab 460/640 N$; ❄) Eine schöne Lage am Fluss wie viele andere Unterkünfte in der Region hat diese Oase hinter der Engen-Tankstelle nicht zu bieten. Dafür besteht ihr Vorteil in der guten Auswahl an verschiedenen Unterkünften. Das breite Angebot reicht von einfachen Zimmern mit Ventilator bis hin zu kleinen, aber komfortablen Hütten mit Klimaanlage. Auf der gut gefüllten Speisekarte des hübschen Bar-Restaurants steht neben den üblichen Steaks und Hühnergerichten auch extravagante Kost wie Calamari, Schnecken und Kingklip (Afrikanischer Aal).

Caprivi River Lodge LODGE **$$**
(☎252288; www.capririverlodge.com; EZ 415–1075 N$, DZ 620–1375 N$; ❄🏊) Die vielseitige Lodge bietet Unterkünfte für jeden Geldbeutel. Die Bandbreite reicht von einfgachen, rustikalen Hütten mit Gemeinschaftsbädern bis hin zu luxuriösen Chalets mit schönem Ausblick auf den Sambesi. Zu der ebenfalls recht großen Auswahl an angebotenen Aktivitäten zählen Bootsfahrten, Angeln und Tierbeobachtungsfahrten in die verschiedenen Parks des Caprivi. Die Lodge liegt an der Ngoma Road, etwa 5 km außerhalb der Stadt.

Protea Hotel Zambezi Lodge LODGE **$$$**
(☎251500; www.proteahotels.com/katima-mulilo.html; Zeltplatz pro Pers. 70 N$, EZ/DZ ab 700/1050 N$; ❄@🏊) Zu der wunderschönen Lodge am Ufer des Sambesi gehört eine schwimmende Bar mit Blick auf Krokodile und Flusspferde. Inmitten eines blühenden Gartens liegt der lodgeeigene Campingplatz. Die gut ausgestatteten modernen Zimmer verfügen über kleine Veranden mit Panoramablick.

Shoppen

Caprivi Arts Centre KUNSTHANDWERK
(🕗8–17.30 Uhr) Der Laden der Caprivi Art & Cultural Association bietet eine gute Auswahl an Kuriositäten und Kunsthandwerk aus der Region, darunter holzgeschnitzte Elefanten und Flusspferde, außerdem verschiedenhe Körbe, Schüsseln und Schalen, Küchenutensilien aller Art sowie traditionelle Messer und Speere.

An- & Weiterreise

AUTO

Der asphaltierte Golden Highway zwischen Katima Mulilo und Rundu ist mit einem normalen Pkw befahrbar.

BUS & MINIBUS

Busse des Intercape Mainliner (S. 220) unternehmen mehrmals pro Woche die 16 Stunden dauernde Fahrt zwischen Windhoek und Katima Mulilo. Tickets (Preise ab 460 N$) sollten zeitig in Voraus reserviert werden, weil die Busse nach Victoria Falls weiterfahren und schnell ausgebucht sind.

Combis (Minibusse) sind recht häufig zwischen Windhoek und Katima unterwegs; der Fahrpreis sollte 230 N$ nicht übersteigen. Von Katima aus gibt es zahlreiche Verbindungen zu Orten und Städten im Norden; pro Fahrt werden maximal 40 N$ berechnet.

FLUGZEUG

Air Namibia bietet mehrmals in der Woche Flüge zwischen dem Eros Airport in Windhoek und dem Mpacha Airport, der 18 km südwestlich von Katima Mulilo liegt.

TRAMPEN

Die besten Standorte für Tramper zwischen Katima Mulilo und Rundu sind die beiden Tankstellen in Divundu und Kongola. Die Chance, das jedes von Rundu oder Katima Mulilo nach Ost bzw. West fahrende Fahrzeug die gesamte Strecke absolviert, ist groß.

MPALILA ISLAND

☎ 066

Mpalila (Impalilia) Island ist ein Keil zwischen den Flüssen Chobe und Sambesi und bildet Namibias äußersten Grenzpunkt am Vierländereck Simbabwe, Botsuana, Namibia und Sambia. Auf der Insel, vom Chobe National Park aus einfach per Boot zu erreichen, haben sich ein paar exklusive Lodges eingerichtet, deren wohlhabende Gäste auf der Suche nach luxuriöser Einsamkeit sind.

Die Unterkunft auf der Insel muss in Voraus gebucht werden. Jede Lodge offeriert ihren Gästen eine große Bandbreite von Aktivitäten wie Flussfahrten auf dem Chobe, geführte Pirschfahrten, Angelausflüge, Wanderungen über das Eiland und Touren mit dem *mokoro*-Einbaumboot. In den Preisen sind Vollpension und Transfer inbegriffen.

Von Kasane (Botsuana) aus ist Mpalila Island per Charterflugzeug oder Boot zu erreichen. Für ihre Gäste organisieren die Lodges den Transport.

Schlafen

Impalila Island Lodge LODGE $$$

(☎061-401047; www.islandsinafrica.com/impalila-island-lodge; pro Pers. Jan.–April 2860 N$, Juni–Dez. 4840 N$; ❄☒) Das schicke Refugium mit Blick auf die beeindruckenden Mombova-Stromschnellen bietet acht luxuriöse Chalets, die am Ufer auf Pfählen stehen. Hauptattraktion der Lodge sind zwei uralte Baobabs (Affenbrotbäume), die sich majestätisch über dem Anwesen erheben.

Chobe Savannah Lodge LODGE $$

(☎in Südafrika 021-4241037; www.desertdelta.co.za; pro Pers. Jan.–April ab 410 US$, Juni–Dez. ab 610 US$; ❄☒) Die Lodge mit Panoramablick auf die wildreichen Puku Flats ist wohl das berühmteste Haus auf der Insel. Jedes der geschmackvoll eingerichteten Zimmer verfügt über eine eigene Veranda. So können die Gäste sogar im Pyjama die Tiere beobachten.

MUDUMU-NATIONAL PARK

☎ 066

Der Mudumu National Park hat eine tragische, von Umweltzerstörung und Vernachlässigung geprägte Geschichte hinter sich. Mudumu war eines der atemberaubendsten Wildgebiete in Namibia, bis sich das Areal in den 1980er-Jahren zu einem inoffiziellen Jagdrevier jenseits aller Regeln entwickelte. In weniger als zehn Jahren dezimierten Trophäenjäger den Wildbestand so stark, dass dem Ministerium für Umwelt und Tourismus (MET) nur noch durchgreifendes Handeln übrigblieb. In einem letzten Rettungsversuch wurde Mudumu zum Nationalpark erklärt, um das Gebiet vor der völligen Umweltzerstörung zu bewahren. Die Tierwelt des Parks erholt sich langsam, doch es wird noch Jahre kluger Politik und gemeinschaftlichen Engagements bedürfen, bis Mudumu seine einstige Schönheit und Würde wiedererlangt hat.

Sehenswertes

Die Eigentümer einer ehemaligen örtlichen Lodge (der heute geschlossenen Lianshulu Lodge), das MET, private Förderer und die Dorfgemeinschaft von Lizauli haben ein Konsortium gebildet und das **Lizauli Traditional Village** (Eintritt 20 N$; ⏲Mo–Sa 9–17 Uhr) gegründet. Besucher erhalten hier einen Einblick in das traditionelle Leben der Caprivianer und erfahren einiges über die Essgewohnheiten, die Fischfang- und Ackerbaumethoden sowie die Dorfverwaltung. Auch die Informationen über Musik,

Spiele, traditionelle Medizin sowie Korb- und Werkzeugherstellung kommen nicht zu kurz. Nach dem geführten Rundgang können die Besucher – ohne Kaufdruck – lokales Kunsthandwerk preiswert erwerben. Das oben genannte Konsortium sorgt für die Wildwächter aus Lizauli und anderen Dörfern, die den Nationalpark im Auge behalten. Zu seinen Aufgaben zählt auch, das gemeinschaftliche Verantwortungsbewusstsein für die Umwelt zu fördern und gegen die Wilderei anzugehen. Das wichtigste an diesem Projekt ist jedoch, dass hier ein Forum geschaffen wurde, das den Einheimischen ermöglicht, mit Touristen in Kontakt kommen und sowohl wirtschaftlich als auch kulturell von der Einhaltung der strengen Regeln zum Umweltschutz zu profitieren.

MAMILI NATIONAL PARK

In guten Regenjahren verwandelt sich dieser nur selten besuchte, ursprüngliche Nationalpark in Namibias Äquivalent zu Botsuanas Okavango-Delta. Seine bewaldeten und von Schilf- und Papyrussümpfen gesäumten Inseln gelten als Namibias bester Spot für die Vogelbeobachtung mit über 430 nachgewiesenen Arten. Auch hier hat die Wilderei ihren Tribut gefordert. Dennoch ist die Vielfalt an vorrangig semiaquatischen Spezies wie Flusspferden, Krokodilen, Pukus, Roten Litschiantilopen, Sitatungas und Fischottern nach wie vor eindrucksvoll.

Die beste Zeit für die Vogelbeobachtung ist Dezember bis März, wenngleich der Nationalpark dann zu weiten Teilen überschwemmt und nicht zugänglich ist. Ideal für die Wildbeobachtung ist die Zeit zwischen Juni und August; die besten Sichtungen bieten die Inseln Nkasa und Lupala.

Reisende müssen alles, was sie benötigen, inklusive Wasser, mit sich führen und auf extrem harten Pistenzustand eingestellt sein. Normalerweise kassiert ein Ranger die Parkgebühren am Eingang; danach aber ist man ganz auf sich gestellt. Fahren im Kon-

Mamili National Park

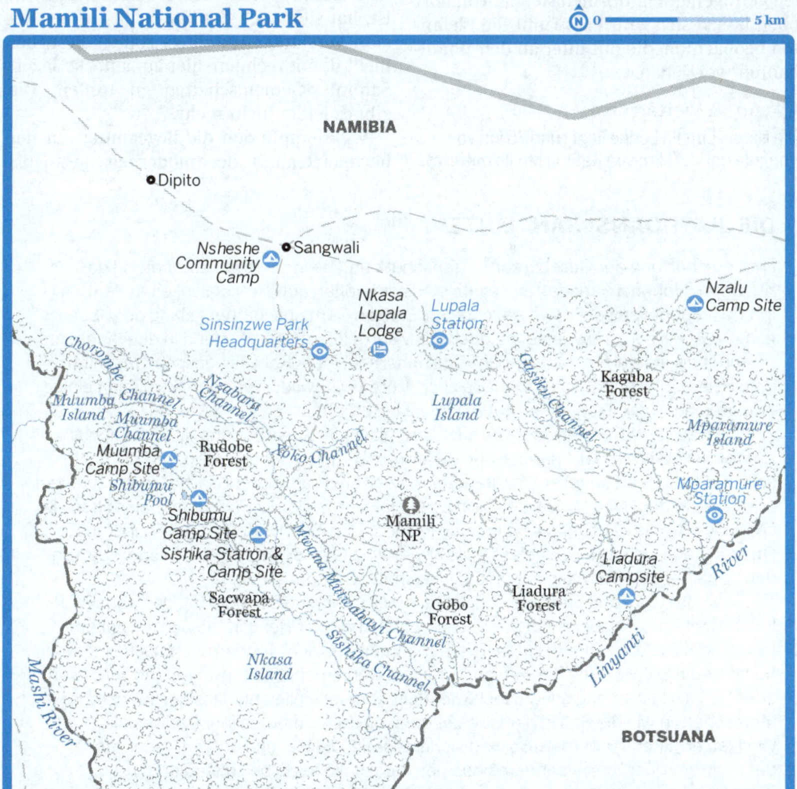

voi ist unbedingt angeraten, und selbstverständlich ist ein hochrädriger Geländewagen Pflicht. Man rechne mit extrem tiefem Schlamm!

Der Nationalpark ist auf nur mit Geländewagen befahrbaren Pisten entweder von Malengalenga im Nordosten oder vom Dorf Sangwali nördlich davon zu erreichen.

Schlafen

Im Park liegen zwei offiziell ausgewiesene Campinggelände: Liadura am Ufer des Cuando und Mparamura.

Nkasa Lupala Lodge LODGE $$$
(081 147 7798; www.nkasalupalalodge.com; DZ pro Pers. 1400 N$) Die luxuriöse Lodge liegt 30 km vom Mudumu National Park entfernt direkt vor dem Eingang zum Mamili National Park am Ufer des Kwando-Linyanti-Flusssystems. Reisende schwärmen von der Lodge, die u. v. a. Wildbeobachtungsfahrten in beide Nationalparks organisiert. Als Unterkünfte bietet sie Zelte, die auf von Pfählen getragenen Plattformen stehen. Von dort oben lassen sich ganz entspannt die Elefanten beobachten, die mitunter an den „Pfahlbauten" vorziehen.

An- & Weiterreise

Die Nkasa Lupala Lodge liegt rund 75 km von Kongola und 130 km von Katima Mulilo entfernt. Die Fahrt geht über die C49 zunächst bis zu dem Dorf Sangwali – auf der Strecke von Kongola ist die C49 eine gepflegte Schotterstraße, auf der Strecke von Katima Mulilo ist sie asphaltiert. Von Sangwali führt eine Art Straße zum Mamili National Park, die nur mit Geländewagen befahrbar ist. An der Rangerstation Shisintze führt ein 1 km langer Weg in östlicher Richtung zur Lodge. Wer im normalen Pkw anreist, ruft in der Lodge an und wird dann abgeholt (in Sangwali gibt es sichere Parkmöglichkeiten).

Otjozondjupa

Otjozondjupa wird gemeinhin als Buschmannland bezeichnet. Der abfällige Name hat bislang allen Versuchen widerstanden, ihn aus dem Sprachgebrauch zu tilgen. Otjozondjupas weitgehend flache Buschlandschaft begrenzt die Kalahariwüste und ist Teil des traditionellen Schweifgebiets der Ju/hoansi, einer Untergruppe der San. Sie gehören zu den Ureinwohnern des südlichen Afrika. Da weltweit das Interesse an den Kulturvölkern der Kalahari gestiegen ist, hat sich auch der Tourismus in der Region verstärkt. Allerdings sollten Besucher nicht damit rechnen, hier auf autarke Jäger-Sammler-Gemeinschaften zu treffen. Die gibt es leider nicht mehr.

Viele empfinden die Begegnung mit der harten Realität der modernen Ju/hoansi

DIE JU/'HOANSI SAN HEUTE

Die Verschärfung der Gesetze zum Artenschutz und besonders die Einrichtung des Khaudum National Park hatten negative Auswirkungen auf die Möglichkeiten der San, ihrer traditionellen Lebensweise zu folgen. Einigen Gemeinschaften gelang der Übergang zu Ackerbau und Viehzucht, doch die Mehrheit lebt von der Hand in den Mund.

Andererseits dürfen die Ju/hoansi San innerhalb ihres Konzessionsgebietes mit traditionellem Pfeil und Bogen jagen. Da auch Tiere ausgewildert wurden, verdienen einige erfolgreiche Jäger damit einen guten Lebensunterhalt.

Die Nyae Nyae Conservancy hat auch energisch die Ausarbeitung des Traditional Authorities Act durch die namibische Regierung vorangetrieben. Darin wird die politische Autorität traditioneller Oberhäupter offiziell anerkannt. Heute arbeiten die Ältesten an der Seite der Nyae Nyae Conservancy auf lokaler, regionaler und nationaler Ebene an Lösungen für die nachhaltige Nutzung von Land. Darüber hinaus hat der Tourismus in Otjozondjupa sicheren Fuß gefasst. Die Nyae Nyae Conservancy sieht in Tsumkwe nun den aufgehenden Stern eines sich entwickelnden Ökotourismus.

Jeder, der Otjozondjupa besucht, sollte außerordentlich sensibel mit der Notlage der San umgehen, sich aber auch bewusst machen, dass der Besuch tatsächlich helfen kann, die Situation zu verbessern. Die Einnahmen aus dem Tourismus spielen eine vitale Rolle für die Entwicklung der Region, vor allem wenn man lokales Kunsthandwerk kauft oder San als Führer engagiert. Noch wichtiger aber ist vielleicht, dass der Tourismus Gemeinschaften wie die San in der Überzeugung bestärkt, dass es ihre traditionelle Kultur Wert ist, erhalten zu werden. So wird sichergestellt, dass auch künftige Generationen in der Lage sein werden, unser gemeinsames menschliches Erbe zu studieren.

Otjozondjupa-Region

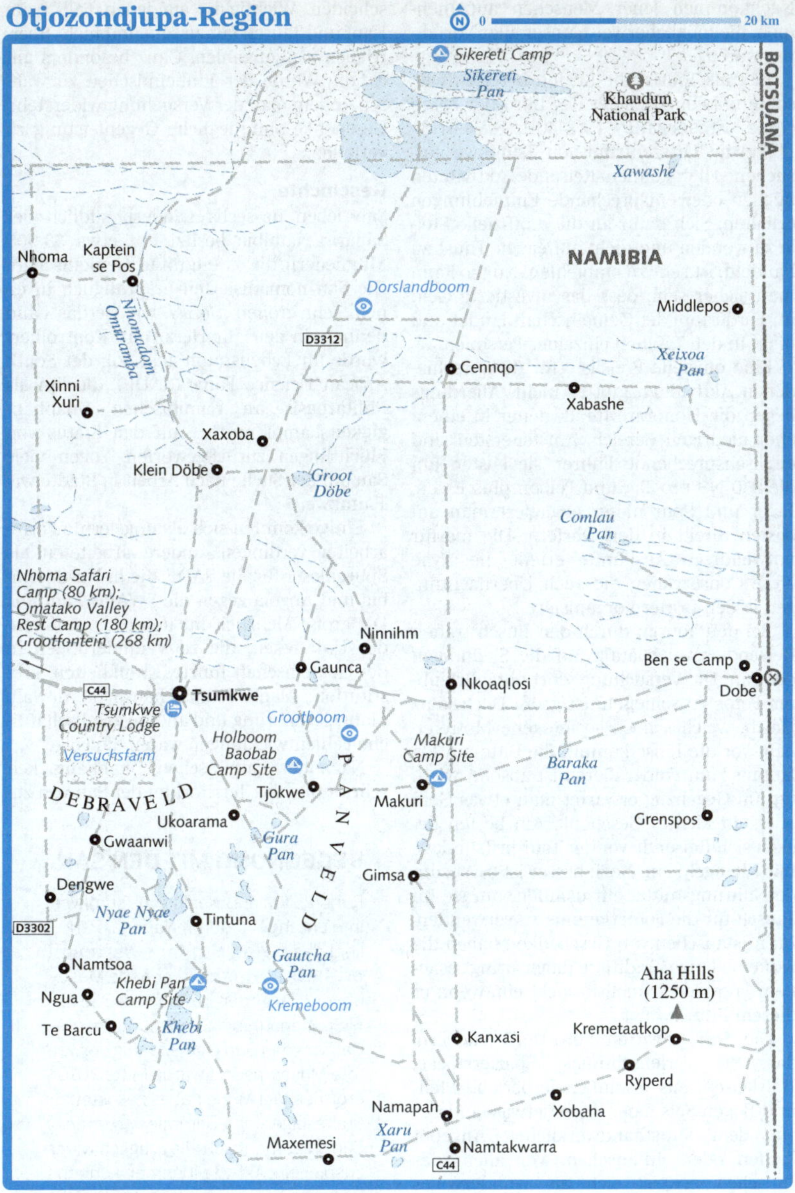

San-Gesellschaft als ernüchternde und enttäuschende Erfahrung. In der gesamten Region ist das Jagen verboten. Die meisten Gemeinschaften haben ihre Sammlertätigkeit nach essbaren Pflanzenteilen nahezu aufgegeben und ernähren sich von billiger, kalorienreicher Kost wie *pap* (Maisbrei) und Reis, die sie in großen Mengen in den Läden kaufen. Doch wenn es gelingt, über die erschütternde Realität der wirtschaftlichen Lage der San hinwegzusehen, bietet sich die Chance, in Kontakt mit den modernen

Nachkommen jener Menschen aufzunehmen, die möglicherweise unser aller Vorfahren waren.

Wer als Tourist die Region bereisen will, sollte unbedingt zuerst das Büro der **Nyae Nyae Conservancy** (☎244011; ⌚Mo–Fr 8–17 Uhr) im Ortszentrum von Tsumkwe aufsuchen. Hier können Reisende Aktivitäten buchen oder entsprechende Empfehlungen erhalten. Sich dafür an diese offizielle Stelle zu wenden und nicht auf eigene Faust zu handeln, ist sehr zu empfehlen. Nur so kann man sicher sein, dass das investierte Geld im Fördertopf der Gemeinschaft landet und nicht in den Taschen einzelner Personen.

Eine offizielle Preisliste für die verschiedenen Aktivitäten gibt es nicht. Allerdings liegen die Honorare für Begleiter in einem eher niedrigen Bereich. Am teuersten sind englischsprechende Führer, sie kosten um die 250 N$ pro Tag und Person plus Essen. Jäger und Spurenleser engagiert man am besten direkt in den Dörfern. Die hierfür notwendigen Auskünfte erteilt die Nyae Nyae Conservancy, die auch Übernachtungen in den Dörfern organisiert.

Bei den Touren durch den Busch treffen Reisende zwangsläufig auf die Siedlungen der San. Die Versuchung, dort ohne Erlaubnis Fotos zu schießen, ist groß. Doch ganz gleich, welches noch so fotogene Motiv einem vor die Linse kommt, die Bitte um Erlaubnis zum Fotografieren ist absolut wichtig. Im Gegenzug erwartet man etwas Geld oder ein kleines Geschenk. Am besten decken sich Reisende vor der Tour in Tsumkwe mit Kleingeld ein. Noch besser ist es, gesunde Nahrungsmittel einzukaufen, um sie im Tausch für die Fotoerlaubnis zu verwenden. Im Austauschen von Geschenken haben die San eine lange Tradition, daher bringt es einem Fremden schnell Respekt ein, wenn er diesem Brauch folgt.

Die San erwarten von Dorfbesuchern, dass sie Perlenschmuck, Spazierstöcke, Halsketten aus Straußeneierperlen, Pfeil- und-Bogen-Sets oder irgendetwas anderes aus dem kunsthandwerklichen Angebot kaufen oder eintauschen. Vor allem das Tauschen erweist sich als wundervolles und durchaus förderungswertes Verfahren. Beliebte Tauschobjekte sind T-Shirts, Schuhe, Hosen, Baseballcaps und andere nützliche Gegenstände. Die Sans bitten auch um Zucker und Tabak. Ob man angesichts des gesundheitsgefährdenden Aspekts diesem Wunsch folgt, muss jeder selbst für sich entscheiden. Wichtig ist auf jeden Fall, beim Kauf und Tausch fair zu sein und nicht übertrieben viel zu zahlen. Ganz besonders gilt es, die Würde der Einheimischen zu wahren, indem man der Versuchung widersteht, Geschenke ohne jegliche Gegenleistung zu verteilen.

Geschichte

San leben in sechs Ländern südlich der Sahara; Namibia besitzt mit etwa 33 000 Mitgliedern die zweitgrößte Gemeinschaft. Die San nomadisierten ursprünglich in einem sehr großen *n!oresi*, wie sie das Land nennen, in dem ihr Herz ruht. Kontrolliert wurde ihr Lebensraum aber von der South African Defence Force (SADF), die ihn als Militärbasis im namibischen Unabhängigkeitskampf nutzte. Auf den Status von Flüchtlingen zurückgeworfen, zogen viele San auf der Suche nach Arbeit in Städte wie Tsumkwe.

Einige konnten sich als ungelernte Farmarbeiter verdingen, andere arbeiteten als Spurenleser für die SADF, die in Nordnamibia und Angola gegen die SWAPO kämpfte. Die große Mehrheit litt unter deprimierender Untätigkeit, die zu Veränderungen in der Gemeinschaft führte. Krankheiten, Prostitution, Alkoholismus, häusliche Gewalt, Mangelernährung und andere gesellschaftliche Fehlentwicklungen waren die Folge.

Nach der namibischen Unabhängigkeit schrumpfte das Territorium der San von zu-

BEGEGNUNG MIT DEN SAN

Rund 25 km außerhalb von Tsumkwe in Richtung Khaudum National Park liegt das **Living Hunter's Museum of the Ju/'Hoansi** (Lebende Museum der Jäger der Ju/'Hoansi; D3315; ⌚Sonnenauf- bis Sonnenuntergang). Das von den San eigenständig verwaltete Museumsdorf wurde Mitte 2010 eröffnet. Viel Mühe hat es gekostet, die uralte Jäger- und Sammlerkultur der San so authentisch wie möglich widerzuspiegeln. Aktiv teilnehmen können Besucher z. B. an Ausflügen (200 N$ pro Pers.) mit traditionell ausgerüsteten Jägern der San, die ihre traditionellen Jagdmethoden anwenden. Auch Buschwanderungen (100 N$) sowie Gesangs- und Tanzdarbietungen stehen auf dem Besucherprogramm.

vor 70 000 km^2 auf weniger als 10 000 km^2. Die meisten ihrer Wasserlöcher wurden von anderen in Besitz genommen – möglicherweise die Rache für die Zusammenarbeit der San mit den SADF. Am Ende stand den San zu wenig Land zur Verfügung, um ihr traditionelles Leben weiterzuführen; Armut und Vertreibung, die bereits vorher ein Problem waren, nahmen zu.

Zum Glück engagierte sich eine Reihe einflussreicher Westler, von Akademikern über Journalisten und Entwicklungshelfer bis hin zu Kulturforschern, seit langem als Anwalt für die Rechte der Ureinwohner des südlichen Afrika. In Nordnamibia richtete der amerikanische Dokumentarfilmer John Marshall zusammen mit seiner britischen Kollegin Claire Marshall Ende der 1980er-Jahre die Nyae Nyae Conservancy ein. Die Ju/hoansi San sollten in ihr angestammtes Gebiet zurückkehren. Leider litt das Projekt unter ideologischen Auseinandersetzungen über verschiedenen Themen, u. a. darüber, wie viel Tourismus man in der Region zulassen sollte.

TSUMKWE

☎ 067

Tsumkwe ist die einzige echte Siedlung in der gesamten Region Otjozondjupa, aber de facto ist es nicht mehr als ein Wüstendorf, das aus ein paar mit Rost überzogenen Wellblechhäusern besteht. Tsumkwe wurde als Hauptquartier der SADF errichtet und dient heute als Verwaltungszentrum der Ju/hoansi San sowie als Sitz der Nyae Nyae Conservancy. In der Region steckt der Tourismus noch in den Kinderschuhen; in Tsumkwe hingegen lässt sich alles organisieren, ganz gleich ob Buschwanderung oder Jagdsafari – Hauptsache es bringt der lokalen Gemeinschaft etwas dringend benötigtes Geld ein.

Sehenswertes

An einer Exkursion teilzunehmen, bei der die San vorführen, wie sie jagen und sammeln, ist Höhepunkt jeden Besuchs in der Otjozondjupa-Region. Bis heute benützen die San nahezu die gleichen traditionellen Jagdwaffen: die Männer tragen Bogen und Pfeile mit vergifteten Spitzen, die Frauen besitzen einen Grabstock und eine Steinschleuder. Früher folgten die Männer mehrere Tage lang den Spuren einer Herde; deshalb ist kaum zu erwarten, dass man an einem Nachmittag gleich Großwild stellt. Doch es ist faszinierend, die Fährtenleser bei ihrer Arbeit zu beobachten, und auf Spuren oder gar ein oder zwei Antilopen wird man auf jeden Fall treffen.

Beim Sammeln graben die San essbare Wurzeln und Knollen aus, ernten Wildfrüchte, Nüsse und sogar Heilpflanzen. Zum Abschluss der Tour präsentieren die Frauen ihren Gästen stolz Buschkartoffeln, die über Holzkohlenfeuer geröstet sehr delikat schmecken. Auch die Früchte des Baobab sind überraschend süß und würzig. Und proteinreiche Nüsse sorgen für einen exotischen und zugleich reichhaltigen Wüstengenuss.

Es gibt unzählige stereotype Bilder von den San, angefangen bei irreführenden Darstellungen aus Hollywood bis zu der Vorstellung von Primitiven, die nur im Busch leben können. Dabei ist die Gesellschaft der San außerordentlich komplex. Vor dem Besuch eines San-Dorfes ist es deshalb empfehlenswert, über ihr faszinierendes und vielfältiges Kulturerbe zu lesen. So informiert lässt sich alles Erlebte im kulturellen Kontext einordnen, und der Besucher ist in der Lage, sich intensiver auf die Gastgeber einzulassen.

RUND UM TSUMKWE

Neben dem Besuch der Dörfer hat die Umgebung von Tsumkwe auch eine Reihe von besuchenswerten Naturattraktionen zu bieten. Erreichbar sind sie allerdings nur mit einem Geländewagen.

Panveld NATURATTRAKTION

Östlich von Tsumkwe bilden eine Reihe phosphatreicher Salz-Ton-Pfannen einen Bogen. Nach der Regenzeit verwandeln sich die größten von ihnen, Nyae Nyae, Khebi und Gautcha (alle am südlichen Ende des Bogens), in riesige Feuchtgebiete. Diese nur kurzzeitig vorhandenen Wasserreservoirs locken umherziehende Wasservögel und Unmengen von Flamingos an – und sie dienen als Brutplatz für Enten, Sporngänse, Kraniche, Rallen, Silber- und Purpurreiher. Hinzu kommen hier noch Krickenten, Wasserläufer und weitere Zugvögel, die, aus hochnordischen Gebieten kommend, überwintern.

Baobabs NATURATTRAKTION

In der trockenen, kargen Landschaft um Tsumkwe herum gedeihen mehrere riesige Baobabs (Affenbrotbäume), von denen einige gewaltig groß gewachsen sind. Der sogenannte **Grootboom** (großer Baum) ist einer der größten mit einem Umfang von über 30 m. Ein Baum von historischer Bedeutung ist der **Dorslandboom**, der von den Dorslandtrekkers besucht wurde, die 1891 auf ihrem Weg nach Angola hier vorbeikamen und ihre Namen in den Baum ritzten. Ein weiterer erwähnenswerter Baum ist der gewaltige **Holboom** (hohler Baum), der den Busch in der Nähe des Dorfes Tjokwe dominiert.

Aha Hills HÜGELLANDSCHAFT

In Richtung der Grenze zu Botsuana wird die flache Landschaft nur von den Aha Hills unterbrochen. Gemessen an der nahezu konturlosen Landschaft, die sie umgibt, liegt die Vermutung nahe, dass diese Kalksteinhügel ihren Namen von dem ersten Reisenden erhielten, der hier vorbeikam und ein erstauntes „Aha" äußerte. Tatsächlich stammt der Name aber wohl von dem bellenden Rufgeräusch der hier endemischen Gecko-Art.

Die Region ist übersät von unerforschten Höhlen und Karsttrichtern, die nur mit sehr guter Höhlenerfahrung begangen werden sollten. Die Berge sind auch von Botsuana aus zugänglich. Es besteht ein geöffneter Grenzübergang zwischen Tsumkwe (der Ort liegt allerdings 30 km westlich der Grenze) und Dobe.

Schlafen & Essen

In der Tsumkwe Country Lodge gibt es ein Restaurant, der **Tsumkwe Winkel** in der Stadt bietet ein beschränktes Sortiment an Lebensmitteln. Selbstversorger sollten ihre Vorräte anderswo auffüllen, bevor sie hierher fahren.

Nyae Nyae Conservancy Camp Sites CAMPINGPLATZ $

(Zeltplatz ab 60 N$ pro Pers.) Die Nyae Nyae Conservancy unterhält mehrere Zeltplätze. Beliebt sind Holboom Baobab bei Tjokwe südöstlich von Tsumkwe, das ein paar Kilometer weiter östlich gelegene Makuri und Khebi Pan weit draußen im Buschland südlich von Tsumkwe. Manchmal kann man in einem nahen Dorf Wasser bekommen, doch es empfiehlt sich, alles, was nötig ist, dabeizuhaben und völlig autark zu sein. Keinesfalls sollte ein Feuer in der Nähe eines Baobabs entzündet werden; es beschädigt die Wurzeln.

Omatako Valley Rest Camp CAMPINGPLATZ $

(☎255977; Zeltplatz pro Pers. 60 N$) Das von einer Dorfgemeinschaft betriebene Camp liegt außerhalb des Schutzgebietes an der Kreuzung der C44 und D3306. Es verfügt über Solarstrom, eine Wasserpumpe und heiße Duschen. San aus der Umgebung betreuen das Camp. Angeboten werden Jagdausflüge, Touren zum Sammeln von Wurzeln und Beeren sowie Vorführungen traditioneller Musik.

Tsumkwe Country Lodge LODGE $$

(☎061-374750; www.namibweb.com/tsumkwelodge.htm; Zeltplatz pro Pers. 80 N$, EZ/DZ ab 580/800 N$; ❄@≋) Die einzige Touristenlodge in Tsumkwe ist recht kostspielig. Zu ihrer Ausstattung zählen eine Bar, ein Restaurant, ein kleiner Laden und ein Pool. Gäste können die Lodge als Standort nutzen, um organisierte Ausflüge in die umliegenden Dörfer zu unternehmen.

Nhoma Safari Camp ZELTCAMP $$$

(☎081-273 4606; www.tsumkwel.iway.na; Zeltplatz pro Pers. 150 N$, mit Vollpension pro Pers. ab 2200 N$; ≋) Arno und Estelle, die Betreiber des Camps, waren die Besitzer der Tsumkwe Country Lodge. Die beiden leben seit vielen Jahren in der Gegend und werden von den Gemeinschaften der San respektiert. Ihr luxuriöses Zeltcamp schmiegt sich zwischen ein fossiles Flusstal und einen Hain mit sattgrünen Teakbäumen. Wie zu „alten Lodgezeiten" sind auch jetzt die wundervollen Ausflüge zu den San-Dörfern die Hauptattraktion. Das Camp liegt 280 km östlich von Grootfontein und 80 km westlich von Tsumkwe an der C44. Die Unterkunft muss im Voraus reserviert werden, am besten per E-Mail, da es im Camp keinen Festanschluss gibt und der Handyempfang mehr schlecht als recht funktioniert.

An- & Weiterreise

Ohne Geländewagen mit großer Bodenfreiheit kommen Reisende in der Gegend nicht weit. Abgesehen von der C44, die auch mit einem normalen Pkw befahren werden kann, gibt es in der Region keine asphaltierten Straßen. Treibstoff erhält man ab und zu in der Tsumkwe Country Lodge. Sicherer ist es jedoch, ein paar Reservekanister mitzunehmen.

Wer das Buschland rund um Tsumkwe erkunden möchte, sollte einen Führer mit guten Ortskenntnissen engagieren und im Konvoi fahren.

Für die Fahrt über die Grenzstation Dobe nach Botsuana ist ein Geländewagen erforderlich und dazu eine Menge an Reservetreibstoff, die mit Sicherheit bis zu den Tankstellen in Maun oder Etosha 6 reicht. Die Tour zu beiden Ortschaften führt über eine schwierige Sandpiste durchs nordwestliche Botsuana.

DER NORDWESTEN

Ganz gleich, ob man zu Fuß oder mit dem Auto unterwegs ist: Im unwirtlichen, wüstenhaften Nordwesten warten einige der unglaublichsten Landschaften entlang ruppiger Pisten auf diejenigen, die es abenteuerlich und wild mögen. Scheinbar endlose, nebelverhangene Strände säumen die Skelettküste, deren einzige Landmarken rostende Schiffswracks und Wanderdünen bilden. Reisende sind hier völlig auf sich gestellt und können die faszinierende Einsamkeit aus vollen Zügen genießen. Die einzige Sorge gilt der Frage, ob das Fahrzeug die Tour unbeschadet überstehen wird.

Bei aller kargen Pracht – die Küste kann mit dem Kaokoveld nicht konkurrieren: Es ist eine Fotografen-Traumlandschaft mit weiten Panoramen und einsamen Wüstenpisten, in der kaum jemals ein Mensch das Fotomotiv ruiniert. Hintereinander gestaffelte Riegel wüstenhafter Bergzüge prägen die Region, die zu den am wenigsten entwickelten des Landes zählt und Namibia im Urzustand repräsentiert. Für die Himba ist das Kaokoveld das Land ihrer Vorväter. Die Volksgruppe besitzt eine reiche Kultur und hat ihre auffällige Erscheinung und Kleidung bewahrt.

Zu guter Letzt das Damaraland: Das Brandbergmassiv mit Namibias höchstem Berg und Twyfelfontein sind Fundstellen von Felsmalereien und Felsgravuren, die zu den schönsten des südlichen Afrika zählen. Beide Stätten sind Fenster in die Vergangenheit und helfen dabei zu verstehen, was unsere gemeinsamen Vorfahren antrieb, die vor Tausenden von Jahren durch Afrikas Savannen zogen.

Geografie

Nordwestnamibia wird mit der Skelettküste assoziiert. Eiskalte Wellen schlagen an die eindrucksvolle, wüstenhafte Küstenlinie. Weiter landeinwärts verziehen sich die düsteren Nebelschwaden und geben den Blick frei auf die wundersame Wüstenwildnis des Damaralandes und des Kaokovelds. Damaraland besticht mit einzigartigen geologischen Besonderheiten wie Vulkankratern, versteinerten Wäldern, Hochebenen aus

DER SAVE THE RHINO TRUST

Der Save the Rhino Trust (SRT) hat sich dem Kampf gegen die Wilderei verschrieben. Seit ihrer Gründung arbeitet die Gruppe eng mit der namibischen Regierung und der lokalen Bevölkerung zusammen. Ziel ist, für die Sicherheit der einzigen weltweit in Freiheit lebende Population von Spitzmaulnashörnern zu sorgen und die Größe der Gruppe zu überwachen. SRT ist es gelungen, die Nashörner erfolgreich zu schützen und so die richtige Voraussetzung für die Vergrößerung der Population zu schaffen. Erhebungen haben ergeben, dass der ursprüngliche Bestand von 1130 Nashörnern jährlich um 5 % ansteigt. Die International Union for Conservation of Nature (IUCN) erklärte diese Population zu den am schnellsten wachsenden in Afrika.

SRT-Sitz ist das Damaraland, eine dünn besiedelte Region ohne nennenswerte Ressourcen oder Arbeitsmöglichkeiten. SRT hat es sich deshalb auch zum Ziel gesetzt, die Einheimischen in die Artenschutzprojekte einzubinden, damit sie vom Schutz der Tiere profitieren. Das ist umso wichtiger, als Damaraland keinen offiziellen Schutzstatus genießt und deshalb keine Regierungsgelder erhält.

Obwohl die Organisation in ihrem Bemühen, die Nashornpopulation zu stabilisieren, erfolgreich war, wird sie immer noch mit verschiedensten Bedrohungen konfrontiert, so auch mit der in Namibia wachsenden Nachfrage nach Ackerland. Für SRT ist die Lösung dieses Problems eine wichtige Voraussetzung dafür, ob die Nashörner hier eine Zukunft haben werden. Die Aktivisten fordern, dass die Regierung dafür Verantwortung übernimmt, im ganzen Land für stabile Nashornpopulationen in Nationalparks, Naturschutzgebieten und auf privatem Land zu sorgen.

Für Besucher, die Spitzmaulnashörner im Busch beobachten möchten, unterhält SRT zusammen mit Wilderness Safaris das exklusive Desert Rhino Camp (%061-225178; www.wilderness-safaris.com; ab 650 US$ pro Pers.). Als Unterkunft dienen acht Zelte im Ostafrika-Safaristil mit WC und Dusche; das warme Wasser kommt aus dem Eimer. Im Preis eingeschlossen sind alle Mahlzeiten, Pirschfahrten und Exkursionen auf den Spuren der Nashörner. Eine Vorausbuchung ist erforderlich; der Transfer mit Geländewagen oder per Flugzeug kann organisiert werden..

rotem Felsgestein sowie mit von Petroglyphen geschmückten Sandsteintafeln. Kaokoveld gilt als eine der letzten unberührten Wildnisse des südlichen Afrika. Obwohl in beiden Regionen unvorstellbar harte Bedingungen herrschen, sind sie Lebensraum einer vielfältigen Tierwelt, die sich mit großem Erfolg der unwirtlichen ariden Umgebung angepasst hat.

Unterwegs vor Ort

Öffentliche Verkehrsmittel sind in diesem Teil Namibias unbekannt, Trampen völlig unmöglich. Man kann den Nordwesten nur mit dem eigenen Fahrzeug bereisen. Für die befestigte Straße bis Opuwo sowie alle mit C und die meisten mit D eingestuften Pisten des Damaralandes genügt ein Pkw. Für die Pisten im Kaokoveld benötigt man ein hochrädriges Fahrzeug, für einige einen Geländewagen, vor allem in der Regenzeit.

Die Routen durch das westliche Kaokoveld sind durchgängig raue Pisten. Sie wurden während des namibischen Unabhängigkeitskrieges von der South African Defence Force (SADF) angelegt und seither nur von durchfahrenden Fahrzeugen unterhalten. Abseits der Haupttouristenstrecke nach Opuwo, Okongwati und den Epupa-Fällen herrscht kaum Verkehr. In den wenigen Dörfern gibt es weder Hotels, noch Läden, Duschen, Krankenhäuser und Ersatzteile, geschweige denn Reparaturwerkstätten. Wer das unbequem findet, kann die Region mit einem erfahrenen Reiseveranstalter oder als Teil eines größeren Konvois bereisen.

Damaraland

Ein Stück landeinwärts von den Dünen und Ebenen der rauen Skelettküste steigt das Terrain allmählich an. Wilde, wüstenhafte Berge leiten zu den buschbewachsenen Plateaus Zentralnamibias über. Ein Großteil dieser Übergangszone gehört zum Damaraland, wo Quellen und periodische Flüsse grüne Oasen schaffen und ausreichende Feuchtigkeit für Wild, Menschen und Vieh zur Verfügung stellen. Die weiten Landschaften des Damaralandes zählen zu den letzten Gebieten im südlichen Afrika, in denen das Wild nicht in einem offiziellen Schutzgebiet lebt. Reisende begegnen hier Zebras, Giraffen, Antilopen, Elefanten und sogar Spitzmaulnashörnern.

SPITZKOPPE

☎ 064

Die 1728 m hohe Spitzkoppe ist eines der bekanntesten Wahrzeichen von Namibia. Wie eine Fata Morgana erhebt sie sich über die staubige, an die Namib grenzende Ebene des südlichen Damaralandes. Ihren Spitznamen „namibisches Matterhorn" verdankt sie der dramatischen Gestalt. Doch die Ähnlichkeiten zwischen diesem Überrest eines alten Vulkans und dem vergletscherten Schweizer Berg beschränken sich auf den scharfen Zackengipfel. Die Spitzkoppe wurde 1946 erstmals bestiegen und zieht bis heute eingefleischte Felskletterer an, die versuchen, Namibias herausforderndsten Gipfel zu bezwingen.

Die Spitzkoppe wird vom Ministry of Environment & Tourism (MET) verwaltet und von der lokalen Dorfgemeinschaft betreut. Reisende können hier zu einem vernünftigen Preis Führer in die Umgebung anheuern, die mit ihrem Wissen viel Erhellendes zum Verständnis dieser auch kulturell reichen Stätte beitragen.

Sehenswertes & Aktivitäten

Die beiden ebenfalls eindrucksvollen **Pondoks** neben der Spitzkoppe sind aus riesigen Granitkuppen aufgebaut. Am östlichen Ende dieses Felslabyrinths kann man sich an einem Drahtkabel über Granitplatten zu einer grün bewachsenen Senke hinaufziehen, dem Bushman's Paradise. Unter einem Felsüberhang sind alte Felsmalereien von Nashörnern zu erkennen, die leider schon wieder von Vandalen beschädigt wurden.

Für die Besteigung der Spitzkoppe braucht man zwar weder technisches Equipment noch spezielle Sachkenntnis, trotzdem sollte man den Aufstieg nicht unterschätzen. Bergsteiger müssen ihre eigene Ausrüstung, Essen und Wasser mitbringen, Unerfahrene sollten sich möglichst einer größeren Gruppe anschließen. Vorab sollte man sich an Ort und Stelle genau über die Verhältnisse erkundigen und andere Reisende oder Einheimische über sein Vorhaben informieren. Tagsüber kann es extrem heiß werden, nachts und in der Höhe dafür umso kälter – deshalb unbedingt an entsprechende Kleidung denken!

Schlafen & Essen

Spitzkoppe Rest Camp LODGE $

(Dorf Groot Spitzkoppe; Stellplatz 45 N$ pro Pers., Bungalows ab 120 N$) Die Stellplätze dieses wunderbaren Camps verteilen sich am Fuß der Spitzkoppe zwischen den sie umgebenden Felsen. Die meisten sind in fast magisch wirkende Felskuhlen eingepasst und vermitteln das Gefühl völliger Einsamkeit. Am

Spitzkoppe & Pondoks

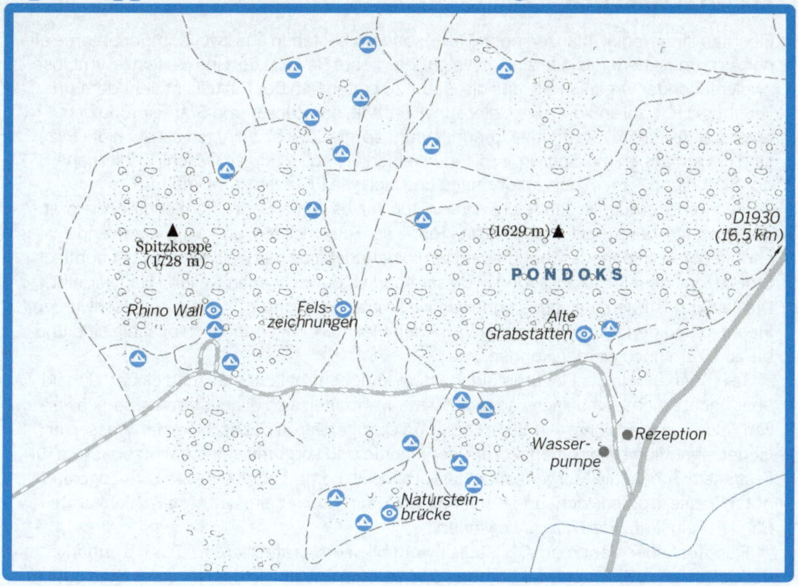

Eingang befinden sich eine Rezeption, Öko-Toiletten, *Braai*-Plätze sowie Bar und Restaurant. Die Anlage wurde Mitte 2012 von einem privaten Investor übernommen, der sich verpflichten musste, sie zu renovieren und die lokale Gemeinschaft weiterhin an den Erträgen des Unternehmens teilhaben zu lassen.

An- & Weiterreise

Bei trockenen Wetterbedingungen ist der Berg mit einem normalen Pkw erreichbar. Von der B2 geht es nordwestlich auf die D1918 in Richtung Henties Bay und nach 18 km nach Norden auf die D3716.

BRANDBERG

Die Fahrt um den massigen, roséfarbenen Granitbuckel und das Erlebnis des Sonnenuntergangs, bei dem ein schier unwirkliches Licht den Berg zum Leuchten bringt, gehören zu den Höhepunkten einer Fahrt in diese Region. Doch der eigentliche Schatz liegt innerhalb dieses Massivs verborgen: Es sind einige der schönsten Überreste prähistorischer Kunst auf dem gesamten afrikanischen Kontinent.

Der Brandberg (Feuerberg) verdankt seinen Namen der Tatsache, dass die untergehende Sonne die Westflanke des Granitmassivs anstrahlt und sie wie eine brennende Schlackenhalde aussehen lässt. Sein Gipfel, der Königstein, ist mit 2573 m Namibias höchster Berg.

Der Brandberg ist Naturschutzgebiet; der Eintritt beträgt 50 N$ pro Person und 20 N$ pro Fahrzeug. Im Preis eingeschlossen ist ein Führer. Es ist verboten, die empfindlichen Felsbilder ohne Begleitung aufzusuchen. Wer mit der Exkursion zufrieden ist, sollte dem Guide ein Trinkgeld geben.

Sehenswertes

Tsisab-Schlucht ARCHÄOLOGISCHE STÄTTE

Die bekannteste Figur in der Schlucht ist die **White Lady of the Brandberg** in Maack's Shelter. Die Figur, die gar nicht unbedingt eine Dame sein muss (da gibt es ganz verschiedene Deutungen), ist etwa 40 cm groß und Teil eines größeren Gemäldes, das eine skurrile Jagdszene zeigt. In der einen Hand hält die Dame eine Art Blume oder Feder, in der anderen Pfeil und Bogen. Herausragend ist das Gemälde auf jeden Fall, denn die Haare der „Lady" sind glatt und hell – also völlig unafrikanisch – und ihr Körper ist von der Brust abwärts weiß bemalt.

1948 wurde das Gemälde erstmals begutachtet. Abbé Henri Breuil nahm an, dass es ägyptischen oder kretischen Ursprungs sei, ausgehend von ähnlich alten Kunst-

FLECHTENFELDER

Flechten sind weder Pflanzen noch Tiere, sondern bestehen aus zwei Komponenten – einer Alge und einem Pilz. Sie sind vielleicht das beste Beispiel für eine perfekte Symbiose zweier lebender Organismen, das die Natur zu bieten hat. Der Pilzteil entzieht der Luft Feuchtigkeit, während die Alge Chlorophyll enthält, das Zucker und Stärke produziert und für eine kohlehydrathaltige Energiezufuhr sorgt. Sowohl die Algen als auch die Pilze sind Kryptogamen mit Sporen, d. h. ihnen fehlen die notwendigen Geschlechtsorgane, um Blüten und Samen hervorzubringen und sich wie Pflanzen zu vermehren.

Flechten kommen in zahlreichen Varianten vor, es gibt z. B. Krustenflechten, die orange, schwarze, braune oder blass grüne Ringe auf Felsen bilden, und ästig wachsende Laubflechten. In den Kiesebenen der Namib befindet sich das weltweit größte Laubflechtenfeld, das dem lockeren Boden in dieser spärlich bewachsenen Gegend Halt verleiht. Die Felder bestehen meist aus unbeweglichen grauen Flechten, freiliegenden schwarzen Flechten und den selteneren orangefarbenen Flechten, die erstaunlich buschig sind und bis zu 10 cm hoch werden können.

Tagsüber ähneln die Flechtenfelder einem knochentrockenen Buschdickicht. Sobald aber nachts dichte Nebelschwaden aufziehen, entfalten sich die düsteren grau-schwarzen Felder und „erblühen" in Blau, Grün und Orange. Der Pilz absorbiert das Wasser, er ist der eigentliche Vegetationskörper der Flechte und sorgt mit seinem Wurzelsystem für Festigkeit. Sobald die Morgensonne hervorblinzelt, kommt auch die Alge zum Zuge und nutzt Wassertropfen, Licht und Kohlendioxid, um mittels Photosynthese Kohlehydrate für sich selbst und den Pilz zu gewinnen.

Flechtenfelder sieht man z. B. südlich vom Messum Crater, vereinzelt auch entlang der Salzstraße zwischen Swakopmund und Terrace Bay und in der Nähe des Startpunkts zum Welwitschia Drive östlich von Swakopmund.

Bitte immer daran denken, dass Flechten extrem empfindlich sind, nur sehr langsam wachsen und bereits durch die kleinste Unachtsamkeit, etwa eine weggeworfene Zigarette, zerstört werden können. In diesem Fall vergehen 40 bis 50 Jahre, bis die Flechte sich ansatzweise wieder erholt hat. Man sollte niemals gedankenlos abseits der Piste fahren und im Busch immer auf vorgegebenen Strecken bleiben.

werken, die er rings ums Mittelmeer herum gesehen hatte. Diese erste Annahme wurde aber verworfen, heutige Wissenschaftler gehen vielmehr davon aus, dass die White Lady eigentlich einen San-Jungen darstellt, der während des Initiationsritus mit weißem Lehm bemalt wurde.

Numas-Schlucht ARCHÄOLOGISCHE STÄTTE

Die im westlichen Teil des Brandbergs eingeschnittene Numas-Schlucht ist ein weiteres Schatzkästchen prähistorischer Felsmalerei. Die meisten Besucher lassen sich von ihrem Führer zu den Felsen bringen, die eine halbe Stunde Fußmarsch vom Schluchteingang gegenüber dem Südufer des Flussbettes entfernt liegen. Zu sehen sind hier Abbildungen einer Schlange, einer Giraffe und einer Antilope. Nach nochmals 30 Min. ist eine Oase mit einer Quelle und weiteren Malereien in der unmittelbaren Umgebung erreicht.

Schlafen

An den Eingängen der Tsisab- und der Numas-Schlucht gibt es inoffizielle Campingplätze, beide allerdings ohne Wasser oder Infrastruktur.

Brandberg White Lady Lodge LODGE **$$**

(☎684004; www.brandbergwllodge.com; Stellplatz 80 N$ pro Pers., Luxuszelt für 2 Pers. 545 N$, EZ/DZ mit Halbpension 775/1330 N$) In dieser Lodge findet jeder Reisende die für ihn passende Unterkunft. Camper können ihr Zelt im Flusstal aufbauen und dabei alle Annehmlichkeiten der Lodge nutzen. Wer größeren Komfort schätzt, hat die Wahl zwischen rustikalen Bungalows und Chalets mit unverputzten Steinwänden und umlaufender Terrasse.

Bei organisierten Pirschfahrten (200 N$) begegnen die Teilnehmer Oryx-Antilopen, Springböcken, Zebras und Geparden sowie Wüstenelefanten (Aug.–Dez.).

Ugab Wilderness Camp CAMPINGPLATZ $

(Stellplatz 70 N$ pro Pers.) Der Zeltplatz ist sehr einfach, aber gut geführt, und eignet sich ideal als Ausgangspunkt für organisierte Wanderungen oder Klettertouren im Brandberg-Massiv. Die Abzweigung von der D2359 ist angezeigt; zum Camp sind es ab da noch 10 km.

ℹ An- & Weiterreise

Von Uis zur Tsisab-Schlucht geht es zunächst 15 km nach Norden und dann auf der D2359 nach Westen bis zum 26 km entfernten Parkplatz an der Tsisab-Schlucht. Zur Numas-Schlucht fährt man von Uis 14 km nach Süden und dann 55 km auf der D2342, wo eine ruppige Piste nach Osten abbiegt. Bei der Verzweigung nach etwa 10 km folgt man der rechten, nur mit Geländefahrzeugen befahrbaren Piste zum Parkplatz an der Numas-Schlucht.

MESSUM-KRATER

Der geheimnisvolle Messum-Krater zählt zu den abgelegensten Attraktionen des Damaralands. Er besteht aus zwei konzentrisch angeordneten Kreisen von Hügelketten, die durch den Einsturz eines Vulkans in den Goboboseb-Bergen entstanden sind. Mit einem Durchmesser von mehr als 20 km bildet er eine immens große, abgeschiedene Region, die man normalerweise ganz für sich alleine hat. Sie eignet sich zum Mineraliensammeln.

Das Zelten im Krater ist verboten.

Die beste der drei existierenden Zufahrten zum Messum-Krater ist die D2342 entlang des Messum Riviers westlich des Brandbergs. Das Verlassen der Pisten ist strengstens verboten, vor allem entlang der Route über die ökologisch hochsensible, mit Flechten bewachsene Ebene der Dorob National Park. Für das Befahren dieses Gebietes sollte man die entsprechenden topografischen Karten dabeihaben, die im Büro des Landesvermessungsamtes in Windhoek erhältlich sind.

TWYFELFONTEIN & UMGEBUNG

☎ 067

Twyfelfontein (Zweifelsquelle) liegt am oberen Ende des grasbewachsenen Aba Huab Valley und ist eine der ausgedehntesten Felskunstgalerien auf dem afrikanischen Kontinent.

Vor sehr langer Zeit lockte die ganzjährig sprudelnde Quelle wahrscheinlich Tiere und damit auch Jäger an, die in den umliegenden Bergen ihre Spuren hinterlassen haben. Dort sind vor allem Gravuren zu sehen, die Tiere, Tierspuren und geometrische Formen zeigen, überraschenderweise werden aber nur wenige Menschen abgebildet. Viele Tiere sind heute gar nicht mehr in der Gegend zu finden, z. B. Elefanten, Nashörner, Giraffen und Löwen. Die Ritzzeichnung eines Seelöwen lässt auf eine Verbindung mit der über 100 km entfernten Küste schließen.

Bis zum heutigen Tag wurden über 2500 Einzelgravuren entdeckt. Berühmt ist die Darstellung der Tanzenden Kudus, ein Fabelwesen, das an eine Antilope erinnert und kultischen Zwecken dient. Twyfelfontein wurde schon 1952 zum Nationalmonument erhoben, aber erst 1986, mit der Anerkennung Twyfelfonteins als Naturschutzgebiet, formal in seinem Bestand gesichert. In dieser Zeit waren bereits viele Felsbilder von Vandalen zerstört, einige sogar komplett entfernt worden.

In den vergangenen Jahren wurden hier aufwendige Restaurierungsarbeiten geleistet, und diese erfreuliche Entwicklung blieb auch in der internationalen Gemeinschaft nicht unbemerkt. 2007 erhielt Twyfelfontein den Weltkulturerbestatus der Unesco und war damit die erste so ausgezeichnete Stätte nationaler Denkmäler in Namibia.

Sehenswertes

Felsgravuren FELSKUNST

(Pro Pers./Auto 50/20 N$; ⏲Sonnenauf- bis -untergang) Die meisten Felsgravuren von Twyfelfontein sind rund 6000 Jahre alt und stammen damit aus der Jungsteinzeit. Angefertigt wurden sie wahrscheinlich von Jägern der San, die sie durch die harte oberste Schicht in den hier anstehenden Sandstein ritzten. Mit der Zeit schloss sich diese Schicht wieder über den Gravuren und schützte sie so vor Erosion. Anhand von Farbunterschieden und dem Stand der Verwitterung unterscheiden die Forscher mindestens sechs verschiedene Phasen. Einige Felsbilder sind eindeutig das Werk von Nachahmungskünstlern und stammen wohl aus dem 19. Jh. Man kann die Felsbilder nur mit einem Führer besichtigen und sollte dabei bedenken, dass das Trinkgeld sein einziges Einkommen darstellt.

RUND UM TWYFELFONTEIN

Verbrannter Berg HÜGEL

Südöstlich von Twyfelfontein erhebt sich ein öder, 12 km langer Vulkankamm, zu dessen Füßen der Verbrannte Berg liegt – ein vulkanischer Ausläufer, der aussieht, als sei ein verheerendes Feuer über ihn hinweg gefegt.

In diesem gespenstischen Panorama gedeiht so gut wie gar nichts. Der Verbrannte Berg liegt neben der D3254, 3 km südlich der Abfahrt nach Twyfelfontein.

Orgelpfeifen NATURDENKMAL
Auf der dem Burnt Mountain (Verbrannten Berg) gegenüberliegenden Straßenseite führt ein klar erkennbarer Pfad hinein in eine kleine Schlucht. Hier staffeln sich auf etwa 100 m Länge bis zu 4 m hohe Säulen aus Dolerit (einem grobkörnigen Basalt) hintereinander, die in ihrem Erscheinungsbild an Orgelpfeifen erinnern und deshalb auch diesen Namen bekommen haben.

Versteinerter Wald NATURDENKMAL
(Pro Pers./Auto 40/20; ⏲Sonnenauf- bis -untergang) Der Versteinerte Wald ist ein Areal offenen Buschlands, auf dem bis zu 34 m lange, versteinerte Baumstämme herumliegen, die einen Umfang von bis zu 6 m erreichen und schätzungsweise etwa 260 Mio. Jahre alt sind. Die ursprünglichen Bäume gehörten zu einer prähistorischen Pflanzenart von Nacktsamern (wissenschaftl.: *Gymnospermae*), zu denen man auch die noch heute existierenden Koniferen, Palmfarne und die Welwitschien zählt. Da die Stämme weder Wurzel- noch Astrelikte aufweisen, wird angenommen, dass eine Flut sie hier angeschwemmt hat.

Etwa 50 Bäume sind deutlich erkennbar; einige sind halb unter Sandstein begraben, andere perfekt mit Rinde und Jahresringen versteinert. Da zahlreiche Souvenirjäger die Stätte leider in der Vergangenheit heimsuchten, wurde sie 1950 zum Nationalmonument erklärt. Heute ist selbst das Mitnehmen eines winzigen Bruchstücks versteinerten Holzes verboten. Ein Zugang ist nur in Begleitung eines Führers gestattet.

Der Versteinerte Wald ist als „Versteende Woud“ rund 40 km westlich von Khorixas an der C39 ausgeschildert.

Wondergat NATURDENKMAL
Das Wondergat ist ein riesiger Einbruchstrichter, der einen faszinierenden Blick in die unterirdische Welt erlaubt. 4 km nach der Kreuzung mit der D2612 biegt man westlich auf die D3254 ab und erreicht dann 500 m weiter das Wondergat.

Schlafen & Essen

Für das kleine Reisebudget empfehlen sich Zeltplätze wie das Aba Huab Camp am Flussbett gleich nördlich der Abzweigung nach Twyfelfontein. Allerdings gibt es sehr unterschiedliche Berichte über den Zustand dieses Camps, darunter auch Klagen, dass es völlig verwahrlost sei. Alternativ kann man auch in den meist luxuriösen, teuren Unterkünften in der Nähe der Felsenbilder übernachten.

Camp Kipwe LODGE **$$$**
(☎232009, 687211; www.kipwe.com; Zi. mit Halbpension 1800 N$ pro Pers.; ≋) Lässig schmiegt sich Kipwe in atemberaubender Landschaft zwischen Felsen und Findlinge, die in der ganzen Anlage verstreut liegen. Die völlig unauffälligen, großen *rondavels* mit Reetdach fügen sich harmonisch in diese einzigartige Umgebung ein. Die neun Standardzimmer und die Honeymoon-Suite sind alle mit Open-Air-Duschen ausgestattet, sodass man während des Duschens die Sterne zählen kann. Zimmer 3 und 4 sind Familienzimmer mit Kinderzelten. Der Ausblick vom Speise- bzw. Loungebereich ist einfach großartig und mit einem Cocktail in der Hand am schönsten zu genießen. Die Lodge veranstaltet Pirschfahrten (540 N$) und Exkursionen zu den Felsbildern. Kipwes Eingang befindet sich gegenüber vom Mowani Mountain Camp an der D2612.

Twyfelfontein Country Lodge LODGE **$$$**
(☎374750; www.twyfelfonteinlodge.com; EZ/DZ ab 1324/1860 N$; ❄@≋) Einen Hügelrücken von Twyfelfontein entfernt liegt eingebettet zwischen rotem Fels dieses architektonische Meisterwerk. Beim Betreten der Lodge passieren die Gäste alte Felsgravuren und einen Pool mit einem etwas unpassenden Wüsten-Wasserfall. Elegante Zimmer, ein riesiger, in luftiger Höhe errichteter Speisesaal sowie eine Vielzahl von Exkursionen durchs Damaraland gehören zum Angebot der Lodge. Sie liegt unweit von Twyfelfontein und seiner Felsbildgalerie, ist gut ausgeschildert und leicht zu finden.

Mowani Mountain Camp LODGE **$$$**
(☎232009; www.mowani.com; Zi. mit Vollpension ab 2700 N$ pro Pers.; @≋) Auf diese wunderschöne Lodge weist bei der Annäherung wenig wenig hin: Ihre Kuppelhäuser scheinen mit der Landschaft förmlich zu verschmelzen, sodass man sie erst sieht, wenn man bereits angekommen ist. Die Hauptgebäude profitieren von einer genialen, natürlichen Klimaanlage, die Unterkunftshäuschen verbergen sich nahezu unsichtbar zwischen den Felsbrocken. Das Bergcamp liegt 5 km nördlich des Abzweigs nach Twyfelfontein von der D2612.

An- & Weiterreise

In der Region gibt es keine öffentlichen Transportmittel und kaum Verkehr. 73 km westlich von Khorixas biegt man von der C39 nach Süden auf die D3254 ab und folgt ihr 15 km bis zu einer Abzweigung nach rechts, an der Twyfelfontein ausgeschildert ist. Von hier sind es 5 km zu den Felsbildern.

KAMANJAB

☎ 067

Das winzige, von reizvollen Felsformationen umgebene Kamanjab dient als kleiner Marktort für das nördliche Damaraland. Auf der Fahrt vom Damaraland ins Kaokoveld bietet es sich als angenehmer Zwischenhalt an. In der landschaftlich schönen Umgebung haben sich zwei traumhafte Lodges dem Schutz der namibischen Raubkatzen verschrieben.

Schlafen & Essen

Otjitotongwe Cheetah Lodge LODGE $$$

(☎687056; EZ/DZ inkl. Vollpension 990/1830 N$;) Die Eigentümer von Otjitotongwe, Tollie und Roeleen Nel, sind vernarrt in Geparden; zahme Geparde streifen frei um das Haus herum, und für ihre wilden Artgenossen, die jeden Nachmittag gefüttert werden, gibt es ein 40 Hektar großes Gehege. Begonnen hat dieses Projekt damit, dass die Nels mehrere wilde Geparde, die ihr Vieh rissen, mit Fallen einfingen. Eigentlich wollten sie die Tiere im Etosha-Nationalpark aussetzen, doch die Regierung stand diesem Plan ablehnend gegenüber. Daraufhin ließen die Nels die Geparde wieder frei und behielten nur einen Wurf Junge, die in Gefangenschaft geboren worden waren. Seither haben die Nels weitere Geparde aufgenommen. Mit der Wildfarm möchten sie das Bewusstsein für die Notlage der bedrohten Raubtiere schärfen. Otjitotongwe liegt 24 km südlich von Kamanjab an der C40.

Kavita Lion Lodge LODGE $$$

(☎687107; www.kavitalion.com; EZ/DZ mit Frühstück ab 900/1400 N$;) Die Lodge grenzt an den Etosha National Park und beherbergt die Afri-Cat Foundation. Die gemeinnützige Organisation engagiert sich für das langfristige Überleben der Löwenpopulation in Namibia. Daneben nehmen die Eigentümer verletzte oder verhaltensauffällige Löwen auf. Neben geführten Wanderungen und Pirschfahrten durch das private Schutzgebiet liegt der Schwerpunkt der Aktivitäten hier auf dem Africat Project (220 N$). Es besteht aus einer Einführung in die Arbeit der Stiftung und Löwenbeobachtung von einem Unterstand aus. Kavitas hübsche, reetgedeckte Chalets gruppieren sich um das Haupthaus. Gastfreundschaft wird hier groß geschrieben – die Zimmer sind sehr persönlich eingerichtet, sodass man sich sofort wohlfühlt. Das Essen, vor allem die lokalen Wildgerichte mit beispielsweise Oryxfleisch, ist hervorragend. Das Kavita ist bei Reisegruppen beliebt, was manche als störend empfinden. Die Mahlzeiten werden zusammen mit den Eigentümern an einem großen Tisch eingenommen. Kavita liegt an der C35, 36 km nördlich von Kamanjab.

Oase Guest House PENSION $$

(☎330286; EZ/DZ 420/600 N$;) Die hübsche Pension mit freundlichen, gemütlichen Zimmern liegt im Zentrum von Kamanjab. Ihre Bar und Restaurant sind Mittelpunkt des städtischen Nachtlebens. Auch wer hier nicht übernachtet, sollte sich ein kühles Bier und ein saftiges Kudu- oder Gemsbock-Steak bestellen. Der Eigentümer organisiert Ausflüge zu einem nahen Himbadorf sowie zu Felsbildern in der Umgebung.

An- & Weiterreise

Die gute Straße nach Norden in Richtung Ruacana ist mit Personenwagen befahrbar. Allerdings sollte man jenseits der Red Line umsichtig fahren. Der Veterinärzaun unmittelbar nördlich von Etosha markiert die Grenze zwischen dem kommerziellen Farmland und den Regionen, in denen Viehzucht als Subsistenzwirtschaft betrieben wird.

Palmwag

Palmwag ist eine wildreiche Region, geprägt von roten, kargen Hügeln und weiten Ebenen und eingerahmt von einer bizarren Landschaft aus einheitlich großen Felsblöcken. Eine Handvoll luxuriöser Lodges sowie der Save the Rhino Trust (SRT) haben sich hier niedergelassen.

Schlafen

Die meisten hier vorgestellten Lodges müssen vorab reserviert werden. In den Preisen sind meist alle Mahlzeiten und Aktivitäten enthalten. Der Transfers mit dem Geländewagen oder per Flugzeug kann organisiert werden.

Grootberg Lodge LODGE $$$

(☎067-333 212; www.grootberg.com; EZ/DZ mit Halbpension 1450/2150 N$) Diese Lodge in außergewöhnlicher Lage punktet mit dem vielleicht besten Panoramablick, den Reisende in Namibia erleben können. Zudem zählt sie zu den Orten, an denen man hervorragend Spitzmaulnashörner beobachten kann (1200 N$). Eine Fahrt hinunter in dieses Tal ist also Pflicht! Eine ursprüngliche, wilde, offene Landschaft erwartet den Besucher, denn es gibt weit und breit keine Zäune. Die Nashörner sind allerdings schwer zu fassen, sodass man die meiste Zeit damit zubringt, zu Fuß oder im Fahrzeug den Fährtenlesern zu folgen oder darauf zu warten, dass sie eine neue Spur entdecken. Lohn der Mühe ist die Gelegenheit, einem der bedrohtesten Tiere Afrikas in der freien Wildbahn zu begegnen. Daneben sieht man Wüstenelefanten, Geparden, Löwen, Antilopen wie Steinbock, Klippspringer, Springbock und Oryx sowie Zebras. Die Lodge befindet sich 25 km östlich von Palmwag und 90 km westlich von Kamanjab an der C40.

Palmwag Lodge LODGE $$$
(☎061-225178; www.wilderness-safaris.com; EZ/DZ mit Vollpension ab 1720/2540 N$;) Die älteste Unterkunft in der Palmwag-Region wird heute von Wilderness Safaris geführt und liegt auf privatem Konzessionsgebiet am Uniab Rivier. Durch das Areal verlaufen mehrere schöne Wanderwege. Vom „Menschen-Wasserloch“, dem Pool, sieht man auf sein von Palmen gesäumtes Gegenstück für Elefanten. Manchmal schauen auch Spitzmaulnashörner vorbei.

Etendeka Mountain Camp ZELTCAMP $$$
(☎061-239199; www.etendeka-namibia.com; Zi. ab 2000 N$ pro Pers.;) Der Schwerpunkt im ökologisch geführten Camp mit fest installierten Zelten am Fuß der Grootberg Mountains ist Naturschutz, nicht Luxus. Das Camp verlassen die meisten daher mit einem tieferen und besseren Verständnis für die sensible Natur des Damaralandes.

Damaraland Camp ZELTCAMP $$$
(☎061-225178; www.wilderness-safaris.com; EZ/DZ mit Vollpension ab 3680/4540 N$;) Von diesem mit Solarenergie betriebenen Außenposten eröffnen sich weite Blicke auf karge Gebirgskegel. Das Camp ist eine Oase in einer rauen, außerirdisch erscheinenden Landschaft. Gäste können sich in Luxuszelten ihren Fantasien vom Ende der Welt hingeben oder ein paar Züge im originellen Pool schwimmen, der sich in eine Felskuhle aus erstarrter Lava schmiegt.

An- & Weiterreise

Palmwag liegt 157 km von Khorixas und 105 km von Sesfontein entfernt an der D3706. Von Süden kommend wird der Veterinärzaun 1 km südlich der Palmwag Lodge überquert.

SESFONTEIN

Damaralands nördlichster Außenposten erinnert an eine abgelegene Oase mitten in der Sahara und ist fast ganz vom Kaokoveld eingerahmt. Die von den namengebenden sechs Quellen versorgte Siedlung wurde 1896 nach dem Ausbruch der Rinderpest als militärischer Vorposten gegründet. 1901 wurde eine Kaserne errichtet, und vier Jahre später ein Fort, das Viehseuchen, Waffenschmuggel und Wilderei unterbinden sollte. 1909 scheint das Fort überflüssig geworden zu sein; schließlich requirierte die Polizei das Gebäude und nutzte es bis zum Ausbruch des Ersten Weltkriegs. 1987 ließ die Damara Administration (die Regionalregierung) das Fort restaurieren und zu einer komfortablen Lodge umbauen. Bis heute ist sie eine der ungewöhnlichsten Unterkünfte in Namibia.

Abenteurer, die von unberührter Natur träumen, können den beeindruckenden **Otjitaimo Canyon** durchwandern, er liegt etwa 10 km nördlich der Hauptstraße an der Westseite einer Bergkette, die sich östlich von Sesfontein von Norden nach Süden zieht. Zu Fuß gleicht die Wanderung einer Expedition, wer davor aber nicht zurückschreckt, besorgt sich beim Office of the Surveyor General in Windhoek die entsprechenden topografischen Karten, packt ordentlich Wasser ein (mindestens 4 l pro Pers. und Tag) und darf sich auf ein einzigartiges Abenteuer mit tollem Panorama in völliger Einsamkeit freuen.

Wer schon immer davon geträumt hat, die Nacht in einer Kolonialfestung mitten in der Wüste zu verbringen, ist im **Fort Sesfontein** (☎065-685034; www.fort-sesfontein.com; Zi. 950 N$ pro Pers.;) richtig. Zusammen mit den anderen 43 Gästen kann man hier alle Lawrence-von-Arabien-Fantasien ausleben! Die Zimmer sind sehr einfach, haben aber eine faszinierende Atmosphäre, und das gute Restaurant serviert deutsche Gerichte – was sonst!

Die gute Schotterstraße von Palmwag nach Sesfontein macht nur dann Probleme, wenn das Hoanib Rivier Wasser führt. Die Schotterstraße von Sesfontein nach Opuwo kann ebenfalls mit jedem Fahrzeug befahren werden, es sei denn, es hat geregnet.

Das Kaokoveld

Das Kaokoveld wird häufig als eine der letzten Wildnisse im südlichen Afrika beschrieben. Straßen gibt es kaum, und das Netz sandiger Pisten wurde vor Jahrzehnten von den SADF angelegt. Um in dieser ariden Wildnis zu überleben, waren die Wildtiere gezwungen, sich auf wunderbare Weise anzupassen. So hat der hochgefährdete Wüstenelefant ganz dünne Beine entwickelt, die bestens für lange Wanderungen auf der Suche nach Wasser geeignet sind. Abgesehen vom Wild ist das Kaokoveld auch Heimat der Himba. Die nomadisierenden Viehhirten sind bekannt dafür, dass sie ihren Körper mit einer traditionellen Paste aus Ockerpulver, Butter und Kräutern einreiben, die sie vor der Sonne schützt und die Haut rötlich macht.

OPUWO

☎ 065

Opuwo bedeutet in der Sprache der Herero „das Ende" – ein passender Name für diese staubige Ansammlung von aus grauem Beton errichteten Gewerbebauten, die ein Ring traditioneller Rondavels (runder Lehmbauten) und Hütten umschließt. Entgegen dem ersten, meist nicht gerade positiven Eindruck, bildet ein Besuch in Opuwo einen der kulturellen Höhepunkte einer Namibiareise, besonders wenn man am Kontakt mit dem Volk der Himba interessiert ist. Opuwo ist der inoffizielle Hauptort des Kaokoveld und ein angenehmer Ausgangspunkt für Touren zu Dörfern in der näheren Umgebung. Unterschiedliche Unterkunftsmöglichkeiten bietet eine Vielzahl von Lodges und Zeltplätzen in der Umgebung.

Sehenswertes & Aktivitäten

Im Himbaland boomt der Tourismus auf vollen Touren, wie die asphaltierte Straße bis nach Opuwo (allerdings nicht weiter bis zur angolanischen Grenze) beweist. Zur feierlichen Eröffnung des Opuwo Country Hotel kam der namibische Präsident sogar höchstpersönlich! Immer noch schmücken die ach so fotogenen Bilder von Himbafrauen fast jede namibische Tourismusbroschüre. Und nahezu jeden Tag drängen sich ganze Busladungen von Touristen durch die staubigen Straßen des Ortes.

In Opuwo sind die Himba allgegenwärtig – sie spazieren die Straßen entlang, gehen in den Läden einkaufen und stellen sich hinter den Fremden in die Schlange an den Supermarktkasse. Ganz gleich, wie verlockend es ist, sollte man dennoch darauf verzichten, sie zu fotografieren! Niemand mag es, wenn ständig eine Kamera auf ihn gerichtet ist.

Schlafen & Essen

Selbstversorger finden im Ort einen **OK Grocer**.

Ohakane Lodge LODGE $$

(☎273031; EZ/DZ 520/900 N$; ❄🏊) Die alteingesessene und zentral gelegene Lodge an der Hauptstraße von Opuwo ist vor allem bei Reisegruppen beliebt. Die recht durchschnittlichen, aber modernen Zimmer sind in Ordnung, doch wer etwas Geld übrig hat, sollte es besser in einen Bungalow des Opuwo Country Hotel investieren.

UNTERWEGS IM KAOKOVELD

Selbst die Unerschrockenen sollten sich sehr sorgfältig auf eine solche Extrem-Tour mit dem Geländewagen vorbereiten. Für die Fahrt auf der Piste von Sesfontein nach Opuwo oder von Ruacana über Opuwo zu den Epupa Falls braucht man ein robustes Allradfahrzeug, reichlich Zeit und gute Vorräte – vor allem ausreichend Essen und Wasser für die gesamte Reise (plus Reserverationen). Außerdem ist es sinnvoll, einen Führer mitzunehmen, der sich in der Region auskennt, sowie eine Kolonne aus mindestens zwei Fahrzeugen zu bilden.

Wegen der schlechten Beschaffenheit mancher Pisten kommt man unter Umständen nur mit 5 km/h voran – und wenn es geregnet hat, kann der Wagen sogar komplett im Schlamm stecken bleiben. Für die Fahrt zwischen Opuwo und den Epupa Falls sollte man einen Tag einkalkulieren, aber mehrere Tage für die Strecke von Opuwo zum Hartmann's Valley und zum Otjinjange (Marienfluss) Valley. Wichtig: Der Van Zyl's Pass kann nur von Osten nach Westen überquert werden. Alternativ biegt man nördlich von Orupembe auf die Straße nach Rooidrum ab (und fährt über den Otjihaa Pass).

Beim Campen im Kaokoveld sollte man Natur und Menschen mit Respekt begegnen.

Opuwo Country Hotel HOTEL $$$
(☎061-374750; ww.opuwolodge.com; Stellplatz 100 N$ pro Pers., EZ/DZ ab 920/1320 N$; ❄@🏊) Das auf einem Hügel gelegene Opuwo Country Hotel ist weit und breit die wohl repräsentativste Unterkunft in der Region. Der riesige, reetgedeckte Bau – angeblich der größte seiner Art in Namibia – thront über der Siedlung mit Blick über das Tal auf die Ausläufer der angolanischen Berge. Die meisten Gäste verbringen ihre Zeit allerdings mit einem entspannenden Bad im Infinity-Pool. Wenn die Standardzimmer ausgebucht sind und das Budget nicht für die Luxuskategorie reicht, kann man sein Zelt auf dem abgeschiedenen Campingplatz aufbauen und hat so Zugang zu allen Einrichtungen des Hotels, also auch zur bestens ausgestatteten Weinbar und zum wirklich königlichen Speisesaal. Die Zufahrt zum Hotel ist nicht ganz leicht zu finden, obwohl überall in der Stadt Hinweisschilder stehen.

Shoppen

Kunene Craft Centre KUNSTHANDWERK
(⏲Mo–Fr 8–17 Uhr, Sa 9–13 Uhr) Der in fröhlichen Farben gestrichene Selbsthilfe-Souvenirladen in Opuwo verkauft lokales Kunsthandwerk in Kommission. Hier bekommt man alle Arten von mit Ocker umhüllten Himbaschmuck wie Schneckenmuschelanhänger, Armbänder, Brust- und sogar Kopfschmuck, wie ihn Himbabräute tragen. Außerdem eine Auswahl echter Schmuckstücke, bestickte Kissenhüllen, Himba- und Hereropuppen sowie Trommeln und Schnitzarbeiten aus Holz.

Praktische Informationen

Kaoko Information Centre (☎273420; ⏲8–18 Uhr) KK und Kemuu heißen die beiden netten jungen Männer im Info-Center, das sich in einer wirklich winzigen, gelben Hütte verbirgt. Sie organisieren Besuche in umliegenden Himbadörfern und helfen mit nützlichen Informationen zur Weiterreise ins Kaokoveld.

An- & Weiterreise

Dank der asphaltierten C41 von Outjo nach Opuwo ist das Land der Himba ebenso mit normalem Pkw zugänglich. Auch wenn die Versuchung, auf dieser langen und menschenleeren Schnellstraße zu rasen, groß ist, sollte man spätestens nördlich des Veterinärzauns den Fuß vom Gaspedal nehmen, weil häufig ganze Rinderherden die Straße queren. Reisende, die tiefer ins Kaokoveld hineinfahren möchten, finden in Opuwo die letzte Tankstelle vor Kamanjab, Ruacana oder Sesfontein.

SWARTBOOI'S DRIFT

☎065

Ab Ruacana führt eine holprige Piste Richtung Westen am Kunene River entlang nach Swartbooi's Drift, wo ein Denkmal an die Dorsland Trekkers erinnert, die hier auf ihrem Weg nach Angola vorbeikamen. Die Stadt ist ein guter Ausgangspunkt für eine Fahrt zu den Epupa Falls oder einer Wildwasserfahrt auf dem Grenzfluss Kunene.

Die sehr freundliche **Kunene River Lodge** (☎274300; www.kuneneriverlodge.com; Stellplatz 105 N$ pro Pers., EZ/DZ-Chalets 720/1440 N$, Zi. 790/1420 N$; 🏊) liegt rund 5 km östlich von Swartbooi's Drift und empfiehlt sich als idyllischer Zwischenstopp am Fluss. Hohe Bäume beschatten den Zeltplatz, während die reetgedeckten Chalets und Bungalows vom angenehmen Garten profitieren. Die Gäste können Kanus, Mountainbikes und Angeln ausleihen oder an Vogelbeobachtungstouren und Bootsfahrten bei Sonnenuntergang teilnehmen. Ab mindestens zwei Teilnehmern organisiert die Lodge Halb-, Ganz- und Mehrtages-Raftingtouren ab 420 N$ pro Person. Die Route führt von den Ondarusu-Stromschnellen (Wildwasser IV) flussaufwärts von Swartbooi's Drift zu den Epupa Falls.

73 km nordwestlich von Opuwo führt bei Otjikeze/Epembe eine Abzweigung nach Osten auf die D3701, die 60 km weiter Swartbooi's Drift erreicht. Diese einfachste Zugangsroute ist auch für normale Pkw geeignet. Die von Ruacana am Fluss entlangführende Piste ist extrem rau, lässt sich in der Trockenzeit aber durchaus mit einem hochrädrigen Pkw, der nicht gleich aufsitzt, bewältigen. Die Weiterfahrt auf der 93 km langen, ebenfalls den Kunene säumenden Piste, führt entlang der zauberhaften „namibischen Riviera" zu den Epupa-Fällen und ist so schwierig, dass sie selbst mit einem Geländewagen mehrere Tage dauern kann.

Epupa-Fälle

Epupa bedeutet in der Sprache der Herero „Fallendes Wasser". Hier fächert sich der Kunene über eine weite Flussniederung mit Galeriewäldern auf und überwindet in einer 500 m breiten Folge paralleler Felsstufen sowie auf 1,5 km Länge einen Höhenunterschied von 60 m. Die mit 37 m höchste Stufe bildet praktisch die Epupa-Fälle. Der Fluss stürzt hier in eine dunkle, schmale Schlucht, über die sich meist ein Regenbogen spannt.

ZU BESUCH BEI DEN HIMBA

Früher posierten die auf dem Land lebenden Halbnomaden geduldig als Fotomodelle, doch heute trifft man häufig auf traditionell gekleidete Himba, die Touristen Fotos von sich gegen Bezahlung anbieten. Natürlich ist die Entscheidung darüber jedem selbst überlassen, aber Reisende sollten sich bewusst machen, dass die Förderung dieser Art von Handel die Menschen ihrem traditionellen Lebensstil noch mehr entfremdet und sie der Geldwirtschaft unterwirft, die jahrhundertealten Wertvorstellungen und der Solidarität in der Gemeinschaft entgegensteht.

Eine sinnvolle Alternative ist es, Grundnahrungsmittel gegen Fotos zu tauschen. Obwohl Regen nur schwer vorhersehbar ist, pflanzen die Himba in guten Zeiten Mais an und ergänzen damit ihre hauptsächlich auf Fleisch und Milch basierende Ernährung. *Pap* (Maisbrei) wird von ihnen sehr geschätzt, ebenso Reis, Brot, Kartoffeln und andere stärkehaltige Lebensmittel. Zucker, Softdrinks oder andere Süßigkeiten sollte man nicht tauschen, denn die meisten Himba werden nie in ihrem Leben einem Zahnarzt begegnen.

Wer freie Bahn für seinen Fotoapparat haben möchte, kann bei einem Besuch in einem Dorf erstaunliche Aufnahmen machen, wenn er sich entsprechend rücksichtsvoll verhält. Voraussetzung ist natürlich ein Führer, der sowohl Englisch als auch Himba spricht. Entweder kommt man im Rahmen einer von der eigenen Unterkunft angebotenen Tour hierher oder man bucht eine vom Kaoko Information Centre in Opuwo angebotene Fahrt.

Vor dem Dorfbesuch ist es sinnvoll, etwas Zeit in den Kauf von Geschenken zu investieren. Wer Lebensmittel mitbringt, kann sich des herzlichen Willkommens durch die Dorfbewohner sicher sein, und sie werden auch das Fotografieren bereitwilliger akzeptieren. Bevor man das Dorf verlässt, erwarten die Menschen, dass man bei den Kunsthandwerkern kleine Armreifen und Anhänger oder anderen Schmuck kauft.

Ein spektakulärer Anblick, vor allem wenn der Kunene zwischen April und Mai seinen höchsten Wasserstand erreicht.

Man sollte annehmen, dass diese abgelegene Ecke des Kaokovelds nicht auf den Haupttouristenrouten liegt. Dennoch zählen die Epupa-Fälle zu den beliebtesten Anlaufpunkten für Overlandgruppen wie organisierte Rundreisen und sind deshalb häufig sehr überlaufen. Für Reisende, die in der Region unterwegs sind, lohnt sich der Abstecher für einen Blick auf die Fälle dennoch. Allein der Anblick von so viel Wasser mitten im ariden Kaokoveld ist schier unglaublich.

Sehenswertes & Aktivitäten

Bei Niedrigwasser verwandeln sich die **Becken** oberhalb der Epupa-Fälle in herrliche Jacuzzis. Die Strudel und Stromschnellen schützen vor Krokodilen, aber man sollte sich unbedingt an den Felsen fest- und von der Abbruchkante fernhalten: Sobald man in die Strömung gerät, wird man unweigerlich mit hinuntergerissen. Alle paar Jahre ertrinken einige bedauernswerte Einheimische und Touristen im Fluss, und es ist schwierig genug, zumindest ihre Leichen zu bergen. Kinder sollten hier keinesfalls ins Wasser gehen.

Westlich der Fälle gibt es am Fluss wunderschöne **Wandermöglichkeiten** und jede Menge Berge, von deren Gipfeln sich fantastische Panoramablicke über den Fluss und tief hinein nach Angola eröffnen. Begeisterte Wanderer können die Strecke entlang der „namibischen Riviera" von Swartbooi's Drift zu den Epupa-Fällen (93 km, fünf Tage) oder von Ruacana zu den Epupa-Fällen (150 km, acht Tage) in Angriff nehmen. Die Route führt meist nahe am Wasser entlang, aber man sollte mit zahlreichen Krokodilen und selbst im Winter mit drückender, dehydrierender Hitze rechnen. Wer die Wanderung um Vollmond herum unternimmt, kann der Hitze entgehen, indem er nachts wandert.

Wie bei den meisten Abenteueraktivitäten im Kaokoveld müssen Wanderer alles, was sie benötigen, mit sich führen. Es gibt kein Sicherheitsnetz, das sie bei Problemen auffangen könnte. Die Lebensmittelvorräte sollten so berechnet sein, dass auch Wartezeiten auf eine Mitfahrgelegenheit zurück zum Ausgangspunkt überbrückt werden können. Es versteht sich von selbst, dass man jede Gelegenheit nutzen sollte, andere über die beabsichtigte Tour und den Wegverlauf zu informieren, bevor man sich ohne Begleitung in den Busch aufmacht.

Schlafen

Omarunga Lodge LODGE $$$
(☎064-403096; www.natron.net/omarunga-camp/main.html; Stellplatz 100 N$ pro Pers., EZ/DZ-Chalets mit Vollpension 1600/2200 N$) Das von Deutschen geführte Camp verdankt seine Existenz der Genehmigung eines lokalen Oberhaupts. Der gut geführte Campingplatz verfügt über moderne Sanitäranlagen, außerdem gibt es ein Dutzend Luxuschalets. Der Platz ist sehr hübsch, kann jedoch dem etwas teureren Epupa Camp nicht das Wasser reichen.

Epupa Camp LODGE $$$
(☎061-232740; www.epupa.com.na; pro Pers. inkl. Vollpension 1260 N$;) Das ehemalige Ingenieurscamp eines nun aber zurückgestellten Projekts für ein Wasserkraftwerk liegt 800 m stromaufwärts von den Fällen. Umgebaut präsentiert es sich als wunderschöne Übernachtungsmöglichkeit in einem Wald hoher Baobabs. Die neun Luxuszelte sind bis in den letzten Winkel mit Kunsthandwerk dekoriert. Zu den angebotenen Aktivitäten zählen Besuche von Himbadörfern, Sundowner-Wanderungen, Vogelbeobachtungstouren und Ausflüge zu Fundstellen von Felsbildkunst. Außerdem gibt es hier fünf Zeltplätze.

An- & Weiterreise

Die Piste nach Okongwati ist ziemlich rau, aber mit hochrädrigen Pkws befahrbar. Nur mit Geländewagen ist die extrem schlechte, 93 km lange Piste von Swartbooi's Drift zu bewältigen. Da die Fahrt mehrere Tage dauern kann, empfiehlt sich die schnellere Variante über Otjiveze/Epembe.

DAS NORDWESTLICHE KAOKOVELD

Westlich der Epupa Falls zeigt sich das Kaokoveld von seiner schönsten Seite: scharfe, zerklüftete Wüstengipfel, weite Landschaften, spärliche Buschvegetation, an die Wüstenbedingungen angepasste Tiere, nomadisierende Himba-Gruppen und ihre winzigen Ansiedlungen mit bienenstockartigen Hütten machen eine Reise in den Nordwesten zu einem unvergesslichen Erlebnis. Die Region grenzt an die Skeleton Coast Wilderness Area und wurde inzwischen zur Kaokoveld Conservation Area erklärt.

Sehenswertes

Van Zyl's Pass NATURDENKMAL
Der wunderschöne, aber atemberaubend steile und fahrtechnisch anspruchsvolle Van Zyl's Pass bildet den dramatischen Übergang vom Kaokoveld zu der weiten, grasbewachsenen Ebene des Otjinjange Valley (Marienflusstal). Die 13 km lange, kurvenreiche Strecke ist nicht für Gespanne geeignet und kann nur von Ost nach West befahren werden. Die Rückfahrt erfolgt über den Otjihaa-Pass oder über Purros.

Otjinjange & Hartmann Valley NATURDENKMAL
Für die Erkundung des wilden, verwunschenen Otjinjange-Tals, des Tals des Marienflusses, sowie des Hartmanntals sollte man sich Zeit nehmen. Die beiden weiten, sandigen und grasbewachsenen Ebenen senken sich sanft hinunter zum Kunene. In beiden Tälern ist wildes Campen verboten.

Schlafen

Außer im Otjinjange (Marienfluss-Tal) und im Hartmann Valley ist im gesamten nordwestlichen Kaokoveld wildes Campen erlaubt.

Okarohombo Camp Site CAMPINGPLATZ $
(Stellplatz 60 N$ pro Pers.) Das von einer lokalen Gemeinschaft geführte Camp liegt am Ausgang des Otjinjange Valley und verfügt über Toiletten mit Wasserspülung, Duschen und Gemeinschaftsküche.

Purros Camp Site CAMPINGPLATZ $
(Stellplatz 50 N$ pro Pers.;) Das von einer lokalen Gemeinschaft geführte Purros-Camp ist auch unter dem Namen Ngatutunge Pamwe bekannt und befindet sich 2 km vom Dorf Purros entfernt am Hoarusib Rivier. Zu den Annehmlichkeiten zählen Warmwasserduschen, Toiletten mit Wasserspülung sowie eine Bar. Hier findet man auch Führer für Besuche der umliegenden Himbadörfer oder für Pirschfahrten zur Beobachtung der an die Wüste angepassten Wildtiere.

Elephant Song Camp CAMPINGPLATZ $
(☎064-403829; Stellplatz 80 N$ pro Pers.) Das gemeinschaftlich geführte Elephant Song Camp liegt auf dem Gebiet der Palmwag-Konzession und ist über eine 25 km lange, sehr holperige Piste entlang des Hoanib Rivier von Sesfontein aus erreichbar. Es ist ideal für alle, die den schönen Rundblick, Wanderungen, Vogelbeobachtung und die Chance, vielleicht die seltenen Wüstenelefanten zu Gesicht zu bekommen, schätzen.

An- & Weiterreise

Von Okongwati führt eine Straße nach Westen durch Etengwa zum Van Zyl's Pass oder zum Otjihaa Pass. Von Okauwa (hier dient eine alte, verfallene Windmühle als Orientierungspunkt) zur Straßengabelung in Otjitanda (dem Kraal eines Himba-Häuptlings) ist die Piste extrem holprig und nur sehr langsam befahrbar – unterwegs kann man beim schönen Ovivero Dam haltmachen und ins Wasser des Stausees springen. Ab Otjitanda fährt man entweder nach Westen über den Van Zyl's Pass (der nur von Osten nach Westen überquert werden kann!) ins Otjinjange Valley (Marienfluss) und Hartmann's Valley oder nach Süden über den nicht weniger schönen, aber leichter befahrbaren Otjihaa Pass nach Orupembe.

Ins Otjinjange Valley und Hartmann's Valley kommt man auch ohne die Überquerung des Van Zyl's Pass, wenn man in der Mitte der Onjuva-Ebene an der T-Kreuzung (12 km nördlich von Orupembe) Richtung Norden abbiegt. An der T-Kreuzung in Rooidrum (Rote Tonne) kann man sich für eines der beiden Täler entscheiden.

Nach Otjinjange (Marienfluss) geht es rechts ab, zum Hartmann's Valley links. Westlich dieser Kreuzung (17 km hinter Rooidrum) biegt eine verhältnismäßig gute Straße Richtung Süden ab und führt nach Orupembe und Purros (vorausgesetzt, der Hoarusib River führt gerade kein Wasser) und weiter bis nach Sesfontein.

Alternativ kann man ab Opuwo über die D3703 nach Westen fahren und erreicht nach 105 km Etanga; 19 km hinter Etanga kommt man an eine Kreuzung, die durch ein Steinschild mit weißen Vögeln markiert wird. An dieser Stelle geht es Richtung Norden nach Otjitanda (27 km entfernt) oder Richtung Süden zum Otjihaa Pass und nach Orupembe.

Skelettküste

Diese tückische Küstenlinie ist eine nebelverhangene Region mit felsigen und sandigen Untiefen. Ihren abschreckenden Namen verdankt sie der Tatsache, dass sie jahrhundertelang als Friedhof für verunglückte Schiffe und deren Besatzungen diente. Die ersten portugiesischen Seefahrer nannten sie *As Areias do Inferno*, Sande der Hölle, denn sobald ein Schiff strandete, war das Schicksal der Crew besiegelt. Das Naturschutzgebiet erstreckt sich von Sandwich Harbour südlich von Swakopmund bis zum Kunene. Auf einer Fläche von rund 2 Mio. ha bilden Sanddünen und Schotterebenen eines der lebensfeindlichsten, wasserlosen Gebiete der Erde.

DOROB NATIONAL PARK

Der im Dezember 2010 eingerichtete Dorob National Park ersetzt die ehemalige „National West Coast Tourist Recreation Area" reicht aber über deren alte Grenzen hinaus, vor allem nach Süden. Dorob erstreckt sich jenseits des Swakop Rivier hinunter bis Sandwich Harbour im Süden; seine nördliche Grenze bildet der Ugab.

Das im Folgenden beschriebene Gebiet ist ein 200 km langer und 25 km tiefer Streifen entlang der Küste zwischen Swakopmund und dem Ugab. Es ist bei südafrikanischen Anglern sehr beliebt: In Scharen strömen sie hierher, um Salzwasserfische wie Galeonenbarsche, Meerbrassen, Kabeljau und Falterfische zu angeln. Zwischen Swakopmund und der Ugab-Mündung säumen Hunderte Betonbauten in etwa 200 m Abstand voneinander die Küste. Sie sehen aus wie Bunker, die eine Attacke vom Meer her abwehren sollen, sind aber in Wirklichkeit Toilettenhäuschen für Fischer und Camper.

Eigentlich sollen für den Dorob National Park Eintrittsgebühren sowie ein ganzer Haufen von Bestimmungen gelten, noch fehlt es aber an verbindlichen Regeln. Die Informationen sind derzeit noch sehr widersprüchlich: So musste zum Zeitpunkt der Recherche für das Betreten des Parks kein Eintritt entrichtet werden, was sich aber inzwischen geändert haben kann. Am besten erkundigt man sich beim nächstgelegenen Büro der NWR, dort bekommt man sicher eine aktuelle Auskunft.

HENTIES BAY

☎ 064

Bei Henties Bay, 80 km nördlich von Swakopmund, mündet der Omaruru Rivier (in dessen Trockenflussbett ein origineller Golfplatz liegt) in den Atlantik. Benannt ist der Ort nach Hentie van der Merwe, der die hier sprudelnde Quelle 1929 entdeckte. Heute besteht Henties Bay hauptsächlich aus Ferienhäusern und Läden mit Nachschub für die Angler, die an der Küste aufgereiht ihrem Hobby nachgehen.

Das **Büro der Touristeninformation** (☎501143; www.hentiesbaytourism.com; Nickey Iyambo Rd.; ⏲Mo–Fr 8–13 & 14–17 Uhr) ist eine hervorragende Informationsquelle. Das vor kurzem eingerichtete Büro gibt sehr hilfsbereit Auskunft über die Region und verkauft Kunsthandwerk. Auch das angeschlossene Café ist zu empfehlen.

Buck's Camping Lodge (☎501039; Nickey Iyambo Rd.; Stellplatz 230 N$) in der Stadt unweit der Polizeistation ist zwar teuer, aber für den höheren Preis kommen die Gäste in den Genuss eines eigenen Bades. Ein Schild mit einem Caravan darauf weist den Weg von der Hauptstraße.

Das **De Duine Country Hotel** (☎081 124 1181; www.deduinehotel.com; EZ/DZ 400/600 N$; ❄🏊) ist das einzige richtige Hotel in Henties Bay. Es liegt an der Küste, dennoch hat kein einziges der Zimmer Meerblick! Immerhin verfügt die im deutschen Kolonialstil erbaute Anlage über einen Pool und Zimmer mit Blick in den Garten.

Zugang zum Dorob National Park und zur südlichen Hälfte des Nationalparks Skelettküste gewährt die mit einem Belag aus Sand und Salz versehene C34. Sie beginnt in Swakopmund und endet 70 km nördlich von Terrace Bay. Auch die Schotterstraße C 39 von Khorixas nach Torra Bay erschließt den Nationalpark. Henties Bay liegt an der Kreuzung der Küsten-Salzstraße und der C35, die hier landeinwärts ins Damaraland abzweigt.

Motorräder sind im Nationalpark Skelettküste nicht zugelassen. Für die Durchfahrt durch den Park sind keine Genehmigungen erforderlich. Die Salzstraße ab Swakopmund ist das ganze Jahr über mit einem normalem Pkw befahrbar.

CAPE CROSS SEAL RESERVE

Das **Reservat** (pro Pers./Auto 40/10 N$; ⏲10–17 Uhr) ist die bekannteste Kolonie von Südafrikanischen Pelzrobben (Seebären) an der namibischen Küste. Die Tiere ernähren sich von den hohen Fischbeständen im kalten Benguelastrom und sind dabei riesig und fett geworden. Der Anblick von mehr als 100 000 Robben, die sich am Strand sonnen oder in der Brandung herumtollen, ist unvergesslich, wird aber durch den alles beherrschenden Gestank unzähliger Lagen übelriechender Robbenexkremente beeinträchtigt. Es ist unbedingt empfehlenswert, die Nase mit einem Taschentuch oder einem Schal zu schützen.

Haustiere oder Motorräder sind nicht erlaubt. Besucher dürfen die niedrige Barriere zwischen der Aussichtsplattform und den Felsen, auf denen die Seehundkolonie lagert, nicht übertreten.

Das Kreuzkap, Cape Cross, ist zwar in erster Linie wegen der Robben berühmt, hat aber eine lange und interessante Geschichte. 1486 ließ der portugiesische Entdeckungsreisende Diogo Cão, der als erster Europäer seinen Fuß auf namibischen Boden setzte, ein 2 m hohes und 360 kg schweres *padrão* (ein Steinkreuz zu Ehren des portugiesischen Königs) am Kreuzkap aufstellen.

1893 entfernte der deutsche Seefahrer Becker, Kapitän der *Falke,* das Kreuz und brachte es nach Deutschland. Ein Jahr später gab Kaiser Wilhelm II. den Befehl, eine Kopie anzufertigen, auf der neben der portugiesischen und lateinischen Originalinschrift ein deutscher Gedenkspruch eingemeißelt wurde. Dieses Kreuz steht bis heute am Kap, daneben ein weiteres, aus Doleritgestein gearbeitetes, das 1980 dort aufgestellt wurde, wo sich Cãos Originalkreuz befand.

Am Wasser gibt es **Stellplätze** (100 N$ pro Pers.), die ausreichend weit entfernt vom Gestank angelegt wurden, zum Zeitpunkt der Recherche aber geschlossen waren. Es war unklar, wann sie wieder öffnen werden.

Die eigenwillige, aber irgendwie auch ansprechende Architektur der **Cape Cross Lodge** (☎064-694012; www.capecross.org; Stellplätze 380 N$, EZ/DZ 1300/1950 N$; ❄@) soll eine Mischung aus kapholländischem Stil und Fischerdorf darstellen. Die besseren Zimmer besitzen großzügige Terrassen mit Blick über die Küste. Wirklich schlechte Zimmer gibt es in dieser rundum angenehmen Lodge, die sich praktisch am offiziellen Zugangstor zum Schutzgebiet befindet, ohnehin nicht. Sie liegt einsam und wunderschön an einer weiten Bucht mit Blick auf die See und die heranrollenden Wellen, die auf den weißen Sandstrand brechen. Im Restaurant (Hauptgerichte 70 bis 100 N$) wird vor allem Fisch serviert, darunter ein Fischsandwich (mit zugegebenermaßen seltsamer Mayonnaise) und eine Fischplatte für 195 N$

Cape Cross liegt an der Küsten-Salzstraße, 46 km nördlich von Henties Bay.

SKELETON COAST NATIONAL PARK

Bei Ugabmund, 110 km nördlich von Cape Cross, passiert die Salzstraße das Eingangstor zum Skeleton Coast National Park. Wabernde Nebelbänke und Sand aufwirbelnde Stürme schaffen in dieser entlegenen Region eine unheimliche, wilde Stimmung. Obwohl dieser Küstenabschnitt so berühmt ist, wagen sich nur erstaunlich wenige von Cape Cross nach Norden. Ein Grund sind die außerordentlich strengen Verhaltensregeln, die Namibian Wildlife Resorts (NWR) für Individualreisende im Nationalpark erlassen haben, um das extrem sensible Ökosystem zu schützen.

Die Zugangsbeschränkungen mögen den einen oder anderen abschrecken; die Genehmigung an sich ist aber problemlos zu bekommen, wenn man bereit ist, genau zu

SÜDAFRIKANISCHE SEEBÄREN

In südafrikanischen Gewässern tummeln sich sieben verschiedene Robbenarten. Abgesehen von einigen wenigen Herumstreunern von antarktischen oder subantarktischen Inseln, gehören die Festlandsbewohner zur Spezies des Südafrikanischen Seebärs, allgemein auch Pelzrobbe genannt. Die extrem gemeinschaftsliebende riesige Population lebt in nur etwa 25 Kolonien. Einige von ihnen wie Cape Cross an der namibischen Westküste zählen mehr als 10 000 Tiere.

Obwohl sie die Gemeinschaft suchen, gelten Südafrikanische Seebären nicht unbedingt als besonders gesellig. Das Leben in einer Kolonie ermöglicht es ihnen, Junge aufzuziehen und Gefahren durch Raubtiere wie Braune Hyänen (Strandwölfe) gering zu halten. Ansonsten führen die Robben an Land eher das Leben von Einzelgängern, die unentwegt um den von ihnen beanspruchten kleinen Platz streiten. Abgesehen von den Jungen, die auf krippenähnlichen „Spielplätzen" miteinander herumtollen, hat jede andere Interaktion in der Kolonie feindseligen Charakter und bietet so einen ungewöhnlichen Anschauungsunterricht in Sozialverhalten.

Unter ihren gröberen Grannenhaaren sind Südafrikanische Seebären von einer dicken Fellschicht geschützt, die dank eingeschlossener Luftblasen trocken bleibt und so vor Kälte isoliert. So sind die Tiere in der Lage, trotz der langen Zeit, die sie in eisigem Wasser zubringen, die Körpertemperatur konstant bei 37 °C zu halten.

Männliche Südafrikanische Seebären wiegen im Durchschnitt knapp 200 kg. In der Brunftzeit setzen sie eine besonders dicke Fettschicht an und pumpen sich so auf bis zu 360 und mehr Kilo auf. Weibchen sind deutlich kleiner, wiegen im Schnitt 75 kg und werfen Ende November/Anfang Dezember ein einziges, blauäugiges Junges. Mehr als 90 % der Robbenbabys in einer Kolonie werden innerhalb eines Monats geboren.

Spätestens eine Stunde nach der Geburt beginnen die Jungen zu saugen. Schon nach kurzer Zeit werden sie in „Gemeinschaftskrippen" zurückgelassen, während sich die Mütter auf die Futtersuche begeben. Bei der Rückkehr in die Kolonie erkennen die Mütter ihr Junges an Geruch und Ruf.

Im Alter von vier oder fünf Monaten wechseln die Jungen das Fell; die Farbe verändert sich von Dunkelgrau zu Olivbraun. Die Sterberaten in der Kolonie sind hoch: Bis zu einem Viertel der Jungen überlebt das erste Jahr nicht. Die meisten sterben in der ersten Woche nach der Geburt. Braune Hyänen und Schabrackenschakale sind für 25% der Todesfälle verantwortlich. Überlebende Junge bleiben bis zu einem Jahr bei ihrer Mutter.

Südafrikanische Seebären fressen täglich eine Menge von acht Prozent ihres Körpergewichts; die Kolonien an der Westküste des südlichen Afrikas holen pro Jahr eine Million Tonnen Fisch und Meeresgetier (hauptsächlich Schwarm- und Tintenfische) aus dem Meer, das sind etwa 300 000 Tonnen mehr, als die namibische und südafrikanische Fischindustrie zusammen verarbeitet.

planen. Etwas Spontaneität müssen Reisende für den Zutritt zum Park opfern, doch die Magie der Skelettküste wiegt all diese Umstände auf.

Individualreisende dürfen die südliche Hälfte des Skelettküstenparks bis zum Hoanib Rivier besuchen, benötigen dafür aber ein Permit, das mit 80 N$ pro Person und 10 N$ pro Fahrzeug zu Buche schlägt. Genehmigungen sind beim Büro der NWR in Windhoek erhältlich. Übernachten kann man nur in Terrace Bay und Torra Bay; letzteres Camp ist nur Dezember und Januar geöffnet. Beide Restcamps müssen bei NWR zusammen mit dem Permit (eine Art Aufenthaltsgenehmigung) gebucht werden. Um eines der beiden Camps zu erreichen, müssen Reisende das Tor bei Ugabmund vor 15 Uhr, das bei Springbokwater vor 17 Uhr passieren.

Tagesbesucher sind im Nationalpark nicht zugelassen, doch eine Durchfahrtsgenehmigung von Ugabmund nach Springbokwater oder umgekehrt ist an den Zugangstoren erhältlich. Transitreisende müssen den Eingang spätestens um 13 Uhr passieren und den Nationalpark am gleichen Tag spätestens um 15 Uhr verlassen. Die Durchfahrtsgenehmigung gilt nicht für einen Besuch in Torra Bay oder Terrace Bay.

Aktivitäten

Geführte Wanderung im Ugab Rivier WANDERN

Die 50 km lange Wanderung dürfen Gruppen (6 bis 8 Pers.) von April bis Oktober an jedem zweiten und vierten Donnerstag des Monats beginnen. Die Wanderer starten um 9 Uhr in Ugabmund und erreichen ihr Ziel am Samstagnachmittag. Die meisten übernachten Mittwoch auf dem **Mile 108 Camp Site**, 40 km südlich von Ugabmund, von wo aus man Ugabmund dann rechtzeitig erreicht. Die Wanderung muss bei NWR gebucht werden; die Teilnehmer haben selbst für Proviant und Campingausrüstung zu sorgen. Die Route durchquert zunächst die Küstenebene, steigt dann bergauf ins Hügelland und schlägt einen Bogen durch Flechtenfelder. Sie passiert Höhlen, Quellen und ungewöhnliche geologische Formationen.

Schlafen

Die Übernachtungen (mit Ausnahme im Ugab River Camp Site) müssen bei NRW gebucht werden.

Ugab River Camp Site CAMPINGPLATZ $

(http://savetherhinotrust.org; Stellplatz 60 N$) Der außerhalb des Skeleton Coast National Park gelegene Platz wird vom Save the Rhino Trust verwaltet. Die abgelegene Landschaft ist geradezu magisch, und jeder, der hier übernachtet hat, lobt das Camp in höchsten Tönen. Anfahrt: 40 km nördlich von Cape Cross biegt man auf die D2303 nach Osten; das Camp ist nach weiteren 70 km erreicht.

Torra Bay Campingplatz CAMPINGPLATZ $

(Stellplatz 125 N$; ⏲Dez. & Jan.) Den Campingplatz, der nur zu den namibischen Schulferien geöffnet ist, säumt ein Bilderbuchfeld

SKELETTE AN DER KÜSTE

Jeder kennt die Bilder von rostigen Schiffswracks an der lebensfeindlichen Skelettküste – doch die berüchtigtsten Schiffswracks sind schon vor langer Zeit verschwunden. Die starken Stürme und der dichte Nebel haben starke Erosionskräfte, deshalb sind von den zahllosen Schiffen, die während der Blütezeit des Handels an Land gespült wurden, heute nur noch vereinzelt Spuren zu finden. Die wenigen verbliebenen Kähne liegen zudem oft in abgeschiedenen und unzugänglichen Gebieten. Neuere Havarien kommen selten vor.

Ein Beispiel dafür ist die *Dunedin Star*, die 1942 direkt südlich der Grenze zu Angola absichtlich auf Grund gefahren wurde, nachdem sie vorher ein paar Felsen gerammt hatte. Das Schiff war auf dem Weg von England über das Kap der Guten Hoffnung zur Kriegszone im Mittleren Osten und hatte mehr als 100 Passagiere, die Militärbesatzung und Fracht an Bord.

Als zwei Tage später ein Rettungsschiff eintraf, erwies es sich als unmöglich, die Schiffbrüchigen vom Strand wegzubringen. Zunächst versuchte die Rettungsmannschaft, die Gestrandeten mit Hilfe eines Seils durch die Brandung auf ihr Schiff zu holen. Als der Sog stärker wurde, lief das Schiff aber auf Felsen und strandete neben der *Dunedin Star*. Ein Rettungsflugzeug, das am Strand neben den Schiffbrüchigen zur Landung gebracht werden konnte, war mittlerweile ebenfalls im Sand versunken. Letzten Endes konnten alle Passagiere gerettet werden, und zwar mit Hilfe einer Kolonne aus Lastwagen, die von Land heranfuhren. Für die Durchquerung des über 1000 km langen Wüstengebietes brauchten die Trucks über zwei Wochen.

Weiter südlich an der Skelettküste liegen – fast ebenso schwer zugänglich – einige weitere intakte Schiffswracks. 1909 lief im Süden von Walvis Bay die *Eduard Bohlen* auf Grund, die mit Ausrüstung beladen auf dem Weg zu den Diamantenfeldern im Süden war. Im Laufe des letzten Jahrhunderts hat sich die Küste so stark verändert, dass das Schiffswrack mittlerweile in einer Düne fast 1 km von der Küste entfernt liegt.

200 km weiter südlich und direkt nördlich der verlassenen Minenstadt Saddle Hill liegt in der malerischen Spencer Bay das eindrucksvolle Wrack der *Otavi*. Das Frachtschiff strandete 1945 bei einem heftigen Sturm und thront nun in dramatischer Lage auf dem Dolphin's Head, dem höchsten Punkt an der Küste zwischen dem Tafelberg in Kapstadt und der Grenze zu Angola. In der Spencer Bay wurde 1972 auch das Schicksal des koreanischen Frachters *Tong Taw* besiegelt, der im Moment zu den besterhaltenen Wracks an der ganzen Skelettküste gehört.

an Barchandünen. Sie bilden den südlichsten Ausläufer eines riesigen Sandmeers, das sich bis zum Curoca River in Angola erstreckt. Treibstoff, Wasser, Feuerholz und Grundnahrungsmittel sind erhältlich. Wer hier zeltet, kann auch im Restaurant des Terrace Bay Resort essen. Torra Bay liegt 215 km nördlich von Cape Cross.

Terrace Bay Resort CHALETS **$$$**
(Stellplatz 125 N$ pro Pers., EZ/DZ 800/1600 N$, Strandchalets für 4 bis 10 Pers. 700 N$ pro Pers.) Dieses das ganze Jahr über geöffnete Resort ist eine luxuriöse Alternative zum Zelten in Torra Bay. In der Umgebung des Camps lassen sich regelmäßig Schabrackenschakale und Tüpfelhyänen blicken – die Landschaft mit ihrer kargen Vegetation und den mächtigen Dünen zeigt die Skelettküste von ihrer schönsten Seite. Zum Resort gehören ein Laden, ein Restaurant und eine Tankstelle. Terrace Bay liegt 49 km nördlich von Torra Bay.

An- & Weiterreise

Den Skeleton Coast National Park erschließt die Salzstraße von Swakopmund, die 70 km nördlich von Terrace Bay endet. Einen weiteren Zugang bildet die Schotterstraße C39 von Khorixas nach Torra Bay. Motorräder sind nicht zugelassen. Tramper sollten sich auf eine unwirtliche Landschaft, kalte Meereswinde, Nebel, Sandstürme und spärlichen Verkehr einstellen.

SKELETON COAST WILDERNESS AREA

Die Skeleton Coast Wilderness Area zwischen Hoanib und Kunene erstreckt sich über das nördlichste Drittel der Skelettküste und ist Teil des Skeleton Coast National Park. Dieser Küstenabschnitt gehört zu den abgelegensten und am schwierigsten zugänglichen Gebieten Namibias, erfüllt dabei aber die kühnsten Fantasien über die Skelettküste. Die Region ist privates Konzessionsgebiet, und es erfordert einiges Geld, sie zu besuchen. Bis 2012 bot das Skeleton Coast Wilderness Camp, das nur per Flugzeug erreichbar war, die einzige Unterkunftsmöglichkeit, nach einem Feuer musste das Camp geschlossen werden. Gerüchte besagen, dass bis Anfang 2014 ein neues, luxuriöses Camp, das Hoanib Skeleton Coast Camp, eröffnen soll.

Geschichte

In den frühen 1960er-Jahren brachte der Windhoeker Anwalt Louw Schoemann die ersten Gäste in die Region und beteiligte sich an einem Konsortium zur Errichtung eines Hafens in Möwe Bay am südlichsten Punkt der heutigen Skeleton Coast Wilderness Area. 1969 stellte die südafrikanische Regierung das Projekt aber ein und erklärte die Gegend 1971 zum Schutzgebiet. Als die Regierung fünf Jahre später beschloss, Tourismus in beschränktem Maße zuzulassen, wurde die Konzession versteigert – Schoemann war der einzige Bieter.

Die nächsten 18 Jahre veranstaltete sein Unternehmen Touren für kleine Gruppen und praktizierte Ökotourismus, lange, bevor der Begriff zum Schlagwort wurde. Seit Louw Schoemanns Tod 1993 führen nun seine Söhne die Geschäfte.

Sehenswertes & Aktivitäten

Die abgelegene Region hat unbeschreibliche Naturwunder zu bieten. Die **Barchandünen** der nördlichen Skelettküste beispielsweise besitzen eine bemerkenswerte Eigenschaft: sie grollen. Wer das nicht glaubt, sollte sich auf die leeseitige Flanke einer Düne setzen, die Füße im Sand eingraben und langsam hinunterrutschen. Wenn man dann eine heftige Vibration verspürt und ein Grollen hört, das von einem niedrig fliegenden, viermotorigen Flugzeug zu stammen scheint, braucht man nicht den Himmel danach abzusuchen – für das akustische Phänomen ist einzig und allein der Sand verantwortlich. Das Grollen entsteht, wenn zwischen den elektrisch geladenen Sandpartikeln Luft aus Luftkammern an die Oberfläche entweicht. Besonders deutlich zu hören ist das Geräusch am späten Nachmittag, wenn die Abstände zwischen den Sandkörnchen durch die Wärme besonders groß sind.

An- & Weiterreise

In der Skeleton Coast Wilderness Area sind Privatfahrzeuge nicht zugelassen. Zugang nur mit Fly-In-Safaris.

ZENTRALNAMIBIA

Das Zentrum ist sehr touristisch, aber auf namibische Art – mit grandiosen Autorouten, endlosem Himmel und faszinierenden Landschaften. Im Prinzip nicht anders als in anderen Teilen des Landes – nur kommen hier noch zwei größere Städte und eine spektakuläre Wüste dazu.

Walvis Bay und Swakopmund wurden in der Kolonialzeit als Hafenstädte gegründet. Bei der Anfahrt wirken sie wie surreale Erscheinungen in der Wüste, die sich dann wie im Fall von Swakopmund wie durch Zauberhand in eine deutsche Stadt verwandelt. Gäbe es da nicht die Lebendigkeit und den Trubel, die der blühende Tourismus mit sich bringt, würde man sie für ein koloniales Relikt halten.

Outdoor-Aktivitäten und Swakopmund ergänzen sich hervorragend. Ob Quadbiken in den hohen Dünen oder Fallschirmspringen aus 3000 m Höhe – in „Swakop" kann jeder in einer traumhaft schönen Landschaft seine persönlichen Grenzen austesten.

Dominiert wird die Region jedoch von der Namib, einer kargen Wüstenlandschaft aus welligen, aprikosenfarbenen Dünen, die von trockenen Ebenen unterbrochen werden. Das Nama-Wort „Namib", das dem ganzen Land den Namen verlieh, bedeutet tatsächlich recht prosaisch „weite trockene Ebene". Nirgendwo wird das deutlicher als im Sossusvlei, Namibias berühmtester „Sandtonpfanne", die von gigantischen, über 300 m hohen Dünen eingerahmt wird.

Geografie

Die Namib ist eine der ältesten und aridesten Wüsten der Welt. Der Grund dafür ist wie bei der nordchilenischen Atacama eine aus der Antarktis nach Norden fließende kalte Meeresströmung – in diesem Fall der Benguelastrom. Die feuchte Luft kondensiert noch über dem Wasser, sodass Feuchtigkeit in Form von Nebel die Küste erreicht. Reisende, die die noch recht vegetationsreiche Halbwüste Kalahari bei der Fahrt nach Namibia oder Botsuana durchfahren, sind ob des dortigen Pflanzenreichtums häufig überrascht, wenn nicht sogar enttäuscht – umso größer ist dann die Begeisterung über die hohen Sanddünen der Namib. Ein Großteil der Fläche zwischen Walvis Bay und Lüderitz ist von endlosen Längsdünen bedeckt, die sich vom Meer in Richtung der Schotterebene im Landesinneren ziehen, aus denen sich wiederum vereinzelte Gebirgszügen erheben.

Unterwegs vor Ort

Wer kein eigenes Fahrzeug hat, findet in Swakopmund verschiedene Verkehrsmittel. Eine Fahrt ins Sossusvlei ist quasi Pflichtprogramm fast jeder organisierten Tour in Namibia. Wie im übrigen Land ist auch hier ein eigenes Fahrzeug unabdingbar, will man die Weite der Wüste auch nur ansatzweise erleben.

Asphaltstraßen verbinden Windhoek mit Swakopmund und führen weiter südwärts nach Sesriem, dem Ausgangsort für alle Fahrten ins Sossusvlei. Mit einem normalen Fahrzeug kann man bis auf ein paar Kilometer an die Salztonpfannen heranfahren, das letzte Stück ist allerdings nur mit einem Allradfahrzeug befahrbar (oder alternativ mit Allrad-Taxis). Zum Trost: ein Großteil des namibischen Zentrums ist mit dem Pkw erreichbar, abgesehen von einigen kleineren Offroadpisten in und um den Namib-Naukluft-Park.

Swakopmund

☎ 064 / 45 000 EW.

Von Windhoek zieht sich das Khomas-Hochland nach Westen und bildet eine reizvolle Übergangslandschaft zwischen dem zentralen Hochplateau und der Namib-Ebene. Auf der Fahrt nach Swakopmund und Walvis Bay sorgt diese malerische Landschaft für ein sehr angenehmes Fahrerlebnis, das eigentliche Highlight dieser Fahrt wartet jedoch an der Küste. Sobald die Straße zur Schotterebene hin abflacht, erscheinen links tief orangefarbene Dünen und man riecht sofort die Salzluft – Willkommen in Swakopmund!

Swakop kann zunächst etwas gespenstisch wirken, vor allem außerhalb der Hauptreisezeit, wenn die Stadt zwischen den Atlantikwellen und der Wüste wie ein surreales Kolonialrelikt erscheint. Manche finden es beruhigend, andere eigenartig. Die Bewohner selbst sind eine kuriose Mischung aus deutsch-namibischen Einwohnern und deutschen Touristen, die sich dank der allseits herrschenden „Gemütlichkeit" ganz wie zu Hause fühlen. Mit der Strandpromenade, den Fachwerkhäusern und Kolonialgebäuden scheint sich Swakop nur durch die Sandverwehungen und die Palmen von den Badeorten an der deutschen Nord- und Ostseeküste zu unterscheiden.

Aber Swakopmund ist alles andere als langweilig. Die Stadt ist Namibias beliebtestes Ferienziel: Es gibt unzählige Möglichkeiten, das herrliche Klima zu genießen, man kann surfen, angeln, am Strand faulenzen oder Adrenalinkicks suchen – schließlich ist Swakop die Abenteuerhauptstadt Namibias schlechthin.

Geschichte

Kleine Gruppen der Nama-Ethnie gab es im Mündungsgebiet des Swakop-River seit jeher, die ersten ständigen Bewohner waren indes Deutsche, die erst 1892 dort eintrafen. Da das benachbarte Walvis Bay von der unter britischer Kontrolle stehenden Kap-

Kolonie 1878 annektiert worden war, blieb Swakopmund der einzige Hafen Deutsch-Südwestafrikas und gelangte folglich zu einer größeren Bedeutung, als dies die armseligen Hafenbedingungen eigentlich rechtfertigten. Erste Passagiere wurden an Bord kleiner Boote an Land gebracht, aber nach Fertigstellung des Piers wurden sie von den Schiffen in korbähnlichen Käfigen an Land gehievt.

Das erste Gebäude war die Alte Kaserne, deren Bau im September 1892 begann. Ein Jahr darauf beherbergte sie 120 Angehörige der kaiserlichen Schutztruppe. Bald darauf trafen auch gewöhnliche Siedler ein und schlugen dort Wurzeln. Die ersten Gebäude für die Zivilbevölkerung wurden in Deutschland vorgefertigt und dann per Schiff dorthin transportiert. Offiziell wurde Swakopmund 1909 zur Stadt erklärt.

Der Hafen entwickelte sich zum führenden Stützpunkt für den Handel in Deutsch-Südwestafrika und zog Behörden und Transportgesellschaften an. Während des Ersten Weltkriegs wurde die Kolonie von Südafrika besetzt und der Hafen versandete, während der maritime Betrieb in das nahe gelegene Walvis Bay verlagert wurde. Seltsamerweise verwandelte diese Entwicklung Swakopmund in einen Ferienort. Heute präsentiert sich die Stadt bereits auf den ersten Blick in jeder Hinsicht angenehmer als Walvis Bay, das wie eine Industriestadt aussieht.

Sehenswertes

In Swakopmund finden sich noch viele Beispiele traditioneller deutscher Gebäude. Eine gute Beschreibung des kolonialen Erbes bietet das Büchlein *Swakopmund: Eine kleine Chronik,* das im Swakopmund Museum und in lokalen Buchläden verkauft wird.

Woermannhaus — HISTORISCHES GEBÄUDE

(Bismarck St.) Von der Küste aus gesehen, hebt sich das hübsche deutsche Woermannhaus markant von den umliegenden Gebäuden ab. Es wurde 1905 als das Hauptbüro der Damara & Namaqua Handelsgesellschaft gebaut und vier Jahre später von der Woermann & Brock Handelsgesellschaft übernommen, der das Haus auch seinen heutigen Namen verdankt. In den 1920er-Jahren diente es als Schulwohnheim, später als Seemannsheim. Anschließend verfiel es, wurde dann aber zum Nationaldenkmal erklärt und 1976 restauriert.

Kaiserliches Bezirksgericht (State House) — HISTORISCHES GEBÄUDE

(Daniel Tjongarero St.) Das recht imposante Gebäude wurde 1902 als Bezirksgericht errichtet, 1905 erweitert und bekam schließlich 1945 noch einen Turm. Nach dem Ersten Weltkrieg wurde es als offizielles Ferienhaus des Gebietsverwalters umgebaut. Heute ist es die offizielle Swakopmunder Residenz des namibischen Präsidenten.

Marinedenkmal — DENKMAL

(Daniel Tjongarero St.) Das „Marine Memorial“, auch heute noch oft mit dem deutschen Namen Marinedenkmal bezeichnet, wurde 1907 von der Kieler Marineinfanterie in Auftrag gegeben und vom Bildhauer A. M Wolff entworfen. Es erinnert an das deutsche Marinexpeditionskorps, das an der Niederschlagung des Herero-Aufstands von 1904 beteiligt war. Als historisches Nationaldenkmal wird es wohl stehen bleiben, aber manch einer mag sich fragen, wann die Hereros wohl ihr eigenes Denkmal errichten.

Hohenzollernhaus — HISTORISCHES GEBÄUDE

(Libertine St.) Das imposante neobarocke Gebäude wurde 1906 als Hotel erbaut. Der eigenwillige Bau wird von einer Fiberglasstatue des Atlas mit der Weltkugel auf seinen Schultern gekrönt. Sie ersetzte die instabile Version aus Beton, die das Dach vor den Renovierungsarbeiten 1988 zierte.

Evangelisch-Lutherische Kirche — KIRCHE

(Daniel Tjongarero Ave.) Die neobarocke Kirche wurde 1906 für die wachsende lutheranische Gemeinde des Dr. Heinrich Vedde gebaut – hier finden immer noch regelmäßig Gottesdienste statt.

Swakopmund Museum — MUSEUM

(☎402046; Strand St.; Erw./Stud. 20/10 N$; ⏲10–17 Uhr) Wenn ein durchdringender Wind weht, begibt man sich am besten ins Swakopmund-Museum am Fuße des Leuchtturms, wo einiges über die Stadtgeschichte zu erfahren ist. Das Museum liegt dort, wo früher die Hafenlagerhalle stand, die 1914 durch einen Volltreffer aus einem britischen Kriegsschiff zerstört wurde.

Es gibt Exponate zur Geschichte und Ethnologie Namibias, außerdem finden sich Informationen über die hiesige Flora und Fauna. Besonders gelungen ist die Ausstellung über die Nara-Melone, eine Frucht, die dem Volk der Khoi Khoi das Überleben in der Namib ermöglichte.

Swakopmund

Auch die Innenräume eines rekonstruierten Kolonialhauses sind hier zu sehen, ebenso wie Emil Kiewittands Apotheke und eine informative Ausstellung über die Rössing-Miene. Militärfreaks werden sich über die erdrückend wirkenden Uniformen des Camel Corps und die sogenannten Shell-Möbel freuen. Die selbst gemachten Einrichtungsgegenstände wurden so genannt, weil sie während der Depression in den 1930er-Jahren aus Benzin- und Paraffinöldosen hergestellt wurden.

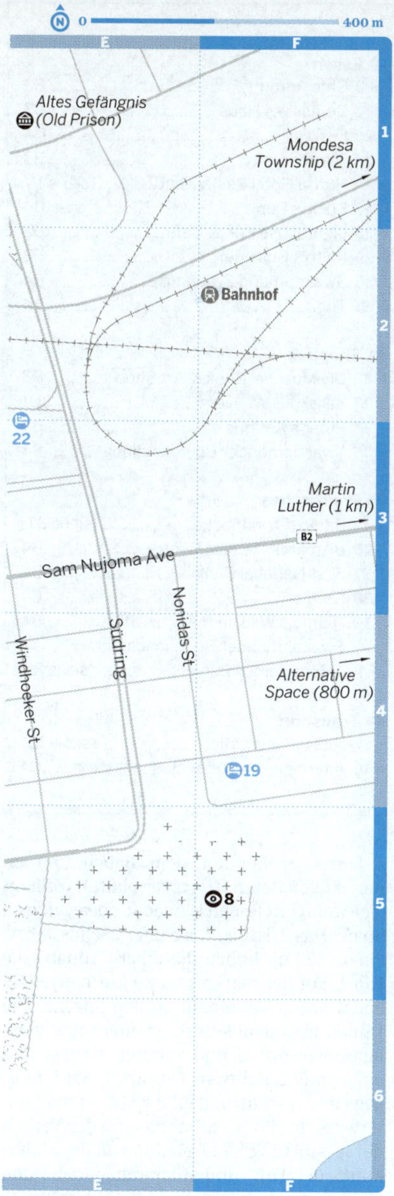

National Marine Aquarium AQUARIUM

(☎4101000, Strand St., ⌚Di–So 10–16 Uhr, Fütterungen tgl. 15 Uhr) Das nationale Meeresaquarium direkt an der Küste bietet eine exzellente Einführung in die kalte Küstenwelt des Südatlantiks. Am spannendsten ist jedoch der Tunnel durch das größte Becken: Er ermöglicht einen Blick aus nächster Nähe auf elegante Rochen, bissige Haie (man kann buchstäblich ihre Beißerchen zählen!) und anderes Meeresgetier, das auf namibischen Gewässern und Tellern zu finden ist.

Kristall Galerie GALERIE

(☎406080; Ecke Garnison St. & Theo-Ben Gurirab Ave.; Eintritt 20 N$; ⌚Mo–Sa 9–17 Uhr) Die architektonisch raffinierte Galerie zeigt einige der unglaublichsten Kristallformationen der Welt, darunter auch den größten Quarzkristall, der je gefunden wurde (3 m hoch und 3 m breit). Der angrenzende Laden verkauft schöne Mineralien, Kristallschmuck und faszinierende Teller, Tassen und Weingläser, die aus einheimischem Gestein geschaffen wurden.

Living Desert Snake Park ZOO

(☎405100; Sam Nujoma Ave.; Eintritt 20 N$; ⌚Mo–Fr 8–17, Sa 9–13 Uhr) In dem Schlangenpark kriechen diverse Arten herum. Der Besitzer weiß alles über Schlangen, Skorpione, Spinnen und andere weithin verkannte Kreaturen – so lernt man einiges, was man schon immer erfahren wollte (oder auch nicht).

Aktivitäten

Swakopmund ist Namibias bedeutendster Badeort, aber selbst im Sommer wird das Wasser nie wärmer als etwa 15° C (nicht vergessen: Der Benguelastrom fließt von der Antarktis nordwärts). Wer im Meer **schwimmen** will, sollte dies am besten im Windschatten der Mole tun.

In der **Lagune** in der Swakop-Mündung tummeln sich Enten, Flamingos, Pelikane, Kormorane, Möwen, Watvögel und andere Vogelarten. Nördlich der Stadt locken kilometerweite einsame Strände zu einem Spaziergang, sie ziehen sich nordwärts bis zur Skeleton Coast (Skelettküste). **Surfen** ist am besten am Nordstrand (Thick Lip) nahe dem Vineta Point möglich.

Eine faszinierende **Kurzwanderung** führt über den Swakop zu den großen Dünen südlich der Stadt. Die Dünenformationen und die einzigartige Vegetation sind ideal für Erkundungen auf eigene Faust.

Swakopmund ist für Liebhaber von Extremsportarten eine der Topdestinationen im südlichen Afrika. Das Ausüben dieser Aktivitäten ist nicht gerade billig, aber es gibt nur wenige Orte in der Welt, wo man hohe

Swakopmund

Sehenswertes

1 Deutsche Evangelisch-Lutherische Kirche D3
2 Hohenzollernhaus B4
3 Kaiserliches Bezirksgericht (State House) B3
4 Kristall-Galerie C2
5 Living Desert Snake Park D3
6 Marine Denkmal B3
7 National Marine Aquarium B6
8 Alter Deutscher Friedhof F5
9 Prinzessin Rupprecht Heim B5
10 Swakopmund Museum B3
11 Woermannhaus B4

Aktivitäten, Kurse & Touren

12 Charly's Desert Tours B4
13 Pleasure Flights C4

Schlafen

14 Brigadoon Bed & Breakfast B2
15 Desert Sky Backpackers C5
16 Hansa Hotel C3
17 Hotel Pension Rapmund B3
18 Hotel-Pension d'Avignon B4
Prinzessin Rupprecht Residenz (siehe 9)
19 Sam's Giardino Hotel F4
Schweizerhaus Hotel .... (siehe 23)
20 Swakop Lodge C4
21 Tiger Reef Campsite B6
22 Villa Wiese E3

Essen

23 Cafe Anton B3
24 Deutsches Haus D3
25 Fish Deli C4
26 Garden Cafe B3
Hansa Hotel Restaurant .... (siehe 16)
27 Kücki's Pub B4
28 Lighthouse Pub & Cafe B2
29 Raith's Gourmet B3
30 Swakopmund Brauhaus B4
31 Tug A4

Shoppen

32 Die Muschel Book & Art Shop B3
33 Karakulia Weavers D1
34 Peter's Antiques B4
35 Swakopmunder Büchhandlung B4

Praktisches

Bank of Windhoek .... (siehe 37)
36 Bismarck Medical Centre B4
37 First National Bank B4
38 Namib-i C4
39 Namibia Wildlife Resorts Office B4
Swakopmunder Buchhandlung Commercial Bank .... (siehe 35)

Transport

Air Namibia Office .... (siehe 12)
40 Intercape-Mainliner-Bushaltestelle C4

Sanddünen hinaufklettern, runterrasen oder hoch über sie in die Luft steigen kann.

Die meisten Anbieter unterhalten keine eigenen Büros in der Stadt. Als Agenten fungieren in der Regel die Unterkünfte bzw. die Touristeninformation Namib-i (S. 139).

Alter Action ABENTEUERSPORT
(☎402737; www.alter-action.info; liegend/aufrecht 40/55 US$) Sandboarding mit Alter Action bringt garantiert den Puls zum Rasen. Wer auch nur ein bisschen Erfahrung mit Snowboarden oder Surfen hat, sollte sich unbedingt für die Stehvariante entscheiden. Zur Ausrüstung gehören ein Snowboard, Handschuhe, Schutzbrille und genug Schmiere für eine reibungslose Abfahrt. Es geht zwar nicht so rasant hinab wie auf einer alpinen Piste, aber nichts ist toller, als durch den Sand einer Düne talwärts zu schießen – und auf Sand zu fallen tut längst nicht so weh wie auf Eis oder Schnee!

Sandboarding auf dem Bauch (auf einer eingefetteten Hartfaserplatte) verlangt viel weniger Geschick, macht aber genauso Spaß. Das Highlight ist eine „Schussfahrt" einen 120 m hohen Sandberg hinab, die Fahrt, auf der man bis zu 80 km/h erreicht, endet unten mit einem großen Sprung. Die Dünen hinaufzuklettern ist allerdings ziemlich anstrengend und verlangt Fitness und eine gute Kondition. Gestartet wird morgens in der früh, ungefähr 4 Std. ist man unterwegs. Im Preis enthalten sind der Verleih der Ausrüstung, die Abholung an der Unterkunft, der Hin- und Rücktransport zu den Dünen, die Einweisung, ein Mittagsimbiss und zum Abschluss ein Bier oder eine Limo.

Ground Rush Adventures ABENTEUERSPORT
(☎402841; www.skydiveswakop.com.na; Tandemsprung 1950 N$, Handycam-/Profivideo 450/850 N$) Ground Rush Adventure verspricht sowieso schon den ultimativen Kick, aber

DIE DAMPFLOK MARTIN LUTHER

In der Wüste, 4 km östlich von Swakopmund, stand jahrelang ganz einsam und verlassen eine Dampflok. Die 14 000 kg schwere Maschine wurde 1896 aus dem heute sachsen-anhaltinischen Halberstadt nach Walvis Bay transportiert, wo sie die Ochsenkarren ersetzen sollte, auf denen die Lasten von Swakopmund ins Landesinnere transportiert wurden. Die Inbetriebnahme der Lok wurde aber durch den Ausbruch der Nama-Herero-Kriege verzögert, und der Erbauer der Lok kehrte in der Zwischenzeit nach Deutschland zurück, ohne vorher das Geheimnis gelüftet zu haben, wie das gute Stück eigentlich funktionieren sollte.

Ein Goldsucher aus den USA brachte die Lok schließlich zum Laufen, aber sie schluckte enorme Mengen des hier so ungemein wertvollen Wassers. Für ihre erste Reise von Walvis Bay nach Swakopmund benötigte sie drei Monate. Später überstand sie gerade noch einige Kurzfahrten, bevor sie östlich der Stadt ihren Geist aufgab.

Offensichtlich erleichterte diese besondere Technologie nichts und niemandem das Leben, und so gab man die Lok auf und taufte sie auf den Namen Martin Luther in Anspielung auf die berühmten Worte des großen Reformators auf dem Reichstag zu Worms (1521): „Hier stehe ich, ich kann nicht anders, Gott helfe mir."

Obwohl die Martin Luther 1975 in Teilen wiederhergestellt und gleichzeitig zu einem Nationaldenkmal erklärt wurde, litt sie weiterhin unter den Wetterunbilden von Wind und Nebelschwaden. Als Studenten des Namibischen Bergbau- und Technologieinstituts die Lokomotive restaurierten, gaben sie ihr glücklicherweise die alte Größe zurück. Gleichzeitig bauten sie eine Schutzhülle, die die Martin Luther noch mindestens ein Jahrhundert lang erhalten soll.

durch die außergewöhnliche Dünenlandschaft und die Ozeankulisse wird der freie Flug mit Fallschirm in Swakopmund noch angenehmer. Das Team kann eine einwandfreie Sicherheitsstatistik vorlegen und trägt Sorge dafür, dass auch der aufgeregteste Teilnehmer entspannt aus dem in einer Höhe von 3000 m fliegenden Flugzeug springt und dabei 30 Sekunden lang bei einer Geschwindigkeit von 220 km/h frei fällt. Wer dennoch Bedenken hat, den Sprung zu wagen, sollte sich einfach klar machen, dass der Tandemspringer schon seit Jahr und Tag die Reißleine seines Fallschirms zieht und Meister in seinem Fach ist. Im Preis für den Fallschirmflug ist zudem ein 25-minütiger Rundflug in einer winzigen Cessna inbegriffen. Dabei bietet sich ein atemberaubender Blick auf die Küste zwischen Swakop und Walvis Bay im Süden. Vielleicht sollte noch darauf hingewiesen werden, dass oftmals der Steigflug der beängstigendste Teil des Fluges ist, vor allem für Menschen mit Höhen- und Flugangst. Andererseits kann diese Erfahrung den Sprung danach vielleicht etwas leichter machen. Wer diese Eskapade in luftiger Höhe verewigt haben möchte, dem stehen zwei Möglichkeiten offen. Einerseits verfügt der Tandem-Fallschirmspringer über eine angeschnallte Handycam, andererseits kann ein Profifotograf den Sprung begleiten und den gesamten Sinkflug filmisch festhalten. Auf jeden Fall ist es empfehlenswert, sich vor dem Start mit einem leichten Frühstück zu begnügen.

Pleasure Flights RUNDFLÜGE

(☎404500; www.pleasureflights.com.na; unterschiedliche Preise) Das Unternehmen zählt in Namibia zu den seriösesten Anbietern von Panoramaflügen mit leichten Flugzeugen und ist auf diesem Gebiet schon seit fast 20 Jahren aktiv. Da der überwiegende Teil der südatlantischen Küste vom Land aus unzugänglich ist, bieten Höhenflüge eine großartige Möglichkeit, die wilde, für den größten Teil der Region so typische Natur zu bewundern. Mehrere eigens dafür festgelegte Routen stehen zur Auswahl, sie umfassen eine ganze Reihe von Destinationen, darunter die Salt Works, Sandwich Harbour, Welwitschia Drive, die Brandberg Mountains, Sossusvlei, die Skelettküste und weitere Orte.

Die Preise beginnen bei 750 bis 850 N$ pro Teilnehmer für einen einstündigen Rundflug. Sie hängen sowohl von der Länge des Fluges und der Anzahl der Passagiere als auch von den stark schwankenden Flugbenzinpreisen ab. Im Allgemeinen erhalten Flugpassagiere einen besseren Gegenwert für ihr Geld, wenn es ihnen gelingt, eine

MILITÄRFRIEDHOF TREKKOPJE

Nachdem Swakopmund von südafrikanischen Streitkräften besetzt worden war, zogen sich die Deutschen im Januar 1915 zurück und schnitten die Versorgung der Stadt ab, indem sie die Otavi- und State-Eisenbahnlinien beschädigten. Die Südafrikaner hatten indessen bereits damit begonnen, die Schmalspurstrecke durch eine Normalspurstrecke zu ersetzen, und in Trekkopje stieß ihre Mannschaft mit den deutschen Truppen zusammen. Als die Deutschen am 26. April 1915 die feindlichen Lager angriffen, verteidigten sich die Südafrikaner mit Gewehren, die sie auf gepanzerte Fahrzeuge montiert hatten, und gewannen so das Gefecht mit Leichtigkeit. An diesen schicksalshaften Kampf erinnert der Friedhof von Trekkopje, der nördlich der Eisenbahnline beim alten Bahnhof liegt – 112 km nordöstlich von Swakopmund an der B2.

große Gruppe zusammenzustellen und wenn sie sich für einen längeren Flug entscheiden. Auf jeden Fall verhilft das Chartern einer Privatmaschine zu einem Erlebnis der besonderen Art, das den höheren Geldbetrag durchaus wert ist. Nur wenige Plätze auf der Erde können es schließlich mit der Schönheit und Erhabenheit Zentralnamibias aufnehmen.

Okakambe Trails REITEN

(☎402799; www.okakambe.iway.na; unterschiedliche Preise) Okakambe, was in den Sprachen der Herero und Oshivambo „Pferd" bedeutet, hat sich auf Ausritte und Wanderreiten durch die Wüste spezialisiert. Die deutsche Besitzerin liebt ihre Pferde sehr, man kann also sicher sein, dass sie gut gefüttert und gepflegt sind. Einstündige Soloausritte am Flussbett des Swakop entlang bis zur Mondlandschaft kosten ab 460 N$, für größere Gruppen und längere Ausritte gibt es Ermäßigungen. Erfahrene Reiter können sich mehrtägigen Ausritten mit voller Verpflegung anschließen oder bei Mondschein, am Strand oder durch die Dünen reiten. Der Hof liegt 12 km östlich von Swakopmund an der D1901.

Camel Farm ABENTEUERSPORT

(☎400363; 20-Min.-Ritt 120 N$) Wer schon immer mal seine Wüstenfantasien à la *Lawrence von Arabien* ausleben wollte, sollte sich zur Camel Farm (an der D1901, 12 km östlich von Swakopmund, neben Okakambe Trails) begeben. Nach Ausstaffierung mit all dem notwendigen Beduinenkitsch geht es rauf aufs Kamel und ab Richtung Horizont. Kamele können zwar die ganze Temperamentsskala von trampelig bis schlichtweg boshaft zeigen, ihre Geschwindigkeit und Grazie sollten aber nicht unterschätzt werden! Ein Kamel, das mit voller Kraft losgaloppiert, kann enorme Entfernungen zurücklegen; durch ihre einzigartige Physiologie haben sich die Tiere zu Recht den Spitznamen „Wüstenschiff" verdient.

Geführte Touren

Wer mit öffentlichen Verkehrsmitteln nach Swakopmund reist und kein eigenes Fahrzeug mieten will, sollte eine Tour über einen der renommierten Anbieter buchen. Das Zentrum Swakops ist kompakt und kann gut zu Fuß erkundet werden, um aber die Umgebung wirklich zu genießen, muss man raus aus der Stadt.

Die Preise hängen von der Größe der Gruppe und der Länge der Tour ab. Wie bei allen Aktivitäten in Swakop wird es günstiger, wenn sich ein paar Leute zusammentun und mehrere Ausflugsziele zu einem Tagesausflug kombinieren.

Mögliche Ziele sind die Robbenkolonie am Cape Cross, Fahrten zur Rössing-Mine, der Welwitschia Drive, die Lagune in Walvis Bay und verschiedene Ziele in der Namib und in den Naukluftbergen.

Die beliebtesten Tourveranstalter sind **Charly's Desert Tours** (☎404341; www.charlysdeserttours.com; Sam Nujoma Ave.), **Namib Tours and Safaris** (☎406038; www.namibia-tours-safaris.com) und **Turnstone Tours** (☎403123; www.turnstone-tours.com). Mit Ausnahme von Charly's haben die meisten Anbieter keine zentralen Büros. Es ist also am einfachsten, die Touren über die Unterkunft zu buchen.

Wer an einem Besuch des Townships Mondesa Interesse hat, kann sich an **Hafeni Cultural Tours** (☎400731; hafenictours@gmail.com; 4-Std.-Tour 420 N$) wenden, die verschiedene Exkursionen mit einem Einblick in das Leben der anderen Hälfte der Bewohner Swakopmunds anbieten.

Rössing-Mine FÜHRUNG
(☎402046; Minentour pro Pers. 50 N$) Diese Mine 55 km östlich von Swakopmund ist weltweit die größte Uranmine im Tagebau. Uran war dort erstmals in den 1920er-Jahren von Peter Louw entdeckt worden. Aber seine Bemühungen, die Mine zu entwickeln, scheiterten schnell. 1965 wurde die Förderkonzession dem Unternehmen Rio Tinto-Zinc übertragen. Umfangreichen Untersuchungen zufolge war die Lagerstätte mit uranhaltigem Gestein 3 km lang und 1 km breit. In den 1970er-Jahren kam die Eisenerzförderung hinzu. Sie erreichte ihre volle Kapazität jedoch erst nach acht Jahren.

Rössing beschäftigt 2500 Angestellte und ist gegenwärtig einer der Wirtschaftsgrößen von Swakopmund. Die angeschlossene Rössing-Stiftung unterhält in Arandis, nordöstlich des Bergwerks, ein Bildungs- und Fortbildungszentrum sowie medizinische Einrichtungen und Wohnungen für die Arbeitskräfte in Swakopmund. Das Unternehmen hat versprochen, dass die spätere Stilllegung des Betriebs eine umfangreiche Sanierung des Bodens nach sich ziehen werde. Man sollte dieses Umweltengagement des Unternehmens jedoch erst dann loben, wenn auf Worte auch konkrete Taten folgen.

Die dreistündigen **Minentouren** beginnen am ersten und dritten Freitag im Monat um 10 Uhr. Gebucht werden sollte mindestens ein Tag zuvor im Swakopmund Museum (wo die Touren auch starten). Ein Besuch kann auch über die meisten Veranstalter organisiert werden.

Schlafen

Swakopmund hat einige günstige Hotels und Hostels mit hohem Standard sowie fa-

DIE DAMARASEESCHWALBE IN NÖTEN

Rund 90 % der weltweiten Population der kleinen Damaraseeschwalben, von denen heute weniger als 2000 Brutpaare existieren, sind an den offenen Stränden und Sandbuchten der Namib-Wüste von Südafrika bis Angola heimisch. Erwachsene Damaraseeschwalben, die einen grauen Rücken und graue Flügel sowie einen schwarzen Kopf und eine weiße Brust haben, sind nur 22 cm lang. In ihrem Erscheinungsbild gleichen sie eher Landschwalben als Seeschwalben.

Die Vögel nisten auf Schotterflächen in der Namib, in sicherer Entfernung zu Schakalen, Hyänen und anderen Raubtieren. Allerdings sind sie wegen ihrer geringen Größe nicht in der Lage, Nahrung über weite Entfernungen zu transportieren. Folglich müssen sie stets in der Nähe einer Futterquelle bleiben. Sie bevorzugen auf ihrer Speisekarte Garnelen und Fischlarven.

Droht ein Angriff oder eine andere Störung, versuchen die Damaraseeschwalben, den Angreifer abzulenken, indem sie kreischend auffliegen. Da das Nest in aller Regel ausreichend gut getarnt ist, also nicht so schnell entdeckt werden kann, ist das ein wirkungsvolles Verhalten. Wenn jedoch der Brutplatz in irgendeiner Weise gestört wird, gibt das Elterntier das Nest auf und überlässt das Ei oder das Jungtier seinem Schicksal. Im Folgejahr sucht es nach einem neuen Nistplatz, dabei muss das Tier jedoch meistens erkennen, dass sich dort bereits andere Arten einquartiert haben, denen der Vogel lieber aus dem Weg geht.

Seit einiger Zeit ist ein alarmierender Rückgang der Damaraseeschwalbenbestände entlang der Namib-Küste zu beobachten. Diese Entwicklung ist vor allem auf die ausufernden, unkontrollierten Geländefahrten abseits der Straße entlang der Küstenlinie zwischen Swakopmund und Terrace Bay zurückzuführen. Die von Off-Road-Fahrern ausgehende Bedrohung wird weiter verschärft durch den Umstand, dass die Damaraseeschwalbe für gewöhnlich pro Jahr lediglich ein Küken aufzieht. In den vergangenen Jahren gab es bei dieser Schwalbenart wenig Bruterfolge. Hält dieser Zustand an, könnte die Vogelart bereits in wenigen Jahren ausgestorben sein.

Auch wenn das größte Risiko für die Damaraseeschwalben weiterhin von der Straße abweichende Autofahrer sind, fordert auch die Zunahme der touristischen Aktivitäten in den Dünen ihren Tribut. Ein Weg, die negativen Auswirkungen auf die Umwelt zu reduzieren, ist die Maßnahme, dass sich die Tourismusunternehmen nur in ausgewiesenen und abgegrenzten Gebieten betätigen. Wer bei einem Reiseveranstalter bucht, sollte sich über dessen Umweltschutzstrategien informieren.

miliengeführte Pensionen und B&Bs. Es gibt zudem eine Handvoll attraktiver Mittel- und Spitzenklassehotels, die ihr Geld absolut wert sind.

Wegen des kühlen Klimas in Swakopmund gibt es in den meisten Hotels keine Klimaanlagen, was aber auch niemand vermisst, sobald die Seeluft durchs Zimmer bläst. Dafür ist eine Heizung notwendig, wenn im Winter die Temperaturen an der Küste empfindlich sinken.

In den Schulferien im Dezember und Januar sind die Unterkünfte schon frühzeitig ausgebucht – Reservierungen sollten für diesen Zeitraum so früh wie möglich gemacht werden.

LP TIPP Sea Breeze Guesthouse PENSION $$
(☎463348; www.seabreeze.com.na; Turmalin St.; EZ/DZ mit Frühstück 700/1000 N$; @) Das gehobene Guesthouse liegt direkt am Strand etwa 4,5 km nördlich der Stadt und ist ideal für alle, die Abgeschiedenheit suchen. Es lohnt sich, die Zimmer vorher anzuschauen, da einige einen spektakulären Meerblick haben; auch gibt es ein tolles Familienzimmer für 1050 N$. Die Besitzer versorgen ihre Gäste mit Tipps für Besichtigungen und Unternehmungen in der Stadt. Vom Strand aus Richtung Norden wenden und auf die Ausschilderung achten.

Hotel-Pension d'Avignon PENSION $$
(☎405821; www.natron.net/tour/davignon/main.html; 25 Libertine Amathila St.; EZ/DZ mit Frühstück 320/520 N$; ≋) Das Avignon ist eine adrette, gut geführte Pension, die von Reisenden empfohlen wurde, und eine tolle günstige Unterkunft nahe der Stadt. Es gibt auch Dreibettzimmer sowie eine TV-Lounge, um abends zu entspannen.

Hotel Pension Rapmund PENSION $$
(☎402035; www.hotelpensionrapmund.com; 6–8 Bismarck St.; EZ/DZ 585/770 N$, Luxus-Zi. 1240 N$) Das alteingesessene Hotel an der Parkpromenade vermietet helle und luftige Zimmer, die mit schweren Holzmöbeln und viel afrikanischem und deutschen Wohnaccessoires eingerichtet sind. Die Lage ist super, einige Zimmer haben zudem eine fantastische Aussicht.

Sophiadale Base Camp CAMPINGPLATZ, HÜTTEN $$
(☎403264; www.sophiadale.de; Zeltplatz pro Pers. 90 N$, 2-Pers.-Rondavel 500 N$; DZ mit Frühstück 660 N$) Die Zeltplätze liegen unter großen, schattenspendenden Bäumen, außerdem gibt es Sonnenschutzdächer auf dem Gelände. Feuerstellen und Stromanschlüsse sind ein großes Plus, die Sanitäranlagen regelmäßig geputzt. Wer lieber ein Dach über dem Kopf hat, kann sich ein großes, stabiles Rondavel (Rundhütte) mieten, das einfach, preiswert und mit einem Grillplatz ausgestattet ist. Der Platz liegt 12 km östlich der Stadt, man erreicht ihn über einen Abzweig von der Straße nach Windhoek.

Tiger Reef Campsite CAMPINGPLATZ $
(☎081 380 6014; Zeltplatz 200 N$, pro Pers. zusätzlich 75 N$) Der Campingplatz mit günstiger Lage zum Stadtzentrum liegt direkt am Strand und ist durch hübsche Tamarisken windgeschützt.

Prinzessin Rupprecht Residenz HOTEL $$
(☎412540; www.prinzrupp.com.na; 15 Anton Lubowski Ave.; EZ/DZ ab 440/750 N$) Das Haus hat 24 Zimmer, sodass es gut möglich ist, dass man dann noch ein Zimmer erwischt, wenn man nicht reserviert hat. Das Hotel in einem ehemaligen kolonialen Militärkrankenhaus ist etwas für Geschichtsfans, denn hier spürt man noch ein Hauch des alten Swakopmund in den Räumlichkeiten. Die Innenräume blieben weitgehend original erhalten, in den Krankenhausfluren lässt sich noch die frühere Funktion des Gebäudes erahnen.

Sam's Giardino Hotel HOTEL $$$
(☎403210; www.giardinonamibia.com; 89 Anton Lubowski Ave.; EZ/DZ ab 650/1200 N$; ≋) Sam's Giardino Hotel versprüht etwas Luxus im ärmeren Teil der Stadt – ein Haus, das auf hervorragende Weine, edle Zigarren und Entspannung im Rosengarten mit einem Bernhardiner namens Ornelia Wert legt. Es gibt einen hübschen Vorgarten und viele öffentliche Räume, darunter eine Grotte mit unzähligen Weinflaschen. Die Zimmer sind geschmackvoll eingerichtet. Wenn das Hotel nicht voll ist, kann man vor Ort einen Rabatt aushandeln.

Alternative Space PENSION $$
(außerhalb der Karte S. 128; ☎402713; 46 Dr Alfons Weber St.; EZ/DZ ab 450/750 N$; @) Das reizende, alternative Haus am Rand der Wüste 800 m östlich der Stadt wird von Frenus und Sybille Rorich geführt. Hauptattraktionen sind die burgähnliche Architektur, die zahllosen Kunstwerke und überall recycelter Industrieschrott. Dünen-Karts (für Gäste kostenlos) sorgen garantiert für ein prickelndes Erlebnis, vor allem da die Dünen

WELWITSCHIA MIRABILIS

Zu Namibias zahlreichen botanischen Wundern gehört auch die *Welwitschia mirabilis*. Sie kommt ausschließlich in der Kiesebene der nördlichen Namib-Wüste vom Kuiseb River bis in den Süden Angolas vor und ist vermutlich die merkwürdigste Pflanze von allen. Erstmals von Europäern gesichtet wurde sie wohl 1859, als der österreichische Arzt und Botaniker Friedrich Welwitsch östlich von Swakopmund über ein besonders großes Exemplar stolperte.

Welwitschien

Trotz ihres zerzausten Äußeren besitzen Welwitschien eigentlich nur zwei lange, zähe Blätter, die auf gegenüberliegenden Seiten aus dem korkartigen Stamm wachsen. Im Laufe der Jahre färbt die Sonne die Blätter dunkler, und der Wind verwandelt sie in zerfetzte Streifen, bis die Pflanze einem vertrockneten Riesensalat ähnelt. Die Pflanze besitzt Blätter mit Poren, in denen sich der Tau sammelt; die langen Blätter leiten dieses Wasser dann auf den Boden, sodass es von der Wurzel aufgenommen werden kann.

Welwitschien wachsen sehr langsam, und die größten Exemplare, deren zottelige Blätter bis zu 2 m breit werden können, sollen schon über 2000 Jahre alt sein! Die meisten mittelgroßen Pflanzen haben aber wohl weniger als 1000 Jahre auf dem Buckel. Erst wenn sie mindestens 20 Jahre alt sind, beginnen sie zu blühen. Ihre Langlebigkeit verdanken sie wahrscheinlich der Tatsache, dass einige ihrer Bestandteile für weidende Tiere ungenießbar sind, obwohl Spitzmaulnashörnern nachgesagt wird, eine Schwäche für die seltsame Pflanze entwickelt zu haben.

Der häufigste Bewohner der Welwitschie ist der gelb-schwarze Käfer *Probergrothius sexpunctatis*, der sich vom Nektar der Pflanze ernährt. Da das Paarungsspiel des Käfers fast ausschließlich Rücken an Rücken stattfindet, wird er gemeinhin auch als „Push-me-pull-you-Bug" bezeichnet.

Welwitschia Drive

Dieser lohnende Ausflug mit dem eigenen Fahrzeug oder im Rahmen einer organisierten Tour empfiehlt sich für alle, die eine der ungewöhnlichsten Wüstenpflanzen kennenlernen möchten. Das Gewächs ist vor allem in den Welwitschia-Ebenen östlich von Swakopmund, nahe beim Zusammenfluss von Khan und Swakop zu finden. Dort ist die Welwitischia die vorherrschende Pflanzenart.

Neben diesem grünen Wunder beherbergt der Welwitschia Drive graue und schwarze **Flechtenfelder**, die ein herrliches Beispiel für Pflanzen-Tier-Symbiosen abgeben. Durch die Benetzung mit Nebeltröpfchen „blühen" diese Felder auf. Herrscht beim Besuch gerade einmal kein Nebel vor, so genügt es, einige Wassertropfen über die Flechten zu spritzen, um den zauberhaften Vorgang zu beobachten.

Weiter östlich befindet sich die **Moon Landscape**, die einen Rundblick über die Hügel und Täler bietet, die der Swakop in die Landschaft gegraben hat. Von dort aus ist ein schneller Abstecher zur 12 km weiter nördlich liegenden Farm und Oase **Goanikontes** aus dem Jahr 1848 möglich. Der Ort liegt am Swakop inmitten sagenhafter Wüstenberge und eignet sich hervorragend als Picknickplatz.

Der Welwitschia Drive, der von der Bosua-Pass-Straße östlich von Swakopmund abzweigt, liegt innerhalb des Namib-Naukluft-Parks. Von Swakopmund aus kann die Spazierfahrt in zwei Stunden unternommen werden. Besucher sollten sich jedoch mehr Zeit nehmen, um diese Landschaft, die aus einer anderen Welt zu stammen scheint, eindringlich zu erfahren.

nur ein Stück entfernt liegen. Wer Party machen will, ist hier allerdings fehl am Platz.

Beach Lodge HOTEL **$$$**
(außerhalb Karte S. 128; ☎414500; www.beachlodge.com.na; Stint St.; EZ/DZ ab 860/1260 N$; @) In dem schiffsförmigen Haus direkt am Strand (etwa 1 km nördlich der Stadt) können Gäste durch ihr eigenes Bullauge aufs Meer blicken. Größe und Ausstattung der Zimmer variieren, einige haben Badewannen direkt am Fenster.

Seagull B&B B&B $
(außerhalb Karte S. 128; ☎405287; www.seagullbandb.com.na; 60 Strand St. North; EZ/DZ ab 240/300 N$) Das günstige B&B direkt am Ufer hat verschiedene Zimmer, die jedem Geldbeutel gerecht werden. Es liegt nur ein kurzes Stück zu Fuß über die Neser Street nördlich der Stadt und ist das erschwinglichste B&B in Swakopmund. Außerdem ist die Atmosphäre weitaus persönlicher als einige der größeren Backpackerunterkünfte.

Desert Sky Backpackers HOSTEL $
(☎402339; Anton Lubowski Ave. St.; Zeltplatz pro Pers. 70 N$, B/Zi. 80/200 N$; @) Der zentral gelegene Backpackertreff ist eine exzellente Bleibe in Swakopmund. Die Lounge im Haus ist einfach und gemütlich eingerichtet, die Picknicktische draußen eignen sich hervorragend für ein kaltes Bier und einen netten Plausch mit den anderen Gästen. Kostenlosen Kaffee gibt es den ganzen Tag, und wer etwas Stärkeres vorzieht, hat es nicht weit bis zu den Kneipen.

Villa Wiese B&B $$
(☎407105; www.villawiese.com; Ecke Theo-Ben Gurirab Ave. und Windhoeker St.; B 120 N$, EZ/DZ 450/550 N$; @) Die Villa Wiese ist eine freundliche und flippige Unterkunft in einer alten Kolonialvilla mit Gewölbedecken, Steingärten und historischen Möbeln. Es ist eine etwas feinere Alternative im Vergleich zu anderen Budgetunterkünften und zieht vor allem eine bunte Mischung aus Backpackern und Individualreisenden an. Das nahe Dunedin Star gehört den gleichen Besitzern, dort findet man ähnliche Preise und eine vergleichbare Atmosphäre.

Schweizerhaus Hotel HOTEL $$$
(☎400331; www.schweizerhaus.net; 1 Bismarck St.; EZ/DZ ab 625/1020 N$; @) Das Schweizerhaus Hotel ist zwar vor allem für seine charakteristische Institution, das Café Anton, bekannt, ist aber auch eine sehr gute Unterkunft. Die Zimmer sind Standard, aber gemütlich; spektakulär ist der Blick auf den Strand und den Leuchtturm, der den Himmel erleuchtet, wenn schwerer Nebel vom Meer aufs Land drückt.

Brigadoon Bed & Breakfast B&B $$$
(☎406064; www.brigadoonswakopmund.com; 16 Ludwig Koch St.; EZ/DZ 925/1400 N$;) Das von Schotten geführte B&B liegt in einem netten Garten gegenüber dem Palm Beach. Es wurde erst kürzlich völlig überholt und bietet jetzt stilvolle, moderne Zimmer mit Flachbildschirmfernsehern, Minibars und nagelneuen Badezimmern. Jedes Zimmer hat zudem eine eigene Terrasse.

Hansa Hotel HOTEL $$$
(☎414200; www.hansahotel.com.na; 3 Hendrick Witbooi St.; EZ/DZ ab 1380/2000 N$;) Swakopmunds etabliertestes Nobelhotel preist sich selbst als „Luxus in der Wüste" an. Die individuell eingerichteten Zimmer mit hohen Decken und Panoramafenstern sind geschmackvoll und elegant, das Highlight des Hauses aber ist der klassische Speisesaal mit Kellnern in weißen Handschuhen, die das Essen auf feinem Porzellan, mit Silberbesteck und edlen Kristallgläsern servieren.

Swakop Lodge HOSTEL $
(☎402030; 42 Nathaniel Maxuilili St.; B/EZ/DZ 150/450/650 N$; @) Das Backpackerhotel ist das Epizentrum allen Geschehens in Swakopmund, besonders da hier viele Aktivitäten beginnen und enden und jeden Abend etliche der aktuell gedrehten Videos gezeigt werden. Das Hotel ist auch sehr beliebt bei den Fernfahrern, von daher ist an vielen Abenden in der angrenzenden Bar ziemlich viel los.

Essen

Die Restaurants in Swakopmund sind getreu den teutonischen Wurzeln der Stadt deutsch angehaucht, doch einheimische Meeresfrüchte und traditionelle namibische Gerichte finden ebenso wie viele internationale Speisen den Weg auf den Tisch. Den Windhoekern mag es zwar nicht passen, aber Swakopmund ist locker ein Kandidat für den Wettbewerb um den Titel der Feinschmeckerhauptstadt des Landes.

Selbstversorger können sich in dem gut bestückten Supermarkt in der Sam Nujoma Avenue nahe der Ecke Hendrick Witbooi Street eindecken. Die meisten Backpackerunterkünfte haben Küchen.

Garden Café CAFÉ $$
(Tobias Hainyeko St.; Hauptgerichte 40–80 N$; ⏲Mo–Fr 8–18, Sa & So 8–15 Uhr) Das Garden Café hat Tische und Stühle in seinem hübschen kleinen Garten abseits der Hauptstraße aufgestellt. Es gibt wechselnde Tagesgerichte und frisch zubereitete kleine Speisen wie Salate, Wraps und Hamburger (die Süßspeisen sind ebenfalls sehr lecker). Das nette i-Tüpfelchen ist der freundliche und effiziente Service. Auch im Winter ist hier viel los, dann drängen sich die Gäste an den

Tischen im Freien und genießen die ersten Sonnenstrahlen.

Deutsches Haus DEUTSCH $$$

(☎404896; 13 Luderitz St.; Mittagessen 70–120 N$, Abendessen 100–150 N$) Gespeist wird im ländlich eingerichteten Speiseraum selbst oder draußen auf den Bänken vor dem Haus. Es ist eines der am besten geführten Restaurants der Stadt, wie der aufmerksame und professionelle Service täglich von neuem beweist. Die deutschen Gerichte werden frisch zubereitet und zügig serviert.

Swakopmund Brauhaus DEUTSCH $$

(22 Sam Nujoma Ave.; Hauptgerichte 75–100 N$; ⌚So geschl.) Das exzellente Restaurant mit Kleinbrauerei bietet eines der begehrtesten Artikel Swakopmunds: authentisches deutsches Bier. Und ganz in dieser Tradition können sich Gäste zum schaumigen Gebräu auch einen Teller mit verschiedenen Würsten, Sauerkraut und einem ordentlichen Klacks scharfen Senf bestellen.

Kücki's Pub KNEIPE $$

(☎402407; Tobias Hainyeko St.; Hauptgerichte 100–120 N$) Das Kücki ist eine Institution in Swakopmund. Auf der Speisekarte stehen reichlich Meeresfrüchte, Fleischgerichte und Hausmannskost, alles ist meisterhaft zubereitet. Die Atmosphäre ist herzlich und gesellig.

Tug MEERESFRÜCHTE $$$

(☎402356; Hauptgerichte 80–140 US$; ⌚Sa–So Mittagessen, tgl. Abendessen) Das Tug im gestrandeten Schleppboot *Danie Hugo* nahe dem Landungssteg ist für die Einheimischen so etwas wie eine obligatorische Adresse, wenn sie zum Essen ausgehen, viele halten es für das beste Restaurant der Stadt. Das stimmungsvolle gehobene Lokal bietet Fleisch- und Meeresfrüchtegerichte, wer keinen großen Hunger hat, kann hier auch einfach nur seinen Abendcocktail genießen. Da die Plätze sehr begehrt und begrenzt sind, wird eine Reservierung empfohlen.

Lighthouse Pub & Café KNEIPE $$

(☎400894; The Mole, Main Beach; Hauptgerichte 80–120 US$) Das Lighthouse Pub & Café ist mit seinem bildschönen Blick auf den Strand und die schäumende Brandung eine stimmungsvolle Wahl für Freunde feiner Meeresfrüchtegerichte. Je nachdem, was die Fischer mit Netz, Angelhaken und Reusen gefangen haben, gibt es hier alles von Kingklip und Hummer bis zu Kabeljau und Tintenfischen. Die köstliche Pizza wird montags zum halben Preis serviert.

Fish Deli MEERESFRÜCHTE $$

(Sam Nujoma St.; 70–90 N$; ⌚Mo, Di, Do, Fr 8.30–17, Mi 8.30–14, Sa 9–13 Uhr) Wird von den Einheimischen als bestes Fischlokal der Stadt empfohlen. Es ist schlicht und sauber, aber wichtiger noch: Der Fisch kommt stets frisch aus dem Wasser auf den Teller.

Hansa Hotel Restaurant INTERNATIONAL $$$

(☎400311; www.hansahotel.com.na; 3 Hendrick Witbooi St.; Hauptgerichte 120–240 N$) Geschichte zieht immer, und das Hansa Hotel bietet reichlich davon. Im Speiseraum des klassischen Kolonialhauses kann man sich kulinarischen Exzessen hingeben, begleitet von einer Flasche Wein von der umfangreichen Weinkarte.

Café Anton CAFÉ $$

(1 Bismarck St.; leichte Mahlzeiten 40–70 N$) Die allseits beliebte lokale Institution im Schweizerhaus Hotel serviert hervorragenden Kaffee, Apfelstrudel, Gugelhupf, Mohnkuchen, Linzer Torte und andere europäische Leckereien. Die Terrasse ist einladend für einen nachmittäglichen Imbiss in der Sonne.

KALAHARI-TRÜFFEL

Ein Mangel an Feinschmeckerspezialitäten herrscht auf dem Speisezettel in Swakop gewiss nicht, gehört doch zu den ausgesprochen himmlischen Köstlichkeiten die hoch gelobte Kalahari-Trüffel. Als einigermaßen entfernte Verwandte der wohlbekannten Echten Trüffel ist die Kalahari-Trüffel eine *terfeziaceae*, also ein Wüstentrüffel, der nur in trockenen und halbtrockenen Gebieten in Afrika und dem Nahen Osten vorkommt. In der Kalahari können die Trüffeln mehrere Zentimeter groß und bis zu 300 g schwer werden. Obschon im Geschmack nicht annähernd so köstlich wie die weiße und schwarze Trüffel aus Italien und Frankreich, sind Kalahari-Trüffeln viel verbreiteter und folglich sehr viel günstiger. In dünne Scheiben geschnitten, in Olivenöl gedünstet und mit einer dünnen Scheibe Straußensteak serviert, sind sie einfach delikat.

Raith's Gourmet CAFÉ-BÄCKEREI $
(Tobias Hainyeko St.; Snacks & Hauptgerichte 20–40 N$; ⏲tgl. ab 7 Uhr) Der zentral und günstig gelegene Laden ist auch am Wochenende geöffnet und bezeichnet sich selbst als Bäckerei-Deli-Eissalon-Bistro (was aber etwas übertrieben ist). Er ist hauptsächlich eine Bäckerei mit frischen Brötchen und Sandwiches für den Mittagsimbiss, außerdem bekommt man Törtchen und Kuchen. Köstlich sind die Croissants und das Rührei zum Frühstück. Es gibt auch eine gute Auswahl an Wurst und Käse für Selbstversorger.

Ausgehen & Unterhaltung

In Swakopmund wird gern gefeiert, und so findet man ein paar Bars für jeden Geschmack. Das **Tug** und das **Lighthouse** sind vor allem zur Happy Hour bei Sonnenuntergang beliebt. Auch **Kücki's Pub** und das **Swakopmund Brauhaus** sind nette Adressen, um am Tresen abzuhängen. Wer sich aber wirklich wie in Afrika fühlen will, sollte sich in die angesagte Strandbar am **Tiger Reef** (S. 136) begeben – wie könnte der Tag schöner enden, als mit Sand zwischen den Zehen ein kaltes Bier zu trinken?

Shoppen

Kunsthandwerk wird am Ufer verkauft, man findet die Straßenstände an den Treppen unter dem Café Anton in der Bismarck Street.

Karakulia Weavers TEPPICHE
(☎461415; www.karakulia.com.na; 2 Rakotoka St.) Die Teppichfabrik stellt originelle und wunderschöne afrikanische Läufer, Teppiche und Wandbehänge aus Karakulschafwolle her und bietet Touren durch die Spinnerei, Färberei und Weberei an.

Die Muschel Book & Art Shop BÜCHER
(☎402874; Hendrick Witbooi St.; ⏲Mo–Fr 8.30–18, Sa 8.30–13 & 16–18, So 10–18 Uhr) Bücher in deutscher und englischer Sprache, toll für Reiseführer und Karten. Auch seltener gefragte Werke über Kunst und Lokalgeschichte findet man hier.

Peter's Antiques ANTIQUITÄTEN
(☎405624; www.peters-antiques.com; 24 Tobias Hainyeko St.) Der Laden ist eine wahre Schatzhöhle, der Schwerpunkt liegt auf kolonialen Relikten, historischer Literatur, westafrikanischer Kunst, politisch fragwürdigem deutschen Krimskrams und echten westafrikanischen Fetischen und anderen Artefakten vom afrikanischen Kontinent.

Swakopmunder Buchhandlung BÜCHER
(☎402613; Sam Nujoma Ave.) Eine große Auswahl an Literatur unterschiedlicher Genres.

Praktische Informationen

Dank der milden Temperaturen und des minimalen Regens genießt Swakopmund statistisch ein prächtiges Klima (25 ° C im Sommer und 15° C im Winter), es gibt aber ein kleines Haar in der Suppe. Wenn der Ostwind bläst, bekommt die Stadt eine Menge Sand ab, der kalte Winternebel vom Meer sorgt wiederum oft für unablässigen Nieselregen und eine unglaublich trostlose Atmosphäre. Tröstlich ist jedoch, dass dieser Nebel sich 50 km landeinwärts wälzt und den Wüstenpflanzen und -tieren die lebensnotwendige Feuchtigkeit liefert.

Ein Hinweis am Rand: Derzeit werden in der ganzen Stadt Straßennamen geändert (die Lazarett Street beispielsweise wird in Anton Lubowski Avenue umbenannt), was ziemlich verwirrend sein kann – wenn möglich, wurden in dieser Ausgabe schon die neuen (wie auf den Straßenschildern vor Ort) oder alte und neue Namen genannt.

Gefahren & Ärgernisse

Auch wenn die mit Palmen gesäumten Straßen und die kühle Seebrise eine entspannende Wirkung haben, sollten Reisende in Swakopmund stets auf der Hut sein. Leider ist die Kleinkriminalität auch hier durchaus zu verzeichnen.

Wer ein Privatfahrzeug hat, sollte es tagsüber immer abschließen und keine sichtbaren Dinge darin zurücklassen. Nachts sollte sichergestellt werden, dass das Auto auf einem bewachten Parkplatz steht und nicht etwa auf der Straße. Wer ein Hotel oder eine andere Unterkunft sucht, sollte sich vergewissern, dass die Sicherheitsvorkehrungen (also etwa elektrischer Schutzzaun oder Wächter) dem nötigen Standard entsprechen. Obwohl Swakopmund allgemein nachts als sicher gilt, bleiben Touristen besser in einer Gruppe zusammen und nehmen, wann immer möglich, ein Taxi für Fahrten von und zur Unterkunft sowie zu den Kneipen.

Geld

Im Stadtzentrum gibt es viele Banken mit Geldautomaten, u. a. die an der Ecke Tobias Hainyeko Street und Sam Nujoma Avenue.

Internetzugang

Swakopmund Internet Café (Shop 1, Atlanta Cinema Building, Nedbank Arcade; 30 Min. 20 N$; ⏲Sonntagvormittag geschl.) Im Einkaufszentrum gegenüber dem Garden Café.

Gefahren & Ärgernisse

Bismarck Medical Centre (✆405000; Ecke Bismarck St. & Sam Nujoma Ave.) Für einen Arztbesuch wird diese Praxis empfohlen.

Notfall

Krankenwagen (✆081 124 0019)
Polizei (✆402431, 10111)

Post

Hauptpostamt (Garnison St.) Verkauft auch Telefonkarten und hat einen Faxservice.

Touristeninformation

Namib-i (✆404827; www.natron.net/tour/swakop/infoe.htm; Sam Nujoma Ave.; ⏲Mo–Fr 8–17, Sa 9–17, So 9–13 Uhr) Die Touristeninformation hat hilfsbereite Mitarbeiter, die versuchen, alle Fragen zu beantworten. Sie hilft nicht nur bei der ersten Orientierung, sondern bucht auch sämtliche Aktivitäten und Touren, für die man sich interessiert.

Büro der Namibia Wildlife Resorts (NWR; ✆402172; www.nwr.com.na; Woermannhaus, Bismarck St.; ⏲Mo–Fr 8–13 & 14–17 Uhr) Das Büro verkauft, wie der große Bruder in Windhoek, Genehmigungen für den Besuch des Namib-Naukluft Park und der Skeleton Coast und besorgt auch Reservierungen für alle andere Schutzgebiete, die vom NWR verwaltet werden.

An- & Weitereise

Auto

Swakopmund liegt etwa 400 km westlich von Windhoek an der B2, der wichtigsten Ost-West-Fernstraße.

Bus

Busse der Intercape Mainliner (S. 220) verkehren mehrmals wöchentlich zwischen Windhoek und Swakopmund (um 230 N$, 5 Std.). **Town Hopper** (✆407223; www.namibiashuttle.com) sind private Pendelbusse zwischen Windhoek und Swakopmund (270 N$) und bieten zudem einen Tür-zu-Tür-Service.

Combis (Minibusse) befahren die Strecke ziemlich regelmäßig, eine Fahrt zwischen Windhoek und Swakopmund sollte nicht mehr als 120 N$ kosten. Swakopmund ist ein kleiner Verkehrsknotenpunkt mit Verbindungen zu verschiedenen regionalen Zielorten, darunter auch Fahrten nach Walvis Bay mit dem Combi (20–40 N$).

Flugzeug

Air Namibia (S. 218) fliegt mehrmals pro Woche zwischen dem Windhoek Eros Airport in Windhoek und Walvis Bay hin und her, von wo es mit Bus oder Taxi weiter nach Swakopmund geht.

Trampen

Trampen zwischen Swakopmund und Windhoek oder Walvis Bay ist nicht schwer, aber die Wetterlage kann bei Zielen wie dem Namib-Naukluft-Park oder der Skeleton Coast sehr rau werden; Tramper riskieren Hitzschlag, Sandstürme und Unterkühlung – manchmal sogar alles am gleichen Tag.

Zug

Züge der **Trans-Namib** (✆061-2981111) verkehren den ganzen Tag und die ganze Nacht (ab 100 N$), sind aber nicht sehr praktisch und beliebt. Die empfehlenswerte Alternative sind die bequemeren Busse.

Die luxuriöse „Schienenkreuzfahrt" mit dem *Desert Express* fährt von bzw. nach Windhoek.

Walvis Bay

✆064 / 65 000 EW.

Walvis Bay ist ganz nett, besonders rund um das neu gebaute Ufergebiet und die Promenade. Die Stadt ist nicht sehr kompakt, sodass ein eigenes Fahrzeug die Dinge einfacher macht. Für alle, denen Swakopmund zu schick und urban ist, ist Walvis Bay eine gute Alternative, denn hier geht es sehr viel beschaulicher zu und die Unterkünfte und Restaurants sind alle exzellent.

Anders als Swakopmund wurde Walvis Bay von den Briten in Besitz genommen – lange bevor deutsche Kolonisten sich dafür interessierten. Deswegen ist die Stadt architektonisch langweilig und ohne das europäische Flair ihres nördlichen Nachbarn. Das wird aber durch die einzigartigen Naturattraktionen aufgewogen, die man rund um Walvis Bay findet, u. a. eine der größten Ansammlungen an Flamingos im ganzen südlichen Afrika.

Walvis Bay liegt 30 km südlich von Swakopmund und ist die einzige wirkliche Hafenstadt zwischen Lüderitz und Luanda (Angola). Der Naturhafen von Walvis Bay entstand durch die Sandbank Pelican Point, die eine natürliche Mole bildet und die Stadt vor der starken Meeresbrandung schützt.

Geschichte

Obwohl Walvis Bay schon 1795 von den Briten beansprucht wurde, annektierten die Engländer es formal erst 1878, als diese nämlich merkten, dass auch die Deutschen ein Auge auf den Hafen in der geschützten Atlantikbucht geworfen hatten. 1910 gaben die Briten ihre Stellung in Walvis Bay auf, das daraufhin Teil der Südafrikanischen Union wurde.

Infolge der deutschen Niederlage im Ersten Weltkrieg erhielt Südafrika von der UN das Mandat zur Verwaltung Südwestafrikas und auch der Enklave Walvis Bay. Das Mandat wurde lange Zeit aufrechterhalten, bis Südafrika im Jahr 1977 eigenmächtig beschloss, Walvis Bay der eigenen Kapprovinz zu unterstellen. Die UN war über diese nicht autorisierte Entscheidung alles andere als erfreut und bestand darauf, dass die Enklave unverzüglich an das Mandatsgebiet zurückgegeben würde. Die Südafrikaner weigerten sich aber standhaft, dieser Forderung Folge zu leisten.

Als Namibia 1990 unabhängig wurde, meldeten die Namibier ihre Rechte an Walvis Bay an. Da die Stadt viele Vorzüge besaß – z. B. den natürlichen Hafen, die einträglichen Salzfabriken (die jährlich 40 000 t produzierten, also etwa 90 % des südafrikanischen Salzes), die Guano-Anlagen und die gewinnträchtige Fischerei – wurde die Übernahme von Walvis Bay (Walvisbaai) für Namibia zu einer wichtigen Angelegenheit.

Nachdem das Ende der weißen Herrschaft in Südafrika abzusehen war, vereinbarten die beiden Länder 1992, dass Südafrika seine Grenzposten zurückziehen und fortan die Enklave gemeinsam mit Namibia verwalten sollte. Schließlich gab Südafrika nach, da es mit zunehmenden Schwierigkeiten im eigenen Land und der ersten demokratischen Wahl zu kämpfen hatte, und zur Mitternacht des 28. Februars 1994 wurde zum ersten Mal die namibische Flagge über Walvis Bay gehisst.

Sehenswertes

Dune 7 — LANDSCHAFT

Die Düne 7 in der Ödnis hinter der C14 (6 km außerhalb der Stadt) ist bei den Einheimischen als Abfahrtshang zum Sandboarden und Skifahren beliebt. Auf dem Picknickplatz, der inzwischen im Sand versunken ist, stehen mehrere Schatten spendende Palmen im Lee der Düne.

Rhenish Mission Church — KIRCHE

(5th Rd.) Das älteste erhaltene Gebäude von Walvis Bay, die Rhenish Mission Church, wurde in Hamburg vorgefertigt, dann 1880 neben dem Hafen wieder aufgebaut und im folgenden Jahr eingeweiht. Wegen der Erweiterung des Hafengebiets wurde sie Mitte des 20. Jhs. an ihren heutigen Standort versetzt und diente bis 1966 als Kirche.

The Railway — ZUG

Im Winter wird der Zugverkehr zwischen Swakopmund und Walvis Bay oft durch Sandverwehungen behindert, Schienen sind zugeweht und das Gleisbett und die Schwellen untergraben. Das Problem ist nicht neu – 5 km östlich der Stadt an der C14 ist eine Böschung zu sehen, unter der ein Abschnitt der Schmalspurbahnstrecke aus dem letzten Jahrhundert begraben liegt. Vor dem Bahnhof stehen die Reste der *Hope*, einer alten Lokomotive, die einst auf der ursprünglichen Schmalspurtrasse fuhr. Beide wurden aufgegeben, nachdem die Strecke wiederholt unter 10 m hohen Sandverwehungen verschwand. Die *Hope* ist heute ein Nationaldenkmal und steht in der 6th Street vor dem Bahnhof.

GRATIS Walvis Bay Museum — MUSEUM

(Nangolo Mbumba Dr.; ⌚Mo–Do 9–17, Fr 9–16.30 Uhr) Das Stadtmuseum befindet sich in der Bibliothek. Schwerpunkt sind die Geschichte und die maritime Vergangenheit von Walvis Bay. Das Museum bietet aber auch archäologische Exponate, eine Mineraliensammlung und eine naturkundliche Ausstellungen zur Namib-Wüste und der Atlantikküste.

RUND UM WALVIS BAY

Sandwich Harbour — HAFEN

(850 N$) Sandwich Harbour liegt 56 km südlich von Walvis Bay im Dorob National Park und diente in der Vergangenheit als Fischerei- und Handelshafen. Einige Historiker sind der Meinung, dass der Name von einem englischen Walfangschiff, der *Sandwich*, stammen könnte, dessen Kapitän die erste Karte der Küste erstellt hatte. Andere behaupten, dass der Name auch eine Abwandlung des deutschen Worts „Sandfische" sein könnte, einer Haifischart, die hier häufig vorkommt. Von der Geschichte einmal abgesehen ist der Hafen derzeit eine Wildnis ohne jegliche menschliche Ansiedlung.

Bis zu 100 m hohe Dünen fallen zum Atlantik ab, der in die malerische Lagune schwappt. Die Bucht ist eine Paradies für Hobbyornithologen, **Sandwich Harbour 4x4** (☎207663; www.sandwich-harbour.com; Waterfront) bietet Halb- und Ganztagsfahrten dorthin an (1050 N$).

Aktivitäten

Eco Marine Kayak Tours — KAJAKFAHREN

(☎203144; www.emkayak.iway.na) Das Unternehmen bietet Kajaktouren durch die herrlichen Sumpfgebiete von Walvis Bay. Es unterhält kein zentrales Büro, die Touren können telefonisch oder über die Unterkunft gebucht werden.

Mola Mola Safaris BOOTSAUSFLÜGE
(☎205511; www.mola-namibia.com; Waterfront)
Das Unternehmen für Meeressafaris organisiert individuelle Bootsausflüge entlang der Küste um Walvis Bay und Swakopmund, auf denen Delphine, Robben und zahllose Vögel zu sehen sind. Die Preise hängen von der Gruppengröße und Fahrzeit ab.

Schlafen

Unterkünfte findet man im Stadtzentrum, am Ufer oder am Longbeach, der sich 10 km nördlich von Walvis Bay an der Straße nach Swakopmund erstreckt.

Eine gute Möglichkeit sind auch Ferienhäuser und -wohnungen, die an der Küste und in der Stadt vermietet werden. Eine Wohnung oder ein Haus mit zwei Schlafzimmern gibt es schon für rund 650 N$; Kontakt über **Remax** (☎212451; www.remax.co.za; Sam Nujoma St.).

FLAMINGOS IN WALVIS BAY

Rosa- und Zwergflamingos scharen sich in großer Zahl um die Becken an der Küste der Namib-Wüste, besonders um Walvis Bay und Lüderitz. Sie sind großartige Flieger und können über Nacht eine Strecke von bis zu 500 km zurücklegen, um nach Algen- und Krebstieren zu suchen.

Die Zwergflamingos filtern Algen und Kieselalgen (Mikroorganismen) aus dem Wasser heraus, indem sie mit dem Schnabel Wasser aufsaugen und es wieder herauspressen. Die winzigen Partikel bleiben an den feinen Borsten im Unterkiefer hängen. Das Saugen geschieht mit Hilfe der dicken, fleischigen Zunge, die ständig in Bewegung bleibt und wie ein Kolben vor und zurück schießt. Eine Million Zwergflamingos können schätzungsweise über 180 Tonnen (Kiesel-)Algen täglich verzehren.

Während die Zwergflamingos ihre Nahrung ausschließlich durch Filtration gewinnen, reichern die größeren Rosaflamingos die Algenmahlzeit mit kleinen Weichtieren, Schalentieren und anderen organischen Schlammbewohnern an. Bei der Nahrungssuche dreht sich der Flamingo im Kreis und stampft dabei mit den Füßen auf, um die Kleinstlebewesen aufzuschrecken und sich so ein möglichst opulentes Mahl zusammenzustellen.

Die Rosa- und Zwergflamingos unterscheiden sich am deutlichsten durch ihre Farbe. Rosaflamingos sind weiß bis rosa, der Schnabel ist weißlich und hat eine schwarze Spitze. Zwergflamingos sind dunkelrosa – manchmal sogar rot – und haben dunkelrote Schnäbel.

In der Nähe von Walvis Bay befinden sich drei unterschiedliche Feuchtgebiete, nämlich die Lagune, das Gelände der Salzfabrik und Bird Paradise bei der Kläranlage. Alle drei Gebite zusammen bilden das wichtigste Feuchtgebiet für Zugvögel an der Küste. Bis zu 150 000 Vögel lassen sich hier jährlich auf der Durchreise nieder, darunter große Schwärme Zwerg- und Rosaflamingos.

» **Lagune** Die seichte und geschützte, 450 km^2 ha große Lagune südwestlich von Walvis Bay und westlich der Mündung des Kuiseb River zieht eine Vielzahl von Wasservögeln und außerdem riesige Schwärme Zwerg- und Rosaflamingos an. Außerdem bietet sie Lebensraum für Rotband-Regenpfeifer, Sichelstrandläufer sowie andere Limikolen und die seltenen Damara-Seeschwalben.

» **Salzgewinnungsanlage** Südwestlich der Lagune liegt ein 3500 ha großer Salzpfannenkomplex, der zurzeit mehr als 90 % des südafrikanischen Salzbedarfs deckt. Ähnlich wie die Anlage in Swakopmund filtern diese Pfannen durch Verdunstung Salz aus dem Meerwasser. Außerdem dienen sie als wichtige Nahrungsquelle für Krabben und Fischlarven.

» **Bird Paradise** Direkt östlich der Stadt an der C14 befindet sich bei der städtischen Kläranlage dieses Naturschutzgebiet mit einigen seichten, künstlich angelegten Becken, die von Schilf gesäumt werden. Dort stochern die Vögel beständig auf der Nahrungssuche im Schlamm. Ein Turm und ein kurzer Naturwanderweg bieten großartige Möglichkeiten zur Vogelbeobachtung.

Walvis Bay

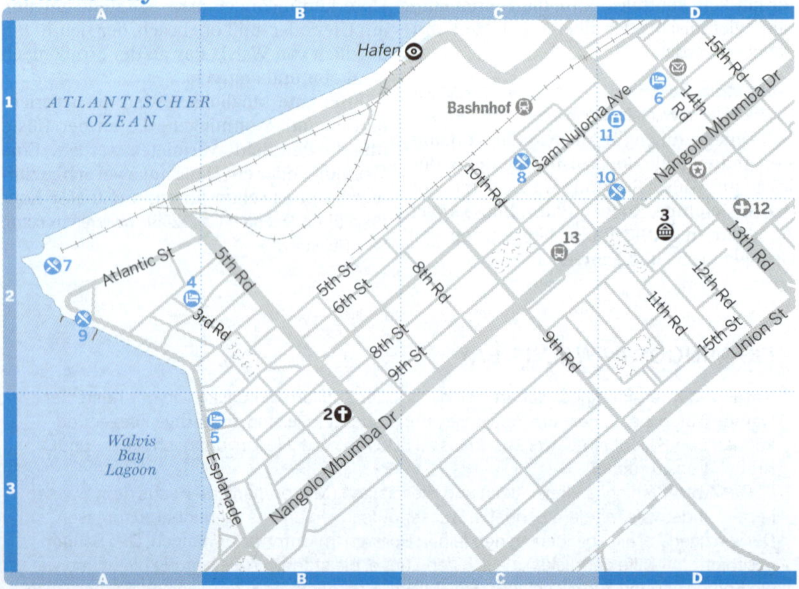

Oyster Box Guesthouse PENSION $$$
(202247; www.oysterboxguesthouse.com; Ecke Esplanade & 2nd St. West; EZ/DZ 750/1200 N$;) Die Pension, die eher ein elegantes Boutiquehotel ist, ist eine stilvolle Bleibe direkt am Meer und liegt ein kurzes Stück zu Fuß vom Restaurant Raft entfernt. Die Zimmer sind sehr modern, geschlafen wird in bügelfrischer Bettwäsche und kuschelweichen Kissen. Das hilfsbereite Personal bucht auf Wunsch Aktivitäten in der Stadt und organisiert Verkehrsmittel.

Lagoon Lodge HOTEL $$$
(200850; www.lagoonlodge.com.na; 2 Nangolo Mbumba Dr.; EZ/DZ 600/1200 N$;) Eine grellgelbe Fassade empfängt Besucher in diesem von Franzosen geführten Hotel in prachtvoller Lage neben der Lagune. Die Zimmer sind individuell eingerichtet und haben jeweils eigene Terrassen mit Blick auf Sand und Meer. Highlights sind neben der herzlichen Begrüßung auch das kostenlose WLAN und die freie Aussicht aufs Wasser. Die Lage an der Promenade ist praktisch für einen abendlichen oder morgendlichen Spaziergang entlang des Ufers.

Courtyard Hotel Garni HOTEL $$
(206252; 16 3rd Rd.; Zi. pro Pers. mit Frühstück 580 N$; @) Der Flachbau in einem ruhigen Viertel unweit des Wassers hat große Zimmer, die schon etwas abgewohnt sind und mit relativ kleinen Betten möbliert sind. Das Hotel ist zwar ganz komfortabel und hat nette öffentliche Bereiche, ist aber letztlich ein bisschen überteuert. Die Kochnischen sind praktisch für Selbstversorger. Gäste können den beheizten Innenpool und die Sauna benutzen.

Burning Shore RESORT $$$
(064-207568; www.proteahotels.com/protea-hotel-burning-shore.html; EZ/DZ ab 1600/2250 N$;) Im Burning Shore, einer abgeschiedenen Hotelanlage (unter dem Management der Protea-Hotelkette) mit nur einem Dutzend Zimmern lässt sich wunderbar die Schönheit und Stille der angrenzenden Dünen und das Meer genießen. Die Zimmer sind luxuriös, aber nicht protzig, was der gesamten Anlage eine lässige Eleganz und Kultiviertheit verleiht. Die Anlage liegt 15 km von Walvis Bay entfernt am Longbeach.

Essen & Ausgehen

Im sanierten Uferviertel, der Waterfront, befinden sich etliche Bars und Restaurants direkt am Wasser mit Blick über den Naturhafen und die Hafenanlagen in der Nähe. Es wirkt authentisch – anders als einige der

Walvis Bay

Sehenswertes
1 Vogelparadis E2
2 Rheinische Missionskirche B3
3 Walvis Bay Museum D2

Aktivitäten, Kurse & Touren
Mola Mola Safaris .... (siehe 7)

Schlafen
4 Courtyard Hotel Garni A2
5 Oyster Box Guesthouse B3
6 Remax D1

Essen
7 Anchor A2
8 Bon Aroma C1
9 Raft A2
10 Willi Probst Bakery & Cafe D1

Shoppen
11 Viggo-Lund Bookseller D1

Praktisches
12 Welwitschia Medical Centre D2

Transport
13 Intercape-Mainliner-Bushaltestelle C2

anderen Projekte im südlichen Afrika, die unter übertriebener Bebauung leiden. Es gibt eine kleine, aber elegante Auswahl an Lokalen, in denen man an Straßentischen direkt am Ufer einen kalten Drink und ein Essen genießen kann.

Anchor INTERNATIONAL $$
(Waterfront; Frühstück/Hauptgerichte 45/70 N$; ⌚Frühstück, Mittag- & Abendessen) Das Essen im Anchor ist in Ordnung, die eigentliche Attraktion ist jedoch die Lage direkt am Wasser. Besonders schön ist es hier zum Frühstücken, wer keine Lust mehr auf schweres Essen hat, kann sich einen der wirklich köstlichen Obstsalate bestellen. Von einem der Tische direkt am Wasser lassen sich die auslaufenden morgendlichen Kreuzfahrtschiffe beobachten. Im Anchor ist fast den ganzen Tag etwas los, da hier viel Laufkundschaft einkehrt – das markante Gebäude und das maritime Thema locken gleichermaßen Einheimische und Touristen an.

Raft MEERESFRÜCHTE $$
(☎204877; Esplanade; Hauptgerichte 75–125 N$; ⌚Abendessen) Das Wahrzeichen von Walvis Bay steht auf Pfählen im Wasser vor der Küste und hat einen tollen Logenblick auf Enten, Pelikane und Flamingos. Das Partnerrestaurant des Tug in Swakopmund serviert ähnlich hochwertige Gerichte mit Fleisch und Meeresfrüchten, bietet aber darüber hinaus auch spektakuläre Sonnenuntergänge und Meerblick. Die opulenten Meeresfrüchte sind den ebenso opulenten Preis von 340 N$ absolut wert.

Bon Aroma INTERNATIONAL $$
(☎220226; Sam Nujoma Ave.; Vorspeisen 50 N$, Hauptgerichte 70–120 N$; ⌚Mittag- & Abendessen, So geschl.) Das Bon Aroma ist ein stilvolles Restaurant mit einem sonnigen Hof und serviert verschiedene Gerichte, viele davon mit Meeresfrüchten. Rindfleisch „Gordon" Bleu gibt es ebenso wie Pizza, Pasta, Salate und Grillgerichte. Aus dem Soundsystem im Hintergrund dröhnt altmodische Countrymusik, eine gute Weinkarte ist ebenfalls vorhanden.

Willi Probst Bakery & Café CAFÉ $
(Ecke 12th Rd. & 9th St.; leichte Mahlzeiten 20–40 N$; ⌚So geschl.) Wer Heimweh nach Swakopmund (oder aber nach Deutschland) hat, kann sich mit Probsts deftiger deutscher Kost (wie beispielsweise Schweinefleisch, Buletten, Schnitzel und dergleichen) trösten. Eine Auswahl an köstlichen Süßspeisen sorgt dafür, dass alle glücklich sind.

DER JÜNGSTE NATIONALPARK

Das Gebiet zwischen Swakopmund und Walvis Bay ist als neuestes Naturschutzgebiet des Landes vorgesehen – der geplante Name des Nationalparks ist **Walvis Bay National Park**. Zur Zeit der Recherche für dieses Buch war noch nicht bekannt, wann das Projekt umgesetzt wird, möglicherweise aber schon bald nach Drucklegung des Reiseführers.

Praktische Informationen

Polizei (☎10111; Ecke 11th St. & 13th Rd.)

Post (Sam Nujoma Ave.) Öffentliche Telefone und Faxservice.

Welwitschia Medical Centre (13th Rd.; ⌚24 Std.) Für Arztbesuche.

An- & Weiterreise

Air Namibia (S. 218) fliegt etwa siebenmal pro Woche zwischen dem Eros Airport in Windhoek und dem Rooikop Airport in Walvis Bay hin und her. Der Airport liegt 10 km südöstlich der Stadt an der C14 liegt.

Alle Busse und Combis nach Walvis Bay fahren über Swakopmund. Haltestelle für den Intercape Mainliner ist das Spur Restaurant – Ben Gurirab Street. Es gibt noch weitere private Busse, die zwischen Windhoek und Walvis Bay verkehren.

Trampen zwischen Walvis Bay und Swakopmund ist einfach, das Wetter kann jedoch in Richtung Namib-Naukluft Park oder Skeleton Coast ziemlich ungemütlich werden.

Namib-Naukluft Park & Sossusvlei

Namibia ist ein Wüstenland, die eindrucksvollen Sanddünen gehören zu den Highlights eines jeden Namibiabesuchs. Kein anderer Ort im Land ist so typisch für Namibia wie die viel fotografierten Dünen: lautlos, sich ständig verändernd und doch zeitlos.

Die gegenwärtigen Grenzen des Namib-Naukluft Park, einer der größten Nationalparks der Welt, wurden zum großen Teil 1978 durch die Zusammenlegung des Namib Desert Park und des Naukluft Mountain Zebra Park sowie Teilen der Diamond Area 1 und einigen Parzellen von regierungseigenem Land in der Umgebung festgelegt. Die Nordgrenze des Parks wurde jedoch im Dezember 2010 mit der Gründung des Dorob National Parks (ehemals die National West Coast Tourist Recreation Area) neu gezogen – eines Gebiets, das sich bis nach Sandwich Harbour im Süden erstreckt.

Der Namib-Naukluft Park besteht aus etwa 23 000 km² trockenen und halbtrockenen Lands und schützt verschiedene Gebiete von größter ökologischer Bedeutung in der Namib und in den Naukluftbergen. Der Park grenzt auch an das Namib Rand Nature Reserve, den größten privaten Landbesitz im südlichen Afrika, und bildet somit einen gewaltigen Korridor für die Wanderbewegungen der Wildtiere.

DER NAMIB-ABSCHNITT

Die meisten Leute assoziieren die Namib zwar einzig mit dem Sossusvlei, die Wüste erstreckt sich aber über den größten Teil von Zentralnamibia und ist von einer großen Vielfalt an geologischen Formationen geprägt. Angesichts der extremen Temperaturen und der Wüstenlandschaften ist ein Allradfahrzeug nötig und natürlich aush eine gute Navigationsfähigkeit. Wer hier unterwegs ist, für den ist die Reise selbst wichtiger als das Ziel.

Sehenswertes

Kuiseb Canyon SCHLUCHT

Am Gamsberg-Pass, westlich vom Khomas-Hochland, liegt der Kuiseb Canyon mit dem Kuiseb River, der die meiste Zeit des Jahres nicht viel mehr als ein sandiges Flussbett ist. In der Regenzeit führt er zwei oder drei Wochen lang Wasser, das aber nur bis nach Gobabeb fließt, wo es schon wieder im Sand versickert. In Rooibank wird Trinkwasser für Walvis Bay aus der unterirdischen Quelle heraufgepumpt.

Hier im Kuiseb Canyon hielten sich die berühmten Geologen Henno Martin und Hermann Korn während des Zweiten Weltkriegs jahrelang versteckt, wie Martin in seinem Buch *Wenn es Krieg gibt, gehen wir in die Wüste* berichtet. Heute sind die Hochlagen des Canyons unbewohnt, es gibt aber ein paar verstreute Ansiedlungen der Topnaar-Khoi Khoi in der Nähe des nördlichen Flussufers, dort, wo das Tal des Kuiseb sich verbreitert.

Hamilton Hills BERGE

Die Kalksteinberge südlich vom Vogelfederberg-Campingplatz, bekannt als Hamilton Hills, erheben sich 600 m über die umliegende Wüstenebene. Die Berge sind wie geschaffen für fabelhaft schöne Wüstenwanderungen, und dank der feuchten Nebelluft gedeiht hier eine erstaunliche Vielfalt an blühenden Sukkulenten (Dickblattgewächsen) und anderen botanischenWundern.

Schlafen

Der Namib-Naukluft Park besitzt acht exklusive Camps, einige davon bieten Zelt- und Stellplätze, die jedoch weit auseinander liegen. Zu den Plätzen gehören Tische, Toiletten und Braai-Anlagen, es gibt allerdings keine Duschmöglichkeiten. Zum Kochen und Waschen können Besucher das leicht salzige Brackwasser benutzen, es ist aber nicht zum Trinken geeignet. Deshalb sollte man unbedingt genug Wasser mitbringen. Die Plätze müssen vorab gebucht werden, und zwar über die Namibia Wildlife Resorts (NWR) in Windhoek oder in Swakopmund. Die Kosten betragen 110 US$ pro Platz plus Gebühren von 80/10 N$ pro Person/Auto und Tag, die bei Erteilung der Gehemigung zu entrichten sind.

Bloedkoppie CAMPINGPLATZ **$**

(Blood Hill) Dieser Campingplatz verfügt über einige der schönsten und beliebtesten Zeltplätze im Park. Von Swakopmund aus gesehen liegen sie 55 km nordöstlich der C28. Ein ausgeschilderter Weg führt dorthin. Zu den nördlichen Plätzen können Besucher auch mit einem Auto mit Zweiradantrieb vordringen, dort herrscht jedoch tendenziell mehr Andrang. Die südlichen Plätze sind ruhiger und abgeschiedener, dafür sind sie nur mit einem Fahrzeug mit Allradantrieb erreichbar. Die Umgebung bietet sich für schöne Spaziergänge an, und in Klein Tinkas, 5 km östlich von Bloedkoppie, sind die Ruinen einer Polizeiwache aus der Kolonialzeit und die Grabsteine zweier deutscher Polizisten von 1895 zu sehen.

Groot Tinkas CAMPINGPLATZ **$**

Groot Tinkas kann nur per Allradantrieb erreicht werden, deshalb ist hier nie viel los. Der Platz liegt wunderschön unterhalb eines schattigen Felsens, und rundherum lässt es sich herrlich durch die Natur wandern. Während der Regenzeit zieht das brackige Seichtwasser am nahe gelegenen Stausee viele Vögel an, die nach Nahrung suchen.

Vogelfederberg CAMPINGPLATZ **$**

Vogelfederberg ist ein kleiner Campingplatz 2 km südlich der C14 und eine gute Übernachtungsmöglichkeit nur 51 km von Walvis Bay entfernt. Er erfreut sich als Picknickplatz oder als Ausgangspunkt für eine kurze Wanderung großer Beliebtheit. Es lohnt sich, die kleinen Seen auf der Hügelspitze in Augenschein zu nehmen, denn darin leben Salzwassergarnelen, die nur dann schlüpfen, wenn diese Becken mit Regenwasser gefüllt sind. Den einzigen Schatten spendet ein kleiner Felsvorsprung, dort gibt es zwei Picknicktische und Grillplätze.

Ganab CAMPINGPLATZ **$**

Ganab, auf Deutsch Kameldornakazie, ist ein staubiger, ungeschützter Platz neben einem seichten Flussbett in der Kiesebene. Akazien bieten Schatten, und in der Nähe laben sich Antilopen an der Tränke eines alten wassergefüllten Bohrlochs.

Kriess-se-Rus CAMPINGPLATZ **$**

Kriess-se-Rus ist ein eher gewöhnlicher Campingplatz in einem ausgetrockneten Flussbett in der Kiesebene, 107 km östlich von Walvis Bay am Gamsberg-Pass. Der Platz ist zwar schattig, aber nicht besonders ansprechend und deshalb eher nur als Zwischenstopp auf dem Weg von Windhoek nach Walvis Bay zu empfehlen.

Kuiseb Canyon CAMPINGPLATZ **$**

Kuiseb Canyon ist ein schattiger Platz am Kuiseb River an der C14 und bietet sich bei einem Ausflug von Windhoek nach Walvis Bay für einen Zwischenstopp an. Zwar ist die Landschaft einigermaßen malerisch, aber Staub und Lärm, der von den vorbeifahrenden Fahrzeugen erzeugt wird, schmälern seine Attraktivität im Vergleich zu anderen Camps. Es gibt die Möglichkeit, angenehme Kurzwanderungen im Canyon zu unternehmen. Allerdings besteht die Gefahr, dass der Ort bei schweren Regenfällen in den Bergen von einer Sturzwelle überschwemmt wird. Im Sommer sollten Besucher deshalb stets ein Auge auf die Wetterverhältnisse haben, um reagieren zu können.

Mirabib CAMPINGPLATZ **$**

Mirabib ist ein angenehmer Ort. Hier können zwei Gruppen auf getrennten Plätzen untergebracht werden. Der Platz liegt angenehm schattig unter einem Felsvorsprung an einer großen Granitwand. Es gibt Hinweise darauf, dass hier vor 9000 Jahren bereits die Nomaden Schutz gesucht haben. Und auch spätere nomadisierende Hirten haben sich im 4. oder 5. Jh. wohl schon in diesem Gebiet aufgehalten.

Namib-Naukluft Park

Homeb CAMPINGPLATZ $

Homeb hat Platz für mehrere Gruppen und befindet sich in Panoramalage ein Stück flussaufwärts vom bestzugänglichen Dünengebiet im Namib-Naukluft Park. Die Bewohner des nahe gelegenen Topnaar-Khoikhoi-Dorfes bohren Brunnen in das Flussbett des Kuiseb, um an das Grundwasser zu gelangen. Eines ihrer Hauptnahrungsmittel ist die Nara-Melone, die sich über ihre lange Pfahlwurzel mit Grundwasser versorgt. Das verborgene Wasser ermöglicht auch einigen Bäumen das Überleben, z. B. der Kameldornakazie und dem Ebenholzbaum.

ℹ An- & Weiterreise

Die Haupttransit-Routen C28, C14, D1982 und D1998 sind allesamt für Fahrzeuge mit Zweiradantrieb geeignet. Wer jedoch kleine Straßen befahren möchte, benötigt eine Parkerlaubnis (80 N$ pro Tag plus 10 N$ pro Fahrzeug). Diese ist entweder bei einem der Parkeingänge erhältlich oder kann vorab über NWR erworben werden. Einige der kleinen Straßen können zwar mit Hochrad-Zweiradantrieb bewältigt werden, dennoch empfiehlt sich auf jeden Fall ein Geländewagen.

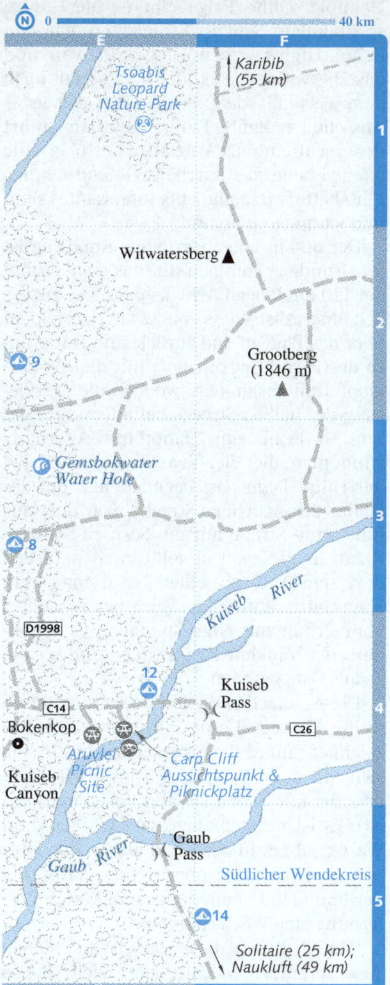

Namib-Naukluft Park

Sehenswertes

1	Dune 7	A2
2	Gräber deutscher Polizisten	D2
3	Goanikontes	B1
4	Mondlandschaft	C1
5	Salzgewinnungsanlage	A3

Aktivitäten, Kurse & Touren

6	Kamelfarm	B1
	Okakambe Trails	(siehe 6)

Schlafen

7	Bloedkoppie	D2
8	Ganab	E3
9	Groot Tinkas	E2
10	Homeb	C5
11	Kriess-se-Rus	D4
12	Kuiseb Canyon	E4
13	Mirabib	D4
14	Rostock Ritz	F5
15	Vogelfederberg	C3

NAUKLUFTBERGE

063 / 1973 M

Die Naukluftberge ragen steil aus den Kiesebenen der Zentralnamib auf. Tiefe Schluchten, Höhlen und Quellen durchziehen den Gebirgsstock aus Dolomitgestein. Durch das Massiv winden sich die Flüsse Tsondab, Tsams und Tsauchab, und deren relativer Wasserreichtum schafft einen idealen Lebensraum für die Bergzebras, Kudus, Leoparden, Springböcke und Klippspringer, die es hier in den Bergen gibt. Neben Wildbeobachtung eignet sich der Naukluft für anspruchsvolle Wanderungen, mit denen man sich diese weitgehend unzugängliche Gegend erschließen kann.

Geschichte

In den frühen 1890er-Jahren waren die Naukluftberge Schauplatz eines heftigen Kampfes zwischen den deutschen Kolonialtruppen und den Nama. Im Januar 1893 planten Soldaten der deutschen Schutztruppe für die Vertreibung der Nama aus ihrer Siedlung in Hoornkrans drei Tage ein. Da sie das Gebiet aber nicht kannten und keinerlei Erfahrung im Guerillakrieg besaßen, dauerte der Kampf schließlich Monate und forderte auf beiden Seiten große Verluste. Schließlich unterbreiteten die Nama das Angebot, die deutsche Herrschaft anzuerkennen, wenn sie dafür ihr Land und ihre Waffen behalten durften. Die Deutschen erklärten sich damit einverstanden, und der Kampf war beendet.

Sehenswertes & Aktivitäten

Waterkloof Trail WANDERN

Dieser schöne, 17 km lange Rundweg verläuft entgegen dem Uhrzeigersinn und kann in etwa sieben Stunden bewältigt werden. Er beginnt beim Campingplatz Koedoesrus (Naukluft), 2 km westlich vom Hauptbüro des Parks. Der Weg folgt dem Lauf des Naukluft River, vorbei an einem Fischwehr mit vielen Fröschen (nicht verpassen: den unglaublichen Schilfrohr-Tunnel!) sowie einigen Wasserlöchern und Tümpeln, deren

Wasser sich sowohl zum Trinken als auch zum Schwimmen eignet. Etwa 1 km hinter dem letzten Wasserloch biegt der Weg nach Westen ab. Er folgt nun nicht länger dem Naukluft River und führt zu einer *kloof* (enge Felsschlucht oder Klamm) hinauf. Von dort bis zur Markierung der halben Strecke verläuft der Weg über ein zunehmend offenes Hochplateau.

Kurz nach der Markierung auf halbem Wege steigt der Trail steil zu einem breiten Bergkamm von 1910 m Höhe an, der den höchsten Punkt der Strecke bildet. Hier wird man mit einer sagenhaften Aussicht über die Wüste belohnt, bevor der lange, steile Abstieg ins Gororosib-Tal beginnt. Der Weg führt im weiteren Verlauf an mehreren Tümpeln voller Schilf und an einem beeindruckenden Wasserfall vorbei, dann trifft er wieder auf den Naukluft River. Hier macht die Route einen Linksknick und folgt der Rest der Straße dem Geländewagen-Trail bis zurück zum Hauptbüro des Namib-Naukluft Park.

Olive Trail — WANDERN

Der 11 km lange Olive Trail, der seinen Namen den wildwachsenden Oliven verdankt, beginnt beim Parkplatz, 4 km nordöstlich vom Hauptbüro des Parks. Der Weg verläuft im Uhrzeigersinn über eine Strecke in Form eines Dreiecks und dauert normalerweise vier bis fünf Stunden.

Die Wanderung beginnt mit einem steilen Aufstieg auf das Plateau und bietet dabei zahlreiche schöne Ausblicke hinab ins Naukluftal. Dann biegt der Weg scharf Richtung Osten ab und führt bergab durch ein enges Flusstal, das zunehmend breiter und steiler wird und einige wohlgeformte U-Biegungen macht. Ein Stück weiter wird der Weg durch ein Wasserloch versperrt, und die Wanderer kommen hier nur weiter, indem sie mit Hilfe von fest verankerten Ketten eine Bergwand überwinden. Auf diesem Stück ist die Landschaft besonders beeindruckend. Kurz bevor der Weg endet, trifft er auf die Strecke für Geländewagen, dann biegt er scharf nach Süden ab und führt direkt auf den Parkplatz.

Viertage- & Achttagerundwege — WANDERN

Die beiden großen Rundwanderwege durch das Massiv können in vier oder acht Tagen zurückgelegt werden. Viele halten die Naukluftberge für eine Art magischen Ort, sein Charme ist aber weniger offensichtlich als der des Fish River Canyon im südlichen Namibia. Ohne Frage gibt es hier einige spektakuläre Sehenswürdigkeiten, wie den Zebra Highway, den Ubusis Canyon und das Die Valley (neben dem Wasserfall nach dem Fels mit dem Profil eines Hengstes Ausschau halten!). Einige Tage lang führt der recht eintönig Weg aber nur über eine offene Ebene oder durch nervtötend steinige Flussbette, wo man nichts Interssantes sieht und kaum vorankommt.

Der 60 km lange viertägige Rundweg ist im Grunde genommen nur das erste Drittel der 120 km langen Acht-Tage-Strecke zuzüglich eines Abstechers von 22 km querfeldein über das Plateau und zurück zum Hauptbüro des Parks. Er trifft dort mit dem Waterkloof Trail zusammen, wo sich die Markierung der halben Strecke befindet, und folgt ihm ab da bis zum Hauptbüro. Alternativ kann man die Vier-Tage-Strecke auch bei der Hütte Tsams Ost beenden, also auf der Hälfte der Acht-Tage-Strecke; von dort aus führt eine Straße auf die Sesriem-Solitaire Road. In diesem Fall sollte man natürlich dort sein Auto abstellen, bevor man vom Hauptbüro aufbricht. Wichtig: Wanderer können nur mit einer speziellen Genehmigung der Naukluft-Ranger den Rundweg bei Tsams Ost beginnen.

Diese einfachen Wanderungen sind durch weiße Trittsiegel mit Fußstapfen gekennzeichnet (außer die Streckenabschnitte, die sich mit dem Waterkloof Trail überschneiden, der mit gelben Fußabdrücken markiert ist). Es ist meistens heiß und trocken, und Wasser gibt es in der Regel nur an den Hütten, in denen man übernachten kann (bei der Putte-Hütte befindet sich in 400 m Entfernung eine Wasserpumpe).

Wer den Acht-Tage-Marsch auf sieben Tage verkürzen möchte, kann sich Ubusis Canyon sparen, indem er bei Bergpos nach Norden abbiegt und die zweite Nacht in der Adlerhorst-Hütte verbringt. Extrem gestählte Wanderer können den siebten und achten Tag auch einfach zusammenlegen.

An vier Stellen – beim Ubusis Canyon, oberhalb von Tsams Ost, Die Valley und direkt hinter der Tufa-Hütte – müssen Wanderer es mit ausgetrockneten Wasserfällen aufnehmen, durch mit Geröll zugeschüttete Schluchten kraxeln und mit Hilfe von gespannten Ketten und Stahlseiten steile Kalktuff-Formationen überwinden. Einigen Leuten ist das zu viel, man sollte sich also vorher gut überlegen, ob man sich derartigen Abenteuern gewachsen fühlt.

Naukluftberge

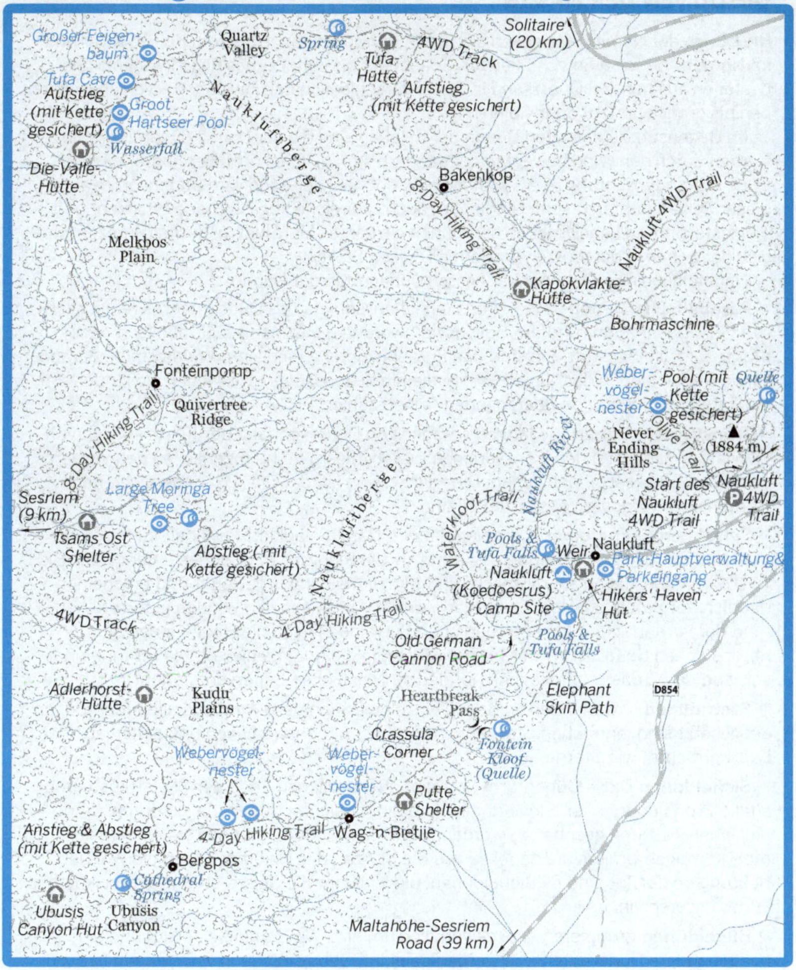

Naukluft 4WD Trail GELÄNDEFAHRTEN

Wer gerne offroad fährt, kann sich auf dem 73 km langen Naukluft 4WD Trail zwei Tage lang austoben. Die Piste beginnt nahe dem Startpunkt des Olive Trail und folgt einer Schleife im Nordosten der Naukluftberge. Genächtigt wird in einer der steinernen A-Dachhütten bei Kilometer 28. Sie sind mit Gemeinschaftstoiletten und -duschen sowie Grillplätzen ausgestattet. Bis zu vier Autos bzw. 16 Personen dürfen sich hier gleichzeitig aufhalten. Gebucht wird die Fahrt über das NWR-Büro in Windhoek; die Fahrt auf dem Trail kostet (einschließlich Unterkunft) 220 N$ pro Fahrzeug, plus 80 N$ pro Person und Tag.

Schlafen

Neben den verschiedenen inoffiziellen Campingplätzen an den Wegen gibt es noch mehrere Unterkünfte, die außerhalb des Parks gelegen sind.

Tsauchab River Camping CAMPINGPLATZ $

(293416; www.tsauchab.com; Zeltplatz 150 N$, plus pro Pers. 100 N$, EZ-/DZ-Hütte 760/1300 N$) Wanderer (bzw. jene, die einfach nur eine tolle Umgebung lieben) werden von diesem Platz begeistert sein. Die verstreut

DIE DÜNEN DER NAMIB

Die Dünen der Namib erstrecken sich im Süden vom Orange bis zum Kuiseb River und im Norden von Torra Bay im Skeleton Coast Park bis zum Curoca River in Angola. Sie bestehen aus buntem Quarzsand in den unterschiedlichsten Farbtönen – von cremefarben bis orange und rot oder violett.

Im Gegensatz zu den alten Dünen der Kalahari sind die der Namib dynamisch: Sie werden durch den Wind bewegt und verändern ständig ihre Form. Der obere Teil der Düne in Wanderrichtung ist als slipface bekannt, weil der Sand vom Dünenkamm auf dieser Seite hinunterrutscht. Hier lagern auch zahlreiche abgestorbene Pflanzen- und Tierreste, die den Lebewesen in den Dünen ein karges Mahl bieten, deshalb konzentriert sich das Leben in der Wüste vor allem an diesen Stellen.

Nachfolgend eine Liste der häufigsten Dünenarten der Namib:

» **Parabolische Dünen** Entlang des östlichen Gebiets des Dünenmeeres (einschließlich der Dünenregion rund um Sossusvlei) werden die Dünen als parabolisch oder multizyklisch eingestuft. Sie sind das Ergebnis unterschiedlicher Windformen. Parabolische Dünen sind in der Namib-Wüste die stabilsten Dünen, weswegen sie zu den am stärksten mit Vegetation überzogenen Dünen zählen.

» **Transversale Dünen** Die langen geradlinigen Dünen entlang der Küste südlich von Walvis Bay zählen zu den transversalen Dünen, die im rechten Winkel zu den vorherrschenden Südwestwinden liegen. Die Folge davon ist, dass ihre Hangbereiche nach Norden und Nordosten ausgerichtet sind.

» **Seifdünen** Beim Homeb-Campingplatz im Namib-Naukluft Park befinden sich die markant geradlinigen Seifdünen, enorme, in alle Richtungen orientierte Sandriffel. Bis zu 100 m hoch, liegen sie räumlich rund 1 km voneinander getrennt und erscheinen deutlich auf Satellitenfotos. Seifdünen werden von saisonalen Winden geformt. Während der vorherrschenden sommerlichen Südwinde liegen die Hangflächen auf der nordöstlichen Seite. Im Winter bläst der Wind in die entgegengesetzte Richtung und sorgt so dafür, dass Hangflächen auf den südwestlichen Seiten entstehen.

» **Sterndünen** In Gegenden, in denen einzelne Dünen dem Wind aus allen Richtungen ausgesetzt sind, entstehen Sterndünen. Sie haben mehrere Ecken und sehen aus der Luft betrachtet wie Sterne aus.

» **Sicheldünen** Diese Dünenform herrscht am nördlichen Ende der Skelettküste und südlich von Lüderitz vor. Sicheldünen sind die mobilsten Dünen, da sie durch Winde aus einer Richtung geschaffen werden. Wenn sie wandern, nehmen sie einen halbmondförmigen Umriss an, dabei zeigen die Spitzen des Halbmondes in die Wanderrichtung. In der Tat sind es Sicheldünen, die langsam die Geisterstadt Kolmanskop bei Lüderitz verschlingen.

» **Hügeldünen** gruppieren sich gewöhnlich um eine Wasserquelle herum und sind kleiner als andere Dünenarten. Sie werden gebildet, wenn sich Sand z. B. um ein Grasbüschel herum aufhäuft und von den Wurzeln der Pflanze an Ort und Stelle gehalten wird. Hügeldünen sind meistens weniger als 3 m hoch.

liegenden Zeltplätze befinden sich am Flussbett des Tsauchab – einer sogar in einem riesigen, ausgehöhlten Baum – und haben jeweils ihr eigenes Duschhaus, ein Waschbecken und einen Grillplatz. Der 6 km lange Kudu Hiking Trail führt auf den Gipfel des Rooikop hinauf. Neben einer Quelle 11 km vom Hauptplatz entfernt befindet sich ein Platz ausschließlich für Geländewagen – hier beginnt der tolle 21 km lange Mountain Zebra Hiking Trail.

Büllsport Guest Farm FARMUNTERKUNFT **$$**
(☎693371; www.buellsport.com/main.html; EZ/DZ mit Halbpension ab 840/1460 N$) Die malerische Farm von Ernst und Johanna Sauber wurde in wunderbarer, herber Landschaft zu Füßen der Naukluftberge errichtet. Auf dem Farmgelände, das von mehreren Bergzebras bevölkert wird, liegen die Ruine einer kolonialen Polizeistation und der Bogenfels. Ein Highlight ist die Geländewagenfahrt auf das Plateau und die anschließende Wande-

NARA-MELONEN

Historisch gesehen verdanken die Menschen der Namib ihr Überleben dort einer außergewöhnlichen dornigen Pflanze, der Nara-Melone. Friedrich Welwitsch, auf den auch der Name der Welwitschie zurückgeht, lieferte die erste systematische Beschreibung dieser Melone.

Obwohl der Nara-Strauch in der Wüste wächst, ist er keine Wüstenpflanze, denn ihm fehlt die Fähigkeit, Wasserverlust durch Transpiration zu vermeiden. Er muss sich daher über eine lange Pfahlwurzel mit Feuchtigkeit aus dem Grundwasser versorgen. Nara-Melonen eignen sich deshalb ausgezeichnet zur Kontrolle des Grundwasserspiegels: Ist die Pflanze gesund, so gilt das auch für den Wasservorrat! Da die Melone keine Blätter hat, ist sie vor weidenden Tieren weitgehend geschützt, nur Strauße knabbern ihre zarten Triebe ab.

Wie bei der Welwitschia befinden sich die männlichen und weiblichen Geschlechtsorgane bei den Nara-Melonen jeweils auf unterschiedlichen Pflanzen. Die männlichen Pflanzen blühen das ganze Jahr über, dafür bringen die weiblichen jeden Sommer die 15 cm großen Melonen hervor, die von Schakalen, Insekten, aber natürlich auch von den Menschen geschätzt werden. Dem Volk der Topnaar-Khoi Khoi dient die Melone auch heute noch als Hauptnahrungsmittel, außerdem wird sie mittlerweile in der Gegend verkauft. Jedes Jahr zur Erntezeit errichten die Topnaar Camps um das Kuiseb-Delta herum und ernten die Früchte. Die Melonen können zwar auch roh gegessen werden, die meisten trocknen sie aber lieber, um sie später zu verwerten. Viele Früchte werden aber auch verpackt und zu den Märkten in der Stadt gebracht.

rung zurück durch die Schlucht mit mehreren idyllischen Badebecken.

Zebra River Lodge LODGE **$$**
(☎061-301934; www.zebrariver.com; EZ/DZ mit Vollpension ab 1160/1630 N$) Rob und Marianne Fields ganz privater Grand Canyon liegt zauberhaft schön in den Tsarisbergen. Die herrliche Umgebung aus Wüstenbergen, Plateaus, Tälern und natürlichen Quellen ist über ein Netz aus Wanderwegen und Allradpisten zu erreichen. Wer die Strecke sehr vorsichtig fährt, kann die Lodge auch mit normalem Pkw erreichen.

ℹ Praktische Informationen

Die meisten Besucher der Naukluftberge wollen entweder den Waterkloof Trail oder den Olive Trail laufen. Beide Wege sind auch für Tageswanderungen geeignet, die meisten Wanderer ziehen es jedoch vor, in Naukluft (Koedoesrus) zu campen (vorher unbedingt buchen!).

Für die vier- bzw. achttägigen Rundwege gibt es mehrere Einschränkungen. Wegen der erdrückend heißen Sommertemperaturen und möglicher heftiger Regenfälle sind beide Wege nur vom 1. März bis zum dritten Freitag im Oktober begehbar. Offiziell können diese Wanderungen nur am Dienstag, Donnerstag und Samstag in den ersten drei Wochen eines jeden Monats begonnen werden. Im Preis von 100 N$ pro Person ist die Übernachtung in der Hütte **Hikers' Haven** in der Nacht vor und nach der Wanderung enthalten sowie das Zelten auf den ausgewiesenen Plätzen unterwegs und in der **Ubusis Canyon Hut**. Zusätzlich müssen 80 N$ pro Person und Tag sowie nochmals 10 N$ pro Tag für jedes geparkte Fahrzeug bezahlt werden. Die Wandergruppen sollten aus drei bis zwölf Personen bestehen.

Wegen des üblicherweise heißen, trockenen Klimas und dem Mangel an natürlichen Wasserquellen müssen mindestens 3 bis 4 l Wasser pro Person und Tag sowie Proviant und Notfallversorgung mitgetragen werden.

ℹ An- & Weiterreise

Naukluft ist am besten über die C24 von Rehoboth und die D1206 von Rietoog zu erreichen; getankt werden kann in Büllsport und Rietoog. Vom 103 km entfernten Sesriem erreicht man Naukluft am schnellsten über die allerdings sehr holprige D854.

SESRIEM & SOSSUSVLEI

☎063

In diesem riesigen Land mit seinen gewaltigen Landschaften wirkt selbst noch seine größte Touristenattraktion, das Sossusvlei, abgeschieden. Die Dünen, die im richtigen Licht fast schon überirdisch wirken, sind Teil des 32 000 km² großen Sandmeeres, das den Großteil der Region bedeckt. Die Dünen erreichen eine Höhe von bis zu 325 m und sind Teil eines der ältesten und trockensten Ökosysteme der Welt. Die Landschaft verändert sich jedoch ständig – der Wind gestal-

Sesriem & Sossusvlei

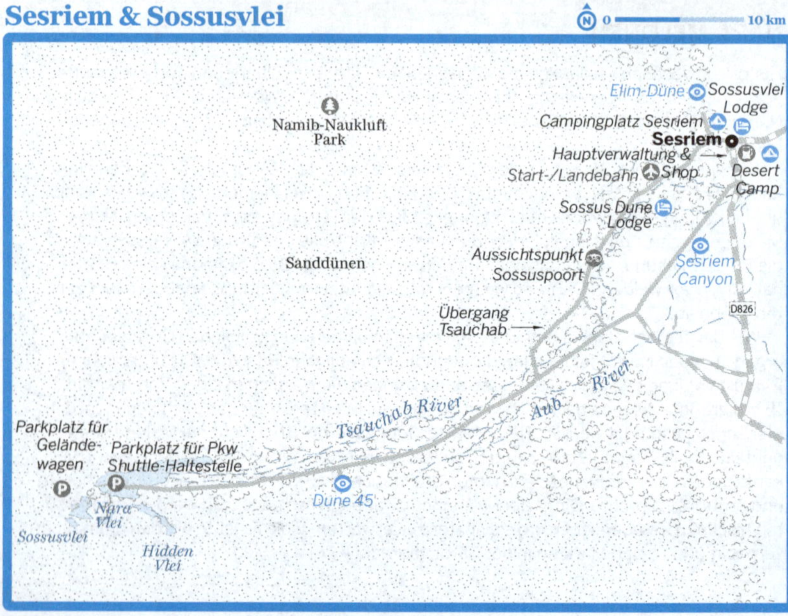

tet die Formen der Dünen ständig neu. Auch die Farben ändern sich mit dem wechselnden Licht – kurz nach Sonnenaufgang sind sie am intensivsten.

Das Tor zum Sossusvlei ist Sesriem („sechs Riemen"). Der Name geht zurück auf die Anzahl der zusammengebundenen Ochsenwagenriemen, die zum Wasserschöpfen aus der nahen Schlucht nötig waren. Sesriem ist noch immer ein einsamer und entlegener Vorposten der Wüste, in dem es nicht viel mehr als eine Tankstelle und eine Handvoll Touristenhotels und Lodges gibt.

Sehenswertes & Aktivitäten

Sossusvlei LANDSCHAFT

Sossusvlei, eine große Salzpfanne, liegt inmitten roter Sanddünen, die sich bis 200 m über das Tal und mehr als 300 m über die darunter liegenden Schichten erheben. Sie füllt sich nur sehr selten mit Wasser, aber wenn der Tsauchab River Wasser führt und genug Kraft gesammelt hat, um durch die ausgedörrten Ebenen bis zum Sandmeer vorzudringen, ist die Gegend schlagartig wie verwandelt. Der vertrocknete Boden verschwindet in einem blau-grünen See, der von Pflanzen umgeben ist und viele Wasservögel anlockt, aber auch Spießböcke und Strauße, die sich im Sand sehr wohlfühlen und vielleicht sogar den Kopf hineinstecken.

Dieser Sand entstand vermutlich vor etwa 3 bis 5 Mio. Jahren in der Kalahari. Er wurde den Oranje (Orange River) hinunter ins offene Meer geschwemmt, von dort mit dem Benguelastrom Richtung Norden gespült und lagerte sich schließlich an der Küste ab. Um eine Vorstellung von der Größe des Sandmeers zu bekommen, erklimmt man am besten eine Düne. Wen dabei ein Déjà-vu-Erlebnis überkommt, braucht sich nicht zu wundern – Sossusvlei tauchte weltweit in zahlreichen Filmen und Werbespots auf, und fast jeden Bericht über Namibia schmückt ein Bild von Sossusvlei.

Am Endpunkt der 65 km langen, für Zweiradantrieb ausgelegten Straße von Sesriem befindet sich der Parkplatz. Ausschließlich Geländewagen können die verbleibenden 4 km in die Sossusvlei-Pfanne hineinfahren. Besucher mit kleineren Fahrzeugen stellen ihr Auto auf dem Parkplatz ab, laufen, trampen oder nehmen den Shuttle-Bus, um die verbleibende Strecke hinter sich zu bringen. Wer gerne zu Fuß geht, und das ist in der Tat der beste Weg, um die Wüstenszenerie auf sich wirken zu lassen, sollte rund 90 Minuten einplanen und ausreichend Trinkwasser mitnehmen, um der Wüstenhitze Paroli bieten zu können.

Sesriem Canyon SCHLUCHT
4 km südlich vom Hauptbüro in Sesriem beginnt der 1 km lange und 30 m tiefe Sesriem Canyon. Er verdankt seine Entstehung dem Tsauchab River, der sich in die 15 Mio. Jahre alten Ablagerungen aus Sand und Kies hineingefressen hat. Es gibt zwei schöne Wanderrouten: Eine führt flussaufwärts bis zum Brackwasserpool am oberen Ende des Flusses, die andere 2,5 km flussabwärts zum unteren Ende. Nicht verpassen: Die Felsformation, die Ähnlichkeit mit einer in Stein gehauenen ägyptischen Sphinx hat, auf der Nordseite an der Mündung des Canyons.

Dune 45 LANDSCHAFT
Die am einfachsten zu erreichende unter den großen roten Dünen an der Straße zum Sossusvlei ist die Dune 45 – so benannt, weil sie 45 km von Sesriem entfernt liegt. Sie ragt über 150 m aus der Ebene hervor und ist von mehreren struppigen fotogenen Bäumen umgeben.

Elim Dune LANDSCHAFT
Die häufig besuchte Düne liegt 5 km nördlich des Sesriem-Camps und kann mit normalen PKWs angefahren werden. Sie ist zudem ein schönes Ziel für einen Morgen- oder Abendspaziergang.

Hidden Vlei WANDERN
Der 4 km lange Marsch vom Parkplatz zum Hidden Vlei, einer trockenen Salzpfanne inmitten einsamer Dünen, ist äußerst lohnenswert. Tote Bäume werfen lange Schatten über die kahlen Sandhänge. Die Straße ist mit weißen Pfosten markiert. Am spannendsten ist die Wanderung am Nachmittag, dann ist hier mit großer Wahrscheinlichkeit sonst keine Menschenseele unterwegs.

Dead Vlei WANDERN
Die schroffe, 6 km lange Wanderung vom Sossusvlei zum Dead Vlei ist beliebt bei allen, die das Sossusvlei für zu touristisch halten. Trotz seines Namens ist es ein wunderbarer Ort und genauso beeindruckend wie sein bekannterer Nachbar.

Namib Sky Balloon Safaris ABENTEUERSPORT
(☎683188; www.namibsky.com) Über den Dünen in einem Heißluftballon zu schweben (3950 N$ pro Pers. mit Champagnerfrühstück) ist eine atemberaubende Art, die überwältigende Landschaft zu erleben. Viele Unterkünfte in der Gegend sorgen für eine Abholung eine halbe Stunde vor Sonnenaufgang.

Schlafen

Frühzeitige Reservierungen sind erforderlich, besonders in der Hochsaison, während der Schulferien und an besuchsreichen Wochenenden.

Sesriem Camp Site CAMPINGPLATZ $$
(Zeltplatz pro Pers. 130 N$) Mit Ausnahme der noblen Sossus Dune Lodge ist dies die einzige Unterkunft innerhalb des Parks – eine Übernachtung hier garantiert die Ankunft in Sossusvlei rechtzeitig zum Sonnenaufgang. Der Campingplatz ist sehr einfach ausgestattet: sandige Stellplätze mit Mülleimern, Wasserhähnen und schattigen Bäumen – und für das Gebotene eigentlich zu teuer. Letztendlich zahlt man den Aufpreis für die Lage innerhalb des Parks. Da er sehr beliebt ist, muss im NWR-Büro in Windhoek im Voraus gebucht und vor Sonnenuntergang angereist werden, andernfalls werden die Plätze nach Warteliste weiter vergeben. Ein kleiner Laden im Büro verkauft Snacks und kalte Getränke, die Bar auf dem Platz sorgt jeden Abend für Musik und Alkohol.

Sossusvlei Lodge LODGE $$$
(☎293636; www.sossusvleilodge.com; Zeltplatz für 2 Pers. 300 N$, EZ/DZ ab 2330/3150 N$;) Die Gäste lieben diese merkwürdige Lodge oder hassen sie, auf jeden Fall hat sie Charakter. Genächtigt wird in separaten Chalets mit jeweils eigener Veranda, man trifft sich am Swimmingpool, im Bar-Restaurant und in der Sternwarte. Wer vor Ort nach einem Bett fragt, kommt oft billiger davon. Das hauseigene Reisebüro organisiert Rundflüge, Heißluftballontrips, Quadbiketouren und viele weitere Aktivitäten. Zur Lodge gehört auch der **Campingplatz Sossus Oasis** nahe der Tankstelle – ein ungeschützter Platz mit guten Sanitäreinrichtungen.

Sossus Dune Lodge LODGE $$$
(☎061-2857200; www.nwr.com.na/sossus_dune_lodge.html; EZ-/DZ-Dünenhütte mit Halbpension 2400/4600 N$;) Wer den Urlaub mit allem Komfort genießen möchte, der sollte sich in dieser brandneuen und ausgesprochen exklusiven Lodge einquartieren. Sie wird vom NWR verwaltet und gehört zu den zwei Immobilien innerhalb des Parks. Vollständig aus lokal verfügbaren Materialien errichtet, besteht die Unterkunft aus erhabenen Bungalows entlang einer gekrümmt verlaufenden Promenade und ist auf die stillen Wüstenebenen hin ausgerichtet. Am Morgen verlassen die Gäste das luxuriöse Doppelbett, gönnen sich eine warme Dusche

und genehmigen sich ein leichtes Frühstück mit Filterkaffee und frischen Früchten, um dann zu den ersten Menschen zu gehören, die das morgendliche Lichtspektakel über Sossusvlei beobachten können.

La Mirage Desert Lodge HOTEL $$$
(☎063-693019; www.leadinglodges.com/lodges/lodges-in-namibia/le-mirage-lodge-spa; Zi. pro Pers. 2300 N$;) Das extravagante, burgähnliche Steingebäude steigt wie eine Luftspiegelung aus der Wüste auf. Das Ganze wirkt reichlich übertrieben, aber es ist eine sehr komfortable Unterkunft mit großen und opulent eingerichteten Zimmern sowie mit Pool, Rasen und Liegestühlen um eine Bar und ein Restaurant. Die Zimmer gibt es in verschiedenen Größen, also vorher anschauen: Zimmer 26 ist beispielsweise gut. Eine Ecke für den Cocktail am Abend gibt es hinter dem Haus. La Mirage liegt 21 km von Sesriem entfernt an der C27.

Desert Camp ZELTCAMP $$
(☎683205; www.desertcamp.com; pro Pers. 1000 N$;) Der Ableger der Sossusvlei Lodge, 3 km außerhalb des Parkeingangs, richtet sich an Mittelklassereisende, die den Komfort einer Lodge wünschen, ohne allzu viel ausgeben zu müssen. Das Desert Camp besteht aus 20 Leinwandzelten im ostafrikanischen Stil rund um den zentralen Gemeinschaftsplatz. Alle sind mit eigenem Bad, Kochnische und Grillplatz ausgestattet.

ℹ Praktische Informationen

Der Sesriem Canyon und das Sossusvlei sind das ganze Jahr über von Sonnenauf- bis Sonnenuntergang geöffnet. Wer den Sonnenaufgang über Sossusvlei erleben will, muss im Park übernachten, entweder im Sesriem Camp oder in der Sossus Dune Lodge. Von dort dürfen Gäste zum Sossusvlei aufbrechen, noch bevor andere Besucher durch das Haupttor gelassen werden. Wer sich nur einfach mit dem Morgenlicht zufrieden gibt, kann in Sesriem oder in Solitaire übernachten und durch das Parktor eintreten, sobald die Sonne über den Horizont steigt.

Alle Besucher des Sossusvlei müssen sich im Parkbüro melden und sich eine Parkgenehmigung für den Eintritt besorgen.

Der **Eintritt** in den Namib-Naukluft-Park im Sossusvlei kostet 80 N$ pro Person und 10 N$ pro Fahrzeug. In der Tankstelle nahe dem Campingplatz Sossus Oasis gibt es ein **Internetcafé** (30 Min. 30 N$).

ℹ An- & Weiterreise

Sesriem ist über den ausgeschilderten Abzweig von der C14 aus erreichbar; Benzin gibt es im Ort. In den Park fahren keine öffentlichen Verkehrsmittel, aber Hotels arrangieren gerne Touren, wenn kein eigenes Fahrzeug zur Verfügung steht.

Die Straße, die vom Parktor zum Parkplatz für PKWs führt, ist asphaltiert, die Höchstgeschwindigkeit auf 60 km/h beschränkt. Die Straße ist zwar für höhere Geschwindigkeiten geeignet, wegen des Wildwechsels (Oryx-Antilopen und Springböcke kreuzen immer wieder die Piste) sollte man allerdings extrem vorsichtig fahren.

SOLITAIRE & UMGEBUNG

Solitaire ist eine einsame und passend benannte Ansammlung aus ein paar wenigen Häusern, die etwa 80 km nördlich von Sesriem (Anfahrt über die A46) liegen. Der Ort ist zwar nicht mehr als ein Fleck in der Wüste, aber in der Umgebung gibt es mehrere Farmunterkünfte und Lodges, die ein alternativer Standort für den Besuch von Sossusvlei sind.

Schlafen & Essen

LP TIPP **Agama River Camp** LODGE, CAMPINGPLATZ $$
(☎683245; www.agamarivercamp.com; Zeltplatz/Bungalow pro Pers. 120/400 N$) Die relativ neue Lodge liegt günstig zwischen dem Sossusvlei und Sesriem (34 km von Sesriem entfernt). Die Bungalows haben Dachterrassen, auf denen das Personal auch Betten aufbaut, damit die Gäste unter den Sternen nächtigen können. Wer auf dem exzellenten Campingplatz zeltet, den lässt der freundliche Besitzer bei miserablem Wetter auch schon mal im Wohnzimmer neben dem Kamin schlafen. In der Lodge selbst gibt es eine Lounge und eine Terrassenbar (am schönsten ist es hier, wenn sich bei einem kalten Bier die Berge der Umgebung in rosa und roten Tönen verfärben). Mahlzeiten gibt es nur, wenn sie frühzeitig vorbestellt werden.

Solitaire Guest Farm FARMUNTERKUNFT $$
(☎062-682033; www.solitaireguestfarm.com; Zeltplatz 120 N$, EZ/DZ mit Halbpension ab 800/1440 N$;) Die einladende Farmunterkunft liegt 6 km östlich von Solitaire an der C14. Die friedliche Oase zwischen der Namib-Ebene und den Naukluftbergen bietet helle Zimmer, hausgemachte Mahlzeiten und ein erholsames Umfeld.

Solitaire Country Lodge LODGE $$
(☎063-293621; www.namibialodges.com; Zeltplatz pro Pers. 100 N$, EZ/DZ 495/805 N$; @) Obwohl sie noch gar nicht so alt ist, erweckt die Lodge bewusst den Eindruck einer Farm aus der Kolonialzeit, allerdings mit einem gro-

ßem Swimmingpool im Garten. Die zweckmäßigen Zimmer rund um einen großen Rasenplatz sind spartanisch eingerichtet, aber recht groß.

Rostock Ritz LODGE $$$
(☎064-694000; www.rostock-ritz-desert-lodge.com; Zeltplatz pro Pers. ab 130 N$, EZ-/DZ-Hütten ab 1200/1900 N$;) Die ungewöhnliche Unterkunft ist bekannt für ihren skurrilen Wassergarten und die coolen, höhlenartigen Hütten mit Betonkuppel. Die Rostock Campsite ist ein friedlicher Platz und liegt 7 km von der Lodge entfernt. Das Personal organisiert etliche Aktivitäten wie Wandern, einen Besuch der heißen Quellen in der Nähe und den obligatorischen Ausflug zum Sossusvlei. Das Ritz liegt östlich der C14 – gleich südlich der Kreuzung mit der C26.

An- & Weiterreise

Solitaire ist über die unbefestigte C19 mit Sesriem verbunden. Benzin gibt es im Ort. Ab der Tankstelle in Solitaire wurde Mitte 2012 ein Pendelservice zum Sossusvlei eingerichtet (hin & zurück 100 N$); an der Tankstelle erfährt man, ob er noch läuft und wann die Fahrzeuge fahren.

NATURRESERVAT NAMIBRAND

Das NamibRand Nature Reserve (www.namibrand.org) grenzt an den Namib-Naukluft Park und ist der größte Privatbesitz im südlichen Afrika. Das Gebiet, das durch die Zusammenlegung von mehreren ehemaligen Farmen entstanden ist, schützt eine über 200 000 ha umfassende Dünenlandschaft, Wüstengrasland und wilde, abgeschiedene Bergketten.

Zurzeit gibt es im Reservat mehrere Konzessionäre, die in einer der beeindruckensten und farbenprächtigsten Gegenden Namibias Erlebnistouren anbieten. Hier leben beeindruckend viele Wildtiere, darunter große Herden oder kleinere Trupps von Spießböcken, Springböcken und Zebras sowie Kudus, Klippspringer, Tüpfelhyänen, Schakale, Kapfüchse und Löffelhunde, Falbkatzen, Karakale und Ginsterkatzen.

Der Zugang mit Privatfahrzeugen wird begrenzt, um das heikle Gleichgewicht des Schutzgebietes zu bewahren. Die Preise für die Unterkunft sind sehr hoch; damit versucht man, den Touristenstrom gering zu halten. Folglich muss im Voraus gebucht werden, und zwar über eine Lodge. Anschließend kann ein Transfer mit einem Geländewagen oder ein Charterflug arrangiert werden.

Schlafen

Wolwedans Dune Lodge LODGE $$$
(☎061-230616; www.wolwedans.com; Hütte pro Pers. mit Vollpension & Aktivitäten ab 4280 N$;) Als eine der erschwinglicheren Lodges in NamibRand bietet der Wolfstanz, so die deutsche Übersetzung, architektonisch herausragende Holzchalets, die verstreut inmitten roter Sanddünen auf Stelzen stehen. Der Service ist ohne Fehl und Tadel und das Ambiente überwältigend elegant, was bei diesen Preisen aber auch durchaus erwartet werden darf. Zu den angebotenen Aktivitäten zählen Ausflugsfahrten in die Dünen und geführte Safaritouren.

Sossusvlei Desert Lodge LODGE $$$
(☎in Johannesburg 27-11-809 4300; www.andbeyondafrica.com; Hütte pro Pers. mit Vollpension & Aktivitäten ab 3690 N$;) Die schicke Unterkunft erscheint regelmäßig im Condé Nast Traveller als eine der Top-Locations der Welt. Zum Anwesen gehören zehn Chalets, die mit Steinen aus einem örtlichen Steinbruch erbaut wurden und sich harmonisch in die Landschaft einfügen. Die Inneneinrichtung ist wahrhaft luxuriös und bietet reichlich Annehmlichkeiten wie z. B. einen eigenen Kamin, ein Marmorbad und Innenhöfe, die mit Leinwand überspannt sind. Bemerkenswert ist weiterhin die dort untergebrachte Sternwarte, die ein leistungsstarkes Teleskop vorweisen kann. Hochgestochen in der Wüste!

DER SÜDEN

Manche Reisende nutzen ihren Streifzug durch Südafrika, um auch Namibias wüstenreichen Süden zu erkunden. In dem Fall führt einer der besten Wege über die weitläufige südafrikanische Provinz Nordkap. Nach dem Überqueren der namibischen Grenze wird die Landschaft auffallend kahler, mit ihren weit verstreuten Gesteinsbrocken erinnert sie an eine Mondlandschaft – geprägt von den unbezwingbaren Bewegungen einer der ältesten Dünen der Erde.

Auf den Reiseplänen nimmt der Etosha National Park im Norden des Landes meist den ersten Platz ein. Doch auch dem Süden mangelt es nicht an bizarren Naturschönheiten: Südnamibias Wüsten glitzern in der Sonne, und zwar buchstäblich, denn in ihrem Sand verbergen sich Millionen Karat Diamanten.

Lüderitz ist schon seit langem ein beliebtes Reiseziel. Die Hafenstadt wirkt wie ein surreales Relikt aus der deutschen Kolonialzeit, das sich dem 21. Jh. bisher weitgehend verweigert hat. Vielmehr klammert sie sich an ihre europäischen Wurzeln und verblüfft Reisende mit einer traditionellen deutschen Architektur vor der Kulisse aus glühend heißem Sand und tiefblauer See.

Mehr als jeder andere Ort in Namibia löst schon der erste Blick auf den Fish River Canyon beim Betrachter ein Gefühl von erhabener Ehrfurcht aus – Mutter Natur in ihrer schönsten Form. Die Schlucht zählt zu den größten Canyons der Welt und den spektakulärsten Highlights des afrikanischen Kontinents.

Geografie

Südnambia erstreckt sich von Rehoboth im Norden bis hinunter zum Orange River an der Grenze zu Südafrika. Im Osten reicht es bis zur botsuanischen Grenze und im Westen bis zur Forbidden Coast (Verbotenen Küste) am Atlantik. Weites, offenes Gelände kennzeichnet das namibische Binnenhochland. Seine weit verstreut liegenden ländlichen Ortschaften sind hauptsächlich Handels- und Marktzentren für die Farmer. Weiter im Süden geht die Landschaft in schier endlose Ebenen und Gebirgsketten über. Ganz im Süden der Region schlägt der massive Fish River Canyon eine spektakuläre Bresche in die flache Landschaft.

Unterwegs vor Ort

Einige wenige öffentliche Verkehrsmittel verbinden Windhoek mit den Landesgrenzen sowie Keetmanshoop mit Lüderitz. Wer jedoch zu fantastischen Besonderheiten der Region gelangen will, ist auf ein eigenes Fahrzeug angewiesen. Ein gewöhnliches Auto mit Zweiradantrieb reicht für die meisten südwärts führenden Straßen. Zudem lassen sich die Ausgangspunkte für Wanderungen durch den Fish River Canyon damit gut erreichen. Auch die Fahrt auf der langen, einsamen Straße von Keetmanshoop nach Lüderitz ist mit einem normalen Fahrzeug kein Problem.

Gewöhnliche Fahrzeuge mit einer einigermaßen hohen Bodenfreiheit schaffen außerhalb der Regenzeit auch die Küstenstraße rund um die Lüderitzhalbinsel. Nur von den Sandpisten jenseits der Straßen sollte man sich hier fernhalten. Für Streifzüge durch den Sperrgebiet National Park ist ein robuster Geländewagen samt kompletter Notfallausrüstung unbedingt erforderlich.

Das Binnenhochland

Die B1 ist die nord-südlich verlaufende Hauptverkehrsader des Landes. Sie teilt das Hochland und verläuft von der südafrikanischen Grenze bis Otjiwarongo. Diese gut gepflegte Straße bietet Autofahrern mehr als eine hypnotisierende gestrichelte Linie bis zum Horizont. Wer Lust dazu hat, darf hier – fern von Tempolimits – mal ordentlich auf die Tube drücken. Die meisten Ortschaften des Binnenhochlandes liegen abseits der B1. Als Ausgangspunkte, um die Naturschönheiten der Region zu erkunden, eignen sich diese Städte und Gemeinden gut. Zumindest aber sind sie auf der Fahrt zu weiter im Süden des Landes liegenden Zielen wichtige Anlaufstellen für die zwangsläufig notwendigen Tankstopps.

DORDABIS

062

Das abgeschiedene Viehzuchtgebiet rund um Dordabis bildet das Herz der namibischen Karakulschafzucht: Hier liegen mehrere Schaffarmen und Webereien. Auf der nur 4 km von der Stadt entfernten, an der C15 gelegenen **Farm Ibenstein Weavery** (573524; nach Vereinbarung) können Besucher sich über das Spinnen, Färben und Weben informieren und handgewebte Brücken und Teppiche kaufen.

Ja, der Name **Eningu Clayhouse Lodge** (581880; www.eningulodge.com; Peperkorrel Farm; EZ/DZ inkl. Halbpension 1050/1840 N$) klingt wie der Titel eines Kinderbuches. In der Tat strahlt die Lodge etwas Märchenhaftes aus. Volker and Stephanie Hümmer haben sie sorgfältig geplant und gebaut. So entstand aus sonnengetrockneten Lehmziegeln eine gelungene Mischung aus afrikanischer und indianischer Adobe-Architektur, die wirklich faszinierend aussieht. Zu den angebotenen Aktivitäten zählen herrliche Wanderungen (mit einer Berghütte auf der Strecke), Tierbeobachtungen, Bogenschießen und der Blick auf den Sternenhimmel durch das hauseigene Teleskop. Der Weg zur Farm: auf der D1458 südöstlich vom Chief Hosea Kutako International Airport (Windhoek) 63 km fahren, dann in westlicher Richtung auf die D1471 einbiegen – bereits nach 1 km taucht das Eingangstor der Eningu Lodge auf.

Um von Windhoek nach Dordabis zu kommen, die B6 Richtung Osten nehmen, dann 20 km östlich der Stadt rechts auf die

REHOBOTH

Wer Körper und Geist nach den Reisestrapazen auftanken möchte, kommt in dem entspannenden **Lake Oanob Resort** (☎062-522370; www.oanob.com.na, auch auf Deutsch; Zeltplatz 70–130 N$, EZ/DZ 780/1030 N$, 6-Pers.-Bungalow 2420 N$; ❄) auf seine Kosten. Das für die Gegend erstaunliche Refugium liegt gleich westlich von Rehoboth nahe dem Oanob Dam an einem atemberaubenden, stillen See mit blau schimmerndem Wasser. Zum Resort gehören ein schattiger Campingplatz sowie ein reetgedecktes Restaurant mit Bar. Am Seeufer stehen wunderschöne, aus Stein gebaute Bungalows für Selbstversorger. Rehoboth liegt 85 km südlich von Windhoek und nur einen Steinwurf vom südlichen Wendekreis entfernt.

Das **Stadtmuseum** (☎062-522954; www.rehobothmuseum.com; Eintritt 25 N$; ⏲Mo–Fr 9–12 & 14–16, Sa 9–12 Uhr, So & feiertags nach Vereinbarung) erzählt die Geschichte der Stadt und widmet sich auch den historischen Wurzeln (einer Missionsstation) von 1844. In dem 1903 errichteten Gebäude wohnte der erste koloniale Postmeister.

Die Intercape-Mainliner-Busse (S. 220), die zwischen Windhoek und Keetmanshoop verkehren, halten in Rehoboth (ab 230 N$, 1 Std., 4-mal wöchentl.).

C23 abbiegen. Von der Abzweigung bis zum Stadtzentrum von Dordabis sind es 66 km.

ARNHEM CAVE

Mit 4,5 km Länge ist die Arnhem Cave das längste Höhlensystem Namibias. Gebildet hat sich die Höhle in einer Schicht aus Kalk und Dolomitgestein, die zwischen Gesteinsfaltungen aus Quarzit und Schiefer eingelagert ist. Kurz nachdem der Farmer D. N. Bekker die Höhle 1930 entdeckte, begann der Abbau des gewinnbringenden Fledermausguano, der damals als Düngemittel verwendet wurde.

Die **Höhlenführungen** (1-/2-stündig 80/100 N$) bringen die Besucher in die absolute Dunkelheit. Kein einziger Sonnenstrahl dringt in die Höhle. Da sie trocken ist, haben sich nur wenige Stalagmiten oder Stalaktiten gebildet. Doch immerhin sind sechs Feldermausarten zu sehen: die Riesen-Rundblattnase, Gewöhnliche Rundblattnase, Langfußfledermaus, Geoffroys Hufeisennase (Wüstenhufeisennase) und die Ägyptische Schlitznase. In dem Höhlensystem lebt auch eine ganze Reihe von Insekten, Würmern, Spinnen, Asseln, Spitzmäusen und Garnelen. Das große Finale nach dem Verlassen der Tiefen bildet der unbeschreibliche erste Blick in das blaustichig wirkende Tageslicht.

Vom **Arnhem Cave & Lodge** (☎581885; www.arnhemcave.com; Camping pro Pers. 90 N$, Hütten pro Pers. 470 N$) lässt sich die Arnhem Cave zu Fuß innerhalb einer Stunde erreichen. Tagesausflügler können hier eine geführte Höhlenwanderung buchen, während Übernachtungsgäste obendrein ein ländliches Refugium in der Nähe der Hauptstadt genießen.

Der Weg zum Gästehaus: 3 km östlich vom Chief Hosea Kutako International Airport auf die D1458 fahren, dann nach 66 km Richtung Nordosten auf die D1506 abbiegen und der Straße 11 km bis zur T-Kreuzung folgen. Hier geht es weiter auf der nach Süden verlaufenden D180, an der nach 6 km das Gästehaus in Sicht kommt.

MARIENTAL

☎063

Das kleine Verwaltungs- und Wirtschaftszentrum Mariental liegt am Hardap Dam. Dieser Stausee speist ein ausgedehntes Bewässerungssystem, das sowohl den Anbau von Zitrusfrüchten als auch die Zucht von Straußen ermöglicht. Die meisten Autoreisenden halten in Mariental jedoch nur zum Tanken, bevor sie Richtung Westen nach Sesriem und Sossusvlei weiterfahren.

Wer über Nacht bleiben will, findet in dem alteingesessenen **Mariental Hotel** (☎242466; Marie Brandt St.; EZ/DZ 350/480 N$; ❄) elegante Zimmer mit modernem Komfort. In dem ebenfalls ansprechenden Speisesaal kommt die in namibischen Restaurants übliche Kost auf den Tisch.

Die Intercape-Mainliner-Busse (S. 220), die zwischen Windhoek und Keetmanshoop verkehren, halten in Mariental (ab 250 N$, 3 Std., 4-mal wöchentl.).

HARDAP DAM GAME RESERVE

☎063

Das **Schutzgebiet** (pro Pers. 20 N$, pro Fahrzeug 10 N$; ⏲Sonnenaufgang bis 18 Uhr) umfasst einen 25 000 ha großen Wildpark,

STEINE, DIE VOM HIMMEL FIELEN

Ein Meteorit ist ein Festkörper aus dem All, der den Aufprall auf die Erde heil übersteht. Von den schätzungsweise 500 jährlich herabfallenden Meteoriten lassen sich aber immer nur sehr wenige auffinden. In grauer Vorzeit krachten im Süden von Namibia in einem einzigen Meteoritenschauer mehr als 21 t außerirdische Gesteinsbrocken mit 90 % Eisenanteil nieder. So viele große Meteoriten erreichen nur äußerst selten gemeinsam die Erdoberfläche; möglicherweise gehen sie auf eine kosmische Explosion zurück.

Auf einem 2500 km² großen Gebiet rund um die frühere Rheinische Missionsstation von Gibeon (60 km südlich von Marienthal) fand man mindestens 77 Meteoriten. Der größte mit einem Gewicht von 650 kg wird im Cape Town Museum in Südafrika gezeigt, andere Stücke sind in Museen in aller Welt zu sehen, u. a. in Anchorage in Alaska. Kurz nach der Entdeckung des Meteoritenfeldes nahm die Stadt Windhoek zwischen 1911 und 1913 insgesamt 33 Brocken in Verwahrung. Im Verlauf der Jahre waren sie im Zoo Park und in der Alten Feste zu besichtigen; heute schmückt der größte Teil davon die Post Street Mall.

durch den sich 80 km Schotterstraßen und 15 km Wanderwege ziehen. Das Nama-Wort „Hardap" bedeutet übersetzt „Brustwarze" und bezieht sich auf die kegelförmigen, von warzenförmigem Doloritgestein gekrönten Hügel, die in der ganzen Gegend verstreut liegen.

Östlich des Sees befinden sich mehrere Picknickplätze. Zwischen Sonnenaufgang und Sonnenuntergang kann sich jeder im gesamten Schutzgebiet frei bewegen. Wichtig und zu beachten: Das Schwimmen im Stausee ist verboten!

Die meisten Reisenden kommen wegen des **Blue Lake,** der die trockene Hochebene durchbricht. Anglern bietet der See Karpfen, Schlammfische und Barben. Zahlreiche Wasservögel bevölkern den See und sein Ufer, darunter Flamingos, Fischadler, Pelikane, Löffler und Goliathreiher.

Das Schutzgebiet lässt sich nur mit einem eigenen Fahrzeug erreichen: 15 km nördlich von Mariental führt von der B1 eine ausgeschilderte Abfahrt nach 6 km zum Eingangstor.

BRUKKAROS

Mit seinem 2 km breiten Krater beherrscht der erloschene Vulkan (1586 m) die Skyline zwischen Mariental und Keetmanshoop. Er entstand vor etwa 80 Mio. Jahren und erhebt sich etwa 650 m über dem Hochland.

Vom Parkplatz aus läuft man 3,5 km zu Fuß bis zum südlichen Kraterrand. Unterwegs liegen einige sehenswerte, in das Vulkangestein eingebettete **Quarzformationen**. Wer nicht in die außerirdisch wirkende **Kratersohle** absteigen will, kann links auf dem südlichen Kraterrand bis zu einem verlassenen Forschungszentrum zur Untersuchung der Sonnenflecken laufen. Wissenschaftler des Smithsonian Institute (USA) haben es in den 1930er-Jahren aufgebaut.

Brukkaros Campsite (Zeltplatz pro Pers. 50 N$) verfügt über Toiletten und eine „Buschdusche". Ausreichend Trinkwasser muss allerdings jeder selber mitbringen. Die Hälfte der Zeltplätze ist förmlich aus dem Vulkan herausgemeißelt und bietet einen wirklich atemberaubenden Blick über das Tal.

Der Brukkaros erhebt sich 35 km westlich von Tses in der Nähe der B1. Der Anfahrtsweg: der C98 in westlicher Richtung 40 km folgen und etwa 1 km östlich von Berseba in nördlicher Richtung auf die D3904 abbiegen. Nach 8 km kommt der Parkplatz des Campingplatzes. Wichtig: Die höher gelegenen Zeltplätze sind nur mit einem Geländewagen zu erreichen.

KEETMANSHOOP

☎ 063

Da sich bei Keetmanshoop die wichtigsten Straßen von Südnamibia kreuzen, kommen viele Reisende zwangsläufig hier vorbei. Als Übernachtungsstopp eignet sich die freundliche kleine Stadt gut, sonst hat sie nicht viel zu bieten.

In der Stadt gibt es einige Beispiele deutscher Kolonialarchitektur, darunter das **Kaiserliche Postamt** (Ecke 5th Ave. & Fenschel St.) von 1910 und das **Stadtmuseum** (Ecke Kaiser St. & 7th Ave.; Eintritt frei; ⏲Mo–Fr 7.30–16.30 Uhr), das in der Missionskirche der Rheinischen Mission (Baujahr 1895) untergebracht ist. Interessanter als die Exponate des Museums ist aber die Kirche an sich. Um die ziemlich maroden Ausstellungsstücke zu betrachten, reicht gut und gern eine Stunde.

Rund 14 km östlich der Stadt hütet das **Quivertree Forest Rest Camp** (☎683421; www.quivertreeforest.com; Zeltplatz pro Pers. 100 N$, EZ/DZ/3BZ/4BZ in Bungalows ab 420/580/700/1000 N$, Tageseintritt pro Pers. 55 N$) voller Stolz Namibias größten Bestand an *kokerbooms* (Köcherbäume). Alle oben genannten Preise schließen die Nutzung der Picknickplätze ein, ebenso wie den Eintritt zum Giant's Playground (Spielplatz der Riesen). Der bizarre natürliche Felsengarten liegt 5 km entfernt.

Im Stadtteil Westdene bietet die **Pension Gessert** (☎081 4347379, 223892; gesserts@iafrica.com.na; 138 13th St.; EZ/DZ inkl. Frühstück 320/560 N$; ❄) ruhige, gemütliche Zimmer mit modernem Touch, einen schönen schattig-kühlen Garten zum Entspannen und einen Swimmingpool. Es besteht die Möglichkeit, Zimmer ohne Frühstück (und damit etwas preiswerter) zu buchen.

Zum **Bernice B&B** (☎224851; bernicebeds@iway.na; EZ/DZ 240/360 N$) führt nur eine namenlose Schotterstraße. Doch der Weg ist extrem gut ausgeschildert, ganz gleich, aus welcher Richtung man sich der Stadt nähert. Eine rechtzeitige Reservierung ist ratsam, da das B&B häufig ausgebucht ist. Seine geräumigen Zimmer bieten eine moderne Atmosphäre, einige eignen sich auch für Familien. Auch Satellitenfernsehen (DSTv) ist vorhanden.

ℹ An- & Weiterreise

Die Intercape-Mainliner-Busse (S. 220) verkehren zwischen Windhoek und Keetmanshoop (ab 280 N$, 5½ Std., 4-mal wöchentl.). Reisende sollten ihren Platz im Voraus im Internet buchen, denn die Busse fahren weiter nach Kapstadt (Südafrika) und sind schnell ausgebucht.

Combis (Minibusse) pendeln einigermaßen regelmäßig auf der B1. Eine Fahrt von Windhoek nach Keetmanshoop sollte nicht mehr als 100 N$ kosten. Unregelmäßiger fahren die Combis von Keetmanshoop in die Township von Lüderitz; der Fahrpreis beträgt um die 175 N$.

Ein Nachtzug von Trans-Namib (S. 72) verkehrt zwischen Windhoek und Keetmanshoop (ab 90 N$, 12 Std., tgl. außer Sa).

NAUTE DAM

Der Naute Dam ist ein wunderschöner Platz. Niedrige Hügel mit flachen Gipfeln umgeben den Stausee, der unzählige Wasservögel anlockt. Campen ist erlaubt, auch wenn es keinerlei offizielle Campingplätze gibt. Hier ist jeder auf sich gestellt. Der Anfahrtsweg: von Keetmanshoop 30 km auf der B4 in westlicher Richtung fahren, dann auf die südwärts verlaufende D545 abbiegen.

SEEHEIM

Wer sich auf die lange, einsame Autotour südwestwärts Richtung Lüderitz begibt, kann 48 km südwestlich von Keetmanshoop in Seeheim einen erholsamen Übernachtungsstopp einlegen. Die kleine Ortschaft, ehemals ein Eisenbahnknotenpunkt, hat bis auf ein paar Tankstellen und einige kleine Läden nicht viel zu bieten. Doch nur 13 km westlich von Seeheim liegt an der B4 die Farm Naiams. Dort weist ein Schild auf den 15-minütigen Fußweg zu den Überresten des **deutschen Forts** hin. Der militärische Stützpunkt wurde 1906 errichtet, um deutsche Reisende und Warenlieferungen nach Lüderitz vor den Angriffen der Namas zu schützen.

Das historische **Seeheim Hotel** (☎250503; Zeltplatz pro Pers. 75 N$, EZ/DZ ab 420/760 N$) bietet Unterkünfte in verschiedenen Kategorien und hat eine alte Bar mit viel Atmosphäre. Von den einfachen, sauberen Zimmern (die besseren liegen im oberen Stockwerk) sind einige mit Stilmöbeln eingerichtet, alle verfügen über Moskitonetze. Vor dem Hotel befindet sich ein terrassenförmig angelegter, grasbewachsener Campingplatz mit sauberen Sanitäranlagen.

Die asphaltierte B4 verbindet Keetmanshoop mit Lüderitz. Mangels öffentlicher Verkehrsmittel benötigt man für die Strecke ein eigenes Fahrzeug.

DUWISIB CASTLE

☎063

Rund 70 km südlich der Ortschaft Maltahöhe prangt mitten in der öden Wüste ein kurioses Gebilde, das einer europäischen mittelalterlichen Burg sehr ähnelt. **Duwisib Castle** (Eintritt 60 N$; ⏲8–13 & 14–17 Uhr) ist kleiner, als manche überschwängliche Beschreibung glauben lässt. Extra dorthin zu fahren, lohnt sich deshalb nicht unbedingt. Porträts und die wenigen Möbelstücke verleihen den Räumen einen europäischen Touch. Im Schatten der majestätischen Bäume des schönen Innenhofes kann man sich gut entspannen.

Der Bauherr, der Artillerieoffizier Baron Hansheinrich von Wolf, beauftragte 1909 nach den Kämpfen zwischen Nama und Deutschen den Architekten Wilhelm Sander mit der Planung eines Bauwerks, in dem sich seine Verbindung zum deutschen Militär widerspiegelt. In der Zeit heiratete der Baron Jayta Humphreys, die Stieftochter des amerikanischen Generalkonsuls in Dresden, und beschloss, sich auf Dauer in Deutsch-Südwestafrika niederzulassen. Die Mauersteine für das Schloss kamen zwar aus nahe gelegenen Steinbrüchen, viele andere Materialien wurden aber aus Deutschland importiert. Von Lüderitz aus mussten 20 beladene Ochsenkarren 330 km weit quer durch die Wüste zur Baustelle ziehen. Unter anderem aus Irland, Dänemark und Schweden reisten Kunsthandwerker und Steinmetze an. Das Ergebnis der baulichen Anstrengungen war ein U-förmiges, trutzburgartiges Schloss mit 22 Räumen – alle gut gesichert und mit Familienporträts und militärischem Krimskrams ausgestattet. Statt normaler Fenster ließ der Baron Schießscharten einbauen – ein Beispiel für seine offensichtliche aggressive Sicherheitsmanie.

Doch wie das Leben so spielt, brach der Erste Weltkrieg aus. 1916 meldete sich der Baron in Deutschland zum Kriegsdienst und fiel bereits zwei Wochen später in Frankreich während der Schlacht an der Somme. Seine Frau kehrte nie wieder nach Namibia zurück. Manche Leute behaupten, dass die Nachkommen der Pferde aus dem Gestüt des Barons noch heute durch die Wüste streifen. In den späten 1970er-Jahren ging Duwisib Castle samt dem 50 ha großen Grundstück in den Besitz des Staates über und wird heute von der NWR verwaltet.

Schlafen

Duwisib Castle Rest Camp CAMPINGPLATZ $

(Zeltplatz pro Pers. 90 N$) Der nette Campingplatz mit blitzsauberen sanitären Anlagen nimmt eine Ecke des Schlossgrundstücks ein. Die Zeltstellplätze sind mit Abfalleimern, *braai* und Sitzbänken ausgestattet. Im benachbarten Kiosk werden Snacks, Kaffee und kalte Getränke verkauft. Für die Buchungen ist das Büro der Namibia Wildlife Resorts (NWR) in Windhoek zuständig.

Duwisib Guest Farm GÄSTEHAUS $$

(☎293344; www.farmduwisib.com; Zeltplatz pro Pers. 90 N$, EZ/DZ mit Halbpension 760/1300 N$) Nur 300 m vom Schloss entfernt bietet die freundliche Gästefarm Zimmer mit Ausblick auf die örtliche Hauptattrakti-

BETHANIE

Bethanie wurde 1814 von der London Missionary Society gegründet. Nach sieben Jahren gab man die Missionsstation aber wieder auf, weil sich die Probleme mit den hier lebenden Stämmen häuften. Zwar versuchte der deutsche Missionar Heinrich Schmelen später mehrfach, die Station wiederzubeleben, doch die Dürre vereitelte sein Vorhaben immer wieder.

Schmelens ursprüngliche Missionsstation von 1814, das **Schmelenhaus**, bestand aus einem einstöckigen Häuschen. Als der Missionar 1828 Bethanie verließ, brannte es bis auf die Grundmauern nieder. Hans Knudsen, der erste Missionar der Rheinischen Mission, ließ es 1842 wieder aufbauen. Heute steht das Haus auf dem Land der evangelisch-lutheranischen Kirche (Evangelical Lutheran Church) und beherbergt ein Museum, in dem unzählige alte Fotoaufnahmen die Geschichte der Mission dokumentieren. Wenn das Museum geschlossen ist, hängt ein Zettel an der Tür mit dem Hinweis, wo die Besucher den Schlüssel abholen können.

Auch ein Blick auf das im Jahr 1883 errichtete Joseph-Fredericks-Haus, das Wohnhaus von Kapitän Joseph Fredericks, lohnt sich. Der Nama-Häuptling unterzeichnete am 1. Mai 1883 den Vertrag, mit dem Adolf Lüderitz die Angra Pequeña samt Hinterland (später Lüderitzbucht und Stadt Lüderitz) erwarb. Im Oktober 1884 unterschrieben Fredericks und der deutsche Generalkonsul Dr. Gustav Nachtigal eine Vereinbarung, die es erst ermöglichte, das gesamte Territorium im Binnenhochland unter deutschen Schutz zu stellen.

In der kleinen Stadt ist das **Bethanie Guest House** (früher Bethanie Hotel) die einzige Unterkunft für Reisende. Nach einer kompletten Renovierung erstrahlt der geschichtsträchtige Bau in neuem Glanz. Moderne Zimmer (teilweise mit Klimaanlage), Swimmingpool, freundliches Personal, ein Campingplatz und auf Wunsch Mahlzeiten mit namibischer Hausmannskost zeichnen das Gästehaus aus.

Auf der B4 ist die Abzweigung nach Bethanie – 140 km westlich von Keetmanshoop – ausgeschildert.

ALLES IN EINEM

Rund 20 km hinter Duwisib bildet der **Betta Camp Site** (☎081 128 4419; www.bettacamp.net; Kreuzung C27 & D826; Zeltplatz/Chalets pro Pers. 80/200 N$) einen willkommenen Stopp auf der Fahrt durch diese Gegend. Auf dem Campingplatz können Reisende nicht nur übernachten, sondern auch Benzin kaufen und in einem Kiosk ihre Vorräte auffüllen. Darüber hinaus gibt es hausgemachte Köstlichkeiten (Frühstück 50 N$, Abendessen 100 N$) wie Bauernbrot, Apfelkuchen, Pfannkuchen und süßes Gebäck. Allein schon der Duft lässt einem das Wasser im Mund zusammenlaufen! Sogar Feuerholz und Grillfleisch werden angeboten.

on. In den Räumen für Familien oder Gruppen können bis zu acht Personen übernachten und sich selbst versorgen. Ein Stück weiter den Hügel hinauf liegt eine sehenswerte historische Schmiede.

An- & Weiterreise

Zum Duwisib Castle fahren keinerlei öffentliche Verkehrsmittel. Wer mit dem Auto in Helmeringhausen startet, fährt 62 km auf der C14 Richtung Norden und biegt dann in nordwestlicher Richtung auf die D831 ab. Nach 27 km geht es westlich auf die D826 – nach weiteren 15 km kommt das Schloss in Sicht.

MALTAHÖHE

☎063

Die Ortschaft Maltahöhe liegt inmitten eines Viehzuchtgebiets. Auf der Strecke zwischen dem Namib-Naukluft-Park und Lüderitz ist sie eine angenehme Zwischenstation. In ihrer näheren Umgebung gibt es in zunehmender Anzahl Gästefarmen und private Rest Camps.

Direkt in dem Städtchen können Reisende im **Hotel Maltahöhe** (☎293013; EZ/DZ 475/750 N$) übernachten. Das Hotel hat schon mehrere nationale Preise in der Kategorie „ansprechende, blitzblanke Unterkunft" gewonnen. Vorhanden sind auch eine Bar und ein Restaurant, das europäische Kost anbietet.

HELMERINGHAUSEN

☎063

Helmeringhausen besteht lediglich aus einem Gehöft, einem Hotel und einer Tankstelle. Seit 1919 befindet sich das Anwesen im Besitz der Familie Hester. Highlight ist das eigentümliche **Agricultural Museum** (Landwirtschaftliche Museum, Main St.; Eintritt frei; ⌚auf Anfrage im Hotel), das die Helmeringhausen Farming Association 1984 eingerichtet hat. Es zeigt allerlei interessante alte Möbel und landwirtschaftliche Geräte, die von Gehöften in der Umgebung stammen. Sehenswert ist auch das antiquierte Feuerlöschfahrzeug.

Das **Helmeringhausen Hotel** (☎233083; EZ/DZ 520/960 N$; ❄) ist ein überraschend schickes Hotel mit klassisch-eleganten Zimmern, einem sehr beliebten Restaurant (Hauptmahlzeiten 60 N$) und einer Bar. Das Angebot an Gerichten hält sich in Grenzen, aber das Bier ist kalt und der Weinkeller gut gefüllt. Wer hier allerdings Wildgerichte verspeist, fühlt sich angesichts der vielen „anklagenden" Jagdtrophäen, die von den Wänden blicken, vielleicht nicht so wohl in seiner Haut. Ein schöner Innenhof lädt zum Sonnenbaden und zum Genießen eines kalten Drinks ein. In dem Hotel übernachten häufig Reisegruppen, daher ist in der Hochsaison eine rechtzeitige Reservierung zu empfehlen.

Helmeringhausen liegt 130 km südlich von Maltahöhe an der C14.

Die Südküste

Namibias Südküste wird vom Sperrgebiet (Forbidden Area) beherrscht. Hier befinden sich die höchst lukrativen und streng gesicherten Diamantminen des Landes. Einige Teile des zum Nationalpark deklarierten Gebiets sind für die Öffentlichkeit jedoch zugänglich. Auf jeden Fall lohnt es sich, ein paar Tage in Lüderitz zu verbringen. Die von der Architektur der deutschen Kolonialzeit geprägte hübsche Stadt liegt zwischen Meer und Dünen und wirkt wie ein Ort aus einer anderen Welt.

AUS

☎063

Auf der langen Fahrt westwärts nach Lüderitz ist Aus ein guter Zwischenstopp. Neben einem ehemaligen Gefangenenlager (s. Kasten S. 162) hat die winzige Ortschaft zwei empfehlenswerte Gästefarmen zu bieten.

Dort können Reisende neue Kraft tanken und sich eine Weile der einsamen Schönheit der Wanderdünen hingeben.

Das **Aus Information Centre** (☎258151; ⊙Mo–Fr 8–17, Sa & So 8–14 Uhr) liegt gleich neben der B4. Hier gibt es ein Café, Internetzugang und jede Menge Informationen sowohl über die Flora und Fauna der Umgebung als auch über die Wildpferde, die in der Nähe leben. An dem Informationszentrum beginnt der Aus Walking Trail (ein Wanderweg) – hierüber wird ebenfalls ausführlich Auskunft erteilt.

Schlafen

Klein-Aus Vista LODGE $$

(☎258021; www.namibhorses.com, auch auf Deutsch; Zeltplatz pro Pers. 90 N$, Hütte 175 N$, Zi./Chalet pro Pers. ab 780/1250 N$;) Die 10 000 ha große Ranch, die 3 km westlich von Aus liegt, ist ein wahres Wanderparadies mit sechs Wanderwegen zwischen 4 und 20 km Länge. An Unterkünften bietet die Lodge Zimmer im Haupthaus, Schlafplätze in einer Hütte in der Geister-Schlucht (die in einem paradiesischen Tal liegt) oder in dem komfortablen Eagle's-Nest-Komplex, wo einige Chalets direkt in die Felsen gebaut wurden. Auf Wunsch werden Mahlzeiten im Haupthaus serviert. Neben traumhaften Wanderungen sorgen weitere Aktivitäten für Abwechslung: So sind z. B. Ausritte oder Touren mit dem Geländewagen durch das ausgedehnte, zur Ranch gehörige Wüstengelände möglich.

Namtib Biosphere Reserve LODGE $$$

(☎683055; www.namtib.net; Camping pro Pers. 90 N$, EZ/DZ 800/1270 N$) Das private Biosphärenreservat liegt in den traumhaft schönen Tirasbergen, die atemberaubende Ausblicke auf das Dünenmeer der Namib gewähren. In einem engen Tal betreibt der umweltbewusste Besitzer des Schutzgebietes eine sich selbst versorgende Farm. Ein Aufenthalt von ein, zwei Tagen lohnt sich, um die Fülle der Naturschönheiten und die Weite der menschenleeren Landschaft zu genießen. Der Weg von Aus zur Farm: auf der C13 nordwärts 55 km fahren, dann in westlicher Richtung auf die D707 abbiegen. Nach weiteren 48 km kommt die 12 km lange Farmzufahrt, die direkt zur Lodge führt.

An- & Weiterreise

Aus liegt 125 km östlich von Lüderitz an der B4. In dieser Region benötigen Reisende ein eigenes Fahrzeug.

DIE STRASSE ZWISCHEN AUS UND LÜDERITZ

Wer bis Aus kommt, sollte dann auch noch weiter nach Lüderitz fahren. Die Straße bis zur Lüderitzbucht durchquert die einsamen Weiten der südlichen Namib, die sich stark von den nordwärts anschließenden Schotterebenen unterscheidet. In einem Nebel aus aufgewirbeltem Sand und Staub ragen die markanten pastellfarbenen Höhenzüge Awasib und Uri-Hauchab aus den Ebenen heraus – ein hypnotisierender, ätherischer Anblick. Beim Übernachten noch verstärkt durch die Sterne.

AUS

Als die deutschen Schutztruppen 1915 vor den Truppen der Südafrikanischen Union kapitulierten, entstand in Aus eines der beiden Internierungslager für deutsche Militärangehörige. Hochrangige deutsche Militärs kamen in das im Norden gelegene Internierungslager Okahandja, während die Unteroffiziere in Aus landeten. Als sich das Lager Aus innerhalb kurzer Zeit mit 1500 Gefangenen und 600 Mitgliedern der südafrikanischen Wachmannschaften füllte, fanden die Gefangenen nur noch in zerschlissenen Zelten Schutz vor der Unbill von Wind und Wetter. Doch die einfallsreichen Lagerinsassen stellten kurzerhand Ziegelsteine her und bauten sich daraus stabile Unterkünfte. Den Überschuss an Ziegelsteinen verscherbelten sie sogar für 10 Shilling pro 1000 Stück an ihre Bewacher. Architektonische Meisterleistungen brachten die Internierten natürlich nicht zustande, doch die mit aufgeschnittenen Konservenbüchsen gedeckten Häuser schützten sie erfolgreich vor den Naturgewalten. Die Gefangenen errichteten sich auch Latrinen und mit Holz beheizbare Herde.

Nach Beginn der Verhandlungen zum Versailler Vertrag wurde das Lager Aus aufgelöst und im Mai 1919 endgültig geschlossen. Heute erinnern nur ein paar rekonstruierte Ziegelsteinhäuser und eine nationale Gedenktafel an diese Episode. Das ehemalige Lager liegt 4 km östlich der Stadt rechts von der dorthin führenden Schotterstraße.

10 km hinter Aus sieht man mit etwas Glück die Wüstenpferde. Etwa 20 km westlich von Aus steht ein Schild mit der Aufschrift „Feral Horses". Es weist den 1,5 km langen Weg Richtung Norden zur Garub Pan, wo ein künstlich angelegtes Wasserloch für die Pferde errichtet wurde.

Falls der Wind weht – was er eigentlich meistens tut –, kann ein Barchan (eine Sicheldüne) auf den letzten 10 km vor Lüderitz die Straße blockieren. Die charakteristische Wanderdüne bringt die Reisenden unter Umständen in ziemliche Schwierigkeiten, vor allem bei Nebel und dann, wenn sich der Sand sehr hoch auf der Straße anhäuft. Dann sollte man an etwas Schönes denken und auf das Räumfahrzeug warten. Generell gilt: Die Geschwindigkeitsbegrenzungen beachten und nach Möglichkeit nicht in der Nacht fahren.

LÜDERITZ

☎ 063

Vor der Fahrt nach Lüderitz sollten Reisende die Landkarte studieren und sich bewusst machen, dass die Stadt zwischen der öden Wüste Namib und der windgepeitschten Südatlantikküste liegt. Als ob die einzigartige geografische Lage von Lüderitz nicht schon beeindruckend genug wäre, setzt die Stadt mit ihrer surrealen deutschen Jugendstilarchitektur noch eins obendrauf. Mit ihren Kirchen, Bäckereien und Cafés erinnert die vom 21. Jh. noch kaum berührte Stadt an eine bayrische Kleinstadt. Die Bewohner sind stolz auf ihr einzigartiges Erbe. Auf Reisende wartet eine freundliche Begrüßung und mitunter auch ein frisches, kaltes Willkommensbier.

Lüderitz ist lange nicht so wohlhabend wie sein ebenfalls von der deutschen Vergangenheit geprägte „Rivale" Swakopmund, das Seebad an der zentralnamibischen Südatlantikküste. Im Lauf der Jahrzehnte haben die relativ abgeschiedene Lage, schlechte Verkehrsverbindungen und eine ums Überleben kämpfende Wirtschaft Lüderitz schwer gebeutelt. Die Stadt wirkt, als sei die Zeit stehengeblieben – was ihr einen gewissen düsteren Charme verleiht (jedenfalls in den Augen der Besucher).

Hinzukommt natürlich die unberührte Natur in der Umgebung der Stadt, wo Südnamibia sein charakteristisches Gesicht zeigt. An der felsigen Küste der Lüderitzhalbinsel leben Flamingo- und Pinguinkolonien. Der benachbarte Tsau//Khaeb-(Sperrgebiet-)Nationalpark umfasst Namibias wohl wildeste und unberührteste Landschaft.

Geschichte

Im April 1883 erwirbt Heinrich Vogelsang im Auftrag des Bremer Kaufmanns Adolf Lüderitz von Nama-Häuptling Joseph Fredericks die Angra Pequeña (Kleine Bucht) sowie deren Hinterland in einem Radius von 8 km. Im gleichen Jahr erscheint Lüderitz persönlich in Angra Pequeña. Kurz darauf erklärte Otto von Bismarck, Kanzler des Deutschen Reichs und ein Gegner von Kolonien, auf Anraten von Adolf Lüderitz Südwest-Afrika zum deutschen Protektorat. Nach den Diamantfunden von 1908 erfolgte die offizielle Gründung der Stadt Lüderitz, die dank der wertvollen Funde zu raschem Wohlstand kam.

Zweifellos geht die Geschichte des Diamantenabbaus mit der Stadtgeschichte von Lüderitz einher. Entlang des Orange River in Südafrika und beim Abbau von Guano auf den Inseln vor der Küste wurden bereits 1866 Diamanten gefunden. Dass vielleicht auch die Wüste dieses kristallklare Mineral in sich birgt, kam offenbar niemandem in den Sinn. Doch 1908 fand der Bahnarbeiter Zacharias Lewala an der Bahnlinie in der Nähe des Bahnpostens Grasplatz einen glänzenden Stein. Er übergab ihn seinem Chef August Stauch, der ihn sofort untersuchen ließ. Als ein Geologe feststellte, dass es sich tatsächlich um einen Diamanten handelte, besorgte sich Stauch von der Deutschen Kolonialen Gesellschaft eine Genehmigung für die Diamantsuche und gründete die Deutsche Diamanten-Gesellschaft, um das unverhoffte Glück gleich beim Schopf zu packen.

In den darauffolgenden Jahren kamen scharenweise Diamantsucher nach Lüderitz, in der Hoffnung, die im Sand verborgenen Schätze zu heben. Die Stadt entwickelte sich zum Versorgungszentrum und ihre Einwohnerzahl stieg rasant an. Im September 1908 geriet jedoch das Diamantenfieber außer Kontrolle. Um die Situation in den Griff zu bekommen, erklärte die deutsche Kolonialregierung den betroffenen Landstrich zum Sperrgebiet. Die „Verbotene Zone" reichte vom 26. südlichen Breitengrad südwärts bis zur Mündung des Orange River und 100 km weit landeinwärts. Die Diamantsuche auf eigene Faust wurde streng verboten, und wer bereits einen Claim abgesteckt hatte, musste eine Minengesellschaft gründen.

Ab Februar 1909 überwachte eine eigens dafür geschaffene Behörde alle Diamanten-

WÜSTENPFERDE

In der Wüste westlich von Aus leben einige an das Wüstenleben angepasste verwilderte Pferde. Woher diese weltweit einzigartigen Tiere kommen, weiß niemand so genau. Daher ranken sich verschiedene Theorien um ihre Herkunft: Manche halten sie für Nachkommen der Kavalleriepferde, die von der deutschen Schutztruppe während der südafrikanischen Invasion 1915 zurückgelassen wurden. Andere meinen, dass Nama, die über den Orange River gen Norden gezogen sind, die Vorfahren der Wüstenpferde mitgebracht hätten. Eine andere Theorie besagt, die Pferdeahnen seien Überlebende eines Schiffes, das auf der Fahrt von Europa nach Australien Schiffbruch erlitten hätte. Und die vierte These besagt, die Tiere stammten dem Gestüt von Baron Hansheinrich von Wolf, des ersten Besitzers von Schloss Duwisib.

Über die mögliche Abstammung von Rassepferden täuscht das knochig-hagere, verwilderte Erscheinungsbild der Tiere hinweg, doch es beruht wohl auf der Anpassung der Pferde an die extremen Lebensbedingungen. Die Wüstenpferde leben im Schutz des Sperrgebiets Diamond Area 1. In regenreichen Jahren legten sie an Gewicht zu und vermehren sich bis auf mehrere Hundert Tiere. Wasser finden die Tiere nur in der von einem künstlichen Bohrloch gespeisten Garub Pan.

Ohne die Fürsorge einiger Menschen wären die Wüstenpferde wahrscheinlich schon lange ausgestorben. Angeführt von Jan Coetzer, dem Sicherheitsoffizier der Consolidated Diamond Mines (CDM), erkannten ein paar Leute die Einzigartigkeit dieser Pferde und sorgten für die Einrichtung und die Pflege des Bohrloches in der Garub Pan. Das namibische Ministerium für Umwelt und Tourismus trug sich sogar einmal mit dem Gedanken, die Pferde zu zähmen, um sie für Patrouillen im Etosha National Park einzusetzen – der Vorschlag wurde aber wieder fallengelassen. In der Behörde gab es auch Überlegungen, die Pferde auszurotten, da sie möglicherweise der Wüstenlandschaft und den Oryxantilopen schaden könnten. Der hohe touristische Wert der Wüstenpferde hat jedoch inzwischen alle Gegenargumente vom Tisch gefegt.

Auch die Biologen interessieren sich für die namibischen Wildpferde. Sie stellten fest, dass die Tiere eine geringere Harnmenge als Hauspferde abgeben und kleiner sind als ihre vermutlichen Vorfahren. Außerdem kommen sie bis zu fünf Tage ohne Wasser aus. Diese Anpassungen geben Wissenschaftlern wertvolle Einblicke in die Fähigkeit von Tieren, sich an veränderte Klimabedingungen anzupassen.

verkäufe inklusive der Preise. Nach dem Ersten Weltkrieg brach der Diamantmarkt weltweit zusammen. Dies versetzte Ernst Oppenheimer von der Anglo-American Corporation 1920 in die Lage, die Minengesellschaft von Stauch sowie acht weitere Minen aufzukaufen. Daraus entstanden die Consolidated Diamond Mines (CDM), die „De Beers Südafrika" verwaltete und ihren Hauptsitz in Kolmanskop hatte.

1928 wurden ertragreiche Diamantfelder rund um die Mündung des Orange Rivers entdeckt. 1944 beschloss CDM, sämtliche betrieblichen Aktivitäten in die speziell dafür errichtete Stadt Oranjemund zu verlagern. 1956 verließen die letzten Bewohner Kolmanskop, seither erobern sich die Sanddünen die Stadt wieder zurück.

1994 gingen die CDM in die Namdeb Diamond Corporation Limited (kurz: Namdeb) über, die zu gleichen Teilen der namibischen Regierung und der De Beers Group gehört. Die De Beers Group, mit Sitzen u. a. in Johannesburg und London, nimmt als die weltweit einflussreichste Diamantminen- und -handelsgesellschaft seit ihrem Bestehen eine Monopolstellung in der Diamantenbranche ein. Lüderitz profitiert noch heute von den Diamantfunden. Zu seinen wirtschaftlichen Standbeinen zählen jedoch inzwischen auch der Langustenfang, die Verwertung von Tang und Seegras für die Kosmetikindustrie sowie die noch experimentell betriebenen Austern-, Muschel- und Garnelenfarmen.

LÜDERITZ (STADT)

Lüderitz ist geradezu vollgestopft mit Architektur aus der Kolonialzeit – in jedem Winkel der Stadt gibt es etwas Interessantes zu entdecken. Eine Mischung aus wilhelminischem Historismus und deutschem Jugendstil prägt die Architektur dieser kleinen

Stadt, ein bizarrer Anblick, der wie aus einer anderen Welt wirkt.

Sehenswertes

Goerke Haus HISTORISCHES GEBÄUDE

(Diamantberg St.; Eintritt 25 N$; Führungen Mo–Fr 14–16, Sa–So 16–17 Uhr) Allein die Größe des Gebäudes und sein harmonisches Verschmelzen mit dem Felsen beeindrucken. In dem Haus auf dem Diamond Hill lebte einst Leutnant Hans Goerke. Der Architekt Otto Ertl hat den Bau 1910 entworfen und gebaut. Damals zählte es zu den extravagantesten Bauwerken der Stadt. Nach der letzten hervorragenden Renovierung ist das Goerke-Haus unbedingt einen Besuch wert.

GRATIS **Felsenkirche** KIRCHE

(Kirche St.; Mo–Sa 16–17 Uhr) Die evangelisch-lutherische Kirche steht hoch oben auf dem Diamond Hill und beherrscht das Bild der Stadt. Ihr Architekt Albert Bause integrierte hier viktorianische Elemente, die er am Kap kennengelernt hatte. Private Spenden aus Deutschland ermöglichten 1911 den Baubeginn und die Fertigstellung der Kirche im folgenden Jahr. Die prächtigen Bleiglasfenster über dem Altar (Chorfenster) stiftete Kaiser Wilhelm II., während seine Gemahlin die Bibel beisteuerte. Allein schon für den Ausblick auf die Stadt und das Meer lohnt es sich, die Kirche zu besuchen.

Lüderitz Museum MUSEUM

(202582; Diaz St.; Eintritt 15 N$; Mo–Fr 15.30–17 Uhr) Das Museum informiert über die Stadtgeschichte, die regionale Tier- und Pflanzenwelt sowie über die hiesigen Ureinwohner und die Diamantindustrie. Mit einem Telefonanruf lässt sich ein Besichtigungstermin außerhalb der offiziellen Öffnungszeiten arrangieren.

HALBINSEL LÜDERITZ

Der größte Teil der Lüderitzhalbinsel liegt außerhalb des Sperrgebiets – ein Halbtagesausflug lohnt sich.

Die **Agate Bay** (Achatbucht) nördlich von Lüderitz entstand aus sogenannten Abfallerzen des Diamantenabbaus. Achate finden sich hier heute kaum noch, doch der feine Sand enthält teilweise winzige graue, in der Sonne glitzernde Glimmersplitter.

Die malerische und relativ ruhige **Sturmvogelbucht** eignet sich perfekt für ein Grillpicknick. An der Wassertemperatur finden allerdings nur Pinguine und Seebären sowie riesige Schwärme von Fischen Gefallen. Die verrostete Ruine an der Bucht ist ein Überbleibsel einer norwegischen Walfängerstation von 1914. An der etwas weiter landeinwärts liegenden salzigen Lagune versammeln sich Flamingos. Der Anblick ist einen kurzen Stopp wert.

Von Lüderitz führt eine Straße zum 22 km entfernten **Diaz Point**. Dort stehen ein klassischer Leuchtturm und eine Replik des Steinkreuzes, das der portugiesische Seefahrer Bartolomeu Diaz im Juli 1488 auf seiner Rückreise vom Kap der Guten Hoffnung errichtet hat. Teile des Originalkreuzes landeten irgendwann in Lissabon, Berlin und Kapstadt. Vom Diaz Point aus lässt sich eine nahe gelegene Robbenkolonie beobachten. Auch Kormorane, Flamingos, Reiher und andere Stelzvögel und manchmal sogar eine Delfinschule sind zu sehen.

In dem **Café** am Diaz Point gibt es heiße und kalte Getränke, getoastete Sandwiches (20 N$), Austern, Bier und einen köstlichen Schokoladenkuchen. Auf einem flachen, felsigen Gelände zwischen Leuchtturm und Wasser besteht die Möglichkeit zum **Campen** (Zeltplatz 75 N$, pro Pers. 45 N$). Der Campingplatz ist recht gut ausgestattet, aber stärker dem Wind ausgesetzt als der auf Shark Island.

In Küstennähe, nicht weit vom Diaz Point entfernt, liegt **Halifax Island**. Dort ist Namibias bekannteste Brillenpinguinkolonie zu Hause. Die Vögel leben in Kolonien auf den Felseninselchen vor der Atlantikküste. Mit dem Fernglas lässt sich häufig beobachten, wie sie sich scharenweise am Strand versammeln.

Die **Große Bucht** mit ihrem wilden, malerischen Strand erstreckt sich am südlichen Ende der Lüderitzhalbinsel. Schwärme von Flamingos suchen hier in den Gezeitentümpeln nach Nahrung. Am Strand liegt ein kleines, pittoreskes Schiffswrack.

Ein paar Kilometer die Küste hinauf steht am Meer ein kleiner Felsenbogen: **Klein Bogenfels**. Es ist ein hübscher Platz für ein Picknick, sofern nicht gerade der Wind in Sturmstärke heult und Sand ins Essen weht.

Geführte Touren

Für jede geführte Tour ins Sperrgebiet – mit Ausnahme des Ausflugs zur Geisterstadt Kolmanskop – müssen die Tourveranstalter eine Menge Formulare ausfüllen, um alle notwendigen Genehmigungen zu besorgen. Das dauert mindestens fünf Tage, die jeder im Voraus einkalkulieren sollte.

Lüderitz

Coastway Tours Lüderitz ABENTEUERTOUR
(☎202002; www.coastways.com.na) Der hoch angesehene Tourveranstalter organisiert mehrtägige geführte Geländewagentouren, die tief ins Sperrgebiet hineinführen. Proviant muss jeder selber mitnehmen. Die Kosten für die Genehmigung (250 N$) sind im Tourpreis enthalten.

Lüderitz Safaris & Tours ABENTEUERTOUR
(☎202719; ludsaf@africaonline.com.na; Bismarck St.; ⏲tgl.) In dem Reisebüro erhalten Rei-

Lüderitz

Sehenswertes

1	Felsenkirche	B6
2	Goerke Haus	B6
3	Lüderitz Museum	B5

Aktivitäten, Kurse & Touren

4	Coastway Tours Lüderitz	C6
	Lüderitz Safaris & Tours	(siehe 21)

Schlafen

5	Bay View Hotel	B4
6	Haus Sandrose	B5
7	Kairos B&B	A1
8	Kapps Hotel	B5
9	Krabbenhoft une Lampe	B6
10	Kratzplatz	B5
11	Lüderitz Backpackers	B5
12	Lüderitz Nest Hotel	A6
13	Protea Sea-View Hotel Zum Sperrgebiet	D4
14	Shark Island Camp Site	B1

Essen

15	Barrels	B5
16	Bistro D'Cafe	B4
17	Diaz Coffee Shop	B5
18	Ritzi's Seafood Restaurant	C3
	Seabreeze Coffee Shop	(siehe 18)

Praktisches

19	Commercial Bank of Namibia	B5
20	First National Bank	B4
21	Lüderitz Safaris & Tours	B5
22	Namibia Wildlife Resorts Office	B5
23	Standard Bank	B4

sende nützliche Informationen. Außerdem besorgen die Mitarbeiter die Besuchergenehmigungen für die Geisterstadt Kolmanskop und verkaufen Tickets für den Schoner *Sedina* (330 N$ pro Pers.), der Besucher zur Robbenkolonie am Diaz Point und zur Pinguinkolonie auf Halifax Island bringt. Das Reisebüro organisiert auch geführte Austerntouren (50 N$ pro Pers.) mit Verkostung (zusätzlich 30 N$). Das Büro ist eine gute Informationsquelle mit kenntnisreichem Personal, das auch Souvenirs, Bücher, Briefmarken und Telefonkarten verkauft.

Schlafen

Kairos B&B B&B $$

(☎081 650 5598; Shark Island; EZ/DZ 400/520 N$) Nur drei Autominuten vom Stadtzentrum entfernt hat dieses vielversprechende B&B in einem brandneuen, hübschen, weißen Gebäude eröffnet. Es steht an der Festlandseite der Halbinsel Shark Island – eine wunderschöne Lage, die einen weiten Ausblick aufs Meer gewährt. Ein Café bietet Frühstück und Mittagessen an.

Krabbenhoft une Lampe APARTMENT $$

(☎081 447 1151, 202674; 25 Bismarck St.; 2-Pers.-Apt. 500 N$). Zu den ungewöhnlichen Unterkünften der Stadt zählt diese umgebaute Teppichfabrik. Die Appartements für Selbstversorger liegen über einem Möbelladen und einer Avis-Niederlassung. Mit ihren Bücherwänden, den von Tageslicht durchfluteten hohen Räumen und der Küchenausstattung sind die nagelneuen, stilvollen Apartments kaum zu schlagen.

Kratzplatz B&B $$

(☎202458; 5 Nachtigal St.; EZ/DZ inkl. Frühstück ab 400/750 N$) Das zentral gelegene B&B befindet sich in einer umgebauten Kirche mit Deckengewölben und einem kleinen Garten. Seine Zimmer unterscheiden sich nicht nur in der Ausstattung, sondern auch in ihrer Qualität. Einige sind schon ziemlich abgewohnt, aber komfortabel. Die Zimmer im oberen Stockwerk verfügen über einen Balkon mit Tisch und Stühlen. Das angeschlossene Restaurant Barrels mit gut besuchtem Biergarten serviert köstliche deutsche Küche, die nicht nur die Gäste des Hauses, sondern auch Leute aus der Umgebung anlockt.

Haus Sandrose SELBSTVERSORGUNG $$

(☎202630; www.haussandrose.com; 15 Bismarck St.; EZ/DZ ab 410/750 N$) Das Haus inmitten eines windgeschützten Gartens bietet einzigartig ausgestattete – unterschiedlich große – Zimmer für Selbstversorger. Die hellen, geräumigen Zimmer sind preisgünstig und besitzen eine fröhliche Atmosphäre. Alles in allem ist das Haus Sandrose eine schöne und freundliche Unterkunft.

Shark Island Camp Site CAMPINGPLATZ $

(Zeltplatz pro Pers. 100 N$, 6-Pers.-Bungalow pro Pers. 220 N$, Leuchtturm pro Pers. 220 N$) Die Lage ist traumhaft, nur der ständige Wind stört ein wenig. Ein breiter Damm verbindet Shark Island mit der Stadt. Diese Anbindung an das Festland, die aus der Insel eine Halbinsel machte, ist einem Landgewinnungsprojekt am Hafen zu verdanken. Auf einem zentralen Felsen steht das Highlight der Halbinsel, der historische Leuchtturm. Er bietet zwei Schlafzimmer, ein Wohnzimmer und eine Küche – perfekt für Selbstversorger. Die Buchung der Unterkünfte muss in der Regel über das Büro der Namibia Wildlife Resorts (NWR) in Windhoek erfolgen. Sofern etwas frei ist, können Unterkünfte auch am Eingang des Geländes gebucht werden.

Kapps Hotel HOTEL **$$**
(☎202345; www.kappshotel.com; Bay Rd.; EZ/DZ 400/650 N$) Das Kapps, Baujahr 1907, ist das älteste Hotel der Stadt. Bei seiner Modernisierung ist es gelungen, einiges von seinem historischen Ambiente zu bewahren. Die Bäder der ziemlich dunklen Zimmer im Erdgeschoss sind riesig. Das benachbarte Restaurant **Rumour's Grill** eignet sich bestens für ein kühles Bier nach einer langen Fahrt oder einen kräftigen Schlummertrunk.

Bay View Hotel HOTEL **$$**
(☎202288; www.luderitzhotels.com; Diaz St.; EZ/DZ inkl. Frühstück 500/900 N$;) Das historische Anwesen gehört einer Lüderitzer Familie und zählt zu den alteingesessenen Hotels der Stadt. Die luftigen, sonnigen Zimmer reihen sich alle rund um einen Innenhof mit Swimmingpool. Vorhanden sind auch eine Bar und ein Restaurant. Ohne Frühstück kosten die Zimmer 100 N$ weniger. Ein Teil des Personals spricht Deutsch.

Lüderitz Nest Hotel HOTEL **$$$**
(☎204000; www.nesthotel.com; 820 Diaz St.; EZ/DZ ab 930/1500 N$;) Lüderitz' ältestes Nobelhotel mit eigenem Strand nimmt eine ganze Landzunge im Südwesten der Stadt ein. Die stylischen, modern ausgestatteten Zimmer liegen alle auf der Meerseite. Zu den Annehmlichkeiten zählen Pool, Sauna, Kinderspielplatz, Autovermietung, terrassenförmige Bar und mehrere Gourmet-Restaurants. Hinzu kommen ein angenehmen Service und Sauberkeit bei sämtlichen Einrichtungen. Kurz gesagt, es bietet so ziemlich alles, was man von solch einem Hotel erwartet. Die Zimmerpreise sind überteuert, die Trumpfkarte ist der Meerblick der Zimmer.

Lüderitz Backpackers HOSTEL **$**
(☎174513, 202000; www.namibweb.com/backpackers.htm; 7 Schinz St.; Zeltplatz 70 N$, B/DZ/Familien-Zi. 100/250/380 N$) Mit dieser Unterkunft in einer Villa aus der Kolonialzeit ziehen Rucksackreisende das große Los in der Stadt. Auch wenn die Zimmer einfach sind: Hier stimmt so gut wie alles. Auf eine angenehme Weise geht es zwanglos zu, das freundliche Personal unterstützt die Gäste soweit wie möglich bei der weiteren Reiseplanung. Mit Gemeinschaftsküche, Grillstelle, TV-Lounge und Möglichkeiten zum Wäschewaschen ist das Haus auf die Bedürfnisse von Rucksackreisenden eingestellt. Bei starker Belegung steigen allerdings die Preise.

Protea Sea-View Hotel Zum Sperrgebiet HOTEL **$$$**
(☎203411; www.seaview-luederitz.com, auch auf Deutsch; Ecke Woermann & Göring St.; EZ/DZ ab 670/1060 N$;) In einem vom kolonialen Erbe geprägten Stadtbild fällt das Protea Hotel aus dem Rahmen. Poliertes Stahl und funkelndes Glas verleihen dem modernen Gebäude seinen Charakter. Jedes der 22 sonnigen Zimmer hat einen geräumigen Balkon mit Meerblick.

Essen & Ausgehen

Mehrere Restaurants servieren Gerichte aus fangfrischen Fischen und Meeresfrüchten. Auf vielen Speisekarten stehen deutsche Spezialitäten. Selbstversorger finden in den zahlreichen Supermärkten und bei den kleinen Fischhändlern der Stadt die Zutaten für ihre Mahlzeiten. Nach Sonnenuntergang ist in Lüderitz nicht mehr viel los, doch in den meisten Restaurants kann man den Tag auch bei einem Bier oder einem Drink ausklingen lassen.

Bistro D'Cafe BISTRO **$$**
(Hafen St.; Hauptgerichte 60–90 N$; ⌚Frühstück, Mittag- und Abendessen, So geschl.;) In dem netten kleinen Restaurant liegt der Schwerpunkt auf der liebevollen Zubereitung der Gerichte und weniger auf der Ästhetik der Ausstattung, die sehr schlicht ausfällt. Auf der pfiffigen würfelförmigen Speisekarte (erinnert an den Zauberwürfel) stehen Gerichte aus Fisch und Meeresfrüchten (Fischteller 180 N$) sowie eine ganz Reihe anderer Gerichte, darunter auch Coronation Chicken („Krönungshühnchen"), eine britische Spezialität. Das Essen wird frisch zubereitet und sehr appetitlich angerichtet – ganz nach dem Motto: Liebe und Zeit sind die wichtigsten Zutaten.

Barrels DEUTSCH $$

(☎202458; 5 Nachtigal St.; Hauptgerichte 45–100 N$; ⌚Mo–Fr Abendessen) Im Bar-Restaurant Barrels geht es erfrischend fröhlich zu. Livemusik steigert noch die Stimmung. Seine wechselnden Tagegerichte zeichnen sich durch frischen Fisch und deutsche Spezialitäten aus. Die Portionen sind groß und das Essen vom Büffet (120 N$) ist preisgünstig. Die Bar öffnet um 18 Uhr.

Ritzi's Seafood Restaurant FISCH & MEERESFRÜCHTE $$

(☎202818; Hafenviertel; Hauptgerichte 80 N$; ⌚Frühstück (außer Mo), Mittag- & Abendessen, So geschl.) Für köstliche Gerichte aus Fisch und Meeresfrüchten ist das Restaurant die beste Adresse der Stadt. Seine tolle Lage im Hafenviertel ermöglicht es, beim Essen den traumhaften Sonnenuntergang zu beobachten. Empfehlenswert sind z. B. das Fisch-Meeresfrüchte-Curry (75 N$) oder die gemischte Fischplatte (1/2 Pers. 200/300 N$). Auch die Weinkarte kann sich durchaus sehen lassen. Draußen an den Tischen im Freien können die Gäste Meeresblick und die frische Meeresluft genießen.

Diaz Coffee Shop CAFÉ $

(Ecke Bismarck & Nachtigal St.; kleine Gerichte 25–45 N$; ⌚Frühstück, Mittagsessen) Der Cappuccino ist stark, die Kuchen sind süß und so wie das Café aussieht, könnte es auch in München oder Wien liegen. In einem großen Raum sitzen die Gäste auf bequemen Stühlen und genießen den flinken Service. Lecker sind die warmen Wraps wie das Hähnchen-Schawarma. Wer Mut hat, probiert die Kaffeespezialität.

Seabreeze Coffee Shop CAFÉ $

(Hafenviertel; kleine Gerichte 10–40 N$; ⌚Mo–Fr 7.15–16.30, Sa 8–13 Uhr) Der herrliche Ausblick auf das Meer verführt dazu, in diesem Café am Hafen noch einen weiteren Espresso zu bestellen, um länger zu bleiben als geplant. Neben dem Frühstück locken hier Bratwurst und Boerewors (Bauernwurst) im Hotdogbrötchen, Burger und getoastete Sandwiches. Das Café ist sehr gepflegt, auf den Plätzen im Freien weht einem allerdings der Wind ganz schön heftig um die Nase.

ℹ Praktische Informationen

In der Bismarck Street befinden sich mehrere Banken, die Geld wechseln und Reiseschecks einlösen. Eher chaotische Öffnungszeiten hat die noch relativ neue **Touristinformation**, die direkt am Hafen liegt.

Sofern sie nicht an einer geführten Tour teilnehmen, sollten Besucher einen sicheren Abstand zu den Grenzen des Sperrgebietes halten. Obwohl es ein Nationalpark ist, sind noch immer große Teile des Gebietes für die Öffentlichkeit gesperrt. Die Nordgrenze des Sperrgebietes verläuft an der B4 und reicht in östlicher Richtung fast bis nach Aus. An der Grenze patrouillieren ziemlich finstere Typen, die Eindringlinge gnadenlos verfolgen oder ihnen womöglich auch noch Schlimmeres antun.

ℹ An- & Weiterreise

Air Namibia (S. 218) fliegt mehrmals in der Woche zwischen Windhoek und Lüderitz hin und her. Der Flughafen liegt 8 km südöstlich der Stadt.

Zwischen Lüderitz und Keetmanshoop verkehren relativ unregelmäßig Combis (Minibusse); die Fahrt kostet durchschnittlich um die 200 N$. In Lüderitz liegt die allerdings inoffizielle Haltestelle der Combis in der Bismarck Street am Südrand der Stadt.

Die asphaltierte B4 verbindet Keetmanshoop mit Lüderitz. Die Hafenstadt und ihre Umgebung sind es wert, die 334 km lange Fahrt auf sich zu nehmen.

SPERRGEBIET-NATIONALPARK (TSAU//KHAEB NATIONAL PARK)

Nachdem das Sperrgebiet seit fast einem Jahrhundert für die Öffentlichkeit nicht zugänglich war, erklärte die namibische Regierung das Gelände 2008 offiziell zum Nationalpark. Das weltweit als Fundort von Namibias exklusiven Diamanten bekannte Sperrgebiet (Forbidden Area) ist dabei, sich zum Juwel der namibischen Schutzgebiete zu entwickeln. Geographisch betrachtet nimmt der Park den nördlichen Zipfel des Succulent Karoo Biome ein. Er umfasst ein 26 000 km² großes Areal mit Dünen- und Berglandschaften, die auf den ersten Blick extrem kahl wirken. Doch der Schein trügt, denn das Gebiet zählt zu den 25 weltweit herausragenden Lebensräumen mit einer außergewöhnlichen Biodiversität.

Das Sperrgebiet umfasste ursprünglich zwei private Konzessionen: Diamond Area 1 und Diamond Area 2. In Letzterer liegen die Geisterstadt Kolmanskop und der Ort Elizabeth Bay, die beide schon seit längerem für Besucher zugänglich sind. Seit 2004 dürfen Wissenschaftler und Naturschutzexperten Area 1 aufsuchen. Aufgrund der Sicherheitsbedenken der Diamantindustrie wird jedoch jeder Zutritt sorgfältig kontrolliert.

GEISTERSTADT IN DER WÜSTE

Eine geführte Tour in die **Geisterstadt Kolmanskop** (Erw./Kind inkl. Zutrittsgenehmigung 55/35 N$) lässt sich in Lüderitz recht problemlos organisieren. Café, Souvenirladen und Massen an Touristen nehmen der Geisterstadt jedoch häufig ihren gespenstischen Charakter. Wer dem Flair dieser alten Wüstenstadt etwas näher kommen möchte, trennt sich besser von den Gruppen und streift alleine zwischen den baufälligen Gebäuden und Sandhügeln umher. Kolmanskop liegt nur 15 Autominuten von Lüderitz entfernt in unmittelbarer Nähe der B4. Etliche Tourveranstalter organisieren Fahrten nach Kolmanskop. Besucher können aber auch auf eigene Faust hinfahren, wenn sie sich vorher eine Zutrittsgenehmigung besorgt haben, z. B. bei einem örtlichen Tourveranstalter. Zum Zeitpunkt der Recherche für dieses Buch schien es, als ob Differenzen zwischen den beteiligten Behörden eine weitere touristische Erschließung des Sperrgebietes verzögern würden. Bleibt nur zu hoffen, dass sich bald Lösungen finden und weitere Areale dieses einzigartigen Gebietes für Besucher geöffnet werden.

Geschichte

Die „verbotene Zone“ entstand 1908 nach den ersten Diamantfunden in der Nähe von Lüderitz. Obwohl sich der Diamantabbau hauptsächlich in Küstennähe abspielte, sperrten die Diamantgesellschaften aus Sicherheitsgründen einen breiten Landstrich von Südnamibia ab und nur einige Straßen bleiben frei.

Aufgrund von Diamantenabbaukonzessionen war das Sperrgebiet fast ein Jahrhundert für das breite Publikum nicht zugänglich, noch nicht einmal Wissenschaftler durften das Gelände in Augenschein nehmen. Die strikten Zugangsbeschränkungen trugen dazu bei, dass die Natur in großen Teilen des Gebietes unberührt blieb. De Beers Centenary, ein Partner des Unternehmens De Beers Consolidated Diamond Mines, kontrolliert nach wie vor das gesamte Gebiet, bis das MET (das namibische Ministerium für Umwelt und Tourismus) einen Managementplan für den Park erstellt hat.

Tierwelt & Umweltschutz

40 % des Parks besteht aus Wüste, auf 30 % der Fläche erstreckt sich Grassavanne. Den Rest nehmen Granitberge, Felsen und „Mondlandschaften“ ein. Obwohl das Gebiet noch kaum erforscht ist, haben Botaniker bereits 776 Pflanzenarten entdeckt, von denen 230 endemisch sind, also nur in dem Park vorkommen. Zur Tierwelt des Parks zählen der Gemsbok (Südafrikanischer Spießbock/*Oryx gazella*), die Schabrackenhyäne und so seltene, gefährdete Amphibienarten wie *Breviceps macrops (desert rain frog*, eine Art aus der Gattung der Kurzkopffrösche). Die Vogelwelt weist Wüsten- und Küstenarten auf, wie z. B. die Rotdünenlerche, den Alariogirlitz und den Afrikanischen Austernfischer.

An der Konzeption des Parks beteiligt ist auch die **Namibian Nature Foundation** (NNF; www.nnf.org.na). Einer ihrer Schwerpunkte werden dann Initiativen sein, die sicherstellen, dass auch Einheimische von dem Park profitieren. Von der touristischen Erschließung des Sperrgebietes erhofft man sich wirtschaftliche Impulse für Lüderitz, das aufgrund seiner Nähe als Hauptausgangspunkt für Parkbesuche dienen wird.

Sehenswertes

Geisterstadt Kolmanskop HISTORISCHE STADT

(Tour Erw./Kind inkl. Eintrittsgebühr 55/35 N$) Der beliebte Ausflug von Lüderitz zur Geisterstadt Kolmanskop ist relativ einfach zu organisieren, denn die Namdeb erlaubt den Besuch der Stadt. Ihren Namen verdankt die Stadt dem Afrikaaner Jani Kolman, dessen Ochsenkarren auf seinem schon früh erfolgten Treck an dieser Stelle im Sand stecken blieb. Kolmanskop wurde als Sitz der Hauptverwaltung der Consolidated Diamond Mines (CDM) errichtet und ausgebaut. Es gab hier einst sogar ein Casino, eine Bowlingbahn und ein Theater mit bester Akustik. Seine Blütezeit endete jedoch mit dem Niedergang des Diamanthandels nach dem Ersten Weltkrieg und durch die Entdeckung weitaus reicherer Diamantvorkommen bei Oranjemund. 1956 war Kolmanskop vollkommen verwaist und blieb fortan dem Wüstensand überlassen. Später wurden nur einige Häuser als Touristenattraktion restauriert. Der gespenstische Anblick der baufälligen, weitgehend unter den Dünen begrabenen Gebäude lässt sich nicht beschreiben.

Besucher können auf eigene Faust nach Kolmanskop fahren, brauchen also nicht unbedingt an einer geführten Tour teilzunehmen. Allerdings müssen sie sich vorher im Büro der NWR oder bei einem örtlichen Tourveranstalter die entsprechende Genehmigung besorgen. Die Führungen (in Deutsch und Englisch) beginnen am Museum in Kolmanskop, und zwar Montag bis Samstag um 9.30 Uhr und 11 Uhr, sonntags um 10 Uhr. Die Führung ist in der Genehmigungsgebühr enthalten. Als Ergänzung zur Führung lohnt sich ein Besuch des Museums, das Relikte des Diamantenabbaus in Namibia zeigt und über dessen Geschichte informiert.

Geführte Touren

Bis sich die strengen Zutrittsbeschränkungen des Nationalparks lockern, sollte jeder Besucher im eigenen Interesse die Sperrgebietsgrenzen strikt beachten. Die bewaffneten Bewacher des Sperrgebiets langweilen sich, doch niemand sollte ihnen die Freude machen, ihres Amtes zu walten. Einige ausgesuchte Ziele im Park sind Besuchern im Rahmen einer geführten Tour zugänglich.

Elizabeth Bay LANDSCHAFTSTOUR

Als die CDM 1986 den nördlichen Teil des Sperrgebietes erneut untersuchte, entdeckte man reiche Diamantenvorkommen rund um Elizabeth Bay (die Ortschaft liegt 30 km südlich von Kolmanskop). Schon damals ließ sich absehen, dass der Abbau der schätzungsweise 2,5 Mio. Karat nicht länger als zehn Jahre dauern wird. Dennoch richtete die CDM einen Minenbetrieb im großen Stil ein. Das Unternehmen baute jedoch keine Wohnstätten, sondern ließ täglich alle Arbeiter von Lüderitz an ihren rund 45 km entfernten Arbeitsplatz transportieren. Die Halbtagestour nach Elizabeth Bay muss bei einem Tourveranstalter in Lüderitz gebucht werden. Sie schließt den Besuch von Kolmanskop und der Robbenkolonie am Atlas Bay Cape ein.

Bogenfels LANDSCHAFTSTOUR

Nach einem Drittel der Strecke von Lüderitz nach Oranjemund entlang der „verbotenen Küste" ist der 55 m hohe Felsenbogen erreicht, der den bezeichnenden Namen Bogenfels trägt. Erst seit einigen Jahren besteht die Möglichkeit, dieses Naturdenkmal zu besuchen. Die angebotenen geführten Touren umfassen neben dem Besuch des Bogenfels auch den Besuch der Geisterstadt Pomona, des Märchentals, der Geisterstadt Bogenfels und einer großen Höhle nahe dem Bogenfels. Die Tour muss bei einem Tourveranstalter in Lüderitz gebucht werden. Die von Coastway Tours Lüderitz (S. 168) organisierten Tagestouren führen von Lüderitz über Pomona zum Bogenfels (ab 1250 N$ pro Pers., der Preis ist abhängig von der Teilnehmerzahl).

Schlafen

Innerhalb des Nationalparks existieren keinerlei Unterkünfte für Besucher, Campen ist streng verboten. Entsprechende Einrichtungen werden sicherlich in den nächsten Jahren geschaffen. Bis dahin bietet eine Unterkunft in Lüderitz den besten Ausgangspunkt für Parkbesuche.

An- & Weiterreise

Das Sperrgebiet in einem privaten Fahrzeug zu befahren, ist nach wie vor streng verboten. Die bislang einzige Ausnahme bleibt die Fahrt nach Kolmanskop, sofern die erforderliche Zutrittsgenehmigung vorliegt.

Der tiefe Süden und der Fish River Canyon

Namibias Südspitze liegt in den Winkel eingebettet, den Südafrikas abgeschiedene Regionen Namaqualand und Kalahari bilden. Ganz gleich, aus welcher Richtung man anreist, die kahle Landschaft erweckt hier ein Gefühl der Trostlosigkeit und Isolation. Während der Fahrt auf der Fernstraße reicht die schier endlose Wüste in allen Himmelsrichtungen bis zum Horizont. Umso größer ist die Überraschung, wenn plötzlich der Fish River Canyon auftaucht. Dieser riesige Einschnitt quer durch die Wüstenlandschaft gehört zu Namibias beeindruckendsten geologischen Formationen. In jedem Winter lockt der Canyon Scharen von Wanderern an, die sich auf mehrtägigen Trekkingtouren seinen gewaltigen Ausmaßen stellen.

GRÜNAU

☎ 063

Viele von Südafrika kommende Reisende steuern Grünau an, denn hier befindet sich die erste Tankstelle nördlich der südafrikanischen Grenze. Außerdem bietet der Ort erschöpften Fahrern auf dem Weg von Kapstadt nach Windhoek (oder umgekehrt) eine sinnvolle Verschnaufpause.

Bestens geeignet für eine erholsame Übernachtung und eine beliebtes B&B ist

DIAMANTENFIEBER

Geologie

Der Diamant ist das bekannteste Allotrop (Modifikation) des Kohlenstoffs. Er zeichnet sich aus durch extreme Härte (er ist das härteste aller Minerale) sowie durch eine hohe Lichtbrechung (bricht weißes Licht in die Spektralfarben). In der Industrie spielt er z. B. als Schleif-, Schneid- und Bohrmittel eine bedeutende Rolle, da nur ein anderer Diamant ihn ritzen kann. Zu Schmuckzwecken verwendet, erhält er durch den Schliff einen brillanten Glanz. Die Diamantminen fördern jährlich etwa 130 Mio. Karat (26 000 kg), was einem Marktwert von 9 Mrd. US$ entspricht.

Diamanten entstehen, wenn Kohlenstoff über lange Zeit extremem Druck und sehr hohen Temperaturen ausgesetzt ist und sich infolgedessen ein Kristallisationsprozess in Gang setzt. Die entsprechenden Bedingungen (von der Produktion synthetischer Diamanten einmal abgesehen) herrschen nur nahe der Erdkruste ab einer Tiefe von mindestens 150 km. Sobald der Kohlenstoff kristallisiert, vergrößert sich ein Diamant solange, wie Druck und Temperatur in ausreichendem Maß ihre Wirkung ausüben können. Schmelzen aus dem tiefsten Erdinneren, die das diamanthaltige Material (im verfestigten Zustand Kimberlit genannt) an die Erdoberfläche befördern, setzen dem Größenwachstum der Diamanten jedoch natürliche Grenzen. Während vorzeitlicher vulkanischer Aktivitäten trieb kimberlitisches Magma durch sogenannte Pipes (senkrechte Gesteinsschlote vulkanischen Ursprungs) bis zur Erdoberfläche hinauf.

Seit dem frühen 20. Jh. beurteilen Experten den Wert und die Schönheit eines Diamanten bzw. Brillants (und anderer Edelsteine) weltweit anhand der vier „Cs“: Carat (Karat), Clarity (Reinheit), Color (Farbe) und Cut (Schliff).

Karat gibt das Gewicht eines Edelsteins an. Ein Karat entspricht 0,2 g (200 mg). Wie bei allen anderen Edelsteinen steigt der Wert eines Diamanten mit seinem Gewicht. Je höher das Gewicht, desto seltener ist der Edelstein, wobei große Diamanten besonders selten vorkommen.

Die **Reinheit** bezieht sich auf die Menge der in einem Edelstein vorhandenen Fremdkörper, die als Einschlüsse bezeichnet werden. Je kleiner die Einschlüsse, desto wertvoller ist der Stein. Nur etwa 20 % der abgebauten Diamanten weisen genügend Reinheit auf, um als Schmuckbrillanten in den Verkauf kommen zu können.

Die **Farbe** hängt ebenfalls mit der Qualität eines Diamanten zusammen. Ein perfekter Diamant ist absolut farblos. Doch die meisten Diamanten zeigen aufgrund von chemischen Unreinheiten und strukturellen Defekten eine erkennbare Färbung, deren Grad ihren Wert

die **White House Guest Farm** (☎262061; Zi. 400 N$). In einem wunderschönen, strahlend weißen Haus bieten Dolf und Kinna de Wet preisgünstige Unterkünfte für Selbstversorger. Die Architektur des 1912 erbauten und hervorragend renovierten Farmhauses ist spektakulär. Kochgelegenheiten stehen zur Verfügung, auf Anfrage bereiten die Gastgeber ihren Gästen aber auch Mahlzeiten zu. Sogenannte *Braai*-Packs (Fleisch und andere Zutaten zum Grillen) sind ebenfalls erhältlich. Der Anfahrtsweg: von Grünau ungefähr 11 km auf der B1 Richtung Keetmanshoop fahren, dann am White-House-Hinweisschild auf den in westlicher Richtung verlaufenden Weg einbiegen. Nach 4 km ist das Farmhaus erreicht.

FISH RIVER CANYON

☎063

Nirgendwo in Afrika findet sich etwas, was sich mit dem Fish River Canyon vergleichen lässt. Das klingt dick aufgetragen, doch die Zahlen lügen nicht: Der Canyon ist 160 km lang, in der Breite hat er eine Ausdehnung von bis zu 27 km. Die grandiose Schlucht erreicht eine Tiefe von 550 m. Allein schon die blanken Zahlen beeindrucken, doch das wahre, atemberaubende Ausmaß dieses gigantischen Canyons begreift man eigentlich erst vor Ort.

Wer sich vor Ort selbst einen Eindruck verschaffen will, kann beispielsweise an einer der angebotenen fünftägigen Trekkingtouren teilnehmen. Die gewaltige Wanderung geht über die halbe Länge des Canyons und stellt hohe An-

mindert oder steigen lässt. Gelbe Diamanten sind wesentlich weniger wertvoll als z. B. rosafarbene oder blaue.

Der **Schliff** beschreibt die Qualität der handwerklichen Arbeit und die Form, in die der Stein beim Schleifen gebracht wird.

Internationaler Handel

Der internationale Handel mit Diamanten unterscheidet sich extrem vom Handel mit wertvollen Metallen wie Gold oder Platin, da es bei diesen kostbaren Steinen nicht um Bedarfsartikel geht. Demzufolge können ein paar wenige Schlüsselfiguren den Preis künstlich hochtreiben, zumal ein Sekundärmarkt so gut wie nicht existiert. Sowohl der Großhandel als auch die Schleifereien beschränken sich traditionell auf wenige Orte, allen voran New York, Antwerpen, London, Tel Aviv und Amsterdam, auch wenn sich inzwischen einige Diamantenzentren in China, Indien und Thailand etabliert haben.

Seit seiner Gründung im Jahr 1888 hält De Beers eine Monopolstellung bei den Diamantminen und allen Vertriebskanälen von Diamanten in Edelsteinqualität. Vor noch nicht langer Zeit unterlagen 80 % der Rohdiamanten der Kontrolle der De Beers Group; der Prozentsatz hat sich in den letzten Jahren allerdings auf 50 % verringert. Dennoch nutzt de Beers seine Marktführerschaft konsequent in Form von strikter Preiskontrolle und Direktvermarktung der Diamanten an bevorzugte Abnehmer auf dem Weltmarkt (die De Beers *sightholders* nennt).

Nach dem Erwerb durch die *sightholders* kommen die Diamanten zum Schleifen und Polieren an die wenigen vorhergehend genannten Orte, um sie für den Verkauf an einer der 24 Diamantbörsen vorzubereiten. Selbst hier – im letzten Schritt – greift De Beers' enges Kontrollnetz noch, denn die Einzelhändler dürfen an diesen Börsen für den Verkauf an Endkunden bzw. die Schmuckherstellung nur verhältnismäßig kleine Diamantmengen erwerben.

Seit geraumer Zeit steht die Diamantenindustrie unter politischem Beschuss. Das Stichwort dazu lautet „Blutdiamanten"; damit sind Diamanten gemeint, die in Kriegsgebieten abgebaut werden und die Fortsetzung der Kämpfe finanzieren sollen. Als Reaktion auf die zunehmende öffentliche Kritik kam 2002 das Kimberley-Abkommen zustande, das den Handel mit „Blutdiamanten" auf dem internationalen Markt unterbinden soll. Als Hauptinstrument dient die Herkunftszertifizierung der Diamantenexporte des jeweiligen Ursprungslandes. Die Zertifizierung soll verhindern, dass Diamanten zur Finanzierung von Verbrechen oder revolutionären Gruppen verwendet werden.

sprüche an die physischen und psychischen Kräfte der Teilnehmer. Als Belohnung der Mühen winkt das Gefühl, eine der größten Naturwunder von Namibia, nein, von ganz Afrika hautnah erlebt zu haben.

Der Fish River Canyon ist Teil des **|Ai-|Ais Richtersveld Transfrontier Park** – einer der Peace Parks im südlichen Afrika. Immer mehr dieser länderübergreifenden Schutzgebiete bzw. Nationalparks entstehen derzeit im Süden des Kontinents. Der Nationalpark, der ungefähr 6045 km² groß ist, liegt zum Teil in Südnamibia und zum Teil in Südafrika und ist eine der artenreichsten Trockenzonen der Welt. Er umfasst auch den Richtersveld National Park (Südafrika) und das Oranje-Tal.

Geschichte

Eine Legende der San erzählt, die starken Biegungen des Canyons seien entstanden, als sich eine verzweifelt schlängelnde Schlange, *Kou-tein Kooru,* vor Jägern in die Wüste flüchtete. Die geologische Entstehungsgeschichte klingt allerdings etwas komplizierter:

Der Fish River, der 110 km südlich des Canyons in den Orange River mündet, grub seinen Canyon vor Urzeiten. Genau genommen besteht der Canyon aus zwei ineinanderliegenden Canyons, die sich auf unterschiedliche Weise geformt haben. Die ursprünglichen Sedimentschichten aus Schiefer, Sandstein und losem vulkanischem Material rund um den heutigen Fish River Canyon bauten sich vermutlich vor fast

2 Mrd. Jahren auf. Hitze und Druck verwandelten sie später in härteres Gestein, wie z. B. Gneis. Vor knapp 1 Mrd. Jahren drangen durch Brüche im bestehenden Gestein vulkanische Materialien ein, die abkühlten und die Doloritformationen bildeten, die nun im inneren Canyon herausragen.

Die Oberfläche erodierte zu einem flachen Becken mit seichtem Wasser, das sich wahrscheinlich mit ausgewaschenem Sediment der Umgebung füllte – also mit Resten von Sandstein, Konglomerat, Quarzit, Kalkstein und Schiefer. Vor etwa 500 Mio. Jahren führten tektonische Aktivitäten zu Verwerfungen und einer Neigung der Gesteinsschichten um 45°. Die daraus zwangsweise entstehende weite Kluft in der Erdkruste bildete einen großen Canyon: den heutigen äußeren Canyon.

Seine Sohle, die erste Ebene der abgestuften Gesteinsschichten, zeigt sich ungefähr 170 m unterhalb des östlichen Canyonrandes und 380 m unterhalb des Westrandes.

Fish River Canyon

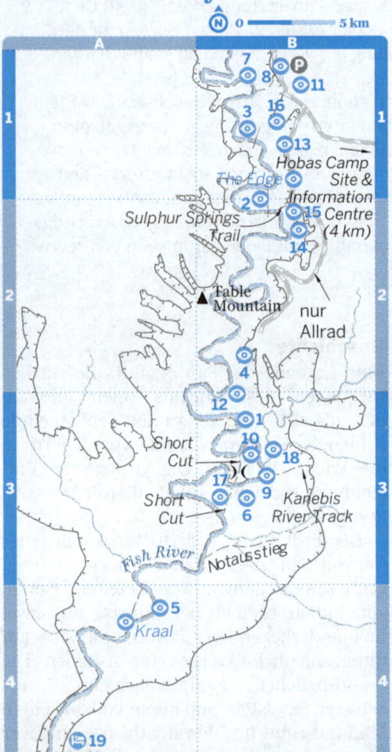

Durch das neu entstandene Gebiet floss ein Wasserlauf, der heute Fish River heißt. Der Fluss bahnte sich einen meanderförmigen Weg durch die Talsohle grub sich ein und wusch den 270 m tiefen inneren Canyon aus.

Sehenswertes

HOBAS

Von Hobas führt eine Schotterstraße zu dem 10 km entfernten **Main Viewpoint** mit dem schönsten und wohl am häufigsten fotografierten Panoramablick über den Canyon. Doch vielleicht noch atemberaubender ist der einige Kilometer weiter nördlich gelegene **Hikers' Viewpoint** am Start des Wanderweges. Auf dem Kamm des Canyons kann man von einem Aussichtspunkt zum anderen wandern. Beide Aussichtspunkte gewähren einen Panoramablick auf die scharfe Flussbiegung, die sogenannte Hell's Corner (Teufelsecke). Vom Main Viewpoint aus führt in entgegengesetzter Richtung (statt Richtung Hiker's Viewpoint nach links wenden) eine Straße zum **Sunset Viewpoint**, einem ebenfalls günstig gelegenen Aussichtspunkt. Einige Kilometer vor dem Erreichen des Main Viewpoint windet sich ein Pfad über 13 km hinauf zu weiteren Aussichtspunkten, darunter zu den **Sulphur Springs** und zum **Eagle Rock**. Der Weg ist nur mit einem Geländewagen befahrbar.

Fish River Canyon

Sehenswertes

1	Bushy Corner	B3
2	Dolerite Dyke	B2
3	Dolerite Dyke	B1
4	Eagle Rock Viewpoint	B2
5	Fool's Gold Corner	A4
6	Four Finger Rock	B3
7	Hell's Corner	B1
8	Hikers' Viewpoint	B1
9	Kanebis Bend	B3
10	Kooigoedhoogte Pass	B3
11	Hauptaussichtspunkt	B1
12	Rock Pinnacle	B3
13	Rockies Point	B1
14	Sulphur Springs	B2
15	Sulphur Springs Viewpoint	B2
16	Sunset Viewpoint	B1
17	Thilo von Trotha's Grave	B3
18	Three Sisters Rocks	B3

Schlafen

19	Ai-Ais Hot Springs Spa	A4

ATEMBERAUBEND: DER FISH RIVER CANYON

In den Morgenstunden zeigt sich der Canyon am klarsten – er ist gewaltig, wunderschön und wie von göttlicher Meisterhand in irdischen Fels gemeißelt. Fast erschreckend wirken die kahlen Felsen, auf denen sich keinerlei Pflanzenleben erkennen lässt. Mit seinen abgerundeten Kanten und den scharfen Ecken bildet der Canyon eine Symphonie aus Stein in gigantischem und überaus beeindruckendem Ausmaß. Wer einmal in sich gehen möchte, kann hier perfekt über diese einzigartige Landschaft mit ihrer harschen Umwelt und schier endlosen Weite nachdenken.

AI-AIS

Die **Hot Springs** (Erw./Kind 80 N$/frei; ⌚Sonnenauf- bis -untergang), die heißen Thermalquellen von Ai-Ais (in der Sprache der Nama „kochendes Wasser"), befinden sich unterhalb der hoch aufragenden Felsspitzen am südlichen Ende des Fish River Canyon. Obwohl die San diese 60 °C heißen Quellen sicher seit Tausenden von Jahren kennen, beanspruchen die Nama ihre „Entdeckung" für sich. Eine Legende behauptet, ein Schafhirte der Nama habe das „brennende Wasser" bei der Suche nach einem verirrten Schaf gefunden. Die Quellen, die Chlorid, Fluorid und Schwefel enthalten, sollen rheumatische Krankheiten und auch nervöse Störungen lindern. Röhren leiten das heiße Wasser in verschiedene Bäder, Jacuzzis und in den Swimmingpool im Freien.

Eine angenehme Abwechslung bietet die kurze Kletterei auf die Felsspitze, die am gegenüberliegenden Ufer aufragt. (Der Weg ist nicht markiert!) Von dort aus reicht der Blick über Ai-Ais zum Four Finger Rock, der sich in der Ferne im Norden erhebt. Die gesamte Wanderung dauert ungefähr zwei Stunden.

In Ai-Ais mangelt es nicht an Annehmlichkeiten wie Shop, Restaurant, Tankstelle, Tennisplatz, Swimmingpool, Spa und Mineralbädern aller Art.

Im Sommer droht hier allerdings Überschwemmungsgefahr. Die mächtigen Fluten nach den starken regenfällen von 1972 und 2000 haben in Ai-Ais große Zerstörungen angerichtet.

Aktivitäten

Fish River Hiking Trail WANDERN

(Pro Pers. 250 N$) Die fünftägige Wanderung von Hobas nach Ai-Ais ist Namibias beliebteste Langstreckenwanderung. Aus gutem Grund: Die eindrucksvolle, 85 km lange Strecke folgt dem sandigen, bis auf ein paar Pfützen ausgetrockneten Flussbett. Der Einstieg ist am Hikers' Viewpoint, die Wanderung endet in Ai-Ais.

Wegen der Überschwemmungen und der großen Hitze in den Sommermonaten dürfen Wanderer nur vom 15. April bis zum 15. September den Canyon durchqueren. In dieser Zeit starten täglich Gruppen mit drei bis 30 Teilnehmern. Doch wer bei dieser überaus beliebten Tour nicht rechtzeitig im Voraus bucht, geht leer aus. Die Buchung muss über Namibia Wildlife Resorts (NWR) in Windhoek erfolgen. Offiziell fordert das pingelige NWR ein ärztliches Attest, das die Gesundheit des Teilnehmers bescheinigt und nicht älter als 40 Tage ist. Junge, gestählt aussehende Wanderer können mitunter auch mal ohne Attest „durchrutschen". Um An- und Abfahrt sowie um die Unterkünfte in Hobas und Ai-Ais muss sich jeder Wanderer selber kümmern.

Dank der normalerweise warmen, trockenen Witterung muss niemand zwangsläufig ein Zelt mitschleppen. Doch auf Schlafsack, ausreichend Nahrung und Wasser kann keiner verzichten. Jeder sollte sich in Hobas über die aktuelle Trinkwassersituation im Canyon informieren! Im August und September gibt es mitunter auf den letzten 15 km der Wanderung keinen einzigen Tropfen Wasser. Um diese heiße, sandige Strecke zu bewältigen, braucht jeder mehrere 2-Liter-Flaschen mit Wasser! In den großen, leichten Plastikflaschen lässt sich der Wasservorrat gut transportieren.

Schlafen

Unterkünfte, die innerhalb des Nationalparks liegen, müssen über das NRW-Büro in Windhoek gebucht werden.

Hobas Camp Site CAMPINGPLATZ $

(Zeltplatz 125 N$; ☒) Der von NRW verwaltete hübsche, schattige Campingplatz liegt am Nordende des Parks, etwa 10 km von

WANDERUNG DURCH DEN FISH RIVER CANYON

Die Anfahrt von Hobas bis zum 10 km entfernten **Hikers' Viewpoint**, wo die Canyon-Wanderung beginnt, müssen die Wanderer selbst organisieren. Beim malerischen Aussichtspunkt am Canyonrand beginnt der steile Abstieg zum Fluss. Unten liegen sandige Zeltplätze neben kühlen, grünen Becken.

Einige Karten verzeichnen die Strecke, die dicht am Flussufer verläuft. Der Weg kann sich aber von Jahr zu Jahr ändern, da die Vegetation und die Sandablagerungen sich alljährlich durch die Höhe des Wasserspiegels im Vorjahr ändern. Der einfachste Wanderweg folgt den Windungen des Flusses, dort verlaufen auch die Pfade der Tiere auf trockenem und nicht sandigem Terrain. Auf diese Weise lassen sich auch schlüpfrige Steine und große Felsbrocken umgehen.

Nach einer anstrengenden 13 km langen Wanderung durch den rauen Sand und die Felsbrocken des Ostufers taucht **Sulphur Springs Viewpoint** auf, der erste Zwischenstopp an der Hauptroute und zugleich die erste Gelegenheit, den Canyon zu verlassen.

Wer bereits sehr erschöpft ist und keine Kräfte mehr hat, sollte hier die Schlucht verlassen. Wer sich noch zutraut, weitere und wesentlich leichter zu gehende 2 km zu laufen, kommt zu den **Sulphur Springs** (Schwefelquellen). Dort wartet ein Camp, wo jeder am nächsten Morgen überlegen kann, ob er sich fit genug zum Weiterwandern fühlt.

An den Sulphur Springs – oder besser bekannt als **Palm Springs** – wartet ein kleines Paradies: ein ausgezeichneter Campingplatz mit schwefelhaltigen Thermalquellen. Pro Sekunde schießen 30 l Wasser (das 57 °C warm ist) aus dem Boden, das Wasser enthält nicht nur Schwefel, sondern auch Chlorid und Fluorid – eine echte Wohltat für die arg strapazierten Muskeln!

Die Legende erzählt, dass sich während des Zweiten Weltkrieges zwei deutsche Gefangene zwischen den Schwefelquellen versteckt hielten, um der Internierung zu entgehen. Der eine litt an Asthma, der andere an Hautkrebs – die Heilkraft der Thermalquellen ließ beide wieder gesund werden. Die schönen Palmen an den Sulphur Springs sollen von den Kernen der Datteln stammen, die den beiden Deutschen als Nahrung dienten und deren Kerne sie hier ausspuckten.

Den nächsten Abschnitt der Wanderung „pflastern" vor allem tiefer Sand, Kies und grober Schotter. Die direkteste Route an der Innenseite der Flusswindungen erfordert ein mehrmaliges Durchqueren des Flusses. Der **Table Mountain** (Tafelberg) thront 15 km oberhalb der Sulphur Springs. Nach weiteren 15 km kommt der erste kurze (und abkürzende) Canyoneinschnitt am **Bushy Corner**, einem Gebiet mit viel dichtem Dornengestrüpp. An der nächsten Flussbiegung liegt flussaufwärts nahe der Felsformation **Three Sisters** ein längerer Einschnitt hinter der **Kanebis Bend**, der zum **Kooigoedhoogte Pass** führt. Von oben bietet sich ein zauberhafter Blick auf den **Four Finger Rock** – ein beeindruckender turmartiger Felsen mit vier dicken Spitzen (die eher an nach oben gekehrte Zitzen eines Kuheuters erinnern als an Finger).

Nach einem erneuten Abstieg landen die Wanderer am Westufer des Flusses, wo die Kletterei über einen anderen abkürzenden Einschnitt beginnt und sich – was vielleicht angenehmer ist – nasse Füße holen. Alternativ kann man auch die Flussbiegungen auslaufen. Am südlichen Ende dieses Passes liegt ebenfalls am Westufer das **Grab** von Leutnant Thilo von Trotha, der hier 1905 während eines Kampfes zwischen den Deutschen und den Nama den Tod fand. Der letzte Abschnitt ist 25 km lang und verläuft auf einem recht bequemen, aber sandig-steinigen Weg nach Ai-Ais. Er ist an einem langen Tag zu schaffen. Südlich vom Trotha-Grab weitet sich der Canyon und wird trockner. Wichtig: Am Ende des Winters findet man auf den letzten 15 km der Tour kein Wasser: Jeder Wanderer muss deshalb ausreichend Trinkwasser mit sich führen!

den Hauptaussichtspunkten entfernt. Er hat saubere sanitäre Anlagen, einen Kiosk und einen Swimmingpool. Ein Restaurant und eine Tankstelle fehlen.

Ai-Ais Hot Springs Spa RESORT **$$**
(Zeltplatz 125 N$, mit Berg-/Flussblick DZ 900/1100 N$;) Das ebenfalls von NWR verwaltete Resort verfügt u. a. über Wasch-

räume und *Braai*-Feuerstellen. Sämtliche Gäste können alle Einrichtungen des Resorts, inklusive des Thermalbads, nutzen. Vorhanden sind auch ein Restaurant, ein kleiner Lebensmittelladen sowie Chalets für Familien bzw. Gruppen.

Fish River Lodge LODGE **$$$**

(☎683005; www.fishriverlodge-namibia.com; EZ/DZ 1500/2250 N$) Die Lodge ist ein zauberhafter Platz, um die Landschaft zu genießen. Ihre 20 Chalets reihen sich auf dem westlichen Kamm des Canyons. Gäste können an einer fünftägigen Canyonwanderung (75 km, April bis Sept.) teilnehmen. Für weniger ambitionierte Wanderer werden Tagestouren angeboten. Da die Lodge über eine private Konzession verfügt, müssen weder Unterkünfte noch Touren über NWR gebucht werden. Der Weg zur Lodge führt über die D463, die nordwärts von der B4 und westwärts von der C13 abzweigt.

Praktische Information

Die Hauptzugangspunkte für den Fish River Canyon sind Hobas, das am Eingang zum Nordteil des Parks liegt, und Ai-Ais nahe dem Südteil des Parks. Beide Parkteile werden von NWR verwaltet. Unterkünfte müssen im Voraus über das NWR-Büro in Windhoek gebucht werden. Tageskarten für den Park kosten 80 N$ pro Person und 10 N$ pro Fahrzeug. Sie gelten sowohl für die Zufahrt über Hobas als auch für diejenige über Ai-Ais.

Das **Hobas Information Centre** (⌚7.30–12 & 14–17 Uhr) am Nordende des Parks ist zugleich der Check-in für die fünftägige Canyonwanderung. Außer verpackten Snacks und kalten Getränke hat das Informationszentrum nichts anzubieten. Tipp: Hier noch mal die Toilette nutzen – einmal unterwegs, gibt es weit und breit keine mehr.

Wasser führt der Fish River in der Regel zwischen März und April. Von April bis Juni verwandelt er sich in ein Rinnsal und ab der Wintermitte bleibt nur eine Kette an Pfützen im Flussbett übrig.

Nachdem 2001 ein schlecht ausgerüsteter Wanderer im Canyon den Tod fand, hat der NWR Tageswanderungen und Alleingänge im Fish River Canyon streng verboten.

An- & Weiterreise

Weder nach Hobas noch nach Ai-Ais fahren öffentliche Verkehrsmittel. Das eigene Fahrzeug ist hier also ein Muss.

Von Grünau nach Hobas führt eine recht passable Schotterstraße.

GONDWANA CAÑON PARK

Der 100 000 ha große Gondwana Cañon Park entstand 1996 aus dem Zusammenschluss mehrerer Schaffarmen. Damals wurden alle Zäune entfernt, um das Land nordöstlich vom **|Ai- |Ais Richtersveld Transfrontier Park** so schnell wie möglich der Natur zurückzugeben. In dieser herrlichen, abgeschiedenen Region des Landes versammeln sich an den Wasserlöchern nun wieder wild lebende Tiere. Im Zuge des Naturschutzprojektes kam es auch zur Eingliederung des früheren Augrabies-Steenbok Nature Reserve, eines Schutzgebietes, das ursprünglich eingerichtet wurde, um Arten wie Hartmann's Bergzebra, Steenbok (Steinböckchen), Gemsbok (Spießböckchen) und Klipbok (Klippspringer) besonders zu schützen.

Schlafen

Die nachfolgend aufgeführten Lodges bieten eine ganze Reihe von Aktivitäten, angefangen von Ausflügen im Geländewagen über geführte Wanderungen und Ausritte bis hin zu traumhaften Rundflügen.

LP TIPP **Cañon Lodge** LODGE **$$$**

(☎061-230066; www.gondwana-collection.com; EZ/DZ ab 1400/2240 N$; ❄☒) Dieses Refugium in den Bergen gehört zu Namibias faszinierendsten Unterkünften. Das gesamte Anwesen – vor allem aber die luxuriösen Backsteinbungalows – integriert sich harmonisch in die von Felsbrocken übersäte Umgebung. Der Ausblick ist wunderschön und die Bungalows bieten viel Privatsphäre. Das Restaurant in einem Farmhaus von 1908 ist geschmackvoll mit historischen landwirtschaftlichen Geräten dekoriert. Rund um das Haus erstrecken sich Gartenanlagen, in denen die Pflanzen nur so wuchern. Es ist eine ausgesprochen freundliche Unterkunft mit erstklassigem Essen – und dem wahrscheinlich freundlichsten Barkeeper in ganz Namibia.

Cañon Roadhouse GÄSTEHAUS **$$**

(☎061-230066; www.gondwana-collection.com, auch auf Deutsch; Zeltplatz pro Pers. 100 N$, EZ/DZ ab 815/1300 N$; ☒) Für diese herrliche (kitschige) Kombination aus Restaurant und Gästehaus hat möglicherweise ein Bilderbuch-Roadhouse auf der wildesten Strecke der Route 66 Modell gestanden. Ein altes Motorrad dient als Tisch für das Büfett. Die Jalousien bestehen aus gebrauchten Luftfiltern, bei den Barhockern

GRENZÜBERGANG NACH SÜDAFRIKA

Die Formalitäten am **Grenzübergang Vioolsdrif-Noordoewer** (24 Std. geöffnet) sind relativ einfach zu erledigen. Von Südafrika kommend geht es zunächst ins Office 1, das Immigration Office (Einwanderungsstelle), dann ins Office 3 zur Polizei. Wer nichts zu verzollen hat, braucht nicht zum Customs Office (Zoll) zu gehen. Wer von Südafrika nach Namibia einreist, muss sich im Immigration Office eine Ein-/Ausreisekarte holen, dabei müssen die Formulare supergenau ausgefüllt werden, sonst kann es Ärger geben. Wer mit einem Fahrzeug einreist, fährt anschließend zur Road Fund Administration, wo man in einem kleinen Büro die Cross Border Charge (CBC, Grenzübertrittsgebühr) für die Einfuhr eines Fahrzeugs nach Namibia (220 N$ für Wohnmobile, Geländewagen und Pkws) bezahlt. Die CBC-Quittung sollte man immer griffbereit halten, da sie namibiaweit bei Polizeikontrollen vorgelegt werden muss. Und dann steht der Einreise nach Namibia nichts mehr im Weg. Kurz hinter der Grenze gibt es zwei Tankstellen, die rund um die Uhr geöffnet haben, und eine Reihe preisgünstiger Lodges bieten sich für einen erholsamen Zwischenstopp an.

kamen die Luftfilter alter Lastkraftwagen zu neuen Ehren. Helle Farben, niedrige Decken und ein moderner Touch prägen die Zimmer, die alle gleich aussehen. Die ebenerdige Dusche ist ein Luxus, während die schäbigen Möbel wenig Flair ausstrahlen. Das Campinggelände mit zwölf Zeltstellplätzen verfügt über Toiletten und *Braai*-Feuerstellen. Das Restaurant eignet sich gut für ein Mittagessen oder einen Imbiss (getoastete Sandwiches 30 N$) – der Amarula-Käsekuchen schmeckt sehr lecker.

Cañon Mountain Camp LODGE **$**
(☎061-230066; www.gondwana-collection.com; Zi. pro Pers. ab 310 N$; ▣) Mit dem abgeschiedenen Bergcamp bietet die Cañon-Hotelgruppe etwas für Leute mit knapper Reisekasse. Die Lodge liegt hoch oben inmitten von Bergen aus Basaltgestein. Selbstversorger finden hier eine voll eingerichtete Küche, *Braai*-Feuerstellen und Gemeinschaftsräume vor.

Cañon Village COTTAGES **$$$**
(☎061-230066; www.gondwana-collection.com; EZ/DZ ab 1075/1750 N$; ❄▣) Als Vorbild für diese ländliche Idylle im Schatten einer Felswand am Rand des Fish River Canyon National Park diente wohl eines der kapholländischen Dörfer vergangener Zeiten. Die geräumigen, komfortablen Cottages bieten einen tollen Ausblick auf die Umgebung. Im Zentrum des Anwesens steht ein reetgedecktes Restaurant, in dem traditionelle afrikanische Spezialitäten auf den Tisch kommen.

ℹ An- & Weiterreise

Der Gondwana Cañon Park ist mit Privatfahrzeugen über die C37 zu erreichen.

NOORDOEWER

☎063

Noordoewer liegt am Oranje, der in den Drakensbergen in Natal (Südafrika) entspringt. Über eine weite Strecke bildet der Fluss die Grenze zwischen Namibia und Südafrika. Ihre Funktion als Grenzübergang und Weinbauzentrum prägt die Ortschaft. Doch sie eignet sich auch gut als Ausgangspunkt für Kanu- und Raftingtouren auf dem Oranje.

Aktivitäten

Kanu- und Raftingtouren erfolgen meistens in verschiedenen Etappen und dauern je nach Strecke drei bis sechs Tage. Die beliebte Tour von Noordoewer in nördlicher Richtung nach Aussenkehr ist moderat – die Stromschnellen gehen nicht über den Schwierigkeitsgrad II hinaus. Aufregend schön auf dieser Strecke ist auf jeden Fall die wilde Canyonlandschaft. Alternative Touren: von Aussenkehr bis zur Mündung des Fish River, von der Fish-River-Mündung bis zum Nama Canyon (der einige schwierigere Stromschnellen hat) und vom Nama Canyon bis Selingsdrif.

Amanzi Trails KANUTOUREN
(☎in South Africa 27-21-559 1573; www.amanzitrails.co.za) Der gut eingeführte südafrikanische Tourveranstalter hat seinen Sitz im Abiqua Camp. Er ist auf 4- bis 5-tägige Kanutouren auf dem Oranje spezialisiert (pro Pers. 2020/2360 N$). Darüber hinaus orga-

nisiert er für Leute mit Erfahrung kürzere unbegleitete Ausflüge und längere Exkursionen auf dem Fish River.

Felix Unite KANUTOUREN
(☎in Südafrika: 27-21-702-9400; www.felixunite.com) Ebenfalls einen sehr guten Ruf hat dieser südafrikanische Tourveranstalter mit Sitz im Provenance Camp. Auch er ist spezialisiert auf geführte 4- bis 6-tägige Kanu- und Raftingtouren auf dem Oranje (pro Pers. 3175/3650 N$). Diese Touren lassen sich mit längeren Ausflügen rund um das Western Cape (Westkap) von Südafrika kombinieren.

Schlafen

Abiqua Camp CAMPINGPLATZ $$
(☎297255; http://www.amanzitrails.co.za/camping /camping.html; Zeltplatz pro Pers. 70 N$, Fahrzeug 30 N$, EZ/DZ/3BZ in Chalets 350/420/490 N$) Das Camp liegt in schöner Lage am Flussufer 15 km von Noordoewer entfernt und ist über die Orange River Road zu erreichen. Als Sitz des Tourveranstalters Amanzi Trails hat es einiges zu bieten. Reisende können hier ihre Vorräte auffüllen, eine warme Mahlzeit bekommen und in Ruhe übernachten, bevor sie zu ihrer Kanutour aufbrechen.

Camp Provenance CAMPINGPLATZ $$
(☎in Südafrika: 27-21-702-9400; www.felixunite.com; Zeltplatz pro Pers. 100 N$, 2B-Dauerzelt 600 N$, 2B-Hütte 800 N$) Das Flusscamp in schickem Safari-Stil liegt ungefähr 10 km westlich von Noordoewer. Hier beginnen die Touren des Veranstalters Felix Unite. Puristen können ihr eigenes Zelt auf einer Wiese aufschlagen. Wer Komfort schätzt, kann in einem der Dauerzelte oder einem Chalet Kräfte für die bevorstehende Paddeltour sammeln.

An- & Weiterreise

Noordoewer liegt an der B1. Es ist der Grenzübergang nach Südafrika und nur mit einem eigenen Fahrzeug zu erreichen.

NAMIBIA VERSTEHEN

Namibia aktuell

Namibia zählt gegenwärtig zu den demokratischen Staaten in Afrika, die einigermaßen funktionieren, und nach den Erhebungen der Weltbank befindet sich die Wirtschaft sogar auf einem vergleichsweise guten Weg. Das Land hat zwar unter der weltweiten Rezession der Jahre 2008/09 gelitten, doch dank seiner Bodenschätze konnte es die Krise überwinden, zumal sich die Weltmarktpreise für Uran und Diamanten 2010 wieder erholt haben. 2011 erklärte die Regierung überdies, man habe vor der Küste geschätzte 11 Mrd. Barrel Öl gefunden.

Nach einem Staatsbesuch des chinesischen Präsidenten Hu Jintao im Jahr 2007 hat China dem Land Kredite und Hilfsgelder zur Verfügung gestellt, und die Beziehungen zwischen den beiden Staaten sind seitdem enger geworden. Auch der Handel zwischen den beiden Partnern hat in den letzten Jahren erheblich zugenommen. Natürlich hat China sein großes Interesse an den namibischen Mineralvorkommen zum Ausdruck gebracht, und chinesische Staatsunternehmen haben sich um eine Reihe von Exklusivlizenzen zum Abbau der Bodenschätze beworben. Chinesische Unternehmen zur Erkundung und Entwicklung von Mineralienlagerstätten sind bereits im Lande tätig, vor allem in der Gegend um Grootfontein. Und die China Guangdong Nuclear Power Corp (CGNPC) will bis Ende 2015 eine der größten Uranminen der Welt in Namibia eröffnen.

Ende 2012 lag die Inflationsrate bei mehr als 7 %, die Lebenshaltungskosten waren für die meisten Namibier spürbar gestiegen. Die Entwicklung der Lebensmittelpreise hatte sogar einen bedeutenden und durchaus besorgniserregenden Anteil an dieser Steigerungsrate. Die Inflationsrate wird von Fachleuten aber auch auf einen schwächeren Wechselkurs zurückgeführt, der unter anderem in Unruhen und Protesten von Arbeitnehmern in Südafrika seinen Ursprung hat; aus diesem Grund wurde die Kreditwürdigkeit des Landes herabgestuft.

Verglichen mit dem Rest der Region befindet sich Namibia in einem recht guten Zustand, doch Armut und Krankheiten stellen nach wie vor eine echte Bedrohung dar. Namibia zählt nämlich zu den Ländern der Welt, in denen die Einkommensverteilung am weitesten auseinander läuft. Und Erkenntnissen der Vereinten Nationen zufolge liegt jeder vierte Haushalt unterhalb der Armutsgrenze. Die ärmsten 10 % der Haushalte verfügen gerade einmal über 1 % des landesweiten Einkommens, während die wohlhabendsten 10 % mehr als die Hälfte der Einnahmen für sich verbuchen. Für ein Land mit derart offensichtlichem Wohlstand und so reichen Vorkommen an Bodenschätzen sind das erschreckende Zahlen – und sie zeigen die Aufgaben, die die Regierung von Namibia noch vor sich hat.

Ein gutes Beispiel, das Schule machen sollte: Ein Ratsmitglied in Windhoek verwendet seine Aufwandspauschale, um davon Gartengeräte, Samen und Dünger für bedürftige Menschen in seinem Wahlkreis anzuschaffen. Dabei unterstützt er vor allem Tuberkulosepatienten und Aids-Kranke, Waisen und Kinder in schwierigen Verhältnissen. So etwas ist nur ein kleiner Beitrag – und doch ein Beweis dafür, dass auch einzelne nützliche Initiativen ins Leben rufen können.

UNAIDS zufolge sind 180 000 Menschen in Namibia mit dem Aids-Virus infiziert, die Hälfte davon sind Frauen über 15; Aids stellt daher auch heute noch ein großes Problem dar. 2008 wurde bekannt, dass viele HIV-infizierte Frauen zwangsweise sterilisiert worden waren. Erst nach einem vierjährigen Prozess hat der Oberste Gerichtshof des Landes im Juli 2012 festgestellt, dass Ärzte gesetzlich dazu verpflichtet sind, ihre Patienten vollständig aufzuklären und nur mit deren Zustimmung zu handeln. Das Gericht hat zwar keinen Zusammenhang zwischen HIV-Befund und Sterilisation hergestellt, das Urteil gilt jedoch als wegweisend, was die Selbstbestimmungsrechte der Frau angeht, ob sie nun HIV-positiv ist oder nicht. Jedenfalls wurde diese Gerichtsentscheidung weltweit beachtet, zumal immer mehr HIV-positive Frauen inzwischen behaupten, in Namibia zwangsweise sterilisiert worden zu sein; allerdings bestreitet die Regierung ausdrücklich, solche Zwangssterilisationen angeordnet zu haben.

Was die Umwelt betrifft, hat das Land 2011 gerade einen neuen Nationalpark eröffnet, den Dorob National Park. Dorob tritt an die Stelle der alten National West Coast Tourist Recreation Area an der Atlantikküste, ist aber jetzt etwas größer als der Vorläufer. Das System der Eintrittspreise und Zutrittsgenehmigungen ist zwar noch etwas undurchsichtig, doch in jedem Fall steht damit jetzt die gesamte namibische Küste unter Schutz: vom Skeleton Coast Park im Norden über Dorob und Namib-Naukluft bis zum Sperrgebiet im Süden. Die Regierung hofft sogar, eines Tages alle vier Parks in einem einzigen Namib Skeleton Coast National Park vereinigen zu können, der dann eine Fläche von fast 110 000 km² bedeckt.

Geschichte

Die Anfänge

Die namibische Geschichte reicht weit zurück in graue Vorzeit; sie ist eines der weitgehend unbekannten Kapitel im riesigen Puzzlespiel der Evolution, wo irgendwann die ersten Menschen die Bühne betraten. Die Relikte von Wohnstätten und Steinwerkzeugen des *Homo erectus* (wörtlich: aufrecht gehender Mensch) finden sich über die gesamte Region verstreut. Eine der archäologischen Fundstätten in Namibia belegt, dass hier schon vor 750 000 Jahren Frühmenschen die Vorfahren der Elefanten jagten und ihre Beute anschließend mit selbst hergestellten Steinäxten ausnahmen.

In der Mittleren Steinzeit, die vor etwa 20 000 Jahren endete, hatten sich die sogenannten Boskop-Menschen, mutmaßliche Vorfahren der heutigen San, bereits zu einer gut organisierten Jäger- und Sammlergesellschaft weiterentwickelt. Sie waren in der Lage, das Feuer zu nutzen, ihre Werkzeuge – aus Stein, Holz und Tierknochen – wurden immer ausgefeilter, natürliche Farbstoffe wurden für die Körperbemalung verwendet. Während der Spätsteinzeit, also etwa ab 8000 v. Chr., entwickelte sich die Töpferei, und die Menschen nutzten Felsüberhänge und -höhlen als feste Wohnstätten. Davon zeugen noch heute die Felsgravuren in Twyfelfontein, Brandberg und den Tsodilo Hills in Botsuana.

Die Besiedlung Namibias

Archäologisch betrachtet, ist die Beziehung zwischen den späten Steinzeitmenschen und den ersten Khoisan bis heute ungeklärt. Aber höchstwahrscheinlich verhielt es sich so, dass die ersten nachweisbaren Einwohner im südwestlichen Afrika die San waren – ein Nomadenvolk, das in unterschiedlich großen Familienverbänden organisiert war und es schaffte, sein Leben der unwirtlichen Umwelt anzupassen.

Aus der frühen Eisenzeit, also vor etwa 2300 bis 2400 Jahren, stammen erste Beweise für ein Vorhandensein von Landwirtschaft auf den Hochebenen des südlichen Zentralafrika. Es handelt sich um Spuren der Bodennutzung. Unklar bleibt jedoch, ob es sich bei diesen Bauern um Khoisan gehandelt hat, die sich den schon vorher hier ansässigen Einwohnern aus Ost- und Zentralafrika anpassten. Im Laufe der folgenden Jahrhunderte drangen dann Bantu-Völker von Norden her in dieses Gebiet ein.

Die ersten „Landwirte" und Bearbeiter von Eisen waren eindeutig Bantu, die der sogenannten Gokomere-Kultur angehörten. Sie besiedelten die klimatisch gemäßigten Savannen und die höher gelegenen Flächen, das Highveld, im südöstlichen Simbabwe. Die Viehzucht wurde zu ihrem Haupterwerbszweig, und die schon vorher ansässigen San, noch immer ein Jäger- und Sammlervolk, zogen sich in den Westen des Landes zurück. Die zurückbleibenden Gruppen wurden entweder versklavt oder gaben ihre ethnische Eigenständigkeit auf.

Zur gleichen Zeit gerieten die San auch durch die Khoikhoi, die Vorfahren der Nama, unter Druck, die wahrscheinlich von Süden her vordrangen. Die Stammesgruppen der Khoikhoi waren nur locker miteinander verbunden und lebten weitgehend von der Viehzucht. Um 1500 v. Chr. hatten sie die San von ihrer dominierenden Position verdrängt.

Während des 16. Jhs. drangen die Herero aus dem Sambesi-Tal in Namibia ein und eroberten den Norden und Westen des Landes. Als ehrgeizige Landwirte gerieten sie schnell mit den Khoikhoi in einen Konflikt um das beste Weideland und die besten Wasserstellen – wobei es ihnen schließlich gelang, alle anderen Volksgruppen in der Region zu unterwerfen. Ende des 19. Jhs. siedelte sich entlang der Flüsse Okavango und Kunene der Bantu-Stamm der Ovambo an.

Europäer nehmen das Land in Besitz

1486 landete der portugiesische Seefahrer Diego Cão am heutigen Cape Cross, wo er ein Steinkreuz zu Ehren seines königlichen Schutzherrn João II. errichtete. Im Jahr darauf segelte Bartolomeu Diaz noch weiter südlich und errichtete seinerseits ein Steinkreuz beim heutigen Lüderitz. Aber erst im frühen 17. Jh. begannen holländische Seefahrer von den südafrikanischen Kapkolonien aus mit der systematischen Erkundung des wüstenhaften Küstenstreifens, hüteten sich aber davor, dort feste Stützpunkte zu errichten.

In der Folge drangen schon bald wegen der wachsenden territorialen und wirtschaftlichen Interessen der europäischen Staaten, weitere ehrgeizige Europäer ins Landesinnere vor. 1750 überquerte der holländische Elefantenjäger Jakobus Coetsee als erster den Oranjefluss (Orange River), schon bald gefolgt von Kaufleuten, Jägern und Missionaren. So entstanden bereits im frühen 19. Jh. Missionsstationen in Bethanien, Windhoek, Rehoboth, Keetmanshoop und an anderen Orten im ganzen Land. 1844 nahm die Rheinisch-Deutsche Missionsgesellschaft ihre Tätigkeit unter den Herero auf. Noch erfolgreicher war die Arbeit der finnischen Lutheraner, die erstmals 1870 im Norden des Landes auftauchten und unter den Ovambo Missionsstationen errichteten.

Schon ab 1843 gewannen die Guano-Vorkommen entlang des Küstenstreifens am Rand der südlichen Namib an Bedeutung. Die guanoreichen Inseln vor der Küste wurden 1867 von den Briten besetzt, 1878 nahmen sie die gesamte Walvis Bay in ihren Besitz. Gleichzeitig hatten sie auch während der ergebnislosen Kriege zwischen den Herero und Khoisan ihre Hände im Spiel.

Gerangel um Afrika

Das Deutsche Reich unter Kanzler Otto von Bismarck beteiligte sich erst spät am Kampf um Kolonien im südlichen Afrika. Bismarck hielt nicht viel von Kolonien, sie waren seiner Meinung nach eine reine Geldverschwendung. Berühmt geworden ist seine Äußerung: „Meine Karte Afrikas zeigt nur Europa". Aber dennoch ließ er sich in ein schlecht vorbereitetes koloniales Abenteuer hineinziehen, und zwar durch die Aktivitäten eines Bremer Kaufmannes namens Adolf Lüderitz.

Schon 1881 hatte Lüderitz im nigerianischen Lagos seine erste Handelsstation errichtet. Es gelang ihm, den Nama-Häuptling Joseph Fredericks zu überreden, ihm Angra Pequena zu verkaufen, wo er anschließend eine zweite Niederlassung errichtete und mit Guano handelte, also mit dem Kot von Seevögeln, einem Düngemittel, das auch bei der Herstellung von Schießpulver verwendet wurde. Daraufhin bat er den deutschen Reichskanzler Bismarck um politische und militärische Unterstützung. Eigentlich wollte sich Bismarck aus Afrika heraushalten, doch immerhin fragte er bei den Briten in der Walvis Bay höflich nach, ob sie Interesse an dieser Angelegenheit hätten – bekam aber nie eine Antwort. Daraufhin ließ er

1884 Lüderitz kurzerhand zur deutschen Kolonie erklären.

Anfangs war das Interesse des Deutschen Reiches an seiner neuen Kolonie ausgesprochen gering – von 1885 bis 1890 bestand die deutsche Kolonialverwaltung aus lediglich drei Beamten! Die deutschen Interessen wurden stattdessen weitgehend durch eine der British East India Company ähnliche Handelsgesellschaft wahrgenommen, zu deren Aufgaben aber nicht die Durchsetzung von Gesetz und Ordnung gehörte.

Nachdem in den 1880er-Jahren erneut die Kämpfe zwischen den Herero und Nama aufflammten, entsandte das Deutsche Reich 23 Soldaten unter dem Kommando von Curt von François, um die Waffenlieferungen der Briten von der Walvis Bay aus zu unterbinden. Die ursprünglich kaum tätige deutsche Kolonialverwaltung verwandelte sich nach und nach unter dem Namen „Deutsche Schutztruppe" in eine Militärverwaltung, die im ganzen Land Forts baute, um den wachsenden Widerstand der einheimischen Bevölkerung zu brechen.

Zu diesem Zeitpunkt war Namibia de facto zu einem Protektorat geworden, das den Namen Deutsch-Südwestafrika trug. Die ersten deutschen Bauern und Handwerker kamen 1892 ins Land und siedelten auf enteignetem Land im zentralen Hochland. Den Plantagebesitzern und Viehzüchtern folgten Kaufleute und weitere Siedler. Ende der 1890er-Jahre legten die Deutschen gemeinsam mit den Briten (Betschuanaland) und Portugiesen (Angola) die Grenzen des heutigen Namibia fest, einschließlich des Caprivizipfels. Dieser 450 km lange Landstreifen – benannt nach dem preußischen General Caprivi – sollte für Deutsch-Südwestafrika eine Verbindung zum Sambesi darstellen.

Sturm geerntet

In der Zwischenzeit hatte Zacharias Lewala, ein schwarzer Arbeiter aus Südafrika, bei Grasplats östlich von Lüderitz die ersten Diamanten gefunden. Obwohl der Diamant-Tycoon De Beers die Vorkommen als zu gering einschätzte, um sich dort zu engagieren, strömten Prospektoren ins Land, um Claims abzustecken. Deshalb erklärte die deutsche Kolonialverwaltung das gesamte Gebiet zwischen Lüderitz und dem Oranjefluss 1910 zum „Sperrgebiet", schickte die Prospektoren wieder nach Hause und übertrug sämtliche Schürfrechte an die Deutsche Diamantengesellschaft, die ihren Sitz in Berlin hatte.

Aber trotz all der Greueltaten, die das Deutsche Reich unter der einheimischen Bevölkerung anrichtete, gelang es nicht, die Diamantenvorkommen profitabel auszubeuten. Der Beginn des Ersten Weltkriegs bedeutete schließlich das Ende der deutschen Kolonien in Südwestafrika. Erreicht hatte das Deutsche Reich bis dahin nur die fast vollständige Liquidierung der Herero, außerdem hatten sie das gesamte Land der Herero und Khoikhoi annektiert. Etwas mehr Glück hatten die Ovambo im Norden: Sie schafften es, sich der deutschen Kolonialherrschaft zu entziehen. Der europäische Kolonialismus überrannte sie erst später durch Portugal.

1914, zu Beginn des Ersten Weltkriegs, machte Großbritannien auf die südafrikanische Regierung Druck, in Südnamibia einzudringen. Unter dem Befehl von Premierminister Louis Botha und seinem General Jan Smuts drangen südafrikanische Truppen in nordwestlicher Richtung vor und verjagten die ohnehin schon stark dezimierte deutsche Schutztruppe. Im Mai 1915 kapitulierten die Soldaten dann bei Khorab, und eine Woche später bereits begann Südafrika mit dem Aufbau einer eigenen Kolonialverwaltung in Windhoek.

Um 1920 waren viele deutsche Farmen schon an Afrikaans sprechende Farmer verkauft, und die deutschen Diamantminen im Süden des Landes hatte man an die südafrikanische Consolidated Diamond Mines (CDM) übergeben, aus der später die Namdeb Diamond Corporation Limited (Namdeb) hervorging.

Südafrikanische Besatzung

Im Vertrag von Versailles wurde das Deutsche Reich 1919 dazu gezwungen, auf sämtliche kolonialen Ansprüche zu verzichten. Im Jahr darauf verlieh der neu gegründete Völkerbund Südafrika das Mandat, Namibia als Teil seines Staatsgebietes zu verwalten.

Nach Ende des Zweiten Weltkriegs wurde dieses Mandat von der UNO verlängert. Aber Südafrika hatte ganz andere Interessen, es wollte das ganze ehemalige Deutsch-Südwestafrika annektieren und zum festen Bestandteil seines Staatsgebietes machen. Deshalb entschloss sich die südafrikanische Regierung, die Mandatsbedingungen einfach zu ignorieren und die südafrikanische Verfassung entsprechend zu ändern. Der

Internationale Gerichtshof in Den Haag erklärte daraufhin, Südafrika habe die zugestandenen Kompetenzen überschritten. Die UNO rief in der Folge ein Komitee für Südwestafrika ins Leben, das die ursprünglichen Mandatsregelungen wieder in Kraft setzen sollte. 1956 beschloss die UNO eine zeitliche Begrenzung der Kontrolle Südafrikas über Namibia.

Davon unbeeindruckt, verstärkte Südafrika seine Aktivitäten in Namibia, schon ab 1949 durften Namibier für das südafrikanische Parlament in Pretoria kandidieren. Der Großteil des fruchtbaren Farmlandes im Norden Namibias wurde unter 6000 weißen Farmern aufgeteilt, nur die restliche Fläche wurde in neu definierte *homelands* für die schwarze Bevölkerung aufgesplittet. Als Begründung wurde vorgegeben, man wolle dadurch die wirtschaftliche Entwicklung in den ländlichen Gebieten der schwarzen Bevölkerung fördern. In Wirklichkeit war es eine überaus bequeme Methode, um der weißen Minderheit das beste Land für ihre Farmen und Viehzuchtbetriebe zuzuschanzen.

Ergebnis dieser dreisten Politik war die Entstehung einer Art Demarkationslinie zwischen dem vorwiegend von Weißen bewirtschafteten Land in Süd- und Zentralnamibia und den zwar wasserreichen, aber weniger fruchtbaren Stammesgebieten im Norden des Landes. Sie bestand auch nach Erringung der Unabhängigkeit weiter und existiert als kennzeichnende Abgrenzung real noch immer.

Die Swapo

Auch während der 1950er-Jahre weigerte sich Südafrika trotz wachsenden Drucks der UNO, seinen Klammergriff um Namibia zu lockern. Die Kompromisslosigkeit hatte zwei Gründe: Zum einen fürchtete Südafrika, einen weiteren „feindlichen" Nachbarn vor seiner Haustür zu haben, zum anderen bestand die berechtigte Angst, die hohen Einnahmen aus den reichen Erzvorkommen Namibias zu verlieren.

Zwangsarbeit war das Schicksal der meisten Namibier seit der deutschen Kolonialzeit – sie war einer der Hauptgründe für die sich häufenden Massendemonstrationen und nationalistischen Strömungen Ende der 1950er-Jahre. Eine der damals entstehenden politischen Parteien war der von „Sam" Nujomaund H. A. Toivo ya Toivo gegründete Owamboland People's Congress. 1959 wurde der Name abgeändert in Owamboland People's Organization. Nujomo bekam die Möglichkeit, in der UNO-Vollversammlung zum Thema der südafrikanischen Besatzung zu reden. 1960 kam es dann zur Gründung der South-West African People's Organization (Swapo) mit Sitz in Dar es-Salaam (Tansania) .

1966 trug die Swapo ihr Anliegen dem Internationalen Gerichtshof in Den Haag vor. Zwar bestätigte dieser Südafrika das „Recht", Namibia weiterhin zu verwalten, aber im gleichen Jahr beschloss die UNO-Vollversammlung eine zeitliche Begrenzung des Mandats und die Einrichtung eines Council for Southwest Africa, der anschließend das Land verwalten sollte. 1973 wurde das Gremium in Council for Namibia umbenannt.

Als Reaktion darauf rief die Swapo am 26. August 1966 im nordnamibischen Ongulumbashe zum bewaffneten Widerstand auf. Seither ist dieser Tag unter dem Namen „Heroes´ Day" namibischer Feiertag. Im Jahr darauf wurde Toivo ya Toivo des Terrorismus angeklagt und bis 1984 in Südafrika inhaftiert. Nujoma lebte während dieser Zeit im Exil in Tansania und entging der Verfolgung. 1972 erklärte die UNO endlich die Besetzung Namibias durch Südafrika für illegal, forderte den Rückzug Südafrikas und erkannte die Swapo als legitime Vertretung des namibischen Volkes an.

1975 erkämpfte sich Angola unter Führung der Befreiungsbewegung MPLA mit kubanischer Unterstützung seine Unabhängigkeit von Portugal. Kaum an der Macht, gewährte die neue angolanische Regierung den Swapo-Kämpfern Stützpunkte im südlichen Angola, damit sie ihren Unabhängigkeitskampf für Namibia weiterführen konnten.

Daraufhin sah sich Südafrika veranlasst, in Zusammenarbeit mit der prowestlich orientierten Unita erneut militärisch in Angola einzudringen. Dies wiederum veranlasste Kuba, Truppenverbände nach Angola zu entsenden, um die MPLA zu unterstützen. Auch wenn die militärische Intervention Südafrikas scheiterte (1976 musste es seine Truppen wieder abziehen), gab es auch weiter blindwütige und blutige Interventionen seitens Südafrikas bis in die 1980er-Jahre hinein.

Letztendlich waren es aber nicht nur der Guerillakrieg der Swapo und die internationalen Sanktionen gegen Südafrika, die das dortige Apartheid-Regime an den Verhand-

FINSTERE ZEITEN

Seitdem das Deutsche Reich die Bestandsaufnahme der namibischen Naturschätze abgeschlossen hat, ist eigentlich bis heute schwer nachvollziehbar, wie die Deutschen das wirtschaftliche Potenzial des Landes so sehr unterschätzen konnten. Zugegeben: Ihre neue Kolonie war ein weitgehend wasserloses, wüstenhaftes Land, in dem es so gut wie kein Verkehrsnetz, eine kaum entwickelte Landwirtschaft, weitgehend unerforschte Bodenschätze und nur eine spärliche, aber gut bewaffnete Bevölkerung gab – die Herero und Nama. Angesichts dessen bot sich anscheinend der deutschen Kolonialverwaltung nur eine Option an: dem Vorbild der Herero zu folgen und eine halbnomadische Viehwirtschaft zu unterstützen. Aber dabei stellte sich das Problem, dass das dafür geeignete fruchtbare Land entweder den Herero oder den Nama gehörte.

1904 versuchte der oberste Herero-Häuptling, seine „Kollegen" bei den Nama, Ovambo und Baster für den gemeinsamen Kampf gegen das deutsche Kolonialregime zu gewinnen – eine fast unlösbare Aufgabe, weil die verschiedenen Stämme untereinander tief verfeindet waren. Obwohl die Deutsche Schutztruppe schon bis nach Windhoek zurückgedrängt worden war, gelang es ihr unter dem Befehl des rücksichtslosen Generals von Trotha, durch rechtzeitig angeforderte Verstärkungstruppen die Truppen der Herero am Waterberg zu stellen.

Am 11. August 1904 kam es dort zur Entscheidungsschlacht. Obwohl die Kampfbedingungen für sie an diesem Tag günstig waren, zogen sich die Herero zurück bis in die menschenfeindliche Omaheke-Wüste. Von Trotha nutzte diese unverhoffte Gelegenheit, um seine Truppen nachsetzen zu lassen. Innerhalb von nur vier Wochen wurden dabei 65 000 Herero (von etwa 100 000) getötet oder starben wegen Hitze, Durst und Erschöpfung. Dieser Völkermord hörte erst auf, als die deutschen Soldaten selbst wegen Erschöpfung oder Typhus kaum noch handlungsfähig waren. Aber zu diesem Zeitpunkt waren schon fast 80 % der Herero-Bevölkerung ausgelöscht.

Seit den 1990er-Jahren kämpfen heutige Herero-Führer darum, dass sich die deutsche Bundesregierung für die damaligen Verbrechen offiziell entschuldigt; damit einher gehen Forderungen nach finanzieller Entschädigung. Erst 2004, nach langem Hickhack und zum 100. Jahrestag der Schlacht am Waterberg, überbrachte die damalige Entwicklungshilfeministerin Heidemarie Wieczorek-Zeul eine Entschuldigung der Bundesregierung. 2005 erklärte sich Deutschland zu einer Entschädigungszahlung von 28 Mio. US$ bereit – zahlbar über zehn Jahre.

Auch andere Probleme aus der Vergangenheit sind heute weiterhin ungelöst. Die fast nur aus Ovambo bestehende namibische Regierung beharrt darauf, dass die Kompensationszahlungen an sie zu erfolgen haben, statt wie von den Herero gefordert direkt an die Herero zu gehen. Die Regierung beruft sich dabei auf ihre offizielle Politik des Anti-Tribalismus. Dem hält der Vorsitzende der Namibian National Society for Human Rights entgegen: „Schließlich hatte nicht das ganze Land unter dem Völkermord zu leiden. Deshalb ist es lächerlich, den Herero nicht den Gesamtbetrag zukommen zu lassen."

Was zunächst nur als eine Art Zwischenfall in der deutschen Kolonialgeschichte erscheinen mag, war für die Herero in Wirklichkeit eine Katastrophe. Laut demografischen Hochrechnungen läge heute ohne das damalige Massaker die Gesamtbevölkerung der Herero bei etwa 1,8 Mio. Menschen, womit sie in Namibia anstelle der Ovambo die eindeutig dominierende Bevölkerungsgruppe wären; allerdings sind solche Rechnungen natürlich immer höchst hypothetisch. Tatsächlich jedoch befinden sich die Herero heute mit nur etwa 120 000 Menschen gegenüber den Ovambo eindeutig in der Minderheit. Für die Herero ist das eine bittere Pille, wie aus den Worten ihres Häuptlings Kuaima Riruako hervorgeht: „Eigentlich müssten wir heute die Herren des Landes sein, aber wir sind es nicht." Offenbar spielen die alten Rivalitäten immer noch eine große Rolle.

lungstisch zwangen. Alle Beteiligten waren nach all den Jahren kriegsmüde, und die südafrikanische Wirtschaft litt unter den internationalen Wirtschaftssanktionen. Der Krieg kostete Südafrika pro Jahr mindestens 250 Mio. US$, die allgemeine Wehrpflicht musste immer stärker ausgeweitet werden. Der Anteil der Rohstoffexporte am südafrikanischen BIP war inzwischen von 80 % 1984 auf nur noch 27 % gesunken.

Unabhängigkeit

Im Dezember 1988 einigten sich die Swapo, Südafrika, Angola und Kuba auf den Abzug der kubanischen Truppen aus Angola und – im Gegenzug – der südafrikanischen Truppen aus Namibia. Im Abkommen wurde auch festgelegt, dass der Übergang zur Unabhängigkeit Namibias offiziell am 1. April 1989 beginnen und im November mit den ersten freien Wahlen unter UNO-Aufsicht fortgesetzt werden solle. Obwohl es anschließend eine Zeitlang noch zu internen Streitigkeiten wegen dieses Abkommens innerhalb der Swapo kam (die den Friedensprozess gefährdeten), konnte der Zeitplan eingehalten werden. Sam Nujoma kehrte nach 30 Jahren aus seinem Exil in Tansania zurück. In den Wahlen errang dann die Swapo zwar fast zwei Drittel der Wählerstimmen, konnte aber nicht die vorgesehene neue Verfassung alleine konzipieren und durchsetzen. Das Wahlergebnis beruhigte auch alle diejenigen, die befürchtet hatten, die ethnischen Minderheiten des Landes könnten im demokratischen Prozess an den Rand gedrückt werden.

Nach anschließenden Verhandlungen zwischen der Konstituierenden Versammlung (der späteren Nationalversammlung) und Beratern aus den USA, der UdSSR, Frankreich und Deutschland wurde ein Verfassungsentwurf ausgearbeitet. Er beinhaltete ein beeindruckendes Grundgesetz, die Verpflichtung zu einem Mehrparteiensystem und die Begrenzung der Präsidentschaft auf maximal zwei Wahlperioden, also zehn Jahre. Die Verfassung trat im Februar 1990 in Kraft, Sam Nujoma legte seinen Amtseid als erster Präsident des neugeborenen Staates ab.

Nach der Unabhängigkeit

In den ersten, noch von Optimismus geprägten Jahren des neuen Staates konzentrierte sich die Innenpolitik unter Nujoma und seiner Swapo auf die nationale Wiederversöhnung, um zumindest einige der Wunden zu heilen, die 25 Jahre bewaffneter Kampf hinterlassen hatten. Die neu gewählte Regierung verabschiedete auch ein Wiederaufbauprogramm, das auf einem gemischten Wirtschaftssystem unter Einbeziehung der privaten Abschnitte basierte.

Die gemäßigte Politik und die daraus resultierende Stabilität führten zunächst zu guten Ergebnissen, was bei den nächsten Wahlen 1994 zu einem 68 %-Erdrutschsieg der Swapo über die oppositionelle DTA („Turnhallen-Allianz") führte. Noch deutlicher, mit 76,8 % der Wählerstimmen, siegte die Swapo erneut bei den Wahlen 1999 – obwohl Präsident Nujoma für Beunruhigung sorgte, weil er vorher eine Verfassungsänderung durchgesetzt hatte, um seine Amtszeit um weitere fünf Jahre zu verlängern.

Ein weiteres Problem wurden Unruhen im sogenannten Caprivizipfel. Am 2. August 1999 versuchten dortige Rebelleneinheiten, Katima Mulilo zu besetzen. Sie standen unter dem Befehl von Mishake Mujongo, einem ehemaligen Vizepräsidenten der Swapo und inzwischen Anführer der Lori-Minderheit, die schon länger um ihre staatliche Unabhängigkeit in der Region Caprivi kämpfte. Aber die schlecht ausgebildeten Kämpfer Mujongos scheiterten. Schon nach wenigen Stunden wurde ihr Aufstand von den Streitkräften der NDF (National Defence Force) niedergeschlagen.

Dadurch gestärkt, schickte Nujoma noch im gleichen Jahr NDF-Truppen nach Angola, um die dortige MPLA im Bürgerkrieg gegen die UNITA-Rebellen von Savimbi zu unterstützen. Die Entscheidung bedeutete für die Menschen im Caprivizipfel jahrelang Unruhe, weil sich dort von Angola aus Krieg und Gesetzlosigkeit ausbreiteten. Die Entführung und Ermordung einer französischen Touristenfamilie im Caprivizipfel sorgte auch in der Weltpresse für Schlagzeilen und ließ die Touristenzahlen jäh absacken. Weitere Nachrichten über bewaffnete Kämpfe, Landminendetonationen und Angriffe auf Zivilisten führten zu einer Massenflucht aus der Ziele verknüpfenden Region und schreckten weitere Touristen ab. Erst 2002 kam es zu einem Waffenstillstand.

2004 wartete die Weltöffentlichkeit gespannt darauf, ob Nujoma es wagen würde, erneut für die Präsidentschaft zu kandidieren. Ganz Namibia war erleichtert, als er seinen Rückzug zugunsten seines designierten Nachfolgers Hifikepunye Pohamba erklärte.

Ähnlich wie Sam Nujoma ist Pohamba ein Swapo-Veteran – und er siegte in der Wahl mit fast 77 % der abgegebenen Stimmen. 2009 wurde er zum zweiten Mal ins Amt gewählt. Er zog sich aus dem Ministerium für Ländereien zurück, wo er für eine der umstrittensten Maßnahmen der namibischen

Politik verantwortlich war – die Enteignung weißer Farmer. Diese Maßnahmen gehörten zur „Politik der Armutsbekämpfung“, die einen wichtigen Bestandteil seiner Präsidentschaft ausmacht – neben der Bekämpfung von Aids, einer Korrektur der ungleichen Verteilung von Einkommen, einer gerechten Verwaltung der Rohstoffe und einer Anhebung des Lebensstandards für die armen Schichten der Bevölkerung.

Die Völker Namibias

2012 wurde die Bevölkerung von Namibia auf 2 165 828 Menschen geschätzt, wobei das jährliche Wachstum bei 0,82 % liegt. Bei der Ermittlung dieser Zahlen wurde die überdurchschnittlich hohe Sterberate infolge der Aids-Infektionen bereits eingerechnet; seit 1996 steht Aids bei den Todesursachen an erster Stelle. Mit durchschnittlich zwei Einwohnern pro Quadratkilometer zählt Namibia zu den afrikanischen Ländern mit der niedrigsten Bevölkerungsdichte.

Insgesamt setzt sich die Bevölkerung des Landes aus zwölf ethnischen Hauptgruppen zusammen. Die Hälfte der Einwohner gehört zum Volksstamm der Ovambo (50 %), alle übrigen Ethnien haben jeweils nur einen kleinen Anteil an der Gesamtbevölkerung: Kavango (9 %), Herero/Himba (7 %), Damara (7 %), Caprivianer (4 %), Nama (5 %), Buren und Deutsche (6 %), Baster (6,5 %), San (1 %) und Tswana (0,5 %).

Wie fast alle Nationen der Sub-Sahara-Region kämpft auch Namibia darum, der HIV/Aids-Epidemie Einhalt zu gebieten, die die durchschnittliche Lebenserwartung sowie das Bevölkerungswachstum enorm gefährdet. Dem CIA World Factbook zufolge ist die Lebenserwartung in Namibia auf 52 Jahre gesunken, wobei andere Schätzungen sogar von nur 43 Lebensjahren ausgehen. Im Jahr 2009 waren 13 % der Bevölkerung HIV-positiv, und man nimmt an, dass bis zum Jahr 2021 ein Drittel der Kinder in Namibia im Alter von unter 15 Jahren Waisen sein könnten.

Namibia ist zwar eines der am wenigsten dicht besiedelten Länder, doch dafür sorgt die Vermischung verschiedener ethnischer Gruppierungen für eine enorme gesellschaftliche und kulturelle Vielfalt. Die indigenen Völker Namibias, die Khoisan, bewohnen die Region seit Menschengedenken. Sie setzen sich aus den San, Sammlern und Jägern, sowie den Nama, Viehhirten, zusammen. Ihnen folgten später die bantusprachigen Viehhirten. Die ersten Europäer kamen schließlich im 17. Jh. in das Land.

San

Die Bezeichnung „San“ ist ein Sammelbegriff für eine traditionelle Gruppe von Sammlern und Jägern, die südlich der Sahara leben und deren Sprache zur Familie der Khoisan-Sprachen zählt. Archäologische Funde beweisen, dass Gemeinschaften der San schon vor 20 000 Jahren im heutigen Namibia siedelten; als Zeugnisse ihrer Geschichte haben sie Felsmalereien hinterlassen. Um das Jahr 1000 wurden die San allerdings durch die Südwanderung der Bantu in unwirtliche Regionen abgedrängt, darunter die Kalahari. Anthropologen zufolge sind die San möglicherweise die genetischen Ahnen der Menschheit; alle heute lebenden Menschen wären demnach auf dieses Urvolk zurückzuführen.

Hochinteressant ist der Umstand, dass traditionelle San-Gemeinschaften nicht-hierarchisch und vollständig egalitär aufgebaut waren; der Zusammenhalt basierte auf Verwandtschaftsbeziehungen und Stammeszugehörigkeit. Da diese Gruppen keine über den Eigenbedarf hinausgehenden Lebensmittelvorräte erwirtschafteten, gab es auch keine „hauptberuflichen“ Anführer und keinerlei „Verwaltung“.

Die Dorfältesten übten zwar einen gewissen Einfluss aus, die deutlichste Trennlinie verlief aber zwischen den Geschlechtern. Die Männer gingen auf die Jagd, um ihre Familien zu versorgen, während die Frauen nach Früchten, Gemüse und Obst suchten. Im 17. Jh. notierte Thomas Hobbes noch angewidert, das Leben der San sei „einsam, ärmlich, widerlich, tierhaft und kurz“; inzwischen wissen Ethnologen aber, dass man in den Tagen der Sammler und Järger weniger arbeitete und mehr Freizeit genießen konnte als im industriellen Zeitalter.

Ovambo

Die Ovambo, ein relativ lockerer Stammesverbund, waren schon immer stark genug, um Eindringlinge abzuschrecken, darunter die Sklavenhändler vergangener Zeiten und die Deutschen, die sich im 19. Jh. hier ansiedelten. Die Ovambo waren, historisch betrachtet, eine aggressive Kultur, weshalb sie beim Kampf um die Unabhängigkeit dann auch eine führende Rolle übernahmen. Sie stellen zudem die größte ethnische Gruppe

ARMUT BEKÄMPFEN

Eine Landreform ist im gesamten südlichen Afrika ein wichtiges Anliegen, natürlich auch in Namibia, wo ein großer Teil der landwirtschaftlichen Flächen im Besitz weißer Farmer liegt. Aus diesem Grund bemüht sich die Regierung um eine Neuverteilung der nutzbaren Flächen an schwarze Namibier, denen bisher kein eigenes Land gehörte. Bislang hat die Regierung von Namibia überwiegend auf Freiwilligkeit gesetzt und all denen eine Entschädigung gezahlt, die ihre Farm aus eigenen Stücken veräußert haben.

Laut Auskunft des Legal Assistance Centre (LAC), einer Nichtregierungsorganisation aus Windhoek, hat die Regierung in den ersten 17 Jahren seit der Unabhängigkeit im Rahmen ihres Umverteilungsplans 800 Farmen in die Hände von Schwarzafrikanern gegeben. Die Namibian Agricultural Union (NAU) spricht sogar von 1000 Farmen, was einem Anteil von 16 % entsprechen soll. Allerdings hört man auch, das Tempo der Reformen sei viel zu langsam. Und dem LAC-Report ist zu entnehmen, dass keine der Farmen seit dem Eigentümerwechsel erfolgreich wirtschaftet. Offenbar erhalten schwarze Farmer jeweils nur Teilflächen der alten Betriebe, sollen darauf aber die gleiche Anzahl an Vieh halten wie zuvor und können auf diese Weise überhaupt nicht profitabel arbeiten. In der Tat hat es den Anschein, dass im Zuge der Landreform die alte Armut einfach nur durch eine neue Art der Armut ersetzt wird.

Auf Forderungen, den Prozess der Neuverteilung zu beschleunigen, erwidert die NAU, schon heute besäßen die benachteiligten Namibier mehr als 9 Mio. ha landwirtschaftlicher Nutzfläche; damit seien bereits zwei Drittel des für 2020 angesetzten Reformziels erreicht. Die NAU weist darauf hin, dass es sich bei der Landreform um einen Prozess handle, der einfach seine Zeit brauche.

In den vergangenen Jahren haben Politiker immer wieder Zwangsenteignungen von Land gefordert, um das Tempo der Umgestaltung zu beschleunigen, Skeptiker warnen allerdings davor und sehen in einem solchen Verfahren keine wirtschaftlichen Vorteile. Denn die trockenen Böden Namibias sind im Grunde für eine kleinbäuerliche Wirtschaftsweise ungeeignet, da armen Kleinbauern die wirtschaftlichen und technischen Voraussetzungen für eine erfolgreiche Nutzung dieses Landes fehlen. Kritiker betonen, nicht die Landreform sei schuld an der sozialen Misere, sondern eher der Umstand, dass es der Regierung nicht gelinge, für den Rest des Landes einen funktionierenden Arbeitsmarkt zu schaffen.

Wie groß die Probleme auch immer sein mögen, das wirtschaftliche und soziale Chaos im Nachbarland Simbabwe wirkt auf die meisten Namibier vor allem abschreckend. Eine Vorbildfunktion hat Simbabwe jedenfalls nicht.

in Namibia dar – rund 50 % der Bevölkerung – und einen Großteil der Mitglieder der Regierungspartei, der South West Africa People's Organisation (Swapo).

Die Ovambo lebten traditionell im Norden des Landes und gliedern sich in zwölf verschiedene Gruppierungen. Vier davon nehmen die Region Kunene im südlichen Angola ein, während die anderen acht in Namibia zu Hause sind. Am zahlreichsten ist die Gruppe der Kwanyama, die 35 % der Ovambo-Bevölkerung Namibias ausmacht und in der Regierung das Sagen hat.

In jüngster Zeit sind viele Ovambo gen Süden nach Windhoek oder in größere Städte im Norden emigriert, um sich dort in qualifizierten Berufen, als Handwerkskünstler und Arbeiter ihren Lebensunterhalt zu verdienen. Sie haben im Lauf der Jahre von Seiten der Regierung beträchtliche Vergünstigungen erhalten und zählen – mit Ausnahme der weißen Namibier europäischer Abstammung – zu den erfolgreichsten Stämmen.

Kavango

Die Kavango gingen aus dem Stamm der Wambo in Ostafrika hervor, der sich am Kwando River in Angola niederließ, bevor er Ende des 18. Jhs. an den Nordrand des Okavango weiterzog. Seit Ausbruch des Bürgerkriegs in Angola in den 1970er-Jahren sind viele Kavango noch weiter nach Süden emigriert, wobei sie die einheimische namibische Bevölkerung schluckten und so zur zweitgrößten ethnischen Gruppe avancierten. Sie unterteilen sich in fünf verschiedene Untergruppen: die Mbukushu, die Sambiyu, die Kwangari, die Mbunza und die Geiriku.

Die Kavango sind für ihre qualitativ überaus hochwertigen Schnitzereien berühmt. Wie andere Gruppen in Nordnamibia wandern auch die Kavango in großen Zahlen gen Süden auf der Suche nach Arbeit auf den Farmen, im Bergbau und rund um die Städte.

Herero/Himba

Namibias 120 000 Herero leben in verschiedenen Regionen des Landes und teilen sich in mehrere Untergruppen. Zur größten Gruppe zählen die Tjimba und Ndamuranda in Kaokoveld, die Maherero rund um Okahandja sowie die Zeraua, die sich auf Omaruru konzentrieren. Die Himba des Kaokoveld sind ebenfalls eine Untergruppe der Herero. Und dies gilt auch für die Mbandero, die das zu Kolonialzeiten als Herero-Land ausgewiesene Gebiet rund um Gobabis im Osten Namibias einnehmen.

Die Herero gehörten ursprünglich den frühen Bantu-Einwanderern an, die von Zentralafrika in Richtung Süden zogen. Sie kamen in der Mitte des 16. Jhs. ins heutige Namibia. Nachdem sie sich 200 Jahre im Kaokoveld aufgehalten hatten, wanderten sie weiter gen Süden, um sich im Swakop Valley und auf dem Zentralplateau anzusiedeln. Bis zur Kolonialzeit blieben sie halbnomadische Viehhirten in diesem relativ fruchtbaren Grasland und hüteten ihre Rinder und Schafe.

Blutige Zusammenstöße mit den nach Norden ziehenden Nama, aber auch mit deutschen Kolonialtruppen und Siedlern, führten Ende des 19. Jhs. zu einem Aufstand, der dann mit der verheerenden Schlacht am Waterberg im August 1904 endete. Die Folge war, dass 80 % der Herero-Bevölkerung des Landes ausgelöscht war. Die schockierten und demoralisierten Überlebenden wurden über das ganze Land verstreut. Viele flohen ins benachbarte Botsuana, wo sie sich ansiedelten und von Subsistenzwirtschaft lebten. Mittlerweile haben sie es allerdings zu Wohlstand gebracht und zählen zu den reichsten Viehhirten des Landes.

Die typische Tracht der Herero-Frauen geht auf die deutschen Missionen des wilhelminischen Zeitalters zurück. Sie besteht aus einem riesigen Reifrock, der über diversen Unterröcken getragen wird, dazu ein Hut in der Form eines Horns oder Kopfschmuck. Wer zufällig an dem Wochenende in Okahandja ist, das dem 23. August am nächsten liegt, kann zuschauen, wie Tausende von Hereros in makelloser Tracht zusammenkommen, um am Maherero Day ihre gefallenen Häuptlinge zu ehren.

Die Himba, eine Stammesgruppe mit nicht mehr als 50 000 halb nomadisch lebenden Menschen, sind eng mit den Herero verwandt, sie bleiben aber bis heute ihrer althergebrachten Lebensweise treu. Die Frauen bestreichen sich mit einer duftenden Mischung aus Ocker, Butter und Wildkräutern, die ihrer Haut einen orangefarbenen Ton verleiht und gleichzeitig als natürlicher Sonnen- und Insektenschutz dient. Und nicht nur das: Mit dieser Mixtur reiben sie sogar ihr geflochtenes Haar ein, das Rastalocken ähnelt. Westliche Kleidung lehnen die Himba ab; die Frauen tragen nicht viel mehr als eine Art Rock aus Tierhäuten.

Ähnlich wie die Massai in Kenia und Tansania halten die Himba neben Ziegen und Schafen auch Rinder. Allerdings unterscheidet sich die Heimat der Himba deutlich von den Savannen Ostafrikas; Himba leben in einer der lebensfeindlichsten Regionen der Erde, und ohne sehr feste Familienbande könnten sie dort gar nicht existieren. Nur dank der extremen klimatischen Bedingungen und der Abgeschiedenheit vom Rest der Welt konnten die Himba ihr kulturelles Erbe über die Jahrhunderte hinweg bewahren.

In den 1980er- und 1990er-Jahren litten die Himba unter Kriegen und Dürre, in den letzten Jahren hat sich ihre Lage aber gebessert. Gegenwärtig herrschen die Himba wieder über ihr angestammtes Land, und auch auf nationaler Ebene sind sie politisch gut vertreten.

Damara

Die Ähnlichkeit der Damara mit einigen westafrikanischen Bantu hat einige Anthropologen zu der Annahme veranlasst, dass sie zu den ersten Völkern gehörten, die vom Norden nach Namibia einwanderten. Möglicherweise waren frühe Handelsbeziehungen mit den Nama und San der Grund, weshalb die Damara Khoisan als Lingua franca annahmen.

Bekannt ist, dass vor den 1870er-Jahren die Damara einen Großteil von Zentralnamibia besetzte, und zwar von Rehoboth in Richtung Westen bis zu den Flüssen Swakop und Kuiseb sowie in Richtung Norden bis zu den heutigen Städten Outjo und Khorixas.

DIE HIMBA – JENSEITS VON KLISCHEES

IAN KETCHESON

Es ist schwierig, über die Himba etwas zu schreiben, ohne dass es sich wie ein Klischee oder ein Artikel von National Geographic anhört. Die Himba sind ein häufiges Fotoobjekt in vielen Reisehandbüchern und Hochglanzbildbänden. Sie werden oft als eine Art Urvolk dargestellt, das seit Jahrtausenden unberührt von äußeren Einflüssen lebt. Ihr Brauch, sich rötliche Ockerfarbe auf den Körper zu schmieren, und ihre nicht gerade dezente Kleidung in Form von Miniröcken und Lendenschurzen haben sie zur Attraktion bei Touristen gemacht, die gern in entlegene Ecken Afrikas reisen, um einen Blick auf das „ursprüngliche" Afrika zu werfen.

Diese Stereotypen scheinen auf den ersten Blick auch absolut zutreffend zu sein, die Realität gestaltet sich hingegen erheblich komplexer. Die Himba leben in dieser Region Namibias nämlich erst seit etwa 200 Jahren. Nachdem sie bei diversen ethnischen Auseinandersetzungen im 18. und 19. Jh. immer den Kürzeren gezogen hatten, gelang dieser Volksgruppe Ende des 19. Jhs. schließlich ein gewisser Erfolg auf dem Schlachtfeld. Sie stahlen ein paar Rinder und Ziegen und machten sich dann in die entlegene Nordwestecke des Landes davon, wo sie schließlich halbwegs ihre Ruhe und ihren Frieden hatten – zumindest solange, bis in den 1990er-Jahren die Touristen auftauchten.

Die Kleidung der Himba kann lediglich als ein Zeichen gesehen werden, dass den christlichen Missionaren bei ihrer Kolonialisierung kein Erfolg beschieden war. Mit zu den obersten Prioritäten der Missionare in ganz Namibia (und darüber hinaus) gehörte, die Einwohner zu überzeugen, dass man als „zivilisierter Mensch" zuerst einmal unbequeme und teure Kleidung anziehen musste, die noch dazu für Afrika viel zu warm war. Wenn die Leute diese „anständigen" Klamotten dann hatten, mussten sie sich nur noch einen „echten" – sprich christlichen – Namen zulegen, der Polygamie abschwören und lange Messen über sich ergehen lassen. Der nächste Halt war dann der Himmel.

Auch wenn die Himba gemeinhin als Opfer der modernen Zivilisation dargestellt werden, haben sich ihre Führer doch als recht fähig erwiesen, mit ihrer Umwelt zurechtzukommen. Ende der 1990er-Jahre forcierte die Regierung Namibias ihre Pläne, an den Epupa Falls einen Staudamm zu bauen, um so die Abhängigkeit des Landes vom Stromimport zu verringern. Dem Plan zufolge wären weite Teile des Himba-Landes geflutet worden, was natürlich eine Bedrohung ihres Lebensstils bedeutet hätte.

Chief Kapika, der Häuptling aus der unmittelbar betroffenen Region, rief eine Widerstandsbewegung ins Leben; zur Kampagne gehörte auch eine Reise nach Europa, wo Kapika hochrangige Investoren, Vertreter von NGOs und andere Aktivisten traf. Mit seinem Bemühen um internationale Beachtung war Kapika durchaus erfolgreich und er erhielt Unterstützung in seinem Kampf gegen die Regierung. In jüngster Zeit ist von diesem Projekt jedenfalls kaum noch die Rede, aber nun beschäftigt sich die Regierung von Namibia mit einem Stauprojekt am Cunene, dem Fluss an der Grenze zu Angola. Auch dieser Staudammplanung stehen die Himba ablehnend gegenüber.

Als die Herero und Nama ihr Territorium allmählich bis ins traditionelle Damara-Land ausdehnten, wurden viele Damara umgesiedelt, getötet oder gefangen genommen und auch versklavt. Die Feindschaft zwischen den beiden Stämmen hatte zur Folge, dass die Damara während der Kolonialzeit die Deutschen gegen die Herero unterstützten. Als Gegenleistung erhielten die Damara ein größeres Gebiet, das nun die Südhälfte der Provinz Kunene umfasst.

Mit Ankunft der ersten Europäer in der Region wurden die Damara als halbnomadische Viehhirten beschrieben, die in kleinerem Umfang auch im Bergbau, in der Verhüttung sowie im Handel tätig waren. Während der Kolonialzeit wurden sie dann allerdings sesshaft und widmeten sich Ackerbau und Viehzucht. In den 1960er-Jahren erwarb die südafrikanische Regierung aus dem Besitz der Europäer für die Damara über 4,5 Mio. ha Land, das heutige (desolate) Damaraland.

Allerdings brachte das Land den Damara nicht sonderlich viel Positivives. Der Boden ist in dieser Region generell schlecht, ein

Großteil des Lands gehört den Gemeinden und es fehlen die guten Viehweiden, wie sie z. B. in Zentral- und Südnamibia vorherrschen. Heutzutage arbeiten die meisten von Namibias 80 000 Damara in urbanen Gebieten sowie Arbeiter auf den Farmen der Europäer; nur etwa ein Viertel der Damara wohnt noch im Damaraland.

Namibier europäischer Abstammung

Bevor die Deutschen 1884 einen Handelsposten in der Bucht von Lüderitz errichteten, gab es in Namibia keine Europäer. Ende der 1890er-Jahre war Namibia dann schon eine deutsche Kolonie, und immer mehr Siedler strömten ins Land. Zur gleichen Zeit zogen die Buren – also die Südafrikaner niederländischer Herkunft – vom Kap aus in Richtung Norden. Als Namibia nach dem Ersten Weltkrieg unter südafrikanische Kontrolle geriet, nahm die Anzahl der Buren noch einmal deutlich zu.

Heute gibt es rund 85 000 weiße Namibier, die meisten von ihnen stammen von Buren ab. Sie leben vor allem in den Städten im Zentrum und im Süden des Landes; tätig sind sie in der Viehhaltung, im Handel, in der Produktion und Verwaltung. Außerdem liegt fast die gesamte Tourismuswirtschaft in der Hand weißer Namibier.

Caprivianer

Im äußersten Nordosten, an den fruchtbaren Flussufern des Sambesi und Kwando, leben 80 000 Caprivianer, die sich aus fünf Hauptstämmen zusammensetzen: den Lozi, Mafwe, Subia, Yei sowie den Mbukushu. Die meisten Caprivianer verdienen ihren Lebensunterhalt mit Fischfang, Landwirtschaft und Viehzucht, und sie sitzen an einer Touristenroute.

Bis ins späte 19. Jh. hinein unterstand der Caprivizipfel den Lozi-Königen. Heute hat sich Rotse als Lingua franca der verschiedenen Stämme etabliert, eine Spielart der Lozi-Sprache, wie sie noch in einigen Teilen Sambias und Angolas gesprochen wird.

Nama

Die Nama – ihre Sprache ähnelt der von den San in Botsuana und Südafrika – sind eine weitere zu den Khoisan gehörende Gruppe und zählen zu den ältesten indigenen Völkern Namibias.

Die Ursprünge der Nama liegen am südlichen Kap. Während der ersten Zeit der europäischen Besiedlung wurden sie jedoch entweder ausgerottet oder von den kolonialen Farmern weiter in Richtung Norden vertrieben. Sie siedelten sich dann schließlich in Namaqualand am Oranje an, wo sie als halbnomadische Hirten bis zur Mitte des 19. Jhs. lebten. Ihr Führer Jan Jonker Afrikaner brachte sie dann in die Gegend des heutigen Windhoek.

Auf dem Zentralplateau von Namibia gerieten sie in Konflikt mit den Herero, die dieses Gebiet besetzt hatten. Die beiden Gruppen fochten diverse blutige Kriege aus. Schließlich erzwang die deutsche Regierung einen Frieden zwischen den Völkerschaften, indem sie den beiden Gruppen voneinander getrennte Reservate zuwies.

Heute leben in Namibia rund 60 000 Nama; sie siedeln in einer Region, die zur Kolonialzeit Namaqualand hieß und sich von Mariental in Richtung Süden bis nach Keetmanshoop erstreckt. Die Nama sind vor allem für ihre traditionelle Musik bekannt, für Legenden, Sprichwörter und Lobgedichte, die seit Generationen überliefert werden und die Grundlage der heutigen Kultur darstellen.

Topnaar

Die Topnaar (oder: Aonin) sind, genau genommen, ein Zweig der Nama und nehmen vor allem den Westen der zentralen Namibischen Wüste ein, d. h. sie leben in der Walvis Bay und Umgebung. Im Gegensatz zu den Nama, denen ihr Land gemeinschaftlich gehörte, vererbten die Topnaar ihren Familienbesitz unsozialistisch von einer Generation zur nächsten weiter.

Heute stellen die Topnaar zweifelsohne die größte Randgruppe in Namibia dar. In alten Zeiten waren sie von der Nara-Melone abhängig sowie von der Jagd. Heute beschränkt sich ihr Jagdrevier auf den Namib-Naukluft Park. Die Topnaar, die noch in der Wüste leben, bestreiten ihren Lebensunterhalt bis heute mit dem Anbau von Nara-Melonen, die nur wenig bewässert werden müssen, sowie mit Viehzucht, vor allem mit der Haltung von Ziegen.

Die meisten Topnaar zogen jedoch an die Walvis Bay und siedelten sich in der Township Narraville an; von dort pendeln sie nun in die Fischfabriken zur Arbeit. Andere leben nicht weit von den Slums entfernt. In der Topnaar-Gemeinde südöstlich der Walvis Bay wurden eine Grundschule und ein

ÜBERLEBEN LERNEN *IAN KETCHESON*

Bevor meine Frau, meine Tochter und ich in die Kleinstadt Odibo im Norden Namibias zogen, glaubten wir, alles über die Auswirkungen von Aids in diesem Land zu wissen.

Worauf wir nicht vorbereitet sein konnten, waren die Beerdigungen. Wir wohnten direkt neben einer großen anglikanischen Kirche, einem imposanten weißen Bau, in dem sich jeden Sonntag über tausend Menschen zu Marathon-Messen von mehr als vier Stunden versammelten. An allen anderen Tagen zogen ständig die Beerdigungsprozessionen an unserer Tür vorbei und führten uns deutlich vor Augen, wie schrecklich sich diese Seuche unmittelbar auf die Gemeinde auswirkte. Eine ehemalige Krankenschwester erzählte uns, die Anzahl der Beisetzungen habe sich in den letzten zehn Jahren verfünffacht – 1992 seien es nur 37 gewesen, 2003 schon 177.

Gleichzeitig wurde die Krankheit zum öffentlichen Tabu, sodass Betroffene oft gar nicht über ihre Situation sprechen können. Wie in vielen afrikanischen Ländern wird die Existenz von Aids schlicht geleugnet, oder man schweigt darüber. Das hat mit Angst, Scham und mangelndem Wissen über die Erkrankung zu tun. Trotz der ungeheuren Verbreitung von Aids in Namibia gaben zwei Drittel der im Rahmen einer Studie befragten Frauen in der Regiong Ohangwena an, sie würden einer HIV-positiven Person keine Lebensmittel abkaufen.

Trotz dieser Schwierigkeiten haben sich Tausende von Freiwilligen und Sozialarbeitern gefunden, die gegen die Tabuisierung kämpfen und den Erkrankten helfen. In unserer kleinen Gemeinde gab es mehrere solcher Projekte, darunter das Anglican Home-Based Care Project (das Freiwillige, die Schwerkranke besuchen, mit dem Nötigsten ausstattet); außerdem gibt es Omwene Tu Talulula (OTTA; der Name bedeutet „überleben lernen“), eine Vereinigung HIV-positiver Aktivisten, die in Schulen, Kirchen und in Gemeindeversammlungen auftreten und für einen offenen Umgang mit der Krankheit und für ein Ende der Diskriminierung werben.

Für viele Menschen ist der Zugang zu Aids-Medikamenten in den letzten Jahren leichter geworden, doch die Bedrohung ist geblieben. Viele Bewohner der Region Ohangwena im Norden können die weite Reise in ein Krankenhaus gar nicht unternehmen. Oft haben die Menschen nicht einmal genug zu essen, um die Medizin vorschriftsgemäß zur Mahlzeit einzunehmen. Zu meiner Verwunderung hinterließen Mitarbeiter des Anglican Home-Based Care Project, die ich begleiten durfte, bei ihren Besuchern häufig ein Brot: Für viele Kranke war das dann nämlich die einzige Mahlzeit des Tages – und die Voraussetzung dafür, dass sie die Medizin überhaupt vertrugen.

Wohnheim eingerichtet, allerdings kommt nur eine Minderheit der dortigen Schüler aus der Topnaar-Gemeinde.

Farbige

Nachdem Deutsch-Südwestafrika (wie Namibia früher hieß) nach dem Zweiten Weltkrieg unter die Kontrolle Südafrikas gekommen war, führte die südafrikanische Regierung allmählich die Rassengesetze der Apartheid ein. Somit war ab den 1950er-Jahren das Zusammenleben von Paaren unterschiedlicher Rasse gesetzeswidrig, Eheschließungen waren jedoch gestattet. Burische und deutsche Farmer im ganzen Land heirateten weiterhin Damara- und Herero-Frauen, ein paar Jahre später wurden allerdings auch diese Ehen untersagt.

Die Kinder, die aus diesen Verbindungen hervorgegangen waren, befanden sich in einer unguten Situation, denn sie wurden von den schwarzen wie auch weißen Gemeinschaften abgelehnt und als „Bastarde“ gebrandmarkt. Heute leben in Namibia rund 52 000 Farbige, und zwar vor allem in Windhoek, Keetmanshoop und Lüderitz.

Baster

Die Baster sind von den Farbigen zu unterscheiden, sind aber ebenfalls aus gemischten Verbindungen hervorgegangen, und zwar vor allem zwischen Nama und holländischen Farmern in der Kap-Kolonie. Nachdem sie Ende der 1860er-Jahre durch burische Siedler am Kap verdrängt worden waren, zogen sie gen Norden an den

Oranjefluss (Orange River) und gründeten 1871 die Siedlung Rehoboth. Sie etablierten ihr eigenes Regierungssystem mit einem Führer (*Kaptein*) und einem gesetzgebenden Rat (*Volksraad*). Da die Baster in der Kolonialzeit die Deutschen unterstützt hatten, bekamen sie als Gegenleistung diverse Privilegien, und auch ihre Landrechte wurden anerkannt.

Die meisten der 35 000 Baster von Namibia leben bis heute in der Umgebung von Rehoboth und pflegen entweder einen urbanen Lebensstil oder widmen sich der Viehzucht.

Tswana

Die 8000 in Namibia lebenden Tswana stellen die kleinste ethnische Gruppe des Landes. Sie sind mit den Tswana in Südafrika und Botsuana verwandt, den Batswana, und wohnen überwiegend in den östlichen Regionen des Landes um Aminuis und Epukiro.

Lebensstil

Insgesamt gesehen sind die Namibier konservative, gottesfürchtige Menschen – schätzungsweise 80 % bis 90 % des Landes bekennt sich zum Christentum; und somit ist dezente Kleidung wichtig. Zu diesem äußeren Rahmen gehört es auch, bei seinem Benehmen Bescheidenheit an den Tag zu legen und sich Älteren und gesellschaftlich höher Gestellten gegenüber respektvoll zu verhalten, seinen religiösen und gesellschaftlichen Verpflichtungen nachzukommen und wesentliche familiäre Pflichten zu erfüllen.

Auch Bildung spielt eine große Rolle und deshalb ist die Motivation der Namibier hoch, eine gute Ausbildung zu bekommen. Doch das gestaltet sich nicht für alle so einfach. Für Familien, die in abgelegenen Ecken in ländlichen Gebieten wohnen, bedeutet dies oft, dass sie ihre noch ziemlich kleinen Kinder weit weg zur Schule schicken müssen, wo sie dann in Wohnheimen leben. Lesen und schreiben können in Namibia aber immerhin stolze 85 % der Bevölkerung.

Die meisten Namibier in ländlichen Gebieten wohnen noch in Homesteads und führen ein Leben, wie es auf dem Dorf typisch ist. Die Dorfgemeinschaften beruhen auf Familien- und Clanstrukturen, an deren Spitze jeweils ein gewählter *elenga* (Oberhaupt) steht. Dieser *elenga* ist für alles verantwortlich, was im Dorf passiert – vom Beilegen von Streitigkeiten bis hin zu Entscheidungen, wie das Land der Gemeinde verwaltet werden soll.

Für die breite Masse der Namibier ist das Leben ein sehr harter Kampf. Die Arbeitslosigkeit ist hoch und die Wirtschaft hängt weiterhin vom Bergbau ab und nicht so sehr vom Fischfang und der fischverarbeitenden Industrie. In den letzten Jahren hat im ganzen Land der Tourismus einen beachtlichen Aufschwung genommen, wobei diese Industrie größtenteils noch immer in den Händen weißer Namibier liegt.

Frauen in Namibia

In einer Kultur, in der die Macht des Mannes schon zum Mythos stilisiert wird, verwundert es nicht, dass es um die Rechte der Frauen nicht sonderlich gut bestellt ist. Selbst heute ist es nicht ungewöhnlich, dass Männer mehrere Sexualpartnerinnen haben. Und noch bis vor kurzem konnten Frauen mit Kindern, die von ihren Männern verlassen wurden, kaum Regressansprüche geltend machen. Seit der Unabhängigkeit bemüht sich die Regierung Namibias um die Verbesserung der Rechte der Frauen. Dazu wurde die Rechtsprechung geändert, wie etwa das Gesetz zur Gleichstellung von Ehepartnern (1996), das Männern und Frauen gleiche Eigentumsrechte zusichert und den Frauen das Sorgerecht für die Kinder einräumt.

Allerdings gesteht die Regierung durchaus ein, dass eine Gleichstellung von Mann und Frau sich weniger durch die Verabschiedung von Gesetzen als vielmehr durch eine Änderung in der Mentalität der Menschen erreichen lässt. Das zeigt auch die Erhebung über häusliche Gewalt aus dem Jahr 2000. 25 % der für diese Studie in Lüderitz, Karasburg und Keetmanshoop befragten Frauen erklärten, von ihren Ehemännern misshandelt oder vergewaltigt worden zu sein. Gewalt gegen Frauen ist nicht zuletzt eine Folge der sozialen Probleme, zu denen Armut, Alkoholismus und die Folgen von Dauerarbeitslosigkeit zählen. Namibia hat zwar seit einigen Jahren im internationalen Vergleich eines der umfassendsten Gesetze zum Schutz vor Vergewaltigungen, doch wie sich diese Regeln im Alltag bewähren, bleibt abzuwarten.

Allen Schwierigkeiten zum Trotz spielen Frauen im dörflichen und gesellschaftlichen Leben Namibias eine wichtige Rolle, und auch am Kampf um die Unabhängig-

SOZIALSTRUKTUREN

Auf nationaler Ebene kämpft Namibia noch immer um seine kohärente Identität und die Geschichte lastet schwer auf den Generationen, die während des Kampfs um die Unabhängigkeit heranwuchsen. Die Folge ist nun leider, dass zwischen den verschiedenen gesellschaftlichen und ethnischen Gruppen beträchtliche Spannungen bestehen.

Die große Mehrheit der Besucher wird in Namibia zwar überaus herzlich und auch mit Neugier aufgenommen, aber der eine oder andere sieht sich durchaus auch unerfreulichem Rassismus oder gar unverhohlener Feindseligkeit ausgesetzt. Dies beschränkt sich nicht allein auf die Beziehungen zwischen Schwarzen und Weißen, sondern kann Reisende aller ethnischen Gruppierungen betreffen, denn die ethnische Vielfalt ist in Namibia enorm groß. Wer sich mit Namibias komplexer und oft auch turbulenter Vergangenheit vertraut gemacht hat, müsste dann aber potenziell schwierigen oder peinlichen Situationen gewachsen sein. Und natürlich ist es hilfreich, sich an die Grundregeln der Etikette zu halten, sich also beispielsweise angemessen zu kleiden, freundlich zu grüßen und auch ein paar Worte in einer der Landessprachen zu lernen.

Gesellschaftlich verfügen die Namibier dank ihrer Clanstruktur über ein felsenfestes Gemeinschaftsgefühl. An Mitglieder seines eigenen Clans kann man sich in Zeiten der Not also stets wenden. Im Gegenzug ist ein Mitglied eines Stammes natürlich auch verpflichtet, einem anderen beizustehen. Das kann bedeuten, einem Hungrigen etwas zu essen zu geben, sich um Kranke zu kümmern oder ein Kind, das zur Waise wurde, zu adoptieren. In den Genuss dieser allumfassenden Hilfsbereitschaft kommen jedoch auch Fremde. Und so ist es nicht ungewöhnlich, wenn ein Reisender gefragt wird, ob er spontan an einem Fußballspiel oder an einem Essen mit der Familie teilnehmen möchte.

Eine derart integrative Sozialstruktur bedeutet auch, dass der traditionelle Kern der Familie stark erweitert ist. Viele Familien in Namibia zählen unzählige Tanten und Onkel mit zur Familie, ja sie werden sogar mit „Mutter" oder „Vater" angeredet, während Cousins und Geschwister mitunter austauschbar sind. In einigen ländlichen Gegenden haben manche Männer Dutzende von Kindern, die sie mitunter nicht einmal kennen. Dieses fließende System hat es den Familien ermöglicht, irgendwie mit der verheerenden Krise zurande zu kommen, die durch HIV/Aids entstanden ist.

keit ihres Landes hatten sie ihren Anteil, wie in *Histories of Namibia* eindrucksvoll bezeugt wird.

US-Angaben zufolge waren 2010 24 der 78 Sitze in der Nationalversammlung an Frauen vergeben worden. Es gab fünf Ministerinnen und vier stellvertretende Ministerinnen unter 41 Amtsträgern dieses Ranges; von den elf Richtern am Obersten Gerichtshof waren immerhin drei weiblich.

Überdies sind Frauen ohne Zweifel die wesentliche Stütze eines jeden namibischen Haushalts. Auf ihren Schultern ruht eine doppelte Last: Sie erziehen die Kinder, kümmern sich um die Mitglieder der Familie und tragen außerdem zum Einkommen bei. Angesichts der schrecklichen Auswirkungen von Aids auf die Familienstrukturen ist diese Last noch schwerer geworden.

Religion

80 bis 90 % aller Namibier bekennen sich zum Christentum, die meisten von ihnen gehören der evangelisch-lutherischen Kirche an. Als Folge portugiesischer Missionarstätigkeit und der Einflüsse aus Angola gibt es allerdings auch eine nicht unbedeutende römisch-katholische Minderheit, vor allem im Zentrum und im Norden des Landes.

Die Mehrzahl der Nichtchristen in Namibia – dies sind vor allem Himba, San und einige Herero – lebt im Norden und bleibt weiterhin im animistischen Glauben verwurzelt. Im Mittelpunkt ihrer Glaubenspraxis steht die Verehrung der Ahnen; viele sind davon überzeugt, dass die verstorbenen Ahnen eine Verbindung mit den Lebenden aufnehmen und als Boten zwischen ihren Nachkommen und den Göttern fungieren.

Wirtschaft

Die Lebensweise der Namibier wird überwiegend von der Wirtschaft geprägt, die ihrerseits auf der Förderung und Weiter-

ARGUMENTE FÜR EINEN MINDESTLOHN *IAN KETCHESON*

Eine Kassiererin in einem Import-/Export-Laden in Oshikango verdient rund 75 US$ im Monat. (Das sind die Läden, in denen alles – vom Kühlschrank bis zum Motorrad – gegen US-Dollar zu haben ist.) Die 75 US$ sind nicht ungewöhnlich; auch im Dienstleistungsbereich verdienen Angestellte in etwa so viel, während Arbeiter (u. a. in der Landwirtschaft) sich mit weniger begnügen müssen.

Eine typische Kassiererin aus Oshikango steht morgens früh auf und legt die Kilometer zu ihrem Arbeitsplatz zu Fuß zurück – die Fahrt in die Stadt würde pro Strecke einen Dollar kosten, die Hälfte ihres Gehaltes ginge also schon für den Hin- und Rückweg drauf. Die Kassiererin nimmt sich etwas zu essen und zu trinken von zu Hause mit, denn eine Cola kostet 0,75 US$, und für das einfachste Mittagessen müsste sie wenigstens 2 US$ auf den Tisch legen.

Würde sie eine Nacht in einem Motel in Oshikango verbringen, müsste sie sogar ihr Gehalt aus drei Wochen investieren; eine Tankfüllung Benzin hat den Gegenwert von sechs Arbeitswochen, und für einen gebrauchten Lkw müsste sie sogar ihr gesamtes Gehalt 15 Jahre lang zurücklegen. In dieser Zeit würde sie Motorräder (Preis 5000 US$) und Kühlschränke (500 US$) zum Preis eigener Jahreseinkommen an wohlhabende Angolaner verkaufen.

Die Wirtschaft Namibias ruht ähnlich wie die südafrikanische Wirtschaft zur Zeit der Apartheid auf den Schultern billiger Arbeitskräfte. Die Kluft zwischen Arm und Reich ist deshalb sehr tief. Vieles hat sich in den Jahren seit der Unabhängigkeit geändert, aber die ungleiche Verteilung des Wohlstands ist in der freien Marktwirtschaft geblieben.

Während der Recherchen zu diesem Reiseführer war in Namibia ein Mindestlohn nicht gesetzlich festgeschrieben. Die Folge ist, dass im Bergbau, in der Baubranche sowie in der Landwirtschaft weiterhin aufgrund von allgemeinem Lohndumping eine sehr niedrige Bezahlung an der Tagesordnung ist. Einige Wirtschaftswissenschaftler kritisieren dies als extrem ärgerlich, wenn nicht gar als Ausbeutung. Ein Problem, das auch dem „Westen" nicht mehr fremd ist.

verarbeitung von Mineralien für den Export basiert. Der Bergbau hat zwar nur einen Anteil von 8 % am Bruttoinlandsprodukt, er bringt aber mehr als die Hälfte der Devisen ins Land. Wegen seiner großen Diamantenlagerstätten gilt Namibia als eines der wichtigsten Herkunftsländer hochwertiger Edelsteine. Daneben werden in Namibia Uran, Blei, Zink, Zinn, Silber und Wolfram gefördert.

Nach Auskunft der Afrikanischen Entwicklungsbank hat sich das namibische Wirtschaftswachstum 2011 verlangsamt und lag nur noch bei 3,8 %; die Arbeitslosigkeit betrug sogar 50 %, und 84 % der 15- bis 19-Jährigen waren ohne Beschäftigung.

Im Bergbau sind nur rund 3 % der Bevölkerung tätig, die Hälfte aller Menschen schlägt sich dagegen mit einfachster Subsistenz-Landwirtschaft durch. Namibia importiert normalerweise die Hälfte seines Getreidebedarfs, und in Dürrejahren stellt Lebensmittelknappheit in ländlichen Regionen eine ernste Bedrohung dar. Auch die Fischwirtschaft ist wirtschaftlich bedeutsam, die Fischerträge werden aber zu Konserven verarbeitet und gelangen in den Export.

Die namibische Wirtschaft ist eng mit der starken Wirtschaft von Südafrika verflochten. Der Namibia-Dollar ist im Verhältnis eins zu eins an den südafrikanischen Rand gekoppelt. 2007 konnte Namibia im Handel mit der Südafrikanischen Zollunion (SACU) erstmals seit der Unabhängigkeit einen Überschuss erzielen.

Unter der weltweiten Rezession hatte auch Namibia erheblich zu leiden. Die Kosten für den Abbau der Mineralien und die Fischverarbeitung stiegen, während gleichzeitig die Weltmarktpreise für Metalle und Diamanten fielen – ein schwerer Schlag für die Wirtschaft. Seither haben sich die Preise aber wieder erholt, und die Bodenschätze des Landes, darunter auch 11 Mrd. Barrel Öl, die vor der Küste liegen sollen, dürften die Wirtschaft eigentlich noch mehrere Jahrzehnte lang in Schwung halten – immer vorausgesetzt natürlich, dass die Wirtschaft weltweit floriert.

Kunst & Kultur

Angesichts harter Umweltbedingungen und einer traditionell weit verstreuten und armen Bevölkerung hat Namibia kein nennenswertes kunstgeschichtliches und architektonisches Erbe hervorbringen können. Allerdings verfügt das Land über eine große kunsthandwerkliche Tradition: im Holzschnitzen, Korbflechten, Teppichknüpfen, in der Perlenverarbeitung und beim Weben von Textilien.

Den Künsten sind mittlerweile einige hervorragende Festivals gewidmet; eines der jüngsten und aufregendsten Kunstevents ist der Artist's Trail in Omaruru im September.

Literatur

Nach Jahrhunderten der Unterdrückung und Isolation, einem Leben in Armut und ohne Bildungseinrichtungen ist es kaum verwunderlich, dass eine schriftlich fixierte namibische Literatur in der Zeit vor der Unabhängigkeit nicht existierte (allerdings gab es eine Tradition der mündlichen Überlieferung). Aus dieser Epoche stammen lediglich ein paar deutsche Romane und Kolonialerzählungen, darunter *Peter Moors Fahrt nach Südwest* (1905) aus der Feder des Bestseller-Autors Gustav Frenssen; daneben existieren einige Schriften in Afrikaans. Das bekannteste Werk aus der Zeit vor der Unabhängigkeit ist aber sicherlich *Wenn es Krieg gibt, gehen wir in die Wüste* von Henno Martin. Der Autor war Geologe und beschreibt, wie er zusammen mit seinem Freund Hermann Korn während des Zweiten Weltkriegs zwei Jahre in der Namib verbrachte, um nicht interniert zu werden.

Eine authentische einheimische Literatur begann erst mit dem Kampf um die Unabhängigkeit. Einer der bedeutendsten zeitgenössischen Autoren Namibias ist Joseph Dieschbo (geb. 1955), dessen Erstlingsroman *Born of the Sun* 1988 veröffentlicht wurde, als Dieschbo gerade in den USA lebte. Bis heute gilt dieses erfrischend unprätentiöse Werk als bedeutendster Beitrag zur Literatur des Landes. Nicht ungewöhnlich für ein afrikanisches Werk, ist der Roman stark autobiografisch geprägt und behandelt Kindheit und Jugend der Hauptfigur in einem Stammesdorf, den Schritt ins Erwachsenenleben und den ersten Kontakt mit dem Christentum. Dann folgen ein Lebens- und Arbeitsweg durch die südafrikanischen Bergwerke und schließlich das Erwachen eines politischen Bewusstseins. Dieschos zweiter Roman, *Troubled Waters* (1993), erzählt die Geschichte eines weißen Südafrikaners, der im Rahmen eines Militärein-

BEGRÜSSUNGEN

Begrüßungen sind in Namibia fast schon eine Kunstform für sich; eine typische Begrüßung innerhalb dieser Zeremonie verläuft (auf Englisch) wie folgt: *Did you get up well? Yes. Are you fine? Yes. Did you get up well? Yes. Are you fine? Yes.*

Dies ist aber nur ein Beispiel für einen recht kurzen Wortwechsel; Begrüßungen können sich ganz erheblich in die Länge ziehen und aus wiederholten Nachfragen nach der Gesundheit, der Ernte und der Familie bestehen. Wenn man als Besucher in Eile ist, braucht man dann eine schier unendliche Geduld.

Es ist jedoch absolut wichtig, auch wirklich jeden zu grüßen, den man trifft – und zwar egal, ob bei einer rein zufälligen Begegnung in einem Tante-Emma-Laden oder bei einem wichtigen Erstkontakt mit einem Geschäftspartner. Wer andere nicht angemessen grüßt, gilt als extrem unhöflich – sicher einer der häufigsten Fehler, den Auswärtige begehen.

Deshalb sollte jeder die Worte für „hallo" und „auf Wiedersehen" lernen und sie auch möglichst oft verwenden. Wer Zeit und Lust hat, kann seinen Wortschatz noch erweitern und sich mit längeren und komplizierteren Sätzen versuchen.

Wem eine Fremdsprache nicht flott über die Lippen kommt, gibt seinem Gegenüber einfach die Hand – auch so wird das Eis gebrochen. Das Händeschütteln besteht in Afrika aus drei Phasen: dem normalen, wie im Westen üblichen Handschlag, gefolgt von einem Verschränken der leicht gebogenen Finger, während man sich an der Spitze der nach oben weisenden Daumen berührt. Daraufhin schüttelt man sich noch einmal wie gewohnt die Hand.

satzes nach Namibia kommt und dort eine andere politische Sichtweise kennenlernt.

Einen ganz neuen und immer wichtiger werdenden Zweig in der namibischen Literatur stellen die Beiträge von Schriftstellerinnen dar. Autorinnen erzählen vor allem von ihren Erfahrungen im Unabhängigkeitskrieg und im Exil, aber auch von der sozialen Lage nach der Unabhängigkeit. Den Arbeiten von Ellen Namhila (*The Price of Freedom*; 1998), Kaleni Hiyalwa (*Meekulu's Children*; 2000) sowie Neshani Andreas (*The Purple Violet of Oshaantu*; 2001) verdanken viele Leser deshalb wichtige Einblicke in die namibische Gesellschaft nach dem Ende der Kolonialzeit bzw. der Verwaltung als Treuhandgebiet.

Das Sister-Namibia-Kollektiv hat im Jahr 1994 eine Lyrik- und Kurzgeschichtenanthologie unter dem Titel *A New Initiation Song* herausgebracht. Unter sieben Rubriken finden sich Beiträge zu Themenfeldern wie Mädchen, Körperlichkeit oder heterosexuelle und lesbische Liebe. Die Gedichte von Liz Frank und Elizabeth !Khaxas zählen wohl zu den besten des Bandes. *Uerieta* von Jane Katjavivi ist eine herausragende Kurzgeschichte, die vom allmählichen Vertrautwerden einer weißen Frau mit dem afrikanischen Lebensstil handelt; lesenswert ist auch *When the Rains Came* von Marialena van Tonder, die Geschichte eines Farmerehepaars, das mit knapper Not eine Dürre überlebt. Eine der Autorinnen, Marjorie Orford, hat bereits einen eigenen Band vorgelegt: *Coming on Strong* (1996).

Deutschsprachige Leser dürften sich für die Werke von Giselher Hoffmann (geb. 1958) interessieren, der seine Stoffe aus der Geschichte und Gegenwart Namibias bezieht. Sein erster Roman, *Im Bunde der Dritte* (1984), handelt von Wilddieben. In *Die Erstgeborenen* (1991) erzählt Hoffmann aus der Perspektive einer San-Gruppe, die sich mit deutschen Siedlern auseinandersetzen muss. *Die schweigenden Feuer* (1994) behandelt den Konflikt zwischen Nama und Herero gegen Ende des 19. Jhs. Auch der Einfluss der modernen westlichen Zivilisation auf die indigenen Kulturen rückt ins Blickfeld.

Kino

Seit 2002 fördert die Filmkommission von Namibia lokale Filmprojekte und wirbt im Ausland für Produktionen in diesem afrikanischen Land. In jenem Jahr entstand tatsächlich ein kleiner, wenig beachteter Film hier vor Ort: *Jenseits aller Grenzen – wo die Hoffnung überlebt* (*Beyond Borders*), ein Film über die Hungersnot in Äthiopien im Jahr 1984. Star des Films war Angelina Jolie; sie kehrte 2006 noch einmal nach Namibia zurück, um hier ihre Tochter zur Welt zu bringen. Wichtiger ist freilich noch, dass das Wild Cinema Festival alljährlich im Herbst Scharen von Cineasten anlockt.

Nach einigen Startschwierigkeiten wurde mittlerweile auch die Geschichte des ersten Präsidenten von Namibia, Sam Nujoma, verfilmt, und zwar unter dem Titel *Namibia – der Kampf um die Freiheit;* den Film hat die Kritik unterschiedlich aufgenommen. Und im Juli 2011 wurden die Dreharbeiten für den vierten Teil von *Mad Max* kurzfristig nach Namibia verlegt, denn die eigentlich vorgesehene australische Wüste hatte sich nach überraschenden Regenfällen in eine Blumenwiese verwandelt.

Musik

Die ersten Musiker des Landes waren die San; ihre Musik imitierte vermutlich Tierlaute und begleitete Tänzer und Geschichtenerzähler. Auch die etwas ausgefeiltere Musik der frühen Nama untermalte Tänze; gespielt wurde auf Trommeln, Flöten und einfachen Saiteninstrumenten. Als die Bantu in die Region einwanderten, übernahmen sie einige dieser Instrumente und fügten Marimbas, Kürbisrasseln und Trompeten aus Tierhörnern hinzu.

Trommeln, Marimbas und Rasseln sind auch heute noch sehr beliebt, und nicht selten sieht man Tänzer, die einen Gürtel mit leeren Getränkedosen voller Kiesel um den Bauch tragen und so selber für die rhythmische Untermalung ihrer eigenen Tanzschritte sorgen.

Bereichert wurde die Musik des Landes durch einen wichtigen Import aus Europa: den Chorgesang. Schon die Missionare der Kolonialzeit gründeten in den Dörfern Chöre, und bis heute treffen sich Schul- und Kirchenchöre regelmäßig zum gemeinsamen Singen. Die bekanntesten Chöre Namibias sind der Cantare Audire Choir und der **Mascato Coastal Youth Choir** (www.mascatoyouthchoir.com), der nationale Jugendchor. Natürlich brachten die deutschen Siedler auch ihre Blaskapellen mit, die bis heute zum Oktoberfest in der Hauptstadt Windhoek und zu anderen mehr oder weniger deutsch geprägten Festen aufspielen.

Wer nach Musik für die langen und einsamen Fahrten durch Namibia sucht, sollte einmal die Lieder von Hishishi Papa ausprobieren. Dem Musiker und Geschichtenerzähler ist mit seinem Album *Aantu Aantu* die perfekte Musik für unterwegs gelungen.

Architektur

Die meisten Leute, die Namibia besuchen, richten ihr Hauptaugenmerk auf die Naturwunder dieses Landes. Es gibt hier aber auch eine überraschende Fülle von architektonischen Wundern zu bestaunen. Über ein Jahrhundert später zeugen diverse Kolonialgebäude im Historismus der wilhelminischen Zeit noch von der deutschen Besetzung Namibias.

Wenn auch Windhoek mit aus dem Boden gestampften Betongebäuden modernisiert wurde, wie sie für die meisten Städte Afrikas typisch sind, finden sich doch noch ein paar – sozusagen – „ungeschliffene Diamanten". Über der Stadt ragt die evangelische deutsche Christuskirche im neugotischen Stil auf; sie wurde aus dem Sandstein der Region errichtet.

Ein weiteres bemerkenswertes sehenswertes Bauwerk ist die Alte Feste, die mit der Gründung Windhuks zusammenhängt. Sie wurde 1890 von Curt von François und seinen Leuten erbaut und von der deutschen Armee als Kaserne genutzt. Dieses älteste erhaltene Gebäude der Stadt dient heute jedoch einem erheblich friedlicheren Zweck, nämlich als Nationalmuseum.

Wer die glänzenden Juwelen in Namibias architektonischer Krone kennenlernen möchte, muss allerdings an die Küste fahren. Hier befinden sich eingeklemmt zwischen dem eiskalten Wasser des Südatlantiks und der namibischen Wüste in Swakopmund und Lüderitz die schon surrealen Relikte aus der Kolonialzeit. Wer durch die Straßen der beiden Städte spaziert, könnte meinen, dass er sich in einem kleinen Dorf in Bayern befindet – ein allerdings verzeihlicher Irrtum. Irgendwie scheinen Zeit und Geschichte die beiden Orte vergessen zu haben, und so präsentieren sich Swakopmund und Lüderitz nun mit einer schönen Stilmischung aus Deutschem Reich und Art Nouveau, was vor der Kulisse der aufragenden Dünen und des tosenden Meeres umso bizarrer anmutet.

Tanz

Jede Volksgruppe in Namibia hat ihre eigenen Tänze, doch die meisten eint ein gemeinsames Band. Zuerst einmal sollen alle Tänze in gewissem Maße gesellschaftliche Werte zum Ausdruck bringen. Dann reflektieren viele Tänze auch die Umgebung, in der sie aufgeführt werden. Und nicht zuletzt spiegelt afrikanischer Tanz reine Bewegungsfreude wieder.

Die Tänze der Ju/'hoansi (!Kung) – einer San-Gruppe im Nordosten Namibias –, ahmen gern die Tiere nach, auf die dieses Volk Jagd macht, oder integrieren Elemente, die für ihr Leben irgendwie von Bedeutung sind. So wird beispielsweise beim Melonentanz eine *tsama*-Melone zu einem bestimmten Rhythmus in die Luft geworfen und wieder aufgefangen. Der Himba-Tanz *ondjongo* muss von einem Viehbesitzer aufgeführt werden. Dabei geht es darum, Fürsorge und Besitz zum Ausdruck zu bringen.

Tänze spielen auch bei bestimmten Ritualen eine Rolle, so zum Beispiel bei Übergangsritualen, politischen Ereignissen und Versammlungen oder spirituellen Zeremonien. Den *tcòcmà*, einen Initiationstanz von Männern der Ju/hoansil, dürfen Frauen beispielsweise nicht einmal ansehen. In der Region Kavango und Caprivi werden von traditionellen Heilern Tänze aufgeführt, bei denen sie in beiden Händen Rasseln halten, die sie ununterbrochen schütteln.

Die meisten festlichen Tänze, wie etwa der lebhafte *epera* und *dipera* aus Kavango, enthalten Darbietungsmuster für Männer und Frauen, werden jedoch in separaten Reihen getanzt, sodass die Geschlechter getrennt bleiben.

Bildende Künste

Die Mehrzahl der etablierten Maler und Fotografen im Land stammt aus Europa. Die Künstler beschäftigen sich vor allem mit den Farben der afrikanischen Landschaft, ihrem zauberhaften Licht, der Tierwelt und – in jüngster Zeit – mit den verschiedenen Völkern. Bekannt sind u. a. François de Necker, Axel Eriksson, Fritz Krampe und Adolph Jentsch. Werke der Landschaftsmaler Carl Ossman und Ernst Vollbehr hängen in einigen deutschen Museen. Viele Arbeiten der genannten Künstler befinden sich auch im Land selbst, und zwar ganz überwiegend in der National Art Gallery in Windhoek; dort werden einheimische und international bekannte Künstler ausgestellt.

Namibische Künstler afrikanischer Herkunft haben sich auf dreidimensionale Objekte spezialisiert und ihren eigenen Stil entwickelt. Typisch für die Township-Kunst sind vor allem Skulpturen aus Altmaterial, z. B. aus Getränkedosen, verzinktem Draht und Pappmaché. Aus diesem alltäglichen Material entstehen Werke, die nüchterne Themen auf sehr expressive, farbige Weise behandeln. Diese Kunstrichtung wurde während der Apartheidjahre in den Townships von Südafrika geboren. In den letzten zehn bis zwanzig Jahren ist daraus eine populäre Kunstform entstanden; vielversprechende Vertreter sind Tembo Masala und Joseph Madisia – auf ihre Namen sollte man achten.

Eine Gruppe von Künstlern – darunter Joseph Madesia und François Necker – bemüht sich um die Hebung des Niveaus in den Bildenden Künsten. Zu diesem Zweck riefen die Beteiligten 1994 den Tulipamwe International Artists' Workshop ins Leben. Seither wurden überall in Namibia Workshops veranstaltet, bei denen Künstler aus Namibia, aus dem restlichen Afrika und dem nichtafrikanischen Ausland miteinander ins Gespräch gekommen sind.

Essen & Trinken

Grundnahrungsmittel & Spezialitäten

Traditionelle namibische Kost besteht aus wenigen Grundnahrungsmitteln. Am häufigsten ist wohl *oshifima,* eine teigartige Paste aus Hirse, die gern zu einem Eintopf mit Gemüse und Fleisch gereicht wird. Andere gängige Gerichte sind *oshiwambo,* eine leckere Kombination aus Spinat und Rindfleisch, und *mealie pap,* ein sehr schlichter Maisbrei.

Als ausländischer Besucher findet man solche Mahlzeiten allerdings kaum einmal auf der Speisekarte. Die meisten Restaurants des Landes, zumindest in größeren Städten wie Windhoek, Swakopmund und Lüderitz, bringen eine Mischung von Gerichten in europäischem Stil auf den Tisch, darunter italienische und französische Speisen und reichlich Fisch und Meeresfrüchte. Außerhalb dieser Städte wird man in der Regel rasch die Pizzerien und Imbisslokale ansteuern.

Egal, was auf dem Schild über der Tür geschrieben steht, die meisten Speisekarten sind auf Fleisch ausgerichtet, und Vegetarier können sich schon glücklich schätzen, wenn sie ein paar fleischlose Beilagen finden. Der Grund dafür liegt auf der Hand: Namibia besteht aus weiter Wüste und das Land importiert einen Großteil seines frischen Obsts und Gemüses aus Südafrika. In Namibia selbst gedeihen zahlreiche köstliche Kürbissorten wie der Gartenkürbis oder der Butternusskürbis. Während der Saison sind die Orangen aus Namibia sehr lecker. In der Region Kavango werden Papayas mit einem Schuss Zitronen- oder Limettensaft serviert.

Vor allem in den *Konditoreien* Namibias lässt sich der deutsche Einfluss allerdings nicht leugnen. Hier kann man sich Apfelstrudel, Sachertorte, Schwarzwälder Kirschtorte und zig andere Kuchen schmecken lassen. Diverse Cafés in Windhoek und Swakopmund sind schon die reinsten Institutionen. Probieren sollte man auch die von den Buren heimisch gemachten klebrig-süßen *koeksesters* (kleine Krapfen, die vor Honig nur so triefen) und *melktart* (Milchtorte).

Zu einem warmen Frühstück gehören Speck und *boerewors* (Bauernwürstchen). Und über etwas arg Seltsames sollte man sich nicht wundern: Curry-Nieren zu den üblichen Eiern. Rindfleisch in verschiedenster Form findet sich hin und wieder sogar schon auf dem Frühstückstisch.

Zum Abendessen gibt es Fleischgerichte – in der Regel Rindfleisch oder Wild. Für ein Rinderfiletsteak oder ein Kudokotelett sind gerade einmal 100 N$ zu berappen. An Fisch und Meeresfrüchten stehen Kingklip, Kabeljau und verschiedene Krustentiere am häufigsten auf der Speisekarte. Diese Gerichte sind in ganz Namibia erhältlich. Sie schmecken jedoch am besten in Restaurants der gehobeneren Klasse in Windhoek, Swakopmund und Lüderitz, wo in der Regel alles fangfrisch auf den Teller kommt.

Getränke

In den ländlichen Gebieten der Ovambo treffen sich die Leute in winzigen Bars und trinken dort einheimische Getränke wie *oshikundu* (ein Bier aus Mahango oder Hirse), *mataku* (Wein aus Wassermelonen), *tambo* (fermentierte Hirse und Zucker) oder *mushokolo* (ein Bier aus landestypischen Getreidesorten) und *walende,* ein Getränk, das aus der Frucht der Makalanipalme gewonnen wird und ähnlich wie Wodka schmeckt. Alle hier aufgeführten Getränke – mit Ausnahme von *walende* – werden morgens gebraut und noch am gleichen Tag konsumiert. Und sie sind wirklich preiswert.

Wem der Sinn eher nach Gewohntem steht, der findet überall in Namibia eine große Auswahl vor Ort gebrauter Lagerbiere. Am beliebtesten ist das leichte und erfrischende Windhoek Lager, die gleiche Brauerei vertreibt aber auch Tafel Lager, daneben ein etwas strengeres und leicht bitteres Export-Bier und das kräftige Windhoek Special. Windhoek Light und DAS-Pilsener werden sogar als Softdrinks angeboten (manche nennen DAS ein „Frühstücksbier"!), und im Winter liefern die Brauereien in Namibia einen 7 % starken „Urbock" aus. Auch Biere aus Südafrika, z. B. Lion, Castle oder Black Label, sind überall erhältlich.

Bier ist zwar das erklärte Lieblingsgetränk der meisten Namibier, doch gibt es hier auch ein paar Weingüter, darunter die Kristall Kellerei 3 km östlich von Omaruru. Erzeugt wird hier Paradise Flycatcher – ein Rotweinverschnitt aus Cabernet, Cabernet sauvignon und Tinta barocca. Außerdem bekommt man Colombard und einen Kaktusschnaps, der es in sich hat. Selbstverständlich sind auch Weine aus Südafrika überall erhältlich. Zu den besten zählen ein Cabernet und diverse Pinot-Weine aus Stellenbosch in der westlichen Kapprovinz. Eine gute Flasche Wein kostet zwischen 80 und 180 N$.

Natur & Umwelt

Geografie

In Namibia liegt die älteste Wüste der Welt – eine ausgedörrte Landschaft aus verbranntem, schwarzrotem Basalt, der sich vor 130 Mio. Jahren als Lavastrom über die Erde im Südwesten des afrikanischen Kontinents ergoss. Wachsen und gedeihen kann in dieser gnadenlosen Umgebung kaum etwas. Einige wenige Tiere und Pflanzen haben sich an die lebensfeindlichen Bedingungen angepasst – sie sind ein schönes Beispiel für den Einfallsreichtum der Natur.

Namibias Landschaften sind trotz der großen Trockenheit sehr vielfältig. Insgesamt lassen sich fünf Großlandschaften unterscheiden: die Wüste Namib und die Küstenebenen im Süden und im Landesinneren, das nach Osten hin abfallende Hochplateau mit den abgeflachten Kuppen der Inselberge, die Sandwüste Kalahari an der Grenze zu Botsuana und Südafrika sowie die bewaldeten Bushveld-Regionen Kavango sowie Caprivizipfel. Am berühmtesten sind die verbrannten Dünen der geisterhaften und faszinierenden Skelettküste.

Die Wüste Namib erstreckt sich entlang der gesamten Atlantikküste. Einige Flüsse durchziehen die Wüste, sie entspringen auf dem Hochplateau, führen aber nur episodisch Wasser. Flüsse wie der Tsauchab mündeten früher in den Atlantik, versickern aber nun in Lehmpfannen (Vleis) mitten in der Namib. Andere Flüsse führen nur während der sommerlichen Regenzeit Wasser, waren aber früher riesige Ströme, die eindrucksvolle Canyons geschaffen haben. Berühmteste Beispiele sind der Fish River Canyon und der Kuiseb Canyon, in dem die deutschen Geologen Henno Martin und Hermann Korn im Zweiten Weltkrieg um ihr Überleben in der Wüste kämpften.

Im Kontrast zum blassblauen Himmel und zu den endlosen kargen Flächen in weiten Teilen des Landes wirken die Regionen Kavango und Caprivi wie gut bewässerte Paradiese. Sie grenzen im Norden an Angola und werden von vier großen, ganzjährig Wasser führenden Flüssen eingefasst: Kunene, Okavango, Kwando (auch Mashi, Linyanti oder Chobe genannt) und Sambesi.

Die Tierwelt

Wer Großwild beobachten möchte, hat in Namibia eigentlich nur drei wirklich wichtige Gebiete zur Auswahl: Kaokoland, wo die scheuen Wüstenelefanten und Spitzmaulnashörner an den Flussläufen entlang zur Skelettküste wandern; das sehr isolierte und kaum besuchte Khaudum, wo die letzten Afrikanischen Wildhunde Namibias leben; und schließlich den Nationalpark Etosha, eines der besten Tierreservate der Welt.

Weiter südlich erstreckt sich das größte Wildreservat Afrikas, der Namib-Naukluft Park, über bemerkenswerte 6 % der Landesfläche. Große Teile des Parks bestehen aus echter Wüste, und die Anzahl großer Säugetiere ist dementsprechend gering; man findet hier aber einheimische Arten wie Hartmann-Bergzebras oder im südlichen Afrika allgemein verbreitete Spezies wie Springbock und Spießbock. Für die Liebhaber kleinerer Lebewesen ist die Namib eine wahre Fundgrube: Auf den Dünen leben Gray-Lerchen, Rotdünenlerchen, Eidechsen und Käfer, denen die Feuchtigkeit des Nebels zum Leben reicht; in den Felsplateaus nisten Langschnabellerchen und Felsenspringer.

An der rauen Küste Namibias ist kaum Großwild zu erwarten; allerdings kann man nirgendwo sonst auf der Welt riesige Kolonien von Robben beobachten, die ständig von Hyänen und Schakalen umkreist werden. An der Küste versammeln sich überdies Scharen von Watvögeln, darunter Sanderlinge, Steinwälzer und Regenpfeifer; im Flachwasser tummeln sich Kapdelfine und Schwarzdelfine.

2009 richtete die Regierung von Namibia den Sperrgebiet National Park ein, mit 16 000 km^2 Fläche ein riesiges Areal. Hier hat der vom Aussterben bedrohte Wüstenregenfrosch zwischen bizarren Felsformationen und aufgelassenen Diamantminen eine sichere Heimat gefunden. Die Landschaft mit ihren glitzernden Salzpfannen und den safranfarbenen Dünen ist wunderschön – und eine ideale Kulisse für abenteuerliche Tierbeobachtungen.

SÄUGETIERE

Nirgendwo sonst leben so viele verschiedene Säugetiere unter vergleichbar harten Umweltbedingungen. Auf den Schotterebenen begegnet man Straußen, Zebras, Spießböcken, Springböcken, Mangusten, Erdhörnchen und – in geringerer Anzahl – anderen Tieren wie Schabrackenschakalen, Löffelhunden, Karakalen, Erdwölfen und Braunen Hyänen. An der Küste tauchen Pinguine und Robben in die kalten Fluten des Atlantiks, und in den kargen Erongo-Bergen und auf dem Waterberg-Plateau erholen sich ganz allmählich die letzten Populationen des Spitzmaulnashorns.

Etosha ist Namibias größtes und bekanntestes Wildreservat. Der Name bedeutet „Ort der Luftspiegelungen“ und bezieht sich auf die staubigen Salzpfannen in seinem Inneren. Während der Trockenzeit versammeln sich hier riesige Herden von Elefanten, Zebras, Antilopen und Giraffen und sogar einige der seltenen Spitzmaulnashörner vor einer gespenstisch-weißen Kulisse.

Wer die scheuen Wildhunde sehen möchte, sollte vor allem in den Khaudum National Park fahren. Für die Tierbeobachtung geeignet sind aber auch Parks wie Bwabwata National Park, Mudumu National Park und Mamili National Park.

Das bedeutet freilich nicht, dass man Tiere nur noch im Nationalpark zu Gesicht bekäme. Im – nicht geschützten – Damaraland im Nordwesten Namibias leben zahlreiche Antilopenarten und andere Huftiere, zudem findet man hier Wüstennashörner, -elefanten und andere speziell an die harten Bedingungen angepasste Unterarten. Wer durch die Naukluft und andere Wüstengebirge wandert, begegnet mit viel Glück den seltenen Hartmann-Bergzebras, und entlang der Küste entdeckt man womöglich Brillenpinguine, Flamingos, Südafrikanische Seebären und vielleicht sogar den legendären Strandwolf, die Braune Hyäne.

Weitere Informationen über die Säugetiere in Namibia findet man im Band *Watching Wildlife Southern Africa* von Lonely Planet.

REPTILIEN

Auf dem trockenen Boden Namibias leben über 70 Schlangenarten, darunter drei Arten von Speikobras. Afrikanische Puffottern, die in trockenen und sandigen Flussbetten leben, sind für den Menschen am gefährlichsten. Die Gehörnte Puffotter und die Sandschlangen kommen in den Schotterebenen der Namib vor, die Zwergpuffotter lebt in den Dünen. Zu den Giftschlangen zählen außerdem der schlanke grüne Baumschnüffler, die Grüne und die Schwarze Mamba, die gefährliche Zebraschlange und die Boomslang („Baumschlange“ auf Afrikaans). Das schlanke, 2 m lange Tier kommt in verschiedenen Farbvarianten vor und hat oft schwarze Zeichnungen auf der Haut.

Eidechsen sind in Namibia allgegenwärtig. Die größte Art ist der Nilwaran, ein gutmütiges Tier, das über 2 m lang werden kann. Es schwimmt und liegt tagsüber unbeweglich vor Wasserlöchern herum, als träume es davon, ein Krokodil zu werden ... Kleiner ist der Steppenwaran, der die *kopjes* (kleine Hügel) und Trockengebiete bevorzugt. Überall im Land trifft man auf Geckos und Chamäleons.

In der Namib leben ebenfalls viele Eidechsen, darunter große pflanzenfressende Arten wie der *Angolosaurus skoogi*, und die Sandechse (*Aprosaura achietae*), die mühelos im Sand schwimmt und taucht. Der seltsame Wüstengecko mit seinen riesigen Augen bewohnt hohe Dünen, auch viele Chamäleonarten sind hier heimisch.

In den feuchten Sumpfgebieten und Flüssen im Norden des Landes lebt Namibias Star unter den Reptilien, das Nilkrokodil. Mit 5 bis 6 m Länge ist es eines der größten Krokodilarten überhaupt. Sein Ruf als „Menschenfresser“ rührt wahrscheinlich daher, dass es in der Nähe menschlicher

Siedlungen lebt. In der Vergangenheit gab es Bedenken, das Tier werde zu stark gejagt. Inzwischen steigt aber der Bestand wieder. Gefahren gehen eher von der Umweltverschmutzung und von Fischnetzen aus, in denen sich die Krokodile ungewollt verfangen.

INSEKTEN & SPINNEN

Obwohl es in Namibia nicht so viele Insekten wie in den tropischen Ländern Zentralafrikas gibt, kriechen, krabbeln und fliegen dort doch ein paar interessante Arten herum. Dazu gehören über 500 farbenprächtige Schmetterlingsarten – wie etwa der Kleine Monarch und der Zitrus-Schwalbenschwanz – und jede Menge Nachtfalter.

Interessant sind auch die großen, aber schwer auszumachenden, bizarr lang gestreckten Gespenstschrecken und die ebenfalls großen (und erschreckend behaarten) Baboon-Spider, eine Gattung der Vogelspinnen. Sie sind das südafrikanische Pendant zur Tarantel. Überall zu finden ist auch der Shongololo (Tausendfüßler), der bis zu 30 cm lang werden kann.

In der Namib leben viele schöne Spinnenarten. Die einer Tarantel ähnliche *white lady of the dunes* ist ein weißes, haariges Ding, das magisch vom Licht angezogen wird. Auch die seltene Sonnenspinne ist in der Namib anzutreffen. Durch das durchsichtige Außenskelett ist ihr Kreislaufsystem erkennbar. Die Sanddünen sind außerdem für die vielen dort lebenden Tenebrionidkäfer oder Tok-Tokkie-Käfer bekannt.

Zahlreiche Insektenarten wie Ameisen, Heuschrecken, Mopane-Raupen und Wanzen landen oft als kleine Snacks in Bratpfannen der Einheimischen. Für Touristen eher ein etwas gruseliges kulinarisches Abenteuer, ist diese Kost wegen ihres Proteingehalts für die Einheimischen ein wichtiger Bestandteil der Ernährung.

VÖGEL

Namibias Wüstenlandschaft ist zu karg und unwirtlich, um eine große Vielfalt an Vögeln anzuziehen. Eine Ausnahme bildet der immergrüne Caprivizipfel, der ans Okavango-Delta grenzt. Dort, im Mahango Game Reserve, findet man die gleiche exotische Auswahl an Vögeln wie in Botsuana, darunter Gabelracke, Afrikanische Zwerggans (eigentlich eine Entenart) und der farbenprächtige Bienenfresser. Typische Bewohner der Feuchtregionen sind Blaustirn-Blatthühnchen, Schlangenhalsvögel, Ibisse, Störche, Reiher, Würger, Eisvögel, Silberreiher, Purpurreiher und Grünreiher. Auch Greifvögel sind hier anzutreffen, z.B. die Bindenfischeule, Habichte, verschiedene Geierarten, Gaukler und Schreiseeadler.

Einen ähnlichen Artenreichtum weisen auch die Vogelschutzgebiete an der Küste auf. Heimisch sind hier Rosapelikane, Flamingos, Kormorane und Hunderte Watvögel. Weiter südlich, um Walvis Bay und Lüderitz, teilen sich Brillenpinguine und Flamingos den Strand.

Da Namibia günstig auf ihrer Wanderroute liegt, machen dort viele Zugvögel Halt, vor allem Greifvögel, die zwischen September und Oktober ankommen und bis April im Land bleiben. In den Schluchten und Flussbetten, die sich durch die Namib ziehen, leben neun Greifvogelarten, außerdem der Wiedehopf, der ungewöhnliche Maskenbülbül und der kleine Rostschwanzschmätzer. In den Wüstengebieten ist auch der faszinierende Siedelweber zu sehen. Er baut riesige Nester in Bäumen, sie sind von der Größe her mit einem zehnstöckigen Mietswohnhaus vergleichbar. In Zentralnamibia leben auch endemische Vogelarten wie das Namaflughuhn und die Namiblerche.

FISCHE

Die Gewässer vor Namibias Küste gehören zu den fischreichsten weltweit. Das liegt vor allem an dem kühlen Benguelastrom, der von der Antarktis Richtung Norden fließt. Er führt besonders viel Plankton mit sich – ausreichend Nahrung für Sardellen, Sardinen, Makrelen und andere Fische.

Die Rechte zur Hochseefischerei sind allerdings stark beschränkt – viele Einheimische kritisieren diese Gesetzgebung, die es fremden Nationen wie Spanien oder Russland erlaubt, vor der Küste kommerziell zu fischen. Inzwischen hat Namibia eine 200 Seemeilen große Schutzzone eingerichtet, die ausschließlich namibischen Fischern vorbehalten ist und mit dieser Maßnahme die internationale Wettbewerbsfähigkeit der lokalen Fischindustrie fördern soll.

Bedrohte Arten

Die Zahl der Seelöwen ist besonders aus zwei Gründen drastisch zurückgegangen: Durch Überfischung der Gewässer verhungerten viele Tiere, zum anderen traten im Zeitraum zwischen 1993 und 1994 sogenannte *red tides* an der Skelettküste auf: Riesige Algenteppiche sorgten nach dem Absterben für einen tödlichen Sauerstoffmangel im Wasser. Auch aus wirtschaftlichen Gründen wurden

Seelöwen gejagt. Der Bestand von Wüstennashörnern, Wüstenelefanten und anderen Tierarten ist durch Wilderei erheblich gesunken; der Wüstenlöwe, der einst an der Skelettküste umherstreifte, gilt inzwischen als ausgestorben.

Auch für andere Löwen in Namibia ist das Überleben schwierig. Von 700 Exemplaren (1980) ist die Zahl auf nicht mehr als 400 Tiere gesunken. Davon leben fast 85 % im Etosha National Park und im Khaudom National Park. Ein Problem bilden die durchlässigen Zäune des Nationalparks: Wenn Löwen erst einmal außerhalb der Schutzgebiete auftauchen, ist es nur eine Frage der Zeit, bis ein Farmer sie aus Angst um seine Herde abschießt.

Der notwendige Schutz anderer Vogel- und Pflanzenarten, wie z. B. der Flechten, Welwitschien, der einer Zwergseeschwalbe ähnlichen Damara-Seeschwalben, der hellsandfarbenen Kapgeier und zahlreicher weniger bekannter Arten in früher abgelegenen Regionen des Landes ist in der Vergangenheit zweifellos vernachlässigt worden. Aber die Tatsache, dass diese Lebewesen nun ernsthaft vom Aussterben bedroht sind, wird Reiseveranstaltern und Touristen immer bewusster, und das gibt neue Hoffnung für ihr Überleben.

Die Jagd

Wie in Botsuana ist das Jagen auch in Namibia legal, auch wenn die Jagd strengen Regeln unterliegt und man eine Lizenz dafür kaufen muss. Das Ministry of the Environment and Tourism und die Namibia Professional Hunting Association (NAPHA) regeln die Jagd, aus der das Land 5 % seiner Einnahmen durch Wildtiere bezieht.

Die namibische Regierung sieht ihre bestehenden Jagdgesetze als Maßnahme zur Regulierung des Wildbestandes und damit als Beitrag zum Naturschutz. Viele ausländische Jäger sind bereit, stattliche Summen zu zahlen, um große Jagdtrophäen nach Hause mitzunehmen (ein Leopard bringt zum Beispiel mindestens 2500 US$ ein, ein Elefant ein Vielfaches davon). Häufig beklagen Farmer und Viehzüchter die Zerstörung durch frei umherlaufendes Großwild auf ihrem Farmgelände. Ein möglicher Lösungsansatz für diese Proben ist eine Entschädigungszahlung, die es den Farmern und Viehzüchtern leichter macht, Wildtiere auf ihrem Besitz zu dulden. Weitere Strategien zum Schutz der Tiere zielen darauf ab, die Jäger zum Abschuss eher alter Tiere zu ermutigen, klare Bedingungen für die Trophäenjagd festzulegen und die Abschussquoten an die jeweilige Größe der Tierpopulation zu koppeln.

Außerdem gibt es inzwischen einige private Jagdfarmen. Sie stocken durch Zulieferer – vor allem aus Südafrika – ständig den Bestand an freilebenden Wildtieren auf ihrem Gelände auf.

Pflanzen

Buschland und Sukkulentenarten wie die Euphorbien prägen das trockene Namibia. An der Küste rund um Swakopmund liegen die größten und artenreichsten Flechtenfelder der Welt. Während der Trockenzeiten ruhen sie, sobald aber ausreichend Feuchtigkeit vorhanden ist, „erblühen" sie zu einem farbenprächtigen Flechtenmeer. Die seltsamen Doppelwesen leben in einer Symbiose aus Alge und Pilz.

Den Großteil des Landes bedeckt Trockensavanne, dort wachsen nur noch einige vereinzelt stehende Bäume, vorherrschend sind Büsche und Grasarten wie *Stipagrostis*, *Eragrostis* und *Aristida*. Im Süden durchziehen kurzlebige Wasserläufe das Grasland, die Ufer säumen Tamarisken, Büffelhornakazien und Kameldornbäume. Wahrzei-chen Südnamibias ist der blühende *kokerboom* (Köcherbaum), eine Aloeart, die nur hier wächst.

In den sandigen Ebenen im Südosten des Landes stößt man auf den Rosinenbusch (Sternbusch/Grewia), zwischen den struppigen Bäumen wächst der Kameldornbaum. Grün blühende *Aloe viridiflora* und Kampferbüsche bedecken die Hänge.

Die östlichen Randgebiete des Namib-Naukluft Parks bestehen zum größten Teil aus Dornbuschsavanne. Auch einige seltene Aloearten wie die *Aloe karasbergensis* und die *Aloe sladeniana* sind hier zu finden. In den Schotterebenen östlich der Skelettküste stößt man auf die seltene Weltwitschie (*Welwitschia mirabilis*), ein extrem langsam wachsendes „lebendes Fossil", das über 1000 Jahre alt werden kann.

In Gebieten mit höheren Niederschlägen geht die typische Grassavanne in lichte Akazienwälder über. Den Etosha National Park prägen wegen dieses Übergangs auch zwei Landschaftstypen: die Baumsavanne im Osten und die Dornbuschsavanne im Westen. Im regenreichen Caprivizipfel und

NATURSCHUTZORGANISATIONEN

Wer sich ernsthaft für ein bestimmtes ökologisches Thema interessiert, kann sich an eine der folgenden Organisationen wenden. Sie bieten allerdings (wenn nicht anders vermerkt) weder touristische Informationen noch organisierte Touren.

AfriCat Foundation (www.africat.org) Die Nonprofit-Organisation beschäftigt sich mit der Erforschung und Auswilderung von Großkatzen. Sie betreibt auch ein Ausbildungszentrum auf dem Gelände und eine spezielle Tierklinik.

BirdLife International (www.birdlife.org) BirdLife International beteiligt sich aktiv an Naturschutzprojekten, wie z. B. dem Bau von Beobachtungsposten, und organisiert Vogelbeobachtungen.

Cheetah Conservation Fund (CCF; www.cheetah.org) In diesem Zentrum für die Erforschung von Schimpansen können sich Interessierte zur ehrenamtlichen Mitarbeit anmelden.

Integrated Rural Development and Nature Conservation (IRDNC; www.irdnc.org.na) Die Organisation versucht, das Leben der Landbevölkerung zu verbessern, indem sie deren wirtschaftliche Tätigkeitsfelder ausdehnt. Dazu gehören auch Tierschutz und -pflege. Die Arbeitszentren liegen in Kunene und im Caprivizipfel.

Save the Rhino Trust (SRT; www.savetherhino.org) Seit Anfang der 1980er-Jahre kämpft der SRT unermüdlich auf kommunaler Basis um die Erhaltung der Nashörner. Es besteht die berechtigte Hoffnung, dass es bis 2030 wieder eine große Nashornpopulation geben wird.

in der Region Kavango trifft man auf dichte Mopane-Laubwälder. In den Flussgebieten sind die Vegetation der Feuchtgebiete sowie Grasland und Akazien – zu finden. In der Region rund um Katima Mulilo wächst Trockenwald mit Zambezi-Teak, Ahnenbäumen und Copal sowie verschiedenen anderen Hartholzarten.

Nationalparks & Schutzgebiete

Fahrten zu den Nationalparks von Namibia

Trotz der extremen Klimabedingungen besitzt Namibia einige der großartigsten Nationalparks der Erde – vom weltberühmten artenreichen Etosha National Park bis zum riesigen Namib-Naukluft Park mit seinen Dünen und Wüstenflächen, den wilden Bergen und einer einzigartigen Flora. Daneben gibt es noch kleinere Schutzgebiete, etwa im Caprivizipfel, es gibt den berühmten Skeleton Coast National Park an der Skelettküste und den imposanten Fish River Canyon im |Ai- |Ais Richtersveld Transfrontier Park, der als eines der beeindruckendsten Naturwunder von ganz Afrika gilt.

Rund 15 % der namibischen Fläche sind als Nationalparks oder sonstige Schutzgebiete ausgewiesen. Die meisten Parks dürfen Besucher nur in geschlossenen Fahrzeugen erkunden. Dafür reichen in der Regel gewöhnliche Pkw aus; im Mamili National Park, Khaudum National Park und in Teilen des Bwabwata National Park benötigt man dagegen einen robusten Geländewagen mit hohem Bodenabstand.

Die Eintrittsgebühr kann man bei der Ankunft am Parkeingang bezahlen. Zeltplätze oder einen Aufenthalt im Resort sollte man aber immer schon im Voraus buchen; mit ein wenig Glück bekommt man aber auch direkt vor Ort etwas, wenn noch genügend Plätze frei sind.

Namibia Wildlife Resorts (NWR)

Das halbprivate Namibia Wildlife Resorts (S. 68) in Windhoek verwaltet zahlreiche Camps, Zeltplätze und Resorts innerhalb der Nationalparks. Wer ganz spontan zu einem Nationalpark-Besuch aufbricht und nichts vorgebucht hat, hat durchaus Chancen, vor Ort eine Unterkunft zu finden, doch sollte man für alle Fälle einen Plan B parat haben. Ohne Buchung anzureisen empfiehlt sich allerdings nicht in Etosha oder Sossusvlei, da beide Parks ganzjährig sehr stark frequentiert sind.

DIE BUCHUNG

Will man einen Zeltplatz oder einen Platz im Resort über NWR buchen, müssen zunächst die Gebühren per Kreditkarte bezahlt werden; erst danach erhält man eine Buchungsbestätigung. Eine Zeltplatzbuchung gilt für bis zu vier Personen; jede weitere Person bis zur Obergrenze von acht zahlt extra.

Um einen Zeltplatz zu buchen, benötigt NWR folgende Angaben:

» Die Nummer des Reisepasses.

» Die Namen der gewünschten Campingplätze bzw. Resorts im Park und eventuelle Ausweichplätze.

» Ankunfts- und Abreisedatum.

» Die Anzahl der Erwachsenen und Kinder (mit Altersangabe).

» Kfz-Kennzeichen des Fahrzeugs und das Land, in dem das Fahrzeug zugelassen ist.

» Nachweis der Staatsbürgerschaft, falls man keine „Ausländergebühren" zahlen muss.

Eine frühzeitige Buchung ist immer empfehlenswert; Reservierungen sind bis zu zwölf Monate im Voraus möglich. Wichtig: In Tierschutzgebieten oder Camps ist das Mitbringen von Haustieren untersagt.

CAMPING & RESORTS

Das Zelten auf einem naturnahen Platz ohne Infrastruktur kostet durchschnittlich 50 N$, aber bis zu 200 N$ für einen Platz in einem Camp in Etosha, wo man Pools, Läden, Restaurants und Kioske sowie Waschräume mit heißem Wasser vorfindet. Diese Preise gelten pro Person, hinzu kommt noch ein kleiner Betrag für das Fahrzeug und weitere Mitreisende.

Für betuchte Reisende hält NWR sogar noch weitere Angebote bereit. So gibt es im Etosha National Park Luxus-Chalets, die zwischen 900 und 2000 N$ pro Person kosten; sie sind dann aber auch mit modernen Annehmlichkeiten wie Klimaanlagen und Satelliten-TV ausgestattet. Solche Luxus-Anlagen wurden außerdem an attraktiven Orten in der Nähe von Wasserstellen angelegt, sodass man die Wildtiere ganz bequem vom eigenen Balkon aus betrachten kann.

Die Unterkünfte im Nationalpark kann man am Anreisetag in der Regel ab Mittag beziehen, bei der Abreise sollte man die Plätze oder Räume bis 10 Uhr geräumt haben. Während der Schulferien ist die Aufenthaltsdauer im Etosha National Park und im Namib-Naukluft Park auf drei Tage begrenzt, in allen anderen Camps darf man dann bis zu zehn Tage lang bleiben.

Schutzzonen & private Wildreservate

Als sogenannte *conservancies* bezeichnet man in Namibia Flächen privater Farmen oder auch kommunalen Grundbesitz, auf denen Farmer und/oder die Bewohner eines Dorfes freiwillig Schutzmaßnahmen zum Wohle der Tierwelt treffen – und natürlich zum Wohl ihrer Gemeinde und zur Tourismusförderung.

Schutzzonen dieser Art können einer Gemeinde beträchtliche Einnahmen verschaffen, deshalb wurden sie auch auf mehr als 17 % der Landesfläche eingerichtet. Es handelt sich oft um riesige Areale ohne Umzäunung, in denen die Tiere sich völlig frei bewegen können; nicht selten wurden die attraktivsten Landschaften dafür ausgewählt. Von Lodges oder Campingplätzen aus kann man diese Gebiete wunderbar erkunden.

Daneben gibt es noch eine andere Form von Schutzgebieten, nämlich die privaten Wildreservate – davon gibt es landesweit inzwischen mehr als 180. Mit 2000 km² bei weitem am größten ist das NamibRand Nature Reserve, das unmittelbar an den Namib-Naukluft Park angrenzt; es folgt der Gondwana Cañon Park am Fish Ri-

NATIONALPARKS IN NAMIBIA: EINTRITTSGEBÜHREN PRO TAG

	AUSLÄNDER
Erwachsene	80 N$
Kind (unter 16 Jahren)	frei
Camping	unterschiedlich
Fahrzeug	10 N$

NATIONALPARKS & SCHUTZGEBIETE

Park	Besonderheiten	Aktivitäten	Beste Reisezeit
Dorob National Park	Vom Ugab River im Norden bis zum Sandwich Harbour im Süden (umfasst die ehemalige National West Coast Tourist Recreation Area); Dünen an der Küste; weitläufige Schotterebenen; artenreiche Vogelwelt; große Flusssysteme	Tierbeobachtung; Angeln; Wüstenpflanzen; Sanddünen; Vogelbeobachtung	Juni–Nov.
Etosha National Park	22 275 km²; semi-aride Savanne umgibt Salzpfannen; 114 Säugetierarten	Tierbeobachtung; Vogelbeobachtung; Nachtfahrten	Mai–Sept.
Fish River Canyon (Teil des |Ai- |Ais Richtersveld Transfrontier Park)	161 km lang; Afrikas längster Canyon; Thermalquellen; mehrfarbige Gesteinsschichten	Wandern; Schwimmen	Mai–Nov.
Khaudum National Park	3840 km²; Buschland mit ausgetrockneten Flusstälern	Tierbeobachtung; Wandern; Fahrten im Geländewagen	Juni–Okt.
Mamili National Park	320 km²; Mini-Okavango; 430 Vogelarten; Kanurouten quer durch den Park	Tierbeobachtung; Vogelbeobachtung; Kanufahrten	Sept.–April
Mudumu National Park	850 km²; Landschaft mit Wasserläufen; 400 Vogelarten	Tierbeobachtung; Vogelbeobachtung; geführte Exkursionen	Mai–Sept.
Namib-Naukluft Park	50 000 km²; Namibias größtes Schutzgebiet; seltenes Hartmann-Zebra	Tierbeobachtung; Wandern	ganzjährig
Skeleton Coast National Park	20 000 km²; urtümliche, nebelverhangene Wildnis; Wüstentiere	Tierbeobachtung; Wandern; Fly-in-Safaris	ganzjährig
Waterberg Plateau Park	400 km²; Tafelberg; Zufluchtsort für Breit- und Spitzmaulnashörner und seltene Antilopenarten	Tierbeobachtung; Nashornwanderung	Mai–Sept.

ver Canyon, der immerhin noch 1020 km² bedeckt. In beiden Parks bieten Unternehmen Unterkünfte sowie Aktivitäten für Besucher an. Die meisten kleineren unter den privaten Reservaten gehören entweder zu Wildtier-Farmen oder zu Jagdfarmen, d.h. statt des üblichen Viehs wird hier einheimisches Wild gehalten.

PRAKTISCHE INFORMATIONEN

Allgemeine Informationen

Aktivitäten

Dank seiner großartigen und oft überwältigenden Landschaften bietet Namibia einen fotogenen und faszinierenden Hintergrund für unzählige Aktivitäten im Freien. Das Spektrum reicht von traditionellen Wanderungen und Geländewagenfahrten bis hin zu so ausgefallenen Unternehmungen wie

Sandboarding in den hohen Dünen der Atlantikküste, Quadbiken, Paragliden, Ballonfahren und Kamelreiten. Die meisten dieser Freitzeitaktivitäten können problemlos vor Ort organisiert werden und sind auch nicht übermäßig teuer.

ANGELN

Nach Namibia kommen zahlreiche Angler aus dem ganzen südlichen Afrika: Der nährstoffreiche kalte Benguelastrom an der Skelettküste bringt Kabeljau, Steenbras, Galjoen, Blacktail und Bronzehai sowie viele andere Arten in die Nähe der Küste, sodass ein ideales Revier für Angler besteht. Beliebte Fischgründe sind die Strände nördlich von Swakopmund, aber auch einsame Stellen weiter nördlich.

In den Stauseen, vor allem im Hardap Dam und Von Bach Dam, lassen sich Buntbarsche, Karpfen, Barben, Meeräschen und Welse angeln. Fliegenfischer fahren dagegen zu den Fischgründen zum Chobe und zum Sambesi River in der Caprivi-Region; hier lassen sich Welse, Streifenbrassen, Hechte und Afrikas berühmter Tigerfisch, der bis zu 9 kg schwer werden kann, aus dem Wasser ziehen.

GELÄNDEWAGEN FAHREN

Ursprünglich wurden die Fahrten mit Geländewagen nur durch die raue Wildnis von Kaokoveld, Damaraland und Buschmannland angeboten, aber mittlerweile gibt es immer mehr solcher Touren. Wer daran teilnimmt, bezahlt einen Tagespreis und darf dafür dann eine bestimmte Strecke pro Tag zurücklegen und auf vorgebuchten Campingplätzen übernachten. Buchungen sollten wenigsten vier Wochen vorher getätigt werden, und zwar bei den Namibian Wildlife Resorts (S. 68). Dort erkundigt man sich auch, welche Strecken im Moment überhaupt verfügbar sind. Zusätzlich kann man es auch unter www.namibian.org/travel/adventure/4x4_action.htm (inklusive Buchungsservice) und www.drivesouthafrica.co.za/blog/best-4x4-trails-in-namibia versuchen.

KANU FAHREN & RAFTEN

Am Oranje (Orange River) im Süden des Landes werden die Kanu- und Rafting-Touren immer beliebter. Verschiedene Anbieter in Noordoewer organisieren zu einem guten Preis Fahrten durch die spektakulären Canyons des Oranje entlang der Grenze zu Südafrika. Atemberaubende Wildwasserfahrten auf dem Kunene River bietet – neben anderen teureren Veranstaltern – auch die preiswerte Kunene River Lodge in Swartbooi's Drift an.

KLETTERN

Anhänger des Klettersports treffen sich an den roten Felsen des Damaralands, vor allem an der Spitzkoppe und dem Brandberg. Die Sportler müssen ihre eigene Ausrüstung mitbringen, da es vor Ort keinen Verleih von Ausrüstung gibt, und selbst für Fahrgelegenheiten sorgen. Unerfahrene sollten sich unbedingt vor Ort beraten lassen, denn das Klettern in der Wüstenhitze ist nicht ganz ungefährlich. Eine Grundregel: niemals alleine losklettern!

SANDBOARDEN

Eine beliebte Freizeitaktivität ist das Sandboarding, das in Swakopmund und Walvis Bay kommerziell betrieben und angeboten wird. Man wählt zwischen Sandboarding, das an Schlittenfahren erinnert, bei dem man auf einem Masonitbrett liegt und mit hoher Geschwindigkeit die Dünen heruntersaust, und der aufrechten Variante, bei der man auf einem Snowboard hinabfährt. Bei den entsprechenden Orten gibt es weitere Informationen.

WANDERN

Wandern ist eines der Highlights in Namibia. Immer mehr private Ranches haben für ihre Gäste wunderschöne Wanderwege angelegt.

Auch in vielen Nationalparks finden sich herrliche Strecken. Mehrtägige Wanderungen sind auf dem Waterberg Plateau, den Naukluftbergen (vier oder acht Tage), am Ugab River, im Daan Viljoen Game Park und Fish River Canyon möglich. Da das Angebot begrenzt ist, sollte man so früh wie möglich im Voraus buchen. Im Abschnitt über Reiseziele finden sich weitere Einzelheiten zu den diversen Wanderungen.

Wandergruppen auf den Wegen der meisten Nationalparks müssen mindestens drei, dürfen aber nicht mehr als zehn Personen umfassen. Jeder Wanderer muss ein ärztliches Fitnessattest vorlegen (Formulare gibt es beim Büro des Namibia Wildlife Resort in Windhoek; die Bescheinigung darf maximal 40 Tage vor dem Starttermin ausgestellt werden). Wer jung und gesund aussieht, geht auf den meisten Trails auch so durch, mit Ausnahme der sehr anspruchsvollen 85 km langen

PRAKTISCH & KONKRET

Newspapers Es gibt eine ganze Menge Zeitungen im Handel, von denen der *Namibian* und der *Windhoek Advertiser* vermutlich die besten sind. Der am Samstag erscheinende *Windhoek Observer* ist ebenfalls lesenswert. Die beiden wichtigsten deutschsprachigen Zeitungen sind die *Allgemeine Zeitung* und die *Namibia Nachrichten*.

Radio Die Namibian Broadcasting Corporation (NBC) betreibt etwa ein Dutzend Radiosender in neun Sprachen. Die beiden wichtigsten Sender in Windhoek sind Radio Energy (100 FM) und Radio Kudu (103,5 FM); der beste Sender für Pop ist Radio Wave (96,7 FM) in Windhoek.

TV Die NBC sendet von der Regierung geprüfte Sendungen auf Englisch und Afrikaans. Jeden Abend um 22 Uhr gibt es die Nachrichten. In den meisten besseren Hotels ist digitales Satellitenfernsehen möglich, mit dem man NBC und eine bunte Mischung an Kabelkanälen empfangen kann.

Gewichte & Maße Metrisches System.

Strom Die Stecker haben drei runde Stifte (wie in Südafrika).

Wanderung im Fish River Canyon. NWR kann auch Ärzte empfehlen, aber, wie gesagt: Häufig verzichtet das Büro auch einfach darauf.

Viele Urlauber, die es eigentlich gewöhnt sind, einfach den Rucksack aufzusetzen und loszuziehen, werden sich über die Zugangsbeschränkung wundern oder sogar ärgern. Sie wurde aber zum Schutz der Umwelt vor allzu intensivem Tourismus erlassen und stellt sicher, dass jede Gruppe unterwegs für sich alleine ist. Im Prinzip sollte keine Gruppe einer anderen begegnen.

Wer eher geführte Wanderungen bevorzugt, sollte sich an den Veranstalter **Trail Hopper** (%061-264521; www.trailhopper.com) wenden, die im ganzen Land Wanderungen anbieten, darunter den Fish River Canyon, einen fünftägigen Anstieg auf den Brandberg und eine Wanderung auf den Naukluftbergen. Die Preise richten sich nach der Größe der Gruppe.

Botschaften & Konsulate

Man sollte stets bedenken, dass die eigene Botschaft – die Botschaft des Heimatlandes des Reisenden – nicht immer helfen kann, wenn man in Not geraten ist. Allgemein gesprochen ist die Botschaft machtlos, wenn der Reisende die Notlage mehr oder weniger selbst herbeigeführt hat. Es gelten grundsätzlich die Gesetze des Reiselandes. Die eigene Botschaft wird nicht helfen können, wenn der Reisende sich nach geltendem Landesrecht eines Verbrechens schuldig gemacht hat, auch wenn die Tat im Heimatland vielleicht gar nicht kriminell ist. Die hier aufgeführten Botschaften befinden sich allesamt in Windhoek.

Botsuana (Karte S. 208; ☎221941; 101 Nelson Mandela Ave.; ⏲8–13 Uhr & 14–17 Uhr)

Deutschland (Karte S. 210; ☎273100; 154 Independence Ave., 6. Stock, Sanlam Centre; ⏲Mo–Fr 9–12 Uhr, und Mi 14–16 Uhr)

Österreich (☎Honorarkonsulat;☎222159; 5 Schäfer St.; Di, Do 10–12 Uhr)

Südafrika (Karte S. 208; ☎205 7111; Ecke Jan Jonker St. & Nelson Mandela Dr., Klein Windhoek; ⏲8.15–12.15 Uhr)

Schweiz (%223853; 175 Independance Ave., Gathemann Bldg.)

Ermäßigungen

Wer einen Studentenausweis besitzt, kann in Intercape-Mainliner-Bussen 15 % Rabatt bekommen oder gelegentlich auch auf reduzierte Eintrittspreise in Museen setzen. Senioren über 60 (mit Alternsnachweis) genießen in den Bussen die gleichen Vorzüge und sparen viel bei Inlandsflügen mit Air Namibia.

Essen

Die Reihenfolge der Restauranteinträge basiert auf der persönlichen Präferenzliste der Autoren. Jeder Eintrag ist mit einem der folgenden Symbole versehen.

$	< 10 US$ für einen Hauptgang
$$	10–20 US$ für einen Hauptgang
$$$	> 20 US$ für einen Hauptgang

Feiertage

Banken, Behörden und die meisten Geschäfte sind an Feiertagen geschlossen. Sollte der Feiertag auf einen Sonntag fallen, ist der darauffolgende Montag ein Feiertag.

Neujahrstag 1. Januar
Karfreitag März oder April
Ostersonntag März oder April
Ostermontag März oder April
Unabhängigkeitstag 21. März
Christi Himmelfahrt April oder Mai
Tag der Arbeit 1. Mai
Cassinga-Tag 4. Mai
Afrikatag 25. Mai
Tag der Helden 26. August
Tag der Menschenrechte 10. Dezember
Weihnachtstag 25. Dezember
Weihnachtstag 26. Dezember

Fotografieren

Viele Namibier lassen sich gern fotografieren, manche mögen das jedoch nicht. Deshalb ist es immer wichtig, zunächst die Erlaubnis des Fotografierten einzuholen und gegebenenfalls auch seine ablehnende Haltung zu respektieren.

Namibische Beamte reagieren nicht ganz so empfindlich auf Kameras wie ihre Kollegen in vielen anderen afrikanischen Ländern, doch auch hier gilt, dass Grenzanlagen, Flughäfen, Telekommunikations- oder militärische Einrichtungen zunächst einmal als Motiv tabu sind. Wer dennoch fotografieren will, sollte vorher das uniformierte Personal um Erlaubnis fragen.

Wer immer noch mit einer analogen Kamera fotografieren will, sollte ausreichend Negativ- oder Diafilme mitnehmen. Speicherkarten für Digitalkameras bekommt man überall in Windhoek und Swakopmund; in vielen Internet-Cafés lassen sich die Bilder auf eine CD brennen. Die Preise für diese Dienstleistungen sind sehr günstig.

Mehr Informationen zum Fotografieren in Afrika findet man im Buch *Travel Photography* von Lonely Planet.

Frauen unterwegs

Im Großen und Ganzen ist Namibia ein sicheres Reiseziel für Frauen, nur selten hört man Klagen über irgendwelche Belästigungen. Doch die namibische Gesellschaft ist immer noch sehr konservativ. Viele Bars lassen nur Männer zu (entweder aus echter Überzeugung oder auch nur aus Gewohnheit). Doch selbst in den Lokalen, in denen Frauen Zutritt haben, fühlen sich viele Frauen in einer Gruppe oder mit einem männlichen Begleiter wohler. Als Frau von einem Einheimischen einen Drink anzunehmen, gilt im Allgemeinen als erstes Zugeständnis und auch als Aufforderung.

Die Gefahr von sexuellen Übergriffen ist in Namibia nicht größer als in Europa, aber dennoch ist es ratsam, besonders nachts, nicht alleine in Parks und Seitenstraßen unterwegs zu sein. Es ist auch nicht empfehlenswert, alleine zu trampen. Für Reisen in spärlich besiedelte Gegenden sollte man einen Mitreisenden finden.

In Windhoek und anderen Städten ist es kein Problem, kurze Hosen und ärmellose Kleider oder T-Shirts zu tragen. Auf dem Lande sind knielange Röcke, weite Hosen und langärmlige Shirts besser. Am Pool in einem Hotel oder einer anderen Unterkunft, wo vornehmlich ausländische Gäste wohnen, ist eine halbwegs aufreizende Badekleidung in Ordnung, andernorts sollte man sich bei der Wahl der Badekleidung an dem orientieren, was andere Frauen tragen.

Freiwilligenarbeit

Namibia bietet besonders Basisprojekte sowie Touristenarbeit in Gemeinden vor Ort an. Es ist jedoch aufgrund von Visumsvorschriften und begrenztem Budget nur selten möglich, im Inland selbst Arbeit für Freiwillige zu finden. Jede Organisation, die Freiwilligenarbeit anbietet, sollte weit im Voraus kontaktiert werden. Viele Naturschutzorganisationen suchen Freiwillige mit Fähigkeiten, die für die jeweiligie Einrichtung besonders dienlich sind.

Die bekanntesten Organisation, die Arbeit für Freiwillige anbieten, sind Save the Rhino Trust, die Afri-Cat Foundation und der Cheetah Conservation Fund. Projekte wie Integrated Rural Development and Nature Conservation bieten unter Umständen auch Stellen an.

Andere internationale Organisationen, die Freiwilligenarbeit in Namibia anbieten findet man unter anderen unter http://www.freiwilligenarbeit.de/freiwilligenarbeit-namibia.html in Deutschland und **Project Trust** (www.projecttrust.org.uk) in Großbritannien.

Geld

Die nationale Währung ist der namibische Dollar (N$). Er ist in 100 Cents unterteilt und an den südafrikanischen Rand gekoppelt. Auch der Rand gilt in Namibia als Währung und wird 1:1 umgerechnet. Das führt zu einiger Verwirrung, da drei verschiedene Arten von Münzen und Banknoten im Umlauf sind: alte südafrikanische, neue südafrikanische und namibische.

In diesem Reiseführer sind alle Preise in namibischen Dollar und gelegentlich auch in US-Dollar angegeben.

Die namibischen Dollarscheine gibt es zu 10 N$, 20 N$, 50 N$, 100 N$ und 200 N$, die Münzen zu 5, 10, 20 und 50 Cent sowie 1 N$ und 5 N$.

Banken und Wechselstuben tauschen Geld. Die Banken haben im Allgemeinen die besten Kurse; Reiseschecks werden wiederum zu einem besseren Kurs als Bargeld eingetauscht. Beim Geldwechsel bekommen Reisende je nach Wunsch südafrikanische Rands oder namibische Dollar ausgezahlt. Wer Geld nach dem Reiseaufenthalt außerhalb Namibias zurücktauschen will, tut sich mit den südafrikanischen Rands leichter als mit der namibischen Währung.

Es gibt im ganzen Land keinen Schwarzmarkt, also unbedingt Abstand halten von allen, die auf der Straße fantastische Wechselkurse anbieten.

BARGELD

Banken und Wechselstuben in Windhoek and Swakopmund akzeptieren die meisten gängigen Währungen, doch außerhalb dieser beiden touristischen Zentren gibt es Schwierigkeiten mit anderen Währungen als US-Dollar, Euro und südafrikanischem Rand. Die gängigste ausländische Währung ist der US-Dollar.

GELDAUTOMATEN

Geldautomaten mit dem entsprechenden Logos akzeptieren Kreditkarten, auch an den Schaltern vieler Banken ist es möglich, damit Geld abzuheben. Visa und MasterCard sind am weitesten verbreitet. Geldautomaten gibt es bei allen größeren Bankfilialen in Namibia, sie bieten die einfachste Möglichkeit, unterwegs an Bargeld zu kommen.

KREDITKARTEN

Die meisten Läden, Restaurants und Hotels akzeptieren die gängigen Kreditkarten, außerdem besteht die Möglichkeit, mit Kreditkarten an Geldautomaten Geld zu ziehen. Die dafür fälligen Gebühren, die teilweise recht hoch ausfallen können, erfragt man am besten vorab bei der eigenen Bank.

An den Schaltern der meisten großen Banken lässt sich mit der Kreditkarte Geld abzuheben. Die Prozedur (längere Wartezeiten) dauert oft bis zu zwei Stunden.

Wichtig ist es, immer die Notfallnummer des eigenen Kartenanbieters dabei zu haben, um im Falle eines Verlustes oder Diebstahls die Kreditkarte unverzüglich sperren zu lassen.

REISESCHECKS

Reiseschecks können bei den meisten Banken und Wechselstuben eingelöst werden. American Express (Amex), Thomas Cook und Visa sind am weitesten verbreitet.

Empfehlenswert ist der Kauf von Reiseschecks in US-Dollar, englischen Pfund oder Euro, da diese am ehesten akzeptiert werden. Je größer die ausgestellte Summe pro Scheck, desto weniger Gebühren fallen beim Einlösen der einzelnen Schecks an. Man kann sich Reiseschecks auch in US-Dollar auszahlen lassen – wenn das entsprechende Bargeld verfügbar ist –, aber dann fallen hohe Gebühren an.

Beim Einlösen der Schecks muss man sich ausweisen können.

TRINKGELD

Trinkgeld ist zwar überall im Land bei den Servicekräften willkommen, doch erwartet wird es nur in gehobenen Touristenlokalen, wo 10 bis 15 % Trinkgeld auf den Rechnungsbetrag gegeben wird. Einige Restaurants berechnen zusätzlich den Service. Taxifahrer bekommen in der Regel kein Trinkgeld, doch an Tankstellen ist es schon üblich, dem Angestellten, der die Windschutzscheibe säubert und/oder Öl und Wasser prüft, 2 bis 5 N$ in die Hand zu drücken. In Nationalparks und Schutzgebieten gilt indes ein offizielles Trinkgeldverbot.

In den Safari Lodges ist es üblich, den persönlichen Führern direkt ein Trinkgeld zu geben (natürlich nur für den Fall, dass sie es verdienen) und ein Trinkgeld an der Rezeption zu lassen, das unter dem Personal aufgeteilt wird.

WECHSELKURSE

Eurozone	1 €	12,95 N$
Schweiz	1 CHF	10,41 N$
USA	1 US$	9,94 N$

Internetzugang

Internetzugang ist grundsätzlich kein Problem in Namibia. Die Verbindungen sind auch recht schnell und stabil. In den meisten größeren Städten oder Touristenorten findet sich wenigstens ein Internet-Café. Für eine Stunde online sollte man mit ungefähr 60 N$ rechnen. Immer mehr Hostels für Rucksackreisende sowie Hotels in größeren Städten und bessere Privatunterkünfte bieten heute einen solchen Zugang ins Netz. Dennoch sind die relativ hohen Kosten noch immer eine Hürde für die Nutzung, besonders auf dem Lande.

Viele Hotels, Gästehäuser oder Privatunterkünfte bieten ihren Gästen auch WLAN-Möglichkeiten für Laptops und andere portable Computer.

Häuser mit Internetzugang werden in diesem Buch mit einem @ gekennzeichnet, solche mit WLAN haben ein 📶.

Karten & Stadtpläne

Eine gute Übersichtskarte ist die Michelin-Karte *Zentral- und Südafrika* (Seriennummer 746) im Maßstab von 1:4 000 000, obwohl sie eigentlich nicht detailliert genug ist. Eine genauere Übersicht bietet die Karte vom Reise-Know-How-Verlag (1:250 000) oder von Freytag & Berndt (1:200 000).

Shell Straßenkarte – Namibia oder *InfoMap Namibia* sind am besten für weite Strecken geeignet. Die InfoMap hat auch GPS-Koordinaten und beide geben auch Karten für die entlegeneren Gebiete Namibias, darunter der äußerste Nordwesten und der Caprivizipfel, heraus.

Für den Durchschnittstouristen (d. h. für den, der keine Safari auf eigene Faust plant) sind diese Karten zu detailliert. Besser ist dann die von der Roads Authority empfohlene *Namibia Map*, die die wichtigsten Straßen zeigt und eine Übersicht über Unterkünfte gibt. Selbst die Globetrotter-Karte *Namibia* ist einfach zu lesen und recht detailliert.

Empfehlenswert ist auch *Namibia,* Nelles Verlag (1:1 500 000) und Map Studio, die auch eine Namibiakarte (1:1 550 000) und einen Straßenatlas herausgebracht haben (1:500 000).

Am besten kauft man die Karten an Tankstellen in Namibia; allgemeinere Karten bekommt auch schon im heimischen Buchladen.

Kinder

Viele Eltern halten Afrika für zu gefährlich, um mit Kindern dorthin zu reisen, doch in Wirklichkeit ist Namibia ein sehr familienfreundliches Land. Dank des trockenen Klimas und einer guten medizinischen Versorgung sind die gesundheitlichen Risiken gering.

Es gibt eine ganze Reihe preiswerter Unterkünfte und eine ausgezeichnete Infrastruktur mit gepflegten Straßen. Viele Einheimische behandeln ausländische Familien mit Kindern zuvorkommend, ihre Begeisterung für Kinder erleichtert oftmals die Kommunikation.

Problematisch ist eher das Reisen mit kleinen Kindern unter fünf Jahren, nicht zuletzt, weil es heiß ist und oft weite Entfernungen zurückgelegt werden müssen. Eltern sollten sich auch fragen, was kleine Kinder von so einer Reise haben – umso mehr, als sie selbst einen großen Teil der Zeit damit verbringen werden, für die Sicherheit und das Wohlbefinden ihrer Sprösslinge zu sorgen.

Der Lonely Planet Band *Travel with Children* enthält wertvolle allgemeine Ratschläge für den Familienausflug und die Reise ins Ausland.

PRAKTISCH & KONKRET

Es gibt zwar nur wenige Einrichtungen, die sich mit ihrem Angebot speziell an Kinder richten, doch das Essen und die Unterkünfte in Namibia entsprechen durchaus europäischen Maßstäben. Mehrbettzimmer und Chalets kosten meist nicht viel mehr als ein Doppelzimmer; sie sind in der Regel mit einem Doppelbett und zwei einzelnen Betten ausgestattet. Meist lassen sich auch problemlos (gegen einen kleinen Aufpreis) ein oder zwei Betten mehr in ein normales Doppelzimmer stellen.

Zelten kann zwar aufregend sein, aber ein Elternteil wird möglicherweise damit beschäftigt sein, darauf aufzupassen, dass die Kinder nicht unbeaufsichtigt herumspazieren oder Lagerfeuern zu nahe kommen. Beim Schutz vor Moskitos sollte man speziell für Kinder geeignete Mittel kaufen. Ganz wichtig ist, dass Kinder immer feste, geschlossene Schuhe tragen, um vor Dornen, Bienen- und Skorpionstichen geschützt zu sein.

Wer mit Kindern reist, sollte ein Auto mieten, um nicht Stunden in öffentlichen Verkehrsmitteln zubringen zu müssen. Funktionierende Sicherheitsgurte sind selten (selbst in Taxis) und Unfälle häufig. Sollte der Autovermieter keinen Kindersitz vermieten, sollte man ihn von zu Hause mitbringen. Gegen die Langeweile bei großen Entfernungen unterwegs helfen Spielzeug, Bücher und Hörspielkassetten, die man von zu Hause mitgebracht hat.

Babynahrung in Gläschen, Milchpulver, Wegwerfwindeln und Ähnliches gibt es in den meisten großen Supermärkten.

SEHENSWERTES & AKTIVITÄTEN

Zu campen, im Wohnwagen zu reisen oder in Luxus-Zelthäusern zu übernachten gehört zu den aufregenden Erlebnissen für Jung und Alt. Attraktionen wie die Tierwelt im Etosha National Park oder der größte Sandkasten der Welt in Sossusvlei sind ein riesiger Familienspaß.

Echte Safaris sind eher etwas für ältere Kinder. Manche teureren Unterkünfte und Safari-Veranstalter nehmen Kinder oftmals erst ab einem bestimmten Alter auf oder bieten für die Kleinen eigene Touren zur Beobachtung von bestimmten Wildtieren an. Endlose Stunden des Fahrens und Beobachtens von Tieren kann für kleinere Kinder zu einer Qual werden, sodass man die Tour gelegentlichunterbrechen muss, um Pausen, Picknick und Wasservergnügungen (wo möglich) anzubieten.

Für ältere Kinder gibt es zahlreiche Aktivitäten. Swakopmund ist dabei besonders interessant, denn hier kann man Reiten, Sandboarden, Ballonfahren und Paragliden. Viele werden auch mit Begeisterung in den interessanten Felsformationen herumkraxeln, die es überall in Namibia gibt. Die Atlantikküste ist das ideale Terrain für Strandgutsammler, spannend sind auch die Dünen von Lüderitz, Sossusvlei, Swakopmund und an vielen weiteren Stellen an der Küste.

Öffnungszeiten

Banken Montag bis Freitag 8 oder 9 Uhr bis 15 Uhr, Samstag 8 bis 12.30 Uhr
Informationsstellen Montag bis Freitag 8 oder 9 Uhr bis 17 oder 18 Uhr
Postämter Montag bis Freitag 8 bis 16.30 Uhr, Samstag 8.30 bis 11 Uhr
Läden Montag bis Freitag 8 oder 9 Uhr bis 17 oder 18 Uhr, Samstag 9 bis 13 oder 17 Uhr; Donnerstag oder Freitag gibt es Late-Night-Shopping
Restaurants Frühstück 8 bis 10 Uhr, Mittagessen 11 bis 15 Uhr, Abendessen 6 bis 22 Uhr; manche Häuser sind Montag bis Samstag von 8 bis 22 Uhr geöffnet
Ausgehen & Unterhaltung Montag bis Samstag 17 Uhr bis zum Ende zwischen Mitternacht und 3 Uhr morgens
Tankstellen Nur wenige sind 24 Stunden geöffnet; in abgelegenen Gebieten findet man nach Feierabend oder sonntags kaum mehr Benzin.

In diesem Buch werden die Öffnungszeiten nur dann aufgeführt, wenn sie von der Regel abweichen.

Post

Die Inlandspost ist normalerweise sehr langsam; es kann beispielsweise Wochen dauern, bis ein Brief von Lüderitz nach Kati-ma Mulilo sein Ziel erreicht. Die Post ins Ausland funktioniert dagegen meist besser.

Rechtsfragen

Drogen jeglicher Art sind in Namibia verboten. Die Strafen sind hart und die Gefängnisse sind extrem unangenehm. Somit sollten Reisende keine Drogen einführen oder vor Ort kaufen. Die Polizei darf auch verdeckte Ermittlungen zur Aufdeckung von Straftaten anwenden, Polizisten dürfen also beispielsweise als Dealer auftreten. Also ist es besser, sich erst gar nicht in Versuchung führen zu lassen.

Polizei, Militär und andere Beamte sind in der Regel sehr höflich und zeigen sich von ihrer besten Seite. Im Umgang mit Behörden sollten Reisende deshalb ebenfalls versuchen, geduldig und höflich zu sein.

Reisen mit Behinderung

Es gibt im ganzen Land nur wenige spezielle Einrichtungen; all diejenigen, die in ihrer Beweglichkeit eingeschränkt sind, haben es in Namibia schwer. Doch eine Reise ist möglich, selbst Rollstuhlfahrer können mit Begleitung das Land bereisen. Namibia bietet gegenüber anderen Ländern der Dritten Welt eine Reihe von Vorteilen: Fußwege

WICHTIGE TELEFONNUMMERN

Landesvorwahl	☎00264
Ortsvorwahl	In Namibia sind die Ortsvorwahlen dreistellig
Notruf	☎10111

und öffentliche Bereiche sind oft geteert, viele Gebäude (einschließlich der Safari-Lodges und der Hütten in den Nationalparks) sind ebenerdig gebaut, das Mieten von Autos ist einfach und Mietwagen dürfen auch ins benachbarte Ausland mitgenommen werden. Auf Inlands- und Regionalflügen bieten die Fluggesellschaften und deren Mitarbeiter in der Regel ihre Hilfe an. Immer mehr Safari-Anbieter – einschließlich der preiswerten – versuchen, sich auch auf Reisende mit ganz speziellen Bedürfnissen einzustellen.

Schwule & Lesben

Wie in vielen anderen afrikanischen Ländern auch ist Homosexualität in Namibia illegal, da sie als Straftat gegen das bürgerliche Gesetz, das „unnatürliche Sexualbeziehungen" verbietet, aufgefasst wird. Namibia ist also sehr konservativ in seinen Anschauungen, denn die Mehrheit ist streng christlich. Daher sollte man als Schwuler oder als Lesbe lieber sehr zurückhaltend sein, denn die Reaktionen der Leute reichen von einfacher sozialer Ausgrenzung bis zu gewalttätigen Übergriffen. 1996 startete der Präsident Namibias Sam Nujoma eine öffentliche Kampagne gegen Homosexuelle, bei der sogar empfohlen wurde, alle fremden Schwulen und Lesben aus dem Land zu schaffen. Ein Minister nannte Homosexualität eine „Verhaltensstörung, die der afrikanischen Kultur fremd ist".

Out-Right Namibia (http://outrightnamibia.org) ist eine Menschenrechtsorganisation in Windhoek, die von schwulen und lesbischen Aktivisten gegründet wurde, um gegen diese Menschenverachtung vorzugehen und für gleiche Rechte zu kämpfen. Auf der entsprechenden Website gibt es Informationen über alle stattfindenden Veranstaltungen sowie Links zu weiteren Informationsquellen. Die Lesben Namibias (und andere Frauenfragen) werden auch durch **Sister Namibia** (www.sisternamibia.org) vertreten.

Shoppen

Zu den preiswerten Souvenirs aus Namibia zählen Kitsch und billige Batik-Kunst, aber auch die herrlichen Korbflechtereien der Ovambo und die kunstvollen Schnitzereien der Kavango. Vieles, was in der Post Street Mall in Windhoek verkauft wird, sind billige Importe aus Simbabwe. Entlang den Highways überall im Land stehen gelegentlich Stände, die lokales Kunsthandwerk verkaufen, das Spektrum reicht von Körben und einfachen Tonkrügen bis hin zu schön gewebten Matten und Flugzeugen aus Holz (eine Spezialität der Kavango). In Rundu und anderen Gegenden des Nordostens werden die typischen kunsthandwerklichen Arbeiten der San angeboten – Pfeil und Bogen, Perlen aus Straußeneierschalen und Ledertäschchen. Die ganze Palette des Kunsthandwerks können Reisende im Namibia Crafts Centrein Windhoek in aller Ruhe begutachten (und natürlich auch kaufen).

Die wunderschönen Pastellfarben der Wüste spiegeln sich in vielen Werken einheimischer Künstler, die vor allem in Galerien in Windhoek und Swakopmund ausstellen und verkaufen. Aus der Wolle der Karakulschafe werden schöne Teppiche, Wandbehänge und anderen Wolltextilien hergestellt. Die besten Läden für Webarbeiten findet man in Dordabis, Swakopmund und Windhoek.

Windhoek ist das Zentrum der Lederindustrie. Wer daran interessiert ist, findet alles von Gürteln und Handtaschen bis hin zu maßgeschneiderten Lederjacken. Aber Achtung: Niemals Waren aus Krokodilleder oder dem Leder anderer geschützter Tierarten kaufen! So werden z. B. die *Swakopmunders* aus Kuduleder gefertigt. Einige Läden haben die bequemen Schuhe deshalb aus ihrem Sortiment genommen. Mineralien und Edelsteine werden gerne gekauft. Malachit, Amethyst, Chalcedon, Aquamarin, Turmalin, Jaspis und Rosenquarz zählen zu den schönsten Steinen. Die besten Juweliere arbeiten in Windhoek und Swakopmund, das größte Renommee besitzt das House of Gems (S. 68) in Windhoek.

Wer an einem Gegenstand interessiert ist, der exotisch aussieht oder ein Artefakt sein könnte, sollte sich genau nach dessen Herkunft erkundigen. Für Antiquitäten wird von den Behörden eine Ausfuhr-/Einfuhrbescheinigung verlangt, der entsprechende Händler muss eine offizielle Lizenz zum Verkauf von Antiquitäten besitzen.

Es ist streng verboten, Souvenirs zu kaufen, die von geschützten Arten stammen – darunter fallen Geparden, Leoparden, Elefanten und ganz besonders Nashörner. In Windhoek und andernorts werden immer wieder Elfenbeinarbeiten angeboten. Aber Achtung: Legal sind nur Stücke, die entsprechend gekennzeichnet sind. Verkäufer müssen den Nachweis erbringen, dass das Elfenbein aus namibischen Nationalparks stammt und die Tiere aus ökologischen Gründen gezielt erschossen wurden.

HANDELN

Gehandelt wird nur dann, wenn ein Hersteller oder Künstler seine kunsthandwerklichen Arbeiten oder Kunstwerke persönlich verkauft. In entlegenen Gegenden des Landes entsprechen die Preise in der Regel auch dem tatsächlichen Marktwert. Ausnahmen sind die kunsthandwerklichen Objekte, die aus Simbabwe importiert und dann auf großen Kunsthandwerksmärkten zu überhöhten Preisen verkauft werden. Dort sollte man ruhig handeln.

Sicherheit

Namibia ist eines der sichersten Länder Afrikas. Es ist ein riesiges Land und nur dünn besiedelt, und selbst die Hauptstadt Windhoek ähnelt eher einer Provinzstadt als einem Großstadtdschungel. Dennoch steigt die Kriminalitätsrate in größeren Städten, besonders in Windhoek, stetig an.

BETRÜGEREIEN

Eine ganz verbreitete Betrügerei in Namibia ist der harmlose Schwindel mit der Nuss der Elfenbeinpalme, mit dem man an Tankstellen in Kontakt kommen kann. Alles fängt mit der harmlosen Frage einiger junger Männer nach dem Namen des „Kunden" an. Ohne dass man es dann sieht, schnitzen sie den Namen in eine Elfenbeinpalmnuss und bieten diese dann für bis zu 70 N$ zum Kauf an. Sie setzen dabei darauf, dass man sich verpflichtet fühlt, dieses so individuell gestaltete Teil zu kaufen. Man kann etwas Ähnliches für etwa 20 N$ in einem Kuriositätenladen kaufen. Es ist wohl kaum das Verbrechen des Jahrhunderts, aber man sollte sich dennoch vorsehen.

Ein ernsterer Trick, der besonders im Jahre 2012 in Walvis Bay häufiger durchgeführt wurde, ist folgender: Während ein Mann den Autofahrer eines parkenden Fahrzeugs ablenkt, öffnet der Komplize die Wagentür und ergreift die Taschen, die auf Beifahrer- oder Rücksitz liegen. Man sollte also immer die Türen des Autos abgeschlossen halten und vor Ablenkungen auf der Hut sein.

DAS SPERRGEBIET

Auf dem Weg nach Lüderitz aus Richtung Osten kommend sollte man dem Sperrgebiet, dem verbotenen Diamantengebiet, fernbleiben. Schwerbewaffnete Patrouillen können manchmal übereifrig sein. Das Gebiet beginnt direkt südlich der A4, der Straße zwischen Lüderitz und Keetmanshoop, und geht bis westlich von Aus, von wo es südlich zum Orange River verläuft. Man sollte sich an die Absperrungen halten.

DIEBSTAHL

Diebstahl ist in Namibia nicht weit verbreitet, aber in Windhoek, Swakopmund, Walvis Bay, Tsumeb und Grootfontein sind kleinere Diebstähle, aber auch Straßenraub ein Problem. So sollten Reisende vernünftigerweise ihre Wertsachen verstecken, nichts im Auto lassen und niemals alleine in der Dunkelheit herumlaufen. Es wäre auch unklug, mit viel Schmuck, Uhren und Kameras in Städten umherzuspazieren. Die meisten Hotels besitzen einen Safe oder einen sonstigen sicheren Ort für Wertsachen, wobei diese in preiswerteren Unterkünften aber nicht immer wirklich sicher sind.

Man sollte niemals einen für die Safari voll bepackten Wagen in Windhoek oder Swakopmund parken, es sei denn der Parkplatz ist privat oder bewacht.

Diebstahl auf Campingplätzen ist auch ein Problem, besonders auf denen, die in der Nähe von Stadtgebieten liegen. Das Zelt abzuschließen, mag helfen, aber alles, was unbeaufsichtigt herumliegt, ist ein Risiko.

PFLANZEN

Zu den gefährlichen Pflanzen zählen die Euphorbien. Ihre trockenen Äste sollten niemals zum Feuermachen verwendet werden, da sie beim Verbrennen einen giftigen Stoff freisetzen. Beim Inhalieren des Rauchs oder bei Essen, das auf vergiftetem Feuer gebraten wurde, kann man ernsthaft zu Schaden kommen. Wer unsicher ist, ob Äste zu dieser Pflanzenfamilie gehören, sollte sie lieber liegen lassen. Die Verwalter der Campingplätze achten sehr darauf, entsprechende Pflanzen rund um die Stellplätze und Feuerstellen zu entfernen, sodass dort eigentlich nichts passieren sollte. Am sichersten geht man, wenn man sich im Laden ein Bündel Feuerholz kauft. Wer im Busch zeltet, sollte sich vorab über diese Pflanze und ihre Standorte informieren. Es gibt verschiedene Unterarten. Bilder von ihnen findet man sowohl im Internet als auch in den Touristeninformationen in Windhoek.

Telefon

Das Telefonfestnetz wird in Namibia von der **Telecom Namibia** (www.telecom.na) betrieben und funktioniert sehr gut. Anrufe auf Festnetznummern sind extrem einfach. Allerdings wird das Festnetzsystem wie überall in Afrika immer mehr von den allseits beliebten Handys abgelöst.

Festnetzgespräche nach Europa kosten in Stoßzeiten etwa zwischen 3,50 und 4,50 N$ pro Minute und etwa 2 bis 3 N$ pro Minute in die Nachbarländer. Unter www.telecom.na/index.php/tariffs/international-services finden sich die genauen Gebühren.

Die immer häufigeren WLAN-Möglichkeiten machen Skype zu einer verbreiteten (und viel preiswerteren) Alternative.

MOBILTELEFONE

MTC (www.mtc.com.na) ist der größte Mobiltelefonanbieter des Landes (andere sind Leo und Telecom Switch), er sendet auf der Frequenz GSM 900/1800. Diese ist mit Europa kompatibel. Das Netz soll angeblich landesweit funktionieren, aber Namibia ist riesig, sodass es außerhalb von größeren Städten schwierig wird, ein Signal zu empfangen. Je weiter man sich von Städten entfernt, desto unwahrscheinlicher ist es, dass das Handy noch funktioniert. Daher ist ein Satellitentelefon für diejenigen eine willkommene Alternative, die länger durch unbewohnte Gegenden reisen wollen.

MTC bietet Prepaid-Karten an. Nach der einmaligen Zahlung einer SIM-Card-Gebühr bekommt man die Prepaid-Karten in den meisten Geschäften des Landes.

In größeren Städten sind ab 600 N$ neue Handys erhältlich.

Die meisten Mobiltelefonnummern in Namibia beginnen mit 081, gefolgt von einer siebenstelligen Nummer.

TELEFONNUMMERN

Wer aus dem Ausland in Namibia anruft, wählt nach der 00 die Ländervorwahl 264, dann die Ortsvorwahl (ohne die Null) und schließlich die Nummer des Teilnehmers. Um aus Namibia ins Ausland zu telefonieren, wählen Anrufer die 00, dann die Länder- und Ortsvorwahl (ohne Null) plus die individuelle Nummer des Teilnehmers.

Wer innerhalb des Landes ein Ferngespräch führen will, wählt zuerst die jeweils dreistellige Ortsvorwahl einschließlich der Null und dann die sechs- oder siebenstellige Teilnehmernummer.

In manchen ländlichen Gegenden müssen Gespräche noch handvermittelt werden (nach dem Wählen der Ortsvorwahl meldet sich die Vermittlung).

TELEFONKARTEN

Telefonkarten der Telecom Namibia werden in Postämtern zu 20, 50 und 100 N$ verkauft. Man bekommt sie auch in den meisten Geschäften und vielen Hotels. Öffentliche Telefonzellen gibt es in den meisten Postämtern und an verschiedenen anderen Stellen in den Städten.

Touristeninformation

Die Beratung in Namibias Touristenbüros ist im Allgemeinen sehr gut, und viele Mitarbeiter sprechen dort einwandfreies Englisch, Deutsch oder Afrikaans.

In Windhoek gibt es zwei Niederlassungen des heimischen Windhoek Information & Publicity Office (S. 68). Ebenfalls in Windhoek befindet sich das Büro der Namibia Wildlife Resorts (S. 68), wo man Informationsmaterial über die Nationalparks erhält und für die Campingplätze des NWR reservieren kann.

Andere gute Touristenbüros sind Lüderitz Safaris & Tours (S. 168) in Lüderitz und Namib-i (S. 139) in Swakopmund.

Unterkunft

Die Unterkünfte in Namibia gehören zu den preiswertesten und gepflegtesten im südlichen Afrika und bieten etwas für jeden Geschmack: Hotels, Campingplätze, Wohnmobilplätze, Gästefarmen, BackpackerHostels, B&Bs, Pensionen und auch Luxus-Safari-Lodges. Viele Häuser werden regelmäßig durch die **Hospitality Association of Namibia** (HAN; hannamibia.com). kontrolliert und nach einem Sternesystem bewertet.

Hotels mit Restaurants erhalten zusätzlich eine Y-Wertung: YY bedeutet, dass nur eine Restaurant-Lizenz vorliegt, YYY bedeutet, dass auch Alkohol ausgeschenkt werden darf. Das namibische Fremdenverkehrsbüro gibt zwei sehr umfassende kostenlose Hotel-Broschüren heraus: *Namibia: Where to Stay, Welcome to Namibia – Official Visitor's Guide und den Namibia B&B Guide*. Daneben veröffentlicht HAN auch eine Karte, in der die Lage der meisten Lodges und Gästefarmen verzeichnet ist.

Bei vielen der preisgünstigen Unterkünfte schließt der Preis kein Frühstück mit ein. In

B&Bs, Pensionen, auf Farmen und in Safari-Lodges ist das Frühstück meist im Zimmerpreis mit inbegriffen, sie bieten auch die Alternativen Halbpension oder Vollpension. Die Vollpension schließt zusätzlich zum Frühstück und Abendessen auch ein Mittagessen ein – entweder in Form eines Menüs oder eines Büffets.

Die Preisspannen in diesen Buch unterteilen sich wie folgt:

$	< 50 US$
$$	50–100 US$
$$$	> 100 US$

Während die meisten preiswerten und mittleren Unterkünfte eher Standardpreise haben, passen viele Spitzenhotels ihre Preise an die jeweilige Saison an. Die Hochsaison ist von Juni bis Dezember, die Nebensaison liegt in der Regenzeit (Januar bis April).

Wer die etwas teureren Unterkünfte bucht, muss die Buchung normalerweise mit der Kreditkarte bestätigen. Bei den meisten Unterkünften ist das allerdings nicht nötig.

Im vorliegenden Buch sind die Übernachtungsmöglichkeiten nach den Vorlieben des Autors angeordnet.

B&BS

Frühstückspensionen (B&B) schießen im ganzen Land wie Pilze aus dem Boden. Diese Privatunterkünfte haben naturgemäß eine recht unterschiedliche Atmosphäre. Generell sind sie jedoch sehr zu empfehlen und können ein Highlight einer jeden Reise nach Namibia werden. In einigen Häusern in Swakopmund und Windhoek haben sich Leser jedoch wegen unangenehmer Rassendiskriminierung beschwert. In manchen Häusern gibt es überdies gar kein Frühstück, sodass es sinnvoll ist, bei der Buchung nachzufragen.

Übersichten finden sich im *Namibia B&B Guide* oder bei der **Accommodation Association of Namibia** (www.accommodation-association.com), die zusätzlich auch Lodges und Ferien auf dem Bauernhof angibt.

CAMPINGPLÄTZE

Namibia ist ein Paradies für Camper. Überall im Land findet man Campingplätze. Die Ausstattung kann hier sehr unterschiedlich sein: von einem Stücken Buschland mit einfachen sanitären Einrichtungen bis hin zu gut angelegten Plätzen mit Waschgelegenheiten aus Beton und fließend kaltem und warmem Wasser.

In vielen Nationalparks werden die Campingplätze von den Namibia Wildlife Resorts (S. 68) unterhalten und müssen vor Reiseantritt per Internet oder in den dazugehörenden Büros in Windhoek, Swakopmund und Kapstadt gebucht werden. Diese Plätze sind alle gut gepflegt und bieten oftmals auch Unterkünfte in Bungalows an.

Wer auf privatem Land zelten will, braucht die Genehmigung des Besitzers. Auf Gemeindeland gebietet es die Höflichkeit, beim Oberhaupt der nächstgelegenen Gemeinde/Ortschaft nachzufragen – es sei denn, der Platz liegt so weit entfernt von jeglicher menschlicher Siedlung, dass man ohnehin nicht bemerkt werden würde.

In den meisten Städten gibt es Campingplätze, die mit Bungalows und Rondavels (Rundhütten), einem Pool, einem Restaurant und einem Laden ausgestattet sind. Die Preise gelten normalerweise pro Platz und für maximal acht Personen sowie zwei Fahrzeugen pro Stellplatz. Ein weiteres Fahrzeug kostet dann einen Aufpreis. In ländlichen Gegenden und entlang der Haupttouristenrouten findet man zusätzlich gut ausgestattete private Plätze mit Zeltplätzen und Schlafräumen, die sich als Alternative anbieten.

GÄSTEFARMEN

Aufenthalte auf Gästefarmen sind eine typisch namibische Einrichtung. Urlauber bekommen so die Möglichkeit, auf einer der typischen, riesigen Privatfarmen eine Nacht zu verbringen. Der Farmaufenthalt bietet einen eindrucksvollen Einblick in den ländlichen Lebensstil der weißen Farmer. Aber auch hier findet man wie bei den B&Bs große Unterschiede hinsichtlich der Gastfreundschaft, der Qualität der Zimmer und der Sanitäreinrichtungen. Die Qualität steht und fällt eben mit dem persönlichen Service.

UNTERKÜNFTE ONLINE BUCHEN

Weitere Hinweise von Lonely Planet Autoren zu Unterkünften unter www.lonelyplanet.com/hotels. Hier finden sich unabhängige Beschreibungen, aber auch Tipps für die besten Übernachtungsmöglichkeiten. Und das beste daran ist, dass man gleich online buchen kann.

Eine Nacht in einem rustikalen Zimmer auf einem der riesigen Anwesen inmitten des endlos erscheinenden Buschlandes ist eine einzigartige Erfahrung.

Was die Aufenthalte zusätzlich interessant macht, ist die Tatsache, dass viele Farmer einen Teil ihres Farmlandes als Tierreservat abgetrennt haben und ihren Gästen dadurch hervorragende Möglichkeiten zur Tierbeobachtung und zum Fotografieren bieten können. Da liegt es nahe, dass einige auch mit der Möglichkeit eines Abschusses werben – wer also keine Lust auf abendliches Jägerlatein und Trophäenvergleich beim Dinner hat, sollte sich im Vorfeld erkundigen.

Bei allen Farmaufenthalten ist eine Reservierung zwingend notwendig.

HOSTELS

In Windhoek, Swakopmund, Lüderitz und anderen Orten findet man private Hostels, die günstige Übernachtungen in Schlafsälen mit Gemeinschaftsbädern und Kochmöglichkeiten anbieten. Viele haben eine schöne Atmosphäre und sind vor allem bei Rucksackreisenden sehr begehrt.

Im Durchschnitt zahlt man in Hostels für eine Nacht um die 90 N$ pro Person. Einige bieten sogar Doppelzimmer für 220–350 N$.

HOTELS

Hotels in Namibia gleichen Hotels anderswo; sie reichen von heruntergekommenen alten Hotels bis zu ausgesprochen luxuriösen Häusern. Doch nur selten gibt es schmutzige oder unsichere Hotels in Namibia. Das liegt an dem relativ strengen Klassifizierungssystem, das von der kleinen Pension bis zum 4-Sterne-Hotel alles beurteilt.

1-Sterne-Hotels müssen ein bestimmtes Verhältnis von Zimmern mit eigenem bzw. Gemeinschaftsbad haben. Sie sind einfach, gehören meist Einheimischen und bieten saubere, bequeme Unterkünfte mit einwandfreien Betten und Handtüchern. Die Preise liegen bei 320 bis 400 N$ für ein Doppelzimmer (inklusive Frühstück). In der Regel haben die Hotels einen kleinen Speisesaal und eine Bar, doch nur wenige bieten Extras wie eine Klimaanlage.

Hotels mit zwei oder drei Sternen sind im Allgemeinen bequemer und dienen oft einheimischen Geschäftsleuten als Unterkunft. Die Preise beginnen bei etwa 450 N$ für ein Doppelzimmer und erreichen bei den eleganteren Häusern 600 N$.

Es gibt nicht viele 4-Sterne-Hotels im üblichen Sinn, dafür aber Lodges der Spitzenklasse, die dieses Niveau erreichen. Um in diese Kategorie zu fallen, muss ein Hotel ein architektonisch ansprechendes Gebäude mit Klimaanlage sein, einen Salon und einen Reinigungsdienst haben und verschiedene andere Dienstleistungen für Geschäftsleute anbieten.

SAFARI LODGES

In den letzten zehn Jahren wurden immer mehr Luxus-Safari-Lodges im Land eröffnet, die den kolonialen Luxus bieten, den man bisher eher mit Lodges in Botsuana verbunden hat. Zu den besten Anbietern zählt **Gondwana Desert Collection** (www.gondwana-desert-collection.com).

Viele dieser Lodges liegen auf großen Privatfarmen oder in Konzessionsgebieten. Einige sind auch familienfreundlich und bieten Standardmahlzeiten oder Selbstversorgermöglicheiten. Generell lässt sich sagen, dass die namibischen Lodges bezahlbarer als vergleichbare Unterkünfte in Botsuana oder bei den Victoria-Falls sind, allerdings immer noch teuerer als Lodges in Südafrika.

Versicherung

Eine Reiseversicherung, die Schäden durch Diebstahl und Verlust sowie medizinische Behandlungen abdeckt, ist sehr empfehlenswert. Einige Policen klammern ausdrücklich „gefährliche Aktivitäten" aus. Dazu können Tauchen, Motorradfahren und sogar Wandern gehören. Wer „riskante" Aktivitäten plant, braucht also einen möglichst umfassenden Versicherungsschutz.

Manche ziehen eine Krankenversicherung vor, die sofort Arzt- und Krankenhauskosten bezahlt, statt erst alles selbst zu bezahlen und dann die Summe zurückzufordern. Wer die Variante mit der Rückforderung wählt, sollte alle Dokumente gut aufbewahren. Einige Versicherungspolicen beinhalten die Auflage, dass man zunächst Rücksprache mit einem Versicherungsbüro im Heimatland nehmen soll, das sich dann sofort des jeweiligen Problems annimmt. Eine Versicherung sollte auf jeden Fall Krankenwagen- oder Rückflugkosten beinhalten. Siehe auch S. 223 zu Autoversicherungen.

Weltweit geltende Reiseversicherungen gibt es auch unter www.lonelyplanet.com/travel_services. Hier kann man jederzeit online eine Versicherung abschließen, ändern oder Ansprüche geltend machen

– sogar dann noch, wenn man schon unterwegs ist.

Visa

Alle Besucher müssen einen Pass ihres jeweiligen Heimatlandes bei sich tragen, der wenigstens noch sechs Monate nach ihrer geplanten Ausreise aus Namibia gültig ist. Manchmal, aber eher selten, wird man auch nach Anschlusstickets für Flugzeug, Bus oder Bahn gefragt. Für viele Nationalitäten, einschließlich Europa, ist kein Visum erforderlich. Bürger der osteuropäischen Staaten benötigen meistens doch ein Visum.

Touristen dürfen anfangs 90 Tage bleiben. Das kann jedoch beim **Ministry of Home Affairs** (Karte S. 54; ☎061-292 2111; www.mha.gov.na; cnr Kasino St. & Independence Ave.; ⌚Mo–Fr 8–13 Uhr) in Windhoek verlängert werden. Am besten ist man schon zu Beginn der Öffnungszeit da, also um 8 Uhr, und unterbreitet seinen Antrag in den Büros des dritten Stocks (nicht im Erdgeschoss).

Zeit

In den namibischen Sommermonaten (Nov.–April) ist Namibia der Mitteleuropäischen Zeit (MEZ) eine Stunde voraus. Im namibischen Winter (April–Aug.) liegt Namibia dann auf gleicher Stufe mit der MEZ.

Zoll

Die meisten Waren aus anderen Ländern der Südafrikanischen Zollunion (Botsuana, Südafrika, Lesotho und Swasiland) dürfen zollfrei eingeführt werden. Aus Drittländern können Reisende 400 Zigaretten oder 250 g Tabak, 2 l Wein, 1 l Spirituosen und 250 ml Eau de Cologne zollfrei einführen. Wer unter 18 Jahren ist, darf weder Tabak noch Alkoholika importieren. Geld kann in unbegrenzter Höhe eingeführt werden, allerdings muss bei der Ein- bzw. Ausreise ein Formular ausgefüllt werden, in dem unter anderem die Frage gestellt wird, wie viel der Reisende voraussichtlich ausgeben will bzw. ausgegeben hat.

Eingeführte Autos dürfen nicht in Namibia verkauft werden, ansonsten fällt Zoll an. Haustiere brauchen ein Gesundheitszeugnis und alle erforderlichen tiermedizinischen Unterlagen. Achtung: Haustiere sind in den Nationalparks und Schutzgebieten nicht zugelassen.

An- & Weiterreise

Wenn man nicht über Botsuana oder Südafrika auf dem Landweg einreist, ist die Anreise per Flugzeug sicherlich der bequemste Weg, um nach Namibia zu kommen. Namibia ist allerdings kein internationaler Verkehrsknotenpunkt oder eine Zwischenstation auf den wichtigsten internationalen Strecken. Man fliegt am ehesten über Südafrika oder, aus Westeuropa kommend, über Frankfurt.

Einige wenige Abenteuerlustige fahren noch immer mit ihren eigenen Fahrzeugen von Europa nach Namibia. Das sollte man allerdings nur nach sorgfältigen Planungen und Vorbereitungen tun, denn man muss schließlich mehrere Kriegsgebiete durchqueren.

Einreise

Die Einreise nach Namibia gestaltet sich in der Regel sehr einfach und absolut problemlos. Bürger der meisten Staaten brauchen noch nicht einmal ein Visum. Dies gilt auch für Deutsche, Österreicher und Schweizer. Auch beim Grenzübertritt auf dem Landweg bestehen keine Probleme. Die Autopapiere sollten jedoch unbedingt vollständig, inklusive Nachweise über eine bestehende Kfz-Versicherung, für die Kontrolle an der Staatsgrenze bereitliegen.

REISEDOKUMENTE

Alle nach Namibia einreisende Touristen benötigen einen Pass, der wenigstens noch sechs Monate über das Datum der geplanten Rückreise hinaus gültig ist. Darin sollten einige freie Seiten für stempelfreudige Beamte vorhanden sein, besonders wenn man nach Simbabwe und/oder Sambia will, um die Victoriafälle zu sehen. Theoretisch, aber selten geprüft, sollte man auch einen Nachweis darüber mitführen, dass man mit Sicherheit wieder ausreist, etwa in Form eines Tickets für den Rück- oder Weiterflug.

FLUGZEUG

Die meisten internationalen Flüge nach Namibia landen in Windhoek auf dem **Hosea Kutako International Airport** (WDH; ☎061-299 6602; www.airports.com.na), 42 km östlich der Hauptstadt. Die wichtigste Fluglinie des Landes ist **Air Namibia** (www.airnamibia.com.na), die Ziele in anderen Teilen im Süden Afrikas anfliegt sowie Langstreckenflüge nach Frankfurt durchführt. Die meisten internationalen Fluglinien fliegen Johannesburg oder Kapstadt in Südafrika an, von wo aus es dann normalerweise mit **South Africa Airlines** (☎273340; www.flysaa.com) nach Windhoek weitergeht. Es mag auch preiswerter sein, einen Billigflug nach Südafrika und dort einen Weiterflug nach Windhoek (oder einem anderen Ziel in Namibia) zu buchen. South African Airways bietet täglich Flüge von Kapstadt und Johannesburg nach Windhoek an. Johannesburg ist auch der Hauptverkehrsknotenpunkt für Flüge in andere afrikanische Städte.

Hin- und Rückflüge von Johannesburg nach Windhoek kosten im Allgemeinen einige hundert Dollar. Wer allerdings den Inlandsflug zusammen mit dem Hauptflug bucht, bekommt immer ein besseres Preisangebot. Die Flughafensteuer für internationale Flüge ist im Ticketpreis bereits inbegriffen.

Für Flüge in die hier aufgeführten Nachbarländern sollte man weit im Voraus buchen:

Botsuana Air Namibia bietet mehrere Flüge pro Woche zwischen Windhoek und Maun an.

Sambia Zwischenstopp in Johannesburg auf der Strecke nach Lusaka oder Livingstone.

Simbabwe Air Namibia fliegt die Victoriafälle (Simbabwe) mehrmals die Woche an.

Der in der Innenstadt von Windhoek liegende **Eros Airport** (ERS; ☎061-299 6500) ist hauptsächlich für kleinere Charterflüge zuständig. Air Namibia fliegt aber auch nach Katima Mulilo, Ondangwa und Walvis Bay; weitere Einzelheiten siehe S. 223.

Auf dem Landweg

Dank der Southern African Customs Union kann man Namibia, Botsuana, Südafrika und Swaziland relativ leicht mit dem Auto durchqueren. Wer weiter Richtung Norden möchte, muss ein *carnet de passage*, haben, das sehr teuer sein kann.

Wer mit einem Leihwagen nach Namibia fährt, braucht ein Erlaubnisschreiben der Verleihfirma, das besagt, dass das Auto die Grenze passieren darf.

GRENZÜBERGÄNGE

Namibia hat einen gutes Straßennetz, das es ermöglicht, ganz leicht aus den Nachbarländern einzureisen. Die wichtigsten Grenzübergänge nach Namibia sind:

Angola Oshikango, Ruacana, Rundu

Botsuana Buitepos, Mahango und Mpalila Island

Südafrika Noordoewer, Ariamsvlei

Sambia Katima Mulilo

Alle Grenzen sind täglich geöffnet und die Hauptgrenzübergänge von Südafrika aus (Noordoewer und Ariamsvlei) sind 24 Stunden passierbar. Ansonsten sind die Grenzstationen normalerweise zumindest zwischen 8 und 17 Uhr geöffnet. Grenzposten an manchen kleineren Übergängen machen von 12.30 bis 13.45 Uhr eine Mittagspause. Es ist empfehlenswert, einen Grenzübergang so früh wie möglich am Tag zu erreichen, damit mögliche Verzögerungen an der Grenze zu keinerlei Zeitproblemen führen. Es gibt keinen öffentlichen Durchgang zwischen Alexander Bay und Oranjemund (6 bis 22 Uhr) ohne Erlaubnis der Diamantenfirma Namdeb. Weiter Infos zu den Grenzöffnungszeiten unter www.namibweb.com/border.htm.

Von Angola aus

Um Namibia per Landweg zu erreichen, benötigt man ein angolanisches Visum. An den Ruacanfällen kann man die Grenzregion zeitweilig ohne ein Visum betreten, aber nur um die Fälle zu besichtigen. Dazu trägt man sich in ein Einreiseregister ein.

Von Botsuana aus

Der am meisten genutzte Grenzübergang liegt bei Buitepos/Mamuno zwischen Windhoek und Ghanzi. Die Grenzstation in Mohembo/Mahango ist allerdings auch recht beliebt. Die andere einzig wahre Möglichkeit ist der Übergang über den Chobe River an der Ngoma Bridge. Die Grenze Mpalila Island/Kasane ist nur für Gäste nutzbar, die auf der Insel eine Unterkunft in einer Lodge der oberen Preisklasse vorgebucht haben.

Autofahrer, die die Grenze bei Mahango passieren wollen, brauchen auf jeden Fall eine Zugangserlaubnis für das Mahango Game Reserve an den Popafällen. Diese ist kostenlos, wenn man nur durchfahren will. Wer sich noch im Reservat umschauen möchte, zahlt 3 US$ pro Person und Tag plus 3 US$ pro Fahrzeug und Tag (dazu ist kein Vierradantrieb nötig). Motorräder sind im Nationalpark nicht erlaubt.

Von Sambia aus

Eine kilometerlange Brücke überspannt den Sambesi zwischen Katima Mulilo und Wenela und ermöglicht so den Zugang nach Livingstone und anderen Zielen in Sambia.

Wer zu den Viktoriafällen will, darf sich mittlerweile über eine befestigte Straße nach Livingstone freuen, die sogar auch in der Regenzeit mit ganz normalen Fahrzeugen (Geländewagen ist nicht nötig) befahrbar ist.

Von Simbabwe aus

Es gibt keinen direkten Grenzübergang zwischen Namibia und Simbabwe. Um dorthin zu gelangen, muss man die Transitstrecke von der Ngoma Bridge durch den Chobe National Park im Norden Botsuanas nach Kasane/Kazungula nehmen und von dort aus zu den Viktoriafällen fahren.

AUTO & MOTORRAD

Ein Grenzübertritt mit dem eigenen Fahrzeug oder einem Mietwagen ist generell kein Problem, wenn man die notwendigen Papiere zusammen hat: Die Fahrzeugpapiere beim eigenen Wagen bzw. die Unterlagen der Mietwagenfirma mit der Bestätigung, dass man das Fahrzeug über die Grenze mitnehmen darf, sowie die Versicherungsunterlagen.

Namibia verlangt von allen im Ausland registrierten Fahrzeugen bei der Einreise eine Straßensteuer, die sogenannte Cross-Border Charge (CBC). Alle Fahrzeuge, in denen weniger als 25 Passagiere mitfahren, müssen bei der Einreise 140 N$ bezahlen, für Motorräder werden 90 N$ fällig. Die Bestätigung über den gezahlten Betrag muss man unbedingt aufheben, da er bei Straßenkontrollen von der Polizei verlangt wird. Wer die Bestätigung nicht vorzeigen kann, muss mit empfindlichen Bußgeldern rechnen.

Vor der Abreise sollte man immer mit dem Automobilclub klären, ob man alle notwendigen Papiere für die Fahrt mit dem eigenen Auto in Namibia beisammen hat.

Autofahrt nach/von Südafrika

Die Straßen von Südafrika nach Namibia sind gut befestigt. Es geht entweder von Kapstadt aus in Richtung Süden (1490 km), wobei man die Grenze in Noordoewer passiert, oder von Johannesburg aus Richtung Osten (1970 km) mit Grenzübergang in Nakop.

Ein Auto in Südafrika zu mieten, ist wahrscheinlich preiswerter als in Namibia. In ganz Südafrika gibt es die üblichen internationalen Autoverleihfirmen. Zusätzlich sind **Around About Cars** (☎0860 422 4022; www.aroundaboutcars.com), **Britz** (☎in Johannesburg 27 11 230 5200, in Namibia 264-61-219590; www.britz.co.za) und **Buffalo Campers** (☎27-82 412 3099; www.buffalo.co.za) empfehlenswert; letztere bieten auch vollausgestattete, geländefähige Campingwagen an.

Der preiswerteste Wagen wird etwa pro Tag 50 US$ in Rand und ein Geländewagen um die 100 US$ pro Tag kosten.

Bus

Es gibt nur eine wichtige Busverbindung, die Städte in Namibia mit Botsuana und Südafrika verbindet. **Intercape Mainliner** (www.intercape.co.za) fährt die Strecke Windhoek und Johannesburg oder Kapstadt (Südafrika). Sie bedient auch die Strecke Richtung Nordosten zu den Viktoriafällen und verkehrt zwischen den größeren Städten innerhalb Namibias.

Die Angebote im öffentlichen Fernverkehr zwischen Botsuana und Namibia sind eher rar, weil die Wege doch sehr weit sind. **Monnakgotla Transport** (☎067-350 0419; www.monnakgotla.co.bw) bildet wohl die beste Möglichkeit; zwei Mal die Woche, nämlich freitags und sonntags verkehrt ein Bus zwischen Windhoek und Gaborone. Die Kosten für eine einfache Fahrt betragen 440 N$. Wer nach Ghanzi oder Maun weiter will, steigt in die Busse einer anderen Linie um.

Es gibt Busse des Intercape Mainliner, die zwischen Windhoek und Kapstadt verkehren sowie zwischen Windhoek und Livingstone.

Unterwegs vor Ort

Im dünn besiedelten Namibia sind die Entfernungen zwischen den Städten oft groß. Doch Namibia besitzt eine ausgezeichnete Infrastruktur. Es gibt asphaltierte Straßen und meist auch gut gewartete Kies- oder sogar Salzpisten zu entlegeneren Zielen. Bei einer so geringen Bevölkerungsdichte verwundert es nicht, dass die öffentlichen Verkehrsmittel zu wünschen übriglassen. Busse bedienen zwar die wichtigsten Städte, doch fahren sie Sehenswürdigkeiten direkt nicht an. Reisende in Namibia sollten sich am besten ein Auto mieten.

Auto

Am leichtesten kommen Reisende in Namibia im eigenen Auto beziehungsweise mit einem Mitwagen voran. Es gibt ein ausgezeichnetes Netz asphaltierter Straßen von der südafrikanischen Grenze in Noordoewer bis Ngoma Bridge an der Grenze zu Botsuana und Ruacana im Nordwesten. Ebenso gute Straßen verbinden die Hauptstrecken von Norden nach Süden mit Buitepos, Lüderitz, Swakopmund und Walvis Bay. Andere Städte und Sehenswürdigkeiten sind über gute Kiespisten zu erreichen.

Die meisten mit C bezeichneten Verkehrswege befinden sich in gutem Zustand und können von allen Fahrzeugen befahren werden. Mit D gekennzeichnete Straßen sind zwar ein wenig rauer, aber meistens (nicht immer) mit einem Auto mit gewöhnlichem Antrieb zu befahren. Im Kaokoveld dagegen lassen sich die meisten D-Straßen nur mit Allradantrieb bewältigen.

Fast alle großen Autovermietungen verfügen über Büros am Flughafen Hosea Kutako. Ideal ist es, ein Auto für die Dauer des gesamten Urlaubs zu mieten, doch wer aufs Geld schauen muss, kann sich kürzere Mietzeiten entweder von Windhoek oder Swakopmund aus überlegen. Für eine Vierergruppe ist das Mieten eines Autos preisgünstiger, als an einer organisierten Tour teilzunehmen.

AUTOKAUF

Wenn man nicht gerade mehrere Jahre in Namibia bleiben möchte, lohnt es sich nicht, ein Auto vor Ort zu kaufen. Am besten erwirbt man ein Fahrzeug in Südafrika (siehe S. 222).

AUTOMOBILCLUBS

Die **Automobile Association of Namibia** (AAN; ☎061-224201; www.aanamibia.com) gehört zum internationalen AA. Hier bekommt man, wenn man eine Mitgliedskarte des jeweiligen Heimatlandes vorlegen kann, Informationen zu Highways und Karten.

BENZIN & ERSATZTEILE

Das Netz an Tankstellen im ganzen Land ist gut. Auch viele kleinere Orte verfügen über eine eigene Tankstelle. In der Regel bekommt man dort Diesel sowie bleifreies und bleihaltiges Super. Die Preise variieren aber und steigen, je abgelegener ein Ort ist. Auch wenn einige Tankstellen rund um die Uhr geöffnet haben, beschränken sich die meisten auf Öffnungzeiten zwischen 7 und 19 Uhr. Bei allen Tankstellen füllen Angestellte den Tank, sie erwarten für ihren Dienst (der oft noch das Putzen der Windschutzscheiben einschließt) ein kleines Trinkgeld von einigen namibischen Dollar.

AUTOKAUF IN SÜDAFRIKA

Wer einen längeren Aufenthalt in Namibia plant (die Aufenthaltsdauer sollte dabei drei Monate oder länger betragen), für den kann es interessant sein, in Südafrika einen Gebrauchtwagen zu kaufen.

Für Gebrauchtwagen, die in Kapstadt gekauft wurden, bekommt man allerdings weniger als für Fahrzeuge aus Johannesburg. Das liegt daran, dass in Kapstadt ein sehr viel größeres Risiko besteht, dass ein Fahrzeug durch die Lage der Stadt am Meer und die salzige Luft Rostschäden hat. Aus diesem Grund erzielt man für in Johannesburg registrierte Fahrzeuge in Kapstadt höhere Verkaufspreise.

Wer einen Gebrauchtwagen kaufen möchte, sollte zuerst einmal in den Zeitungen in Johannesburg schauen. Gebrauchtwagenhändler sprechen zwar kaum über die Tatsache, doch sie sind oft bereit, ein von ihnen gekauftes Auto nach drei Monaten für etwa 60 % des Verkaufspreises wieder zurück zu nehmen – falls sich das Auto noch in gutem Zustand befindet.

Überprüfen Sie unbedingt die Fahrzeugpapiere des vorhergehenden Halters. Eine Bescheinigung der Verkehrssicherheit (meist vorhanden, wenn ein Auto bei einem Gebrauchtwagenhändler gekauft wird) und eine Bestätigung der Polizei, dass das Auto nicht gestohlen ist (auch meist vorhanden), sollten mit übergeben werden. Nach dem Kauf muss das Auto bei einer Motor Vehicle Registration Division in einer Großstadt angemeldet werden. Es empfiehlt sich, vor dem Kauf ein Verkehrssicherheitstest durch die **Automobile Association** (www.dekraauto.co.za) durchführen zu lassen. Eine Mitgliedschaft ist nicht erforderlich.

Als ganz grobe Faustregel beim Kauf gilt, dass ein Auto in südafrikanischen Rand den Gegenwert von 4000 bis 6000 US$ kostet. Für einen Landrover mit Allradantrieb oder ein vergleichbares Modell legt ein Käufer zum Beispiel etwa 8000 bis 10 000 US$ hin.

Zu den wichtigsten Vorsichtsmaßnahmen zählt, nie an einer Tanstelle vorbeizufahren, ohne den Tank aufzufüllen! Generell sollte man außerdem einen 100-Liter-Ersatzkanister dabei haben – vor allem dann, wenn es in abgelegene Landesteile geht. In Namibia kommt es immer wieder vor, dass Tankstellen nicht beliefert werden, auch deshalb ist es grob fahrlässig, seinen Tank leer zu fahren und auf die nächste Tankstelle zu hoffen.

In vielen Städten lassen sich Erzatzteile kaufen – aber nicht zuverlässig. Wer vorhat, Allradpisten zu fahren, der sollte auf jeden Fall folgende Ersatzteile im Fahrzeug mitführen: zwei Paar Ersatzreifen, Starthilfekabel, Keilriemen, Abschleppseil und -kabel, einige Liter Öl, Schraubenschlüssel und einen kompletten Werkzeugkasten. Eine weitere Rolle Klebeband schadet auch nicht.

Mietwagen sollten mit einem funktionierenden Wagenheber (den man auch bedienen können sollte!) und einem Ersatzreifen ausgestattet sein. Eine weitere Vorsichtsmaßnahme ist die regelmäßige Überprüfung der Ersatzreifen: Wenn die nicht ausreichend aufgepumpt sind, hat man im Ernstfall ein wirkliches Problem.

FÜHRERSCHEIN

Bis zu 90 Tage dürfen Ausländer mit ihrem eigenen nationalen Führerschein in Namibia Auto fahren. Die meisten Autoverleihfirmen (wenn nicht sogar alle) akzeptieren den nationalen Führerschein ihrer Kunden. Sollte der eigene Führerschein nicht in Englisch ausgestellt sein, ist es aber ratsam, sich vor der Ankunft in Namibia einen internationalen Führerschein zu besorgen.

GEFAHREN AUF DER STRASSE

Außer dem fantastischen Netz an asphaltierten Straßen gibt es in Namibia alles von guten Kiespisten bis hin zu schlecht unterhaltenen Hauptstraßen, Farmstraßen, Sand- und Salzpisten und schwierigen Strecken, die nur für Wagen mit Allradantrieb befahrbar sind. Diese Bedingungen erfordern spezielle Fahrtechniken, eine entsprechende Vorbereitung des Autos, etwas Übung und jede Menge Vorsicht seitens des Fahrers.

Um Swakopmund und Lüderitz sollte man auf Sand auf der Straße achten. Denn dieser macht die Straße rutschig und kann ein zu schnell fahrendes Fahrzeug leicht zum Umstürzen bringen. Ein weiteres Risiko stellt der Morgennebel an der Skeleton Coast dar. Also auch hier sollte man im eigenen Sicherheitsinteresse die vorgeschriebene Geschwindigkeit einhalten!

MIETWAGEN

Für einen Kleinwagen verlangen die preiswertesten Firmen etwa 45 bis 65 US$ pro Tag (je länger die Leihzeit, desto geringer die Tagesgebühr) mit unbegrenzten Kilometern. Ein Geländewagen ermöglicht Fahrten in entlegenere Gebiete, ist aber mit 85 bis 120 US$ pro Tag wesentlich teuerer.

Generell ist es preiswerter, das Auto in Südafrika zu mieten und dann nach Namibia weiterzufahren; man benötigt in dem Fall allerdings ein Erlaubnisschreiben der Verleihfirma und die entsprechenden Dokumente für den Grenzübergang.

Die meisten Firmen haben Versicherungen und unbegrenzte Kilometer in ihren Standardverträgen inbegriffen, aber manche verlangen eine bestimmte Leihzeit, bevor sie unbegrenzte Kilometer einräumen. Die meisten Firmen verlangen auch eine Kaution und vermieten nur an Fahrer ab 23 Jahren (manche setzen diese Altersbegrenzung auch auf 21 Jahre runter).

Es ist wohl selbstverständlich, dass man Vertragspapiere und den Zustand des Fahrzeugs gut prüft, bevor man unterschreibt. Namibische Autoverleihfirmen haben oft strenge Bedingungen, da die Risiken, denen die Autos auf den Schotterstraßen ausgesetzt sind, recht hoch sind. Man sollte den Zustand des Wagens gut prüfen und keine Kompromisse eingehen, wenn man mit dem Auto nicht voll zufrieden ist.

Zusätzliche Gebühren werden dann erhoben, wenn die Firmen das Auto am Hotel des Reisenden absetzen und wieder abholen. Auch ein zusätzlicher Fahrer bedeutet einen Aufpreis. Manchmal werden auch Reinigungskosten (sie können bis 50 US$ betragen!) und eine Art Bedienungsgeld berechnet.

Bei der Rückgabe des Fahrzeugs sollte man sich genügend Zeit nehmen, sodass das Auto gründlich nach Schäden etc. untersucht werden kann. Die Firma sollte den Kunden dann, bevor diese das Büro verlassen, die endgültige Rechnung aushändigen.

Avis (www.avis.com) Büros in Windhoek, Swakopmund, Tsumeb und Walvis Bay sowie am Hosea Kutako Airport.

Budget (www.budget.co.za) Eine weitere große Firma mit Niederlassungen in

Windhoek und Walvis Bay sowie am Hosea Kutako Airport.

Europcar (www.europcar.co.za) Büros in Windhoek, Swakopmund, Tsumeb, Walvis Bay und an den Flughäfen Hosea Kutako und Eros.

VERKEHRSREGELN

Wer in Namibia Auto fahren will, muss wenigstens 21 Jahre alt sein. Wie in den meisten anderen Ländern des südlichen Afrika herrscht auch hier Linksverkehr. Die Geschwindigkeitsbeschränkung liegt bei 120 km/h auf asphaltierten Straßen außerhalb von Wohngebieten, bei 80 km/h auf Kiespisten und 40 km/h in allen Nationalparks und Schutzgebieten. In Städten und Dörfern sollte eine Geschwindigkeit von 60 km/h unbedingt eingehalten werden, selbst wenn es zusätzlich keine entsprechenden Straßenschilder gibt.

Die Verkehrspolizei auf den Schnellstraßen setzt Radar ein und verhängt gern Bußgelder für zu schnelles Fahren (etwa 70 N$, plus 10 N$ für alle weiteren zusätzlichen 10 km/h). Es ist nicht erlaubt, während der Fahrt auf dem Autodach zu sitzen. Auf den Vordersitzen muss der Sicherheitsgurt grundsätzlich angelegt werden, auf den Rücksitzen jedoch nicht. Trinken und Fahren ist nicht erlaubt, und die Versicherung zahlt nicht, wenn ein betrunkener Fahrer in einen Unfall verwickelt ist. Auch Fahren ohne Führerschein gilt in Namibia als schweres Vergehen. Es gilt eine Blutalkoholgrenze von 0,8 Promille.

Fahrer müssen einen Unfall mit Personenschaden binnen 48 Stunden den Behörden melden. Wenn nur geringer Schaden an den Fahrzeugen und kein Personenschaden entstanden ist – und wenn alle am Unfall Beteiligten darin übereinstimmen –, reicht es, Namen und Adresse auszutauschen und die Angelegenheit später über die Versicherung zu regeln.

Theoretisch sind die Besitzer dafür verantwortlich, ihr Vieh von der Straße fernzuhalten, doch in der Praxis spazieren die Tiere dorthin, wo sie gerade wollen. Wer mit dem Auto ein solches Tier erwischt, hat die Mühe (neben dem möglichen Schaden), den Besitzer ausfindig zu machen, und zusätzlich den Ärger mit den Behörden, wenn ein Schadensersatzanspruch gestellt wird. Auch wilde Tiere können eine Gefahr darstellen, vor allem an Schnellstraßen. Es empfiehlt sich, umsichtig zu fahren und die Geschwindigkeit den Bedingungen der Strecke anzupassen. Nach Einbruch der Dunkelheit besteht eine weit größere Gefahr, mit einem wilden Tier oder einem Nutztier zu kollidieren. Nachtfahrten sind deshalb nicht zu empfehlen.

VERSICHERUNG

Unabhängig davon, bei welcher Firma ein Wagen gemietet wird, sollte auf jeden Fall abgeklärt werden, was im Preis inbegriffen ist (unbegrenzte Kilometer, Steuer, Versicherung etc.) und welche Verpflichtungen eingegangen werden müssen. Die meisten Versicherungen vor Ort schließen Schäden an der Windschutzscheibe und an den Reifen aus.

Eine Haftpflichtversicherung ist das mindeste. Aber es empfiehlt sich auch eine Vollkaskoversicherung, die für einen Wagen mit gewöhnlichem Antrieb etwa 20 US$ und für einen mit Allradantrieb etwa 40 US$ pro Tag kostet. Auch deer Abschluß einer Diebstahlversicherung ist durchaus ratsam.

Der Selbstbehalt beträgt in beiden Fällen bei einem normalen Pkw etwa 1500 US$ und bei einem Geländewagen rund 3000 US$. Mietet man den Wagen nur für sehr kurze Zeit, kann man vielleicht auf die komplette Vollkaskoversicherung (*super collision waiver*) verzichten, die absolut alles abdeckt, aber dafür auch ihren Preis hat.

Bus

In Namibia sind die Busverbindungen nicht besonders gut ausgebaut. Das einzige empfehlenswerte, gut ausgestattete Busunternehmen ist **Intercape Mainliner** (☎061-227847; www.intercape.co.za), das regelmäßig Fahrten von Windhoek nach Swakopmund, Walvis Bay, Grootfontein, Rundu, Katima Mulilo, Keetmanshoop und Oshikango anbietet. Die Mahlzeiten im Bus sind im Fahrpreis inbegriffen.

Zudem gibt es heimische Combis (Minibusse), die dann losfahren, wenn sie voll sind und auf den Hauptstraßen des Landes verkehren. Sie fahren von der Tankstelle am Rhino Park in Windhoek in Dutzende von Orten.

Fahrrad

Da Namibia ein Wüstenland ist, ist ein Fahrradurlaub recht anstrengend. Die Entfernungen sind groß, der Horizont ist weit, das Klima heiß, die Landschaft trocken und die

Sonne brennt; selbst an wichtigen Straßen ist das Wasser kapp und die Besiedlung eher spärlich. Wem das als Abschreckung noch nicht reicht, sollte bedenken, dass Fahrräder in den Nationalparks nicht erlaubt sind.

Natürlich fahren viele Bewohner des Landes mit dem Fahrrad umher, aber in kleinen und großen Städten ist das Fahren auch viel einfacher als auf dem Lande. Man sollte nicht auf unbefestigten Straßen fahren, da man dort wegen dorniger Äste oft einen platten Reifen bekommt. Glücklicherweise gibt es an den vielbefahrenen Straßen viele kleine Reparaturwerkstätten.

Flugzeug

Air Namibia (S. 218) hat ein ausgedehntes Netz an Inlandsflügen, die vom Eros Airport aus starten. Es gibt sechs Flüge pro Woche nach Rundu, Katima Mulilo und Ondangwa.

Von Windhoek aus gehen Inlandsflüge unter anderem nach Lüderitz und Oranjemund (3-mal pro Woche) sowie nach Walvis Bay (tgl.).

Motorrad

Motorradurlaub ist in Namibia sehr beliebt, weil es ein wahres Abenteuer ist, offroad zu fahren. Leider ist es in Namibia schwer, ein Motorrad zu leihen, obwohl die größeren Autoverleihfirmen oft auch einige im Angebot haben. Motorräder sind in Nationalparks verboten; es gibt dabei eine Ausnahme: der Haupthighway durch den Namib-Naukluft Park.

Öffentlicher Nahverkehr

Der öffentliche Nahverkehr ist auf die Bedürfnisse der einheimischen Bevölkerung zugeschnitten und beschränkt sich auf die Hauptstraßen zwischen den wichtigsten Städten. Obwohl er preiswert und verlässlich ist, nützt er den Namibiareisenden wenig, da die meisten Touristenattraktionen abseits der großen Straßen liegen.

Trampen

Trampen ist in Namibia zwar möglich, doch in Nationalparks verboten. Es kann durchaus vorkommen, dass sehr lange Wartezeiten in Kauf zu nehmen sind, denn selbst auf den wichtigsten Straßen gibt es nur relativ wenig Verkehr. Auf der anderen Seite kann es sehr wohl möglich sein, dass ein Auto einen Anhalter gut und gerne 1000 km weit mitnimmt. Lkw-Fahrer rechnen in der Regel damit, für diesen Service bezahlt zu werden. Deshalb empfiehlt es sich, vor der Fahrt einen Preis auszumachen. Üblich sind 15 N$ pro 100 km.

Angebote von Anfragen nach Mitfahrgelegenheiten finden sich täglich bei Cardboard Box Backpackers und Chameleon Backpackers Lodge in Windhoek. Im Büro des Namibia Wildlife Resort, ebenfalls in Windhoek, gibt es auch ein Schwarzes Brett für Angebote von und Anfragen nach Mitfahrgelegenheiten.

In keinem Land auf dem gesamten Globus kann Trampen als ganz sicher gelten. Wer trampt, muss wissen, dass er ein kleines, aber möglicherweise schwerwiegendes Risiko eingeht. Daher sollte man immer zu zweit reisen und nach Möglichkeit jemanden über seine Pläne informieren.

Zug

Trans-Namib Railways (☎061-298 2032; www.transnamib.com.na) verbindet einige größere Städte. Die Züge sind allerdings extrem langsam unterwegs. Ein Leser verglich ihr Tempo in süffisantem Ton mit dem eines „motorisierten Eselskarren". In den namibischen Zügen werden Passagiere und Güter transportiert, die Züge halten an jeder Station, entsprechend unbeliebt ist dieses Transportmittel bei Touristen und die Strecken sind nur selten ausgebucht.

Die wichtigste Verkehrsdrehscheibe im Zugverkehr ist Windhoek, von hier fahren Züge Richtung Süden nach Keetmanshoop. Richtung Westen gibt es Verbindungen nach Swakopmund und Richtung Osten nach Gobabis. In den Zügen findet man Economy- und 1. Klasse-Sitze. Viele Züge fahren aber über Nacht – ohne Schlafwagen. Sitzplätze können entweder an den Bahnhöfen oder über das Buchungsbüro in Windhoek gebucht werden: Die Tickets müssen am Tag der Abreise vor 16 Uhr abgeholt werden.

TOURISTENZÜGE

Es gibt auch zwei Touristenzüge, die man privat chartern kann und in denen man in die guten alten Zeiten der Eisenbahnen zurückversetzt wird. Die relativ vornehme Eisenbahnkreuzfahrt an Bord des **Desert Express** (☎061-298 2600; www.transnamib.com.na/desert-express.html) bietet wöchentlich eine Fahrt mit Übernachtung zwischen Windhoek und Swakopmund (Einzel/Doppel ab 6000/9400 N$). Die Kabinensuiten mit richtigen Betten und Möbeln sind voll beheizt und mit einer Klimaanlage versehen und haben riesige Fenster, um den Ausblick genießen zu können. Es gibt auch spezielle Sieben-Tage-Pakete, in denen auch Swakopmund und der Etosha National Park inbegriffen sind, inklusive Safarifahrten, Busch-Picknick und viele, wunderschöne Stunden in der Bahn.

Der **Shongololo Dune Express** (☎ in Südafrika 27-861-777 014; www.shongololo.com), der zwischen Johannesburg und Tsumeb via Mariental, Windhoek, Swakopmund und Otjiwarongo verkehrt, bietet zwölftägige Fahrten an, die die wichtigsten Sehenswürdigkeiten Namibias im Programm haben. Fahrpreise mit allem Drum und Dran reichen von 25 800 R für eine Einzelkabine bis zu 24 800 bis 39 995 R pro Person für eine Doppelkabine, je nach Kabinentyp. Egal, welche Klasse man wählt, der Shongololo gehört zu den luxuriösesten Zügen der Welt und ist vergleichbar mit einem 5-Sterne-Hotel auf Rädern. Die Gäste werden üppig bewirtet, die Bettwäsche ist gut, es gibt heiße Duschen und viel Platz in der Lounge und eine alles durchdringende Atmosphäre von Nostalgie ist bei dieser Fahrt selbstverständlich.

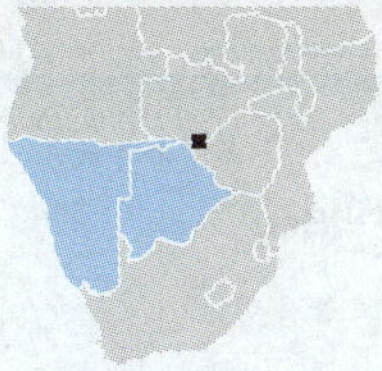

Victoriafälle

Inhalt »

Gut essen

» Cafe Zambezi (S. 235)

» In Da Belly (S. 238)

» Olga's Italian Corner (S. 235)

» Mama Africa (S. 239)

Schön übernachten

» Victoria Falls Hotel (S. 237)

» Elephant Camp (S. 237)

» Jollyboys Backpackers (S. 233)

» Stanley Safari Lodge (S. 234)

Auf zu den Victoriafällen!

Die Victoriafälle (Mosi-oa-Tunya – „donnernder Rauch") gehören neben den Pyramiden und der Serengeti zu den wirklich spektakulären Attraktionen Afrikas. Zwar teilen sich Simbabwe und Sambia die Victoriafälle, aber sie sind dennoch eine Welt für sich.

Die Victoriafälle gehören zu den großartigsten Naturschauspielen der Welt und sind ein Magnet für Touristen aller Art, seien es Backpacker, Reisegruppen, Abenteuerlustige, Familien oder Flitterwöchner. Ob bei einem Hubschrauberrundflug mit Aussicht auf den tosenden Wasservorhang in seiner ganzen 1,7 km breiten Pracht oder einem vorsichtigen Blick über den Rand vom Devil's Pool – die schiere Gewalt und Wucht der Wasserfälle enttäuscht mit Sicherheit niemals.

Es spielt keine Rolle, ob man einfach nur den Anblick eines Naturwunders genießen möchte oder einen Adrenalinstoß beim Rafting auf dem Sambesi oder beim Bungee-Springen in den Fluss sucht: Die Victoriafälle helfen einem garantiert dabei, einige Punkte auf jener Liste mit Erlebnissen abzuhaken, die man sich fürs Leben vorgenommen hat.

Reisezeit

Es gibt zwei Hauptgründe, die Victoriafälle zu besuchen: der Anblick der Wasserfälle selbst und die dort möglichen Outdoor-Aktivitäten – und jeder dieser Gründe hat seine eigene Zeit.

Von Juli bis Dezember dauert die Saison fürs Wildwasser-Rafting, insbesondere im August erlebt man knallharte Stromschnellen.

Von Februar bis Juni gehört Regenkleidung ins Gepäck, weil dann die Fälle in voller Wucht hinabdonnern.

Die Zeit von Juli bis September bietet den besten Blick auf die Wasserfälle, wunderbares Wetter und sämtliche Aktivitäten, die einen auf Trab halten.

Victoriafälle

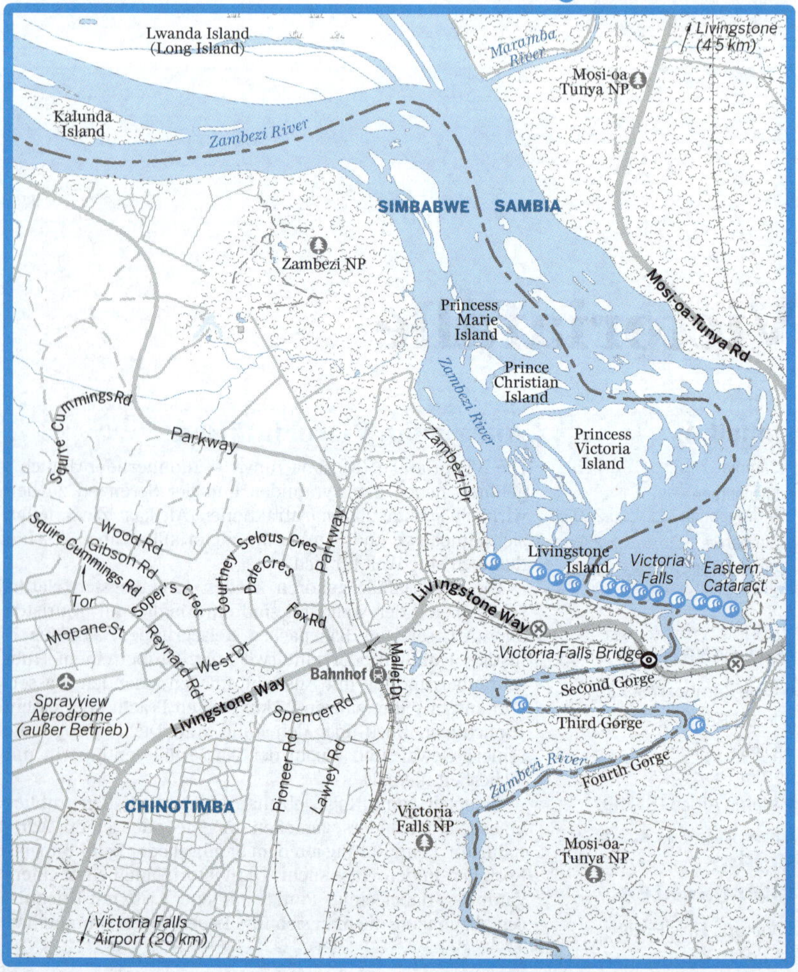

Aktivitäten

Natürlich lockt vor allem der spektakuläre Anblick der Victoriafälle Reisende in diese Region, aber die erstaunlich zahlreichen Aktivitäten lassen die Besucher dann oft länger verweilen. Wildwasser-Rafting, Bungee-Jumping, Hubschrauberrundflüge über dem Wasserfall, Nashornsafaris: Die Victoriafälle gehören zweifellos zu den führenden Abenteuerzielen der Welt.

Um den Aufenthalt möglichst günstig zu gestalten, lohnen sich Pauschalangebote, die verschiedene Adrenalinkicks für etwa 125 US$ kombinieren. Bei der Buchung sollten alle Zusatzkosten, wie Parkeintritt und Visagebühren, bestätigt werden.

Die Preise sind generell recht einheitlich und Aktivitäten können über die Unterkünfte und Reiseveranstalter gebucht werden.

Abseilen

Helm auf, Seil gepackt und dann für 40 US$ einfach einmal den Tag mit dem Abseilen über die 54 m tiefe, senkrechte Klippenwand verbringen.

Angeln

Eine Bootstour auf dem Sambesi, um sich einen dicken Tigerbarsch zu angeln, kostet um die 125 US$ für einen halben und 255 US$ für einen ganzen Tag; enthalten sind Bier, Benzin und Transfers. Mehr Infos gibt es bei **Angle Zambia** (☎327489; www.zambezifishing.com).

Bootsausflüge

Das Angebot für Flussfahrten auf dem Sambesi reicht von niveauvollen Touren auf der stattlichen *African Queen* bis hin zu Sauftouren mit unbegrenztem Alkohol bei Sonnenuntergang. Die Preise liegen zwischen 30 und 60 US$. Die Bootsausflüge sind toll, um wilde Tiere zu entdecken, aber einige Touristen haben genauso viel Spaß mit dem Verzehr von endlosen Drinks. Höchst empfehlenswert.

Bungee-Jumping & Swings

Startpunkt des berühmten dritthöchsten Bungee-Sprungs der Welt (111 m) ist die weithin bekannte Victoria Falls Bridge. Es geht ganz schön tief hinab, aber das Erlebnis ist einfach unvergleichlich! Der Sprung kostet 125 US$ pro Person.

Ansonsten gibt es noch die Bridge Swing, eine Art Bungee-Schaukel; man springt mit den Füßen voran, erlebt vier Sekunden freien Fall und anschließend aufrechtes Schaukeln, also nicht mit dem Kopf nach unten. Angeboten wird der Sprung an zwei Stellen, einmal direkt von der Victoria Falls Bridge, die zweite liegt ein Stück weiter an der Batoka-Schlucht. Der Preis für Einzel-/Tandemsprünge beträgt 125/195 US$.

Die Kombination von Bungee-Sprung, Bridge Swing und Seilrutsche kostet 160 US$.

Dampfeisenbahnfahrten

Nostalgische Romantik verspricht eine Fahrt in einer historischen Dampfeisenbahn. Auf der simbabwischen Seite betreibt die **Victoria Falls Steam Train Co** (☎13 42912; www.steamtraincompany.com; inkl. Getränke 40 US$, inkl. Abendessen ab 75 US$) die Garratt-Dampflok der Klasse 14A von 1953, die bei Sonnenuntergang über die berühmte Brücke zuckelt oder durch den Sambesi-Nationalpark fährt – entweder mit Abendessen oder Gourmethäppchen und unbegrenzten Getränken. Selbst wer keine Fahrt gebucht hat, sollte sich unbedingt am Bahnhof das unglaubliche Schauspiel der Abfahrt ansehen. Es gibt außerdem täglich Fahrten mit einer historischen Straßenbahn (einfach/hin & zurück 15/30 US$) über die Brücke,

DER WASSERFALL IM LAUF DES JAHRES

Die Victoriafälle sind zwar zu jeder Jahreszeit faszinierend, aber es gibt eine Regen- und eine Trockenzeit, die jeweils ganz eigene Erlebnisse vermitteln.

Wenn der Fluss Hochwasser führt und mehr Wasser in die Tiefe rauscht, liegt das an der „Wet" (Regenzeit). Und wenn der Wasserstand niedriger ist und der Wasserfall nicht von Sprühnebel eingehüllt ist, herrscht die „Dry" (Trockenzeit). Im Laufe eines Jahres ist grob mit folgenden Verhältnissen zu rechnen:

Januar bis April Zu Beginn der Regenzeit steigt der Wasserpegel langsam an, was ganz reizvolle Aussichten ermöglicht und auch den berühmten Sprühnebel zum Vorschein bringt.

Mai bis Juni Unbedingt eine Regenjacke mitbringen, weil es ganz schön nass wird! Der Wasserfall ist zwar durch den Sprühnebel kaum zu sehen, aber seine ganze Wucht ist zu erleben, wenn 500 Mio. Liter Wasser in den Abgrund donnern. Der Sprühnebel ist während dieser Zeit noch in 50 km Entfernung zu erkennen. Aber keine Sorge, ein Blick auf den Wasserfall ist trotz allem möglich: Dies ist die beste Zeit für einen Hubschrauberrundflug über diese unglaubliche Attraktion.

Juli bis Oktober Die beliebteste Zeit für einen Besuch, da sich der Sprühnebel lichtet und die schönsten Blickwinkel und Fotoperspektiven frontal auf den Wasserfall freigibt. Die Wassermassen sind aber noch imponierend genug sind, um einen Eindruck von der schieren Naturgewalt zu vermitteln.

November bis Januar Die unattraktivste Zeit für einen Besuch, da die Temperaturen steigen und der Fluss nur wenig Wasser führt. Eindrucksvoll ist der Wasserfall aber trotzdem noch, da sich der Wasserschleier jetzt in verschiedene Abschnitte aufteilt. Der Vorteil dieser Jahreszeit ist, dass Besucher direkt bis zum Rand des Devil's Pool auf der sambischen Seite schwimmen können.

SIM ODER SAM?

Die Victoriafälle erstrecken sich über die Grenze zwischen Simbabwe und Sambia und sind von beiden Ländern aus einfach zu erreichen. Die große Frage für die meisten Reisenden lautet deshalb jedoch, ob sie den Wasserfall nun von der Stadt Victoria Falls in Simbabwe oder von Livingstone in Sambia aus besuchen. Die Antwort ist einfach: Man sollte die Fälle wenn möglich von beiden Seiten besuchen und deshalb auch in beiden Städten übernachten.

Von Simbabwe aus ist der Weg zu den Wasserfällen weiter, aber die Gesamtansicht ist besser. Auf der sambischen Seite können wagemutige Besucher am Devil's Pool praktisch oben am Wasserfall stehen, allerdings ist der Ausblick eingeschränkt.

Die Stadt Victoria Falls wurde eigens für Besucher gegründet und liegt daher in Laufnähe direkt neben dem Zugang zum Wasserfall. Sie besitzt die natürliche Schönheit der afrikanischen Landschaft.

Livingstone ist ein hübsches Städtchen mit einer lockeren Atmosphäre und großem Stolz auf sein historisches Flair. Da Victoria Falls jahrelang das Haupttouristenzentrum war, wirkt Livingstone authentischer, vielleicht weil die Einwohner ihr Geld nicht vorrangig mit dem Tourismus verdienen. In Livingstone tummeln sich das ganze Jahr über Reisende, aber die Stadt ist recht ausgedehnt und liegt 11 km von den Fällen entfernt.

auf der ebenfalls Getränke und Häppchen serviert werden (40 US$).

In Sambia fährt der **Royal Livingstone Express** (☎213 323232; www.royal-livingstone-express.com; Mosi-oa-Tunya Rd, Livingstone; inkl. Essen & Getränke 170 US$; ⌚Mi & Sa) mit einer Dampflok der 10. Klasse von 1922 und mit weichen Ledersitzen 3½ Stunden lang durch den Nationalpark Mosi-oa-Tunya, komplett mit Fünfgängemenü und Getränken.

Jetboote

Mit Volldampf in die Wasserstrudel! Der haarsträubende Trip kostet 97 US$ und ist mit einer Seilbahnfahrt in die Batoka-Schlucht hinab verbunden.

Kanu & Kajak

Auf der sambischen Seite werden ganztägige Touren im aufblasbaren Kajak (155 US$) über die wilden Stromschnellen des Sambesi sowie halb-/ein-/dreitägige Kurse zum Erlernen der Eskimorolle angeboten (82/145/412 US$).

Ansonsten gibt es noch gemächliche Kanutouren auf dem Oberlauf des Sambesi in aufblasbaren Kanus für jeweils zwei Personen (125 US$) oder noch geruhsamere geführte Abendtouren für 60 US$ einschließlich Wein und Bier. Zweitägige Touren kosten 200 US$, längere Trips gibt es ebenfalls.

Kulturaktivitäten

Ein Abend am Lagerfeuer beim Trommeln unter dem afrikanischen Himmel, inklusive traditionellem Essen, für 25 US$ pro Stunde. Traditionelle Tänze zum Zuschauen und Mitmachen kosten 40 US$.

Quadbiking

Auch mit Geländequads kann man die spektakuläre Landschaft um Livingstone, Sambia und die Batoka-Schlucht erkunden und dabei wilde Tiere entdecken. Die Trips reichen von Naturfahrten im Batoka Land bis zu längeren Kulturtouren in den afrikanischen Busch. Die Fahrten dauern eine Stunde (80 US$) oder 2½ Stunden (150 US$).

Rafting

Eines der besten Reviere für Wildwasser-Rafting auf der Welt, sowohl für erfahrene Rafter als auch für Anfänger. Rafting wird auf beiden Seiten des Sambesi angeboten, also in „Sim" oder „Sam", und zwar mit hoher Nachfrage während der Hochwassersaison zwischen Mitte Februar und Juli. Der Fluss unterhalb der Victoriafälle besitzt Stromschnellen der Stufe 5: sehr lang mit gewaltigen Abfällen und großen Kicks – nichts für schwache Nerven. In der Hochwassersaison führen die Tagestrips von den Stromschnellen 11 bis 24 über eine Strecke von etwa 18 km flussabwärts.

Niedrigwassersaison ist zwischen Juli und Mitte Februar und gilt als die beste Zeit fürs Rafting. Tagestouren führen von Stromschnelle 1 bis 19 über eine Strecke von etwa 25 km. Der Fluss ist in seiner „Saisonpause" um April/Mai meist gesperrt, je nach Regenfällen im jeweiligen Jahr.

Halb-/Ganztagstrips kosten um die 120/130 US$. Touren über zwei oder mehrere Tage können ebenfalls vereinbart werden.

Eine weitere Möglichkeit ist **Riverboarding**, bei dem man auf einem Boogiebrett liegt und die Stromschnellen hinabdüst. Es kostet 135/150 US$ für einen halben/ganzen Tag. Die beste Zeit fürs Riverboarding ist von Februar bis Juni. Rafting und Riverboarding wird auch als Kombination für 165 US$ angeboten.

Reiten

Wilde Tiere lassen sich meistens gut auf einer Reittour am Sambesi entlang beobachten. Ein Ausritt über 2½ Stunden kostet um 90 US$, Tagestouren für erfahrene Reiter kosten 145 US$.

Rundflüge

Als könnten die Victoriafälle nicht noch spektakulärer werden: Der „Engelsflug" mit dem Hubschrauber bietet zweifellos den allerbesten Blick über den dramatischen Wasserfall. Die Flüge sind nicht gerade billig, aber sie lohnen sich. Ansprechpartner sind **Zambezi Helicopter Company** (www.shearwatervictoriafalls.com/helicopters; Flüge 13/25 Min. 130/250 US$, plus 10 US$ Parkeintritt) in Simbabwe und **United Air Charter** (213 323095; www.uaczam.com; Baobab Ridge, Livingstone) in Sambia.

Eine Alternative sind motorisierte Drachenflieger, die ebenfalls erstklassige Aussichten aus der Vogelperspektive bieten. Der Pilot nimmt auf Wunsch Fotos mit einer Kamera an den Tragflächen auf. Der Flug über den Wasserfall kostet 140 US$ für 15 Minuten.

Safaris

Es gibt reichlich Möglichkeiten, in der Gegend Tiere zu beobachten, ob in den Nationalparks in der Nähe, in privaten Wildparks oder in der weiteren Umgebung. Wanderführungen und Jeepsafaris werden in den Parks auf beiden Seiten der Grenze angeboten. Im **Mosi-oa-Tunya Game Park** (Eintritt ins Tierschutzgebiet 10 US$; Tierschutzgebiet 6–18 Uhr) in Sambia besteht die Chance, Breitmaulnashörner zu sehen, im Sambesi-Nationalpark in Simbabwe leben einige Löwen. Geführte Wanderungen kosten um 70 US$, Fahrten 50 bis 90 US$. Jeepsafaris werden auch in der Abend- und Morgendämmerung sowie nachts angeboten (50–90 US$). Flusssafaris (30 US$) auf dem Sambesi sind eine weitere beliebte Möglichkeit, Tiere zu Gesicht zu bekommen, darunter Elefanten, Flusspferde und zahllose Vögel.

Eine günstig gelegene, nämlich nur 15 km von Victoria Falls entfernte Möglichkeit bietet das **Victoria Falls Private Game Reserve** (44471; www.shearwatervictoriafalls.com/safaris), ein 4000 ha großes Privatreservat unter der Leitung von Shearwaters. Auf einer Jeepsafari (90 US$) geht es auf die Spuren der „Big Five" – angeblich mit einer Chance von 97 % (um ganz genau zu sein), ein Spitzmaulnashorn zu erblicken.

Reiseveranstalter bieten auch Tagestouren zum Chobe-Nationalpark (s. S. 293) in Botsuana für 170 US$ an (ohne Visumgebühren). Er liegt nur eine Stunde Fahrt von Victoria Falls entfernt. Die Tour enthält eine Frühstücksbootsfahrt, eine Jeepsafari im Chobe-Nationalpark, Mittagessen und die Rückfahrt nach Victoria Falls gegen 17 Uhr. Tiere lassen sich dort reichlich blicken: Löwen, Elefanten, Wildhunde, Geparden, Büffel und viele Antilopen.

Der **Hwange-Nationalpark** (Eintritt pro Tag 15 US$; etwa 6–18 Uhr) in Simbabwe mit der weltweit größten Anzahl an Elefanten ist eine weitere Möglichkeit. Eine Tagestour kostet um 250 US$.

Seilrutschen

Mit 106 km/h kann man an der Seilrutsche (Single/Tandem 66/105 US$) entlangsausen oder sich wie ein Superheld von einem Land zum nächsten (von „Sim" nach „Sam") auf der „Brückenrutsche" über die Batoka-Schlucht schwingen (Single/Tandem 35/50 US$). Es gibt noch weitere Seilrutschen (*flying fox;* 40 US$).

Vogelbeobachtung

Vogelfreunde sollten ihr Fernglas mitbringen, um die 470 Vogelarten in der Region zu beobachten, darunter Schalow-Turakos, Afrikanische Binsenrallen und Kobalteisvögel. Zu entdecken sind sie bei Wanderungen in den Parks oder auf einer Kanufahrt auf dem Sambesi.

Praktische Informationen

Reise- & Tourveranstalter

Aktivitäten und Preise sind durchgängig standardisiert, man kann also praktischerweise alles über Hostels und große Hotels buchen.

Eine direkte Buchung bei den Veranstaltern ist natürlich ebenfalls möglich. Die wichtigsten Anbieter in Simbabwe sind **Wild Horizons** (0712-213721, 13 42013; www.wildhorizons.co.za; 310 Parkway Dr.) und **Shearwater** (13 44471;

VISA

Für die Überquerung der Grenze zwischen Simbabwe und Sambia ist ein Visum nötig. Visa sind an den Grenzübergängen erhältlich, die in der Regel von etwa 7 bis 22 Uhr geöffnet sind. Zu beachten ist, dass an den Grenzübergängen keine Visa für mehrfache Einreisen ausgestellt werden; in den meisten Fällen müssen solche Bescheinigungen schon vor der Reise in der Botschaft im eigenen Heimatland beantragt werden.

Die Einreise nach Sambia für einen Tagesaufenthalt kostet 20 US$ für 24 Stunden, ein Visum für die einmalige Einreise kostet 50 US$, für eine zweifache Einreise 80 US$.

Ein Visum für die einmalige Einreise nach Simbabwe kostet 30 US$, für die zweimalige Einreise in der Regel 45 US$.

www.shearwatervictoriafalls.com; Parkway Dr.). In Sambia sind es **Safari Par Excellence** (☎213 320606; www.safpar.net) und **Livingstone's Adventure** (☎213 323587; www.livingstonesadventure.com), beide in Livingstone. Alle bieten Aktivitäten auf beiden Seiten an.

Touristeninformation

Mit Abstand die besten Tipps gibt es im Backpackers Bazaar (S. 241) in Victoria Falls. Die passionierte Besitzerin Joy ist eine unerschöpfliche Quelle an Infos und Tipps für die Victoriafälle und Umgebung. Auch die Leute im Jollyboys Backpackers (S. 233) in Livingstone kennen sich extrem gut aus und können einem verraten, was gerade aktuell ansteht. Beide sind auch prima Anlaufstellen, um Aktivitäten und den weiteren Verlauf der Reise zu buchen.

SAMBIA

☎260

Sambia reitet auch weiterhin auf der Welle des Tourismus, den die Victoriafälle mit sich bringen, bleibt dabei aber dennoch bodenständig und ist somit ein wunderbar ruhiges Reiseziel, das als solches anerkannt wurde: Das Land ist Mitausrichter der United Nations World Tourism Assembly 2013. Das Gebiet an den Wasserfällen entwickelt sich noch immer rasant und dürfte bald eines der exklusivsten Reiseziele im südlichen Afrika sein.

Livingstone & Umgebung

☎0213

Das geruhsame Städtchen Livingstone, 11 km von den Victoriafällen entfernt gelegen, hat sich zum Mekka von Backpackern entwickelt. Reisende kommen nicht nur hierher, um die Victoriafälle zu bewundern, sondern auch, um sich in die überaus spannende Abenteuerszene zu stürzen. Schön ist die Stadt nicht gerade, aber sie ist sicher, lebendig und hat einige fantastische Restaurants zu bieten. Wer es lieber etwas idyllischer und luxuriöser mag, kann sich inmitten der Natur in einer der noblen Lodges am Sambesi mit Blick auf Fluss und Wildtiere einquartieren.

Mittelpunkt der Stadt ist die einzige Hauptstraße, die Mosi-oa-Tunya Road, 11 km vom Eingang zu den Wasserfällen. Mehrere Lokale und Unterkünfte liegen direkt am Sambesi, aber am meisten los ist in der Gegend ein Stück hinter dem Ufer.

Sehenswertes & Aktivitäten

LP TIPP **Victoria Falls World Heritage National Monument Site** WASSERFALL

(Eintritt 103,5 ZMW; 6–18 Uhr) Genau deswegen sind alle Besucher hier: wegen der gewaltigen und imposanten Victoriafälle. Sie sind Teil des Nationalparks Mosi-oa-Tunya, 11 km außerhalb der Stadt und unmittelbar vor der sambischen Grenze; ein kleiner Pfad führt zum Besucherzentrum mit seiner kleinen Ausstellung zur einheimischen Tierwelt, Geologie und Kultur.

Vom Zentrum führt ein Wegenetz durch dichte Vegetation zu verschiedenen Aussichtspunkten. Ein Pfad führt ohne Einzäunung – und Warnschilder (also Vorsicht!) – flussaufwärts, wo der Sambesi sanft zwischen Felsen und kleinen Inseln auf den Wasserfall zuströmt.

Um einen Blick aus der Nähe auf den **Eastern Cataract** zu erwischen, ist nichts furchteinflößender (und feuchter) als ein Gang über die Fußgängerbrücke durch wirbelnde Dunstschwaden bis zu einem steilen Felsvorsprung, dem **Knife Edge**. Bei Niedrigwasser oder bei günstigem Wind winkt als Belohnung ein herrlicher Blick auf den Wasserfall und den gähnenden Abgrund.

Ansonsten ist die Aussicht durch Sprühnebel behindert (und die Kleidung pitschnass). Von dort führt ein steiler Pfad hinab zum Ufer des mächtigen Sambesi und zu einem riesigen Strudel, dem **Boiling Pot**. Vorsicht vor dreisten Pavianen!

Der Park ist um die Vollmondzeit abends nochmals geöffnet. Es bietet ein schönes Naturschauspiel wenn der hinreißende Mondregenbogen zu sehen ist. Die Tickets kosten zusätzliche 51 ZMW – die genauen Öffnungszeiten ändern sich, sind aber in der Unterkunft zu erfahren.

LP TIPP **Livingstone Island** AUSSICHTSPUNKT

Eines der mitreißendsten Erlebnisse nicht nur am Wasserfall, sondern in Afrika überhaupt ist die aufregende Fahrt zur Livingstone Island. Dort lockt ein Bad im **Devil's Pool** – dem ultimativen natürlichen Infinity-Pool direkt am Rand der dramatisch tosenden Victoriafälle. Wagemutige können vom Teich aus über den Rand lugen und den außerordentlichen Anblick des 100 m tiefen Abgrunds bestaunen.

Livingstone Island liegt inmitten des Sambesi oben am Wasserfall. Dort markiert

DER MANN, DER MYTHOS, DIE LEGENDE

David Livingstone gehört zu den wenigen europäischen Entdeckern, die die Afrikaner heute noch verehren. Seine legendären Heldentaten auf dem schwarzen Kontinent entstammen zwar teilweise dem Reich der Fiktion, aber seine Lebensaufgabe, dem Sklavenhandel ein Ende zu setzen, war durchaus real (und letztendlich sehr erfolgreich).

Livingstone wurde am 19. März 1813 in die ländliche Armut Südschottlands hineingeboren und arbeitete schon mit zehn Jahren in der örtlichen Baumwollspinnerei. Er arbeitete mehrere Jahre in London, bevor er 1840 zum Missionar berufen wurde. Im Jahr darauf kam Livingstone in Betschuanaland (heute Botsuana) an, reiste auf der Suche nach Konvertiten ins Landesinnere und setzte sich für das Ende des Sklavenhandels ein.

Schon 1842 drang er als einer der ersten Europäer zu den nördlichen Ausläufern der Kalahari vor. In den darauffolgenden Jahren erkundete Livingstone das Innere Afrikas mit der Absicht, Handelswege zu erschließen und Missionsstationen einzurichten. 1854 entdeckte er einen Weg zur Atlantikküste und kam im heutigen Luanda an. Seine berühmteste Entdeckung machte er jedoch 1855, als er während seiner heroischen Bootsreise den Sambesi hinab zum ersten Mal die faszinierenden Victoriafälle erblickte.

Livingstone kehrte als Nationalheld nach Großbritannien zurück und schilderte seine Reisen in dem 1857 erschienenen Band *Zum Sambesi und quer durchs südliche Afrika 1849–1856*.

1858 kehrte Livingstone als Leiter der Sambesi-Expedition zurück, eines von der britischen Regierung finanzierten Unternehmens zur Erkundung der Bodenschätze in der Region. Zu seinem Pech endete die Expedition, als sich ein bisher unerforschter Abschnitt des Sambesi als nicht schiffbar erwies. Für die britische Presse war die Expedition gescheitert, und als die Regierung 1864 beschloss, die Gesandtschaft zurückzurufen, musste auch Livingstone nach Hause fahren.

Trotz angegriffener Gesundheit kam Livingstone 1869 am Tanganjikasee an, auch wenn ihn einige seiner Gefolgsleute unterwegs im Stich ließen. Das war ein gefundenes Fressen für die Presse, vor allem in Großbritannien, und die wildesten Gerüchte um Livingstones körperliche und geistige Gesundheit machten die Runde. Da immer rätselhafter wurde, wo er sich überhaupt aufhielt, kamen Verantwortliche der US-Zeitung *New York Herald* auf die äußerst publikumswirksame Idee, den Journalisten Henry Morton Stanley auf die Suche nach Livingstone zu schicken.

Stanley reiste nach Sansibar, machte sich mit beinahe 200 Trägern auf den Weg und fand den Gesuchten endlich am 10. November 1871 in Udschidschi in der Nähe des Tanganjikasees. Obwohl Livingstone wahrscheinlich der einzige Europäer in der ganzen Region war, begrüßte ihn Stanley mit dem berühmten Satz „Dr. Livingstone, nehme ich an?"

Stanley beschwor ihn, Afrika zu verlassen. Aber Livingstone war fest entschlossen, die Quelle des Nils zu finden. Livingston drang so tief ins Innere Afrikas vor wie kein anderer Europäer vor ihm. Am 1. Mai 1873 starb Livingston in der Nähe des Bangweulasees im heutigen Sambia, zu Tode geschwächt von Malaria und Ruhr. Sein Leichnam wurde nach England überführt, und heute liegt er in der Westminster Abbey in London begraben.

Livingstone

eine Tafel jene Stelle, von der David Livingstone die Victoriafälle erstmals erblickte.

Die Insel ist gut und bequem mit dem Boot zu erreichen; im Preis enthalten sind entweder Frühstück (333 ZMW), Mittagessen (615 ZMW) oder „High Tea" (486 ZMW). Bei Niedrigwasser ist es auch möglich, zur Insel hinüber zu laufen oder zu schwimmen, aber ein Führer als Begleitung ist in jedem Fall vorgeschrieben.

Bitte beachten, dass die Insel von etwa März bis Mai nicht zugänglich ist, da der Wasserpegel dann zu hoch steht.

Livingstone

Sehenswertes
1 Livingstone Museum ... B3

Aktivitäten, Kurse & Touren
2 Royal Livingstone Express ... B6

Schlafen
3 Fawlty Towers ... B4
4 Jollyboys Backpackers ... B3
5 Jollyboys Camp ... D3
6 Livingstone Backpackers ... C4
7 Olga's Guesthouse ... C4
8 ZigZag ... B6

Essen
9 Cafe Zambezi ... B5
Olga's Italian Corner ... (siehe 7)
10 Spot ... B5
11 Wonderbake ... C3
ZigZag ... (siehe 8)

Ausgehen
12 Fez Bar ... B5

Shoppen
13 Mukuni Crafts ... C2

Praktisches
14 Barclays Bank ... C3
15 Livingstone General Hospital ... B2
16 Stanbic ... B4
17 Standard Chartered Bank ... C3
18 Tourist Centre ... B3

Transport
19 Combi (Minibus)-Haltestelle ... C3
20 CR Holdings (CR Carriers) ... C3
21 Hemingways ... A3
22 Mazhandu Family Bus Services ... C3
23 Shalom Bus ... C3

Wildpark Mosi-oa-Tunya WILDRESERVAT
(Eintritt 10 US$; ⌚6–18 Uhr) Der andere Teil des Nationalparks Mosi-oa-Tunya liegt von den Wasserfällen flussaufwärts und nur 3 km südwestlich von Livingstone. In dem winzigen Wildreservat lebt eine erstaunliche Vielfalt an Tieren, darunter Nashörner, Zebras, Giraffen, Büffel, Elefanten und Antilopen. Am berühmtesten ist das Areal für die Fußwanderungen auf der Suche nach Breitmaulnashörnern. Die Wanderführungen kosten 435 ZMW pro Person in Gruppen mit bis zu acht Teilnehmern.

Livingstone Museum MUSEUM
(Mosi-oa-Tunya Rd.; Eintritt 25 ZMW; ⌚9–16.30 Uhr) Das exzellente Livingstone Museum ist in fünf Abteilungen untergliedert: Archäologie, Geschichte, Ethnografie, Naturkunde und Kunst. Highlights sind Ritualgegenstände der Tonga, ein lebensgroßes Modell eines afrikanischen Dorfes, eine Sammlung von Memorabilien von David Livingstone und historische Landkarten seit dem Jahr 1690.

Schlafen

STADTZENTRUM

LP TIPP **Jollyboys Backpackers** BACKPACKERS $
(☎324229; www.backpackzambia.com; 34 Kanyanta Rd.; Zeltplatz/B/Zi. 40/50/205 ZMW; @📶🏊) Die britischen und kanadischen Besitzer von Jollyboys wissen genau, was Backpacker wünschen, und das Haus ist aus gutem Grund höchst beliebt. Im Vordergrund stehen die Bedürfnisse unabhängiger Reisender, von der abgesenkten Lounge und dem erstklassigem Kaffee bis zu dem glitzernden Pool, dem preiswerten Restaurant und sauberen, hellen Zimmern. Abends kann es etwas hektisch werden, weswegen die ruhigere Pension **Jollyboys Camp** (Chipembi Rd.) in der nahen Chipembi Road speziell für Paare und Familien eröffnet wurde.

Fawlty Towers BACKPACKERS, LODGE $$
(☎323432; www.adventure-africa.com; 216 Mosi-oa-Tunya Rd.; Zeltplatz/B/3BZ 40/76/215 ZMW, DZ mit/ohne Bad 307/205 ZMW; ❄@📶🏊) Die einstige Institution für Backpacker wurde zu einem Haus voller schicker Details aufgemöbelt: kostenloses Internet und WLAN, schattige Rasen, ein toller Pool und Zimmer, die zu den hübschesten und größten Schlafsälen überhaupt gehören. Zum Glück ist kein Basil oder Manuel in Sicht, die tollpatschigen Figuren aus der britischen TV-Serie *Fawlty Towers*.

ZigZag PENSION $$
(☎322814; www.zigzagzambia.com; an der Mosi-oa-Tunya Rd.; EZ/DZ 280/410 ZMW; P❄@📶🏊) Der Anschein einer Mischung aus Motel und Wohnwagenpark sollte nicht täuschen: Die Zimmer hier sind eher Boutique-B&B mit überall liebevollen Details. Betrieben wird das Haus von einem netten schottisch-namibischen Paar, und der wunderbare Swimmingpool, das tolle Restaurant und

der Kinderspielplatz verleihen ihm ein echtes Ferienflair.

Olga's Guesthouse PENSION $$

(☎324160; www.olgasproject.com; Ecke Mosi-oa-Tunya & Nakatindi Rd.; EZ/DZ/FZ 256/358/460 ZMW; ❄📶) Wem nach einem Essen im Restaurant Olga's Italian Corner nach Bettruhe ist, wird von Olga's auch damit versorgt. Saubere, große Zimmer mit kühlen Bodenfliesen, Teakmöbeln und schicken Badezimmern sind nur ein paar Meter entfernt. Der Gewinn geht an eine Organisation, die einheimische Jugendliche unterstützt.

Livingstone Backpackers BACKPACKERS $

(☎324730; www.livingstonebackpackers.com; 559 Mokambo Rd.; Zeltplatz/B 40/50 ZMW; 📶🏊) Das Hostel ähnelt der Hausgemeinschaft von *Big Brother* und kann zum Partyraum ausarten, besonders wenn die Jugend hier Ferien macht. Die jungen Leute hängen dann am Pool oder in der sandigen Hüttenbar ab, schaukeln in Hängematten oder versuchen sich an der Klettermauer. Es gibt auch einen Hot Tub, eine Freiluftküche und einen Aufenthaltsraum.

AM UFER DES SAMBESI

Die Preise enthalten überwiegend Mahlzeiten und den Transfer von Livingstone; Reservierung ist ratsam.

LP TIPP Stanley Safari Lodge LODGE $$$

(☎ in Südafrika 27-72-170 8879; www.stanleysafaris.com; pro Pers. mit Vollpension und Aktivitäten ab 2203 ZMW; @📶🏊) Das intime und opulente Stanley liegt 10 km von den Wasserfällen in idyllischer Lage in einem Mopane-Wald. Die Zimmer sind so vornehm, wie es bei dem Preis zu erwarten ist; am edelsten sind die Open-Air-Suiten mit eigenem kleinen Pool, wo Natur pur genossen werden kann. Wer genug davon hat, kann sich vor den Kamin in der Open-Air-Lounge kuscheln. In den Preisen ist alles inbegriffen.

David Livingstone LODGE $$$

(☎324601; www.thedavidlivingstone.com; River Side Dr., Mosi-oa-Tunya National Park; EZ/DZ mit Frühstück & Aktivitäten 1745/2675 ZMW; 📶🏊) Das neueste Luxushotel in Livingstone: Alle Zimmer haben Flussblick, rhodesische Teakmöbel, Falttüren, Himmelbetten und freistehende Badewannen mit Blick auf den Fluss. Das Hotel liegt innerhalb des Nationalparks, nachts blöken hier die Flusspferde und die Veranda und die Bar um den Infinity-Pool am Flussufer sind wunderbar für einen abendlichen Drink. Die Lodge liegt auf halber Strecke zwischen Livingstone und den Wasserfällen.

Jungle Junction Bovu Island LODGE, CAMPINGPLATZ $

(☎0978-725282, 323708; www.junglejunction.info; Zeltplatz pro Pers. 50 ZMW, Hütte pro Pers. 128–179 ZMW; 🏊) Flusspferde, Hängematten und Harmonie: Das Jungle Junction auf einer üppig grünen Insel inmitten des Sambesi, etwa 50 km von Livingstone, lockt Reisende an, die nur unter Palmen abhängen oder etwas angeln wollen (77 ZMW inkl. Ausrüstung und Führer). Mahlzeiten werden ebenfalls serviert (36–60 ZMW).

Zambezi Waterfront LODGE $$$

(☎320606; www.safpar.net/waterfront.html; Zeltplatz pro Pers. 50 ZMW, Einzel-/Doppelzelt 155/200 ZMW, EZ/DZ mit Frühstück ab 640/920 ZMW; ❄📶🏊) Die Lodge am Flussufer wirkt etwas rustikaler und hat den Charme der Wildnis, da sich Krokodile in einem kleinen Bach auf dem Gelände tummeln. Das Unterkunftsangebot reicht von Luxuszelten und Hütten am Fluss bis zu gehobenen Zimmern und Familiensuiten. Der Biergarten am Fluss ist natürlich bei Sonnenuntergang besonders beliebt. Die Lodge liegt 4 km südlich von Livingstone und bietet kostenlosen Transport zu den Wasserfällen und in die Stadt.

Zambezi Sun RESORT $

(☎321122; www.suninternational.com; EZ/DZ mit Frühstück ab 2355/2510 ZMW, FZ 2550 ZMW; ❄@📶🏊) Die weitläufige Ferienanlage, nur zehn Minuten zu Fuß von den Wasserfällen, ist eine großartige Basis zur Erkundung der Region. Die einer nordafrikanischen Kasbah nachempfundenen Zimmer sind farbenfroh, und die vielen Pools und der Spielplatz sind ideal für Familien. Die Anlage liegt innerhalb des Nationalparks, es sind also weidende Zebras zu sehen, die aber in Ruhe gelassen werden sollten. Im Preis ist der Eintritt zu den Victoriafällen enthalten.

Tongabezi Lodge LODGE $$$

(☎323235; www.tongabezi.com; Hütte/Haus pro Pers. 2200/2710 ZMW; ❄🏊) Geboten werden luxuriöse, geräumige Hütten, „Baumhäuser" mit offener Front und private Speiseveranden. Gäste dürfen einen Abend auf der benachbarten Insel Sindabezi verbringen (pro Pers. 350 US$), die von der *Sunday Times* zum schönsten exklusiven Ort der Welt gekürt wurde.

Essen & Ausgehen

In Livingstone gibt es etliche hochwertige Restaurants, darunter einige exzellente Neueröffnungen. Für einen Sundowner eignen sich alle Resorthotels am Ufer des Sambesi, in denen auch Nichtgäste einen Drink und einen umwerfenden Sonnenuntergang genießen dürfen.

LP TIPP Cafe Zambezi AFRIKANISCH $$
(0978-978578; 217 Mosi-oa-Tunya Rd.; Hauptgerichte 30–48 ZMW; 9–24 Uhr;) Strotzt vor afrikanischem Flair; die Einrichtung zieht sich vom Innenraum bis in den sonnigen und nachts von Kerzen erleuchteten Hof hinaus. Die umfangreiche Speisekarte enthält diverse *braai* (Grillgerichte) mit Ziegenfleisch und Mopane-Raupen sowie internationale Speisen, z. B. gebratenes Gemüse mit Feta, das mit *sadza* (Maisbrei) serviert wird. Die authentischen Holzofenpizzas sind der Renner, außerdem gibt es Hamburger mit Krokodilfleisch oder mit Auberginen und Halloumi.

LP TIPP Olga's Italian Corner ITALIENISCH $$
(www.olgasproject.con; Ecke Mosi-oa-Tunya & Nakatindi Rd.; Pizza & Pasta ab 40 ZMW; 7–22 Uhr;) Das Olga's serviert unter einem großen Strohdach authentische Holzofenpizzas mit dünner Kruste sowie köstliche hausgemachte Pastaklassiker. Zur tollen vegetarischen Auswahl gehört die Lasagne aus der Schüssel mit knusprigem schwarzen Rand. Die Erlöse gehen an ein Gemeindezentrum für benachteiligte Jugendliche.

ZigZag CAFÉ $$
(an der Mosi-oa-Tunya Rd.; Hauptgerichte ab 25 ZMW; 7–21 Uhr;) Das ZigZag ist ein weiteres Highlight im kulinarischen Angebot von Livingstone. Hier gibt es köstliche hausgebackene Muffins (z. B. mit Preiselbeeren und weißer Schokolade), Smoothies aus frischen Früchten aus dem Garten und ein kleines wechselndes Angebot an Hausmannskost.

Spot CAFÉ $
(Mosi-oa-Tunya Rd.; Hauptgerichte ab 40 ZMW; 10–22 Uhr) Das hübsche kleine Freiluftrestaurant mit Picknicktischen verspricht „verdammt gutes Essen". Das Versprechen hält es auch mit seiner Mischung aus afrikanischen und internationalen Gerichten, darunter ein anständiges Hühnerschnitzel.

Wonderbake CAFÉ, BÄCKEREI $
(Mosi-oa-Tunga Rd.; 8–21 Uhr;) Das Bäckerei-Café kommt völlig schnörkellos daher, aber es hat ein nettes afrikanisches Flair, verkauft billige Pasteten und hat kostenloses WLAN.

Fez Bar BAR
(Mosi-oa-Tunya Rd.) Die Open-Air-Bar unter einem Garagenblechdach ist beliebt wegen der Trinkspiele, Billardtische und dem Angebot an weichen Tacos.

Shoppen

Mukuni Crafts KUNSTHANDWERK
(Mosi-oa-Tunya Rd.) An den Kunsthandwerksständen an der südlichen Ecke des Mukuni Park kann man angenehem und problemlos nach Souvenirs stöbern.

Praktische Informationen

Gefahren & Ärgernisse

Es ist nicht besonders ratsam, von der Stadt zum Wasserfall zu laufen, da es auf dieser Straße schon etliche Raubüberfälle gegeben hat – selbst Touristen auf Fahrrädern wurden überfallen. Es ist sowieso ein langer und nicht besonders interessanter Weg und lohnt das Risiko einfach nicht. Am besten ist ein Minivan für 5 ZMW oder ein blaues Taxi für 40 ZMW.

Geld

Barclays Bank (Ecke Mosi-oa-Tunya Rd. & Akapelwa St.) und **Standard Charted Bank** (Mosi-oa-Tunya Rd.) akzeptieren Visakarten, die **Stanbic** (Mosi-oa-Tunya Rd.) akzeptiert MasterCard.

Internetzugang

Computer Centre (216 Mosi-oa-Tunya Rd.; Internet pro Std. 2 US$; 8–20 Uhr) Bietet auch internationale Telefonanrufe und Faxe. Alle Hostels haben mittlerweile WLAN oder zumindest Internetzugang.

Medizinische Versorgung

Livingstone General Hospital (321475; Akapelwa St.)

Notfall

Polizei (320116; Maramba Rd.)

Post

Post (Mosi-oa-Tunya Rd.) Hat einen Service für postlagernde Sendungen und für Faxe eingerichtet.

Touristeninformation

Tourist Centre (321404; www.zambiatou

rism.com; Mosi-oa-Tunya Rd.; ⌚Mo–Fr 8–17 Uhr) Mäßig brauchbar, aber hilft bei der Buchung von Touren und Unterkünften; Jollyboys und Fawlty Towers geben aber ebenfalls alle notwendigen Informationen.

An- & Weiterreise

Auto & Motorrad

Wer mit einem Mietwagen oder -motorrad unterwegs ist, sollte sich zuvor gründlich über den Versicherungsschutz informieren und darauf achten, alle notwendigen Papiere für Kontrollen und Grenzüberquerungen mitzuführen, nämlich Fahrzeugschein und Fahrerlaubnispapiere, Versicherungsdokumente und eine Kopie der Quittung für bezahlte Kohlendioxidsteuer. Bei der Grenzüberschreitung nach Simbabwe muss mit diversen Gebühren von etwa 55 US$ gerechnet werden.

Bus & Combi (Minibus)

Die sambische Seite der Victoriafälle liegt 11 km südlich von Livingstone an der Straße zur Grenze mit Simbabwe. Zahlreiche Minibusse und Gemeinschaftstaxis befahren die Strecke ab dem Minibusbahnhof über die Senanga Road in Livingstone. Da es schon zu Raubüberfällen gekommen ist, sollte man am besten ein Taxi nehmen.

NACH LUSAKA

CR Holdings (☎0977-861063; Ecke Mosi-oa-Tunya Rd. & Akapelwa St.) Hat täglich vier Verbindungen mit Lusaka (80 ZMW, 7 Std.).

Mazhandu Family Bus (☎0975-805064) Täglich von 6 bis 22.30 Uhr sieben Busse nach Lusaka (80–115 ZMW).

Shalom Bus (☎0977-747013; Mutelo St.) Täglich von 5.30 bis 22 Uhr acht Busse nach Lusaka (75 ZMW, 6 Std.) sowie in viele andere Teile Sambias.

NACH NAMIBIA

Infos zur Einreise nach Namibia und zur Grenzüberschreitung zwischen Sambia und Namibia in Katima Mulilo siehe S. 101.

NACH BOTSUANA

Busse von Mazhandu Family Bus nach Sesheke (60 ZMW, 2 Std.) fahren um 5 und 14 Uhr los. Vom Busbahnhof Mingongo neben der katholischen Kirche im Dorf Dambwa, 3 km westlich des Stadtzentrums, fahren ebenfalls Busse nach Sesheke (50 ZMW), sobald sie voll sind. Die beste Möglichkeit, von Livingstone nach Mongu zu reisen, bietet der Bus nach Sesheke oder Lusaka; dort steigt man nach Mongu um.

Combis (Minibusse) zur botsuanischen Grenze in Kazungula fahren, sobald sie voll sind, vom Busbahnhof Mingongo ab und kosten 30 ZMW. Gemeinschaftstaxis warten am Taxistand am Shoprite und kosten 40 ZMW.

Infos zur Einreise nach Botsuana und zum Grenzübergang zwischen Sambia und Botsuana in Kazungula siehe S. 302.

Flugzeug

South African Airways (☎0212-612207; www.flysaa.com) und **British Airways** (www.britishairways.com) fliegen täglich von und nach Johannesburg, **1Time** (☎322744; www.1time.aero) fliegt dreimal pro Woche. Das billigste Ticket hin & zurück bekommt man ab etwa 400 US$. **Proflight Zambia** (☎0211-845944; www.proflight-zambia.com) fliegt täglich von Livingstone nach Lusaka.

Zug

Mit dem Bus kommt man zwar schneller voran, aber der *Zambezi Express* ist etwas für Fans langsamer, geruhsamer Zugfahrten. Der Zug fährt dienstags und freitags um 20 Uhr von Livingstone über Choma nach Lusaka (2./1. Klasse/Schlafwagen 30/45/45 ZMW, 15 Std.). Reserviert wird im **Bahnhof** (☎320001), der an der Mosi-oa-Tunya Road ausgeschildert ist.

Unterwegs vor Ort

Zum/vom Flughafen

Der Livingstone Airport liegt 6 km nordwestlich der Stadt und ist mit dem Taxi gut erreichbar (50 ZMW pro Strecke).

Combis & Taxis

Combis fahren regelmäßig über die Mosi-oa-Tunya Road zu den Victoriafällen und zur sambischen Grenze 11 km südlich von Livingstone (5 ZMW, 15 Min.). Blaue Taxis kosten ab der Grenze nach Livingstone 40 bis 50 ZMW. Die Combis stehen jenseits der Grenze gleich hinter dem Taxistand und fahren los, sobald sie voll sind.

Autovermietung

Hemingways (☎320996; www.hemingwayszambia.com; Mosi-oa-Tunya Rd.) in Livingstone vermietet neue Toyota-Hilux-Pickups für etwa 210 US$ pro Tag. Im Preis enthalten sind Kochgeschirr und Campingausrüstung. Das Mindestalter für Fahrer liegt bei 25 Jahren.

SIMBABWE

☎263

Simbabwe mag zwar noch einen weiten Weg vor sich haben, aber die Lage scheint sich endlich zu verbessern. All die schlechten Nachrichten, die das Land in die Schlagzeilen brachten – blindwütige Landreformen, Hyperinflation und Lebensmittelknappheit – scheinen nun zum Glück der Vergangenheit anzugehören. Sicherheit war hier tatsächlich nie ein Problem für Reisende und selbst in den schlimmsten Zeiten waren Touristen nie das Ziel politischer Gewalttätigkeiten. Das scheint sich herumgesprochen zu haben, da Besucher nun wieder auf die simbabwische Seite der Victoriafälle strömen.

Victoria Falls

☎ 013

Die Stadt Victoria Falls, die zeitweilig ihre Rolle als führende Besucherstadt der Victoriafälle an Livingstone abgetreten hatte, hat ihren historischen Status zurückerobert, seit Touristen wieder massenhaft über die Grenze zurückkehren.

Anders als Livingstone entstand Victoria Falls einzig und allein für den Tourismus. Die Stadt liegt direkt an den Wasserfällen, hat saubere, fußgängerfreundliche Straßen (allerdings nicht nachts, wegen der wilden Tiere) mit Hotels und Bars und es gibt dort Kunsthandwerk, das zum besten im ganzen südlichen Afrika zählt. Ein paar Jahre lang wirkte Victoria Falls zwar nur wie ein Ferienort in der Nachsaison, aber heute ist eindeutig klar – die Hauptsaison hat hier offiziell wieder begonnen!

Sehenswertes & Aktivitäten

LP TIPP Victoria Falls National Park WASSERFALL

(Eintritt 30 US$; ⏲6–18 Uhr) Auf der simbabwischen Seite der Wasserfälle, kurz vor dem Grenzübergang und etwa 1 km vom Stadtzentrum entfernt, wartet ein ganz besonderer Genuss. Der Weg führt über einen Pfad oben an der Schlucht entlang und bietet verschiedenen Aussichtspunkte mit direktem Blick auf die berühmten Wasserfälle. Einer der beeindruckendsten Aussichtspunkte, der **Cataract View**, liegt am westlichsten Ende. Ein weiterer Pfad führt zum passend benannnten **Danger Point**, wo ein senkrechter, ungesicherter 100 m tiefer Abgrund für Nervenkitzel sorgt. Von dort geht es über einen Seitenweg zu einem Blick auf die **Victoria Falls Bridge**.

Wer im April anreist, kann sich gleich hinter dem Eingang Regenjacken und -schirme ausleihen oder direkt im Badeanzug losmarschieren – es wird hier pitschnass! Um Vollmond herum öffnet der Park nochmals am Abend, da dann der überwältigende Mondregenbogen zu sehen ist (Tickets kosten 10 US$ extra).

Zambezi National Park WILDRESERVAT

(Eintritt 15 US$; ⏲6–18.30 Uhr) Der Nationalpark umfasst 40 km Ufergebiet des Sambesi sowie tierreiche Mopane-Wälder und Savannen. Bekannt ist er für seine Rappenantilopen, aber hier leben auch Giraffen, Elefanten und der eine oder andere Löwe. Der Parkeingang liegt nur 5 km nordwestlich des Stadtzentrums von Victoria Falls und ist mit dem Auto einfach zu erreichen. Tourveranstalter auf beiden Seiten der Grenze bieten Tiersafaris, Wanderführungen und Angelausflüge an.

GRATIS Jafuta Heritage Centre KULTURZENTRUM

(www.elephantswalk.com/heritage; Elephant's Walk Shopping Village, am Adam Stander Dr.; ⏲8–18 Uhr) Die sehenswerte Sammlung erläutert das Kulturerbe einheimischer Stämme wie der Shona, Ndebele, Tonga und Lozi.

Schlafen

LP TIPP Victoria Falls Hotel LUXUSHOTEL $$$

(☎44751; www.victoria-falls-hotels.net; 2 Mallet Dr.; EZ/DZ mit Frühstück ab 312/336 US$; ❄📶🏊) Das historische Hotel von 1904 (das älteste in Simbabwe) voller Eleganz und Kultiviertheit hat eine unglaublich malerische Lage. Beim Blick über gepflegte Rasenflächen (mit umherziehenden Warzenschweinen) zur Schlucht und zur Brücke ist zwar der Wasserfall selbst nicht zu sehen, dafür aber von einigen Zimmern der Sprühnebel. Der „High Tea" hier im Stanley's Terrace ist eine Institution.

Shoestrings Backpackers BACKPACKERS $

(☎40167; 12 West Dr.; Zeltplatz pro Pers. 6 US$, B/DZ 9/35 US$; @📶🏊) Eine von jeher beliebte Bleibe für Backpacker, sowohl für Busgruppen als auch für Einzelpersonen, die hier das relaxte Flair, den Swimmingpool und die gesellige Bar schätzen (am Wochenende wird es hier allerdings recht lärmig). Geschlafen wird in Schlafsälen, eigenen Zimmern oder auf dem Zeltplatz. Hier kann man auch sämtliche Aktivitäten der Gegend buchen.

Elephant Camp LUXUSLODGE $$$

(www.theelephantcamp.com; EZ/DZ Vollpension 350/700 US$; @📶🏊) Eine der besten Unterkünfte, um sich richtig zu verwöhnen: Die Luxuszelte haben ein klassisches Lodge-Flair und liegen in einem privaten Wildreservat mit Blick auf die Mopanewald-Savanne. Jedes Zimmer hat draußen seinen eigenen kleinen Pool und eine Terrasse, von

Victoria Falls

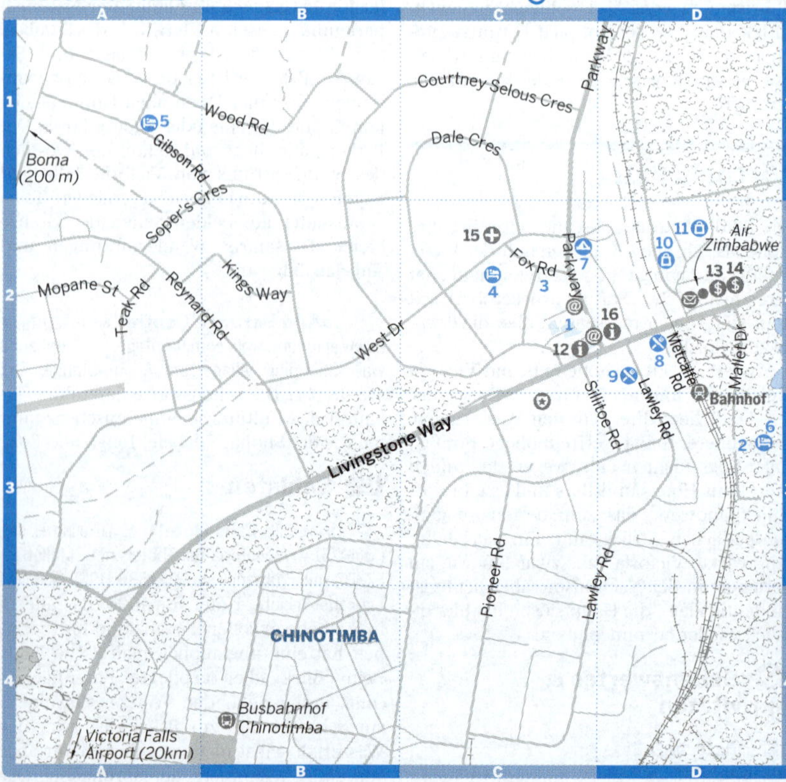

der weidende Tiere oder der Sprühnebel der Wasserfälle zu sehen sind. Machmal lässt sich auch Sylvester, der hauseigene Gepard, blicken.

Victoria Falls Restcamp & Lodges CAMPINGPLATZ, LODGE **$**
(☎40509; www.vicfallsrestcamp.com; Ecke Parkway & West Dr.; Zeltplatz/B/eingerichtete Kuppelzelte 10/11/20 US$, EZ-/DZ-Hütten ohne Bad 25/34 US$, Häuser 67 US$;) Eine tolle Alternative für Budgetreisende, die der Partyatmosphäre manch anderer Backpacker-Bleiben aus dem Weg gehen wollen. Die Unterkunft besteht aus sehr schlichten Lodges und Zelten. Es gibt einen hübschen Pool und ein fantastisches Open-Air-Restaurant, das In Da Belly. Die Zimmer sind einfach, aber blitzblank.

Victoria Falls Backpackers BACKPACKERS **$**
(☎42209; www.victoriafallsbackpackers.com; 357 Gibson Rd.; Zeltplatz pro Pers.4 US$, B 8 US$, EZ/DZ ohne Bad 10/20 US$; @) Die Unterkunft ist etwas heruntergekommen und liegt ein Stück vom Stadtzentrum entfernt, ist aber dennoch eine gute Wahl für Budgettraveller, die ein entspannteres Umfeld schätzen.

Bengula Cottages PENSION **$$**
(☎45945, 0778-173286; www.bengulacottages.com; 645 Mahogany Rd.; EZ/DZ/FZ Nachsaison 60/100/120 US$, Hochsaison 100/160/220 US$;) Die hübschen Hütten am grünen Stadtrand sind eine solide Mittelklasseunterkunft um einen schattigen Pool mit Papierlaternen und relaxter Atmosphäre. Die Gemeinschaftsküche ist gut ausgestattet.

Essen

In Da Belly Restaurant AFRIKANISCH, INTERNATIONAL **$**
(☎332077; Victoria Falls Restcamp & Lodges; Mahlzeiten 5–15 US$; ⏲7–21.30 Uhr) Das zwanglose Open-Air-Lokal unter einem

Victoria Falls

Sehenswertes
Jafuta Heritage Centre .... (siehe 11)

Aktivitäten, Kurse & Touren
1 Shearwater Victoria Falls C2
2 Victoria Falls Steam Train Co D3
3 Wild Horizons C2

Schlafen
4 Shoestrings Backpackers C2
5 Victoria Falls Backpackers A1
6 Victoria Falls Hotel D3
7 Victoria Falls Restcamp & Lodges C2

Essen
Africa Cafe .... (siehe 11)
In Da Belly Restaurant .... (siehe 7)
8 Lola's Tapas & Bar D2
9 Mama Africa D2

Ausgehen
Shoestrings Backpackers .... (siehe 4)
Stanley's Terrace .... (siehe 6)

Shoppen
10 Curio Shops D2
11 Elephant's Walk Shopping & Artist Village D2
Jairos Jiri Crafts .... (siehe 11)
Matsimela .... (siehe 11)
Ndau Collection .... (siehe 11)
Prime Art Gallery .... (siehe 11)

Praktisches
12 Backpackers Bazaar C2
13 Barclays Bank D2
14 Standard Chartered Bank D2
15 Victoria Falls Surgery C2
16 Zimbabwe Tourism Authority D2

Strohdach mit Blick auf einen glitzernden Pool serviert Warzenschweinschnitzel, Krokodilcurry und Impala-Hamburger sowie eines der besten Frühstücke der Stadt. Der Name ist ein Wortspiel mit Ndebele, einem der zwei größten Stämme in Simbabwe.

Africa Cafe CAFÉ $
(www.elephantswalk.com/africa_cafe.htm; Elephant's Walk Shopping & Art Village; ⌚8–17 Uhr;) Im ansprechenden Straßencafé im Elephant's Walk Shopping & Artist Village bedient stets lächelndes Personal. Es ist wunderbar, um sich mit gutem Kaffee, köstlichem Frühstück, Hamburgern und vegetarischem Essen zu stärken.

Lola's Tapas & Bar SPANISCH $$
(☎42994; 8B Landela Complex; Tapas 2–9 US$; ⌚8–22 Uhr;) Tapas wie *patatas bravas* und *calamares a la Romana* werden hier von einem gastfreundlichen Paar aus Barcelona serviert. Gegessen wird draußen oder im intimeren Innenraum. Es gibt auch Krüge mit Sangria (15 US$).

Mama Africa AFRIKANISCH $$
(☎41725; www.mamaafricaeatinghouse.com; Mahlzeiten 5–8 US$; ⌚10–22 Uhr) Das alteingesessene Touristenlokal hinter dem Landela Centre spezialisiert sich auf afrikanische Gerichte, Steaks und Wild. Geboten werden auch regelmäßig Livemusik und traditionelle Tanzaufführungen.

Boma AFRIKANISCH $$
(Außerhalb von Karte S. 238; ☎43211; www.thebomarestaurant.com; Squire Cummings Rd., Victoria Falls Safari Lodge; Büfett 40 US$; ⌚Abendessen 19 Uhr) Das Boma hat zwar etwas von einer Touristenfalle, ist aber dennoch eher authentisch als kitschig. Das Büfettrestaurant bietet unter seinem riesigen Strohdach einen Hauch Afrika, wie eine Vorspeise aus geräuchertem Perlhuhn, Terrine aus Impala-Haxe oder Warzenschwein vom Spieß. Geboten werden auch traditionelle Tänze, gemeinsames Trommeln und Wahrsagerei durch einen Medizinmann.

Ausgehen

LP TIPP **Stanley's Terrace** RESTAURANT
(Mallet Dr., Victoria Falls Hotel; High Tea für 2 Pers. 30 US$; ⌚High Tea 15–18 Uhr;) Das Terrace im imposanten Victoria Falls Hotel bietet englisches Kolonialambiente pur. Der „High Tea" wird vor einer bildschönen Kulisse aus Gärten und der „Vic Falls Bridge" serviert, mit glänzendem Tafelsilber, piekfeinen Törtchen und dreistufigen Etageren mit Sandwichhäppchen (Gurkensandwich? Aber natürlich). Ein Krug Pimm's für 22 US$ ist ideal für einen Sommertag. Was jetzt noch fehlt ist ein Krocketrasen.

Shoestrings Backpackers BAR
(12 West Dr.) Unter der Woche geht es hier recht gemütlich zu, aber an Wochenenden

Victoriafälle & Mosi-oa-Tunya National Parks

herrscht hier, vor allem auf der Tanzfläche, eher Partystimmung.

Shoppen

Eine gute Auswahl an Kunsthandwerk gibt es im Adam Stander Drive, z. B. hochwertige Shona-Skulpturen und Sachen aus recyceltem Material.

LP TIPP Elephant's Walk Shopping & Artist Village EINKAUFSZENTRUM
(☎0772-254552; www.elephantswalk.com; Adam Stander Dr.) Das Shoppingdorf ist ein Muss für alle, die hochwertiges simbabwisches und afrikanisches Kunsthandwerk schätzen. Es besteht aus Boutiquen und Galerien im Besitz eines Kollektivs, das einheimische Künstler fördert.

Prime Art Gallery KUNST
(☎342783; www.primeart-gallery.com; Elephant's Walk Shopping & Arts Village) Verkauft originale Stücke von Dominic Benhura, derzeit Simbabwes prominentester Shona-Bildhauer, dessen Werke bereits in der ganzen Welt ausgestellt wurden.

Matsimela KOSMETIK
(www.matsimela.co.za; Elephant's Walk Shopping & Arts Village; ⏲8–17 Uhr) Das südafrikanische Kosmetiklabel Matsimela hat hier eine Filiale mit den verführerischen Düften von Seifen und Körperpeelings aus natürlichen Inhaltsstoffen, wie Rose oder Ölen aus Lychee und Affenbrotsamen. Im Doon Estate in Harare gibt es eine Filiale.

Jairos Jiri Crafts KUNSTHANDWERK
(Victoria Falls Curio Village; ⏲Mo–Fr 8–17, Sa 8.30–16.30, So 8.30–13 Uhr) Gute Auswahl an Shona-Kunsthandwerk, dessen Erlös benachteiligten Einheimischen zugutekommt.

Ndau Collection SCHMUCK
(☎386221; www.ndaujewelry.com) In der Werkstatt mit einem angegliederten Laden lassen sich einheimische Kunsthandwerker gerne bei der Herstellung von individuellen Silberarmbändern, -ringen und -ketten über die Schulter schauen. Verkauft werden auch exquisite antike afrikanische Glasperlen, die in originelle Schmuckstücke eingearbeitet werden können.

Praktische Informationen

Gefahren & Ärgernisse

Raubüberfälle sind nicht mehr das große Problem bei einem Besuch von Victoria Falls, aber in der Morgen- und Abenddämmerung schweifen außerhalb des Stadtzentrums wilde

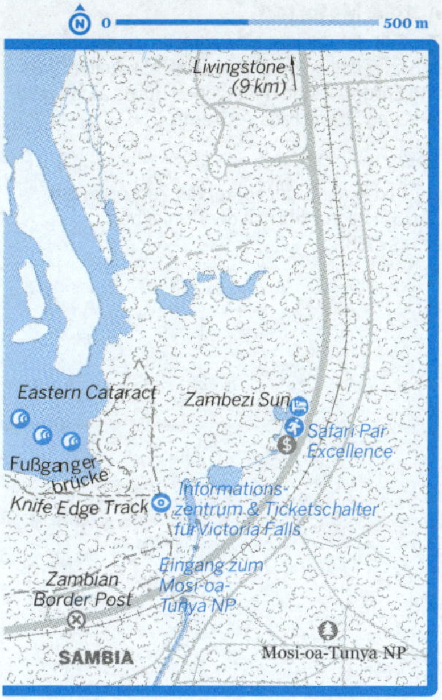

Tiere durch die Straßen, zum Beispiel Elefanten und Warzenschweine, so dass absolute Vorsicht geboten ist. Taxis sind zu diesen Zeiten daher sicherer. Der Weg zu den Victoriafällen ist zwar zu Fuß ungefährlich, aber besser ist es doch, sich an die touristischeren Gegenden zu halten.

Geld

Barclays Bank (am Livingstone Way)

Standard Chartered Bank (am Livingstone Way)

Internetzugang

Econet (Park Way; pro 30 Min./1 Std. 1/2 US$; ⌚Mo–Fr 8–17, Sa & So bis 13 Uhr)

Telco (☎43441; Phumula Centre; pro Std. 1 US$; ⌚8–18 Uhr)

Notfall

Medical Air Rescue Service (MARS; ☎44764)

Polizei (☎44206; Livingstone Way)

Victoria Falls Surgery (☎43356; West Dr.)

Post

Post (am Livingstone Way)

Touristeninformation

Backpackers Bazaar (☎013-45828; www.backpackersbazaarvicfalls.com; am Parkway; ⌚Mo–Fr 8–17, Sa & So 9–16 Uhr) Maßgeblich für alle Touristeninfos und für Buchungen.

Zimbabwe Tourism Authority (☎44202; zta@vicfalls.ztazim.co.zw; 258 Adam Stander Dr.; ⌚Mo–Fr 8–17, Sa 8–13 Uhr) Das Büro verteilt ein paar Broschüren, ist aber ansonsten nutzlos.

An-& Weiterreise

Auto & Motorrad

Wer mit dem Mietwagen nach Sambia fährt, sollte entsprechende Papiere für die Versicherung, die Kohlendioxidsteuer und Bescheingungen des Verleihers immer mitführen.

Bei der Einreise nach Sambia wird eine „Temporary Import Permit" (befristete Einfuhrgenehmigung) ausgestellt, die für den Aufenthalt im Land gültig ist. Sie muss bei der Rückreise dem Zoll ausgehändigt werden, damit das Auto freigegeben wird.

Bus & Minibus

NACH JOHANNESBURG

Die einfachste Strecke über Land führt mit Pathfinder von Victoria Falls nach Bulawayo (Ankunft 14 Uhr); anschließend erfolgt die Weiterfahrt mit dem Intercaper Greyhound nach Johannesburg um 16 Uhr.

NACH BULAWAYO/HWANGE

Pathfinder fährt täglich nach Bulawayo (30 US$, 6 Std.) Richtung Harare (60 US$, 12 Std.). Der Bus hält unterwegs vor dem Hwange-Nationalpark. Bravo Tours fährt die gleiche Strecke zu ähnlichen Preisen. Ansonsten fahren auch Combis (20 US$) und lokale Busse (15 US$) nach Bulawayo.

Flugzeug

Auf www.flightsite.co.za oder www.travelstart.co.za kann man unter allen Fluggesellschaften, inklusive der Billigflieger, nach den günstigsten Flügen (aber auch nach Autovermietungen) suchen und selbst buchen. **South African Airways** (☎011-808678; www.flysaa.com) und **British Airways** (www.britishairways.com) fliegen täglich für etwa 320 US$ (hin & zurück) nach Johannesburg. **Air Namibia** (www.airnamibia.com) fliegt für etwa 530 US$ (hin & zurück) nach Windhoek.

Zug

Ein beliebtes Transportmittel nach und von Victoria Falls ist der Nachtzug Mosi-oa-Tunya, der täglich um 19 Uhr von Victoria Falls nach Bulawayo in Simbabwe abfährt (Holz-/2./1. Klasse 8/10/12 US$, 12 Std.). Die einzig akzeptable Zugklasse ist die 1. Klasse. Reservierungen tätigt das **Fahrkartenbüro** (☎44392; ⌚Mo–Fr 7–10 & 14.30–18.45, Sa & So 9–10 & 16.30–18.45 Uhr) im Bahnhof.

Unterwegs vor Ort

Zum/vom Flughafen

Der Victoria Falls Airport liegt 20 km südöstlich der Stadt und ist mit dem Taxi (30 US$ je Strecke) einfach zu erreichen. Eine Alternative ist die Abholung, die über das gebuchte Hostel oder Reiseunternehmen in Victoria Falls vereinbart werden kann. Solche Transfers kosten 15 US$ pro Person und Strecke.

Auto & Motorrad

Zur Zeit der Recherche zu diesem reiseführergab es reichlich Benzin an den Tankstellen. Avis und Europcar sind mit eigenen Büros am Flughafen von Victoria Falls vertreten.

Taxis

Ein Taxi in der Stadt kostet der Fahrpreis um 10 US$, nach Einbruch der Dunkelheit etwas mehr.

Die Tierwelt

David Lukas

Botsuana ist weitgehend mit Sand bedeckt, und Namibia ist einer der trockensten Staaten weltweit. Dennoch ziehen bis heute große Herden von Tieren auf jahrhundertealten Wegen durch diese Region. Deshalb bieten sowohl Botsuana als auch Namibia den Besuchern großartige Möglichkeiten zur Tierbeobachtung, vor allem im Norden, wo Chobe und Okavango eines der artenreichsten Feuchtgebiete schaffen.

Giraffen im Okavango-Delta (S. 307)

Großkatzen

Die Großkatzen mit ihren exzellenten Sinnen sind erfolgreiche Jäger. Diese Tiere bei der Jagd zu beobachten, gehört zu den aufregendsten Erlebnissen einer Reise.

Karakal

1 *Gewicht 8–19 kg; Länge 80–120 cm* Der Karakal ist eine gelbbraune Katze mit langen spitzen Ohren und hohen Hinterbeinen. Damit kann er bis zu 3 m hoch springen.

Leopard

2 *Gewicht 30–60 kg (Weibchen), 40–90 kg (Männchen); Länge 170–300 cm* Der Leopard vertraut auf seine Tarnung. Während des Tages macht höchstens mal ein Schwanz in einem Baum auf ihn aufmerksam, doch nachts ist sein Knurren unverwechselbar.

Löwe

3 *Gewicht 120–150 kg (Weibchen), 150–225 kg (Männchen); Länge 210–275 cm (Weibchen), 240–350 cm (Männchen)* Löwen sind Afrikas gefürchtetste Raubtiere. Mit ihren Zähnen können sie Knochen und Sehnen zerkleinern. Das Beutemachen übernehmen meist die Löwinnen.

Gepard

4 *Gewicht 40–60 kg; Länge 200–220 cm* Der Gepard ist ein Sprinter. Er kann zwar eine Geschwindigkeit von 112 km/h erreichen, doch nach 300 m geht ihm die Puste aus, und er muss eine Pause von 30 Minuten einlegen.

Schwarzfußkatze

5 *Gewicht 1–2 kg; Länge 40–60 cm* Dieses kleine Raubtier ist eine der kleinsten Katzen der Welt. Doch trotz der geringen Schulterhöhe von 25 cm ist die nachtaktive Katze ein gefährlicher Jäger, der bis zu 1,5 m hoch springen kann.

Falbkatze

6 *Gewicht 3–6,5 kg; Länge 65–100 cm* Von der getigerten Wildkatze, die die Nähe menschlicher Siedlungen sucht, stammen die heutigen Hauskatzen ab. Erkennbar ist sie an ihren rötlichbraunen Ohren und den langen Beinen.

1

4

BEN CRANKE / GETTY IMAGES ©

DAVE HAMMAN / GETTY IMAGES ©

Primaten

In Botsuana und Namibia leben nur drei verschiedene Arten von Primaten. Davon ist lediglich der Bärenpavian weit verbreitet, doch ihn in freier Wildbahn zu beobachten ist so faszinierend, dass das Fehlen anderer Primaten nicht ins Gewicht fällt.

Südliche Grünmeerkatze

1 *Gewicht 4–8 kg; Länge 90–140 cm* Meerkatzen leben im Norden von Botsuana und Namibia. Sie verbringen viel Zeit am Boden, aber immer in der Nähe von Bäumen, um notfalls schnell vor Raubtieren flüchten zu können. Die männlichen Tiere kämpfen um ihren Platz in der Gruppe und um Zugang zu den Weibchen.

Senegal-Galago

2 *Gewicht 100–250 g; Länge 40 cm* Galagos oder Buschbabys sind außergewöhnlich beweglich und akrobatisch; sie springen zwischen den Bäumen bis zu 5 m weit und erhaschen auch fliegende Beute im Sprung. In Botsuana und Namibia kommen sie nur in dichten Wäldern an den Flüssen im Norden vor.

Bärenpavian

3 *Gewicht 4–8 kg; Länge 90–140 cm* Bärenpavianen sollte man eine Weile zuzusehen, um ihr ausgeprägtes Sozialverhalten zu beobachten. Wer genau hinschaut, kann Freundschaften, Ablehnung oder Verhandlungen innerhalb der Gruppe entdecken.

CHRISTIAN HEINRICH / GETTY IMAGES ©

ROB GORDON / ALAMY©

Wiederkäuer

Viele der Huftiere leben in großen Herden, um darin Schutz vor den Raubtieren zu finden. Die Unterfamilie der Wiederkäuer und Hornträger wird Bovinae (Rinderartige) genannt. Besonders zahlreich sind die Antilopen; in Botsuana und Namibia findet man mehr als ein Dutzend Arten.

Kuhantilope

1 *Gewicht 120–220 kg; Länge 190–285 cm* Das lange Gesicht dieser Antilope ermöglicht dem Tier mit dem kurzen Hals, gleichzeitig Gras vom Boden zu fressen und nach Raubtieren Ausschau zu halten.

Spießbock

2 *Gewicht 180–240 kg; Länge 230 cm* Diese Antilope mit den geraden Hörnern kann monatelang mit dem Wasser überleben, das sie aus den Pflanzen aufnimmt, die sie frisst. Eine weitere Anpassungen an ihren kargen Lebensraum ist die Fähigkeit, Temperaturen zu überleben, die andere Tiere töten würden.

Kaffernbüffel

3 *Gewicht 250–850 kg; Länge 220–420 cm* Der Kaffernbüffel wirkt wie ein besonders kräftiges Rind mit extrem langen, gebogenen Hörnern. Glücklicherweise sind die Tiere meistens gutmütig, denn ein wütender oder verletzter Büffel kann gefährlich werden.

Impala

4 *Gewicht 40–80 kg; Länge 150–200 cm* Impalas vermehren sich so schnell, dass ihre natürlichen Fressfeinde unmöglich alle Tiere erwischen können. Im Etosha National Park in Namibia leben die einzigartigen Schwarznasenimpalas.

Weißschwanzgnus

5 *Gewicht 140–290 kg; Länge 230–340 cm* Die Gnus im nördlichen Botsuana sind relativ sesshaft und begeben sich nur dann auf eine Wanderung, wenn sich durch die Jahreszeiten die Lebensbedingungen ändern. Da Gnus gern einen guten Überblick haben, sind sie auch leicht zu sehen.

JAMES HAGER / GETTY IMAGES ©

JONATHAN AND ANGELA / GETTY IMAGES ©

2

STEVE ALLEN / GETTY IMAGES ©

3

BEVERLY JOUBERT / GETTY IMAGES ©

Huftiere

Bis auf die Giraffe sind diese Huftiere keine Wiederkäuer und kommen in unterschiedlicheren Lebensräumen vor als die Rinderartigen. Sie leben seit Jahrmillionen in Afrika und gehören zu den erfolgreichsten Säugetieren, die je auf den Kontinent eingewandert sind.

Spitzmaulnashorn

1 *Gewicht 700–1400 kg; Länge 350–450 cm* Einst waren die Tiere weit verbreitet, doch da ihr Horn wertvoller als Gold ist, haben Wilderer die Art fast ausgerottet. Am besten sieht man sie am Wasserloch Okaukuejo im Etosha-Nationalpark.

Bergzebra

2 *Gewicht 230–380 kg; Länge 260–300 cm* Die Bergzebras in Zentralnamibia unterscheiden sich von ihren in der Savanne lebenden Verwandten durch den nicht gestreiften Bauch und die rostbraune Schnauze.

Afrikanischer Elefant

3 *Gewicht 2200–3500 kg (Weibchen), 4000–6300 kg (Männchen); Rückenhöhe 2,4–3,4 m (Weibchen), 3–4 m (Männchen)* Elefanten gibt es in großer Zahl im Chobe National Park, wo sich bis zu 55 000 Tiere in den Feuchtgebieten versammeln. Noch interessanter sind die einzigartigen Wüstenelefanten in Namibia.

Flußpferd

4 *Gewicht 510–3200 kg; Länge 320–400 cm* Das 3000 kg schwere Tier sieht aus wie ein großer grauer schwimmender Sack auf winzigen Beinen. Fühlt es sich provoziert, geht es mit gewaltiger Kraft zum Angriff über.

Giraffe

5 *Gewicht 450–1200 kg (Weibchen), 1800–2000 kg (Männchen); Höhe 3,5–5,2 m* Die bis zu 5 m große Giraffe ist nach oben ausgerichtet, wo sie perfekt nach Ästen greifen und Blätter fressen kann. Nach unten zu reichen, um Wasser zu trinken, fällt ihr dagegen schwer. Ihr Galopp wirkt lässig, sie sind aber schneller als die meisten Räuber..

1

3

SERGIO PITAMITZ / GETTY IMAGES ©

IM BRANDENBURG / GETTY IMAGES ©

Raubtiere

Neben den sechs Raubkatzenarten sind in Botsuana und Namibia noch eine Reihe anderer Raubtierarten heimisch, von den wendigen Mangusten bis zu den geselligen Afrikanischen Wildhunden.

Löffelhund

1 *Gewicht 3–5 kg; Länge 70–100 cm* Dieses Tier besitzt riesige Ohren, die es nach allen Richtungen dreht, um Geräusche von unterirdischen Futtertieren wie Termiten wahrzunehmen. Paare bleiben ein Leben lang zusammen; zur Nahrungssuche bilden sie Trupps.

Erdmännchen

2 *Gewicht 0,5–1 kg; Länge 50 cm* Die verschiedenen Mangustenarten des Gebietes werden wohl am besten durch die Erdmännchen repräsentiert. Während die meisten dieser sozialen Tiere Nahrung suchen oder ruhen, sitzen einige „Wächter" hoch aufgerichtet und stoßen bei Gefahr schrille Warnschreie aus.

Afrikanischer Wildhund

3 *Gewicht 20–35 kg; Länge 100–150 cm* Die Wildhunde leben in Rudeln von 20 bis 60 Tieren. Die geselligen, mittlerweile stark bedrohten Tiere sind erfolgreiche Jäger. Beobachten kann man sie im Moremi Game Reserve in Botsuana.

Südafrikanischer Seebär

4 *Gewicht 80 kg (Weibchen), 350 kg (Männchen); Länge 120–220 cm*An den Küsten von Namibia leben mehrere Kolonien, z.B. an der abgelegenen Skelettküste. Seebären suchen zur Paarungs-und Wurfzeit traditionelle Sammelplätze auf, wo sie eine zeitlang dicht gedrängt leben. Es ist spannend, die turbulenten, lauten Kolonien zu beobachten.

Tüpfelhyäne

5 *Gewicht 40–90 kg; Länge 125–215 cm* Die Tüpfelhyäne ist eines der ungewöhnlichsten Tiere im südlichen Afrika. Die Rudel werden von einem Weibchen angeführt; die furchtlosen Tiere können mit ihren kräftigen Kiefern sogar Knochen brechen, und sie legen sich auch mit Löwen an.

1

4

2

NIGEL PAVITT / GETTY IMAGES ©

3

THEO ALLOFS / CORBIS©

Greifvögel

In Botsuana und Namibia sind rund 70 Arten von Falken, Adlern, Bussarden und Geiern beheimatet, und so besteht hier die Möglichkeit, eine große Vielfalt an Greifvögeln zu Gesicht zu bekommen.

Ohrengeier

1 *Länge 115 cm* Geier versammeln sich, wenn ein Raubtier eine Beute gemacht hat. Durch ihre große Zahl gelingt es ihnen irgendwann, den Kadaver zu erobern und Fleisch und Knochen hinunterzuschlingen. Dem Ohrengeier gebührt bei diesem Mahl der Vortritt.

Singhabicht

2 *Länge 55 cm* Kleine Gruppen dieser schlanken grauen Greifvögel mit dem roten Schnabel und den roten Beinen sammeln sich oft unter Büschen. Wahrscheinlich beobachten sie dann gerade ein kleines Raubtier wie beispielsweise einen Honigdachs.

Gaukler

3 *Länge 60 cm* Der Gaukler trägt seinen Namen wegen seiner oft akrobatischen Flugkunststücke. In der Luft ist der Vogel leicht an seinen weißen Schwingen und den kurzen Schwanzfedern zu erkennen, aus der Nähe präsentiert er ein scharlachrotes Gesicht.

Schreiseeadler

4 *Länge 75 cm* Mit einer Flügelspannweite von über 2 m geht der Schreiseeadler am Wasser auf die Jagd nach Fischen. Seine weithin hallenden Rufe gelten als die „Stimme Afrikas".

Sekretär

5 *Länge 100 cm* Mit dem Körper eines Adlers und den Beinen eines Kranichs bringt es der Sekretär auf stolze 1,3 m Höhe. Sekretäre laufen jeden Tag rund 20 km durch die Savanne, um dort Kobras und andere Schlangen zu suchen, die sie sehr schnell und geschickt erlegen.

STEVE ALLEN / GETTY IMAGES ©

2

CHAD HENNING / GETTY IMAGES ©

Vögel

Reisende treffen auf eine erstaunliche Anzahl von Vogelarten. Wer tagelang nur schlafende Löwen betrachtet hat, wird die gefiederten Gesellen als wohltuende Abwechslung empfinden.

Gabelracke

1 *Länge 40 cm* Die Gabelracke ist mit den Eisvögeln verwandt; die Blau-, Violett- und Grüntöne ihres Gefieders kommen bei ihren Flugkunststücken gut zur Geltung.

Kaptölpel

2 *Länge 85 cm* Diese Seevögel versammeln sich zu Tausenden, um im Sturzflug ins Meer zu tauchen und zu fischen.

Zwergflamingo

3 *Länge 100 cm* Die intensiv rosa gefärbten Zwergflamingos bieten, wenn sie sich zu Hunderttausenden an glitzernden Salzseen versammeln, eines der spektakulärsten Schauspiele in Afrika.

Strauß

4 *Länge 200–270 cm* Trotz ihrer Höhe von 2,7 m und einem Gewicht von rund 130 kg können diese flugunfähigen Vögel Fressfeinden mit einer Geschwindigkeit von 70 km/h davonlaufen – oder sie legen sich auf den Boden, um einem Erdhaufen zu gleichen. Wilde Strauße findet man in der Kalahari.

Brillenpinguin

5 *Länge 60 cm* Seinen Namen verdankt der Brillenpinguin dem rosafarbenen Fleck, der vom Schnabel bis zu den Augen reicht. Auffällig sind seine eselsähnlichen Schreie während der Paarungszeit. Sein Lebensraum liegt an der Küste Namibias und auf den Inseln vor der Küste.

Hammerkopf

6 *Länge 60 cm* Der Hammerkopf trägt auf dem Kopf eine merkwürdige Haube, der er seinen Namen verdankt. Häufig ist er an Gewässerrändern zu sehen, wo er Frösche und Fische jagt. In der Nähe befinden sich seine kunstvollen, bis zu 2 m großen Nester..

1

4

2

GALLO IMAGES-LANZ VON HORSTEN / GETTY IMAGES ©

3

GRANT FAINT / GETTY IMAGES ©

Botsuana

TAI POWER SEEFF / GETTY IMAGES ©

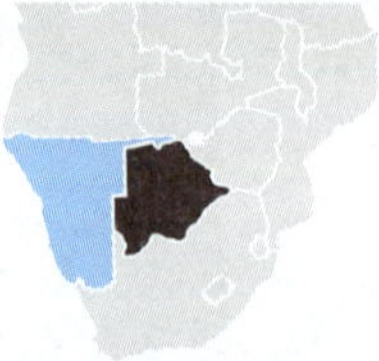

Botsuana

☎ 27 / 2 MIO. EW

INHALT »

Tiere beobachten

» Chobe National Park (S, 293)

» Makgadikgadi Pans National Park (S. 285)

» Central Kalahari Game Reserve (S. 344)

» Tuli Block (S. 283)

Die besten Outdoor-Aktivitäten

» Mokoro-Ausflüge, Okavango-Delta (S. 320)

» Tsodilo Hills (S. 336)

» Kgalagadi Transfrontier Park (S. 350)

» Tswapong Hills (S. 279)

» Im ganzen Land im Busch campen

Auf nach Botsuana!

Botsuana ist mit dem wohl beeindruckendsten Tierszenario der Welt gesegnet und gilt deshalb als eines der herrlichsten Safariziele Afrikas überhaupt. In Botsuana leben mehr Elefanten als in jedem anderen Land der Welt, und unzählige Großkatzen streifen durchs Land. Die Tiervielfalt reicht vom bedrohten Afrikanischen Wildhund bis hin zu Wasserantilopen, von Nashörnern, die hier wieder heimisch geworden sind, bis hin zur bunten Vielfalt der Vogelwelt.

Botsuana ist aber auch das Land des Okavango-Deltas und der Kalahari-Wüste, spektakulärer Landschaften und weiter Wildnis. Die Kombination von Landschaften und Tierwelt lässt jedenfalls nur eine Schlussfolgerung zu: Hier zeigt sich Afrika von seiner schönsten Seite.

Botsuana gilt als eines der exklusivsten Reiseziele Afrikas – die Preise in den meisten Lodges sind hoch, aber es besteht auch die Möglichkeit, auf eigene Faust zu einer Expedition aufzubrechen.

Reisezeit

Maun

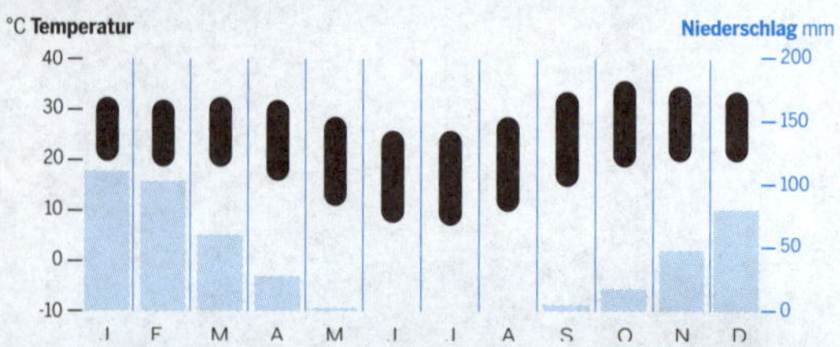

Mai–Aug. In der Trockenzeit häufen sich die Tiere an den Wasserlöchern, und das Wetter ist schön

Sept.–Okt. Extreme Hitze, aber günstig, um in der Trockenzeit Tiere zu beobachten

Dez.–April In der Regenzeit sind viele Wege unpassierbar, dafür sind weniger Touristen unterwegs

GABORONE

Die kleine Hauptstadt Botsuanas ist zwar die größte Stadt des Landes, macht allerdings nicht viel her. Gründe für einen Besuch hier gibt es eigentlich kaum – es handelt sich um eine Welt aus Ministerien, Shoppingmalls und ein anscheinend endlos zersiedeltes Areal mit Vororten, die als „Phasen" und „Erweiterungen" bezeichnet werden. Deshalb fliegen die meisten Reisenden auch entweder nach Maun oder überqueren die Grenze irgendwo auf dem Landweg. Gaborone kann aber durchaus ganz praktisch sein, wenn jemand eine Reservierung für die Handvoll Campingplätze unter staatlicher Leitung vornehmen möchte. Das allein lohnt den Besuch jedoch nicht. Wer sich dennoch in „Gabs" wiederfindet, bekommt zumindest ein paar anständige Restaurants und gute Hotels geboten.

Die Stadt ist größtenteils eine Kreation der Moderne und geschichtlich kaum von Interesse. Wer einen Motswana fragt, wo er geboren und aufgewachsen ist, bekommt als Antwort oft den Namen des Dorfes oder des Viehpostens genannt, aus dem die Familie stammt, den er selbst aber nie gesehen hat. Und wenn die Einheimischen Gaborone auch nicht als ihre traditionelle „Heimat" betrachten, so glauben die meisten doch, dass in dieser Stadt ihre Zukunft und die des Landes geschmiedet wird. Und somit ist die Stadt also durchaus interessant, um den Puls der Nation zu fühlen.

Geschichte

Archäologische Funde lassen vermuten, dass die Ufer des Notwane River schon mindestens seit der Mittleren Steinzeit ständig besiedelt sind. Die erste moderne Siedlung, Moshaweng, wurde allerdings erst Ende der 1880er-Jahre von Häuptling Gaborone vom Tlokwa-Clan gegründet. Die ersten Forscher und Missionare aus Europa nannten diese Ansiedlung dementsprechend dann Gaborone's Village, was zwangsläufig zu „Gaborones" verkürzt wurde; das „s" am Wortende wurde erst 1968 gestrichen.

Im Jahr 1895 nutzte der Diamantenkönig Cecil Rhodes Gaborone als Basis, um seinen erfolglosen Aufstand gegen die Buren zu initiieren, die die Goldminen bei Johannesburg kontrollierten. Cecile Rhodes wurde deshalb anschließend gezwungen, von seinem Posten als Premierminister der Kapkolonie zurückzutreten. Der Aufstand war dann jedoch einer der Auslöser für den zweiten Burenkrieg, der von 1899–1902 dauerte.

1897 führte die Bahnlinie von Südafrika nach Rhodesien (heute Simbabwe) 4 km westlich am Dorf vorbei, und schon bald tauchte direkt an der Bahnlinie eine weitere winzige Siedlung auf, Gaborone's Station. Bis 1966 wohnten im Großraum Gaborone bereits knapp 4000 Menschen. Wegen der günstigen Lage nahe der Bahnlinie und der guten Wasserversorgung wurde der Ort dann zur Hauptstadt des unabhängigen Botsuana erklärt.

Die jüngste Geschichte von Gabarone handelt hauptsächlich vom Zuzug aus anderen Landesteilen in die Hauptstadt, wobei die wirtschaftlichen Wirren in Simbabwe zu weiteren – illegalen – Einwanderungswellen geführt haben; die Hauptstadt wächst also noch immer.

Sehenswertes

An Sehenswürdigkeiten wird in Gaborone zwar nicht viel geboten, aber die motivierten Botschaftsmitarbeiter, die verschiedenen nichtstaatlichen Organisationen und ambitionierte Batswana sorgen dann doch für einen recht vollen Eventkalender, in dessen Mittelpunkt kulturelle und künstlerische Aktivitäten stehen.

Gaborone Game Reserve TIERRESERVAT
(Außerhalb von Karte S. 264; ☎318 4492; Erw./Kind/Fahrzeug 10/5/10 P; ⏲6.30–18.30 Uhr) Dieses Reservat wurde 1988 von der Kalahari Conservation Society ins Leben gerufen, um den Einwohnern von Gaborone Gelegenheit zu geben, die Wildtiere in ihrem natürlichen Lebensraum zu sehen und zudem mühelos dort hinzukommen. Auch wenn das Reservat bloß 5 km² groß ist, steht es in puncto Besucherzahlen im Land an dritter Stelle. Hier leben Weißschwanzgnus, Oryx-, Elenantilopen und Impalas sowie Schakale, Strauße und War-

WICHTIGE TELEFONNUMMERN

Landesvorwahl	☎00267
Ortsvorwahl	In Botsuana nicht vorhanden
Notruf	☎999

Highlights

1. Im **Moremi Game Reserve** (S. 352) die ultimative Safari unternehmen – mit einer der weltweit schönsten Möglichkeiten, Tiere in freier Wildbahn zu beobachten
2. In einem *mokoro* (Einbaum) durch die weitläufige, unberührte Wildnis **des Okavango-Deltas** (S. 320) gleiten
3. Im **Chobe National Park** (S. 293) die größten Elefantenherden Afrikas aus nächster Nähe betrachten
4. Im Herzen der Kalahari-Wüste im **Central Kalahari Game Reserve** (S. 344) nach Schwarzmähnenlöwen Ausschau halten
5. Beobachten, wie sich im **Makgadikgadi Pans National Park** (S. 294) die Tiere am Ufer des Boteti River versammeln
6. Abseits der Menschenmengen in den herrlichen, berührenden T**sodilo Hills** (S. 336) nach alten Felsmalereien Ausschau halten
7. Im **Kgalagadi Transfrontier Park** (S. 350), im äußersten Süden Botsuanas, die sagenhaft schöne Dünenlandschaft erkunden

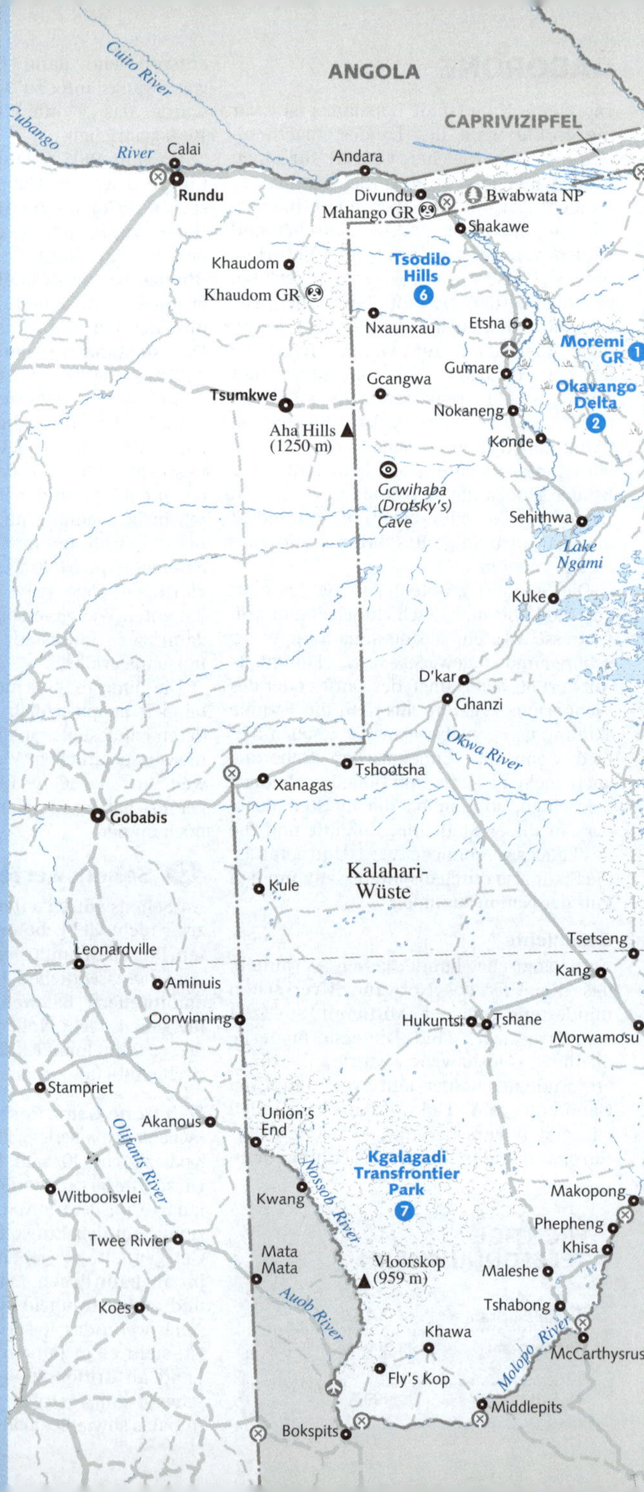

SAMBIA
SIMBABWE
BOTSUANA
SÜD-AFRIKA
Lake Kariba
0
100 km
FR Forest Reserve
GR Game Reserve
NP National Park
NR Nature Reserve
Ilwendo
Sesheke
Mpalila Island
Mosi-oa-Tunya NP
Imusho
Katima
Kasane
Livingstone
Kongola
Chobe River
Kazungula
Victoria Falls
Mudumu NP
Linyanti
Zambezi NP
Zambezi River
Chobe FR
Hwange
Mamili NP
Savuti
Pandamatenga
3
Chobe NP
Sibuyu FR
Nxai Pan
Shorobe
Matlapaneng
Nxai Pan NP
Maun
Gweta
Nata
Bulawayo
Nata Sanctuary
Makalamabedi
Makgadikgadi Pans NP
Sowa
Plumtree
5
Ntwetwe Pan
Gulubane
Gwanda
Sowa (Sua) Pan
Francistown
Mmatshumo
Matsiloje
Deception Pan
Orapa
Letlhakane
BOTSUANA
Mmashoro
Serule
Selebi-Phikwe
North-East Tuli GR
Khama Rhino Sanctuary
Central Kalahari GR
Serowe
Pont Drift
4
Tuli Block
Mawana NR
Palapye
Zanzibar
Quoxo River
Sherwood
Swartwater
Martin's Drift
Tom Burke
Mahalapye
Parr's Halt
Südlicher Wendekreis
Khutse GR
Salajwe
Buffel's Drift
Takatokwane
Letlhakeng
Spanwerk
Ditshegwane
Molepolole
Mochudi
Sekoma
GABORONE
Jwaneng
Khakea
Mokolodi NR
Kanye
Mannyelanong GR
Otse Hill (1489 m)
Werda
Lobatse
Pioneer Gate
Bray
Phitshane
Ramatlabama
PRETORIA
Mabule
Tshidilamolomo
Mafikeng
JOHANNESBURG
Soweto
Vryburg

zenschweine. Es gibt eine abgeschlossene Sektion mit einem Nashornpaar, das nur von bestimmten Wegen aus zu sehen ist. Die Vogelwelt ist besonders imponierend. Von den Beobachtungspunkten aus kann man Nashornvögel und Kingfisher, eine Art tropische Eisvögel, sehen. Das Reservat verfügt auch über ein paar Picknickplätze, wo man die motgebrachte Brotzeit verzehren kann, einen geschützten Ort zur Wildbeobachtung und ein kleines, aber informatives Besucherzentrum.

Gaborone

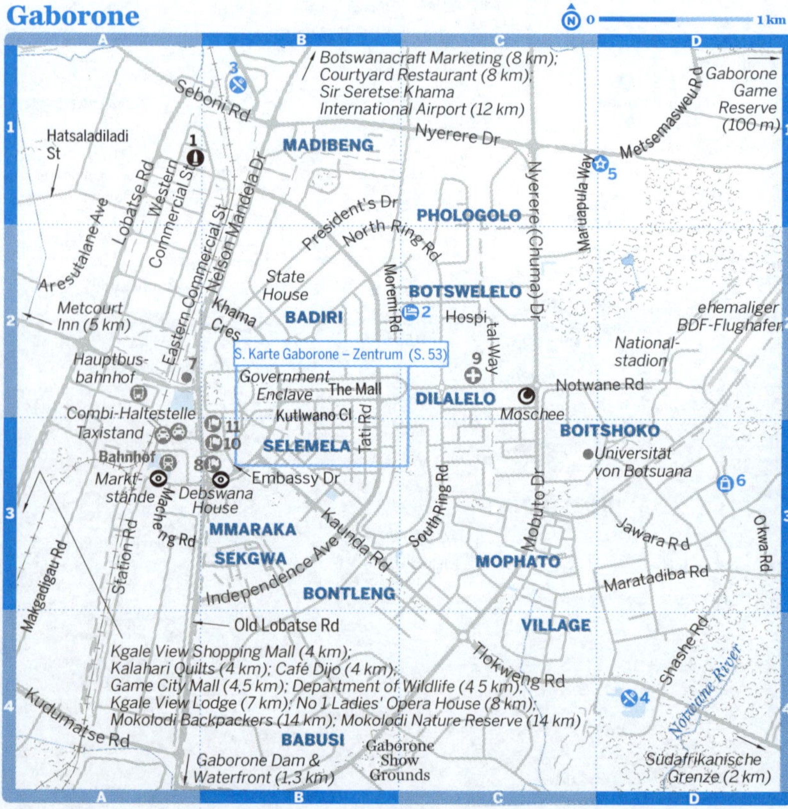

Gaborone

Sehenswertes
- 1 Three Dikgosi Monument A1

Schlafen
- 2 Motheo Apartments C2

Essen
- 3 Bull & Bush Pub B1
- 4 Equatorial Café D4
- Linga Longa .... (siehe 4)
- Rodizio's .... (siehe 4)

Ausgehen
- Bull & Bush Pub .... (siehe 3)

Unterhaltung
- 5 Maitisong Cultural Centre D1

Shoppen
- Exclusive Books .... (siehe 4)
- 6 Thapong Visual Arts Centre D3

Praktisches
- 7 Einwanderungsbehörde & Reisepasskontrolle A2
- 8 Namibisches Hochkommissariat B3
- 9 Princess Marina Hospital C2
- 10 US-Botschaft B3
- 11 Botschaft von Zimbabwe B3

MAITISONG-FESTIVAL

Das größte Festival der darstellenden Künste Botsuanas, das Maitisong-Festival, findet alljährlich Ende März oder Anfang April statt. Geboten wird ein Open-Air-Programm mit Musik, Theater, Film und Tanz auf mehreren Bühnen in der gesamten Hauptstadt. Weitere Veranstaltungen finden im Maitisong Cultural Centre sowie in der Memorable Order of Tin Hats (MOTH) Hall statt. Zu den Highlights zählen Topkünstler aus ganz Afrika.

Das Veranstaltungsprogramm ist in der Regel einen Monat vor Festivalbeginn in den Shoppingmalls und Einkaufszentren erhältlich. Die Open-Air-Veranstaltungen sind gratis, die Eintrittskarten für alle anderen Events kosten 40 bis 200 P. Für 500 P ist ein Ticket erhältlich, mit dem sämtliche Veranstaltungen des Festivals besucht werden können.

Alle Straßen im Reservat sind mit einem normalen Pkw befahrbar; Autosafaris werden wegen der geringen Größe nicht angeboten. Das Reservat befindet sich rund 1 km östlich der Broadhurst Mall; die Zufahrt erfolgt über den Limpopo Drive.

GRATIS National Museum & Art Galerie MUSEUM
(Karte S. 267; ☎397 4616; 331 Independence Ave.; ⌚Di–Fr 9–18, Sa & So bis 17 Uhr) Wer mit Erwartungen kommt, die sich sinnvollerweise im Rahmen halten, wird an diesem kleinen, vernachlässigten Museum, das sich im Zentrum der Hauptstadt befindet, seine Freude haben. Hier lässt sich prima eine Stunde vertrödeln, wenn man sich für ausgestopfte Tiere interessiert. Sie sitzen zwischen den Exponaten, die sich mit präkolonialer und Kolonialgeschichte beschäftigen. Seltsam ist allerdings, dass die San, die ersten Einwohner Botsuanas, kaum Erwähnung finden.

Die Kunstgalerie präsentieret eine Dauerausstellung mit traditionellen afrikanischen und europäischen Kunstwerken.

GRATIS Three Dikgosi Monument MONUMENT
(Karte S. 264; ☎367 4616; zwischen Eastern und Western Commercial St.; ⌚Di–Fr 9–18, Sa & So bis 17 Uhr) Irgendwie ist es geschichtlich schon bemerkenswert, wenn es sich bei den Nationalhelden eines Landes um drei Burschen handelt, die der Meinung waren, dass das Land weiterhin ein Protektorat der größten Imperialmacht Afrikas bleiben sollte. (Es gilt hier zu bedenken, dass die drei Häuptlinge Bathoen, Khama II. und Sebele einen nicht unwichtigen Beitrag dazu leisteten, Botsuana der Britischen Krone zu unterstellen. Dadurch verhinderten sie gleichzeitig, dass das Land unter die Herrschaft von Cecil Rhodes geriet, was sicherlich eine erheblich größere Ausbeutung nach sich gezogen hätte.)

Der drei Häuptlinge oder *dikgosi* wird nun mit diesem großen, imposanten, aber etwas ungünstig platzierten Denkmal im Schatten eines Bürokomplexes gedacht. Zu sehen sind Reliefs der Nationaltugenden, darunter „Botshabelo“ (Zuflucht), „Bogaka“ (Heldentum), „Boitshoko“ (Durchhaltevermögen), „Mikarabelo“ (globale Verantwortung) und „Boipuso“ (Unabhängigkeit).

Geführte Touren

Wer nicht viel Zeit hat und ein Fan von Alexander McCall Smith, dem britischen Schriftsteller rhodesischer Herkunft und seines Buches *Ein Krokodil für Mma Ramotswe* ist, kann an einer der hervorragenden Führungen mit diesem thematischen Schwerpunkt teilnehmen. Sie werden von verschiedenen Unternehmen angeboten.

Garcin Safaris GEFÜHRTE TOUREN
(☎393 8190; www.garcinsafaris.com; 1-/2-Tagestouren 126/402 €) Die in der Hauptstadt ansässige Gaborone-Expertin Marilyn Garcin veranstaltet tolle Stadtbesichtigungen, darunter eine *Ein Krokodil für Mma Ramotswe*-Führung. Sie bietet auch empfehlenswerte Safaris in ganz Botsuana an.

Africa Insight GEFÜHRTE TOUREN
(☎7265 4323; www.africainsight.com; Halbtages-/Ganztagestouren 495/860 P) *Ein Krokodil für Mma Ramotswe*-Touren, die vom Autor Alexander McCall Smith höchstpersönlich abgesegnet wurden, aber auch Exkursionen in entferntere Gefilde sind möglich.

Feste & Events

Auf S. 384 sind sämtliche Feiertage aufgelistet, die in der Hauptstadt immer Anlass zu einem Fest geben. Nähere Informationen zu diesen Veranstaltungen finden sich in den englischsprachigen Zeitungen sowie in der Rubrik „What's On" im *Botswana Advertiser*.

Maitisong Festival DARSTELLENDE KÜNSTE
(www.maitisong.org) Das 1987 ins Leben gerufene Maitisong Festival gilt als das größte Festival der darstellenden Künste in ganz Botsuana. Es findet alljährlich sieben Tage lang in der letzten Märzwoche oder in der ersten Aprilwoche statt.

Traditional Dance Competition TANZ
Der Volkstanzwettbewerb findet Ende März statt.

Schlafen

Da die meisten Reisenden direkt nach Norden fahren und der Hauptstadt keinen Besuch abstatten, hat sich Gaborone überwiegend auf einheimische Gäste und Geschäftsleute eingestellt. Dennoch kann die Stadt mit einer guten Auswahl an Unterkünften für jeden Geldbeutel aufwarten.

Wem kein eigenes Fahrzeug zur Verfügung steht, der sollte seine erste Übernachtung im Voraus buchen, denn viele Quartiere organisieren den Transfer vom Flughafen. Da die Hotels in der ganzen Stadt verstreut liegen, ist die Zimmersuche mit dem Taxi ein teurer Spaß.

LP TIPP **Metcourt Inn** HOTEL $$
(☎363 7907; www.peermont.com; Zi. ab 720 P; ❄📶) Das erschwingliche Hotel für Geschäftsleute befindet sich im Komplex des Grand Palm Resort und gehört mit zu den zuverlässigen Peermont-Hotels. Geboten werden stilvolle Zimmer mit einem Tick Afroschick im Dekor. Wer hier in Afrika zum ersten Mal übernachtet, wird sich vielleicht wundern, weshalb um dieses Hotel so viel Aufhebens gemacht wird. Wer aus dem Busch zurückkommt, wird das Mittelklassehotel jedoch schlichtweg himmlisch finden. Vom Nelson Mandela Drive nimmt man die Molepololole Road; nach etwa 6 km befindet sich das Hotel dann auf der linken Seite.

Mokolodi Backpackers BACKPACKER $
(Außerhalb der Karte S. 264; ☎7716 8685; admin@backpackers.co.bw; Zeltplatz 95 P, B/EZ 165/220 P, Chalets 370–525 P; @🏊) Das tolle Quartier, etwa 14 km südlich des Stadtzentrums, ist das einzige in und um Gaborone mit Backpacker-Flair. Geboten werden attraktive Chalets, gute Zeltplätze und Schlafsäle. Das Mokolodi stellt eine super Alternative zu einem Aufenthalt in der Innenstadt dar und liegt zudem günstig für den Besuch des 1 km entfernten Mokolodi Nature Reserve.

Motheo Apartments APARTMENT $$
(Karte S. 264; ☎318 1587; www.motheoapartments.co.bw; Moremi Rd., bei Independence Ave.; Apt. 420–820 P; ❄📶🏊) Die gut geführte Wohnanlage in der Nähe der Mall und des National Museum bietet prima Apartments für Selbstversorger, die eine angenehme Alternative zu den wie Bürokomplexe anmutenden Hotelklötzen darstellen, wie sie für viele Hotels in Gaborone typisch sind. Die Wohneinheiten verfügen über Internet, digitales Satelliten-TV und andere Annehmlichkeiten und sind allesamt auf Selbstversorgung ausgerichtet.

Walmont Ambassador at the Grand Palm HOTEL $$$
(☎363 7777; www.walmont.com; Molepolole Rd.; Zi. ab 1755 P; ❄📶🏊) Das betont moderne Hochglanzhotel, 4 km westlich des Stadtzentrums, befindet sich in einer von Las Vegas inspirierten Ministadt mit Restaurants, Bars, Casino, Kino und Spa. Billig kommt der Spaß nicht, aber dafür werden die Gäste auch wirklich verwöhnt.

Brackendene Lodge HOTEL $$
(☎391 2886; www.brackendenelodge.com; Tati Rd.; Zi. ab 250 P, EZ/DZ mit Bad & Frühstück 420,50/458 P, mit Küche 433/473,40 P; ❄📶) Die Brackendene Lodge zählt zu den preiswerteren Hotels der Stadt. Die Zimmer sind einfach, aber groß und mit TV und Klimaanlage ausgestattet. Ein halbwegs zuverlässiges WLAN-Signal ist auch vorhanden. Hier ist es ruhig, und die Mall befindet sich in Fußnähe.

Kgale View Lodge HOTEL $$
(Außerhalb der Karte S. 264; ☎312 1755; www.kgaleviewlodge.com; Phase 4, Plot 222258; Zi. ab 550 P; ❄📶🏊) Das empfehlenswerte B&B bietet einen freundlichen Service, hübsch hergerichtete, aber einfache Zimmer und eine insgesamt herzliche Atmosphäre. Wer einmal hier war, kommt immer gern wieder – und deshalb ist auch schnell alles ausgebucht. Es macht also Sinn, vor der Anreise telefonisch anzufragen, ob überhaupt ein Zimmer frei ist. Die Lodge befindet sich rund 9 km südlich des Zentrums an der Old Lobatse Road.

Cresta President Hotel HOTEL $$$
(☎395 3631; www.crestahotels.com; The Mall; EZ/DZ 171/192 US$; ❄📶🏊) Das erste Luxushotel Gaborones liegt im Herzen der Stadt an der Mall. Es ist modern und bietet den Gästen einen hilfsbereiten und freundlichen Service. Mit großen Überraschungen ist nicht zu rechnen, aber das ist ja an sich auch schon sehr positiv.

Essen

Gabs kann mit einer ordentlichen Auswahl an guten Restaurants aufwarten, die auf Expats ausgerichtet sind und in der ganzen Stadt verstreut liegen, und zwar vor allem in den entlegenen Shoppingmalls. Außerdem finden sich zahlreiche Filialen westlicher Fast-Food-Ketten. Die gehobenen Hotels bieten sich ebenfalls an, um zum Essen zu gehen.

Preiswerte afrikanische Speisen gibt es an Dutzenden von Ständen in der Nähe des Busbahnhofs, dort lässt sich der Hunger beispielsweise mit preiswerten afrikanischen Traditionsgerichten wie Mealie Pap (Porridge aus Maismehl) und Eintopf stillen. Um die Mittagszeit finden sich auch in der Mall ein paar Essstände mit einem guten Angebot.

Gaborone - Zentrum

Gaborone - Zentrum

Sehenswertes
1 National Museum & Art Gallery D1

Schlafen
2 Brackendene Lodge C2
3 Cresta President Hotel C2

Shoppen
4 Botswana Book Centre B2

Praktisches
5 Barclays Bank B2
Beni Fama Bureau de Change .... (siehe 8)
6 Central Police Station C2
7 Französische Botschaft C2
8 Moby Trek B2
9 Südafrikanische Botschaft B1
10 Standard Chartered Bank D2
11 Standard Chartered Bank B2
12 Touristeninformation C2
13 Britische Botschaft B2
14 Botschaft von Sambia C2

Transport
15 Air Botswana B1

Selbstversorger können sich über die gut sortierten Supermärkte in allen Malls und Einkaufszentren freuen.

LP TIPP Courtyard Restaurant AFRIKANISCH, INTERNATIONAL **$$**
(Außerhalb der Karte S. 264; ☎392 2487; www.botsuanacraft.bw; Western Bypass, bei Airport Rd.; Hauptgerichte 55–85 P; ⌚8–16 Uhr) Im Gartenbereich hinter dem Laden Botswanacraft kommt in diesem beschaulichen Restaurant einfallsreiche afrikanische Küche auf den Tisch wie z. B. Impala- und Perlhuhneintopf, außerdem gibt es einheimische Gerichte, die sonst relativ selten zu finden sind. Das Lamm-Curry, die Salate und Sandwiches sind ebenfalls lecker.

Bull & Bush Pub INTERNATIONAL **$$**
(Karte S. 264; ☎397 5070; www.bullandbush.net; bei Nelson Mandela Dr.; Hauptgerichte 85–110 P; ⌚Mo–Fr 12–22.30, Sa & So bis 23.30 Uhr) Das Traditionspub ist in Gaborone schon eine Institution und mit Recht bei Expats, Touristen und Einheimischen gleichermaßen beliebt. Auf der Speisekarte findet jeder etwas, aber berühmt ist das Bull & Bush für seine dicken Steaks und das kühle Bier. Hier finden auch Themenabende statt – mittwochs wird gegrillt, donnerstags ist Pizza angesagt. Im Biergarten geht es aber jeden Abend hoch her.

Beef Baron STEAKHOUSE **$$**
(☎363 7777; Grand Palm Resort; Hauptgerichte 65–190 P; ⌚Mo–Sa 6.30–22.30 Uhr) Bei diesem Namen ist eigentlich schon klar, was auf der Speisekarte steht: Hier kommt in edlem Ambiente das feinste Botsuana-Rindfleisch auf den Tisch. Das Restaurant befindet sich im Komplex des Grand Palm Resort; man spaziert durch die Lobby des Walmont Ambassador – und ist schon da. Vor allem am Wochenende empfiehlt es sich, einen Tisch zu reservieren. Im gleichen Komplex kann das **Mokolwane's Restaurant** (Büfett 199 P) mit einem hervorragenden Büfett aufwarten.

Cafe Dijo CAFÉ **$**
(Außerhalb der Karte S. 264; ☎315 0575; Old Lobatse Rd., Kgale View Shopping Mall; Hauptgerichte 62 P; ⌚Mo–Fr 7–16, Sa 9– 13 Uhr; WLAN) Neben dem Kalahari Quilts in der Kgale View Shopping Mall befindet sich dieses stilvolle, aber legere Café – eines der beliebtesten Lokale in Gabs. Zu den Mittagsspecials zählen Pfeffersteak-Pie, Chicken-Tandoori-Wraps und kleinere, von der thailändischen Küche inspirierte Gerichte – und anschließend verlockt der beste Rüblikuchen der Stadt. WLAN gibt es kostenlos dazu, und der Kaffee schmeckt auch prima. Hier könnte man locker mehrere Stunden verbringen.

Linga Longa INTERNATIONAL **$$**
(Karte S. 264; ☎370 0844; Riverwalk Mall; Hauptgerichte 48–126 P; ⌚8–23 Uhr) Das Lokal, eine vage Mischung aus einer amerikanischen Sportsbar und einem britischen Pub, bietet eine Speisekarte, die zum Auftakt ein Frühstück bietet, um dann zu herzhaften Steaks, Currygerichten und Kalamari überzugehen.

Rodizio's STEAKHOUSE **$$$**
(Karte S. 264; ☎392 4428; 1. Stock, Riverwalk Mall; Menü ab 175 P; ⌚Mo–Sa 12–15 & 18–22.30, So 14–20 Uhr) Hier wird der Fleischfresser im Menschen angesprochen. Das Restaurant gehört zu einer Kette brasilianischer Supersteakhäuser samt Sambaparty. Die Ober laufen mit riesigen Fleischportionen herum, und die Gäste halten kleine Fähnchen hoch, um kundzutun, dass sie gern noch einen Nachschlag hätten. Gelegentlich kommt es aufgrund übermäßigen Fleischkonsums zu Magenverstimmungen, aber zumindest sterben die Gäste dann mit einem Lächeln im Gesicht und Bratensaft auf den Lippen.

Equatorial Café CAFÉ **$**
(Karte S. 264; Riverwalk Mall; Hauptgerichte ab 30 P; ⌚Mo–Do 7–22, Fr & Sa bis 23 Uhr) Hier gibt es den besten Espresso der Stadt, außerdem Frucht-Smoothies, Falafel und Gourmetsandwiches. Und sogar echte Bagels sind erhältlich!

Ausgehen

Wenn in Botsuana Geld verdient wird, landen die Scheine in der Regel in Gabs, und dass bedeutet, dass es einige Lokale gibt, in denen sich gut Dampf ablassen lässt. Aber nicht wundern, dass manche Lokale am Wochenende 50 P Eintritt verlangen.

Kalahari Cocktail Lounge COCKTAILBAR
(Grand Palm Resort; Cocktails 49–60 P; ⌚7 bis spätnachts) Das hochkarätige Lokal im Grand-Palm-Resort-Komplex (hinter der Rezeption des Walmont Ambassador) mixt eine kleine Auswahl an Cocktails, außerdem gibt es allerlei Sorten Tee, Kaffee, Smoothies und Snacks. Am Wochenende

müssen sich die Gäste abends oft zuerst an die Bar heranpirschen, um dort auf einen freien Tisch zu warten.

Bull & Bush Pub PUB
(Karte S. 264; www.bullandbush.net; über Nelson Mandela Dr.) Das beliebte Restaurant (S. 268) ist auch Dreh- und Angelpunkt des Nachtlebens der Expats – hier stürzen sich die jungen (und nicht mehr ganz so jungen) Einwohner von Gaborone ins nächtliche Vergnügen. Auf der Tanzfläche geht es heiß her, das Bier ist kalt, und alles in allem kann man hier voll abfeiern. Sonntags geht es bei Livejazz gemäßigter zu.

☆ Unterhaltung

Wer wissen will, was wann wo in Gaborone läuft, sollte sich die Beilage *Arts & Culture Review* der Zeitung *Mmegi/Reporter* oder die Rubrik „What's On" im *Botsuana Advertiser* besorgen. Eine weitere gute Informationsquelle ist darüber hinaus die Website whatsoningabs.com.

Da der Wohlstand in Gabs zunimmt, werden Nachtclubs immer beliebter – doch egal wie angesagt sie auch sein mögen, meist bestehen sie gerade einmal eine Saison oder zwei. Sie präsentieren sich als eine Mischung aus riesigen Disko-Amüsierlokalen und südafrikanischen Shebeens. An Wochenenden sollte man sich auf eine Eintrittsgebühr von etwa 50 P einstellen.

Maitisong Cultural Centre DARSTELLENDE KÜNSTE
(Karte S. 264; ☎397 1809; http://maitisong.org; Maruapula Way; ⏲Kartenschalter Mo–Fr 8.30–13 & 14–16.30 Uhr) Das Maitisong („Ort der Unterhaltung") präsentiert in seinem großen Theater hervorragende Shows – die Palette der Events reicht von Shakespeare-Stücken bis hin zu Musik aus Botsuana. Wer sich länger in Gabs aufhält, sollte den Besuch dieses Kulturzentrums auf keinen Fall auslassen.

No.1 Ladies' Opera House DARSTELLENDE KÜNSTE
(Außerhalb der Karte S. 264; ☎7291 4876; no1.operahouse@gmail.com; ab Lobatse Rd.; ⏲Kartenschalter Di–Fr 10.30–15.30, Sa 9.30–14 Uhr) Die Oper, ein paar Kilometer südlich von Gaborone (von der Lobatse Road links an den Satellitenschüsseln vorbei), basiert auf der Zusammenarbeit des Autors Alexander McCall Smith und der einheimischen Kunstszene. Präsentiert werden Tswana-Gesänge, Theaterstücke und sogar ganze Opern. Mit dazu gehört das reizende **Bean Bag Café** (☎7702 0477; Frühstück/Mittagessen ab 35/60 P; ⏲Di–Fr 9–16, Sa & So bis 15 Uhr); hier gibt es guten Kaffee, Kuchen und kleinere Mahlzeiten.

Shoppen

In Gaborone finden sich diverse Shoppingmalls westlichen Stils mit Bars, Restaurants, Geschäften, Supermärkten, Fastfood-Lokalen, Banken, Büros und Tankstellen. Am bedeutendsten sind die African Mall, die Broadhurst Mall, die Riverwalk Mall, die Rail Park Mall, die Game City Mall sowie die South Ring Mall.

Wer Zeit hat, findet das schönste Kunsthandwerk direkt an der Quelle, nämlich in den Werkstätten der in unmittelbarer Umgebung von Gaborone liegenden Ortschaften Oodi, Gabane und Thamaga. Ansonsten kann aber auch Gaborone mit einer Handvoll exzellenter Geschäfte aufwarten, in denen hoch-wertiges Kunsthandwerk zu Festpreisen erhältlich ist.

Botswanacraft Marketing KUNSTHANDWERK
(Außerhalb der Karte S. 264; ☎392 2487; www.botsuanacraft.bw; Western Bypass, ab Airport Rd.; ⏲Mo–Fr 8–18, Sa bis 17, So 9–13 Uhr) Das größte Geschäft für Kunsthandwerk in Botsuana verkauft traditionelle Souvenirs, darunter Töpferwaren aus Gabane und Thamaga, San-Schmuck sowie Körbe aus dem ganzen Land zu Festpreisen. Erhältlich sind auch Bücher, Schmuck, Schnitzereien und Textilien, die allerdings meist aus anderen Gegenden Afrikas stammen – aus Mali und dem Kongo etwa. Mit dazu gehört das gute Courtyard Restaurant (S. 268), das sich für eine Pause anbietet.

Kalahari Quilts KUNST & KUNSTHANDWERK
(Außerhalb der Karte S. 264; ☎7261 8711; www.kalahariquilts.com; Unit 7A, Kgale Hill Shopping Mall; ⏲Mo–Fr 9–17, Sa bis 14 Uhr) Die sagenhaften Patchworkdecken werden unter der Regie der engagierten Jenny Healey von Batswana-Frauen gefertigt. Sie eignen sich als wirklich einzigartige Andenken für Zuhause. Jede Patchworkdecke weist ein individuelles Muster auf, wobei sie sich alle an die Palette der Primärfarben halten, die in diesem Land einen Angriff auf die Sinne ausüben. Aber natürlich beschränkt sich das Angebot hier nicht auf Patchworkdecken, sondern es gibt auch Babytücher, Kissenbezüge und vieles andere mehr.

Exclusive Books BÜCHER

(Karte S. 264; ☎370 0130; Riverwalk Mall; ⊙Mo–Fr 9–17, Sa bis 14 Uhr) Das große Geschäft in der Riverwalk Mall ist bestimmt der beste Buchladen von Gaborone. Das Sortiment umfasst Belletristik, Sachbücher und Reiseliteratur. Die Abteilung mit Titeln über Afrika ist hervorragend.

Thapong Visual Arts Centre KUNST & KUNSTHANDWERK

(Karte S. 264; ☎316 1771; www.thapongartscentre.org.bw; Baratani Rd., The Village; ⊙Mo–Fr 8–17, Sa & So 9–17 Uhr) Die kleine Galerie, die mit modernen und zeitgenössischen Werken aus der Region aufwartet, bietet sich als erste Anlaufstelle an, wenn jemand Kunst erwerben möchte, die über die üblichen Holzmasken und Darstellungen von wilden Tieren hinausgeht.

Botsuana Book Centre BÜCHER

(Karte S. 267; The Mall; ⊙Mo–Fr 8.30–17, Sa bis 12.30 Uhr) Für dieses Geschäft würde man nicht unbedingt quer durch die Stadt fahren, und, wie die Mall, macht auch dieser Laden einen irgendwie heruntergekommenen Eindruck. Die Buchhandlung lohnt den Besuch jedoch wegen der hervorragenden Auswahl an diversen internationalen Zeitschriften; auch ein paar Zeitungen sind zu haben.

ℹ Praktische Informationen

Gefahren & Ärgernisse

Nach afrikanischen Maßstäben ist Gaborone generell eine sichere Stadt und bietet eine willkommene Pause von der Anspannung, die in den Straßen einiger Städte Südafrikas spürbar ist. Dennoch gibt es natürlich Kriminalität – vor allem Taschendiebstähle und Bagatelldiebstähle sowie gelegentlich Raubüberfälle. Die meisten Besucher haben während ihres Aufenthalts jedoch keine Probleme.

Dennoch lohnt es sich, eine gewisse Vorsicht walten zu lassen. Nachts wird empfohlen, mit dem Taxi zu fahren, das gilt besonders für Frauen und Personen, die allein unterwegs sind. Am besten nimmt man einen von den Hotels empfohlenen Fahrer und hebt die Telefonnummer auf, denn es wurden schon Fahrgäste in nicht registrierten Taxis ausgeraubt. In der Mall kann man tagsüber unbesorgt herumspazieren, nach Einbruch der Dunkelheit jedoch besser nicht. Um den Tsholofelo Park, gleich südlich des Gaborone Private Hospitals, sollte man auch einen großen Bogen machen. Öffentliche Grünstreifen gilt es zu meiden, denn solche Wege am Straßenrand stellen nicht nur eine Verkehrsgefährdung dar, sondern werden von Ganoven auch gern für Überfälle genutzt.

GRENZÜBERGÄNGE: GABORONE

Da Gaborone nicht weit von Johannesburg entfernt liegt (280 km), ist die Stadt bei Reisenden, die mit dem eigenen Wagen unterwegs sind, beliebt, um die Grenze zwischen Botsuana und Südafrika zu überqueren. Der kürzeste Weg führt über das **Pioneer Gate** (Skilpadshek; ⊙6–24 Uhr), das Lobatse (Botsuana) mit Zeerust (Südafrika) verbindet.

Die Formalitäten auf der Seite von Botsuana sind relativ simpel – die Reisenden werden gebeten, Angaben zum Fahrzeug zu machen, manchmal wird das Auto auch auf Frischfleisch und Milchprodukte durchsucht. Auf der Seite von Südafrika gestalten sich die Formalitäten dagegen oft etwas chaotischer. Der neue Grenzposten steht jedoch kurz vor der Fertigstellung. Reisende werden bei der Ein- und Ausreise jedenfalls kaum länger aufgehalten. Auch wenn das Auto in Südafrika registriert ist, sollten die Unterlagen der Autovermietung, die gestatten, das Auto außer Landes zu bringen, griffbereit sein. Wer diese Strecke wählt, sollte mehr Zeit einplanen, als eigentlich zu erwarten wäre, denn die vielen sich aneinanderreihenden Townships auf der südafrikanischen Seite machen ein erheblich langsameres Tempo erforderlich.

Weitere praktische Grenzübergänge:

Tlokweng Gate (Kopfontein; 6–24 Uhr) Ein weiterer geschäftiger Grenzübergang, der recht günstig für Johannesburg und prima für das Madikwe Game Reserve ist.

Ramotswa (Swartkopfontein; 7–19 Uhr) Der wenig frequentierte Grenzübergang bietet sich für Zeerust und Johannesburg an.

Sikwane (Derdepoort; 6–19 Uhr)Fürs Madikwe Game Reserve.

Ramatlabama (6–22 Uhr) Verbindet Gaborone mit Johannesburg via Mafikeng.

Der Verkehr entwickelt sich in Gaborone zu einem zunehmend größeren Problem, denn immer mehr Einheimische kaufen sich ein Auto und fahren damit herum – oft zum ersten Mal im Leben. Am letzten Wochenende eines Monats sollte man auf der Straße besonders vorsichtig sein, denn dann war Zahltag und viele Einheimische setzen sich betrunken ans Steuer – mit oft fatalen Folgen.

Geld

Die größeren Filialen der Standard Chartered und Barclays Bank verfügen über einen Schalter zum Geldwechseln, haben einen Geldautomaten und bieten Barauszahlungen an. In den wenigen Wechselstuben in der Stadt klappt der Service schneller, die Wechselkurse sind etwas besser als in den Banken, aber dafür wird eine Provision von bis zu 2,75 % erhoben.

American Express (1. Stock, Riverside Mall; ⌚Mo–Fr 9–17, Sa bis 13.30 Uhr)

Barclays Bank (Karte S. 267; The Mall; ⌚Mo–Fr 8.30–15.30, Sa 8.15–10.45 Uhr)

Beni Fama Bureau de Change (Karte S. 267; 1. Stock, Unit 25, Embassy Chambers, The Mall; ⌚Mo–Fr 9–17, Sa bis 13 Uhr)

Standard Chartered Bank (Karte S. 267; The Mall; ⌚Mo–Fr 8.30–15.30, Sa 8.15–11 Uhr)

UAE Foreign Exchange (1. Stock, Riverside Mall; ⌚Mo–Fr 9–17, Sa bis 13.30 Uhr)

Internetzugang

WLAN (meist, aber nicht immer kostenlos) gehört heute in den meisten Hotels von Gaborone zum Standard. Ansonsten muss man nach einem Internetcafé nicht lang suchen.

Moby Trek (Karte S. 267; 1. Stock, Unit 24, Embassy Chambers, The Mall; 10 P pro Std.; ⌚Mo–Fr 8–19.30, Sa 9–19.30, So 10–19.30 Uhr)

Medizinische Versorgung

Gaborone Hospital Dental Clinic (☎395 3777; Segoditshane Way) Gehört mit zum Gaborone Private Hospital.

Gaborone Private Hospital (☎300 1999; Segoditshane Way) Im Fall einer ernsthaften Erkrankung sollten Reisende das relativ moderne, aber teure Krankenhaus gegenüber der Broadhurst Mall aufsuchen. Die beste medizinische Einrichtung der Stadt.

Princess Marina Hospital (Karte S. 264; ☎355 3221; Notwane Rd.) Das Krankenhaus ist für Standardbehandlungen und Notfälle eingerichtet, sollte aber im Fall einer Erkrankung nicht die erste Wahl sein.

Notfall

Feuerwehr (☎998)

Hauptpolizeirevier (Karte S. 267; ☎355 1161; Botsuana Rd.)

Krankenwagen (☎997)

Polizei (☎999)

Post

Zentrale Post (The Mall; ⌚Mo–Fr 7.30–12 & 14–16.30, Sa bis 12.30 Uhr)

Touristeninformation

Tourist Office (Karte S. 267; ☎395 9455; www.Botsuanatourism.co.bw; Botsuana Rd.; ⌚Mo–Fr 7.30–18, Sa 8–13 Uhr) Hier gibt es eine mäßig nützliche Sammlung von Broschüren; neben dem Cresta President Hotel.

ℹ An- & Weiterreise

Bus

Achtung: Minibusse nach Johannesburg setzen die Fahrgäste in einer recht unsicheren Gegend in der Nähe der Park Station ab; man sollte sich darum bemühen, sofort nach der Ankunft einen Anschluss für die Weiterfahrt zu haben.

Innerstädtische Busse fahren am Hauptbusbahnhof ab. Wer nach Maun oder Kasane möchte, muss in Francistown umsteigen. Die Busse verkehren nach einem halbwegs festen Fahrplan; Minibusse fahren ab, sobald sie voll sind.

REISEZIEL	FAHRPREIS (PULA)	FAHRZEIT (STD.)
Francistown	60	6
Ghanzi	130	11
Kanye	18	2
Mochudi	12	1
Palapye	52	4
Serowe	57	5
Thamaga	8	1

Flugzeug

Vom **Sir Seretse Khama International Airport**, 14 km nordöstlich des Stadtzentrums, bietet **Air Botsuana** (Karte S. 267; ☎368 0900; www.airbotsuana.co.bw; Matstitam Rd.; ⌚Mo–Fr 9.30–17, Sa 8.30–11.30 Uhr) internationale Flugverbindungen nach Harare, Johannesburg und Lusaka sowie Inlandsflüge an.

REISEZIEL	FAHRPREIS (PULA)
Francistown	ab 680
Kasane	ab 1050
Maun	ab 882

ℹ Unterwegs vor Ort

Auto

Es ist nicht unbedingt nowendig, gleich nach der Ankunft ein Auto zu mieten – es sei denn:

jemand hat vor, sich nur auf Asphaltstraßen fortzubewegen. Wer einen Wagen mit Vierradantrieb mieten möchte, sollte das jedenfalls besser in Südafrika oder in Namibia tun. Um das Auto über die Grenze nach Botsuana zu bringen stellt die Autovermietung spezielle Unterlagen aus. Nur der Vollständigkeit halber: Die meisten internationalen Mietwagenfirmen unterhalten eine Niederlassung am Flughafen – die allerdings nach 17 Uhr oft nicht besetzt ist.

Combi

Die weißen Combis (Minibusse), erkennbar an ihren blauen Nummernschildern, verkehren auf festgelegten Routen und kosten 5 P. Sie nehmen Fahrgäste nur an Haltestellen mit, die mit „Bus/Taxi Stop" ausgeschildert sind. Der Main City Loop durch die Stadt führt an allen größeren Einkaufszentren vorbei mit Ausnahme der Riverwalk Mall und der Kgale View Shopping Mall; die Letztgenannten liegen an der Tlokweng-Route und an der Kgale-Route. Combis können an den größeren Straßen oder am Combistandplatz angehalten werden.

Zum/Vom Flughafen

Am Flughafen lässt sich kaum einmal ein Taxi blicken. Wer doch eines findet, zahlt bis ins Zentrum rund 70 P. Das einzig verlässliche Transportmittel vom Flughafen in die Stadt sind die Minibusse, ein Service der Spitzenklassehotels für ihre Gäste. Wenn noch Platz ist, kann der Fahrer eventuell überredet werden, einen mitzunehmen.

Eine Alternative ist **AT&T Travel** (☎395 2640; airportres@at-t-travel.com; Queen's Rd.; ⏲6.30–21 Uhr); das Unternehmen bietet gelegentlich private Shuttlebusse zum Flughafen oder auch für mehrere Personen, die sich dann den Fahrpreis teilen.

Taxi

Taxis – sie lassen sich leicht an ihren blauen Nummernschildern erkennen – sind in Gabs erstaunlich schwer aufzutreiben. Nur wenige fahren durch die Straßen auf der Suche nach Fahrgästen; die meisten stehen rund um die Botswana Road. Am besten lässt man sich ein Taxi vom Hotel rufen. Wer dann endlich eines erwischt hat, bezahlt im Allgemeinen 40 P bis 75 P (verhandelbar) für eine Fahrt in der Stadt.

Final Bravo Cabs (☎312 1785)

Speedy Cabs (☎390 0070)

RUND UM GABORONE

Von Gaborone lassen sich einige interessante Halb- und Ganztagesausflüge unternehmen, die sich vor allem anbieten, wenn in der Stadt, die ja keine tollen Sehenswürdigkeiten aufweist, Langeweile aufkommt. Fast alle Exkursionen sind mit öffentlichen Verkehrsmitteln oder per Taxi machbar, aber mit einem eigenen fahrbaren Untersatz sind sie natürlich schneller zu erreichen.

Nördlich von Gaborone

MATSIENG ROCK CARVINGS

Die Batswana betrachten die Felszeichnungen von Matsieng als eine der vier „Schöpfungsstätten". Einer Legende zufolge stammen der Fußabdruck und die Felszeichnungen von Matsieng, der einem Wasserloch entstieg, gefolgt von wilden Tieren und Haustieren. Am Eingangstor

DIE WEBER VON OODI

Das Dorf Oodi ist vor allem für seine im In- und Ausland renommierten **Lentswe-la-Oodi Weavers** (☎310 2268; hMo–Fr 8–16.30, Sa & So 10–16.30 Uhr) bekannt, eine Kooperative, die 1973 von Ulla und Peder Gowenius ins Leben gerufen wurde. Die beiden Schweden wollten den Frauen der Dörfer Oodi, Matebeleng und Modipane eine wirtschaftliche Grundlage verschaffen. In dem Betrieb wird Wolle von Hand gesponnen, dann mit Hilfe von Chemikalien über dem offenen Feuer gefärbt – es entstehen auf diese Weise mehr als 600 Farben – und schließlich zu spontanen Webmustern verarbeitet, die sich die einzelnen Künstlerinnen einfallen lassen. Die meisten Muster stellen die Flora und Fauna Afrikas dar sowie Aspekte des Landlebens in Botsuana. Die Frauen weben nach Wünschen ihrer Kunden aber auch Stücke anhand persönlicher Bilder, Zeichnungen oder sogar Geschichten. Wer mit dem Auto unterwegs ist, nimmt von Gaborone die Schnellstraße in Richtung Francistown und anschließend die Abzweigung zum Dorf Oodi. Die letzten 7,5 km bis zur Werkstatt sind dann ausgeschildert. Jeder Bus, der von Gaborone in Richtung Norden fährt, lässt seine Fahrgäste an der Abzweigung zum Dorf Oodi aussteigen; die letzten Kilometer müssen dann allerdings zu Fuß oder per Anhalter zurückgelegt werden.

Rund um Gaborone

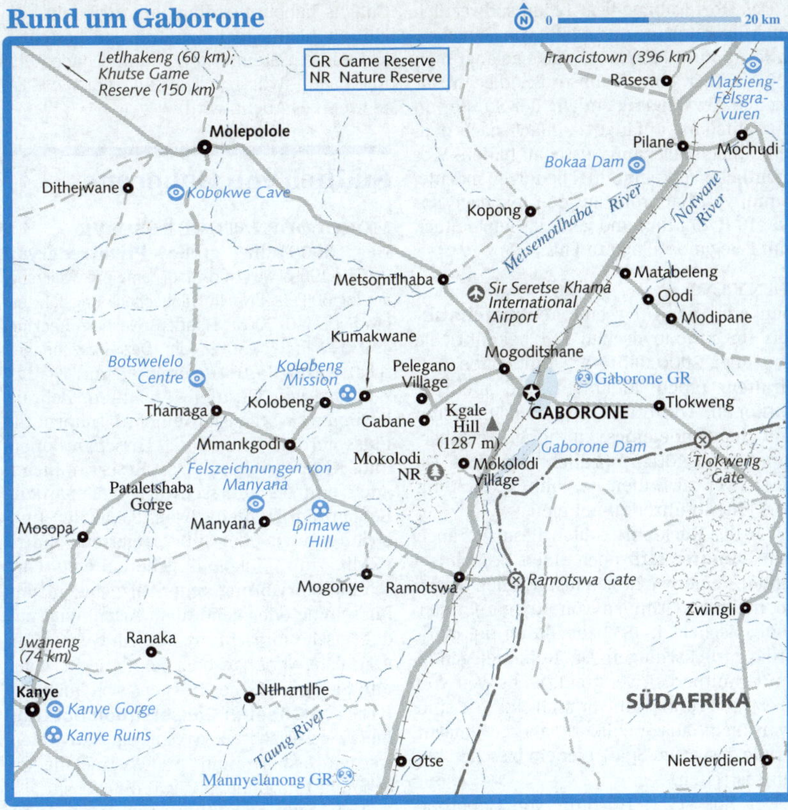

befindet sich eine kleine Informationstafel. Auf der anderen Seite des Zauns am Parkplatz gibt es in einem winzigen Raum auch noch einige Erklärungen. Die sehenswerten Stätte befindet sich am Ende einer gut ausgeschilderten 1 km langen Piste (mit Pkw befahrbar), die rund 6 km nördlich von Pilane beginnt.

MOCHUDI

Wie die alten Mauerreste in den Bergen bezeugen, war das hübsche Dorf Mochudi bereits um 1500 von den Kwena besiedelt, eines der drei bekanntesten Geschlechter der Batswana. 1871 ließen sich dann hier die Kgatla nieder, nachdem sie von den Richtung Norden wandernden Buren vertrieben worden waren.

Busse nach Mochudi (15 P, 1 Std.) fahren in Gaborone ab, sobald sie mit Fahrgästen voll besetzt sind. Mit dem Auto geht es zunächst nach Pilane und dann gen Osten. Nach 6 km biegt der Weg an der Kreuzung links ab und dann kurz vor dem Krankenhaus rechts, um ins historische Zentrum von Mochudi zu gelangen.

Westlich von Gaborone

GABANE

Die alten, oben auf dem Berg gelegenen Siedlungen rund um Gabane datieren zwischen 800 und 1200 und wurden vom Stamm der Bangologa errichtet, die einst in diesem Gebiet lebten. Eine modernere Sehenswürdigkeit ist hingegen **Pelegano Village** (☎394 7054; Gabane; ⏲Atelier Mo–Fr 8–16.30 Uhr, Andenkenladen Sa 7.30–13, So 14–16 Uhr), 1982 ins Leben gerufen. Der tolle Komplex mit einer großen Auswahl an Kunsthandwerk hat landestypische Objekte wie handgebrannte Keramik oder schöne Gläser, die aus recycelten Weinflaschen gefertigt wurden, im Angebot.

Das Dorf Gabane liegt 12 km südwestlich von Mogoditshane und 23 km von Gaborone entfernt. Zum Pelegano Village gelangt man 900 m über eine Staubstraße, die an der zweiten Abzweigung entlang der Straße von Mogoditshane anfängt – einfach nach dem Schild nach Pelegano Ausschau halten! Wer öffentliche Verkehrsmittel benutzen möchte, nimmt von Gaborone aus den Bus nach Kanye (18 P, 25 Min.) und geht das letzte Stück zum Pelegano Village zu Fuß.

MANYANA

Manyana ist für seine **Felszeichnungen** im simbabwischen Stil bekannt. Sie sind über 2000 Jahre alt und zeigen drei Giraffen, einen Elefanten und mehrere Antilopen. Die Stätte liegt am äußersten südlichen Ende eines 8 m hohen Felsüberhangs rund 500 m nördlich vom Dorf. Da sie schwer zu finden ist, lohnt es sich, im Dorf einen Führer zu nehmen.

Vor der Rückfahrt sollten Besucher auch dem **Dimawe Hill** noch einen Besuch abstatten – einer wichtigen historischen Stätte, wo mehrere Gruppen von Kriegern unter König Sechele I. 1852 die Buren aus Südafrika zurückschlugen. Die Ruinen liegen in den Granitbergen verstreut, nicht weit von der Straße rund 5 km vor Manyana. Sie sind zwar nicht ausgeschildert, aber es macht gerade deswegen Spaß, hier ein bisschen herumzustreifen.

Der Bus (15 P, 1½ Std.), von Gaborone kommend, hält an der Kreuzung am Ende der Straße im Dorf Manyana.

THAMAGA

Im Dorf Thamaga ist das **Botswelelo Centre** (☎599 9220; Molepolole Rd.; Führungen 3 P; ⏰8–17 Uhr) zu Hause, auch bekannt als Thamaga Pottery. Das gemeinnützige Projekt wurde in den 1970er-Jahren von Missionaren ins Leben gerufen. In der Töpferei sind alle erdenklichen Kreationen zu guten Preisen erhältlich. Führungen müssen im Voraus gebucht werden. Vom Hauptbusbahnhof in Gaborone (7 P, 1 Std.) aus verkehren häufig Busse.

Rund 5 km östlich von Botswelelo Centre befindet sich in Mmankgodi die **Bahurutshe Cultural Lodge** (☎7241 9170; www.bahurutshelodge.com; Camping/Chalets 75/400 P), ein innovatives Ethnodorf mit Chalets und Campingplatz. Die Gäste bekommen hier leicht Zugang zu den traditionellen Elementen der Batswana-Musik, zu Tanz und authentischer Küche. Die behaglichen Chalets haben allerdings mit afrikanischen Hütten nichts mehr zu tun; sie bestehen aus kühlem Stein und Lehm und haben ein Reetdach – würziger Duft umweht die Gäste, wenn es Abend wird.

Südlich von Gaborone

MOKOLODI NATURE RESERVE

Das 3000 ha große **Privatreservat** (☎316 1955; www.mokolodi.com; pro Fahrzeug am Tag 60 P, Tag/Nacht Wildbeobachtungsfahrten pro Pers. 140/200 P, Giraffen-/Nashorn-Tracking 490/590 P; ⏰7.30–18 Uhr, Dez.–März oft geschl.) wurde 1991 eingerichtet und ist das Zuhause von Giraffen, Elefanten, Zebras, Pavianen, Warzenschweinen, Nashörnern, Flusspferden, Impalas, Hirschantilopen und Klippspringern. Das Reservat bietet auch einigen altersschwachen Geparden, Leoparden, Honigdachsen, Schakalen und Hyänen sowie über 300 Vogelarten Schutz.

Mit zum Mokolodi gehören eine Forschungseinrichtung, ein Aufzuchtzentrum für seltene oder gefährdete Arten, eine pädagogische Einrichtung und ein Gehege für verwaiste, verletzte oder konfiszierte Vögel und Säugetiere; hier befindet sich auch die Basis von **Cheetah Conservation Botswana** (www.cheetahbotswana.com). An Aktivitäten werden Nashorn- und Giraffen-Tracking angeboten; Einzelheiten verrät die Website.

Aber Achtung: Das gesamte Reservat ist oft während der Regenzeit (Dezember bis März) geschlossen – vor dem Besuch also telefonisch nachfragen. Besucher dürfen mit dem eigenen Wagen im Reservat herumfahren; in der Regenzeit ist das nur mit einem Auto mit Vierradantrieb möglich. Es werden aber auch eine Geländewagensafari oder eine Führung angeboten. Wer selbst fährt, sollte sich an der Rezeption eine Landkarte einstecken.

Schlafen

Mokolodi Nature Reserve Campsite CAMPINGPLATZ $$
(Zeltplatz pro Erw./Kind 120/60 P, Chalets 680–1240) Eine Übernachtung im Reservat stellt eine erfrischende und überaus empfehlenswerte Alternative zu einem Aufenthalt in Gaborone dar. Die Zeltplätze sind beschaulich, gut gepflegt und können mit *braai* (Grillplätzen), Duschen mit Strohdach im Busch (mit dampfend heißem Wasser!) und Toiletten aufwarten. Wer

ein stilvolleres Safarierlebnis bevorzugt, nimmt ein Chalet mitten im Reservat, das für drei bis acht Personen geeignet ist; am Wochenende klettern die Preise erheblich. Es ist erforderlich, im Voraus zu buchen. Wer nicht über einen fahrbaren Untersatz verfügt, kann sich vom Personal für 10 P zum Campingplatz und zu den Chalets chauffieren lassen.

An- & Weiterreise

Der Eingang zum Reservat befindet sich 12 km südlich von Gaborone. Mit öffentlichen Verkehrsmitteln lässt sich das Reservat mit dem Bus nach Lobatse erreichen. An der ausgeschilderten Abzweigung aussteigen. Von hier sind es dann noch 1,5 km Fußmarsch bis zum Eingang.

OTSE

Die Stadt ist für den Otse Hill (1489 m) bekannt, die höchste Erhebung in Botsuana. Die eigentliche Hauptattraktion ist jedoch für die meisten Besucher, die den Ort anfahren, das **Mannyelanong Game Reserve** (Eintritt frei; Sept.–Okt. & Feb.–April bei Tageslicht). Das Reservat fungiert als Zuchtstation für die stark gefährdeten Kapgeier, die in den Klippen nisten. (Nur nebenbei: Mannyelanong bedeutet auf Tswana „wo die Geier ihre Notdurft verrichten"). Lärm kann die Vögel erschrecken und dazu führen, dass die Jungen oder die Eier aus dem Nest fallen, deshalb bitte unbedingt die Umzäunungen beachten und nicht unnötig herumschreien.

Das Dorf Otse liegt rund 45 km südlich von Gaborone. Jeder Bus nach Lobatse hält auf Wunsch am Reservat (erkennbar am Zaun und den Klippen) an und lässt die Besucher aussteigen.

KANYE

Die Hauptstadt der Bangwaketse, einer der acht in Botsuana ansässigen Stämme, erstreckt sich am Fuß des Kanye Hill. Hier befindet sich auch die **Kanye Gorge**, eine Schlucht, in der sich in den 1880er-Jahren die gesamte Bevölkerung der Stadt vor einem Überfall der Ndebele versteckte. Ein leichter Spaziergang von 1,5 km Länge führt vom östlichen Ende der Schlucht zu den **Kanye Ruins**, den Überresten eines Dorfes aus dem 18. Jh., das einst mit einer Steinmauer umgeben war.

Von Gaborone und Kanye verkehren regelmäßig Busse über Thamaga (10 P, 2 Std.). Die Bushaltestelle befindet sich 1,5 km westlich vom Haupteinkaufszentrum.

DER OSTEN

Für die Batswana ist dieses relativ dicht besiedelte Land wohl die wichtigste Region Botsuanas; für Reisende handelt es sich hingegen um ein weitgehend unbeachtetes Gebiet, das auf dem Weg nach Maun, Kasane und in die Kalahari gern ausgelassen wird.

Doch das Kernland von Botsuana ist es eigentlich wert, erkundet zu werden, denn schließlich befinden sich hier das bedeutendste Nashornreservat Botsuanas, die Ruinen und dramatischen Landschaften der Tswapong Hills sowie der Tuli Block, eine der am meisten unterschätzten Destinationen zur Tierbeobachtung.

Palapye

41 100 EW.

Der ursprüngliche Name von Palapye lautet Phalatswe, was auf Sekgalagadi so viel wie „viele Impalas" und auf Setswana „große Impalas" bedeutet. Den meisten Batswana ist Palapye jedoch als „Energiehochburg Botsuanas" ein Begriff, denn hier befindet sich ein Kohlekraftwerk, das 1986 in der Nähe von Morupule den Betrieb aufnahm und derziet wegen des steigenden Energiebefarfs vergrößert wird. Zur Berühmtheit Palapyes hat auch die Tatsache beigetragen, dass der ehemalige Staatspräsident Festus Mogae hier zur Welt kam. Die meisten Reisenden legen in dieser Stadt jedoch lediglich eine Pause ein, um die lange Fahrt nach Norden zu unterbrechen.

Schlafen & Essen

Majestic Five Hotel HOTEL $$$
(492 1222; www.majesticfive.co.bw; Hwy. A1; DZ/FZ/Suite ab 1300/2100/2500 P;) Ein paar Kilometer südlich vom Zentrum liegt an der Straße nach Gaborone das 2011 eröffnete Majestic Five Hotel – das neueste Hotel Palapyes mit gut ausgestatteten Zimmern. Es ist in jeder Hinsicht das Beste, das die Stadt zu bieten hat. Das Abendbüfett (150 P pro Pers.) des Hotels garantiert auch das feinste Speiseerlebnis in Palapye.

Cresta Botsalo Hotel HOTEL $$$
(492 0245; www.crestahotels.com; Hwy. A1; Zi. 135 US$;) Das früher wirklich reizende Hotel zehrt noch vom Ruhm vergangener Zeiten. Es vermarktet sich zwar als Businesshotel, aber oft funktionieren die Telefone nicht, und auch das WLAN-

Der Osten Botsuanas

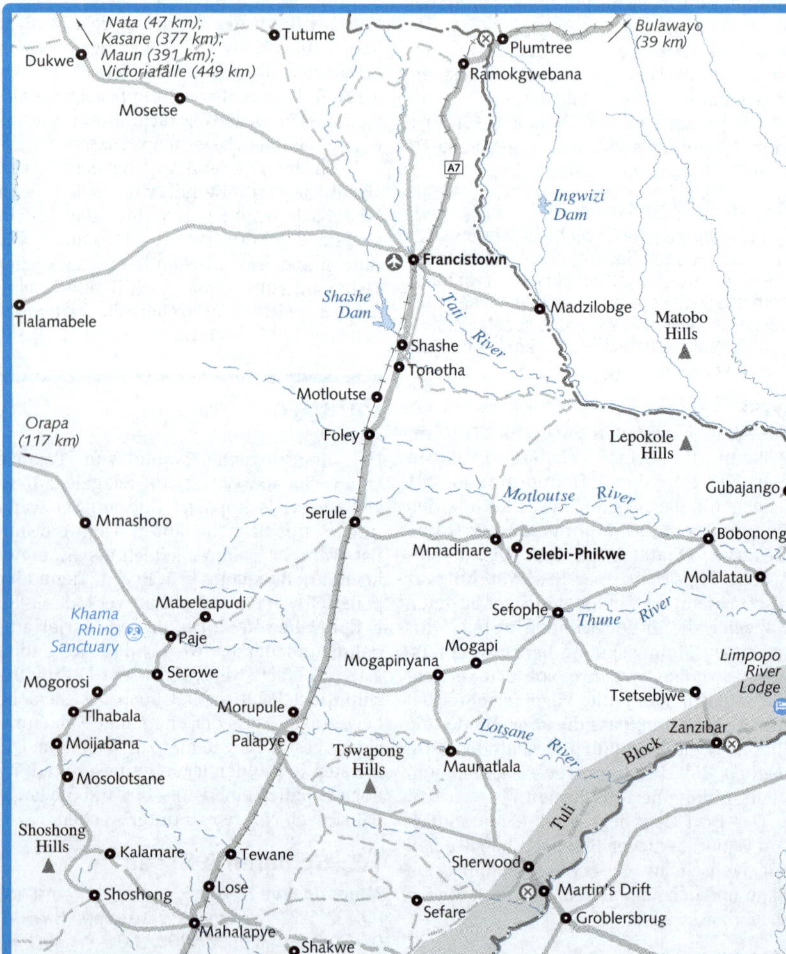

Signal ist schwach. Wenn es in der Bar voll wird, stellt der Lärm ein Problem dar. Zum Glück sind aber die Zimmer noch immer erstklassig – ausgestattet mit Klimaanlage, Kabel-TV und bequemen Betten. Das Hotel befindet sich neben der Caltex-Tankstelle, rund 50 m nördlich der Kreuzung an der Schnellstraße.

ℹ An- & Weiterreise

Busse von Gaborone (52 P, 4 Std.) nach Francistown (30 P, 2 Std.) kommen durch Palapye, wo sie am chaotischen Engen Shopping Centre halten. Von diesem Einkaufszentrum verkehren Sammeltaxis und Combis nach Serowe (12 P, 30 Min.) und Orapa (96 P, 4½ Std.).

Serowe

57 600 EW.

Die historisch bedeutende Stadt Serowe ist einen Abstecher wert, wenn sich jemand gerade in dieser Gegend aufhält und ein wenig Muse hat. Das moderne Stadtzentrum kann man getrost vergessen und seine Zeit stattdessen zwei interessante Sehenswürdigkeiten widmen, die sich mit der Vergangenheit beschäftigen.

1902 gab König Khama III. Phalatswe als Bangwato-Hauptstadt auf, um am Fuß des Thathaganyana Hill auf den Ruinen eines Dorfes aus dem 11. Jh. Serowe zu erbauen. Unsterblichkeit erlangte der Ort durch die südafrikanische Schriftstellerin Bessie Head, die das Dorf in mehreren ihrer Werke beschrieb, darunter der Roman *RegenWolkenZeit*. Das Buch enthält eine Chronik der Botsuana-Brigaden, einer Bewegung, die 1965 in der Swaneng Hill Secondary School von Serowe ins Leben gerufen wurde und zahlreichen Bewohnern entlegener Gegenden eine Ausbildung ermöglichte.

Sehenswertes

GRATIS Khama III Memorial Museum — MUSEUM

(☎463 0519; ⏲Di–Fr 8–17, Sa 10–16.30 Uhr) Das Khama III Memorial Museum vermittelt die Geschichte der Familie Khama, einer der bedeutendsten Dynastien im südlichen Afrika. Zu sehen sind die persönlichen Gegenstände des Häuptlings Khama III. und seiner Nachfahren, aber auch verschiedene Artefakte, die die Geschichte Serowes illustrieren. Ausstellungen über afrikanische Insekten und Schlangen sowie zur San-Kultur kommen hinzu. In Wechselausstellungen sind Kunstwerke zu bestaunen. Das Museum befindet sich etwa 800 m von der Einkaufszone in der Innenstadt entfernt an der Straße nach Orapa. Spenden sind willkommen.

Royal Cemetery — FRIEDHOF

Vor dem Verlassen der Stadt ist ein Abstecher auf den Thathaganyana Hill zu unternehmen, auf dem sich der Royal Cemetery befindet. Auf diesem Königlichen Friedhof liegen Sir Seretse Khama, der Begründer des modernen Botsuana, sowie Khama III. begraben. Das Grabmal von Khama III. ist an einer kleinen bronzenen Antilope zu erkennen, das Totem der Bangwato. Wer den Friedhof besichtigen möchte, muss bei der Polizei eine Genehmigung einholen und bekommt in der Regel einen Führer zugeteilt. Der Weg zur Polizeiwache führt die Straße gegenüber der Tankstelle entlang bis zur Kgotla (traditionelle Gemeindehalle) und den umliegenden Kasernen. Eines der Gebäude ist die Polizeiwache.

Schlafen

Tshwaragano Hotel — HOTEL $

(☎463 0377; www.tshwaraganohotel.com; Chalets 240–260 P; ❄) Das kleine, malerische Hotel mit Unterkünften im Chalet-Stil, das an den Hängen des Thathaganyana Hill liegt, tut sich mit einem herrlichen Blick über die Stadt hervor. Im zugehörigen Bar-Restaurant ist in der Regel in dieser Stadt am meisten los – aber alles ist relativ. Das Hotel befindet sich oberhalb einer Einkaufszone an der Straße nach Orapa.

Serowe Hotel — HOTEL $$

(☎463 0234; www.serowehotel.com; EZ/DZ inkl. Frühstück 575/695 P; ❄🏊) Ein so fantastisches Hotel wie das Serowe würde man in dieser Stadt eigentlich gar nicht erwarten. Es befindet sich 2 km südöstlich von

Serowe an der Straße nach Palapye. Die gemütlichen, hübsch möblierten Zimmer gewährleisten einen guten Nachtschlaf, und die lässige Bar im Freien ist etwas für all jene Gäste, die sich zuvor noch einen Schlummertrunk genehmigen wollen. Im beliebten Restaurant kommen englische Gerichte und vegetarische Mahlzeiten auf den Tisch.

An- & Weiterreise

Busse verkehren nahezu stündlich von Serowe nach Gaborone (62 P, 4 Std.). Es besteht aber auch die Möglichkeit, von Gabs einen Bus in Richtung Francistown zu nehmen und an der Abzweigung nach Serowe auszusteigen und mit einem Sammeltaxi oder Combi nach Serowe weiterzufahren. Combis und Sammeltaxis fahren auch nach Orapa (92 P, 4 Std.), sobald sie voll besetzt sind. Auf diesem Streckenabschnitt kommt man auch am Eingangstor zum Khama Rhino Sanctuary vorbei.

Khama Rhino Sanctuary

Als die Nashörner in Botsuana nahezu verschwunden waren, taten sich Anfang der 1990er-Jahre die Einwohner von Serowe zusammen, um das 4300 ha große **Khama Rhino Sanctuary** (☎463 0713;

GRENZÜBERGÄNGE: TULI BLOCK & OSTBOTSUANA

Wer nach der schnellsten Verbindung von Johannesburg nach Nordbotsuana sucht, ist mit dem Grenzübergang **Martin's Drift** (☎in Südafrika 014-767 2929; Groblersbrug; ⊙6–22 Uhr) am besten bedient. Bei der Einreise nach Botsuana ist es Besuchern, die keine Pula haben, gestattet, das Territorium Botsuanas zu betreten, um kurz Geld zu wechseln und anschließend zum Grenzposten zurückzukehren. Es empfiehlt sich, nur den Betrag zu tauschen, der unbedingt benötigt wird, denn der Wechselkurs ist hier oft wirklich sehr schlecht. Sobald die Visa- und Zollformalitäten erledigt sind, wird das Fahrzeug nach Frischfleisch, Obst und Milchprodukten durchsucht. Die Benzinpreise liegen in Botsuana im Allgemeinen niedriger als in Südafrika; eine Tankstelle befindet sich innerhalb der Grenze an der Straße nach Palapye. Wer in die andere Richtung unterwegs ist, sollte sich darauf einstellen, dass der südafrikanische Zoll das Auto durchsucht (nach dem Horn von Nashörnern), aber die meisten Zollkontrollen gestalten sich dann doch eher oberflächlich.

Reisende, die in Botsuana den Tuli Block als Fahrtziel ansteuern, sollten den Martin's Drift aus zwei Gründen meiden: Zum einen ist der Martin's Drift für seine strengeren Zolluntersuchungen bekannt. Und zweitens ist die Schotterstraße von Martin's Drift zum Tuli Block fürchterlich ausgefahren – zumindest in letzter Zeit. Der kleine Übergang **Zanzibar** (☎263 0012; ⊙8–16 Uhr) stellt eine gute Alternative dar, allerdings sollte man die kürzeren Öffnungszeiten beachten.

Eine andere Möglichkeit ist der kleine Grenzposten **Platjan** (☎263 0001, in Südafrika 014-767 2959; ⊙6–18 Uhr), der sich für das Gebiet Zentral-Tuli am ehesten anbietet sowie für die südlichen Abschnitte des Northern Tuli Game Reserve. Wer von Johannesburg kommt, fährt über Alldays; dort gibt es dann drei Abzweigungen nach Platjan. Die beiden ersten sind Staubstraßen; bei der dritten und besten Option, 38 km hinter Alldays an einer geteerten Straße, bestehen nur etwa 20 km aus Staubstraßen. Der Limpopo River wird auf einer niedrigen Betonbrücke überquert, die während der Regenzeit manchmal nicht passierbar ist – wer sich unsicher ist, sollte vorsichtshalber anrufen.

Die letzte Alternative, die sich auch für das Northern Tuli Game Reserve empfiehlt, ist der Grenzposten **Pont Drift** (☎264 5260, in Südafrika 015-575 9909; ⊙7.30–16 Uhr). Aber Achtung: Für diesen Grenzübergang ist in der Regel ein Wagen mit Allradantrieb erforderlich, außerdem kann der Übergang geschlossen sein, wenn der Fluss zu viel Wasser führt. Wer seine Unterkunft vorgebucht hat, kann sein Auto bei der Grenzpolizei abstellen und sich (bei Trockenheit) mit einem Fahrzeug zur Lodge chauffieren lassen oder aber mit der Seilbahn (falls der Fluss Hochwasser führt; 35 P). Reisende, die nach 16 Uhr eintreffen, können eine spätere Uhrzeit für die Grenzüberquerung aushandeln, müssen allerdings 48 Stunden vorher anrufen und eine Gebühr entrichten (in der Regel 70 P pro Pers. plus ein Extraentgelt für die Beamten, die für die Abfertigung länger Dienst machen müssen).

www.khamarhinosanctuary.org.bw; Erw./Kind 52/26 P, Fahrzeug unter/über 5 Tonnen 63,40/190,20 P; ⌚7–19 Uhr) zu gründen. Heute stehen in dem Wildpark 40 Weiße und vier Schwarze Nashörner unter Schutz. Ursprünglich war das Schutzgebiet gar nicht auf Schwarze Nashörner eingerichtet, doch als das erste von Simbabwe über die Grenze kam, bedeutete dies den Anfang einer wundervollen Freundschaft. Einige Nashörner wurden inzwischen in der Wildnis freigelassen – vor allem am Okavango-Delta –, wo sie sich nun zu den Importen aus den Nachbarregionen Botsuanas gesellen. In dem Wildpark sind auch Wildebeests, eine Gnu-Art, Impalas, Strauße, Braune Hyänen, Leoparden und mehr als 230 Vogelarten zu Hause.

Sehenswertes & Aktivitäten

Die beste Tageszeit zum Beobachten der Nashörner ist der späte nachmittag oder der frühe Morgen. Malema's Pan, Serwe Pan und das Wasserloch an der Vogelbeobachtungsstation gelten als die tierreichsten Bereiche des Wildparks. Alle diese Orte sind in der Landkarte des Wildparks (10 P; am Eingang erhältlich) gut erkennbar verzeichnet.

Die Hauptstraßen innerhalb des Wildparks lassen sich in der Trockenzeit mit einem normalen Pkw befahren, in der Regenzeit ist allerdings ein Fahrzeug mit Allradantrieb erforderlich. Im Büro am Parkeingang sind einige haltbare Grundnahrungsmittel, kalte Getränke und Feuerholz erhältlich.

An den zweistündigen **Tierbeobachtungsfahrten** (462,70/633,90 P) bei Tag oder Nacht können bis zu vier Personen teilnehmen. **Naturspaziergänge** (200 P) und **Exkursionen zu den Nashörnern** (317 P) werden ebenfalls organisiert. Außerdem besteht für Parkbesucher die Möglichkeit, einen Guide anzuheuern, der dann im eigenen Wagen mitfährt (190,20 P).

Schlafen

Rhino Sanctuary Trust CAMPINGPLATZ, CHALETS $

(Zeltplatz pro Erw./Kind 67,80/33,90 P, B 317 P, Chalets 469,10–710 P;) Schattige Zeltplätze mit *braai* (Grillplatz) befinden sich in der Nähe der sauberen Toiletten und den Duschen, die so heiß sind, dass es nur so dampft. Außerdem gibt es Schlafsäle für rund sechs Personen. Etwas mehr Komfort bieten die rustikalen Chalets für vier Personen sowie die Hütten mit Spitzdach für sechs Personen. Beide verfügen über eine einfache Kücheneinrichtung und ein eigenes Bad. Ein Restaurant, eine Bar und ein Pool sind auch vorhanden. Wer keinen fahrbaren Untersatz hat, kann sich gegen eine geringe Gebühr vom Personal zum Campingplatz und zu den Wohnarealen chauffieren lassen.

An- & Weiterreise

Das Eingangstor zum Khama Rhino Sanctuary befindet sich 26 km nordwestlich von Serowe an der Straße nach Orapa (an der schlecht ausgeschilderten Abzweigung rund 5 km nordwestlich von Serow links abbiegen). Der Wildpark lässt sich auch mit jedem Bus oder Combi erreichen, der nach Orapa fährt.

Tswapong Hills

Östlich von Palapye zählen die von Felsblöcken übersäten Berge zu den dramatischsten Landschaften Botsuanas – ein herrlicher Anblick aus der Ferne. Aus der Nähe betrachtet, wachen die Tswapong Hills über faszinierende Ruinen; steile Schluchten schneiden sich in die Felsen. In ihrem Schutz liegen oasenartige Picknickplätze sowie bedeutende Kolonien von Kapgeiern, die am nördlichen Ende des Gebirgszugs brüten. Auch viele andere Vögel leben hier. Der Gebirgszug ist von Norden und Süden her zugänglich und ein beliebtes Erholungsgebiet der Einheimischen. Touristen lassen sich hingegen kaum einmal blicken. Ohne einen fahrbaren Untersatz geht hier allerdings gar nichts – öffentliche Verkehrsmittel gibt es praktisch nicht.

Sehenswertes

Südliche Tswapong Hills

Die interessantesten Ruinen dieser Region liegen in den südlichen Ausläufern der Tswapong Hills verstreut.

Old Palapye (Phalatswe) RUINEN

Rund 20 km südöstlich von Palapye kennzeichnen inmitten niedrigen Gestrüpps vereinzelte Steinmauern die Stätte der ehemaligen Bangwato-Hauptstadt. Nachdem 1889 der christliche Bangwato-Häuptling Khama III. und seine Stammesangehörigen aus Shoshong gekommen waren, verwandelte sich Phalatswe von einem Stück Wüste in eine Siedlung, die in der Folge-

von 30 000 Menschen bewohnt wurde. Die Steinmauern, die sich über ein weites Areal verteilen und am Hauptweg ausgeschildert sind, verweisen auf den ehemaligen Marktplatz und andere Gebäude der Stadt. Besser erhalten ist die beeindruckende Kirche im gotischen Stil, die von der Londoner Missionary Society errichtet wurde. Sie wurde 1894 vollendet. Als die Bangwato-Hauptstadt 1902 dann nach Serowe verlegt wurde, schickte Häuptling Khama ein Regiment aus, um Phalatswe abzufackeln, doch die Kirche blieb erhalten. Sie wurde aus roten Lehmziegeln der Region erbaut und zählt zu den beeindruckendsten Ruinen Botsuanas überhaupt.

Motetane Gorge SCHLUCHT

Die Hänge der Tswapong Hills sind von tiefen Schluchten durchzogen. Die schönste von allen ist die von Ost nach West verlaufende Motetane Gorge. Die Abzweigung zur Schlucht ist auf der Route zur Kirche gut ausgeschildert; vom kleinen Parkplatz führen dann diverse Pfade dorthin. An den Trails dieser Gegend liegen verstreut diverse alte heilige Stätten, von denen einige auch ausgeschildert sind. Unterwegs sollte man sich allerdings vor Hyänen in Acht nehmen.

Nördliche Tswapong Hills

Die beeindruckendsten Felsformationen dieser Region finden sich am Nordhang der Berge. Dort gibt es auch von der Gemeinde verwaltete Campingplätze und gut ausgestattete Chalets. Das Areal ist touristisch also recht gut erschlossen.

Moremi Gorge SCHLUCHT

(Erw./Kind/Fahrzeug 40/20/30 P) Der Zugang zur Moremi Gorge lässt kaum ahnen, was den Besucher dort erwartet. Hinter dem Eingangstor führt eine Piste an Campingplätzen (pro Erw./Kind 70/35 P) mit Sanitärblocks (kaltes Wasser) vorbei zu einem Picknickareal. Hier beginnt ein Pfad in die schwindelerregende Schlucht hinunter. Von der herrlichen Natur und der reichen Vogelwelt einmal abgesehen – Kapgeier kreisen in den Lüften oder sitzen in ihren Nistplätzen hoch oben in den Felsen – sollte man nach kleinen Ahnenschreinen in den Felsspalten Ausschau halten sowie nach einem ausgeschilderten Felsblock: Er stürzte am 13. Juli 1980 ins Tal hinunter – an dem Tag also, als Sir Seretse Khama verstarb, der damalige Präsident Botsuanas. Wieder zurück in Eingangsnähe, finden sich einige hübsche Chalets mit eigenem Bad (EZ/DZ 350/450 P), die 2012 eröffnet wurden. Von den großen Balkonen bietet sich ein schöner Blick auf die Berge, und der obligatorische Alva-Grill darf natürlich nicht fehlen.

An- & Weiterreise

Wer zur Südseite der Tswapong Hills möchte, legt auf der A-1 südlich von Palapye 8 km zurück, dann geht es auf der A-141 weiter. Von dort weisen Schilder den Weg nach Old Palapye (Phalatswe); die Abzweigung zum Dorf Lecheng ist gut ausgeschildert.

Die nördlichen Tswapong Hills lassen sich nördlich von Palapye über die A-1 (20 km) erreichen, dann nimmt man die Straße, die mit einem Schild mit zig Dorfnamen – darunter Tamasane und Kgagodi – ausgewiesen ist. Später der Beschilderung nach Moremi folgen. Der Eingang zur Schlucht befindet sich dann rund 3 km hinter dem Dorf Moremi.

Francistown

99 000 EW.

Francistown ist die zweigrößte Stadt Botsuanas und ein wichtiges Zentrum der Region. Wenn jemand, von Südafrika kommend, in den Norden unterwegs ist, stehen die Chancen für eine Übernachtung hier in der Regel recht gut. Geboten werden den Besuchern ein kleines Museum, eine Handvoll anständiger Restaurants und jede Menge Supermärkte.

Im Unterschied zu den meisten Städten in Botsuana blickt Francistown durchaus auf eine interessante Geschichte zurück. 1867 wurde der Süden Afrikas nämlich erstmals von einer Woge des Goldrausches erfasst, als der deutsche Geologe Karl Mauch am Tati River fündig wurde. Zwei Jahre später kamen mit dem Engländer Daniel Francis einige Bergleute aus Australien ins Land, die ebenfalls ihr Glück versuchen wollten. Francis, der sich zu den 1870 entdeckten Diamantenfeldern von Kimberley aufmachte, kehrte zehn Jahre später zurück, um mit dem Ndebele-König Lobengula die Schürfrechte auszuhandeln. Bei dieser Gelegenheit legte Daniel Francis den Grundstein für die Stadt, die heute seinen Namen trägt.

Sehenswertes

GRATIS **Supa-Ngwao Museum** MUSEUM

(☎ 240 3088; ab New Maun Rd.; ⏲Mo–Fr 8–17, Sa 9–17 Uhr) Zum Museum, das sich in einem

Francistown

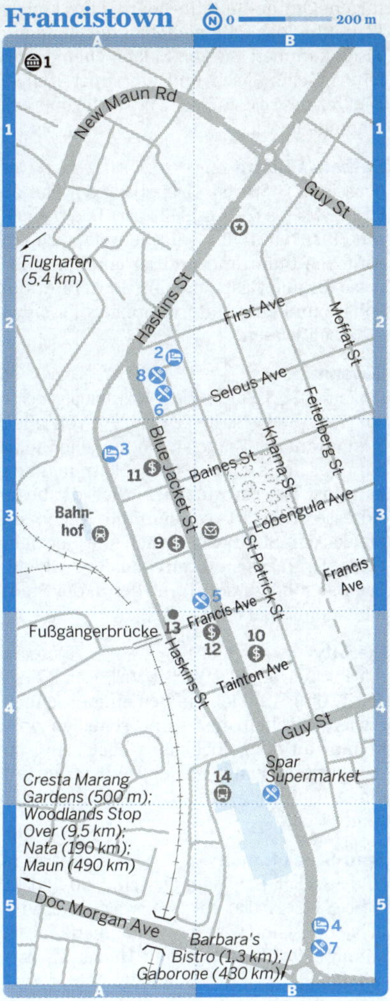

100 Jahre alten Government Camp befindet, gehören auch ein Gefängnis und eine Polizeikantine. Zu bestaunen sind interessante kleinere Exponate zur Lokal- und Regionalgeschichte und Kultur (*supangwao* bedeutet auf Setswana „Kultur zeigen"). Zu den Gegenständen, die den Besuchern präsentiert werden, gehören etwa Töpfe, Körbe, Musikinstrumente und Holzschnitzereien der örtlichen Kalanga-Kultur. Das Museum präsentiert zudem Ausstellungen zeitgenössischer Kunst und gelegentlich Sonderveranstaltungen. Spenden sind willkommen.

Francistown

Sehenswertes

1 Supa-Ngwao Museum A1

Schlafen

2 Digger Inn A2
3 Grand Lodge A3
4 Metcourt Inn B5

Essen

5 Pie City B3
6 Savanna A2
7 Spur Steak Ranch B5
8 Thorn Tree A2

Praktisches

9 Barclays Bank A3
10 First National Bank B4
11 FxA Bureau de Change A3
Kokela Internet Café .... (siehe 6)
12 Standard Chartered Bank B4
Touristeninformation .... (siehe 2)

Transport

13 Air Botswana A4
14 Hauptbusbahnhof B4

Schlafen

LP TIPP Woodlands Stop Over CAMPINGPLATZ, CHALET **$$**
(☎244 0131; www.woodlandscampingbots.com; Zeltplatz pro Pers. 83 P, EZ/DZ Chalets 330/475 P, Zi. ab 685 P;) Das herrlich beschauliche Woodlands, 10 km nördlich der Stadt an der Straße nach Maun, ist die beste Adresse für einen Aufenthalt in und um Francistown, wenn jemand mit dem eigenen Wagen unterwegs ist. Die Chalets sind hübsch eingerichtet, die Zeltplätze das reinste Eldorado nach den staubigen Trails in Botsuana. Und Anne und Mike empfangen ihre Gäste auch wirklich herzlich.

Cresta Marang Gardens HOTEL **$$$**
(☎241 3991; www.crestahotels.com; Old Gaborone Rd.; EZ/DZ ab 144/169 US$;) Eines der besseren Hotels der Cresta-Kette in Botsuana. Das exzellente Marang Gardens in einem weitläufigen Hotelareal bietet Standardzimmer sowie einige hübsche Cottages auf Stelzen mit Strohdach.

Digger Inn HOTEL **$$**
(☎244 0107; www.diggerinn.co.bw; St Patrick St., Village Mall; DZ/FZ 705/860 P;) Das Hotel im Norden der Innenstadt ist ruhig, zen-

tral gelegen und gehört mit zur ausgeflipptesten Expat-Enklave (Village Mall) der Stadt. Die Zimmer sind groß, wenngleich etwas abgewohnt, und das Dekor erinnert an die Zeiten, als in Francistown noch der Bergbau florierte. Insgesamt betrachtet, bietet das Digger Inn jedenfalls ein gutes Preis-Leistungs-Verhältnis und stellt eine angenehme Alternative zu den üblichen Hotelketten dar.

Metcourt Inn HOTEL **$$**
(☎241 1100; www.metcourt.com; Blue Jacket St.; Zi. ab 770 P; ❄📶) Dieser Außenposten der Metcourt-Kette bietet sehr komfortable, unlängst renovierte Zimmer in 3-Sterne-Qualität zu einem anständigen Preis. Darüber kann man nicht meckern – und über die Lage eigentlich auch nicht. Das Hotel liegt zentral, nur leider gleich an einer geschäftigen Straße mit Blick auf von Müll übersäte Felder dahinter.

Grand Lodge HOTEL **$**
(☎241 2300; Blue Jacket St.; EZ/DZ 275/350 P; ❄) Wer direkt in der Innenstadt wohnen möchte, ist hier genau richtig. Die Standardzimmer würden zwar keinen Preis in Sachen Stil gewinnen, sind aber dank der Klimaanlage, dem Kabel-TV, einem Kühlschrank und einer Kochplatte besser als der Durchschnitt.

Tati River Lodge MOTEL **$$**
(☎240 6000; www.trl.co.bw; Zeltplatz pro Pers. 60 P, EZ/DZ ab 594/709 P; ❄🏊) Die Lodge im mittleren Preissegment am Flussufer hat das Flair eines Motels der alten Schule auf dem Lande und ist soweit ganz okay. Bei Einheimischen ist sie beliebt. Der Balanceakt zwischen rustikal und praktisch ist jedenfalls ganz gut gelungen. Gäste, die Wert auf Ruhe legen, werden allerdings feststellen, dass es im Pub oft recht ruppig zugeht.

Essen

Selbstversorger haben die Wahl unter mehreren gut sortierten Supermärkten in der Blue Jacket Street. Neben den hier empfohlenen Lokalen, finden sich auch Essstände an der Ecke Blue Jacket Street/Selous Avenue.

LP TIPP **Thorn Tree** CAFÉ **$**
(St Patrick St., Village Mall; Hauptgerichte 35–60 P; ⏲Mo–Sa 6–15 Uhr; 📶) Das Café im Norden von Francistown ist ein Ausbund an Raffinesse. (Übrigens: Mit dem gleichnamigen Online-Bulletin-Board von Lonely Planet hat das Café nichts zu tun.) Auf den Tisch kommen Burger, Salate, Ofenkartoffeln, frischer Fisch und ein super Kaffee. Die Terrasse ist hübsch. Wirklich überaus empfehlenswert.

Barbara's Bistro INTERNATIONAL **$$**
(Francistown Sports Club; Hauptgerichte ab 55 P; ⏲Mo–Sa 12–14 & 19–22 Uhr) Das malerische Bistro mit viel Grün befindet sich am östlichen Stadtrand und ist eine gute Adresse für alle Gäste, die eine lockere Atmosphäre und gutes internationales Essen zu schätzen wissen.

Savanna INTERNATIONAL **$$**
(St Patrick St., 1. Stock, Village Mall; Hauptgerichte 55–110 P; ⏲Mo–Sa 10–22 Uhr; 📶) Von allen Restaurants in Francistown, in denen man zum Essen an einem Tisch Platz nehmen kann, ist das Savanna sicherlich die beste Adresse. Serviert werden die leckersten Steaks der Stadt, aber auch die Spezialitäten des Tages sind durchaus verlockend. Die Bar zählt zu den Treffs der in der Stadt lebenden Expats.

Pie City BÄCKEREI **$**
(Blue Jacket St., Blue Jacket Mall; Pies 8,75 P; ⏲7–19 Uhr) Wer sich einfach einmal schnell etwas zwischen die Zähne schieben will, kommt an dem flockigen Gebäck und an den Pasteten kaum vorbei. Der Hotdog mit einem Chili-Würstchen schmeckt schlicht himmlisch.

Spur Steak Ranch STEAKHOUSE **$$**
(Blue Jacket St.; Hauptgerichte 60–120 P; ⏲Mo–Sa 12–22 Uhr; 📶) So etwas hat eigentlich jeder schon gesehen – ein amerikanisch anmutendes Steakhouse im Herzen Afrikas mit einer Speisekarte, auf der Steaks und Meeresfrüchte stehen. Diese Art von Lokal finden Kids super, Erwachsene aber meist eher schauerlich.

Praktische Informationen

Geld

Barclays Bank (Blue Jacket St.; ⏲Mo–Fr 8.30–15.30, Sa 8.15–10.45 Uhr)

FxA Bureau de Change (Blue Jacket St.; ⏲Mo–Fr 8.30–16.30, Sa bis 12.30 Uhr)

Standard Chartered Bank (Blue Jacket St.; ⏲Mo–Fr 8.30–15.30, Sa 8.15–11Uhr)

Internetzugang

Kokela Internet Café (St Patrick St., Village Mall; 12 P pro Std.; ⏲Mo–Sa 8–17 Uhr)

Medizinische Versorgung

Nyangabgwe Hospital (☎211 1000, Notfall ☎997)

Touristeninformation

Tourist Office (☎244 0113; St Patrick St., Village Mall; ⊙Mo–Fr 7.30–18, Sa 9–14 Uhr) Die Touristeninformation in Francistown ist nur mäßig hilfreich, insbesondere wenn jemand informative Broschüren braucht.

An- & Weiterreise

Bus & Combi

Vom Hauptbusbahnhof, der sich zwischen der Bahnlinie und der Blue Jacket Plaza befindet, verkehren Busse und Combis von Francistown zu folgenden Fahrzielen:

REISEZIEL	FAHRPREIS (PULA)	FAHRZEIT (STD.)
Gaborone	60	6
Kasane	106	7
Maun	89.90	5
Nata	41	2

Flugzeug

Auf der Strecke Francistown–Gaborone bietet **Air Botsuana** (☎241 2393; Francis Ave.) Flüge für etwa 680 P an. Die billigen Tarife sind online erhältlich; wer in einem Reisebüro bucht, bezahlt bis zu 1000 P für ein Flugticket.

Unterwegs vor Ort

Der Flughafen von Francistown liegt 5,5 km westlich des Stadtzentrums. Ein Taxi in die Stadt sollte nicht mehr als 50 P kosten.

Tuli Block

Der Tuli Block, der gleichsam in der rechten Seitentasche des Landes steckt, zählt zu den am besten gehüteten Geheimnissen Botsuanas. Der 10 bis 20 km breite Landstrich aus Ackerland erstreckt sich über 300 km am Nordufer des Limpopo River entlang und besteht aus diversen Grundstücken in Privatbesitz, von denen sich viele für den Naturschutz einsetzen. Die eigentliche Attraktion hier sind die Tiere, nicht minder beeindruckend ist jedoch die Landschaft, die sich so nirgendwo sonst in Botsuana findet. Die Mondlandschaften in schlammigen Orange- und Brauntönen und die *kopjes* (Felsformationen) unter dem tiefblauen Himmel bilden eine karge Wüstenlandschaft, die vom Surrealismus Dalís inspiriert zu sein scheint und an Arizona oder Australien erinnert. Doch die spröde Schönheit birgt ungeahntes Leben. Elefanten, Flusspferde, Kudus, Gnus und Impalas, aber auch eine kleinere Anzahl von Löwen, Geparden, Leoparden und Hyänen umkreisen einander zwischen den Felsen und *kopjes*, die mit Artefakten gesprenkelt sind, die bis in die Steinzeit zurückdatieren. Über 350 Vogelarten wurden im Reservat verzeichnet.

Die nördlichen Ausläufer des Tuli Blocks bilden das Northern Tuli Game Reserve aus. Langfristig bestehen Pläne, die Grenzen des Reservats im Süden zu erweitern, und in noch fernerer Zukunft soll das Areal einmal in die Naturschutzgebiete Simbabwes übergehen. Das Land war früher in Besitz der British South Africa Company (BSAC) und wurde nach der Verlegung der Eisenbahnlinie gen Nordwesten den Siedlern überlassen. Ein Großteil des Territoriums erwies sich dann allerdings als unbrauchbar für die Landwirtschaft und wird seitdem für den Tourismus erschlossen. Somit ist das Potenzial dieser Region also schier unendlich.

Ein Pluspunkt des Tuli Game Reserve ist, dass keine Eintrittsgebühr erhoben wird. Nachtfahrten (die in Parks und Reservaten unter staatlicher Kontrolle nicht gestattet sind) sind erlaubt, und so bekommen die Besucher oft nachtaktive Tiere zu sehen wie Erdwölfe, Erdferkel und Leoparden. Der günstigste Zeitraum für einen Besuch des Reservats ist von Mai bis September, wenn sich die Tiere um die permanenten Wasserquellen scharen.

Zu beachten ist, dass es sich beim Tuli Block um Privatland handelt, und das bedeutet, dass die Besucher die Hauptstraßen nicht verlassen dürfen und außerhalb offiziell ausgewiesener Campingplätze und Lodges das Zelten verboten ist. Außerdem ist es praktisch unmöglich, diese Region ohne ein eigenes Fahrzeug zu erkunden.

Sehenswertes

Die Landschaft des Tuli Blocks wird charakterisiert durch ungewöhnliche Felsformationen. Wunderschön sind sie alle, aber zwei davon sollte man auf alle Fälle besuchen. Beide lassen sich zu Fuß erkunden und sind von der Straße erreichbar, die von Sansibar nach Pont Drift führt

Solomon's Wall NATURDENKMAL

Die berühmteste Sehenswürdigkeit, die sich im Südwesten des Tuli Blocks befindet, ist Solomon's Wall, eine 30 m hohe Dolerit-Felswand, die auf beiden Flussufern die Landschaft durchschneidet.

Motloutse Ruins RUINEN
In der Nähe von Solomon's Wall liegen die Motloutse-Ruinen, ein Steindorf aus der Epoche Groß-Simbabwes, das einst zum Königreich Mwene Mutapa gehörte.

Schlafen

In allen hier empfohlenen Unterkünften ist eine Reservierung höchst angeraten. Viele nehmen gar keine Gäste auf, die spontan vorbeikommen.

LP TIPP **Wild at Tuli** ZELTCAMP $$$
(☎7211 3688; www.wildattuli.com; Kwa-Tuli Game Reserve; pro Pers. Selbstversorger/Vollpension 595/960 P) Das sagenhafte Camp, das auf einer Insel in einem Flussarm des Limpopo River gelegen ist, wird von den angesehenen Tierschützerinnen Judi Gounaris und Dr. Helena Fitchat geleitet. Ihre Mischung aus Herzlichkeit und Fachwissen machen den Aufenthalt zu einem Erlebnis. Die Mahlzeiten werden vor Ort frisch zubereitet und gemeinsam an einem Tisch eingenommen. Die Zelte sind überaus bequem, und die Wildbeobachtungsfahrten auf dem 5000 ha großen Grundstück (in dem viele Raubtiere zu Hause sind, die sich jedoch oft nicht blicken lassen) sind im Preis mit inbegriffen. Die Gäste können sogar in einer der Beobachtungsstationen am Wasserloch übernachten.

Tuli Safari Lodge LODGE $$$
(☎264 5303; www.tulilodge.com; Suite mit Vollpension 820–2410 P; ❄☒) Diese Lodge im Northern Tuli Game Reserve liegt in einer Art Oase am Fluss inmitten einer Landschaft aus rotem Fels – hier wimmelt es nur so von Tieren. Für den Tuli Block liegen die Preise zwar am oberen Ende der Skala, sind jedoch im Vergleich zu anderen exklusiven Privatreservaten des Landes und aufgrund des Standards nicht überhöht. Keinesfalls sollten die Gäste die Gelegenheit verpassen, einen Drink an der Bar im Freien zu nehmen, die sich um einen 500 Jahre alten Nyala-Baum gruppiert. Der Wildpark befindet sich gleich hinter dem Grenzposten Pont Drift. Die Tierbeobachtungsfahrten sind im Preis inbegriffen.

Mashatu Game Reserve ZELTCAMP $$$
(☎in Südafrika 011-442 2267; www.mashatu.com; Chalet EZ/DZ 660/880 US$, Luxuszelt 480/640 US$; ❄☒) Als eines der größten privaten Tierreservate im südlichen Afrika ist das Mashatu Game Reserve für seine Großkatzen und seine große Elefantenpopulation bekannt. Die Gäste wohnen in riesigen, absolut stilvollen Luxussuiten im Hauptcamp, aber auch die Zelte sind wunderschön gestaltet. Das Wildreservat liegt in der Nähe des Grenzpostens Pont Drift.

Limpopo River Lodge ZELTCAMP $$
(☎7210 6098; www.limpoporiverlodge.co.za; Zeltplatz pro Pers. 118 P, Chalets/Rondavels pro Pers. ab 343 P) Die komfortable Lodge in den südlichen Ausläufern des Tuli Blocks besteht aus diversen *rondavels* (traditionelle Rundhütten) am Fluss und Chalets; die Unterkunft ist ebenfalls eine gute Wahl. Die Ziegel-*rondavels* weisen ein Strohdach und einen Grillplatz auf, und die Tierwelt erfüllt alle Erwartungen, die Besucher an den Tuli Block stellen. Es besteht auch die Möglichkeit zu zelten.

Molema Bush Camp CAMPINGPLATZ, CHALETS $$
(☎264 5303; www.molema.com; Zeltplatz pro Erw./Kind 95/60 P, Chalets EZ/DZ 450/610 P) Der Campingplatz, der von den Besitzern der Tuli Safari Lodge betrieben wird, befindet sich im Northern Tuli Game Reserve und bietet Gästen mit eigenem Wagen die seltene Gelegenheit, zu campen. Die Zeltplätze liegen im Schatten und verfügen über einen privaten Sanitärblock. Die einfachen Chalets sind gemütlich und preislich in Ordnung.

An- & Weiterreise

Es gibt täglich Flüge von Johannesburg zum Limpopo Valley Airport in Polokwane, die sich für den Besuch des Mashatu Game Reserve und der Tuli Safari Lodge anbieten. Sie sind bei beiden Reservaten bisweilen bereits im Pauschalpreis inbegriffen.

Wer den Tuli Block besuchen möchte, benötigt ein eigenes Auto. Die Straßen dort lassen sich generell mit einem Pkw befahren. In der Regenzeit kann bei Hochwasser das Durchqueren eines Flussbetts problematisch sein.

Die total ausgefahrene Schotterpiste nach Norden, die von Sherwood und dem Martin's Drift etwa parallel zur Grenze nach Südafrika verläuft, sollte man besser meiden, solange sie noch nicht ausgebaut ist. Wer von Südafrika kommt, ist mit der Route über die Grenzposten Platjan oder Pont Drift besser dran. Von allen anderen Regionen Botsuanas lassen sich die Lodges von Westen über die geteerte Straße ab Bobonong erreichen.

ABSTECHER

ELEPHANT SANDS

Rund 52 km nördlich von Nata an der Straße Nata–Kasane lässt sich über eine 2 km lange Sandstraße **Elephant Sands** (☎7353 6473; www.elephantsands.com; Zeltplatz pro Pers. 60 P, EZ/DZ/FZ Chalets 300/540/650 P) erreichen. Geboten werden hier einfache Chalets mit Strohdach und Zeltplätze, denen etwas mehr Schatten ganz guttäte. Am Wasserloch bekommen die Gäste fast garantiert Elefanten zu sehen; Löwen, Schakale und die ganze Palette an Pflanzenfressern lassen sich im Rahmen von Tierbeobachtungsfahrten (190 P) und Buschspaziergängen (130 P) in Augenschein nehmen.

DER NORDOSTEN

Makgadikgadi & Nxai Pans

Die elementare Kraft der Landschaften Botsuanas ist nirgendwo so offensichtlich wie im Norden des Landes. Direkt in der Nähe des Schwemmgebiets des Okavango-Deltas, des Chobe River und der Linyanti Marshes liegt Makgadikgadi, das weltweit größte Salzpfannensystem. Hier nimmt die Landschaft eine andere Färbung an – die Blau- und Grüntöne des Deltas gehen über in ein tiefes Orange, schillerndes Weiß und in goldfarbenes Grasland – wie sich die Kalahari-Wüste im Norden präsentiert. Sie ist gleichermaßen ein Ort wie auch einfach nur Leere – eine Landschaft, in ihren Ausmaßen größer als die Schweiz, die mit ihrer Ausdehnung und Schönheit jeden Besucher in ihren Bann zieht.

In zwei Naturschutzgebieten – das Makgadikgadi Game Reserve und der Nxai Pans National Park, nur getrennt durch die asphaltierte A3 – befinden sich weitläufige Areale mit Salzpfannen, Palmenwäldern, Grasland und Savanne. Beide Parks wurden Anfang der 1970er-Jahre gegründet. Da sie sich ergänzen, indem sie die Migration wilder Tiere ermöglichen, hat man sie schließlich Mitte der 1990er-Jahre zu einem einzigen Park zusammengeschlossen. Hier befindet sich zwar nur ein Bruchteil des Salzpfannensystems, aber einen praktischen Fixpunkt für einen Besuch bieten die Parks dennoch: Die endlos weiten Salzpfannen der Nxai Pan stehen mittlerweile im Ruf, Tummelplatz von Geparden zu sein, und seit der Boteti River im Westen wieder Wasser führt, gibt es dort eine wahre Fülle von Tieren wie Weißschwanzgnus, Zebras und vielerlei Antilopenarten, auf die die Löwen Jagd machen. Doch auch außerhalb des Parkareals beeindrucken herrliche Gegenden mit Affenbrotbäumen und faszinierenden Landschaften.

Tief in den Salzpfannen finden Besucher Camps, die ein Quartier für jeden Geldbeutel bieten, außerdem wartet eine breite Palette an Unterkünften in Nata und Gweta, zwei kleineren Ortschaften, die als Tor zu den Parks fungieren.

NATA

7700 EW.

Die staubige Ortschaft Nata dient als östliches Tor zu den Makgadikgadi Pans, aber auch als obligatorischer Zwischenstopp für all jene Reisende, die sich auf dem Weg nach Kasane oder Maun befinden. Da während der Recherchen zu diesem Reiseführer die Benzinversorgung in Gweta nicht zuverlässig gewährleistet war, ist Nata umso wichtiger, um noch einmal aufzutanken. Im Verhältnis zur Größe des Ortes gibt es hier erstaunlich viele gute Übernachtungsmöglichkeiten. Eine lange Fahrt, die weiter in andere Landesteile führt, lässt sich hier jedenfalls prima unterbrechen.

DIE SALZPFANNEN

Die Sowa (Sua), Nxai und Ntwetwe Pans bilden zusammen die 12 000 km² großen Makgadikgadi Pans. Die Salar de Unyuni in Bolivien ist zwar die größte einzelne Salzpfanne der Welt, doch das Geflecht der Makgadikgadi Pans mit ihren zahllosen verdunsteten weißen Trockenseen ist dafür weitläufiger. Alte Terrassen am Seeufer lassen erkennen, dass die Salzpfannen einst zu einem „Riesensee" mit einer Fläche von über 60 000 km² gehörten, der sich bis zu den Flüssen Okavango und Chobe im Norden erstreckte. Vor knapp 10 000 Jahren bewirkten dann Klimaveränderungen, dass der See verdunstete – zurück blieb nur das Salz.

Makgadikgadi & Nxai Pans National Parks

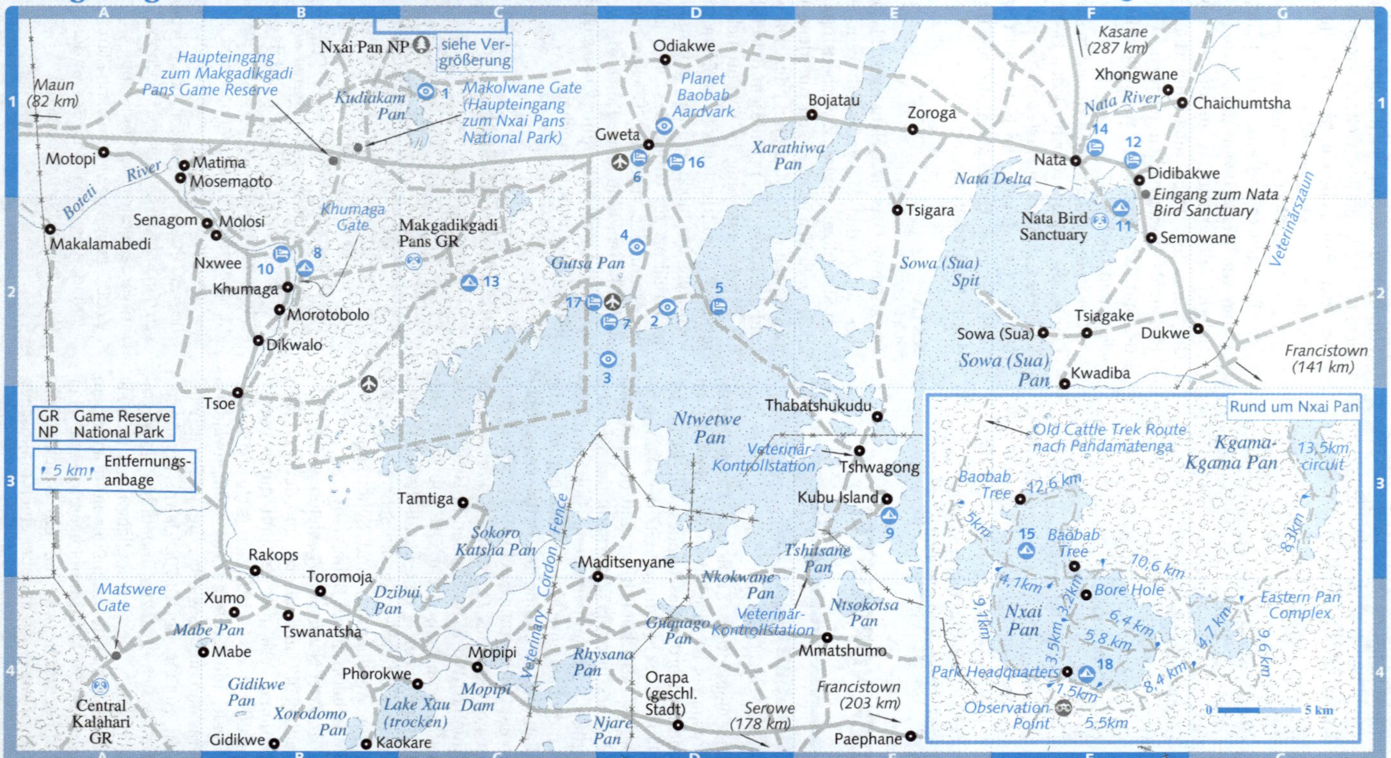

Makgadikgadi & Nxai Pans National Parks

Sehenswertes

Nata Bird Sanctuary TIERRESERVAT

(☎7154 4342; Eintritt 55 P; ⏱7–19 Uhr) Das Tierschutzgebiet, das 230 km² umfasst und unter Verwaltung der Kommune steht, entstand, als Einheimische freiwillig 3500 Rinder umsiedelten und in der gesamten nordöstlichen Sowa Pan ein Wegenetz anlegten.

Das Areal bietet zahlreichen Säugetieren, etwa Antilopen, Zebras, Schakalen, Füchsen, Affen , Mangusten und Hörnchen, Lebensraum. Die eigentliche Attraktion sind jedoch die vielen Wasservögel. Über 165 Vogelarten wurden gesichtet, darunter Eisvögel, Scharlachspinte, Blauwangenspinte, Kampfadler, Schwarzbrustadler, Sekretäre- und Kori-Bussarde. Wenn der Nata River zur Regenzeit viel Wasser führt, verwandelt sich das Reservat in ein Refugium für Kap- und Hottentottenenten, Rötel- und Rosapelikane sowie diverse Reiher. Am Parkeingang liegt die Broschüre *Comprehensive Bird List & Introductory Guide* (5 P) aus, die eine hervorragende Übersicht über alle Vogelarten mit lehrreichen Erklärungen bietet. Allerdings sind die Vorräte immer begrenzt und die Broschüren häufig ausverkauft.

In der Trockenzeit (Mai–Okt.) ist das Wildschutzgebiet mit einem normalen Pkw (2WD) befahrbar; Besucher sollten sich jedoch auf alle Fälle vorher über den Zustand der Pisten erkundigen. In der Regenzeit geht ohne Allradantrieb gar nichts.

Der Eingang zu diesem Reservat befindet sich 15 km südöstlich von Nata.

Schlafen

Nata Lodge LODGE $$

(☎620 0070; www.natalodge.com; Zeltplatz pro Erw./Kind 70/45 P, DZ Luxuszelt/Chalet 635/800 P; ❄✉) Die Nata Lodge ist wie Phönix aus der Asche aufgestiegen – nach einem Brand im Jahr 2008. Heute gibt es hier Luxuschalets aus Holz mit Strohdach, schicke Safarizelte und einen guten Campingplatz inmitten einer grünen Oase aus Monkey Thorn, einem Mimosengewächs, Marula und Mokolane-Palmen. Die Bemühungen, Kunstwerke der San und aus der Wüste in das Gesamtkonzept zu integrieren, sind dezent und gut gelungen. Wildbeobachtungsfahrten in die Salzpfannen stehen zu einem Preis von 165 P pro Person auf dem Programm; Kulturexkursionen (115 P) durch das Dorf Nata ergänzen das Angebot, das die Gäste der Lodge wahrnehmen können. Das Abendessen kostet 140 P.

Northgate Lodge LODGE $$

(☎621 1156; www.northgate.co.bw; EZ/DZ/FZ 555/636/945 P; ❄✉) Die Lodge im Herzen des Ortes in der Nähe der Tankstellen bietet sich weniger für einen längeren Aufenthalt an, sondern eher um als Unterbrechung einer langen Fahrt eine Pause einzulegen. Die Zimmer sind jedenfalls recht hübsch und weisen ein hervorragendes Preis-Leistungs-Verhältnis auf. Je nach Blickwinkel ist die Lage der Northgate Lodge direkt an einer Kreuzung entweder zu trubelig oder aber ganz praktisch, denn man gelangt von hier gut in alle Winkel des Landes. Vorteile hat die Lage eigentlich nur, wenn jemand mit öffentlichen Verkehrsmitteln unterwegs ist, aber am besten bildet sich dazu jeder selbst seine Meinung.

Nata Bird Sanctuary Campsite CAMPINGPLATZ $

(☎7154 4342; Zeltplatz pro Pers./Fahrzeug 35/15 P) Das Nata Bird Sanctuary bietet mehrere hübsche, abgelegene Campingplätze mit sauberen Plumpsklos, Grillplätzen und kalten Duschen. Alle fünf Plätze lassen sich mit dem normalen Pkw erreichen, sofern

AUF EINEN BLICK: MAKGADIKGADI & NXAI PANS

Auf in die Salzpfannen!

Die Möglichkeiten, Tiere in freier Wildbahn zu beobachten, werden hier oft unterschätzt, und zwar vor allem am schönen Boteti River; außerdem: Die endlose Weite der Salzpfannen hat etwas Magisches

Zugangsorte

Gweta, Nata und (durchgängig) Maun.

Tiere & Pflanzen

Die Nxai Pan gilt als einer der besten Orte in Botsuana, um Geparde zu beobachten, in der Makgadikgadi Pan lassen sich oft Löwen sehen. Entlang des Boteti River beeindruckt während der Trockenzeit die hohe Tierkonzentration. Während der Regenzeit ist die Verbreitung erheblich größer, denn dann ziehen die Pflanzenfresser in Scharen in Richtung Osten.

Vögel

Rund 165 Vogelarten sind im östlich gelegenen Nata Bird Sanctuary (hinter den Nationalparks, jedoch Bestandteil des Salzpfannensystems) zu Hause; eine Fülle von Flamingos und Pelikanen stellt sich in der Regenzeit hier ein.

Reisezeit

Die Trockenzeit (Mai–Okt.) ist am günstigsten, um die Salzpfannen mit dem Auto zu erkunden. Die größte Konzentration an wilden Tieren tritt später in der Saison an den Ufern des Boteti River auf. Während der Regenzeit kann das Autofahren gefährlich sein, doch die Migration der Zebras in den östlichen Salzpfannen ist ein toller Anblick.

Unterwegs vor Ort

Die Lodges rund um die Nationalparks bieten Tierbeobachtungsfahrten an. Andernfalls benötigt man einen eigenen Wagen mit Allradantrieb.

Budget-Safaris

Es gibt generell nur wenige preiswerte Angebote. Die Campingplätze und Lodges in Maun und Gweta bieten manchmal allerdings erschwinglichere Exkursionen an. Wer mit dem eigenen Wagen unterwegs ist, findet hervorragende Campingplätze, etwa Khumaga, South Pan, Baines' Baobab und Kubu Island Campsite.

Tipp des Autors

Vor der Abfahrt in die Salzpfannen sollte man sich wirklich immer nach den aktuellen Straßenbedingungen erkundigen; wer dies unterlässt, riskiert, dass der Ausflug zum totalen Flop wird.

es nicht gerade stark geregnet hat. Von den Campingplätzen besteht die Möglichkeit, zu Fuß zur Salzpfanne zu gehen (7 km), allerdings sollte unbedingt ein Kompass zur Ausrüstung gehören, selbst wenn man bloß ein paar hundert Meter in die Salzpfanne hineinwandern will, da man sher leicht die Orientierung verlieren kann.

An- & Weiterreise

Combis, die nach Kasane (88 P, 5 Std.), Francistown (41 P, 2 Std.) und Maun (76 P, 5 Std.) fahren, kommen an der Northgate Lodge vorbei.

GWETA

7000 EW.

Wer nach Kasane oder Maun fahren möchte, muss in Gweta einen obligatorischen Stopp zum Tanken einlegen. Aber Achtung: Die Tankstelle war während der Recherchen zu diesem Reiseführer wegen Renovierung geschlossen; man sollte sich also in Nata oder Maun vor der Abfahrt schlau machen, wo man am besten auftankt. Das ruhige Dorf am Rand der Salzpfannen ist eine Art staubige Kreuzung inmitten von Bushveld unter dem weiten Himmel. Der Name leitet sich von dem Gequacke der großen Ochsenfrösche in den Salzpfannen ab – sie graben sich in den Sand ein, bis nach starkem Regen ausreichend Wasser vorhanden ist, um wieder hervorzukommen und zu laichen.

Schlafen

Gweta kann mit zwei hervorragenden Quartieren aufwarten.

Planet Baobab LODGE, CAMPINGPLATZ **$$**
(☎in Südafrika 011-447 1605; www.unchartedafrica.com; Zeltplatz pro Erw./Kind 68/45 P, 2-Pers.-Zelte 450 P, EZ/DZ/4BZ-Hütten ab 1010/1120/1760 P;) Rund 4 km östlich von Gweta steht ein riesiges Erdferkel aus Beton – nein, Halluzination ist das keine! Es zeigt vielmehr die Abzweigung zum Planet Baobab an. Diese einfallsreiche Lodge verzichtet auf Masken und Fotos von wilden Tieren und hat stattdessen ein tolles Bar-Restaurant im Freien (Mahlzeiten 49–90 P) eingerichtet, das mit altmodischen Reisepostern, Metallstühlen mit Rindslederbezug, Leuchtern aus Bierdosen und anderen Kuriositäten ausgestattet ist. Die *Rondavels* und Chalets liegen auf einer Kiesfläche verstreut, und das Personal tut ein Übriges für die flippig-freundliche Atmosphäre hier. Camper können ihr Zelt im Schatten eines Affenbrotbaums aufschlagen. Die Auswahl an Aktivitäten ist super; es finden kreative Ausflüge in die Salzpfannen mit bis zu vier Übernachtungen statt.

Gweta Lodge LODGE **$$**
(☎621 2220; www.gwetalodge.com; 2-Pers.-Safarizelt 350 P, EZ/DZ/FZ 390/525/795 P;) Die Gweta Lodge in der Ortsmitte ist ein nettes Plätzchen, nämlich eine prima Kombination aus einem angenehmen Außenposten im südlichen Afrika mit Pool (unbedingt die Lithografien in der Küche anschauen) und einer flippigen Partydestination am Ende der Welt. Die Zimmer sind groß und komfortabel. Es ist geplant, die Zeltplätze aufzumöbeln. Neben der Halbtages-/Mehrtagestour mit Übernachtung in der Ntwetwe Pan (650/1200 P) bietet die Lodge auch Aktivitäten wie Quadbiking (300 P) und Spaziergänge durchs Dorf (100 P) an. Das Mittagessen (22–80 P) und das Abendessen (140 P) werden am Pool serviert.

An- & Weiterreise

Combis, die im Stundentakt nach Francistown (44 P, 3 Std.) und nach Maun (47 P, 4 Std.) ver-

MIT DEM AUTO SICHER DURCH DIE SALZPFANNEN

Wer eine Tour in die Salzpfannen plant, sollte bedenken, dass diese Landschaft eine hypnotisierende Wirkung ausübt und ein Gefühl grenzenloser Freiheit vermittelt. Sobald man in dieser Region unterwegs ist, scheinen sich Ortssinn, Kombinationsgabe und gesunder Menschenverstand gleichsam in Wohlgefallen aufzulösen. Viele Fahrer fühlen sich in ihrer Euphorie versucht, mit Hurra in die weiße, leere Landschaft hineinzubrettern. Sinnvoller ist es jedoch, sich zu zügeln und Vorsicht walten zu lassen. Man sollte sich jedenfalls stets bewusst sein, wo genau man sich aufhält, indem man eine Landkarte und einen Kompass benutzt – auch auf das GPS ist nicht immer hundertprozentiger Verlass!

Als Faustregel gilt es, stets den Radspuren anderer Fahrer zu folgen – solche Spuren sind ein guter Hinweis, dass die Strecke auch wirklich trocken ist. Außerdem sollte man nie in die Salzpfannen fahren, wenn nicht absolute Sicherheit besteht, dass die salzige Oberfläche und der Lehm darunter auch wirklich trocken sind. Riecht das Salz irgendwie faulig, bedeutet dies, dass die Salzpfanne feucht und möglicherweise gefährlich ist – ihre Konsistenz ähnelt dann äußerlich und von der Beschaffenheit her nassem Beton. Ist der Lehm unter der Salzschicht feucht, kann ein Fahrzeug in der Salzkruste einbrechen und sitzt dann hoffnungslos fest. Hat jemand dieses Pech, hilft eine Seilwinde weiter. Man sollte dann das Ersatzrad oder den Wagenheber – irgendetwas, woran sich die Seilwinde befestigen lässt – verankern, indem man ein Loch gräbt und sie fest in den Boden rammt. Mit etwas Glück hält diese Konstruktion dann besser als der Lehm das Auto.

Es muss betont werden, dass für eine eingehende Exkursion in die Salzpfannen auf eigene Faust Expeditionserfahrung im Geländewagen erforderlich ist – ein „normaler" Ausflug ist das sicher nicht! Immer wieder müssen Fahrer aus den Salzpfannen gerettet werden, die sich dort verirrt haben. Im Lauf der Jahre sind einige dort sogar ums Leben gekommen. Und eines sollte man wirklich nicht unterschätzen: die Auswirkung der Salzpfannen auf den Orientierungssinn.

DIE JAHRESZEITEN IN DEN SALZPFANNEN

Wie überall in Botsuana spielt die Jahreszeit eine wichtige Rolle, denn sie bestimmt, wie sich das Reiseerlebnis letztendlich gestaltet. In der Trockenzeit von Mai bis Oktober sind die sagenhaften Salzpfannen lang, flach und weiß und gleißen nur so unter dem elektrisierend blauen Himmel. Bei flirrender Hitze im späten Winter (August) weisen die kargen Salzpfannen eine desorientierende, ätherische Strenge auf. Hitzebedingte Luftspiegelungen schlagen den Sinnen ein Schnippchen – dann sieht man plötzlich Seen aufschimmern und verschwinden, Strauße erheben sich in die Lüfte, und Steine verwandeln sich in Berge, die in der Luft schweben. Wenn dann gegen Frühlingsende die alljährlichen Regenfälle niedergehen, bilden Mulden in den Salzpfannen vorübergehend Seen aus, und vereinzelte Gräser verwandeln sich in lebendiges Grün. Herdentiere stellen sich ein, um an all diesem Überfluss teilzuhaben, während Wasservögel sich an Algen und winzigen Krustentieren laben. Doch ein warnendes Wort muss sein: Die feuchten Salzpfannen machen das Autofahren zu einem – wirklich schwierigen – Kunststück.

kehren, fahren auf der Hauptstraße durch Gweta und nehmen Reisende mit.

SOWA PAN

Die Sowa (auch: Sua) Pan präsentiert sich überwiegend als eine vereinzelte, mit Salz verkrustete Schlammplatte, die sich über die niedrigste Mulde in Nordost-Botsuana erstreckt. Sowa bedeutet in der Sprache der San „Salz". Einst wurde es von ihnen abgebaut und dann an die Bakalanga, der zweitgrößten Bevölkerungsgruppe Botsuanas, verkauft. Heute fördert die Sua Pan Soda Ash Company das Salz, um es als Natriumkarbonat zur industriellen Verarbeitung zu vertreiben.

NATA-DELTA

Während der Regenzeit (Nov.– Mai) versammeln sich riesige Vogelscharen im Nata-Delta. Dieses bildet sich aus, wenn der Nata River in die nördliche Sowa Pan fließt. Wenn die Niederschläge am stärksten sind (Dez.–Feb.), ist die Salzpfanne mit einem dünnen Wasserfilm bedeckt, in dem sich der Himmel spiegelt – der Horizont ist dann gar nicht mehr zu erkennen. Das **Nata Bird Sanctuary** ist der am für Besucher leichtesten zugängliche Teil des Deltas.

SOWA SPIT

Diese lange, schmale Landzunge erstreckt sich bis ins Zentrum der Pfanne und dient als Zufahrtsweg für Botsuanas lukrative Sodaasche-Industrie. Strenge Sicherheitsvorkehrungen unterbinden den Zutritt, Privatfahrzeuge dürfen jedoch bis zum Dorf Sowa am Rand der Pfanne fahren. Der Blick auf die Pfanne ist vom Dorf aus eingeschränkt; mehr sieht man, wenn man mit einem Wagen mit Allradantrieb unterwegs ist.

KUBU ISLAND

Am Südwestrand der Sowa Pan ragt ein gespenstischer mit Affenbrotbäumen bestandener Felsen inmitten eines Meers aus Salz auf. Auf Setswana bedeutet *kubu* „Flusspferd". Und tatsächlich war dies früher eine reale Insel in einem realen See, in dem Unmengen von Flusspferden lebten. Doch nicht nur der Name erinnert an die einst fruchtbare Vergangenheit – die fossilierten Exkremente der Wasservögel, die hier früher saßen, zieren noch immer die Felsbrocken.

So unwahrscheinlich es in Anbetracht des unwirtlichen Geländes und Klimas auch erscheinen mag, aber bis vor 500 Jahren war diese Ödnis wirklich noch von Menschen bewohnt. An einer Seite der Insel befindet sich eine alte halbkreisförmige Steinmauer unbekannter Herkunft mit unzähligen Artefakten, die Zeugnis von den Menschen ablegen, die einst hier wohnten, bis es dann irgendwann kein Wasser mehr gab. Manche meinen auch, dass hier Initiationsriten vollzogen wurden.

Der örtliche Gaing-O-Community Trust hat die **Insel** (www.kubuisland.com) mittlerweile als Nationalmonument unter Schutz gestellt. Es gibt hier einen kleinen Campingplatz, der mit Plumpsklos ausgestattet ist; Wasser ist mitzubringen.

Schlafen

Kubu Island Campsite CAMPINGPLATZ $
(☎7549 4669; www.kubuisland.com; Lekhubu, GPS: S20°53.460', E25°49.318'; Zeltplatz pro Erw./Kind 100/50 P) Der weitläufige Campingplatz bietet 14 Zeltplätze und zählt zu den schönsten in ganz Botsuana. Die meisten sind von Affenbrotbäumen gesäumt, von vielen bietet sich ein sagenhafter Blick über die Salzpfan-

ne. Geboten werden Plumpsklos und Eimerduschen. Es geht allerdings das Gerücht um, dass der Campingplatz aufgrund der negativen Auswirkungen durch den zunehmenden Tourismus verlegt werden soll.

An- & Weiterreise

Wer zur Kubu Island vordringen möchte, muss sich durch ein Labyrinth aus Grasinselchen und Salzlöchern kämpfen. Der zunehmende Verkehr hat dazu geführt, dass die Strecke jetzt erheblich besser zu erkennen ist, aber ein Wagen mit Allradantrieb ist trotzdem nötig, außerdem unbedingt auch ein Kompass oder ein GPS-Navigationssystem. Nach Regenfällen ist Kubu Island oft schwer zugänglich.

Von der Schnellstraße Nata–Maun geht die Piste nach Kubu Island in der Nähe von Zoroga (GPS: S 20°10.029', O 25°56.898'), rund 24 km westlich von Nata, ab. Nach rund 72 km taucht das Dorf Thabatshukudu (GPS: S 20°42.613', O 25°47.482') auf. Die Piste führt dann 10,3 km um das westliche Ende der Salzpfanne herum, bevor sie dort eine Veterinär-Kontrollstation erreicht. Knapp 2 km weiter südlich führt eine Piste (17 km) in Richtung Südosten zum nördlichen Ende von Kubu.

Von der Straße Francistown–Rakops biegen Reisende an der Kreuzung nach Letlhakane in Richtung Norden ab und fahren 25 km weiter bis zum Dorf Mmatshumo. Rund 21 km weiter nördlich kommt eine Veterinär-Kontrollstation. Nach weiteren 7,5 km führt eine Piste 18 km in Richtung Nordosten zum Südende von Kubu. Diese Abzweigung (GPS: S 20°56.012', O 25°40.032') ist durch einen kleinen Steinhaufen am Wegrand markiert.

NTWETWE PAN

Die Ntwetwe Pan wurde früher vom Boteti River gespeist, trocknete aber nach dem Bau des Mopipi-Staudamms völlig aus, der die Diamantminen von Orapa mit Wasser versorgt. Das Wasser mag inzwischen zurückgekehrt sein, aber Ntwetwe ist paradoxerweise für seine außergewöhnliche Mondlandschaft berühmt, und zwar vor allem für die Felsaufwerfungen, Dünen, Inselchen, Kanäle und Sandbänke an der Westseite.

GREEN'S BAOBAB

An der Piste Gweta–Orapa, 27 km südlich von Gweta, steht der **Green's Baobab** (GPS: S 20°25.543', O 25°13.859'), ein Affenbrotbaum, in dessen Stamm sich u.a. die Jäger und Händler Joseph Green und Hendrik Matthys van Zyl verewigt haben.

CHAPMAN'S BAOBAB

Rund 11 km weiter südlich ist die Abzweigung zum imposanteren **Chapman's Baobab** (GPS: S 20°29.392', O 25°14.979') erreicht, der einen Stammumfang von 25 m aufweist und früher zu Orientierungszwecken genutzt wurde. Vermutlich wurde der Baum von vorbeikommenden Forschungsreisenden und Händlern auch als eine Art Poststation verwendet; sie alle hinterließen jedenfalls ihr Gekritzel in der Rinde des gigantischen Baumriesen.

GABATSADI ISLAND

Die gigantische halbkreisförmige Düne mit dem Namen Gabatsadi Island bietet einen herrlich weiten Blick, der schon so manche berühmte Besucher, darunter Prinz Charles anlockte. (Er wollte die unbeschreibliche Einsamkeit der Landschaft in einem Gemälde festhalten, doch die Farbe zerfloss wegen der Hitze!) Die Düne liegt ein Stück westlich von der Piste Gweta–Orapa, rund 48 km südlich von Gweta.

Schlafen

In einer entlegenen Ecke der Ntwetwe Pan betreibt Uncharted Africa – das Unternehmen, das auch Planet Baobab leitet – drei exklusive Zeltcamps.

Die Gäste wohnen in den Camps in klassischen Leinwandzelten, wie sie in den 1940er-Jahren in Ostafrika üblich waren; sie sind mit Paraffinlaternen erleuchtet. Zudem wartet noble Leinenbettwäsche. Auf Wunsch werden Eimer mit heißem Wasser gebracht. Die Toiletten mit Spülung sind ein willkommenes Zugeständnis an den Komfort heutiger Zeiten. Das Zelt in der Mitte des Camps dient als Feldmuseum. Hier halten Reiseleiter und weltbekannte Wissenschaftler Vorträge zum Thema Flora und Fauna der Region – plus Diskussionsveranstaltungen. Es gibt auch noch ein Speisezelt und ein Getränkezelt sowie ein extra Teezelt, in dem die Gäste, entspannt auf orientalische Läufern und Kissen drapiert, ihrem Fünf-Uhr-Tee frönen.

Auf Safariexpeditionen lernen die Gäste die heimischen Meerkatzen, die seltenen Braunen Hyänen (Strandwölfe) und natürlich auch die San-Kultur kennen. Im Preis inbegriffen sind Vollpension, Autosafaris, Buschwanderungen sowie eine breite Palette an Freizeitaktivitäten, darunter Safaris im Quad-Bike und im Pferdesattel.

Ein Flugticket kostet von Maun rund 150 US$ pro Person für die einfache Strecke. Auf dem Landweg sind für den Transfer ab Gweta etwa 110 US$ pro Person und Strecke zu berappen und für eine Begleitperson (im eigenen Geländewagen) ab Gweta 165 US$ pro Fahrzeug.

Camp Kalahari ZELTCAMP $$$
(☎in Südafrika 011-447 1605; www.unchartedafrica.com; EZ/DZ 704/1122 US$; ❄)

San Camp ZELTCAMP $$$
(☎in Südafrika 011-447 1605; www.unchartedafrica.com; EZ/DZ 1425/2200 US$; ❄) San Camp ist eines der luxuriösesten und exclusivsten Zeltcamps in ganz Afrika.

Jack's Camp ZELTCAMP $$$
(☎in Südafrika 011-447 1605; www.unchartedafrica.com; EZ/DZ 1596/2500 US$; ❄) Wer eine ansehnliche Stange Geld unters Volk bringen will, dem sei das Jack's Camp ans Herz gelegt; die Unterkunft ist eine der luxuriösesten Lodges in ganz Afrika.

MAKGADIKGADI PANS NATIONAL PARK

Der 3900 km² große Nationalpark erstreckt sich vom Boteti River im Westen bis zur Ntwetwe Pan im Osten. Seit der Boteti River in den letzten Jahren wieder Wasser führt, finden sich hier jede Menge wilder Tiere ein – darunter die wohl spektakulärsten Herden umherziehender Weißschwanzgnus und Zebras im Süden Afrikas –, und zwar vor allem während der Trockenzeit von Mai bis Oktober, wenn der Fluss trotz niedrigen Wasserstands die einzige ständige Wasserquelle im Reservat darstellt.

Schlafen

Leroo-La-Tau LODGE $$$
(☎686 1559; www.desertdelta.com; Jan.–April pro Pers. 476 US$, Mai–Dez. EZ/DZ 1113/1712 US$; ❄) Die luxuriösen Leinwandzelte im ostafrikanischen Stil mit Privatverandas, die auf das Flussbett des Boteti River hinausgehen, bieten wohl so ziemlich die schönsten Ausblicke in die Kalahari-Wüste. Bei Sonnenuntergang, wenn die Tiere zum Trinken kommen, ist der richtige Zeitpunkt für einen Sundowner auf der Veranda. Die Lodge liegt vom Reservat aus auf der anderen Flussseite. Die von der Lodge organisierten Tierbeobachtungsfahrten sind hervorragend, denn die Gäste bekommen wirklich jede Menge Vierbeiner zu sehen. Ansonsten werden geräumige Zimmer, wunderschöne Einrichtungen und ein professioneller Service geboten. Im Preis sind Vollpension, Tierbeobachtungsfahrten, Buschwanderungen und allerlei Aktivitäten bereits enthalten.

Khumaga Campsite CAMPINGPLATZ $
(http://sklcamps.com; GPS: S 20°27.311', O 24°30.968'; Zeltplatz pro Erw./Kind 50/25 US$) Dieser attraktive Campingplatz oberhalb des Ufers des Boteti River bietet viel Schatten, Grillplätze und einen hervorragenden Sanitärblock mit Toiletten samt Wasserspülung und (meist) warmen Duschen. Manche Leser haben sich über den nächtlichen Lärm vom Dorf auf der anderen Seite des Flusses beschwert, aber in letzter Zeit war eigentlich immer nur ein Froschkonzert zu hören.

Njuca Hills Campsite CAMPINGPLATZ $
(GPS: S 20°25.807', O 24°52.395') Während der Recherchen zu diesem Reiseführer war der Campingplatz wegen Wassermangels geschlossen, doch das Department of Wildlife, das den Platz verwaltet, versicherte, dass er bald wieder eröffnen soll. Da er relativ weit vom Flussufer entfernt liegt, vermittelt er seinen Gästen ein urwüchsigeres Zelterlebnis als Khumaga Campsite.

ℹ An- & Weiterreise

Der Haupteingang zum Nationalpark befindet sich 141 km westlich von Nata und 164 km östlich von Maun. Der Park lässt sich nur mit einem Wagen mit Allradantrieb erkunden. Die Straße vom Haupttor zum Khumaga Campsite besteht aus tiefem Sand.

Nicht weit vom Khumaga Campsite entfernt gibt es einen zweiten Eingang. Dazu muss man allerdings den Fluss mit einer Fähre (120 P pro Fahrzeug) überqueren.

NXAI PANS NATIONAL PARK

Der 2578 km² große Park liegt am alten **Pandamatenga Trail**, der einst mehrere Wasserlöcher verband und bis in die 1960er-Jahre für Viehtransporte genutzt wurde. Das weite Grasland des Parks ist während der Regenzeit interessant, denn dann ziehen große Tierherden aus dem Süden hier durch, und es stellen sich zahlreiche Raubtiere in der Hoffnung auf leichte Beute ein. Der Park ist jedoch auch in der Trockenzeit beeindruckend, wenn über dem Busch die Staubwolken dahinsegeln. Die Region ist dicht mit Schirmakazien bestanden; Geparden und Elefanten bekommt man hier relativ häufig zu sehen.

BAINES' BAOBABS

Im Süden des Parks befinden sich die berühmten **Baines' Baobabs** (GPS: S 20°06.726', O 24°46.136'), Affenbrotbäume, denen der Maler und Abenteurer Thomas Baines 1862 Unsterblichkeit verlieh. Baines, Autodidakt in Sachen Naturkunde, Kunst und Kartografie, war ursprünglich ein Mitglied im Expeditionsteam von David Livingstone, das den Sambesi hinaufzog. Von Livingstone fälschlich des Diebstahls bezichtigt, musste er schließlich das Team verlassen. Livingstones Bruder erkannte den Irrtum später, gab ihn allerdings nie öffentlich zu, und so war Baines in Großbritannien weiterhin Zielscheibe von Hohn und Spott. Heute zeigt ein Vergleich mit Baines' Gemälden, dass in fast 150 Jahren nur ein einziger Ast des Affenbrotbaums abgebrochen ist

Schlafen

South Camp CAMPINGLATZ $

(www.xomaesites.com; GPS: S 19°56.159', O 24°46.598'; Zeltplatz pro Erw./Kind 226/113 P) Rund 37 km vom Eingangstor des Parks entfernt liegt an einer Sandpiste das South Camp mit zehn Zeltplätzen, die sich relativ eng hinter einigen Bäumen am Rand der Salzpfannen konzentrieren. Der Block mit den sanitären Einrichtungen ist mit Toiletten samt Wasserspülung und (meist) warmen Duschen ausgestattet, außerdem gibt es *braai* (Grillplätze).

Baines' Baobab CAMPINGPLATZ $

(www.xomaesites.com; GPS: S 20°08.362', O 24°46.213'; Zeltplatz pro Erw./Kind 350/175 P) Gerade einmal drei Zeltplätze finden sich in der Nähe der berühmten Affenbrotbäume – ein herrlich inspirierender Flecken Erde, sobald die Tagesausflügler abgefahren sind. Die sanitären Einrichtungen bestehen aus Eimerduschen und Plumpsklos.

Nxai Pan Camp ZELTCAMP $$$

(☎686 1449; www.kwando.co.bw; EZ/DZ ab 620/880 US$;) Acht schicke Zimmer in modernem afrikanischen Stil gruppieren sich rund um eine Freifläche. Innen lockt weiche Bettwäsche, und die Duschen drinnen und draußen tragen zum rustikal-luxuriösen Gesamteindruck bei. Von einer großen, gepflegten Veranda aus können die Gäste die Elefanten, Zebras und Geparde beobachten, die durch das Grasland streifen – oder auch vom angenehmen Pool aus, aber das ist dann schon total dekadent.

An- & Weiterreise

Der Eingang zum Park erfolgt über das Makolwane Gate und liegt rund 140 km östlich von Maun und 60 km westlich von Gweta. Zur Erkundung des Parks ist ein Wagen mit Allradantrieb erforderlich.

Zwei Pisten führen vom Hauptweg zu den Baines' Baobabs; zuletzt ließ sich die längere Piste weiter im Norden erheblich einfacher befahren, aber am besten erkundigt man sich am Tor nach den aktuellen Straßenbedingungen.

CHOBE NATIONAL PARK & KASANE

Der Chobe National Park zählt zu den bedeutendsten Destinationen Afrikas, um Tiere in freier Wildbahn zu beobachten. Er ist für seine riesige Elefantenpopulation mit wahrlich stattlichen Exemplaren bekannt. Chobe, das mit seinen fast 11 000 km² schon die Größe eines kleineren Landes aufweist, ist ein wichtiges Zentrum der Safariindustrie Botsuanas. Es wurde in den 1930er-Jahren als Naturschutzgebiet ausgewiesen und avancierte 1968 dann zum ersten Nationalpark des Landes.

Von den drei wichtigsten Tierbeobachtungsarealen des Parks beeindruckt **Chobe Riverfront** mit der größten Dichte an wilden Tieren. Dieses Gebiet ist am besten zugänglich und liegt nicht weit von der Ortschaft Kasane entfernt, das als Zugangstor fungiert. Die Verlängerung der asphaltierten Straße von Kasane bis Kachikau hat bewirkt, dass die an Raubtieren reichen **Linyanti Marshes** nun viel näher an der Zivilisation liegen, wobei sie aber nichts von ihrem entlegenen Okavango-Flair eingebüßt haben. Und das seelenvolle **Savuti** – erreichbar von Maun oder Kasane – ist der Riverfront in Sachen Tierwelt und herrlicher Abgeschiedenheit schon fast ebenbürtig; seit der Savuti Channel auf wundersame Weise wieder Wasser führt, hat sich die Region wieder in ihrer alten Pracht entfaltet.

Ob man nun mit dem eigenen Wagen unterwegs ist und unter dem Sternenhimmel zeltet oder sich in seine Luxuslodge einfliegen lässt – Chobe begeistert wirklich jeden.

Kasane & Umgebung

13 600 EW.

Kasane liegt in einer bewaldeten Flusslandschaft im Vierländereck von Botsuana, Sambia, Namibia und Simbabwe, wo auch die beiden Flüsse Chobe und Sambesi zusammenfließen. Der Ort fungiert als nördliches Tor zum Chobe National Park sowie als Sprungbrett für Exkursionen zu den Victoriafällen. Auch wenn Kasane längst nicht so

Chobe National Park

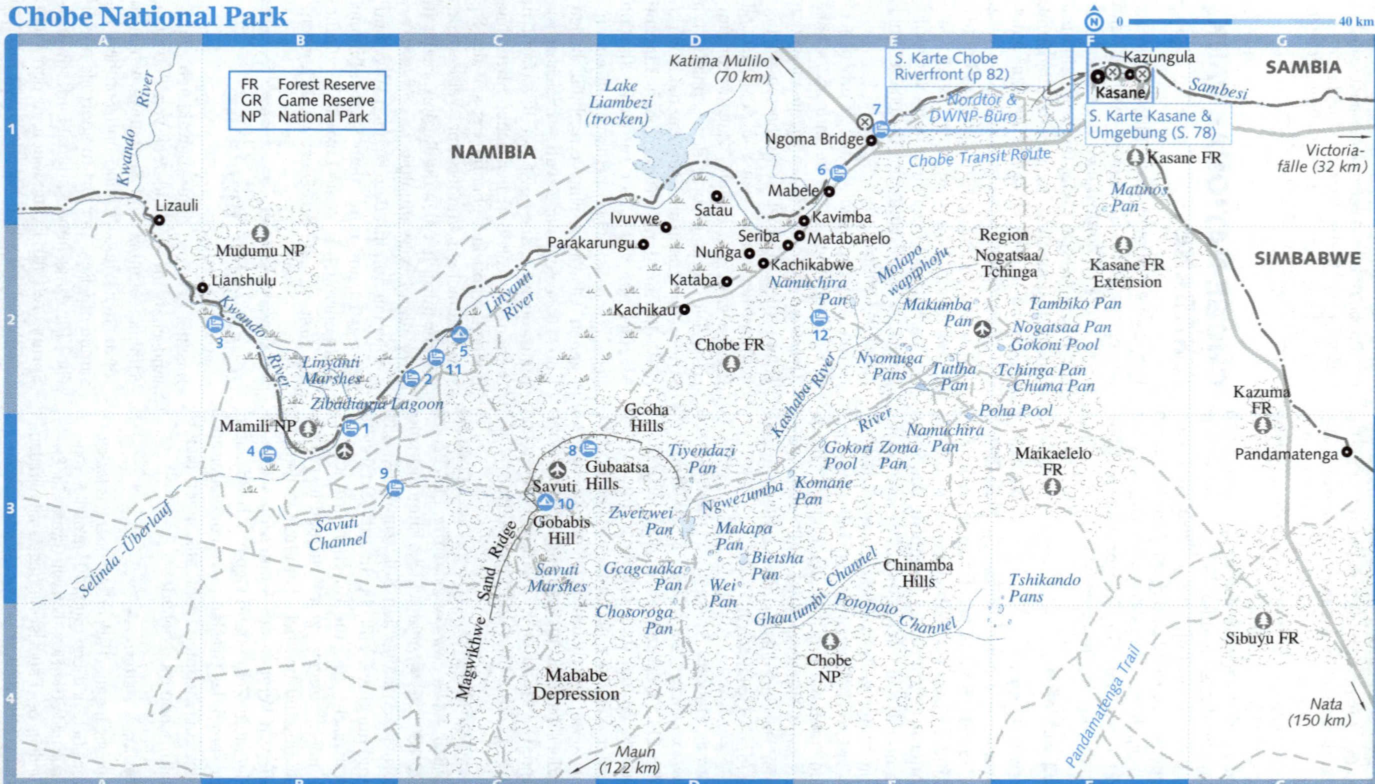

Chobe National Park

Schlafen

groß und erschlossen ist wie Maun, besteht kein Mangel an Lodges, Safarianbietern, Tankstellen und Supermärkten.

Rund 12 km östlich von Kasane liegt am Fluss das winzige Nest **Kazungula**, der Grenzübergang nach Simbabwe. Hier legt die Kazungula-Fähre an, die Botsuana über den Sambesi mit Sambia verbindet.

Sehenswertes

Kasane hat wenig zu bieten, das einen sonderlich in den Bann ziehen würde, deshalb nutzen die meisten Reisenden den Ort auch eher als Standquartier, um den nahen Chobe National Park zu erkunden.

Caracal Biodiversity Centre ZOO
(Karte S. 296; ☎625 2392; www.caracal.info; Airport Rd.; Eintritt 35 P; ⌚9–17 Uhr) Das als „Biodiversity Centre" ausgeschilderte Forschungszentrum mit pädagogischer Einrichtung, etwa auf halbem Weg zwischen der Hauptschnellstraße und der Chobe Safari Lodge, rettet kleinere Tierarten, lässt einige davon in der Wildnis frei und behält die restlichen zu pädagogischen Zwecken. Zu bestaunen sind allerlei Vögel, ein oder zwei Mungos und eine wirklich beachtliche Auswahl an Schlangen. Falls jemand bei Schlangen eine Gänsehaut bekommt: Hier kann man sie hinter sicherem Glas betrachten.

Aktivitäten

Die meisten Lodges und Campingplätze organisieren dreistündige Tierbeobachtungsfahrten im Chobe National Park (ab 195 P), dreistündige Bootsausflüge an der Chobe Riverfront (ab 190 P) sowie Ganztagsausflüge zu den Victoriafällen (ab 1250 P) auf der anderen Seite der Grenze in Simbabwe.

Neben den von den Lodges angebotenen Exkursionen in den Chobe National Park, gibt es auch Touren, die in Kasane ansässige Safariunternehmen veranstalten.

Kalahari Holiday Tours GEFÜHRTE TOUREN
(Karte S. 296; ☎625 0880; www.kalaharichobe.com) Das Unternehmen bietet Halbtages-, Ganztages- sowie mehrtägige Safaris in den Chobe National Park.

Pangolin Photography Safaris GEFÜHRTE TOUREN
(Karte S. 296; www.pangolinphoto.com; 3-stünd. Wildbeobachtungs- oder Bootsfahrten 120 US$) Geboten werden Fototouren entlang der Chobe Riverfront mit den neuesten Kameras und gelegentlichen Instruktionen; die Parkgebühr ist extra zu entrichten.

Gecko GEFÜHRTE TOUREN
(Karte S. 296; ☎625 2562; www.oldhousekasane.com) Kanutrips und Angelausflüge ergänzen die üblichen Tierbeobachtungsfahrten.

Schlafen

Kasane verfügt über gute Unterkünfte für jeden Geldbeutel. Ein eigener fahrbarer Untersatz ist allerdings schon von Vorteil, da einige der besseren Quartiere ein gutes Stück außerhalb des Ortszentrums liegen.

Chobe Safari Lodge LODGE $$$
(Karte S. 296; ☎625 0336; www.chobesafarilodge.com; President Ave.; Zeltplatz pro Erw./Kind 75/60 P, Zi. 975–1175 P; ❄🏊) Diese Lodge zählt zu den erschwinglicheren Quartieren im oberen Preissegment in Kasane (oder auch in Botsuana). Das Preis-Leistungs-Verhältnis ist wirklich hervorragend und zwar vor allem, wenn jemand mit Kindern unterwegs ist, denn es gibt hier Familienzimmer und Zelte. Der Preis der nüchternen, aber bequemen Zimmer richtet sich nach der jeweiligen Größe und Lage; alle verfügen jedoch über attraktive Betten mit Moskitonetzen und sind modern möbliert.

LP TIPP **Senyati Safari Camp** CAMPINGPLATZ, CHALETS $$
(Außerhalb der Karte S. 296; ☎7188 1306; www.senyatisafaricamp.com; bei Kazungula-Nata Rd.; Zeltplatz pro Erw./Kind ab 115/63 P, EZ/DZ/Familien-Chalets 400/520/690 P; ❄🏊) Das wunderschöne Camp unweit der Hauptschnellstraße südlich von Kasungula (die Abzweigung 6,8 km südlich von Kasungula ist gut ausge-

Kasane & Umgebung

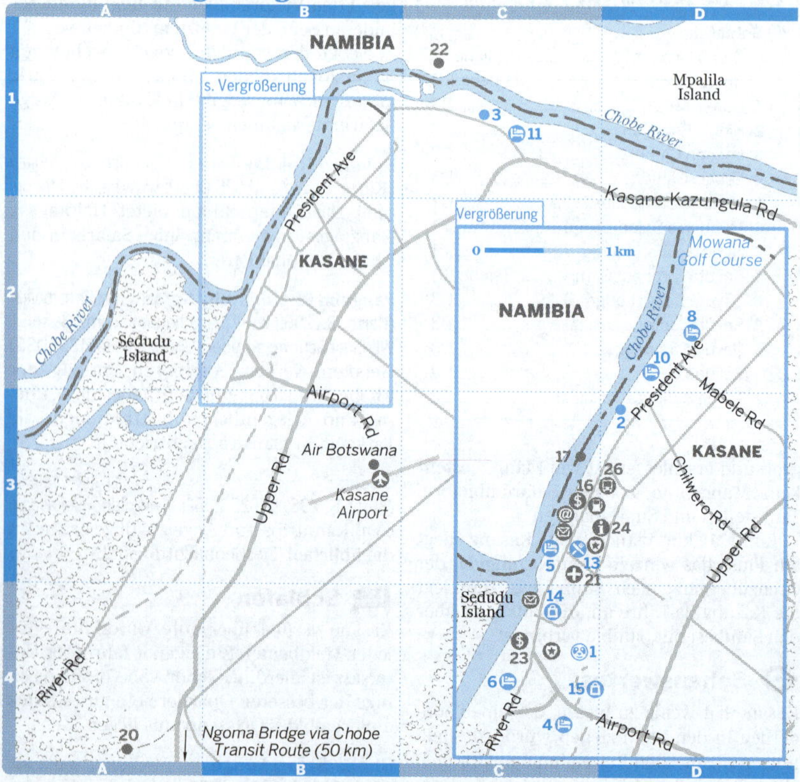

schildert; von dort geht es dann noch 1,6 km die Straße hinunter) bietet gemütliche Chalets sowie einige der besten Zeltplätze im nördlichen Botsuana. Jeder verfügt über einen eigenen Sanitärblock. Die Bar und einige Chalets gehen auf ein Wasserloch hinaus, an dem sich jeden Abend unzählige Elefanten versammeln. Auch Wildhunde kommen vorbei, um hier einen Drink zu nehmen. Das Senyati Safari Camp lässt sich nur mit dem eigenen Wagen erreichen.

Old House GUESTHOUSE **$$**
(Karte S. 296; ☎625 2562; www.oldhousekasane.com; President Ave.; Zi. 550–900 P; ❄📶🏊) In diesem Guesthouse in der Nähe des Ortszentrums herrscht eine nette persönliche Atmosphäre. Die hübschen Zimmer liegen neben einem beschaulichen Garten am Flussufer. Das Bar-Restaurant zählt zu den besten Adressen in Kasane, und die Zimmer sind schick und komfortabel, aber auch nicht übertrieben durchgestylt.

Kubu Lodge LODGE **$$$**
(Karte S. 296; ☎625 0312; www.kubulodge.net; Kasane-Kazungula Rd.; EZ/DZ 255/310 US$; ❄🏊) Diese Lodge, 9 km östlich von Kasane, liegt direkt am Fluss. Hier herrscht nicht so eine steife und förmliche Atmosphäre, wie sie für die anderen Nobellodges typisch ist. An Qualität steht die Kubu Lodge der Konkurrenz jedoch in nichts nach. Die rustikalen Holzchalets sind hübsch mit dicken Läufern und Rattanmöbeln ausgestattet. Sie gruppieren sich um einen makellos gepflegten Rasen mit vereinzelten Feigenbäumen.

Toro Safari Lodge LODGE, CAMPINGPLATZ **$$**
(Karte S. 296; ☎625 2694; www.torolodge.co.bw; Nähe Kasane-Kazungula Rd.; Zeltplatz pro Pers. 81 P, Chalets ab 671 P, Apt. 1003 P; ❄@🏊) Das hervorragende Quartier in einer Seitenstraße, die von der Kasane–Kazungula-Hauptstraße abzweigt, bietet Zeltplätze unter alten Bäumen, komfortable Chalets (einige

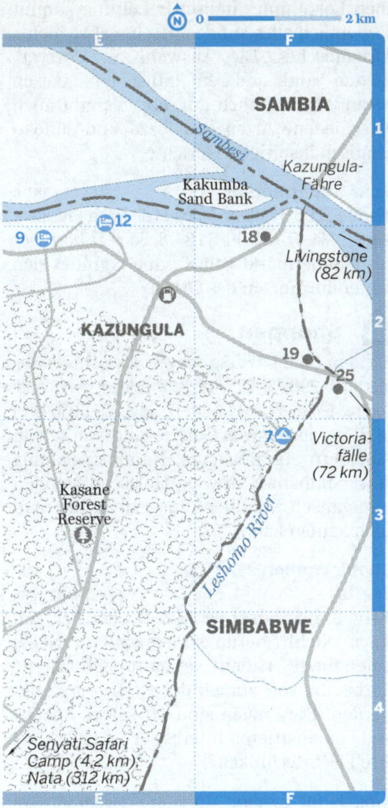

Kasane & Umgebung

Sehenswertes

1 Caracal Biodiversity Centre C4

Aktivitäten, Kurse & Touren

Gecko .... (siehe 10)
2 Kalahari Holiday Tours D3
3 Pangolin Photography Safaris C1

Schlafen

4 Chobe Chilwero Lodge C4
5 Chobe Marina Lodge C3
6 Chobe Safari Lodge C4
7 Elephant Valley Lodge F3
8 Garden Lodge D2
9 Kubu Lodge E2
10 Old House D2
11 Thebe River Camping C1
12 Toro Safari Lodge E1

Essen

13 Coffee & Curry C3
Hot Bread Shop .... (siehe 24)
Old House .... (siehe 10)
Spar Supermarket .... (siehe 16)

Shoppen

14 African Easel Art Gallery C4
15 Chobe Women's Arts & Crafts C4
Kingfisher Trading Co .... (siehe 14)

Praktisches

16 Barclays Bank C3
17 Botswana Immigration C3
18 Botswana Immigration (Grenzübergang Kazungula-Fähre nach Sambia) F2
19 Botswana Immigration (Ausreise nach Simbabwe) F2
Cape to Cairo Bureau de Change & Internet .... (siehe 16)
20 Chobe NP Eingang A4
Chobe Private Clinic .... (siehe 10)
Department of Wildlife & National Parks .... (siehe 20)
21 Kasane Hospital C3
22 Namibia Immigration C1
23 Open Door Bureau de Change C4
SKL Booking Office .... (siehe 20)
24 Touristeninformation D3
25 Zimbabwe Immigration F2

Transport

26 Busbahnhof D3

mit Flussblick) und ein schönes Grundstück, das sich am Flussufer entlangzieht.

Garden Lodge LODGE $$$
(☎7164 6064; www.thegardenlodge.com; President Ave.; EZ/DZ inkl. Frühstück 312/400 US$;) Diese einfache, aber reizende Lodge gruppiert sich um einen Tropengarten, eine gepflegte Grünanlage, in der die Gäste nach einer Exkursion wunderbar entspannen können. Geboten werden diverse schön möblierte Zimmer mit gemütlicher Atmosphäre. Die Garden Lodge wirkt etwas spleeniger als die Durchschnittslodges in dieser Gegend, aber gerade dieser exzentrische Touch bewirkt, dass sie sich von der Konkurrenz so angenehm abhebt.

Elephant Valley Lodge ZELTCAMP $$$
(☎in Südafrika 011-781 1661; www.kubulodge.net; Nähe Kasungula-Nata Rd.; pro Pers. ab 430 US$;) Die Lodge, nicht weit südlich von Kasungula in einem beschaulichen Wald, kann mit Luxus-Safarizelten aufwarten; einige stehen mitten im Wald. Hier befindet sich

auch ein Wasserloch, das Elefanten aufsuchen, um ihren Durst löschen. Im Preis inbegriffen sind die Mahlzeiten und Tierbeobachtungsfahrten.

Chobe Marina Lodge LODGE $$$
(☎625 2221; www.chobemarinalodge.com; President Ave.; EZ/DZ 486/784 US$; ❄≋) Die Chobe Marina Lodge liegt an einem hübschen Flecken Erde am Fluss mitten in Kasane. Die Zimmer kombinieren afrikanische Ästhetik mit modernem Schnickschnack – und das Ergebnis kann sich wahrlich sehen lassen. Im Preis inbegriffen sind alle Mahlzeiten, Aktivitäten, Parkgebühren und Flughafentransfers.

Thebe River Camping LODGE, CAMPINGPLATZ $$
(☎625 0314; www.theberiversafaris.com; Kasane-Kazungula Rd.; Zeltplatz pro Pers. 93 P, Zelt 396 P, 2BZ/FZ 690/1000 P; ≋) Die Backpackerlodge im Grünen am Chobe River zählt zu den preisgünstigeren Alternativen in Kasane. Die gepflegten Zeltplätze liegen in der Nähe der Grillplätze und einem modernen Sanitärblock mit dampfenden Duschen und Toiletten mit Wasserspülung. Außerdem erwartet die Gäste noch ein Bar-Restaurant mit Strohdach, in dem billiges Essen und kaltes Bier auf den Tisch kommen – wenn in Kasane abends etwas los ist, dann mit Sicherheit hier!

Essen

LP TIPP Old House INTERNATIONAL $$
(☎625 2562; www.oldhousekasane.com; President Ave.; Frühstück 45–60 P, kleinere Gerichte 30–60 P, Hauptgerichte 45–85 P) Das Bar-Restaurant im Freien in der Nähe des Flussufers ist ebenso prima wie das Gästehaus, in dem es sich befindet. Auf der Speisekarte stehen die üblichen Gerichte wie Burger, getoastete Sandwiches, Salate, Steaks und Pizza – und Fisch mit Pommes darf natürlich auch nicht fehlen. Zudem gibt es eine Kinderkarte.

Hot Bread Shop BÄCKEREI $
(Hunters' Africa Mall, bei President Ave.; ⏲7.30–19 Uhr) Wer aus dem Busch kommt und nach frisch gebackenem Brot lechzt, muss nicht weit suchen. Diese Bäckerei befindet sich hinter der Shell-Tankstelle. Allerlei Kuchen und Gebäck gibt's hier auch.

Coffee & Curry INDISCH $
(Karte S. 296; ☎625 2237; Shop 1AB, Hunters' Africa Mall, Nähe President Ave.; Hauptgerichte 45–70 P; ⏲Mo–Sa 9–22, So, 11–21 Uhr) In diesem einfachen Lokal unter indischer Leitung kommt so ziemlich alles auf den Tisch – aber nichts Afrikanisches. Die Auswahl an Currygerichten und anderen indischen Speisen ist außergewöhnlich gut, aber es gibt auch verschiedene Arten von Pizza und südostasiatisch inspirierte Gerichte.

Spar Supermarket SUPERMARKT $
(Karte S. 296; Hunters' Africa Mall, Nähe President Ave.; ⏲Mo–Fr 7.30–19, Sa 8–18, So 8–17 Uhr) Der beste Supermarkt von Kasane befindet sich mitten im Herzen des Ortes.

Shoppen

African Easel Art Gallery KUNSTHANDWERK
(Karte S. 296; ☎625 0828; President Ave., Audi Centre; ⏲Mo–Fr 8–13 & 14–17, Sa 8.30–12.30 Uhr) In dieser exklusiven Galerie sind Werke von Künstlern aus Botsuana, Namibia, Sambia und Simbabwe sowie Holzschnitzereien vom ganzen Kontinent ausgestellt, die man auch kaufen kann.

Chobe Women's Arts & Crafts KUNSTHANDWERK
(Karte S. 296; Airport Rd.; ⏲8–17 Uhr) Der von einer Nichtregierungsorganisation (NGO) unterstützte Laden verkauft geflochtene Körbe, die von Frauen der Region gefertigt werden. Die Frauen sind oft selbst vor Ort und demonstrieren Interessierten begeistert ihre Flechttechniken.

Kingfisher Trading Co KUNSTHANDWERK
(Karte S. 296; President Ave., Audi Centre; ⏲Mo–Fr 8–17, Sa 8.30–13 Uhr) Ein einfaches Geschäft, in dem Andenken aus Afrika zu (akzeptablen) Festpreisen erhältlich sind; außerdem gibt es hier Angelausrüstungen und eine kleinere Auswahl an Büchern zu heimischer Flora und Fauna.

Praktische Informationen

Geld

Barclays Bank (Karte S. 296; Hunters' Africa Mall, Nähe President Ave.; ⏲Mo–Fr 8.30–15.30, Sa 8.15–10.45 Uhr) Bietet einen besseren Wechselkurs als die Wechselstuben. Wer nach Simbabwe möchte, sollte sich hier unbedingt mit ausreichend US-Dollar (Scheine gedruckt nach 1996) eindecken.

Cape to Cairo Bureau de Change & Internet (Karte S. 296; Hunters' Africa Mall, Nähe President Ave.; ⏲Mo–Fr 8.30–17, Sa bis 16.30 Uhr) Die Wechselstube verlangt 3 % Provision auf Bargeld, 4 % auf Reiseschecks.

Open Door Bureau de Change (Karte S. 296; President Ave.; ⏲Mo–Fr 8.30–17, Sa bis 16.30

Uhr) Die Wechselstube befindet sich neben dem Choppies Supermarket; folgende Gebühren fallen an: 2 % Provision auf Bargeld, 3 % auf Reiseschecks.

Internetzugang

Cape to Cairo Bureau de Change & Internet (Hunters' Africa Mall, Nähe President Ave.; 40 P pro Std.; ⏲Mo–Fr 8.30–17, Sa bis 16.30 Uhr)

Chobe Post (Hunters' Africa Mall, Nähe President Ave.; 40 P pro Std.; ⏲Mo–Fr 9–17, Sa bis 12 Uhr) Gute Verbindungen.

Open Door Bureau de Change (President Ave.; 30 P pro Std.; ⏲Mo–Fr 8.30–17, Sa bis 16.30 Uhr)

Notfall

Chobe Private Clinic (Karte S. 296; ☎625 1555; President Ave.) Die Klinik bitet einen 24-Stunden-Notfalldienst.

Kasane Hospital (Karte S. 296; ☎625 0333; President Ave.) Öffentliches Krankenhaus an der Hauptstraße.

Polizei (☎625 2444; President Ave.; ⏲24 Std.) An der Hauptstraße.

Touristeninformation

Tourist Office (Karte S. 296; ☎625 0555; Hunters' Africa Mall, Nähe President Ave.; ⏲Mo–Fr 7.30–18, Sa 9–14 Uhr) In der grundsätzlich hilfreichen Touristeninformation gibt es jede Menge Broschüren zu Lodges und Safariveranstaltern. Wer Informationen zum Chobe National Park braucht, sollte allerdings am Eingangstor vorbeischauen.

Department of Wildlife & National Parks (DWNP; Karte S. 296; ☎625 0235; Sedudu Gate) Hier wird die anfallende Gebühr für den Parkbesuch entrichtet, außerdem sind nützliche Informationen zum Chobe National Park erhältlich.

ℹ An- & Weiterreise

Auto & Motorrad

Die direkte Route von Kasane nach Maun lässt sich nur mit einem Fahrzeug mit Allradantrieb bewerkstelligen und ist nach starken Regenfällen praktisch unpassierbar. An dieser Straße gibt es keinerlei Benzin, Esswaren, Getränke oder Autowerkstätten.

Alle anderen Routen von Kasane nach Maun führen über Nata; die Straße wurde während der Recherchen zu diesem Reiseführer zum Glück gerade ausgebaut.

Bus & Combi

Combis, die nach Francistown (106 P, 7 Std.), Maun (96 P, 6 Std.) und Nata (88 P, 5 Std.) verkehren, fahren, sobald sie voll sind, an der Shell-Tankstelle und am Busbahnhof in der Mabele Road ab.

Flugzeug

Air Botsuana (☎625 0161; www.airbotswana.co.bw) fliegt auf der Strecke Kasane–Maun (ab 369 P) und nach Gaborone (ab 1050 P). Air Botsuana unterhält ein Büro am Flughafen Kasane, der nicht weit vom Ortszentrum entfernt ist.

ℹ Unterwegs vor Ort

Combis verkehren regelmäßig auf der Strecke Kasane–Kazungula und bei Bedarf auch weiter bis zu den Grenzstationen nach Sambia und Simbabwe. Der Standardfahrpreis zu allen Fahrtzielen rund um Kasane und Kazungula beträgt etwa 35 P.

Chobe Riverfront

Von der Chobe Riverfront war noch kaum jemand enttäuscht, denn hier erwartet den Besucher die zweifellos dichteste Kon-

Chobe Riverfront

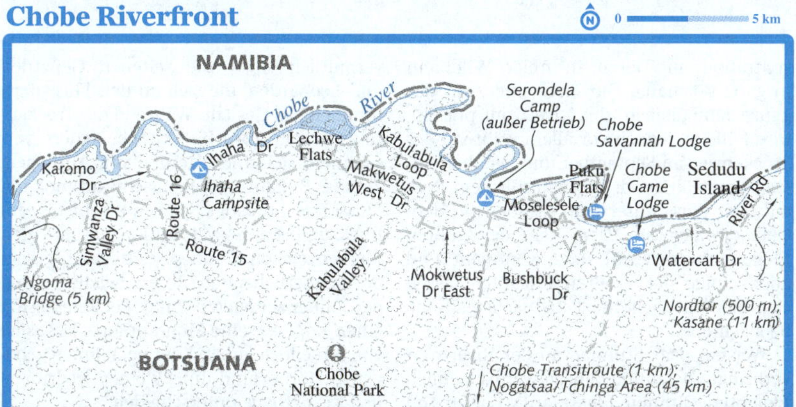

DER CHOBE NATIONAL PARK AUF EINEN BLICK

Auf in den Nationalpark!

Der Chobe National Park zählt zu den am besten zugänglichen und abwechslungsreichsten Parks in Botsuana. Ob die relativ abgelegenen Parkbereiche Savuti und Linyanti oder die einfach erreichbare Chobe Riverfront – hier lässt sich die Tierwelt des Kontinents wohl am allerbesten bewundern.

Zugangsorte

Kasane (für Chobe Riverfront und Linyanti) oder Maun (für Savuti).

Säugetiere

Im Chobe National Park gibt es Zehntausende von Elefanten und einige der größten Elefantenherden Afrikas. Savuti bietet sich an, wenn jemand ein besonderes Faible für Raubtiere hat, Linyanti für Fans von Flusspferden; auch Afrikanische Wildhunde lassen sich hier blicken. Und an der Chobe Riverfront finden sich alle genannten Tiere. Ausschau halten sollte man auch nach Pferdeantilopen oder nach den seltenen Oribi-Antilopen.

Vögel

Mehr als 440 Vogelarten wurden hier gesichtet.

Reisezeit

Die günstigste Zeit für einen Besuch des Chobe National Park ist die Trockenzeit (April–Okt.), wenn die Tiere sich an den permanenten Wasserlöchern versammeln. Die Monate von Januar bis März sollte man besser meiden, denn dann gestaltet sich die Fortbewegung aufgrund der Regenfälle oft recht schwierig (zu dieser Zeit ist allerdings Hochsaison, um sich nach Savuti einfliegen zu lassen).

Unterwegs im Park

Wer sich keiner mobilen Safari angeschlossen hat, benötigt einen Wagen mit Allradantrieb. Die Safaritrails sind deutlich ausgeschildert, doch während der Recherchen zu diesem Reiseführer lag extrem viel Sand auf den Strecken Savuti– Linyanti und Linyanti–Kachikau, wo die Asphaltstraße beginnt.

Budget-Safaris

Die meisten Lodges und viele Camps in Kasane bieten zwei- bis dreistündige Tierbeobachtungsfahrten oder Bootsafaris an der Chobe Riverfront für etwa 200 P pro Person an.

Tipp des Autors

An der Chobe Riverfront sollte man auf jeden Fall die Regelungen zur Vermeidung von Staus beachten.

zentration an Tieren in freier Wildbahn in ganz Botsuana. Die Tiere sind zwar das ganze Jahr über an der Riverfront präsent, ihre Fülle ist jedoch vor allem während der Trockenzeit im September und Oktober einfach überwältigend. Ob man mit dem Boot auf dem Fluss unterwegs ist oder mit dem Geländewagen am Ufer – eine der größten Elefantenherden auf dem Kontinent und auch einige der größten Elefanten lassen sich hier mit Sicherheit aus nächster Nähe beobachten.

Wer ein paar Stunden an der Riverfront verbringt, bekommt höchstwahrscheinlich Elefanten, Giraffen, Flusspferde, Löwen und vermutlich sogar die seltenen Geparden und Leoparden, die sich an den Flussufern tummeln, zu Gesicht. Während der Trockenzeit, die von April bis Oktober dauert, versammeln sich auch Herden von Antilopen, Zebras, Büffeln und Weißschwanzgnus am Fluss. Das morastige Schwemmgebiet ist ein Rückzugsort von zwei Antilopenarten – den Markenzeichen Chobes –, genauer gesagt der wasserliebenden Roten Letchwe und der immer selteneren Puku. Letztere besitzt einen Kopf wie eine Moorantilope, lässt sich von ihr jedoch anhand der nach innen gebogenen Hörner und ihres kleinen, gedrungenen Körperbaus unterscheiden.

Die Vogelwelt an der Riverfront beeindruckt die Besucher mit ihrer außergewöhnlichen Vielfalt. Am ganzen Fluss entlang hört man das laute Gekreische der Fischadler, wenn sie mit Präzision im Sturzflug nach Fischen tauchen.

Wem vor Ort kein eigenes Fahrzeug zur Verfügung steht, der kann sich von jedem Hotel und von jeder Lodge in Kasane bei der Buchung einer organisierten Tierbeobachtungsfahrt oder eines Bootsausflugs helfen lassen. Die Erlebnisse vieler Besucher beschränken sich in Chobe auf besagte Exkursionen an der Riverfront, mit denen die meisten auch rundum zufrieden sind. Diese etwa zwei- bis dreistündigen Touren mit dem Boot oder im Geländewagen kosten in der Regel um die 200 P, wobei die Parkgebühr extra zu entrichten ist. Wie immer lohnt es sich, ein bisschen herumzuschauen, Preise zu vergleichen und sich dann die Tour aus dem umfangreichen Angebot an organisierten Ausflügen auszusuchen, die den eigenen Vorstellungen am besten entspricht.

GRENZÜBERGÄNGE: KASANE & CHOBE

Kasane liegt im Vierländereck; hier grenzt Botsuana an Namibia, Sambia und Simbabwe, die alle in einer Stunde vom Ortszentrum aus erreichbar sind.

Namibia

Das **Ngoma Bridge–Kasane Gate** (6–18 Uhr geöffnet) liegt 57 km westlich von Kasane und ist praktisch, um in den Caprivi Strip in Namibia zu gelangen. Wie immer wird bei der Einreise nach Botsuana das Auto nach Frischfleisch, Obst und Milchprodukten durchsucht (alles wird konfisziert). Es kann erforderlich sein, durch eine Sodalösung zu waten (und das Auto durch diese zu steuern); auf diese Weise soll das Land vor der Maul- und Klauenseuche geschützt werden. Ansonsten gestaltet sich die Grenzüberquerung hier relativ stressfrei.

Sambia

Das **Kazungula–Mambova Gate** (6–20 Uhr) macht es erforderlich, mit der Fähre zuerst einen Fluss zu überqueren. Von der außergewöhnlich langen Schlange von Lastern sollte man sich nicht irritieren lassen – mache müssen bis zu fünf Tage warten, bis sie endlich die Grenze passieren dürfen; man fährt einfach vor an den Anfang. Nach Botsuana ein- oder auszureisen stellt in der Regel kein sonderliches Problem dar (von den üblichen Zollkontrollen und den Maßnahmen gegen die Maul- und Klauenseuche einmal abgesehen). Zur Überquerung der Grenze nach Sambia empfiehlt es sich dagegen, einen einheimischen „Fixer" anzuheuern. (Man handelt dazu vorab eine Gebühr aus, gibt ihm aber erst dann das Bargeld, wenn alle Formalitäten erledigt sind; außerdem lässt man sich seine Handynummer geben und überprüft, ob der Anschluss auch funktioniert.). Natürlich geht es auch ohne fremde Hilfe, doch es dauert länger, und der Papierkram ist oft verwirrend. Alle Gebühren zur Einreise nach Sambia werden in Kwacha entrichtet, abgesehen von der Visums- und Mautgebühr (48 US$ für in Botsuana zugelassene Fahrzeuge, 20 US$ für in Namibia oder Südafrika registrierte Autos). Die Kosten beinhalten 30 ZMW Gemeindeabgabe, 150 ZMW Kohlenstoffsteuer und 182 ZMW Haftpflichtversicherung.

Simbabwe

Das überraschend ruhige Kazungula–Victoria Falls Gate (6 – 18 Uhr) wirbt mit Öffnungszeiten bis 22 Uhr, worauf man sich allerdings nicht unbedingt verlassen sollte. An der Grenze geht es generell komplikationsfrei zu. Wer einen Tagesausflug zu den Victoriafällen unternimmt oder von einem zurückkommt, muss kaum mit Schwierigkeiten rechnen; Autofahrer sollten insgesamt zwei Stunden für die Abfertigung einplanen – wobei die Beamten auf der Seite von Simbabwe gern durchblicken lassen, dass ein „kleines Geschenk" gern gesehen wäre. Solange die Papiere in Ordnung sind und keine Eile besteht, lehnt man derartige Bitten bestimmt, aber freundlich ab – und dann geht die Reise meist auch schon gleich weiter.

STAUS UND VERKEHRSBERUHIGUNG AN DER CHOBE RIVERFRONT

Der Chobe ist einer der wenigen Nationalparks in Botsuana, die von Tagesausflüglern ohne die bestätigte Reservierung einer Lodge oder eines Campingplatzes besucht werden können. Doch bevor man nun in großen Jubel ausbricht, sollte man zuerst einmal weiterlesen.

Aufgrund der Fülle von Lodges an der Chobe Riverfront und weil der Park so nahe bei Kasane mit seinen zahlreichen Hotels liegt, sind die Safaritrails – genau gesagt der Haupttrail am Flussufer entlang – oft von Fahrzeugen verstopft. Vermutlich als Reaktion auf die Beschwerden der exklusiven Lodges im Park haben die Park- und Kommunalbehörden nun ein umstrittenes System eingeführt, das darauf abzielt, die Anzahl an Fahrzeugen in den Spitzenzeiten zu reduzieren. Gemäß dieser neuen Strategie ist es Tourveranstaltern erlaubt, den Park von Sonnenaufgang bis 9 Uhr vormittags sowie von 14.30 Uhr bis Sonnenuntergang zu besuchen. Gästen im Privatwagen und Tagesausflüglern bleibt somit der überaus unattraktive Zeitraum von 9 Uhr bis 14.30 Uhr vorbehalten. So lautet zumindest die offizielle Regelung.

Während der Recherchen zu diesem Reiseführer wurde es den Lonely-Planet-Autoren jedoch gestattet, in der touristisch überaus betriebsamen Zeit Ende Juni um 15 Uhr mit dem eigenen Wagen in den Park hineinzufahren und bis Sonnenuntergang zu bleiben. Na, wenn das nicht von einem gewissen Chaos zeugt! Die Parkranger gaben offen zu, dass die Strategie zur Verkehrsberuhigung im Umbruch ist und die Verordnungen bis auf Weiteres nicht umgesetzt werden.

Was also tun? Am besten fährt man wohl gleich nach der Ankunft in Kasane zum Chobe Riverfront (Sedudu)-Tor des Nationalparks. Auf diese Weise lässt sich der Besuch am besten planen. Und wenn sich nicht gerade eine Schlange mit zig Fahrzeugen gebildet hat, empfiehlt es sich, zumindest den Versuch zu unternehmen, mit den Rangern zu verhandeln, falls sie die Einfahrt verweigern.

Schlafen

Wer plant, auf eigene Faust weiter in den Nationalpark hineinzufahren, sollte unbedingt noch vor der Ankunft in Chobe seine Campingplätze buchen. Reisende ohne Reservierung wenden sich an SKL (das drei Campingplätze im Nationalpark betreibt). Das Büro befindet sich direkt vor dem Parkeingang zur Chobe Riverfront. Aber Achtung: In der Hauptsaison sind zu Spitzenzeiten die Zeltplätze bereits Monate im Voraus ausgebucht.

Ihaha Campsite CAMPINGPLATZ $
(kwalatesafari@gmail.com; GPS: S 17°50.487', O 24°52.754'; Zeltplatz pro Erw./Kind 260/130 P) Ihaha ist an der Chobe Riverfront der einzige Campingplatz für Leute, die mit dem eigenen Wagen unterwegs sind. Wer hier logiert, kann den Park erkunden, ohne sich mit den Strategien zur Verkehrsberuhigung herumschlagen zu müssen. Die Bäume müssen allerdings noch etwas wachsen, und Schatten ist an manchen Zeltplätzen Mangelware. Doch die Lage ist hervorragend – der Campingplatz befindet sich direkt am Wasser, etwa 27 km vom Nordtor entfernt. Ein Block mit sanitären Einrichtungen und Grillplätze sind vorhanden.

Chobe Game Lodge LODGE $$$
(☎625 1761, 625 0340; www.chobegamelodge.com; River Rd.; pro Pers. Jan.–April 476 US$, EZ/DZ Mai–Dez. 1113/1712 US$; ❄) Diese hochgelobte Safarilodge ist eine von Botsuanas absoluten Luxusherbergen. Die Lodge ist im maurischen Stil mit Bögen, Tonnengewölben und Bodenmosaiken erbaut. Die individuell gestalteten Zimmer sind elegant und haben etwas Beruhigendes, einige bieten einen schönen Blick über den Chobe River und bis hinüber zu den Flutebenen in Namibia. Der Service ist zuvorkommend und professionell, und die Aussichten stehen gut, dass man bei seinem Streifzug durch die Hotelanlagen am Fluss eine Elefantenherde, die sich mit der Rüsselspritze abduschen, zu sehen bekommt. Die Lodge liegt rund 9 km westlich vom Northern Gate.

Chobe Chilwero Lodge LODGE $$$
(Karte S. 296; ☎in Südafrika 011-438 4650; www.sanctuarylodges.com; Airport Rd.;. Jan.–April pro

Pers. 620 US$, Mai–Dez. 1055 US$;) Chilwero bedeutet auf Setswana „Ort der hohen Aussicht", und tatsächlich tut sich diese exklusive Lodge mit ihrem schönen Panoramablick über den Chobe River hervor. Die Gäste wohnen in einem der 15 eleganten Bungalows im Kolonialstil samt edler Bettwäsche. Alle haben eine romantische Dusche drinnen und draußen sowie eine private Gartenterrasse. Die Lodge befindet sich auf einem weitläufigen Grundstück mit Pool, Spa, Bar im Freien sowie einem renommierten Gourmetrestaurant.

Ngoma Safari Lodge LODGE $$$

(Simbabwe 13 43211; www.ngomasafarilodge.com; Jan.–April EZ/DZ 495/990 US$, Mai–Dez. EZ/DZ 1031/1650 US$;) Die reizende Lodge am westlichen Ende der Chobe Riverfront befindet sich in der Nähe des Grenzübergangs Ngoma Bridge, der von Botsuana nach Namibia führt; die Unterkunft liegt abseits des Trubels von Kasane. Geboten werden acht schick eingerichtete Suiten mit Strohdach und Blick über den Fluss. Sie stehen auf einer Anhöhe ein Stück vom Flussufer entfernt. Das Dekor in den Zimmern ist überwiegend in Erdfarben gehalten, und der Service lässt, dem Preis entsprechend, natürlich keine Wünsche offen.

Muchenje Safari Lodge LODGE $$$

(620 0013; www.muchenje.com; Jan.–April pro Pers. 375 US$, Mai–Dez. EZ/DZ 790/1190 US$;) Die Lodge hoch oben auf einem Hügel mit Blick auf den Chobe River liegt am westlichen Ende der Chobe Riverfront. Das Muchenje kann mit elf geräumigen Zimmern aufwarten, die im Kolonialstil eingerichtet sind. Auf dem Grundstück finden sich diverse Aussichtspunkte, von denen sich ein schöner Blick auf den Fluss eröffnet – und den genießen die Gäste auch von der Privatveranda, die zu jedem Zimmer gehört.

An- & Weiterreise

Von der Innenstadt von Kasane sind es rund 6 km bis zum Northern Gate im Südwesten. Im Gegensatz zu anderen Nationalparks, die von DWNP verwaltet werden, müssen Besucher keine Reservierung vorweisen, um in den Park zu gelangen; es wird jedoch erwartet, dass Gäste ohne Reservierung den Park vor der Schließung verlassen. Da alle Pisten entlang des Flusses nur von Fahrzeugen mit Allradantrieb befahren werden können, werden normale Pkw nicht in den Park gelassen.

Man verlässt den Park, indem man am Fluss entlang zum Sedudu Gate zurückfährt; als Alternative bietet sich das Ngoma Bridge Gate in der Nähe der Grenze zu Namibia an. Wer diesen Ausgang benutzt, kann über die Chobe Transitsroute nach Kasane zurückkehren (für die ausschließliche Durchquerung von/nach Namibia entfällt die Eintrittsgebühr in den Park). Aber Achtung: tagsüber langsam und nachts möglichst gar nicht fahren, denn Elefanten überqueren die Straße.

Region Nogatsaa/Tchinga

Die Gegend um Nogatsaa/Tchinga kann nicht mit ganz so vielen Tieren aufwarten wie die Riverfront oder Savuti, doch leben hier Büffel- und Elefantenherden, außerdem Riedböcke, Oryx- und Pferdeantilopen sowie Bleichböckchen, die wie Gummibälle springen. Die Region besitzt keine ständige Wasserquelle, doch speichern die Pfannen noch Monate nach den Regenfällen das Wasser, das dann ziemlich brackig wird.

Der Lehm in dieser Gegend wird als „schwarze Baumwolle" bezeichnet und macht bisweilen selbst dem robustesten Geländewagen den Garaus. Wer die Region gründlich erkunden möchte, sollte sich vor allem in der Regenzeit von den Einheimischen entsprechende Tipps geben lassen.

Savuti

Savuti in der Nordwestecke des Chobe National Park zählt zu den fantastischsten Safaridestinationen Afrikas. Die weiten Ebenen mit ihrer reichen Tierwelt strotzen nur so vor den charakteristischen Farben und Panoramen Afrikas. Von Nashörnern einmal abgesehen, ist hier die gesamte charismatische Megafauna Afrikas zu Hause oder zieht durch das Gebiet. Dass der Savuti Channel wieder Wasser führt, hat den Reiz von Savuti noch weiter erhöht.

In dieser Gegend liegen die Relikte eines „Supersees", der sich einst über den ganzen Norden Botsuanas erstreckte. Die moderne Landschaft hingegen verströmt ein Flair enormer Kargheit und Leere. Da das Terrain so unwirtlich ist und sich nur schwer erreichen lässt, stellt Savuti einen obligatorischen Zwischenstopp für alle Fans von Allradfahrzeugen auf der Route Kasane–Maun dar. Hier findet sich eine beachtliche Anzahl an Nobellodges, aber es gibt auch einen hervorragenden Campingplatz für Selbstfahrer.

DER SAVUTI CHANNEL

Der Norden von Botsuana bietet eine wahre Fülle an seltsamen hydrologischen Phänomenen. So leitet beispielsweise der Selinda Spillway, eine Überlaufrinne, das Wasser zwischen dem Okavango-Delta und den Linyanti Marshes vor und zurück. Nicht minder kurios ist die Tatsache, dass der Chobe River, wenn der Sambesi besonders viel Wasser führt, in die umgekehrte Richtung fließt und das Gebiet um den Lake Liambezi überflutet. Einst existierte auch ein Kanal zwischen dem Flusssystem des Khwai River und dem Okavango-Delta sowie den Savuti Marshes.

Das seltsamste Phänomen ist aber wohl der Savuti Channel, der die Savuti Marshes mit den Linyanti Marshes verbindet und – über den Selinda Spillway – auch mit dem Okavango-Delta. Wirklich verwirrend ist, dass der Wasserfluss des Kanals keiner Logik zu folgen scheint. Manchmal führt der Kanal jahrelang überhaupt keinen Tropfen Wasser, wie etwa von 1888 bis 1957, 1966 bis 1967 und von 1982 bis 2008. Wenn aber Wasser fließt, verändert der Kanal das gesamte Ökosystem. Er schafft dann eine wahre Oase für die durstigen Tierherden und wirkt wie ein Magnet auf Unmengen von Wasservögeln. Während der Trockenzeiten weicht das Kanalende immer weiter vom Sumpfland in Richtung Chobe River zurück. Fließt das Wasser, werden die Savuti Marshes überflutet, wodurch das Sumpfgebiet an Ausdehnung zunimmt. (Viele der in der Karte verzeichneten Wege sind dann unpassierbar.) Außerdem scheint der Wasserfluss des Kanals in keiner Beziehung mit dem Wasserstand des Linyanti-Chobe-Flusssystems zu stehen. 1925, als der Fluss eine Rekordflut verzeichnete, blieb der Savuti Channel trocken, was nicht vorauszusehen war.

Die einzig mögliche Erklärung bislang setzt das Phänomen mit tektonischen Aktivitäten in Verbindung. Die ständige Verschiebung des Zambezi River Richtung Norden und die häufigen leichten Erdbeben in der Region zeigen, dass die geologischen Verhältnisse tektonisch instabil sind. Der Wasserfluss des Savuti Channel muss somit von einer ohne technische Hilfsmittel nicht wahrnehmbaren Bewegung der Erdkruste bestimmt sein. Die minimale Bewegung, die erforderlich wäre, um den Kanal zu öffnen oder zu schließen, läge bei mindestens 9 m, und allem Anschein nach ist genau das in den letzten 100 Jahren fünfmal passiert.

Sehenswertes

Savuti Marshes NATURSCHÖNHEIT

Seit Jahrzehnten, genau gesagt seit Anfang der 1980er-Jahre, besteht die weite, offene Landschaft des südlichen Savuti weniger aus Sumpfgebieten, sondern aus weitläufigen offenen Ebenen, sieht man einmal von den gelegentlich auftretenden Überschwemmungen in der Regenzeit ab. Doch seit der Savuti Channel wieder Wasser führt, ergibt der Name dieser Region auch wieder Sinn. Die ehemals trockenen Pisten verschwinden jetzt im stehenden Wasser, das Raubtiere wie auch Beutetiere aus der ganzen Region anlockt. Das Sumpfgebiet erstreckt sich zwischen dem Savuti Channel und der Hauptpiste von Savuti nach Maun. Wenn der Wasserstand es erlaubt, eignet sich das Flussufer als perfekter Platz für ein Picknick zur Mittagszeit.

Leopard Rock NATURSCHÖNHEIT

Die Felsmonolithen, die aus dem Sand von Savuti aufragen, sorgen für eine überaus willkommene ästhetische Abwechslung inmitten der ansonsten topfebenen Landschaft im nördlichen Botsuana. Die Höhlen, Felsspalten und das bisweilen dichte Gestrüpp auf diesen Felsen bieten Leoparden den idealen Lebensraum. Die Monolithen im äußersten Süden (die ersten, die man von Maun oder vom Moremi Game Reserve kommend erreicht) sind unter dem Namen Leopard Rock bekannt. Die eigentlich am seltensten gesichteten Großkatzen Afrikas treten hier verhältnismäßig häufig auf. Eine 1,6 km lange Sandpiste verläuft rund um den Felsen.

Gobabis Hill HÜGEL

Ein weiterer Felsmonolith, der Gobabis Hill, präsentiert gleich mehrere Zyklen von 4000 Jahre alten Felszeichnungen, die auf die San zurückgehen. Die schönsten stellen Tiere dar und befinden sich auf halbem Weg zum Gipfel an der Südseite des Felsens. Geparkt wird auf S 18 ° 35.632', O 024 ° 04.770', dort beginnt die einfache 150 m lange Kletterpartie zu den Felszeichnungen hinauf. Aber aufpassen, denn die Region gilt als Treffpunkt von Leoparden. An einem herrlichen Morgen lassen sich bisweilen sogar Rudel von Löwen zwischen den Zeichnungen und dem nur 200 m entfernten Savuti Channel sehen. Die Felszeichnungen sind an der Hauptpiste als „Rock Paintings" ausgeschildert und dann noch einmal am Parkplatz. Den Westrand des Gobabis Hill bewacht ein herrlicher Affenbrotbaum, der schon von der Hauptpiste aus zu sehen ist.

Schlafen

In Savuti gilt der für Botsuana so typische Gegensatz zwischen luxuriösen Zeltcamps und einfacheren Campingplätzen am Fluss. Nachfolgend werden Unterkünfte von beiden Enden des Preisspektrums vorgestellt.

Savuti Campsite CAMPINGPLATZ $
(sklcamps.com; GPS: S 18°34.014', O 24°03.905'; Zeltplatz pro Erw./Kind 50/20 US$) Dies ist einer der besten Campingplätze in Nordbotsuana. Von den sieben Zeltplätzen gehen fünf auf den Fluss hinaus. Die Plätze eins bis vier könnten zwar mehr Schatten vertragen, sind ansonsten aber hübsch. Besonders empfehlenswert ist das Paradise Camp. Die Sanitäranlage ist mit Sitztoiletten samt Wasserspülung und (meist) warmen Duschen ausgestattet. Außerdem gibt es hier Grillplätze. Vor den herumziehenden Pavianen und Elefanten sollte man sich in Acht nehmen. Das frühere Savuti Campsite in der Nähe wurde von Elefanten zerstört!

Camp Savuti ZELTCAMP $$$
(http://sklcamps.com; Mai–Dez. EZ/DZ Vollpension 500/700 US$) Seit SKL über eine Lizenz verfügt, öffentliche Campingplätze zu betreiben, hat die Organisation auch diese hochkarätige Anlage mit einigen wunderschönen Leinwandzelten, die auf den Savuti Channel hinausgehen, übernommen. Die Preise liegen hier einen Tick niedriger als in den lang etablierten Camps, doch die Qualität ist so ziemlich ebenbürtig.

Savute Safari Lodge LODGE $$$
(☎686 1559; www.desertdelta.com; Jan.–April pro Pers. 476 US$, Mai–Dez. EZ/DZ 1113/1712 US$) Die Nobellodge neben dem ehemaligen legendären Lloyd's Camp besteht aus zwölf modernen Chalets mit Strohdach in neutraler Farbgebung und mit guter Ausstattung. In der Hauptlodge befinden sich ein Aufenthaltsraum, ein elegantes Speisezimmer, eine kleine Bibliothek und eine Cocktailbar. Außerdem gibt es eine sagenhafte Aussichtsterrasse, auf der die Gäste den Sonnenuntergang im Busch beobachten können.

Savute Elephant Camp LODGE $$$
(☎bookings 068-686 0302; www.savuteelephantcamp.com; Mai–Dez. EZ/DZ Vollpension 1856/2650 US$; ❄) Das Camp gilt als die absolute Topadresse in Savuti und besteht aus zwölf Leinwandzelten im ostafrikanischen Stil, die eine Luxusausstattung bieten. Sie stehen auf erhöhten Plattformen und sind mit Kopien alter Kunstwerke versehen. Im Hauptzelt befinden sich ein Speisezimmer, eine Lounge und eine Bar; daneben liegt der Pool, der auf ein Wasserloch hinausgeht. Informationen zur Buchung erteilt Orient-Express Safaris in Maun.

Savute Under Canvas ZELTCAMP $$$
(☎in Südafrika 011-809 4300; www.savuteundercanvas.com; pro Pers. 415–680 US$) Diese Mischung aus Zeltcamp und mobiler Luxussafari ermöglicht es den Gästen, die Freiheit des Zeltens zu genießen (die Zeltplätze werden alle paar Tage verlegt), gleichzeitig aber auch dem Luxus zu frönen, der mit einem herrlich ausgestatteten Zelt, einem Butler und exquisiten Mahlzeiten einhergeht, die zwischen den Tierbeobachtungsfahrten serviert werden. Die Zelte verfügen über Bäder, inklusive warmer Eimerduschen.

An- & Weiterreise

Charterflüge nutzen die Flugpiste ein paar Kilometer nördlich der Lodges in Savuti. Wer einen Flug buchen möchte, wendet sich am besten an seine Lodge.

Bei optimalen Bedingungen dauert die Fahrt vom Sedudu Gate nach Savuti vier Stunden, aber Achtung: Von Januar bis März ist diese Strecke oft unpassierbar. Zugang besteht auch von Maun aus oder vom Moremi Game Reserve über das Mababe Gate; das Befahren der größtenteils lehmigen Piste gerät bei Feuchtigkeit jedoch zur Plackerei. Für sämtliche genannten Routen ist ein Fahrzeug mit Allradantrieb erforderlich.

Linyanti Marshes

In der Nordwestecke des Chobe National Park mündet der Linyanti River in eine rund 900 km² große Schwemmebene, die während der Trockenzeit eine bemerkenswerte Fülle wilder Tiere anlockt. Auf der Seite Namibias steht dieses gut gewässerte

SAVUTI: LÖWEN GEGEN ELEFANTEN

Aus dem Busch Botsuanas dringen seit Jahrzehnten immer wieder Berichte von Löwen, die versuchten, Elefanten zu erbeuten. Da sich die meisten Angriffe nachts in Nationalparks mit Nachtsafariverbot ereigneten, ließen sich derartige Meldungen allerdings nicht verifizieren. So sah die Situation jedenfalls aus, bis Anfang der 1990er-Jahre die beiden Filmemacher Dereck und Beverley Joubert eine der spektakulärsten Konfrontationen in der afrikanischen Wildnis auf die Leinwand bannten. Der Dokumentarfilm *Ultimate Enemies*, der im Chobe National Park in der Region Savuti gedreht wurde, ist ebenso packend wie außergewöhnlich.

Löwenmännchen wiegen im Schnitt stolze 190 kg, während Weibchen es auf 126 kg bringen. Es sind zwar vereinzelte Fälle bekannt, in denen große Löwenrudel Nashörner oder Flusspferde rissen, das bevorzugte Gewicht der Beutetiere liegt jedoch eigentlich bei rund 350 kg. Elefanten wiegen hingegen vier bis sechs Tonnen. Tötet ein Löwe einen Elefanten, bedeutet dies das extremste Räuber-Beute-Gewichtsverhältnis bei Landsäugetieren überhaupt. Die von den Jouberts beobachteten Jagdszenen ereigneten sich in der Trockenzeit von August bis November (mit dem Höhepunkt im Oktober) und führten bei den Löwen nur nachts zum Erfolg – und auch nur, wenn weniger als fünf Elefanten und mindestens 27 Löwen zugegen waren (die Durchschnittsgröße des Rudels lag bei 30 Tieren). Überraschend war, dass die Löwen keine Elefantenbabys töteten, was vermutlich dem hohen Maß an Schutz und Bewachung durch die Muttertiere geschuldet war; die meisten getöteten Elefanten waren vier bis elf Jahre alt.

Die Berichte von Löwenangriffen auf Elefanten sind in den letzten Jahren etwas zurückgegangen, da sich das von den Jouberts gefilmte Rudel geteilt hat und die Gruppen getrennte Wege gingen. Doch ihre einstigen „Heldentaten" haben den Löwen von Savuti den Ruf eingebracht, besonders stark und wild zu sein – und der hält sich bis heute.

Tierparadies in den Nationalparks Mudumu und Mamili unter Naturschutz. Von einem 7 km langen Landstrich am Nordwestrand des Chobe National Park einmal abgesehen, sind die Linyanti Marshes in Botsuana hingegen nur durch ihre isolierte Lage geschützt.

Die Safaritrails verlaufen am Ufer des Sumpfgebiets entlang. Es werden hier häufig gleichbleibende Populationen von Elefanten, Löwen, Wildhunden, Geparden und Leoparden gesichtet. Wer Großkatzen sehen möchte, muss allerdings einige Geduld aufbringen. Da die meisten Luxuslodges außerhalb des Nationalparks liegen, sind die Nachtfahrten hier ein echtes Highlight.

Schlafen

Linyanti Camp Site CAMPINGPLATZ $
(http://sklcamps.com; GPS: S 18°16.228', O 23°56.163'; Zeltplatz pro Erw./Kind 50/25 US$) Die meisten Zeltplätze dieses Campingplatzes betreibt die hervorragende SKL. Sie liegen leicht erhöht im Schatten am Rand des Wassers – und den herrlichen Blick auf das Marschland gibt es ohne Aufpreis dazu. Ansonsten werden den Übernachtungsgästen die üblichen Grillplätze geboten, warme Duschen, Sitztoiletten mit Wasserspülung – und in der Trockenzeit jede Menge Elefanten und Paviane. Nachts machen die Flusspferde einen fürchterlichen Lärm.

Camp Linyanti ZELTCAMP $$$
(http://sklcamps.com; GPS: S 18°16.228', O 23°56.163'; Mai–Dez. EZ/DZ Vollpension 500/700 US$) Wie in Savuti, so hat SKL auch hier ein Luxuszeltcamp eingerichtet, das sich nur einen Steinwurf von den öffentlichen Campingplätzen entfernt befindet. Die Camps sind feudal, aber auch nicht zu übertrieben, und da die Preise erheblich unter denen der Konkurrenz in der Nachbarschaft liegen, kommt dieses Camp für viele sicher in die engere Wahl.

Three Baobabs ZELTCAMP $$$
(☎7164 6064; www.threebaobabs.com; EZ/DZ 470/620 US$) Das Three Baobabs liegt innerhalb einer 45 ha großen Privatfarm und wird von den Besitzern der renommierten Garden Lodge in Kasane geführt. Die Anlage ist herrlich abgeschieden (und auch nicht ausgeschildert, um Neugierige fernzuhalten). Die Zelte fallen geräumig aus und sind auch wunderschön eingerichtet; etwas wirklich Besonderes sind die Badewannen

im Freien. Die Lodge liegt 55 km von Savuti entfernt und 27 km westlich von Kachikau.

Savuti Camp ZELTCAMP **$$$**
(☎in Südafrika 011-807 1800; www.wilderness-safaris.com; Jan.–April EZ/DZ 963/1416 US$, Mai–Dez. 1473/2436 US$; ❄✉) Das herrlich entlegene kleine Camp befindet sich in einer bewaldeten Gegend mit Blick aufs Wasser zwischen Savuti und Linyanti. Geboten werden Luxuszelte, wie sie von der exklusiven Wilderness Safaris Group auch zu erwarten sind. Das permanente Wasserloch, an dem das Camp liegt, lockt in der Trockenzeit eine Fülle von Elefanten und Löwen an.

Duma Tau ZELTCAMP **$$$**
(☎in Südafrika 011-807 1800; www.wilderness-safaris.com; Jan.–April EZ/DZ 1123/1736 US$, Mai–Dez. 1588/2666 US$; ❄✉) Das Camp mit zehn Zimmern wurde 2012 unter dem Aspekt der Nachhaltigkeit komplett umgebaut. Der Strom kommt jetzt aus Solarenergie, und auch die Abfallbeseitigung ist auf dem neuesten Stand. Die erhöht gelegenen Zelte gehen auf die Zibadianja Lagoon mit Mangrovenhain hinaus, in der sich die Flusspferde tummeln. Die Lagune kann bei hohem Wasserstand mit dem Boot erkundet werden, ansonsten lässt man sich im Luxuszelt unter dem Strohdach inspirieren.

King's Pool Camp ZELTCAMP **$$$**
(☎in Südafrika 011-807 1800; www.wilderness-safaris.com; Jan.–April EZ/DZ 1495/2388 US$, Mai–Dez. EZ/DZ 2287/3972 US$; ❄✉) Dieses Camp an einem zauberhaften Flecken Erde am Linyanti River mit Blick auf die Lagune bietet neun Zimmer und zählt zu den luxuriösesten Herbergen in Linyanti. Die Zimmer verfügen über einen eigenen Pool zum Abtauchen. Auf den Service und auf Details wird enorm viel Wert gelegt. Die Gäste wohnen im King's Pool in Privatchalets mit Strohdach samt Duschen drinnen und draußen. Stolz ist das Camp auf den Lärm hier: Die Gäste werden mit ziemlicher Sicherheit von den Flusspferden, Elefanten, Pavianen und Löwen gleich in der Nähe geweckt.

Lebala Camp ZELTCAMP **$$$**
(☎686 1449; www.kwando.co.bw; Jan.–April pro Pers. 550 US$, Mai–Dez. EZ/DZ 1350/2226 US$) Der Name bedeutet „offene Ebene", und genau so gestaltet sich die Aussicht hier auch. Außerdem beeindrucken die Fülle von Tieren sowie das Engagement, mit dem die vielfältigen Tierbeobachtungsfahrten und die hervorragenden Buschwanderungen durchgeführt werden. Das Grasland geht schließlich in die Sümpfe von Linyanti mit ihrer reichen Vogelwelt über. Die acht Zimmer mit Bädern im Freien sind groß und – wie zu erwarten – auch überaus komfortabel.

Lagoon Camp ZELTCAMP **$$$**
(☎686 1449; www.kwando.co.bw; Jan.–April pro Pers. 550 US$, Mai–Dez. EZ/DZ 1350/2226 US$) Das Camp an der Lagune (na, wer hätte das gedacht?) bietet diverse Luxuszelte, die auf die Schwemmebene und Wege am Fluss hinausgehen, wo es vor Wildhunden, Löwen und Büffeln nur so wimmelt. Die Gäste können an abendlichen Boots- sowie an Angel-ausflügen teilnehmen. Im Campgelände tun sich immer wieder schöne Ausblicke auf – nicht zuletzt von den frei stehenden Badewannen.

Selinda Camp ZELTCAMP **$$$**
(☎in Südafrika 011-807 1800; www.wilderness-safaris.com; Jan.–April EZ/DZ 963/1416 US$, Mai–Dez. EZ/DZ 1473/2436 US$; ❄✉) Das Neun-Personen-Camp im nostalgischen Ostafrikastil ist von den vier Camps das einfachste und auch erschwinglichste, aber dennoch in jeder Hinsicht Luxus pur.

ℹ An- & Weiterreise

Vom Süden her lässt sich die Piste ab Savuti wegen des tiefen Sands nur mit Mühe befahren. Die Piste, die gen Osten nach Kachikau führt (wo sie dann auf die asphaltierte Straße nach Kasane trifft), ist nur geringfügig besser.

Die meisten Reisenden ziehen es aus diesem Grund vor, mit einem Charterflugzeug von Maun oder Kasane zu ihrem gebuchten Camp zu fliegen.

OKAVANGO-DELTA

Willkommen in einer der gewaltigsten Landschaften Afrikas! Das Okavango-Delta hat etwas Elementares – das ansteigende und wieder fallende Wasser, die tägliche Dramatik der sich versammelnden Tierwelt, die Geräuschkulisse mit dem Brüllen der Löwen, dem heiseren Gebell der Leoparden und dem verrückten Geheul einer Hyäne, die durch die Wildnis hetzt, die Geheimnisse, die das Schilf birgt, das sich sanft in der abendlichen Brise wiegt. Wer bei einem Rundflug ab Maun die Szenerie von oben betrachtet, wird feststellen, dass die zahllosen Nebenflüsse des Okavango-Deltas wie die Krallen eines Adlers anmuten, der das

Land festhält und nicht lockerlässt. Und unten auf dem Erdboden verleihen in der Trockenzeit die gespenstischen Silhouetten der toten Bäume dem Delta gleichsam etwas Apokalyptisches.

Das Okavango-Delta ist das spektakuläre Gegenstück zur Kalahari-Wüste, die einen Großteil Botsuanas einnimmt. Die an die 18 000 km^2 große Fläche mit dem Ablauf des Okavango River ist ein wahrer Ausbund an Fruchtbarkeit im südlichen Afrika. Und tatsächlich zählt der Kontrast, den das Okavango-Delta zum restlichen Botsuana bildet, zu den reizvollsten Aspekten: Hier im Herzen des dürstenden Landes erstreckt sich eines der größten Flussdeltas der Welt, ein schier endloses Wassersystem – tosend, stehend, überflutend, sterbend. Und die Gewässer hier sterben wirklich. Sie schaffen es nämlich nie bis zum Meer, sondern versickern vielmehr in den Salzpfannen mitten in Botsuana. Doch vorher versorgen sie noch die reiche und vielfältige Tierwelt, die sich an dieser Mutter aller Gewässer mit den Jahreszeiten verändert.

Den Luxuslodges im Okavango-Delta, zu denen sich die Besucher einfliegen lassen, eilt der Ruf voraus, die exklusivsten Safaridestinationen in ganz Afrika zu sein. Wer ein kleines Vermögen ausgibt, um tief im Binnendelta ein paar Tage zu verbringen, wird es jedoch kaum bereuen. Aber es besteht auch die Möglichkeit, mit einem kleineren Budget das Delta zu erkunden, und zwar durch die Kombination aus einer mobilen Safari ab Maun und Fahrten mit dem eigenen Wagen zu den Campingplätzen des Moremi Game Reserve. Doch ganz egal, für welche Reiseart der Einzelne sich auch entscheidet – am Ende des Aufenthalts fliegt man mit den schönsten Erlebnissen seines Lebens wieder zurück nach Hause. Und der Grund ist ganz einfach: Das Okavango-Delta ist einer der außergewöhnlichsten Flecken Erde auf dem afrikanischen Kontinent.

Maun

65 700 EW.

Maun (sprich: Ma-ún) ist als Haupttor zum Okavango-Delta Botsuanas Touristenhochburg Nummer eins. Mit seinen guten Unterkünften und der bunten Mischung aus Buschpiloten, Touristen, Campern, Volunteers und Fans von Luxussafaris gibt der Ort genug her für einen Aufenthalt von ein oder zwei Tagen. Aber Achtung: Mittlerweile eilt Maun der Ruf als Schauplatz vieler Bagatelldelikte voraus. Die Stadt selbst hat eher wenig zu bieten – sie zieht sich kilometerlang ohne ein wirklich erkennbares Zentrum dahin. Einige Hotels und Camps können jedoch mit schönen Aussichtspunkten am Fluss aufwarten.

Sehenswertes

GRATIS Nhabe Museum MUSEUM
(686 1346; Sir Seretse Khama Rd.; Mo–Sa 9–16.30 Uhr) Das kleine, bescheidene Museum befindet sich in einem historischen Gebäude, das 1939 vom britischen Militär errichtet und im Zweiten Weltkrieg als Beobachtungsposten genutzt wurde, um ein wachsames Auge auf die deutsche Präsenz in Namibia zu haben. Das Museum präsentiert allerlei Exponate zur Geschichte des Distrikts Ngamiland (dem Unterdistrikt von Nordwestbotsuana, wo sich das Okavango-Delta befindet) sowie Wechselausstellungen mit Fotos, Korbflechterei und Kunst. Spenden sind natürlich immer willkommen. Das Museum beherbergt auch das Bailey Arts Centre; hier können einheimische Künstler Körbe, Drucke, Gemälde, Töpferei und vieles andere mehr herstellen und auch verkaufen.

Crocodile Farm ZOO
(686 4539; Eintritt 25 P; Mo–Sa 9–16.30 Uhr) Die von einem Kollektiv betriebene Krokodilfarm vermittelt im Grunde alles Wissenswerte, und stellt sicher, dass die Teilnehmer an einem *mokoro*-Ausflug im Delta ihre Hände und Füße auch wirklich nicht ins Wasser baumeln lassen. Die Farm liegt rund 15 km südlich der „Mall" in Maun. Und so ist sie zu erreichen: Einfach der Straße folgen, die von der Barclays Bank aus der Stadt hinausführt – dann lässt sich die Krokofarm eigentlich gar nicht verfehlen.

Geführte Touren

Maun quuillt förmlich über vor Reisebüros und Safariveranstaltern – ein Überangebot, das den Einzelnen vielleicht eher abschreckt. Wer sich jedoch Zeit nimmt und ein paar einfache Faustregeln befolgt, hat mit seiner Buchung mit Sicherheit keine größeren Probleme.

Zuerst einmal ist es hilfreich, zu wissen, dass die meisten Lodges im Delta bestimmten Agenturen angeschlossen sind; es macht sich also bezahlt, sich umzuhören und mit verschiedenen Tourveranstaltern ins Gespräch zu kommen. Zweitens: Wer einen

REGIONEN AM OKAVANGO

Das Okavango-Delta ist ein komplexes, einzigartiges Ökosystem; allein schon seine Ausdehnung hat etwas schier Erschreckendes. Diese Region zu bereisen, gestaltet sich jedoch erheblich einfacher, als man vielleicht annehmen könnte, und zwar vor allem, wenn man bedenkt, dass sich das Delta aus vier Regionen zusammensetzt.

» **Östliches Delta** Dieser Teil des Deltas ist von Maun aus recht gut zugänglich und kommt somit auch preisgünstiger als das Binnendelta und Moremi. Von Maun als Ausgangspunkt lassen sich ein Tagesausflug mit dem *mokoro* (Einbaum) oder eine Exkursion in den Busch mit Übernachtung auf einem Campingplatz organisieren, was natürlich viel billiger kommt als der Aufenthalt (und die Anreise) in einer Lodge im Binnendelta oder im Moremi Game Reserve.

» **Binnendelta** Die Gegend westlich und nördlich vom Moremi Game Reserve präsentiert das klassische Deltaszenario – hier kann man sich vom Zauber dieser Region wahrlich verführen lassen. Das Quartierangebot besteht überwiegend aus Luxuslodges, die sich am oberen Ende der Preisskala bewegen. Fast alle lassen sich nur mit einem teuren Charterflug erreichen.

» **Moremi Game Reserve** Zu dieser Region, eine der beliebtesten Destinationen im Delta, gehören Chief's Island und die Moremi Tongue. Das Moremi Game Reserve steht als einziges Areal im Delta offiziell unter Naturschutz, und entsprechend üppig ist die Präsenz von Tieren. Das Moremi bietet ein paar Campingplätze sowie mehrere wahrlich dekadente Lodges mit entsprechenden Preisen. Das Reservat lässt sich von Maun oder Chobe aus mit einem Geländewagen erreichen oder auch mit einem Charterflug.

» **Okavango Panhandle** Diese sumpfige Erweiterung des Binnendeltas erstreckt sich in Richtung Nordwesten bis zur Grenze nach Namibia. Mit einem klassischen Deltaerlebnis ist hier nicht zu rechnen, dennoch wird diese Region immer beliebter, denn sie lässt sich mit öffentlichen Verkehrsmitteln oder einem normalen Pkw erreichen. Als Faustregel gilt, dass diese Region hervorragende Möglichkeiten zur Vogelbeobachtung und zum Angeln bietet, allerdings weniger als Safaridestination von sich reden macht.

längeren Ausflug ins Delta plant oder vorhat, sich in einer Luxuslodge einzumieten, sollte möglichst *vor* der Ankunft eine oder auch mehrere in diesem Reiseführer empfohlene Agenturen kontaktieren. Die billigeren Lodges können in der Regel auch kurzfristig noch Gäste aufnehmen, doch sollte niemand in der Annahme nach Maun kommen, dass man hier einfach so am nächsten Tag in einen Flieger zu einer Safarilodge springen oder sich einer Überlandsafari anschließen kann.

Ein prima Unternehmen, um erste (und vielleicht auch letzte) Informationen einzuholen, ist **Travel Wild** (686 0822; www.travelwildbotswana.com; Mathiba I St.) gegenüber vom Flughafen. Es fungiert als zentrale Buchungsstelle und Informationsbüro für Lodges, Safaris und andere Abenteuer. Direktbuchungen nimmt Travel Wild nicht vor, unterhält jedoch hervorragende Kontakte zu anderen Safariveranstaltern.

Alle von Lonely Planet empfohlenen Tourveranstalter organisieren Safaris ins Delta und darüber hinaus.

African Animal Adventures GEFÜHRTE TOUREN
(7230 1054; www.africananimaladventures.com) Das sehr gute Unternehmen veranstaltet Safaris mit Pferden ins Delta und in die Makgadikgadi-Salzpfannen. Es lässt sich auch über Old Bridge Backpackers (S. 313) und die Gweta Lodge (S. 289) kontaktieren.

African Secrets GEFÜHRTE TOUREN
(686 0300; www.africansecrets.net; Mathiba I St., Matlapaneng) Das hervorragende Unternehmen operiert von der Island Safari Lodge aus.

Afro-Trek GEFÜHRTE TOUREN
(686 2574; www.afro-trek.com; Shorobe Rd, Matlapaneng) Dieser Veranstalter im Sedia Hotel hat sich auf Safaris im mittleren Preissegment spezialisiert.

Okavango-Delta

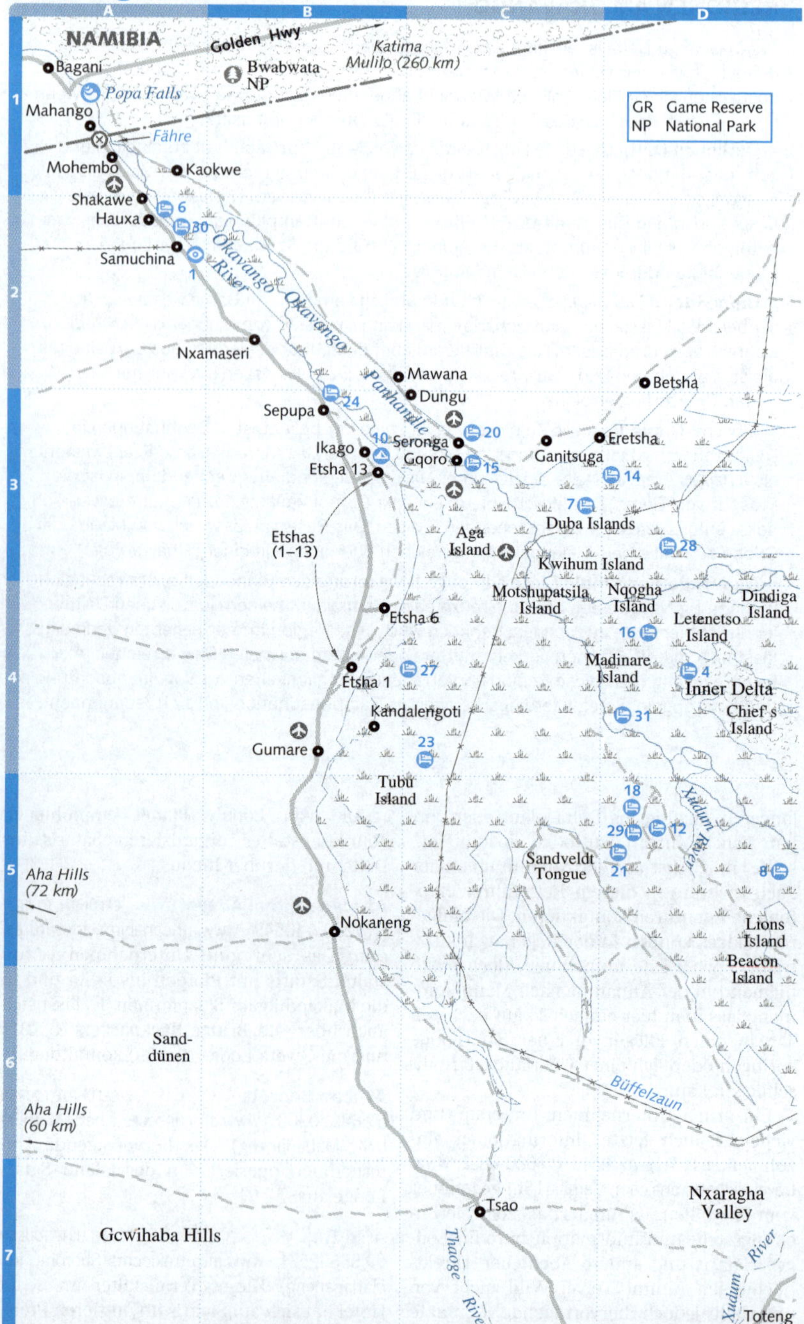

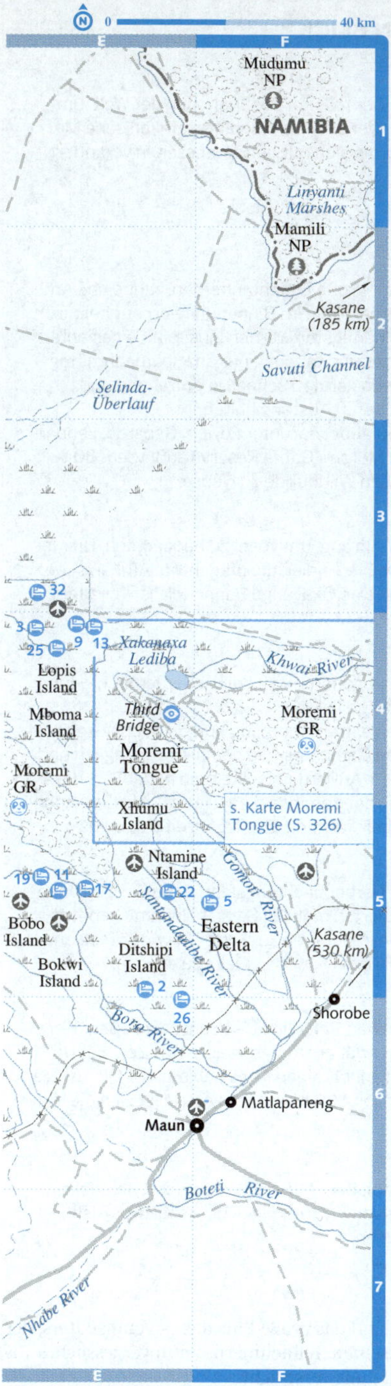

Okavango-Delta

Sehenswertes

1 Krokavango Crocodile Farm A2

Schlafen

2 Baine's Camp E5
3 Camp Okavango E4
4 Chief's Camp D4
5 Chitabe Camp F5
Chitabe Lediba .... (siehe 5)
6 Drotsky's Cabins A2
7 Duba Plains C3
8 Eagle Island Camp D5
9 Footsteps E4
10 Guma Lagoon Camp B3
11 Gunn's Camp E5
12 Kanana Camp D5
13 Kwara Camp E4
14 Mapula Lodge D3
15 Mbiroba Camp C3
16 Mombo Camp D4
17 Moremi Crossing E5
18 Nxabega Okavango Camp D5
19 Oddball's E5
20 Okavango Houseboats C3
21 Pom Pom Camp D5
22 Sandibe Safari Lodge E5
23 Seba Camp C4
24 Sepupa Swamp Stop B3
25 Shinde Island Camp E4
26 Stanley's Camp E6
27 Tubu Tree Camp C4
28 Vumbura Plains Camp D3
29 Xaranna Camp D5
30 Xaro Lodge A2
31 Xigera Camp D4
32 Xugana Island Lodge E3

Audi Camp Safaris TOUREN
(☎686 0599; www.okavangocamp.com; Shorobe Rd., Matlapaneng) Der aus dem beliebten Audi Camp hervorgegangene Veranstalter bietet gut organisierte Safaris ins Delta und darüber hinaus.

Crocodile Camp Safaris TOUREN
(☎686 0222; www.crocodilecamp.com; Shorobe Rd., Matlapaneng) Dieses preiswerte Unternehmen befindet sich im Crocodile Camp.

Ker & Downey TOUREN
(☎686 0570; www.kerdowney.com; Mathiba I St., Maun) Als einer der exklusivsten Veranstalter Afrikas hat Ker & Downey Luxuslodges im Programm und verwöhnt seine Gäste nach allen Regeln der Kunst.

DAS OKAVANGO-DELTA AUF EINEN BLICK

Auf ins Okavango-Delta!

Kurz und bündig: Das Okavango-Delta ist eine der tollsten Destinationen der Welt, um Tiere in freier Wildbahn zu beobachten. Hier findet sich die komplette afrikanische Megafauna – und dazu eine herrliche Landschaft, die sich mit den Jahreszeiten verändert.

Zugangsort

Maun.

Tiere

Die ganze Palette an Pflanzenfressern (darunter große Elefantenherden, zahlreiche Antilopenarten und eine kleinere Menge an Nashörnern, die im Binnendelta erneut heimisch gemacht wurden) sind im Delta zu Hause. Am häufigsten werden Flusspferde gesichtet. Sie verbringen fast den ganzen Tag unter Wasser und tauchen nur am Spätnachmittag auf, um an den Flussufern zu grasen. Flusspferde geraten schnell in Aufregung und gehen dann zum Angriff über – also immer sicheren Abstand halten.

Im Delta lebt auch eine stabile Raubtierpopulation, darunter Löwen, Geparde, Leoparden und Hyänen. An Caniden (Hunde) sind im Moremi Game Reserve außerdem 30 % der auf der Welt noch verbliebenen Afrikanischen Wildhunde zu Hause.

Vögel

Das Okavango-Delta ist eine Destination von Weltrang, um Vögel zu beobachten. Hier leben so spektakuläre Arten wie der Afrikanische Fischadler, die oft gehörte Afrikanische Fischeule und eine Fülle von Wasservogelarten. Das Okavango Panhandle ist vor allem als Destination zur Vogelbeobachtung bekannt.

Beste Reisezeit

Die beste Reisezeit für einen Besuch im Delta ist generell von Juli bis September, wenn der Wasserstand hoch ist und keine Niederschläge fallen.

Die Pisten können bei oder nach Regenfällen extrem morastig und oft auch ausgewaschen sein. Von Januar bis März ist das Moremi Game Reserve häufig unzugänglich und zwar sogar mit einem modernen Geländewagen. Außerdem sollte man bedenken, dass viele Lodges während der Regenzeit komplett oder zumindest zeitweise schließen. Auch Moskitos sind weit verbreitet, insbesondere aber während der Regenzeit (Nov.–März).

Unterwegs vor Ort

Wer nicht in einer feudalen Lodge wohnt, in der Tierbeobachtungsfahrten im Preis mit inbegriffen sind, oder von Maun aus an einer organisierten mobilen Safari teilnimmt, benötigt einen technisch voll ausgestatteten Wagen mit Allradantrieb zur Fortbewegung. Bootsausflüge sind ebenfalls ein wichtiger Bestandteil, um das Okavango-Delta zu erleben.

Budget-Safaris

Maun ist der günstigste Ort, um sich einer mobilen Safari ins Delta anzuschließen. Wer ohne vorherige Reservierung anreist, verschwendet allerdings meist seine Zeit. Ein Unternehmen, das zuverlässige Safaris zu einem anständigen Preis anbietet, ist Old Bridge Backpackers. Da das Östliche Delta nicht weit von Maun entfernt liegt, lässt sich diese Region mit am einfachsten erreichen.

Tipp des Autors

Für das Delta sollte man möglichst viel Zeit einplanen. Auf diese Weise sind vielerlei eindrucksvolle Erlebnisse garantiert – von exklusiven Fly-in-Lodges über *mokoro*-Ausflüge bis hin zu Touren mit dem eigenen Geländewagen.

Naga Safaris GEFÜHRTE TOUREN (☎680 0587; www.nagasafaris.com) Nach Kundenwünschen gestaltete, flexible Routen sind das große Plus dieses Veranstalters, der seinen Teilnehmern ein unvergessliches Erlebnis verspricht.

Nxuma Adventure Safaris GEFÜHRTE TOUREN
(☎7646 2829; nxumu@hotmail.com) Veranstaltet werden *mokoro*- und andere Bootsausflüge im Okavango-Delta, außerdem Wanderungen mit einem San-Führer; einfach nach Oscar fragen.

Okavango River Lodge GEFÜHRTE TOUREN
(☎686 3707; www.okavango-river-lodge.com; Shorobe Rd., Matlapaneng) Die Safaris beginnen an der Okavango River Lodge.

Old Bridge Backpackers GEFÜHRTE TOUREN
(☎686 2406; www.maun-backpackers.com; Shorobe Rd., Matlapaneng) Das erfahrene Budget-Unternehmen befindet sich im Old Bridge Backpackers. Hier hat noch nie jemand etwas zu meckern gehabt.

Wild Lands Safaris GEFÜHRTE TOUREN
(☎7230 2489; www.wildlandsafaris.com) Ein zuverlässiger Veranstalter mit nachweislich guter Kundenbetreuung und einem Angebot an Campingsafaris für jeden Geldbeutel.

Wilderness Safaris GEFÜHRTE TOUREN
(☎in Südafrika 011-807 1800; www.wildernesssafaris.com; Mathiba I St., Maun) Der Veranstalter in der Nähe des Flughafens hat sich auf Safaris im oberen Preissegment spezialisiert.

Wilmot Safaris TOUREN
(☎686 2615; www.wilmotsafaris.com) Das Unternehmen führt der legendäre Lloyd Wilmot, der früher auch das Lloyd's Camp in Savuti leitete. Auf dem Programm stehen abenteuerliche mobile Safaris.

RUNDFLÜGE

Mit einem Leichtflugzeug oder Hubschrauber übers Delta zu fliegen, ist ein Erlebnis, das man sein ganzes Leben lang nicht vergisst. Ja sicher, die Preise sind hoch, aber der Panoramablick bleibt unvergesslich.

Wer einen Rundflug über den Okavango unternehmen möchte, kann sich mit einer der unten aufgeführten Charterfirmen in Verbindung setzen oder sich an der Rezeption seiner Unterkunft erkundigen. Auf jeden Fall ist eine gewisse Vorausplanung nötig, wenn man partout fliegen will, und es ist sehr unwahrscheinlich, gleich für denselben Tag ein Flugzeug zu bekommen.

Die Preise für einen einstündigen Rundflug in einem drei-/fünf-/siebensitzigen Flugzeug beginnen ab 2000/2650/3400 P. Wer sich umhört, findet sicher das beste Angebot. Die Preise richten sich nach der Flugzeuggröße und der Passagierzahl.

In den meisten Fällen kommt zu den genannten Preisen noch die Abflugsteuer von 50 P pro Person hinzu. Die Büros aller Firmen, die solche Charterflüge anbieten, befinden sich in Maun entweder im oder in der Nähe des Flughafens. Bei der Buchung muss der Pass vorgelegt werden.

Delta Air RUNDFLÜGE
(☎686 0044; synergy@info.bw; Mathiba I St.) Befindet sich in der Nähe des Bushman Craft Shops im Flughafen.

Helicopter Horizons RUNDFLÜGE
(☎680 1186; www.helicopterhorizons.com; pro Pers. ab 110 US$) Verschiedene Angebote an Hubschrauberflügen, wobei die Fahrgasttüren entfernt wurden, damit besser fotografiert werden kann.

Major Blue Air RUNDFLÜGE
(☎686 5671; www.majorblueair.com; Mathiba I St.)

Mack Air RUNDFLÜGE
(☎686 0675; www.mackair.co.bw; Mathiba I St.) Das Unternehmen um die Ecke von Wilderness Safaris bietet Rundflüge an.

Moremi Air Services RUNDFLÜGE
(☎686 3632; www.moremiair.com) Im Flughafengebäude.

Northern Air RUNDFLÜGE
(☎686 0385; kerdowney.travel/northern_air; Mathiba I St.) Gehört mit zum Unternehmen Ker & Downey.

Wilderness Air RUNDFLÜGE
(☎686 0778; www.sefofane.com) Gehört mit zu Wilderness Safaris.

Schlafen

Die meisten Campingplätze, Hotels und Lodges – außer Riley's – befinden sich in Sedie oder Matlapaneng. Bei Letzterem besteht der eigentliche Reiz in der Tatsache, dass die Camps und Lodges recht ruhig und abgeschieden sind und hübsch am Thamalakane River liegen. Als Minuspunkt ist anzumerken, dass diese Quartiere bis zu 10 km vom Stadtzentrum Mauns entfernt sein können. Viele lassen sich jedoch mit öffentlichen Verkehrsmitteln erreichenn und die meisten Unterkünfte bieten täglich einen Transfer von/nach Maun an, in der Regel gegen eine kleine Gebühr. Die Mehrzahl der Campingplätze, Hotels und Lodges verfügt auch über ein anständiges Restaurant und eine Bar.

Maun

Okavango River Lodge CAMPINGPLATZ, CHALETS $ (☎686 3707; www.okavango-river-lodge.com; Matlapaneng; Zeltplatz pro Pers. 70 P, EZ/DZ/Familien-Chalets 250/330/400 P, 1-/2-Pers.-Zelte 150/280 P) Die insgesamt wenig einfallsreiche Lodge gleich bei der Shorobe Road liegt hübsch am Fluss. Die Besitzer sind nett, locker und stolz, wenn sie Backpackern nützliche – und objektive – Informationen zu Trips ins Delta geben können. Im Umkreis dieser Lodge und des Old Bridge Backpackers spielt sich hier in Maun größtenteils das auf Touristen und Nachtschwärmer ausgerichtete Leben ab. Und dann darf natürlich auch der tolle Name, den sich die Besitzer der Lodege für ihr Boot haben einfallen lassen, nicht unerwähnt bleiben: *Sir Rosis of the River*.

Island Safari Lodge CAMPINGPLATZ, CHALETS $$ (☎686 0300; www.africansecrets.net; Matlapaneng; Zeltplatz pro Pers. 60 P, Budget EZ/DZ 375/580 P, Chalets bis zu 870 P; 📶🏊) Als eine der ersten Lodges zählt die Island Safari Lodge noch immer zu den besten Adressen in Maun. Die Palette an Unterkünften ist so breit gefächert, dass eigentlich für jeden Geldbeutel etwas Passendes dabei ist. Die

Maun

Sehenswertes
1 Nhabe Museum C2

Aktivitäten, Kurse & Touren
Delta Air .... (siehe 20)
Helicopter Horizons .... (siehe19)
2 Ker & Downey C1
Mack Air .... (siehe 5)
3 Major Blue Air C1
Moremi Air Services .... (siehe 21)
Northern Air .... (siehe 2)
Okavango Kopano Mokoro Community Trust .... (siehe 19)
4 Travel Wild C1
Wilderness Air .... (siehe 5)
5 Wilderness Safaris B1

Schlafen
6 Cresta Riley's Hotel B4
7 Maun Lodge C5

Essen
Bon Arrivee .... (siehe 4)
8 French Connection B2
9 Hilary's B1
10 Shop-Rite Supermarket B5
Spar Supermarket .... (siehe 18)

Shoppen
11 African Arts & Images C1
12 Bushman Craft Shop C1

Praktisches
13 Barclays Bank A5
14 Delta Medical Centre B4
15 Department of Wildlife & National Parks C4
16 Open Door Bureau de Change B4
17 Standard Chartered Bank A5
18 Sunny Bureau de Change D1
19 Touristeninformation B1

Transport
20 Air Botswana C1
21 Airport Terminal C1
22 Taxistand C1

Campingplätze haben Sanitäranlagen; die Gäste dürfen den Pool, das Restaurant und die Bar der Lodge besuchen. Die Budget-Zimmer sind abgewohnt, dafür aber preislich attraktiv. Die Chalets weisen ein hervorragendes Preis-Leistungs-Verhältnis auf. Außerdem führt die Lodge auch vielerlei professionelle, etablierte Safaris durch. Die Lodge liegt ideal, um einen gemütlichen Nachmittag am Okavango zu vertrödeln, und das Restaurant ist auch sehr gut.

LP TIPP Old Bridge Backpackers CAMPINGPLATZ $
(☎686 2406; www.maun-backpackers.com; Hippo Pools, Old Matlapaneng Bridge; Zeltplatz pro Pers. 60 P, B 155 P, 1-/2-Pers.-Zelte ohne Bad 225/348 P, DZ-Zelte mit Bad 505 P; @☒) Das „Bridge" – unter diesem Namen ist das Quartier kurz und bündig eingeführt – gilt als einer der tollsten Schlupfwinkel an den Überlandpisten im südlichen Afrika. Hier herrscht das sagenhafte Flair einer Bar am Ende der Welt. Buschpiloten und Backpacker kommen miteinander ins Gespräch, Familien legen eine Pause vom strapaziösen Treiben auf den Straßen Afrikas ein, und ein Haufen trinkfester Fast-Stammgäste sorgt dafür, dass es in der Bar immer brummt. An Quartieren gibt es Schlafsäle am Flussufer, gut ausgestattete Zeltplätze sowie einige Zelte, die mehr Privatspähre bieten und in die sich die Gäste am Ende eines langen Tages zurückziehen können. Angeboten werden vielerlei *mokoro*-Ausflüge und auch andere Aktivitäten in diesem Stil. Kurz gesagt: Hier hat man in Sachen Tourismus den Dreh voll raus – und übermäßig abgezockt werden die Kunden mit Sicherheit auch nicht.

Audi Camp CAMPINGPLATZ $$
(☎686 0599; www.okavangocamp.com; Matlapaneng; Zeltplatz pro Pers. ab 60 P, 1-/2-Pers.-Zelte ohne Bad ab 140/170 P, mit Bad 540/640 P; @☒) Dieses Camp bei der Shorobe Road ist einfach super und wird vor allem bei Familien immer beliebter. Aber auch Backpacker, die auf eigene Faust durchs Land streifen, fühlen sich hier gut aufgehoben. Das Management ist freundlich und hilfsbereit, und die Palette an Safari-Aktivitäten ist breit und vielfältig. Im Restaurant gibt es zudem ganz bodenständige Steaks. Wer kein eigenes Zelt hat, findet in den bereits aufgebauten Zelten mit Ventilator eine rustikal-luxuriöse Bleibe.

Maun Rest Camp CAMPINGPLATZ $
(☎686 3472; simonjoyce@info.bw; Shorobe Rd., Matlapaneng; Zeltplatz pro Pers. ab 60 P, 1-/2-Pers.-Zelte 200/350 P) Das Camp ohne viel Schnickschnack an der Shorobe Road

EINEN MOKORO-AUSFLUG BUCHEN

Ein Tagesausflug von Maun ins Östliche Delta beinhaltet in der Regel eine zwei- bis dreistündige Rundfahrt in einem Geländewagen, zwei bis drei Stunden in einem *mokoro* (bei Zwei- oder Dreitagesausflügen ggf. auch länger) sowie eine Wanderung von zwei bis drei Stunden Dauer. Vor Beginn des *mokoro*-Ausflugs sollte man den Poler (Bootsführer) fragen, wie er sich die Tour genau vorstellt, und sich mit ihm über die Zeit abstimmen, die man täglich im mokoro verbringt, sowie über die Wanderungen und Ruhepausen auf dem Campingplatz – das Staken eines *mokoro* ist für den Poler nämlich ein anstrengender Job.

Einer der angenehmsten Aspekte bei der Buchung eines mokoro-Ausflugs ist, dass in den Straßen von Maun keine Schlepper unterwegs sind. Der Grund? Alle Poler, die *mokoro*-Ausflüge ab Maun durchführen, gehören dem **Okavango Kopano Mokoro Community Trust** (☎686 4806; bei Madhiba I St.; ⏲Mo–Fr 8–17, Sa bis 12 Uhr) an. Dieses Kollektiv legt die täglichen Einnahmen der Poler fest (180 P pro Poler am Tag, plus 55 P Mitgliedsbeitrag an den Trust), an die sich alle Safarianbieter halten müssen.

Bei der Preisgestaltung ist die Verpflegung ein wichtiges Kriterium. „Selfcatering" bedeutet, dass die Teilnehmer ihr Essen, aber auch Koch-, Schlaf- und Campingutensilien mitbringen müssen. Auf diese Weise lässt sich zwar Geld sparen, doch die meisten Backpacker ziehen dann doch Ausflüge vor, bei denen alles inbegriffen ist. Preisgünstiger wird es auch, wenn die Tour als Gruppenausflug gebucht wird oder wenn eine mehrtägige Exkursion geplant ist.

Und schließlich gilt es auch noch so einiges zu bedenken:

» Bei der Buchung nachfragen, ob die Teilnehmer das Essen für den Poler mitbringen müssen (in der Regel ist das nicht der Fall, aber die Poler nehmen eigentlich immer gerne an, was an Essen übrig bleibt – ob gekocht oder ungegart).

» Für die Wanderungen gute Wanderschuhe und lange Hosen mitbringen, außerdem einen Hut, jede Menge Sonnenschutzmittel und reichlich Trinkwasser.

» Das Wasser im Delta ist – trotz der unguten Farbe – trinkbar, nachdem es abgekocht oder entkeimt wurde.

» Die meisten Campingplätze liegen in der freien Natur, deshalb den Müll mitnehmen und Toilettenpapier verbrennen.

» Von Mai bis September warme Kleidung für den Abend einpacken.

» Tiere in freier Wildbahn können gefährlich sein, deshalb nirgendwo schwimmen, ohne vorher den Poler zu fragen.

ist tadellos und rühmt sich der „saubersten Sanitäranlagen in Maun" – und wohl mit Recht. Die Eigentümer sind stolz, dass es ihnen gelungen ist, Partyvolk und LKW-Fahrer fernzuhalten – es gibt hier auch keine Bar. Jedenfalls können sich die Gäste auf einen ruhigen, ungestörten Nachtschlaf freuen.

Crocodile Camp CAMPINGPLATZ, CHALETS **$$**
(☎7560 6864; www.crocodilecamp.com; Matlapaneng; Zeltplatz pro Pers. 60 P, Chalets pro Pers. inkl. Frühstück 400 P;) Das sogenannte Croc Camp hat eine sagenhafte Lage direkt am Fluss. Hier sind Gäste richtig, die es gern ruhiger mögen und mit einem Sambuca vor der Safari nichts am Hut haben (nicht dass keiner serviert würde, natürlich). Der Campingplatz an der Shorobe Road ist nicht nur hervorragend, sondern auch sicher. Und Chalets mit Strohdach und Bad am Fluss sind auch im Angebot.

Discovery Bed & Breakfast B&B **$$**
(außerhalb der Karte S. 317; ☎7244 8298; www.discoverybedandbreakfast.com; Matlapaneng; EZ/DZ ab 275/425 P;) Das Discovery unter holländischer Leitung hat sich echt etwas einfallen lassen und mitten in Maun ein Dorf mit afrikanischem Flair errichtet. Erklärtes Ziel der Besitzer sind „erschwingliche Unterkünfte mit traditionellem Touch" – und das haben sie auch wirklich geschafft. Die Häuser mit Strohdach im Stil von *rondavels* wirken von außen echt wie im Busch, geben sich innen aber so schick wie ein schönes Hotel. Ein hübscher, gepflegter Garten erstreckt sich zwischen den staubigen

Matlapaneng

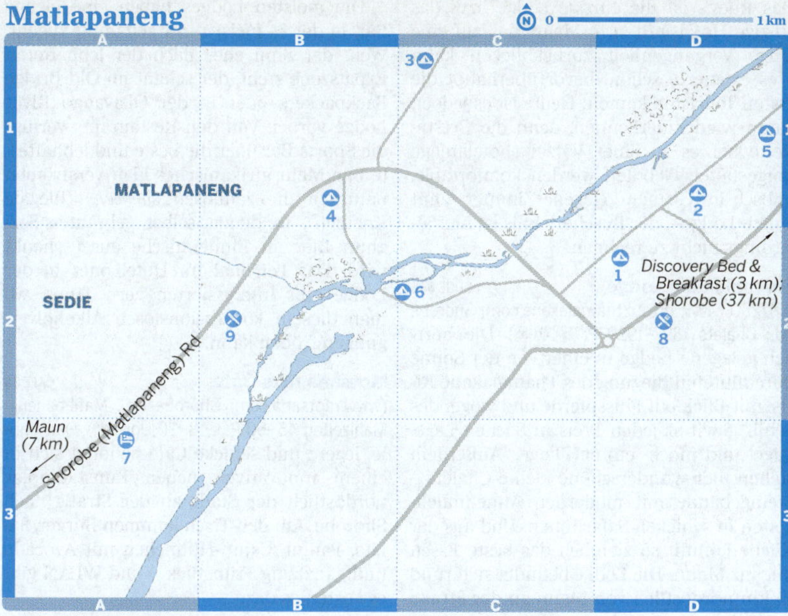

Matlapaneng

Aktivitäten, Kurse & Touren

African Secrets .... (siehe 3)
Afro-Trek .... (siehe 7)
Audi Camp Safaris .... (siehe 1)
Crocodile Camp Safaris .... (siehe 2)
Okavango River Lodge .... (siehe 3)
Old Bridge Backpackers .... (siehe 6)

Schlafen

1 Audi Camp D2
2 Crocodile Camp D1
3 Island Safari Lodge C1
4 Maun Rest Camp B1
5 Okavango River Lodge D1
6 Old Bridge Backpackers C2
7 Sedia Riverside Hotel A3

Essen

8 Motsana Arts Cafe D2
9 Sports Bar & Restaurant B2

Shoppen

Motsana .... (siehe 8)

Parzellen, außerdem lädt eine nette Feuerstelle, um die sich alle Gäste am Abend versammeln, dazu ein, den Mitreisenden Safarigeschichten zu erzählen.

Sedia Riverside Hotel HOTEL $$
(☎686 2574; www.sediahotel.com; Shorobe Rd., Sedie; Zeltplatz pro Pers. 35 P, EZ/DZ 600/695 P, Chalets 925–1250 P; ❄🏊) Wer sich in einem Ambiente, das eher wie ein Hotel anmutet, wohler fühlt, der ist mit dem Sedia gut beraten. Der Komplex im Stil eines Resorts bietet eine Bar im Freien, ein kontinental angehauchtes Restaurant sowie einen riesigen Pool. Die Gäste haben die Qual der Wahl unter mehreren Zimmern und Chalets für Selbstversorger, dürfen aber auch einfach ihr Zelt aufschlagen und die Hoteleinrichtungen nutzen.

Maun Lodge LODGE $$$
(☎686 3939; www.maunlodge.com; Sekgoma Rd., Maun; EZ/DZ 1095/1260 P, Chalets 941 P; ❄🏊) Diese Lodge im oberen Preissegment liegt gleich südlich des Stadtzentrums von Maun und tut sich mit jedem erdenklichen Luxus hervor, der bei diesen Preisen auch zu erwarten ist. Die Maun Lodge ist mit Sicherheit komfortabel, es mangelt ihr allerdings etwas an Charakter und Atmosphäre – was besonders auffällt, wenn jemand die Luxuslodges im Delta kennt.

Cresta Riley's Hotel HOTEL $$$
(☎686 0204; www.crestahotels.com; Tsheke Tsheko Rd., Maun; EZ/DZ 1039/1444 P; ❄📶🏊)

Das Riley's ist die einzige Lodge bzw. das einzige Hotel mitten in Maun, das auf eine lange Vergangenheit zurückblicken kann – es existierte schon, bevor überhaupt die ersten Touristen kamen: Heute ist es jedoch kaum wiederzuerkennen, denn die Cresta-Kette hat es zu einer Vorzeigehotelanlage umgestaltet. Geboten werden komfortable, hübsch im Grünen gelegene Zimmer – mit einem Lodge- oder Buscherlebnis ist hier allerdings nicht zu rechnen.

Thamalakane Lodge LODGE **$$$**
(☎7250 6184; http://thamalakane.com; Shorobe Rd.; Chalets 1397–1929 P; ❄@≋) Die herrlich gelegene Lodge in einer von der Sonne durchfluteten Biegung des Thamalakane River mit Blick auf Flusspferde und wogendes Schilf gewinnt jeden Preis in Sachen Lage, Lage und noch einmal Lage. Außerdem stehen hier wunderschöne kleine Chalets – Steingebäude mit modernen Annehmlichkeiten in schicken Safaritönen. Und aus der Küche kommt so ziemlich das beste Essen in ganz Maun. Die Lodge befindet sich rund 19 km nordöstlich von Maun an der Straße nach Shorobe.

Royal Tree Lodge LODGE **$$$**
(Außerhalb der Karte S. 314; ☎680 0757; http://royaltreelodge.com; pro Pers. Nebensaison Vollpension 262 US$, Hochsaison EZ/DZ ab 395/610 US$; ❄@≋) Das private Farmreservat, rund 13 km westlich des Flughafens, ist eine Luxuslodge mit vielen Stammgästen. Sie sind vermutlich von den Giraffen, Kudus und Straußen hier beeindruckt – und natürlich von den wunderschön herausgeputzten Privathäuschen und von dem unglaublich ruhigen, friedlichen Ambiente fernab vom Trubel Mauns.

Essen & Ausgehen

Maun gilt nicht gerade als Gourmethauptstadt der Welt. Doch das heißt nicht, dass die Gäste hier keine anständige Mahlzeit vorgesetzt bekommen – viele Camps haben eine versierte Küche, die ein bodenständiges kulinarisches Erlebnis gewährt; vor allem in der Island Safari Lodge, im Audi Camp und in der Thamalakane Lodge schmeckt das Essen hervorragend. Von den Camps und Lodges abgesehen, sind gute Restaurants im Stadtzentrum allerdings eher dünn gesät. Ansonsten kann Maun auch noch mit zig Filialen sämtlicher dem (scharfen) *peri-peri*-Gewürz verfallenen Fast-Food-Ketten im südlichen Afrika aufwarten.

Die meisten Lodges haben eine eigene Bar, in der es meist recht gedämpft zugeht. Wem der Sinn eher nach der lebhafteren Expatszene steht, der schaut im Old Bridge Backpackers oder in der Okavango River Lodge vorbei. Von den Restaurants verfügt die Sports Bar über die beste und lebhafteste Bar. Mehr afrikanisches Flair verströmen natürlich die zahllosen *shebeens* (illegale Kneipen), in denen selbst gebrautes Sorghum-Bier an Einheimische ausgeschenkt wird. Das Personal im Hotel oder in der Lodge gibt Interessierten gern Tipps, wo man diesem konzessionslosen Alkoholvergnügen frönen kann.

Motsana Arts Cafe CAFÉ **$$**
(www.motsana.com; Shorobe Rd., Matlapaneng; Mahlzeiten 45–60 P; ⌚8–20 Uhr; 📶) Das coole, legere und schicke Café befindet sich in einem innovativen neuen Kunstkomplex nordöstlich der Stadt an der Straße nach Shorobe. Auf den Tisch kommen Burger, Salate, Panini, Cajun-Hühnchen mit Avocado und ganztägig Frühstück – und WLAN gibt es kostenlos dazu.

Hilary's INTERNATIONAL **$$**
(Bei Mathiba I Rd., Maun; Mahlzeiten ab 50 P; ⌚Mo–Fr 8–16, Sa 8.30–12 Uhr) Dieses anheimelnde Restaurant serviert eine gute Auswahl an wunderbar bodenständigen Speisen, beispielsweise selbst gebackenes Brot, Ofenkartoffeln, Suppen und Sandwiches. Vegetarier und alle, die keine fettigen Würste und aufgeweichten Pommes mehr sehen können, fühlen sich hier wie im siebten Himmel. Aber leider ist hier am Abend alles geschlossen.

French Connection FRANZÖSISCH **$$**
(Mophane St., Maun; Mahlzeiten ab 45 P; ⌚Mo–Sa 8.30–17 Uhr) In dem netten kleinen Restaurant in der Nähe des Flughafens, jedoch in einer ruhigeren Seitenstraße gelegen, kommen Salate, Baguettes und kleinere Mahlzeiten in einem schattigen Garten auf den Tisch. Das Sandwich mit Roastbeef ist wahrlich meisterhaft zubereitet.

Bon Arrivee INTERNATIONAL **$$**
(Mathiba I St., Maun; Mahlzeiten 60–120 P; ⌚8–22 Uhr) Die Pilotenscherze und Cockpitwitze sind in diesem Lokal im Flughafendesign schon arg dick aufgetragen. Und natürlich befindet sich das Bon Arrivee auch direkt gegenüber vom Airport. Das Essen schmeckt lecker – jede Menge Pasta, Steak und Meeresfrüchte. Eine Stunde vor Abflug

sollte hier allerdings niemand vorbeikommen, denn von flotten Service kann hier überhaupt keine Rede sein.

Sports Bar & Restaurant | INTERNATIONAL $$ (Shorobe Rd., Matlapaneng; Mahlzeiten 50–80 P; ⏲17–22 Uhr) Dieses Restaurant widersetzt sich dem allgemeinen Trend und öffnet nur abends seine Pforten. Auf den Tisch kommen dann die üblichen Gerichte, sprich Pasta und Pizza, gelegentlich aber auch Currygerichte und hervorragende Steaks von Tieren, die in Botsuana aufgezogen wurden. Wenn die Küche schließt, verwandelt sich das Lokal in eine mit Expats gefüllte Musikbar, in der freitags und samstags auch getanzt wird. Man braucht ein Taxi (40 P vom Stadtzentrum) oder einen eigenen fahrbaren Untersatz, um hinzukommen.

Shoppen

Bushman Craft Shop KUNSTHANDWERK (Mathiba I St., Maun; ⏲8–17 Uhr) Der kleine Laden in der Nähe des Flughafens ist vor allem für Reisende gedacht, die vor dem Heimflug noch schnell ein Last-Minute-Souvenir erstehen wollen. Erhältlich sind Bücher, Textilien und Holzschnitzereien.

African Arts & Images KUNST & KUNSTHANDWERK (www.juneliversedge.com; Mathiba I St., Maun; ⏲Mo–Sa 9–17 Uhr) Das feudale Geschäft neben dem Bushman Craft Shop in der Straße neben dem Flughafen-Terminal bietet eine beeindruckende Auswahl an Büchern über Botsuana sowie qualitativ hochwertige Fotodrucke, die von der Ladenbesitzerin June Liversedge höchstpersönlich stammen.

Motsana KUNST & KUNSTHANDWERK (www.motsana.com; Shorobe Rd., Matlapaneng; ⏲8–18 Uhr; 📶) Das zweistöckige Gebäude im marokkanischen Stil liegt an der Straße nach Shorobe. Das Geschäft wird von den Besitzern des Audi Camp geführt und zählt zu den innovativeren Kultureinrichtungen Botsuanas. Hier finden sich Künstlercafés und zahlreiche Läden, die künstlerisch einfallsreiches Kunsthandwerk, Fotodrucke und Textilien feilbieten. Außerdem gibt es ein recht volles Programm mit Filmabenden, Tanzunterricht und Theater – Einzelheiten verrät die Website. Nicht verpassen sollte man den einmal im Monat abgehaltenen Sunday Farmers Market, zu dem die Bauern der Umgebung zusammenkommen; er findet meist am letzten Sonntag eines Monats statt.

SICHERHEIT IN MAUN

Botsuana gilt als ein überaus sicheres Reiseland, doch Maun, das Zentrum der Tourismusindustrie, ist so unproblematisch dann doch nicht. Die Zunahme an Bagatelldelikten (meist aufgebrochene Autos oder Einbrüche auf Campingplätzen, aber kaum je mit Gewalt gegen Personen) konnte dank des scharfen Vorgehens der Polizei eingedämmt werden. Natürlich macht es sich dennoch bezahlt, Vorsicht walten zu lassen. Man sollte in der Innenstadt in geparkten Fahrzeugen keine Wertgegenstände oder Taschen liegen lassen und dergleichen auch auf dem Campingplatz wegsperren, wenn man im Zelt übernachtet.

Praktische Informationen

Wer plant, einige Tage in Maun zu verbringen, sollte sich eine Ausgabe der *Ngami Times* besorgen. Sie erscheint jeden Freitag.

Geld

Barclays Bank (Tsheke Tsheko Rd.; ⏲Mo–Fr 8.30–15.30, Sa 8.15–10.45 Uhr) Diese Bank hat einen Schalter zum Geldwechseln mit besseren Kursen als die Wechselstuben. Barclays nimmt 2,5 % Kommission auf Bargeld und Reiseschecks; Barauszahlungen auf die Visa und MasterCard sind kostenlos.

Open Door Bureau de Change (Tsheke Tsheko Rd.; ⏲Mo–Fr 7.30–18,Sa 8–16, So 9–16 Uhr)

Standard Chartered Bank (Tsheke Tsheko Rd.; ⏲Mo–Fr 8.30–15.30, Sa 8.15–11 Uhr) Die Bank hat einen Schalter zum Geldwechseln und bietet bessere Kurse als die Wechselstuben. Standard Chartered verlangt 3 % Kommission auf Bargeld und Reiseschecks, ist jedoch nicht so gut eingeführt wie die Barclays Bank.

Sunny Bureau de Change (Sir Seretse Khama Rd., Ngami Centre; ⏲8–18 Uhr) Die Wechselkurse in dieser Wechselstube sind zwar nicht so günstig wie in den Banken, dafür ist das Sunny praktisch, wenn die Warteschlangen in den Banken endlos lang sind.

Internetzugang

Viele Hotels bieten inzwischen Internetzugang an, und zwar entweder per WLAN oder über einen Gäste-PC. Die meisten Internetcafés schließen schon wieder, kaum dass sie geöffnet hatten. Jedenfalls sollte man sich in der Post erkundigen, ob dort mittlerweile Internetzugang vorhanden ist wie in den anderen Postämtern in Botsuana auch.

Open Door Bureau de Change (Tsheke Tsheko Rd.; 30 P pro Std.; ⌚Mo–Fr 7.30–18, Sa 8–16, So 9–16 Uhr)

Notfall

Delta Medical Centre (☎686 1411; www.deltamedicalcentre.org; Tsheke Tsheko Rd.) An der Hauptstraße; die beste medizinische Einrichtung in Maun mit einem Notfallservice, der rund um die Uhr im Dienst ist.

Maun General Hospital (☎686 0661; Shorobe Rd.) Etwa 1 km südwestlich des Stadtzentrums.

MedRescue (☎390 1601, 680 0598, 992; www.mri.co.bw) Zuständig für Rettungen aus dem Busch.

Polizei (☎686 0223; Sir Seretse Khama Rd.)

Post

Post (⌚Mo–Fr 9–17, Sa 9–12 Uhr) In der Nähe der Mall.

Touristeninformation

Department of Wildlife & National Parks (DWNP; ☎686 1265; Kudu St.; ⌚Mo–Fr 7.30–16.30, Sa 7.30–12.45 & 13.45–16.30, So 7.30–12.45 Uhr) Hier kann man die Eintrittsgebühr in die Nationalparks bezahlen und Campingplätze im Park buchen, die sich nicht in Privathand befinden. Die Info ist in einem gesonderten Areal hinter dem Department-Gebäude untergebracht und gut ausgeschildert.

Tourist Office (☎686 1056; bei Mathida I St.; ⌚Mo–Fr 7.30–18, Sa 9–14 Uhr) Hier gibt es Informationen zu den zahlreichen Tourveranstaltern und Lodges in Maun.

ℹ An- & Weiterreise

Auto & Motorrad

Die direkte Straße von Maun nach Kasane lässt sich nur mit einem Fahrzeug mit Allradantrieb bewerkstelligen und ist nach schweren Regenfällen meist unpassierbar. Und Achtung: Auf dieser Strecke besteht keine Möglichkeit, Nahrungsmittel oder Getränke zu kaufen, zu tanken oder den Wagen reparieren zu lassen. Die anderen Routen nach Kasane führen alle über Nata, eine Straße, die während der Recherchen zu diesem Reiseführer gerade ausgebaut wurde.

Bus & Combi

Der **Busbahnhof** (Tsheke Tsheko Rd.) für Fernbusse und Combis befindet sich südwestlich

EIN AUSFLUG IM MOKORO

Eine der besten und billigsten Möglichkeiten, das Okavango-Delta kennenzulernen, ist ein Ausflug in einem *mokoro* (Plural: *mekoro*). Es handelt sich bei diesen Booten um Einbäume mit wenig Tiefgang, die traditionell aus einem Ebenholz- oder Leberwurstbaumstamm gehauen werden. Auf Betreiben diverser internationaler Umweltschutzgruppen bauen die Batswana die Kanus mittlerweile aus Fiberglas, denn Ebenholz- und Leberwurstbäume brauchen über 100 Jahre zum Wachsen, während ein *mokoro* gerade einmal fünf Jahre lang hält.

Ein *mokoro* macht auf den ersten Blick einen recht wackeligen Eindruck, ist aber erstaunlich stabil und eignet sich ideal, um im seichten Wasser des Deltas herumzuschippern. Platz finden zwei Fahrgäste plus etwas Gepäck. Das Boot wird von einem sogenannten Poler gestakt, der mit seinem *ngashi*, einem langen Stab aus dem Holz des *mogonono*-Baums, hinten im Kanu steht.

Ob sich der Ausflug lohnt, hängt von der Begeisterung der Passagiere ab – und natürlich vom Poler. Die meisten Poler sprechen zumindest ein bisschen Englisch, können Pflanzen, Vögel und Tiere bestimmen und auch die Kultur und Mythen der Deltabewohner näherbringen. Leider sind sie oft sehr zurückhaltend, sodass die Fahrgäste häufig nachfragen müssen, um Auskünfte zu erhalten.

Wie viel Spaß der Ausflug macht, hängt natürlich auch von den eigenen Erwartungen ab. Wer mit der Einstellung teilnimmt, dass er in die herrliche Natur eintauchen und sich dabei auf das langsame Tempo des Deltas einlassen möchte, wird sicher nicht enttäuscht sein. Es muss jedoch betont werden, dass unterwegs nicht sonderlich viele Tiere in freier Wildbahn zu bestaunen sind. Vom *mokoro* sind sicherlich jede Menge Flusspferde und Krokodile zu sehen und auf der Wanderung häufig auch Antilopen und Elefanten. Der eigentliche Reiz eines *mokoro*-Ausflugs besteht jedoch in der Ruhe und dem Frieden, die einen erfüllen, wenn man durch die seichten Gewässer des Deltas gleitet. Wer diese Region vor allem bereist, um Tiere in freier Wildbahn zu beobachten, sollte sich besser für einen zwei- oder dreitägigen Aufenthalt im Moremi Game Reserve entscheiden.

des Stadtzentrums. Wer nach Gaborone fahren möchte, muss in Ghanzi oder Francistown umsteigen.

REISEZIEL	FAHRPREIS (PULA)	FAHRZEITR (STD.)
D'kar	43	4
Francistown	89.90	5
Ghanzi	63	5
Gweta	47	4
Kasane	96	6
Nata	76	5
Shakawe	108	7

Flugzeug

Air Botswana (☎686 0391; www.airbotswana.co.bw) bietet Flüge nach Gaborone (ab 882 P) und Kasane (ab 369 P) an. Neben Inlandsflügen werden auch internationale Flüge nach Johannesburg (Südafrika), zu den Viktoriafällen (Simbabwe) und nach Livingstone (Sambia) abgewickelt.

ℹ Unterwegs vor Ort

Combis & Taxis

Combis mit einem Schild „Maun Route 1" oder „Sedie Route 1" fahren tagsüber alle paar Minuten vom Busbahnhof in der Stadt ab und halten in der Nähe des Crocodile Camps in Matlapaneng. Der Standardpreis für alle Fahrten innerhalb der Stadt beträgt 5 P.

Taxis, die ebenfalls auf der Hauptstraße unterwegs sind, stellen abends das einzige Transportmittel dar. Es stehen auch welche an einem Taxistand im Zentrum in der Pulane Street. Der Fahrpreis von der Mauner Innenstadt nach Matlapaneng beträgt in der Regel rund 15/40 P im Sammel-/Privattaxi. Wer ein Taxi bestellen will, wendet sich für eine Empfehlung am besten an sein Hotel oder an den Campingplatz.

Mietwagen

Das Mieten eines Autos kann in Maun enorm teuer werden. Es macht deshalb Sinn, lange vor der Ankunft die Buchung abzuwickeln. Eigentlich erübrigt sich dieser Hinweis ja, aber man sollte bei der Buchung auf alle Fälle vereinbaren, dass der Wagen abseits befestigter Straßen benutzt werden darf. Wer ohne Reservierung eintrifft, findet gegenüber vom Flughafen in der Mathiba I. Street mehrere Mietwagenfirmen.

Vom/Zum Flughafen

Da der Flughafen von Maun nicht weit vom Stadtzentrum entfernt liegt, warten kaum Taxis am Terminal, wenn ein Flugzeug ankommt. Wer seine Unterkunft in einem exklusiveren Hotel oder in einer Lodge in Maun oder im Okavango-Delta gebucht hat, sollte sich rechtzeitig vergewissern, dass ein kostenloser Minibus für den Transfer zur Verfügung steht. Ansonsten geht man rund 300 m die Airport Road bis zur Sir Seretse Khama Road hinunter und nimmt dann einen Combi (rund 40–50 P für die Camps in den Bezirken Matlapaneng oder Sedie im Nordosten der Stadt).

Shorobe

Rund 40 km nördlich von Maun an der Straße nach Kasane, Moremi oder Savuti, hat Shorobe wenig zu bieten, das einen längeren Aufenthalt lohnt. Der Hauptgrund, hier einen Zwischenstopp einzulegen, ist die **Shorobe Baskets Cooperative**, in der man sich einen traditionellen Flechtkorb kaufen kann. In der Kooperative haben sich an die 70 einheimische Frauen zusammengeschlossen, die Körbe im Ngamiland-Stil mit wunderschönen, kunstvollen Mustern fertigen. Die Kooperative befindet sich gleich an der Hauptstraße in der Stadt und ist ausgeschildert. Falls gerade geschlossen ist, kann man einfach ein bisschen herumfragen (beispielsweise im Laden gleich in der Nähe), dann lässt sich der Schlüssel sicher auftreiben.

ℹ An- & Weiterreise

Wenige Busse verkehren täglich vom Busbahnhof in Maun nach Shorobe (8 P, 1 Std.). Ein Hinweis für Selbstfahrer: Die asphaltierte Straße endet kurz hinter Shorobe und ist eine der am meisten ausgefahrenen und holprigsten in ganz Botsuana – am besten beten, dass sie mittlerweile instand gesetzt wurde.

Das Östliche Delta

Zum Östlichen Delta gehören die Feuchtgebiete zwischen der Südgrenze des Moremi Game Reserve und dem Büffelzaun, der durch die Flüsse Boro und Santandadibe River nördlich von Matlapaneng verläuft. Für Reisende mit wenig Zeit oder kleinem Geldbeutel ist dieser Teil des Okavango-Deltas gut erreichbar und zudem erschwinglich. Von Maun aus lässt sich das Areal im Rahmen eines Tagesausflugs mit dem *mokoro* oder auch auf einem zwei- oder dreitägigen *mokoro*-Trip, der Camping im Busch umfasst, erkunden.

Schlafen

Die meisten Exkursionen ins Östliche Delta sind Budget-Trips, bei denen im Busch gezeltet wird. Wer in dieser Region auf ein bisschen Luxus Wert legt, findet jedoch auch eine Handvoll feudaler Lodges, die Annehmlichkeiten und komfort bieten.

Chitabe Camp ZELTCAMP $$$

(☎in Südafrika 011-807 1800; www.wilderness-safaris.com; Nebensaison EZ/DZ 1123/1736 US$, Hochsaison EZ/DZ 1588/2666 US$; ❄☒) Nicht weit vom Santandadibe River am Südrand des Moremi Game Reserve präsentiert sich das Chitabe Camp als eine Oase auf einer Insel (nur mit dem Boot oder Flugzeug erreichbar). Bekannt ist es für seine Afrikanischen Wildhunde und andere eindrucksvolle Tiere wie Leoparden, Löwen und Geparde. Die Gäste logieren in Luxuszelten im ostafrikanischen Stil mit Bad; diese stehen auf Holzplattformen im Schatten wild wuchernder Bäume.

Chitabe Lediba ZELTCAMP $$$

(☎in Südafrika 011-807 1800; www.wilderness-safaris.com; Nebensaison EZ/DZ 1123/1736 US$, Hochsaison EZ/DZ 1588/2666 US$; ❄☒) Vom Chitabe Camp aus auf der anderen Seite der Insel liegt, ebenfalls unter der Leitung von Wilderness Safaris, das Chitabe Lediba, der kleine Bruder dieser Familie. Geboten werden gerade einmal fünf Zelte. Die Atmosphäre ist dementsprechend herzlich und sehr persönlich.

Sandibe Safari Lodge LODGE $$$

(☎in Südafrika 011-809 4300; www.andbeyondafrica.com; Nebensaison pro Pers. 570 US$, Hochsaison pro Pers. 1145 US$; ☒) Dezente Eleganz lautet die Losung in dieser entlegenen Lodge am Fluss im Wald. Sie besteht aus acht in Ocker getünchten Chalets inmitten von dichtem Busch und hoch in den Himmel ragenden Bäumen. Das Abendessen nehmen die Gäste im Schein von Kerzen und Laternen im von einer Adobemauer umgebenen Haupthof ein. Die abendlichen Festivitäten spielen sich rund um ein Lagerfeuer in einer malerischen Lichtung gleich beim Wasser ab.

An- & Weiterreise

Wer von Maun aus an einem Tagesausflug mit dem *mokoro* oder an einer mehrtägigen Campingexpedition in den Busch teilnimmt, wird mit einem Geländewagen ins Östliche Delta gefahren – und zurück natürlich auch wieder. Der Transport in die Lodges erfolgt in der Regel durch Charterflüge (in der gebuchten Lodge anfragen) und dann mit dem *mokoro* oder Geländewagen.

Das Binnendelta

Willkommen im Herzen des Okavango-Deltas – einer Welt, die sich der Erschließung mit dem Auto entzieht und in der die wohl umfassendsten Tierpopulationen auf Erden zu Hause sind. Preiswerte Ausflüge werden in manche Gegenden zwar angeboten, das eigentliche Delta-Erlebnis besteht jedoch darin, dass man sich in eine Luxuslodge einfliegen lässt – wenn jemand sein Geld in Botsuana so richtig verprassen möchte, dann ist dies der richtige Ort dazu.

Das Binnendelta umfasst in etwa das Areal westlich von Chief's Island sowie den Streifen zwischen Chief's Island und Okavango Panhandle („Pfannenstil" wegen der langen schmalen Form). *Mokoro*-Ausflüge ins Binnendelta werden fast immer mit lizenzierten Stakern angeboten, die mit bestimmten Lodges zusammenarbeiten. Je nach Wasserstand finden die Touren von Juni bis Dezember statt. Um Tiere in freier Wildbahn zu erleben, ist ein Abstecher in das Moremi Game Reserve (Eintrittsgebühr) empfehlenswert. Wer auf den Palmeninseln durch den Busch streifen möchte, kann die Fahrt mit dem *mokoro* nach Absprache unterbrechen.

Schlafen

Oddball's ZELTCAMP $$$

(☎686 1154; www.oddballscamp.com; Nebensaison Zelte 240 US$, Hochsaison Zelte 340 US$) Jahrelang galt das Oddball's als angesehene Budget-Lodge. Und auch wenn sie noch immer weit unter den gängigen Lodgepreisen im Delta liegt, sind die Tarife in Anbetracht der Tatsache, dass die Gäste in billigen Kuppelzelten wohnen, dann doch überzogen. Das Zeltcamp befindet sich in einem wenig prickelnden Wald neben einer Flugpiste, dafür präsentiert sich die klassische Deltaszenerie allerdings in Fußweite. Einzelreisende bezahlen einen Aufschlag von 30 %.

Gunn's Camp ZELTCAMP $$$

(☎686 0023; www.gunns-camp.com; pro Pers. in der Nebensaison 371 US$, EZ/DZ in der Hochsaison 672/1102 US$) In diesem Camp ist richtig, wer die Annehmlichkeiten einer Safari der Spitzenklasse zu schätzen weiß: meisterhaft zubereitetes Essen, aufmerksamer Service und ein herrlicher Blick von der Insel, auf der das Gunn's liegt, über das Delta – mit wunderbar ursprünglicher Szenerie. Die eleganten Räumlichkeiten in Zelten sind

UNGEWÖHNLICHE SÄUGETIERE IM DELTA

Im Nordwesten des Deltas sollte man nach den seltenen Sitatungas Ausschau halten – Sumpfantilopen, die sich mit ihren gespreizten Hufen besonders gut auf der weichen, morastigen und feuchten Sumpfvegetation fortbewegen können. Wenn die Tiere Angst haben, tauchen sie wie Flusspferde ab, sodass nur noch ihre winzigen Nüstern aus dem Wasser schauen.

Die Roten Letschwes, eine Wasserbockart, werden auf noch 30 000 bis 60 000 Exemplare geschätzt und lassen sich an ihrem großen Rumpf erkennen. In den seichten Tümpeln mit stehendem Wasser auf den Palmeninseln waten Riedböcke herum und fressen Wasserpflanzen. Auf den Inseln sind außerdem große Impala-Herden zu Hause.

so komfortabel und behaglich, wie man es sich nur wünschen kann, aber dennoch haben die Gäste hier eher das Gefühl, ein Teil der Wildnis zu sein – wegen der Flusspferde, Warzenschweine und sogar Elefanten, die gelegentlich über das Grundstück streifen. Angesichts von Preisen, die anderswo verlangt werden, ist das Preis-Leistungs-Verhältnis hier wirklich fabelhaft.

Kanana Camp ZELTCAMP **$$$**
(☎686 0375; www.kerdowneybotswana.com; Nachsaison pro Pers. 495 US$, EZ/DZ in der Hochsaison 1050/1640 US$) Das stilvolle Camp liegt in einem Wasserlabyrinth mit Inseln, die von Gras und Palmen bestanden sind. Das Kanana gibt auf jeden Fall einen hervorragenden Standort ab, um mit dem Einbaum rund um Chief's Island Tiere in freier Wildbahn zu beobachten oder in den Wasserläufen in der Umgebung zu angeln. Die Gäste sind in acht gut ausgestatteten Leinwandzelten im Schatten der hoch aufragenden Auwälder untergebracht.

Mapula Lodge ZELTCAMP **$$$**
(☎686 3369; www.mapula-lodge.com; Nebensaison pro Pers. 415 US$, Hochsaison EZ/DZ 936/1440 US$) Die Lodge am Rand des Moremi Game Reserve gibt sich vom Stil her ganz individuell. Afrikanische Harthölzer dominieren das Dekor, die Zinkbadewannen tragen zum rustikalen *Out of Africa*-Flair bei – Kompromisse in Sachen Komfort werden hier jedoch absolut keine gemacht. Einzelreisende bezahlen einen Aufschlag von 30 %.

Moremi Crossing ZELTCAMP **$$$**
(☎686 0023; www.moremicrossing.com; Nebensaison pro Pers. 321 US$, Hochsaison EZ/DZ 567/892 US$; ⊛) Das Moremi Crossing gehört zum renommierten Portfolio von Under One Botsuana Sky. Die preislich attraktiven Chalets flankieren einen schlichtweg sagenhaften (und riesigen!) durch ein Strohdach geschützten Speise- und Barbereich mit Blick auf eine lange Schwemmebene, in der Giraffen und Elefanten herumstreifen. Das Camp hat eine Pionierleistung in Sachen Installation von Wasserrohrsystemen vollbracht, wodurch sich Umweltschäden reduzieren lassen; und ein technisches Meisterwerk ist die Anlage auch – die Gäste können sich zeigen lassen, wie alles funktioniert.

Pom Pom Camp ZELTCAMP **$$$**
(☎686 4436; www.pompomcamp.com; Nebensaison pro Pers. 456 US$, Hochsaison EZ/DZ 882/1512 US$; ⊛) Das persönliche Camp zählte zu den ersten Luxusherbergen im Delta. Aufgrund der häufigen Renovierungsmaßnahmen kann es mit den neueren Anlagen jedoch locker mithalten. Die sechs Leinwandzelte gruppieren sich effektvoll um eine malerische Lagune, die mit zum beschaulichen, ruhigen Flair beiträgt. Für den Preis könnten einige der Zelte allerdings ruhig etwas größer ausfallen.

Nxabega Okavango Camp ZELTCAMP **$$$**
(☎in Südafrika 011-809 4300; www.andbeyondafrica.com; Nebensaison pro Pers. ab 495 US$, Hochsaison ab 1090 US$; ⊛) In einem Hain mit Ebenholzbäumen liegt am flachen Ufer unweit des Boro River dieses Zeltcamp mit fantastischem Design und einem sagenhaften Blick über die Schwemmebene des Deltas. Zehn Zelte, jeweils mit Privatveranda, gruppieren sich um eine beeindruckende Lodge mit Strohdach – ein Ausbund an Schick und Raffinesse.

Xigera Camp ZELTCAMP **$$$**
(☎686 0086; www.wilderness-safaris.com; Nebensaison EZ/DZ 963/1416 US$, Hochsaison EZ/DZ 1473/2436 US$; ⊛) Das isolierte Camp (sprich: ki-dschéra), tief im Herzen des Binnendeltas, ist für seine reiche Vogelwelt bekannt. Es ist von permanenten Feucht-

LODGES IM DELTA

Die Lodges im Östlichen Delta, im Binnendelta sowie im Moremi Game Reserve zählen zu den luxuriösesten und exklusivsten Safariangeboten in ganz Afrika.

Die Preise der meisten Lodges schließen Unterkunft oder Campingausrüstung, alle Mahlzeiten und diverse Aktivitäten oder Exkursionen wie *mokoro*-Trips, naturkundliche Wanderungen und Wildbeobachtungsfahrten ein. Bei den Nobelherbergen sind auch die Getränke (nur Bier oder Wein) inbegriffen, ebenso die Eintrittsgebühren ins Moremi Game Reserve. Alle Zimmer, Chalets und Zelte verfügen über ein eigenes Bad (wenn nicht anders angegeben).

Der Transfer (falls benötigt), der von Maun mit dem Auto oder – in der Regel – mit dem Flugzeug erfolgt ist, von Pauschalangeboten einmal abgesehen, nicht im Preis für die Unterkunft mit eingeschlossen. Die meisten Lodges und Buchungsbüros arbeiten ausschließlich mit einer bestimmten in Maun ansässigen Charterfluglinie zusammen; die Aussicht, eine andere Chartergesellschaft mit preiswerteren Flügen zu finden, tendiert hier somit gegen null.

Die meisten Lodges haben höchst unterschiedliche Tarife für Hauptsaison (Juli–Okt.) und Nebensaison (Nov.–Juni). Einige Lodges geben in der Zwischensaison (Anfang Mai– Mitte Juni und Mitte Okt.–Ende Nov.) Ermäßigungen, allerdings nur auf explizite Anfrage. Die aufgelisteten Tarife beziehen sich immer auf eine Person im Doppelzimmer. Es werden in der Regel Einzelzimmerzuschläge erhoben. Die aufgeführten Tarife umfassen alle staatlichen Steuern und Bedienungszuschläge. Trinkgeld gibt man dem Personal aber immer extra.

Die meisten Lodges räumen Einheimischen und Einwohnern aus den Nachbarstaaten erhebliche – aber nie offiziell ausgewiesene – Ermäßigungen ein, und zwar vor allem Reisenden aus Südafrika und Namibia. Die Preise der Lodges sind in Dollar angegeben, die Rechnung kann jedoch auch in Pula beglichen werden – zum individuellen Wechselkurs der Lodge allerdings. Wer mit Kreditkarte bezahlt, muss mit einem Aufschlag rechnen, also im Einzelfall vorher nachfragen.

Alle Lodges im Östlichen Delta, im Binnendelta sowie im Moremi Game Reserve müssen vorab reserviert werden, und zwar möglichst vor der Ankunft in Maun. Natürlich hat jedes Camp seine ganz individuelle Note, aber in der Regel ähneln sich die Unterkünfte in Ausstattung und Anordnung: meist gruppieren sich einige Luxuszelte oder Chalets um das Hauptzelt, wo die Gäste essen, ihre Reiseerlebnisse austauschen oder einfach relaxen können.

gebieten umgeben, die dem Xigera ein wild wucherndes, tropisches Flair verleihen. Die Gäste logieren in acht gut eingerichteten Zelt-Chalets – eine kreative Alternative zu den traditionellen Leinwandzelten.

Tubu Tree Camp ZELTCAMP **$$$**
(☎686 0086; www.wilderness-safaris.com; Nebensaison EZ/DZ 1123/1736 US$, Hochsaison EZ/DZ 1588/2666 US$; ✈) In diesem großartigen Camp in erhöhter Lage, das sich in einer hübschen Ecke des Okavango-Deltas befindet, bekommen die Gäste ihr Quantum an Khaki- und Tropenhelmzauber. Von jedem Zimmer geht eine Veranda auf eines der größten permanenten Trockengebiete des Deltas hinaus, in dem es vor vielerlei wilden Tieren nur so wimmelt.

Duba Plains ZELTCAMP **$$$**
(☎686 0086; www.wilderness-safaris.com; Nebensaison EZ/DZ 963/1416 US$, Hochsaison EZ/DZ 1473/2436 US$; ✈) Das Duba Plains nördlich des Moremi Game Reserve zählt zu den entlegensten Camps im Delta. Die kleine Anlage mit nur sechs Zelten und persönlichem Konzept sowie die isolierte Lage im Delta tragen zu dem einzigartigen Wildniserlebnis der Gäste bei.

Seba Camp ZELTCAMP **$$$**
(☎686 0086; www.wilderness-safaris.com; EZ/DZ Nebensaison 963/1416 US$, Hochsaison 1473/2436 US$; ✈) Das Seba – auf Setswana bedeutet dieses nette Wort „flüstern" – liegt ebenso nett in einem Wald am Fluss. Geboten werden hier in etwa die gleichen Annehmlichkeiten wie in anderen Safarilodges

der Spitzenklasse auch, allerdings legt man hier großen Wert auf das Wohlergehen von Familien – und das ist dann doch etwas Besonderes. Im Gegensatz zu anderen Lodges sind Kinder hier nämlich herzlich willkommen. Die Kleinen (und natürlich auch deren Eltern) können ihre Tage mit dem Beobachten von Elefanten verbringen, die man wieder ausgewildert hat.

Eagle Island Camp ZELTCAMP **$$$**
(☎686 0302; www.orient-express.com; pro Pers. Hochsaison ab 900 US$) Dieses Camp gilt als eines der schönsten im gesamten Delta. Es befindet sich in beeindruckender Lage auf einem Landstrich weit im Wasser. Die Gäste werden in seidenweichen Luxuszelten untergebracht. Hubschraubersafaris gehören mit zum Aufenthalt hier, aber es gibt natürlich auch die übliche Palette an Autosafaris und naturkundlichen Wanderungen, dazu üppige Mahlzeiten und was sonst noch alles dazugehört.

Footsteps ZELTCAMP **$$$**
(☎686 0375; www.kerdowneybotswana.com; pro Pers. Nachsaison 495 US$, Hochsaison EZ/DZ 795/1260 US$) Das relativ neue Programm an Aktivitäten wird von Ker & Downey Safaris durchgeführt. Der Schwerpunkt liegt auf Safaris mit dem *mokoro* oder auch zu Fuß in den Überschwemmungsebenen des Deltas. Hier werden also vor allem Reisende, die fit sind, glücklich. Darüber hinaus sind die Camps beeindruckend edel. Die Erforschung des alten Afrikas wurde hier zum Thema erkoren, allerdings ist zu bezweifeln, dass Livingstone, der berühmteste Afrikaforscher des 19. Jhs., hier je seinen buschigen Bart auf die weichen Laken gelegt hat.

Vumbura Plains Camp ZELTCAMP **$$$**
(☎686 0086; www.wilderness-safaris.com; Nebensaison EZ/DZ 1495/2388 US$, Hochsaison EZ/DZ 2287/3972 US$; ≋) Das Camp zählt zu den Vorzeigeobjekten von Wilderness Safaris schlechthin. Genau genommen handelt es sich um ein wahrlich luxuriöses Doppelcamp in den Duba Plains, genau gesagt in der Übergangszone von der Savanne zu den Sümpfen nördlich des Deltas. Dementsprechend phänomenal gestaltet sich hier die Tierbeobachtung. Die Gegend ist berühmt für ihre großen Büffelherden. Die Gäste logieren entweder im Vumbura Camp mit sechs Zelten oder im etwas kleineren Little Vumbura mit nur fünf Zelten, das auf einer Insel gleich in der Nähe liegt.

ℹ An- & Weiterreise

Die einzige Möglichkeit, ins Binnendelta zu gelangen – und wieder zurück – ist in der Regel das Flugzeug. Die Kosten schlagen voll zu Buche, tun aber weniger weh, wenn man die Reise als zwei Panoramaflüge betrachtet. Charterflüge zu den Lodges kosten in der Regel etwa 150 bis 200 US$ (hin & zurück). Ein *mokoro* oder ein Geländewagen erwartet die Gäste am Flugzeug, um sie in die gebuchte Lodge zu bringen.

Moremi Game Reserve

Das Moremi Game Reserve (auch: Moremi Wildlife Reserve) nimmt ein Drittel des Okavango-Deltas ein und beherbergt mit die dichteste Konzentration an wilden Tieren in ganz Afrika. Und das Beste: Das Reservat zählt zu den Ecken im Okavango-Delta, die sich am unproblematischsten erreichen lassen! Außerdem gibt es hier gepflegte Pisten und Unterkünfte für jeden Geldbeutel – von Luxuslodges bis hin zu öffentlichen Campingplätzen für Selbstfahrer.

Ungewöhnlich am Moremi Game Reserve ist auch, dass es als einziges Areal im Okavango-Delta offiziell zum Schutz der Tiere abgeriegelt wurde. Es wurde 1963 zum Reservat erklärt, denn damals wurde klar, dass Wilderei den Tierbestand verringerte. Das Reservat ist nach dem Batawana-Häuptling Moremi III. benannt, dessen Witwe federführend an der Einrichtung des Wildreservats beteiligt war. Das Moremi Game Reserve wurde im Lauf der Jahre mehrmals erweitert und umfasst nun eine Fläche von fast 5000 km^2.

Das Moremi Game Reserve weist zwei charakteristische Landschaften auf: Zwischen den ausgedehnten Feuchtgebieten erstrecken sich weite Flächen mit trockenem Land. Die bekanntesten „Inseln" sind Chief's Island, das sich mit dem *mokoro* von den Lodges im Binnendelta erreichen lässt, und die Moremi Tongue am östlichen Ende des Reservats. Sie ist meist mit einem Allradfahrzeug zugänglich. An Biotopen finden sich im Reservat Mopane-Wälder, Dornbuschwerk, Trockensavannen, bewaldete Flussauen, Schwemmebenen, Sumpfgebiete sowie permanente Wasserwege, Lagunen und Inseln.

Seit unlängst im Moremi Game Reserve wieder Nashörner heimisch gemacht wurden, sind hier nun die legendären Big Five zu Hause: Löwen, Leoparden, Büffel, Elefanten und Nashörner, aber auch die größ-

Moremi Tongue

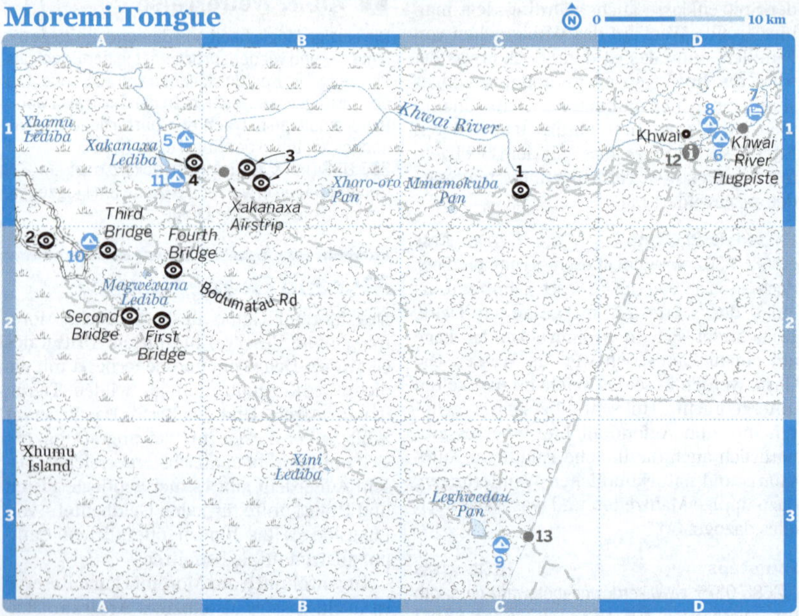

te Population an Roten Letschwes in ganz Afrika. Außerdem stehen hier die größten verbliebenen Populationen der vom Aussterben bedrohten Afrikanischen Wildhunde unter Schutz. Die Vogelwelt des Moremi beeindruckt ebenfalls mit ihrer unglaublichen Vielfalt und Fülle. Zweifelsohne ist dies der beste Flecken Erde in ganz Afrika, um die seltenen, geheimnisvollen Bindenfischeulen zu sichten.

Die Eintrittsgebühr in den Park sollte im Voraus im DWNP-Büro in Maun entrichtet werden, kann im Notfall jedoch auch noch am Tor bezahlt werden. Selbstfahrer dürfen nur nach Vorlage einer bestätigten Buchung für einen der vier Campingplätze ins Reservat hineinfahren.

Von Maun kommend, bietet sich als praktischster Eingang zum Moremi Game Reserve das South (Maqwee) Gate rund 99 km nördlich von Maun an, das man über Shorobe, erreicht. Von Kasane und dem Osten führt eine Piste vom Chobe National Park zum anderen Zugangstor des Reservats, dem North (Khwai) Gate.

Das Dorf Khwai kann mit ein paar Geschäften aufwarten, in denen Grundnahrungsmittel erhältlich sind. Benzin und Lebensmittel gibt es ansonsten ausschließlich in Kasane und Maun.

Moremi Tongue

Sehenswertes

1 Dombo Hippo Pools C1
2 Mboma Island A2
3 Paradise Pools B1
4 Xakanaxa Lediba A1

Schlafen

5 Camp Moremi A1
6 Khwai Camp Site D1
7 Khwai River Lodge D1
8 Sango Safari Camp D1
9 South Gate Camp Site C3
10 Third Bridge Camp Site A2
11 Xakanaxa Camp A1
Xakanaxa Camp Site .... (siehe 11)

Praktisches

12 North (Khwai) Gate & Parkhauptverwaltung D1
13 South (Maqwee) Gate C3

Sehenswertes

Chief's Island INSEL

Die größte Insel im Okavango-Delta, Chief's Island (70 km lang und 15 km breit), war früher das Jagdrevier des hiesigen Häuptlings, nach dem sie auch benannt ist. Sie wurde in alten Zeiten aufgrund von tektonischen

Aktivitäten aus dem Wasser gehoben. Wenn der Wasserstand ansteigt, versammeln sich heute hier viele Tiere, die im Delta zu Hause sind. Somit ist die Insel die Heimat von so ziemlich der dichtesten Konzentration an wilden Tieren in Botsuana. Hier präsentiert sich das Okavango-Delta jedenfalls, wie man es sich immer vorgestellt hat. Die Kombination aus von Schilf bestandenen Ufern, Grasland und lichten Wäldern ermöglicht den Besuchern eine Tierbeobachtung, die wie eine Realität gewordene Tierdokumentation im Fernsehen anmutet. Kein Wunder also, dass sich auf der Insel einige der exklusivsten Lodges und Zeltcamps in ganz Afrika befinden.

Third Bridge

BRÜCKE

Die – tatsächlich – dritte Brücke, nachdem man am South Gate ins Reservat hineingefahren ist, spannt sich rustikal und relativ baufällig über das von Schilf überwucherte Flussbett des bräunlichen Sekiri River. Übrigens: Die erste und zweite Brücke ließen sich während der Recherchen zu diesem Reiseführer in der Trockenzeit problemlos auf Parallelpisten umfahren. Der Campingplatz gleich in der Nähe zählt zu den beliebtesten im Okavango-Delta. Hier eine Runde zu schwimmen ist allerdings keine sehr gute Idee – es tummeln sich gern Krokodile und Flusspferde im Wasser.

Mboma Island

INSEL

Die Grassavanne auf dieser 100 km² großen Insel – eine Verlängerung der Moremi Tongue – steht in starkem Kontrast zur Landschaft ringsum und bietet während der Trockenzeit hervorragende Möglichkeiten, Tiere in freier Wildbahn zu beobachten – Geparden, Löwen und Büffel werden häufig gesichtet. Der 32 km lange Mboma Loop, ein sandiger Rundkurs, beginnt etwa 2 km westlich der Third Bridge und ist ein netter Abstecher. Die Bootsausflüge vom Mboma-Bootsanleger an der Nordwestspitze der Insel sind auch überaus empfehlenswert.

Xakanaxa Lediba

SEE

Die Xakanaxa-Lagune mit einer der größten Reiherkolonien Afrikas gilt als Paradies für Vogelfreunde. Neben besagten Reihern lassen sich hier auch gern Störche, Silberreiher und Ibisse sehen. Auch vielerlei anderen Wildtieren und Unmengen von Fischen bietet diese Gegend einen Lebensraum. Um die Lagune verlaufen jede Menge Wanderwege – die Shell-Karte vom Moremi Game Reserve enthält die detailliertesten Informationen über das Wegenetz.

Paradise Pools

SEE

Eine der reizvollsten Ecken im Moremi Game Reserve sind die sogenannten Paradise Pools – und sie sind wirklich so paradiesisch, wie ihr Name anklingen lässt. Während der Trockenzeit führen Pfade an Wäldern aus abgestorbenen Bäumen vorbei und an den mit Schilf bestandenen Sümpfen entlang; Impalas und andere Antilopen trinken nervös an den Ufern der sich ständig verringernden Wasserlöcher. Während der

WER WEN FRISST – DIE HIERARCHIE DER RAUBTIERE

Das größte Raubtier Afrikas, der Löwe, thront weitgehend unangefochten in der Hierarchie ganz oben und kann so ziemlich alles und jeden umbringen, der ihm in die Quere kommt, einschließlich anderer Raubtiere. Ausgewachsene Löwen haben als natürlichen Feind lediglich ihre Artgenossen, wenngleich Berichten zufolge große Rudel Hyänen gelegentlich einen ausgewachsenen Löwen verletzen oder sogar töten können.

Hyänen suchen die Nähe von Raubkatzen, da sie auf eine Mahlzeit ohne Aufwand hoffen. Im Moremi lassen sich häufig Rudel von Hyänen ausmachen, die Afrikanischen Wildhunden bei der Jagd folgen. Entscheidend ist die Anzahl der Tiere: Ein paar Hyänen können ein ganzes Rudel Wildhunde in Schach halten, während eine einzelne Hyäne schnell zum Rückzug gezwungen ist. Rudel von Hyänen wie auch von Wildhunden sind wiederum den Leoparden überlegen, wobei Einzeltiere ein großes Risiko eingehen, denn die kräftigen und schnellen Leoparden reißen durchaus gelegentlich eine einsame Hyäne oder einen Wildhund.

Ganz unten in der Hierarchie steht das schnellste Raubtier der Welt, der Gepard. Anstelle brutaler Kraft setzt er seine unglaubliche Schnelligkeit ein. Denn Geparde sind schlichtweg nicht in der Lage, andere Raubtiere zu überwältigen. Da sie auch keine Verletzung riskieren können, lassen sie anderen Großraubtieren immer den Vortritt, egal in welcher Anzahl sie auftreten.

DIE BESTE REISEZEIT IM MOREMI GAME RESERVE

Die beste Zeit, um im Moremi Game Reserve Tiere zu beobachten, ist gegen Ende der Trockenzeit (Juli–Okt.), wenn die Tiere gezwungen sind, sich an den permanenten Wasserquellen zu versammeln, die ihnen – wie auch den Menschen – zugänglich sind. September und Oktober sind am günstigsten, um Säugetiere und Vögel in freier Wildbahn zu sehen, allerdings sind diese beiden Monate auch am heißesten. Im Januar und Februar wird es normalerweise sehr feucht. Da die Pisten im Reservat überwiegend aus Lehm bestehen, sind sie zu dieser Zeit häufig unpassierbar.

Recherchen zu diesem Reiseführer wurden in dieser Gegend auch Leoparden und Löwen gesichtet.

Dombo Hippo Pools SEE

Die Fahrt vom North Gate (am Dorf Khwai vorbei) zur Xakanaxa Lediba führt über eine der malerischsten Pisten Botsuanas; die exakte Route verändert sich im Lauf der Jahre aufgrund des wechselnden Wasserstands. Ein lohnender Zwischenstopp unterwegs ist der Dombo Hippo Pool (etwa 14 km südwestlich des North Gate); hier kommen die Flusspferde ans Ufer. Ihr Treiben lässt sich relativ gefahrlos von einer erhöhten Aussichtsplattform aus beobachten.

Aktivitäten

Das Moremi Game Reserve ist der Ausgangspunkt vieler herrlicher Bootsausflüge ins Delta. *Mokoro*-Trips werden zwar veranstaltet, die meisten Exkursionen werden jedoch mit an der Seite offenen Motorbooten durchgeführt. Jedes Jahr werden weitere Anlegestege in Betrieb genommen. Während der Recherchen zu diesem Reiseführer gab es in der Region Xakanaxa zwei dieser Stege, außerdem noch einen auf Mboma Island, den Mboma-Bootsanleger. Die Preise beginnen ab 520/544/627 P pro Stunde für ein Boot mit 8/12/16 Sitzplätzen.

Schlafen

Im Moremi Game Reserve gibt es vier öffentliche Campingplätze, die oft früh ausgebucht sind, und zwar vor allem während der Schulferien in Südafrika (Mitte April, Juli, Sept. & Dez.–Jan.). Es empfiehlt sich deshalb, möglichst frühzeitig zu reservieren. Zu jedem Campingplatz gehören eine Sanitäranlage mit Sitztoiletten samt Wasserspülung, fließendes Wasser (das vor dem Trinken abgekocht oder entkeimt werden muss), Picknicktische und Grillplätze.

CHIEF'S ISLAND & UMGEBUNG

Stanley's Camp ZELTCAMP $$$

(☎in Südafrika 011-438 4650; www.sanctuaryretreats.com; Nebensaison pro Pers. 565 US$, Hochsaison EZ/DZ 1665/2220 US$) Diese Lodge in der Nähe des Boro River am südlichen Ende der Insel macht zwar nicht so viel her wie andere im Moremi Game Reserve, dafür geht es aber auch nicht so förmlich und hochgestochen zu wie in den meisten anderen Quartieren dieser Art in dieser Ecke Botsuanas. Die acht Zelte sind einfach, aber geräumig. Vor allem Elefanten lassen sich fast garantiert in der Nähe des Camps sehen, oft sogar Wildhunde.

Baine's Camp ZELTCAMP $$$

(☎in Südafrika 011-438 4650; www.sanctuaryretreats.com; Nebensaison pro Pers. 675 US$, Hochsaison EZ/DZ 2033/2710 US$) Fünf Suiten in erhöhter Lage gehen auf eine Reihe von Bäumen hinaus, die in dieser bewaldeten, schattigen Deltaregion am südlichen Ende von Chief's Island die hervorragenden Möglichkeiten, Tiere zu beobachten, einen Tick (aber wirklich nicht sehr) einschränken. Die Badewannen im Freien sind total dekadent. Außerdem hat das Camp etwas sehr Privates und Urwüchsiges. Wer meint, dass in dieser Landschaft gleich ein nacktes Paar auftaucht, das sich wegen eines Apfels zankt, dem sei dies verziehen.

Chief's Camp ZELTCAMP $$$

(☎in Südafrika 011-438 4650; www.sanctuaryretreats.com; Nebensaison pro Pers. 995 US$, Hochsaison EZ/DZ 3053/4070 US$) Das Camp gilt gemeinhin als eine der besten Adressen im Delta und fügt sich so super in die Sumpflandschaft ein wie ein Jäger im Unterstand. Nur dass die Gäste hier nicht versuchen, die wilden Tiere zu erschießen, sondern sie vielmehr von den zwölf schönen und unglaublich luxuriösen „Buschpavillons" aus beobachten und fotografieren.

Mombo Camp ZELTCAMP $$$

(☎686 0086; www.wilderness-safaris.com; Nebensaison EZ/DZ 2230/3430 US$, Hochsaison EZ/DZ 3026/4862 US$;) Wenn man jemanden in Botsuana nach dem exklusivsten Camp des Landes fragt, fällt aller Wahrscheinlichkeit nach der Name Mombo. Das Camp befindet sich – wie auch das Schwestercamp, das Little Mombo – in der Nordwestecke von Chief's Island. Die Deltaszenerie ringsum gilt als mit die schönste im Okavango-Delta überhaupt, die Voraussetzungen, Tiere in freier Wildbahn zu beobachten, sind schier unübertrefflich. Die Die Gästezimmer fallen gigantisch groß aus, und das gesamte Camp – vom Service bis zum Komfort und der Liebe zum Detail – lässt wahrlich nichts zu wünschen übrig.

THIRD BRIDGE, XAKANAXA & UMGEBUNG

Third Bridge Camp Site CAMPINGPLATZ $

(Karte S. 326; www.xomaesites.com; Third Bridge; GPS: S19°14.340', O23°21.276'; pro Erw./Kind 226/113 P) Der beliebteste Campingplatz vieler Selbstfahrer kann mit Zeltplätzen aufwarten, die weit ab vom Schuss am Rand einer Lagune liegen (Achtung: Auf Flusspferde und Krokodile aufpassen!). Jedenfalls ist es ein herrlicher Flecken Erde, um sein Zelt aufzuschlagen. Wie immer gilt es auch hier, sich vor Pavianen in Acht zu nehmen, nicht auf der Brücke zu campieren und auch nicht außerhalb des Zeltes im Freien zu übernachten, denn wilde Tiere – vor allem Löwen – nutzen die Brücke, um ans andere Ufer zu gelangen.

Xakanaxa Camp Site CAMPINGPLATZ $

(Xakanaxa Lediba; Karte S. 326; kwalatesafari@gmail.com; GPS: S19°10.991', E23°24.937'; Zeltplatz pro Erw./Kind 260/130 P) Dieser Campingplatz zählt zu den beliebtesten im Moremi Game Reserve. Er liegt auf einem schmalen Landstreifen, umgeben von Sümpfen und Lagunen. Sicher ist es kein Zufall, dass sich viele feudale Lodges gleich in der Nähe angesiedelt haben. Da hier eine Fülle von Tieren lebt, werden die Camper nachts oft vom Lärm der Elefanten aus dem Schlaf gerissen oder auch vom Gegrunze der Flusspferde eingelullt. Aber Achtung: Im Jahr 2000 ereignete sich ein tragischer Unfall: Ein Junge wurde von einer Hyäne getötet. Es besteht die Möglichkeit, mit dem Boot in der Lagune herumzuschippern.

South Gate Camp Site CAMPINGPLATZ $

(Maqwee Camp Site; Karte S. 326; kwalate safari@gmail.com; GPS: S 19°25.526', O 23°38.654'; Zeltplatz pro Erw./Kind 260/130 P) An sich weist dieser Campingplatz eine recht gute Infrastruktur auf, aber aufgrund der Entfernung zu den wichtigsten Tierbeobachtungsarealen nimmt er von allen öffentlichen Campingplätzen dann doch den letzten Platz ein. Die reinste Rettung ist er hingegen für Leute, die befürchten, es vor Anbruch der Dunkelheit nicht mehr bis zur Third Bridge oder Xakanaxa zu schaffen. Keinesfalls sollte man hier Nahrungsmittel herumliegen lassen, denn mit den aggressiven Pavianen ist nicht zu spaßen.

Camp Moremi ZELTCAMP $$$

(Karte S. 326; ☎686 1559; www.desertdelta.com; Nebensaison pro Pers.476 US$, Hochsaison EZ/DZ 1113/1712 US$;) Das etablierte Camp in der Wildnis liegt unter gigantischen Ebenholzbäumen neben der Xakanaxa Lediba inmitten von Grasland mit einer Fülle von Tieren. Die Gäste wohnen in Leinwandzelten im ostafrikanischen Stil, die hübsch mit Holzmöbeln ausgestattet sind.

Moremi Under Canvas ZELTCAMP $$$

(☎in Südafrika 011-809 4314; www.moremiunder-canvas.com; pro Pers. 415–680 US$) Diese Mischung aus einem Zeltcamp und einer mobilen Luxussafari gibt den Gästen die Möglichkeit, die Freiheit des Zeltens zu genießen (die Plätze werden alle paar Tage verlegt) und gleichzeitig in einem herrlich ausgestatteten Zelt zu logieren – samt Butler und exquisiten Mahlzeiten, die zwischen den Tierbeobachtungsfahrten serviert werden. Die Zelte verfügen über Bäder mit warmen Eimerduschen.

Camp Okavango ZELTCAMP $$$

(☎686 1559; www.desertdelta.com; Nebensaison pro Pers. 476 US$, Hochsaison EZ/DZ 1113/1712 US$;) Diese reizende, elegante Lodge liegt inmitten von Leberwurst- und Jackalberry-Bäumen auf Nxaragha Island, nur ein kleines Stück außerhalb des Moremi Game Reserve. Die Mitarbeiter sind dafür bekannt, dass sie auch dem kleinsten Detail enorme Aufmerksamkeit schenken. Wer sich das Okavango-Delta auf dem Silbertablett servieren lassen möchte – samt Lüstern und edlem Porzellan – ist hier genau richtig.

Xugana Island Lodge LODGE $$$

(☎686 1559; www.desertdelta.com; Nebensaison pro Pers. 476 US$, Hochsaison EZ/DZ 1113/1712 US$;) Die Lodge liegt an einer unberührten Lagune gleich nördlich des Moremi Game Reserve und bietet ihren Gästen hervorragende Möglichkeiten, Vögel zu beobachten und zu angeln. In diese Gegend

DAS BESTE IM DELTA AUF DVD

Dereck & Beverley Joubert, die beiden National-Geographic-Forscher vor Ort, bereisen seit fast 30 Jahren das Okavango-Delta, um die dortige Tierwelt zu dokumentieren, und zwar vor allem die Großkatzen. Das Ergebnis sind mehrere außergewöhnliche DVDs, die das Flair des Deltas ebenso einfangen wie die täglichen Dramen, die sich unter den Wildtieren abspielen. Dass der britische Schauspieler Jeremy Irons viele dieser Geschichten erzählt, verleiht ihnen zusätzlichen Tiefgang.

The Last Lions (2011) Der Film folgt einer Löwin und ihren Jungen bei ihrem täglichen Überlebenskampf in der Umgebung von Duba Island im Herzen des Deltas (erzählt von Jeremy Irons).

Living with Big Cats (2007) Die Filmemacher schufen ein eingehendes Porträt des Deltas und seiner Tiere, die in ihren Filmen stets im Mittelpunkt stehen.

Eye of the Leopard (2006) Eine beeindruckende Chronik, die zwei Jahre im Leben einer Leopardenmutter und ihres Jungen im Delta zeigt.

Ultimate Enemies (2003–2006) Die dreiteilige Serie dokumentiert die beständige Rivalität zwischen Löwen und Büffeln, Hyänen und Elefanten.

kamen einst häufig San-Jäger, und dementsprechend bedeutet das San-Wort *Xugana* auch „sich hinknien, um zu trinken" – ein Hinweis, wie willkommen nach einer langen Jagd der Anblick des immerwährenden Wassers hier war. Die Gäste logieren in wunderschönen Chalets mit Strohdach und moderner Einrichtung.

Shinde Island Camp ZELTCAMP **$$$**
(☎686 0375; www.kerdowneybotswana.com; Nebensaison pro Pers. 495 US$, Hochsaison EZ/DZ 1265/1900 US$) Das Camp an der Lagune, die sich ein Stück nördlich des Moremi Game Reserve zwischen der Savanne und dem Delta erstreckt, gehört zu den ältesten im Delta. Acht komfortabel ausgestattete Leinwandzelte gruppieren sich um eine zentrale Lodge, die für ihre stilvolle Eleganz und ihre Förmlichkeit bekannt ist.

Xakanaxa Camp ZELTCAMP **$$$**
(Karte S. 326; ☎in Südafrika 011-463 3999; www.xakanaxa-camp.com; Nebensaison pro Pers. 431 US$, Hochsaison EZ/DZ ab 1301/1786 US$) Das Camp ist länger etabliert als die meisten anderen Unterkünfte in dieser Gegend. Geboten wird eine angenehme Mischung aus Delta- und Savannenlandschaft, außerdem wimmelt es nur so von riesigen Elefantenherden und anderen wilden Tieren. Wirklich berühmt ist das Camp jedoch für seine schon legendären Möglichkeiten, Vögel zu beobachten, und zwar vor allem an den Ufern der nahen Lagune Xakanaxa mit einer der größten Reiherkolonien Afrikas. Das Camp hat den Dreh raus, seinen Gästen ein wirklich luxuriöses Safarierlebnis zu bieten.

KHWAI

Khwai Camp Site CAMPINGPLATZ **$**
(Karte S. 326; http://sklcamps.com; GPS: S 19°10.359', O 23°45.122'; Zeltplatz pro Erw./Kind 50/25 US$) Die Zeltplätze des weitläufigen Campingplatzes sind schattig und verfügen über eine gute Infrastruktur. Besonders hübsch sind die Plätze gleich beim Fluss, die anderen liegen weiter landeinwärts. Ein Sanitärblock ist vorhanden, und die Möglichkeiten, in dieser Gegend Tiere zu beobachten, sind gut. Im Juli 2012 wurde ein vereinzelter Camper von einem Leoparden angegriffen, jedoch nicht tödlich verletzt. Aber es macht Sinn, nach Anbruch der Dunkelheit aus Sicherheitsgründen immer mit dem Auto vom Zeltplatz zum Sanitärblock zu fahren. Im Dorf Khwai auf der anderen Seite des Flusses gibt es ein paar kleine Läden, in denen Nahrungsmittel und andere Artikel des täglichen Bedarfs erhältlich sind.

Khwai River Lodge LODGE **$$$**
(Karte S. 326; ☎686 1244; www.khwairiverlodge.com; Hochsaison pro Pers. ab 900 US$) Die prachtvolle Lodge, die oberhalb des Nordufers des Khwai River liegt, bietet einen schönen Blick auf das Moremi Game Reserve. Hier lassen sich häufig Unmengen von Flusspferden und Elefanten sehen. Die Gäste logieren in 15 Luxuszelten, die größer und extravaganter sind als die meisten feudalen Hotelzimmer.

Sango Safari Camp ZELTCAMP **$$$**
(Karte S. 326; ☎683 0230; www.sangosafa ricamp.com; Nebensaison pro Pers. 295 US$, Hochsaison pro Pers. 540 US$, ohne Parkeintrittsge-

bühr & Tierbeobachtungsfahrten 235/425 US$) Am Nordufer des Khwai River, nicht weit vom Dorf entfernt, gibt sich dieses Zeltcamp nicht ganz so vornehm wie die Konkurrenz im Moremi Game Reserve. Es herrscht aber dennoch ein Flair ruhiger Exklusivität. Das handgearbeitete Mobiliar setzt hübsche Akzente, und die Tierbeobachtungsfahrten führen im Allgemeinen in Gegenden, die von den anderen Lodges nicht besucht werden. Selbstfahrer, die an den Beobachtungsfahrten nicht teilnehmen möchten, kommen sogar in den Genuss günstigerer Tarife.

Kwara Camp ZELTCAMP **$$$**
(☎686 1449; www.kwando.co.bw; Nebensaison pro Pers. 515 US$, Hochsaison EZ/DZ 1208/1818 US$) Das Camp auf einer Insel befindet sich in einem Gebiet mit unterirdischen Quellen. Sie bilden natürliche Wasserbecken aus, in denen ausreichend Fische leben, um Scharen von Pelikanen anzulocken (*kwara* bedeutet „wo die Pelikane fressen"). Dass diese Wasserbecken zudem eine Fülle von Wildtieren anziehen, ist ein Trumpf dieser Lodge. Das Camp ist luxuriös, die Atmosphäre jedoch eher informell und entspannt.

Xaranna Camp ZELTCAMP **$$$**
(☎in Südafrika 011-809 4300; www.andbeyondafrica.com; pro Pers. 650–1150 US$) Das Camp auf einer eigenen Insel, die 25 000 ha Land umfasst, bietet gerade einmal neun Zelte – hier fühlen sich die Gäste wie in einem privaten Paradies. Entsprechend viel Platz haben auch die Tiere, die sich oft von den sagenhaften Zelten aus in Augenschein nehmen lassen. Die Zelte liegen an einem Kanal des Deltas, in dem das Wasser so träge wie Sirup dahinströmt.

ℹ An- & Weiterreise

Charterflüge (und/oder Geländewagen) stellen in der Regel die einzige Möglichkeit dar, in die zahlreichen Luxuslodges im Moremi Game Reserve zu gelangen.

Selbstfahrer, die mit dem Auto von Maun kommen, nehmen die asphaltierte Straße nach Shorobe; dort verwandelt sie sich dann in eine fürchterlich holprige Schotterpiste. Im Reservat sind es vom South Gate dann noch etwa 52 km (2 Std.) bis zur Third Bridge; diese Piste ist soweit brauchbar, sie führt durch eine herrliche Landschaft mit vielen Tieren. Von der Third Bridge sind es dann rund 25 km (1 Std.) zur Xakanaxa Lediba (Lagune) und weitere 45 km (1½ Std.) bis zum North Gate.

In der Regenzeit sollte man sich vor der Abfahrt ins Reservat in Gaborone oder Maun beim DWNP-Büro oder auch bei anderen Autofahrern nach den aktuellen Straßenverhältnissen erkundigen; manche Pisten sind sogar bis in die Trockenzeit hinein noch unpassierbar.

Okavango Panhandle

Die Hauptattraktionen des Okavango Panhandle, eines schmalen Streifen Sumpfland, das sich rund 100 km von Etsha 13 bis zur Grenze nach Namibia erstreckt, sind Vogelbeobachtung und Angeln. Wilde Tiere lassen sich durchaus sichten, Verlass ist darauf nicht, denn sie sind hier weniger stark verbreitet und auch schwerer zu orten.

Das Panhandle, eine geologische Kuriosität, ist das Ergebnis einer 15 km breiten geologischen Verwerfung, die den mäandernden Fluss begrenzt, bis er sich schließlich ins Delta ergießt. Im Panhandle breitet sich das Wasser auf beiden Seiten des Tals aus und bildet ein weitläufiges, von Schilf bestandenes Flussbett und von Papyrus überwucherte Lagunen aus. Ein wahrhaft kosmopolitisches Völkergemisch (Mbukushu, Yei, Tswana, Herero, Europäer und San, aber auch Flüchtlinge aus Angola) lebt in Gruppen in den verschiedenen Fischerdörfern. Sie alle bestreiten ihren Lebensunterhalt mit dem, was die Gewässer hergeben.

Während die Preise im übrigen Delta ins Astronomische schnellen, boomt das Okavango Panhandle nur so, weil die ein-

GRENZÜBERGANG: DAS OKAVANGO PANHANDLE

Das **Mohembo–Shakawe Gate** (6–18 Uhr) bereitet generell keinerlei Probleme. Beim Kalkulieren der Öffnungszeiten des Grenzpostens sollte man allerdings im Hinterkopf behalten, dass Namibia von Ende Mai bis Ende August eine Stunde hinter Botsuana zurückliegt. Wie immer wird bei der Einreise nach Botsuana das Auto auf Frischfleisch, frisches Obst und Milchprodukte durchsucht (die dann konfisziert werden). Außerdem kann es erforderlich sein, durch eine Sodalösung zu gehen und auch den Wagen hindurchzufahren – eine Maßnahme, um das Land vor der Maul- und Klauenseuche zu schützen.

heimischen Kooperativen den Reisenden erschwingliche Unterkünfte und auch *mokoro*-Ausflüge anbieten. Sicher, im „richtigen Delta" befindet man sich hier nicht – das Panhandle ist das wichtigste Bevölkerungszentrum der Region. Aber im Panhandle gibt es dafür das ganze Jahr über Wasser, und das bedeutet, dass ein *mokoro*-Ausflug immer möglich ist.

An der Straße von Sehithwa nach Shakawe finden sich in Sehithwa, Gumare, Etsha 6 und Shakawe Tankstellen. Es empfiehlt sich, bei jeder Gelegenheit aufzutanken, denn oft gehen die Benzinvorräte aus. In Shakawe gibt es einen Supermarkt und auch einen Geldautomaten von Barclays.

Sehenswertes

Krokavango Crocodile Farm ZOO
(☎7230 6200; willeroxl@gmail.com; Erw./Kind 25/15 P; ⏲Mo–Sa 8.30–16 Uhr) Es lässt sich schwer sagen, was man von diesem Tierpark eigentlich halten soll. Er befindet sich jedenfalls nicht weit südlich von den Drotsky's Cabins (die Abzweigung von der Hauptstraße Sehithwa–Shakawe liegt auf der GPS-Koordinate S 18°26.363, O 21°53.114'). Ein Aspekt des Zoos ist, dass aus dem Okavango Panhandle gerettete Krokodile (die meist Geschmack am Vieh gefunden hatten) hier ein Zuhause finden; es leben einige außergewöhnliche Exemplare hier. Manche bringen es auf eine Länge von stolzen 5 m. Andererseits werden hier jedoch auch Krokodile für die lukrative Krokodillederindustrie gezüchtet (also Geldbörsen, Gürtel etc.). Insgesamt befinden sich in der Anlage an die 8000 in Gefangenschaft gezüchtete Krokodile. Einer Fütterung kann man dienstags und freitags um 11 Uhr zusehen. Die Krokodilfarm kann im Rahmen einer Führung besichtigt werden; ein Laden gehört auch noch dazu.

Aktivitäten

Das beliebteste Freizeitvergnügen im Panhandle ist **Fischen.** Angler aus der ganzen Welt strömen her, um einen Tigerfisch, einen Hecht, eine Barbe oder eine Brasse an den Haken zu kriegen. Tigerfischsaison ist in den Monaten von September bis Juni, während die Barben von Mitte September bis Dezember beißen.

Die meisten Lodges und Campingplätze im Panhandle organisieren Angelausflüge und vermieten auch die erforderliche Ausrüstung.

Schlafen

Die Camps im Panhandle liegen in der Regel im mittleren Preissegment und waren bis vor Kurzem überwiegend auf Sportfischer ausgerichtet. Durch die Zunahme an Reisenden auf der Suche nach erschwinglicheren Ausflügen ins Delta vollzieht sich nun jedoch ein Wandel. In den meisten Lodges besteht auch die Möglichkeit, zu campen.

DER OKAVANGO POLERS TRUST

Der 1998 von der Bevölkerung des Ortes Seronga ins Leben gerufene **Okavango Polers Trust** (☎687 6861; www.okavangodelta.co.bw) bietet Besuchern preiswertere und besser zugängliche *mokoro*-Ausflüge samt Unterkunft. Das Kollektiv liegt allein in den Händen des Dorfes, alle Einnahmen werden unter den Mitarbeitern aufgeteilt, in den Trust investiert und verwendet, um die Infrastruktur der Gemeinde zu verbessern. Der Trust hat fast hundert Angestellte, darunter Poler (Bootsstaker), Tänzer, Köche, Manager und Fahrer. Da kein Reisebüro oder Safariveranstalter involviert ist, kann es sich die Kooperative leisten, ihre *mokoro*-Ausflüge zu akzeptablen Preisen anzubieten. Wer beispielsweise von Maun aus einen solchen Ausflug bucht, muss mit mindestens 200 US$ pro Tag rechnen, der Trust verlangt hingegen nur rund 750 P am Tag für zwei Personen. Allerdings gilt es zu bedenken, dass die Teilnehmer sich selbst verpflegen müssen, also sind Essen, Wasser und – wenn nötig – auch Campingausrüstung und Kochgeschirr mitzubringen.

Der Busverkehr von Mohembo nach Seronga wurde mittlerweile eingestellt. Aber es besteht fast immer die Möglichkeit, von der kostenlosen Autofähre in Mohembo über den Okavango River zu trampen; etwa 20 P sind fürs Mitfahren einzuplanen. Wassertaxis verkehren – sofern in Betrieb – zwischen dem Sepupa Swamp Stop und Seronga (50 P, 2 Std.); der Transfer vom Dock in Seronga zum 3 km entfernten Mbiroba Camp kostet 200 P. Ansonsten kann man am Sepupa Swamp Stop auch Charterboote bekommen; die Fahrt kostet mindestens 1700 P.

DIE ETSHA-DÖRFER

Während des Angolakriegs floh der Volksstamm der Mbukushu gen Süden, wo er von Botsuana den Flüchtlingsstatus zuerkannt bekam. 1969 organisierte sich in 13 Gruppen auf der Basis der Clan- und Sozialstruktur, die er in Angola innegehabt hatte. Jede Gruppe ließ sich dann 1 km von der nächsten entfernt in einem Dorf nieder. Diese Dörfer wurden von der Regierung Botsuanas als Etsha 1, Etsha 2 usw. benannt.

Etsha 6, 3 km östlich der Hauptstraße, ist das größte dieser Dörfer, die sich gleich an der Straße von Sehithwa nach Shakawe aneinanderreihen. In diesem Dorf befindet sich das **House of the River People** (Eintritt 10 P), ein Museum und Kulturzentrum, das sich den Traditionen und der Kunstfertigkeit der Bayei, Mbukushu und San in der Okavango-Region widmet. Der Okavango Basket Shop gleich nebenan bietet sich an, um Körbe, Töpferei und Holzschnitzerei aus Ngamiland zu erstehen. Auf der Strecke Maun–Shakawe verkehren bis zu sechs Combis pro Tag, die alle in Etsha 6 halten.

Sepupa Swamp Stop CAMPINGPLATZ $$
(☎7567 0252; www.swampstop.com; Sepupa; Zeltplatz pro Pers. ab 100 P, Zelte/Chalets ab 220/750 P;) Der entspannte Campingplatz am Fluss liegt abgeschieden, aber praktisch, um ins Dorf Sepupa zu gelangen. Er ist überaus erschwinglich und lässt sich auch problemlos von der Straße Maun–Shakawe (3 km) aus erreichen. Die Lodge organisiert *mokoro*-Ausflüge über den Okavango Polers Trust und den Transfer nach Sepupa, außerdem Bootsausflüge ab 285/1725 P pro Stunde/Tag. Für die meisten *mokoro*-Ausflüge von diesem Campingplatz aus ist ein Bootstransfer erforderlich, denn das Wasser ist meist zu tief zum Staken.

Mbiroba Camp CAMPINGPLATZ $
(☎687 6861; www.okavangodelta.co.bw; Zeltplatz pro Pers. 100 P, Rondavels 175 P, Chalets ab 325 P) Das Camp wird vom Okavango Polers Trust geführt. Hier beginnen in der Regel die *mokoro*-Ausflüge ins Delta. Leider ist es mit dem Camp – wie mit vielen anderen Gemeinschaftsprojekten auch – in den letzten Jahren ziemlich bergab gegangen; die Zeltplätze, die Bar, das traditionelle Restaurant und die Chalets, die über ein Obergeschoss verfügen, haben alle schon bessere Zeiten erlebt. Das Mbiroba liegt 3 km vom Dorf Seronga entfernt.

Drotsky's Cabins LODGE & CAMPINGPLATZ $$$
(☎683 0226; drotsky@botsnet.bw; Zeltplatz pro Pers. 125 P, Chalets & Spitzdachhütten ab 1250 P; ❄) Diese reizende, herzliche Lodge liegt an einem Kanal des Okavango River, rund 5 km südöstlich von Shakawe und etwa 4 km östlich der Hauptstraße, in einem dichten Auenwald. Sie ist sehr abgeschieden und bietet dementsprechend sagenhafte Möglichkeiten, Vögel zu beobachten, aber auch herrliche Ausblicke über Schilf und Papyrus. Die Unterkunft ist besonders beliebt bei Anglern und Vogelfreunden. Die Chalets verfügen über eine Klimaanlage; die Spitzdachhütten haben nur einen Ventilator. Die Gäste können sich ein Boot mieten, und im Bar-Restaurant kommen Frühstück/Mittagessen/Abendessen zu 120/ 150/170 P auf den Tisch. Der Campingplatz ist ähnlich attraktiv; die Gäste können sich abends sogar ins Restaurant schippern lassen.

Xaro Lodge LODGE $$$
(☎683 0226; xarolodge@info.bw; Luxuszelte 1250 P) Diese abgelegene Lodge wird vom Sohn der Besitzer der Drotsky's Cabins geführt; sie liegt rund 10 km flussabwärts vom Drotksy's, ist ruhig und überaus malerisch. Die Gäste wohnen in mehreren sauberen und ordentlichen „Luxuszelten", die sich um ein bescheidenes Grill-Restaurant gruppieren. Die Hauptbeschäftigung in der Lodge ist Angeln, aber auch zum Entspannen bietet sich die Lodge an, und die Umgebung lädt zur Vogelbeobachtung ein. Der Bootstransfer von den Drotksy's Cabins kostet 20 P pro Person.

Guma Lagoon Camp CAMPINGPLATZ $$$
(☎687 4626; www.guma-lagoon.com; Zeltplatz pro Pers. 124 P, 2-Pers.-Hütte 941 P) Dieser reizende Flecken Erde am unteren Ende des Panhandle ist einfach fantastisch und zieht rund ums Jahr zahlreiche Angler und Vogelfreunde an. Jeder der schattigen Zeltplätze verfügt über eine eigene Dusche und Toilette. Das beschauliche Ambiente setzt sich im Gemeinschaftsbereich fort, wo die Gäste sich einen Drink bestellen können und sogar die Küche benutzen dürfen. Die meisten

Chalets liegen am Wasser. Es werden hier allerlei Touren organisiert – von Bootsausflügen und Angelexkursionen bis hin zu Nachtfahrten und dreitägigen *mokoro*-Ausflügen. Ein Hinweis für Selbstfahrer noch: Die Piste ist ab Etsha 13 gut ausgeschildert. Der Transfer nach oder von Etsha13/Seronga kostet 112/1232 P.

Okavango Houseboats HAUSBOOTE **$$$**
(☎686 0802; www.okavangohouseboats.com; Hausboote 6000 P) Mit einem der Hausboote den Fluss hinunterzuschippern – sie wirken ein bisschen wie Mississippi-Dampfer, die sich irgendwo in Angola verirrt haben – ist eine neue Variante der mobilen Safari und findet zur Abwechslung nun eben auf dem Wasser statt. Die Schiffe fahren in Seronga ab und sollten lange im Voraus gebucht werden. Jedenfalls kann man vom Boot aus sagenhaft Vögel und Wildtiere an den Flussufern beobachten. Auf den Hausbooten können sechs bis 20 Personen wohnen. Die Hausboote verfügen über kleinere Beiboote, auf die man umsteigen kann Benzin und Essen kosten extra – die Website verrät die Einzelheiten.

ℹ An- & Weiterreise

Die Straße von Maun nach Shakawe über Sehithwa ist asphaltiert (weist aber stellenweise Schlaglöcher auf) und führt dann weiter bis nach Namibia. Für die Pisten zu den meisten Lodges und Campingplätzen ist ein Fahrzeug mit Allradantrieb erforderlich; die meisten Unterkünfte bieten ihren Gästen an, sie kostenlos von der nächsten Ortschaft abzuholen.

Wer nach Sepupa möchte, nimmt in Maun einen Bus in Richtung Shakawe und steigt an der Abzweigung zum Dorf (80 P, 6 Std.) aus; von hier kann man die letzten 3 km nach Sepupa trampen oder auch zu Fuß gehen. Wer Seronga anpeilt, hat mehrere Möglichkeiten: Man kann sich im Sepupa Swamp Stop nach einem Bootstransfer (215 P pro Pers., mind. 6 Pers.) erkundigen oder aber auf das öffentliche Boot (50 P pro Pers., 2 Std.) warten, das nachmittags relativ häufig hier ablegt. Eine Alternative ist, mit dem Bus von Maun nach Shakawe (110 P, 7 Std.) zu reisen und dann in einen Combi (8 P, 30 Min.) zu steigen, der nach Mohembo fährt; hier setzt man mit der Autofähre (45 Min., 6.30–18.30 Uhr) über den Fluss über; dann trampt man auf der guten Sandstraße (mit normalem Pkw befahrbar) nach Seronga, was im Allgemeinen keine Probleme bereitet. Andernfalls fährt man über Shakawe und Mohembo oder fliegt von Maun nach Seronga – beispielsweise mit **Mack Air** (www.mackair.co.bw).

DER NORDWESTEN

Tsodilo Hills & Umgebung

Der äußerste Nordwesten von Botsuana, jenseits des Okavango-Deltas, ist eine wilde und einsame Grenzregion mit kleinen Ortschaften und Viehstationen, die durch lange, windige Landstriche mit gelbem Gras und verblichenem Dornbusch voneinander getrennt sind. Ansonsten finden sich noch sumpfige, von dichtem Riedgras bestandene Quellflüsse – das Gras wird bei der Fertigung der regionalen Handwerkskunst verwendet, die zu den schönsten des Landes gehört. Und überall verstreut liegt Gestein herum, das mit Farbpigmenten und Zeichnungen der San sowie verwandter Völker versehen ist.

Die touristische Infrastruktur ist noch immer ziemlich unterentwickelt. Nur wenige Touristen verirren sich hierher, die dann mitunter den „Wüsten-Louvre" der Tsodilo Hills ganz für sich alleine haben.

LAKE NGAMI

Der Afrikaforscher David Livingstone kam 1849 an den Lake Ngami, wo er einen See vorfand, an dem es von Tieren nur so wimmelte. Aus Gründen, die weitgehend unbekannt sind, verschwand der See ein paar Jahre später fast völlig, um gegen Ende des 19. Jhs. wieder aufzutauchen – eine Abfolge, die sich bis heute wiederholt.

Der Lake Ngami weist keinen Abfluss auf und speist sich nur aus den Überschwemmungen des Okavango-Deltas unten am Nhabe River. Nach den starken Regenfällen 1962 tauchte der See erneut auf, 250 km² groß. Obwohl der See dann fast 20 Jahre vorhanden blieb, verschwand er 1982 auf geheimnisvolle Weise, um dann 2000 wieder in Erscheinung zu treten. Seitdem haben diverse starke Niederschläge den See halbwegs erhalten, aber es wird schon darüber spekuliert, wann er wieder austrocknet.

Nach starke Regenfällen lockt der See Flamingos, Ibisse, Pelikane, Adler, Störche, Seeschwalben, Möwen und Eisvögel in Scharen an. Am See gibt es keine Quartiere, aber es ist möglich, einfach wild am Ufer zu zelten. Seinen Proviant und sonstige Utensilien muss man natürlich mitbringen.

Alle (nicht ausgeschilderten) Pisten in Richtung Süden führen von der befestigten Straße zwischen Toteng und Sehitwa zum See hinunter.

Der Nordwesten

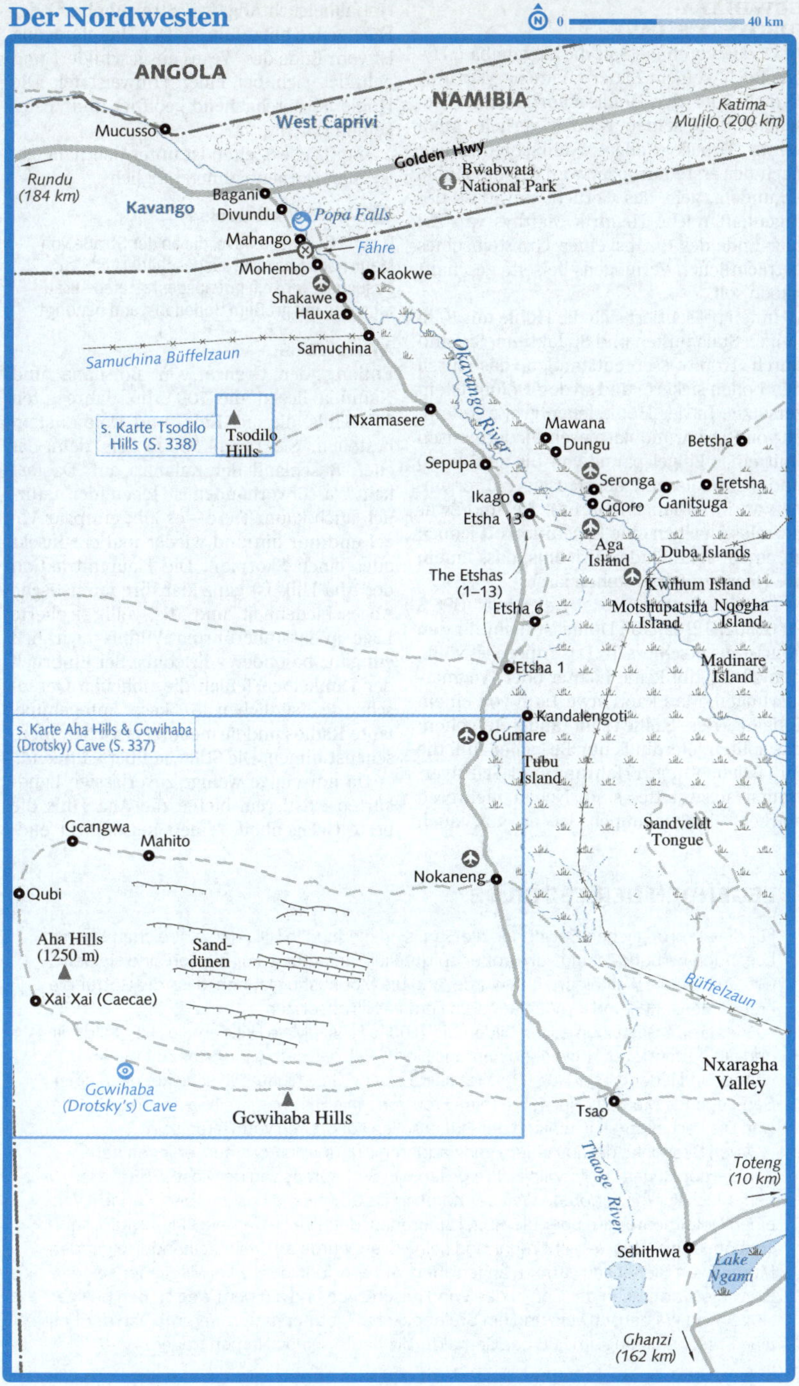

GCWIHABA-(DROTSKY'S) CAVE

1932 zeigten einige San die Gcwihaba („Hyänenloch“) einem Bauern namens Martinus Drotsky, der der Höhle sofort in aller Bescheidenheit seinen Namen verlieh. Auch wenn Drotsky aller Wahrscheinlichkeit nach der erste Europäer war, der die Höhle erkundete, geht das Gerücht um, dass der sagenhaft reiche Hendrik Matthys van Zyl hier Ende des 19. Jhs. einen Großteil seines beträchtlichen Vermögens beiseite geschafft haben soll.

Innen präsentiert sich die Höhle mit 10 m langen Stalagmiten und Stalaktiten. Sie sind durch Tropfwasser entstanden, das durch den Boden sickerte und so den Dolomitstein zersetzte. In der Höhle leben große Kolonien von Riesenrundblattnasen-Fledermäusen (mit einer Flügelspanne von bis zu 60 cm) und Schlitznasenfledermäusen (zu erkennen an ihren langen Ohren). Sie sind zwar harmlos, machen eine Expedition oft jedoch zu einem spannenden Erlebnis, dass einem die Haare zu Berge stehen lässt.

Die **Gcwihaba (Drotsky's) Cave** (GPS S 20°01.302', O 21°21.275') Höhle ist nicht für den Tourismus erschlossen: Das Innere ist völlig dunkel. Es gibt keine Lichter oder Wegmarkierungen. Man kann etwa 1 km von einem Eingang der Höhle zum anderen gehen; das sollten allerdings nur Besucher tun, die mit Beleuchtung, Erfahrung und Selbstvertrauen ausgestattet sind. Neben mehreren starken Taschenlampen ist es gut, auch Notfallbeleuchtung wie Streichhölzer oder Feuerzeuge mitzuführen. Der Haupteingang ist vom Ende des Weges ausgeschildert und befindet sich bei einer Hinweistafel. Die Höhle ist durchgehend geöffnet und kostet keinen Eintritt.

Inoffizielles Zelten ist unter den nahe gelegenen Dornenbäumen möglich.

ℹ An- & Weiterreise

Um die Gcwihaba Cave, die ab der Straße von Maun nach Shakawe ausgeschildert ist, zu besuchen, wird ein gut ausgestattetes Allradfahrzeug mit großem Bodenabstand benötigt.

AHA HILLS

Entlang der Grenze von Botsuana und Namibia liegen die 700 Mio. Jahre alten Aha Hills, die aus Kalk- und Dolomitstein bestehen. Sie ragen 300 m aus dem flachen Buschland der Kalahari auf. Da fast kein Wasser vorhanden ist, leben hier natürlich auch kaum Tiere – es gibt ein paar Vögel und nur hin und wieder mal ein Insekt oder einen Skorpion. Die Hauptattraktion der Aha Hills ist ganz klar ihre fantastische Abgeschiedenheit und die völlig isolierte Lage in der unberührten Wildnis – wirklich ein ganz besonderes Erlebnis. Bei Einbruch der Dunkelheit fehlen die üblichen Geräusche des südlichen Afrikas: Autogehupe, laute Radios und lärmende Fernseher, Menschenstimmen. Die Stille ist überwältigend.

Da nur einige wenige zuverlässige Landkarten existieren, bieten die Aha Hills die beste Gelegenheit, seinen Reiseführer end-

LEGENDEN DER TSODILOS

Für die ursprünglichen Bewohner, die San, sind die Tsodilo Hills mit zahlreichen Mythen, Legenden verbunden und von großer spiritueller Bedeutung. Für die San sind sie der Ort, an dem die Welt erschaffen wurde, und die Mbukushu glauben, dass die Götter die ersten Menschen und ihr Vieh auf dem Female Hill absetzten.

Vier große Gesteinsmassen bilden die Tsodilo Hills – Male Hill, Female Hill, Child Hill und ein entfernteres Hügelchen namens North Hill, das erst in jüngster Zeit benannt wurde. Und jeder dieser Hügel besitzt seine eigene Geschichte. So schickte nach einer San-Legende Male Hill North Hill (eine Frau von Male Hill) weg, weil sie zu streitsüchtig war. Die Vertiefungen in einigen der Hügel sollen Fußspuren von Tieren sein.

Auch Besucher, die aus einem ganz anderen Kulturkreis kommen, erliegen dem Zauber der Hügel. Die Tsodilo Hills wurden von Sir Laurens van der Post 1958 in seinem Klassiker *Die verlorene Welt der Kalahari* als abweisend beschrieben. Er hatte vor, einen Dokumentarfilm über die Hügel zu drehen, doch seine Kameras klemmten, sein Tonband funktionierte nicht mehr und seine Crew wurde an drei aufeinanderfolgenden Morgen von Bienenschwärmen angegriffen. Als er erfuhr, dass zwei Mitglieder seiner Crew die Warnungen der San in den Wind geschlagen und auf dem Weg zu den heiligen Hügeln ein Warzenschwein und ein Steinböckchen getötet hatten, vergrub Van der Post eine Entschuldigung am Fuß der Gemälde, die heute seinen Namen tragen.

Aha Hills & Gcwihaba (Drotsky's) Cave

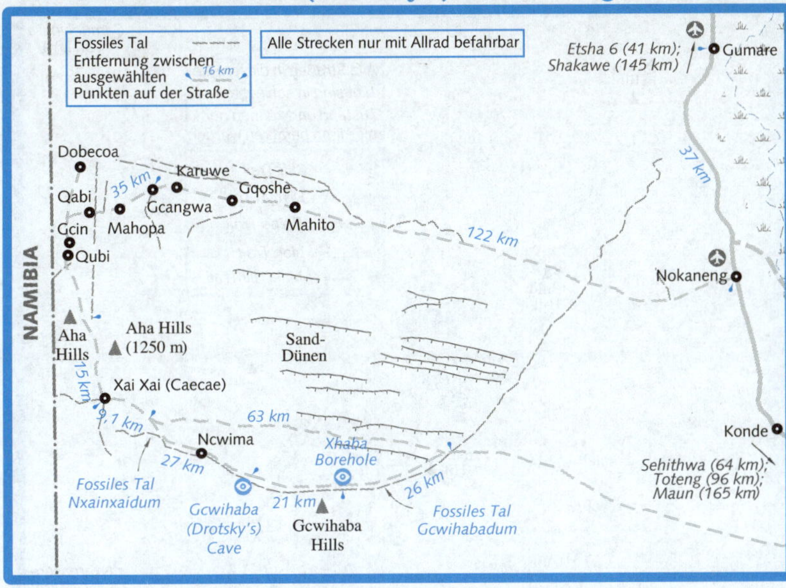

lich einmal aus der Hand zu legen und eine Region zu erkunden, in die nur sehr wenige Besucher kommen. Es gibt hier keinerlei touristische Infrastruktur, aber es ist den Reisenden erlaubt, bis zu 100 m von der Hauptpiste entfernt wild zu zelten. Vorräte und trinkbares Wasser aus Bohrlöchern finden sich in diesem Fall in den Dörfern Xai Xai und Gcangwa.

Die Hügel erstrecken sich rund 33 km südlich von Gcangwa und ungefähr 12 km nördlich von Xai Xai. Auf der Weiterfahrt gelangt man zur Tropfsteinhöhle Gcwihaba (Drotsky's Cave).

TSODILO HILLS

Die Tsodilo Hills, die zum Unesco-Weltkulturerbe zählen, erheben sich abrupt aus der nordwestlichen Kalahari, westlich des Oka-

TSODILO-FELSMALEREI

Die Felskunst der Tsodilo Hills ist den San heilig und zugleich eine Chronik der Naturgeschichte dieser Region in bildlicher Form. Die Malereien hier sind als „Fingermalereien" bekannt. Die meisten wurden in Ocker oder Rot ausgeführt (Farben, die aus dem Hämatit der örtlichen Felsen gewonnen wurden) und dann mit derselben oder einer etwas helleren Farbe ausgemalt. Etwa die Hälfte der Malereien zeigen Tiere (Giraffen, Elenantilopen, Rinder und Nashörner kommen am häufigsten vor), der Rest sind geometrische Muster oder menschliche Gestalten. Die älteren Malereien, die aus dem Zeitraum von der späten Steinzeit bis zur Eisenzeit stammen sollen, werden im Allgemeinen den San zugeschrieben. Doch scheint es ziemlich sicher, dass die jüngsten Arbeiten (meist in Weiß) von „kopierenden" Bantu-Künstlern ausgeführt wurden. Interessanterweise sehen sich weder die San noch die Mbukushu als Urheber dieser Werke, sondern sie beharren darauf, dass es die Malereien länger gibt, als die Legenden zurückreichen.

Wer genauere Informationen zu den Hügeln sucht, findet sie in *Contested Images*, das ein Kapitel über die Tsodilo Hills von Alec Campbell enthält. Mehr über Felsmalerei im Allgemeinen (mit einem kleinen Abschnitt über die Tsodilo Hills) erläutert *African Rock Art* von David Coulson und Alec Campbell. Informationen liefert auch der **Trust for African Rock Art** (TARA; www.africanrockart.org).

Tsodilo Hills

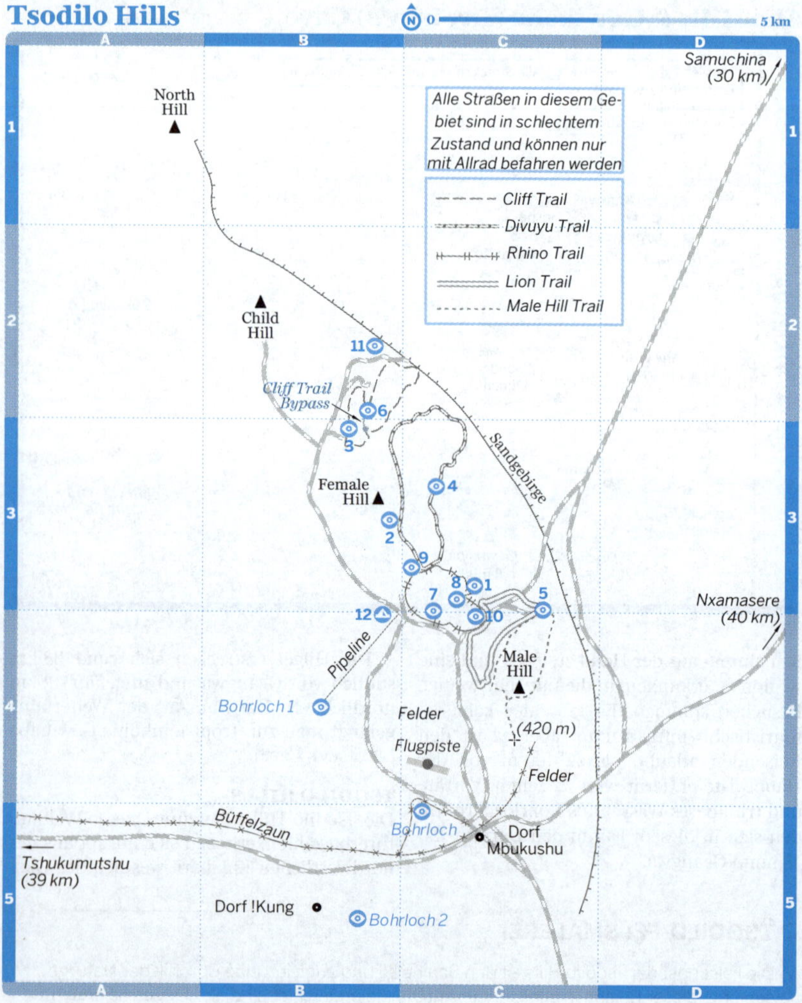

vango Panhandle. Diese ungewöhnlichen Erhebungen in einem extrem flachen Land bestehen aus Quarzschiefer. Mit ihren bunten, natürlichen Streifen – malvenfarben, orange, gelb, türkis, lavendelfarben – sind sie von dramatischer Schönheit. Die Hügel besitzen große spirituelle Bedeutung für die Ureinwohner der Gegend, die San. Das Highlight der Region sind mehr als 4000 prähistorische Felsmalereien, die sich an 200 Stellen in den Hügeln finden.

Ausgrabungen von Steinwerkzeugen lassen darauf schließen, dass ein Bantu-Stamm schon um 500 n. Chr. hier ankam, doch die Felsmalereien und andere archäologische Funde belegen, dass Vorfahren der San schon seit 30 000 Jahren hier lebten.

Die Tsodilo Hills sind heute ein nationales Monument und stehen unter der Schirmherrschaft des National Museum von Gaborone. Alle Besucher müssen sich zunächst im Hauptquartier im Main (Rhino) Camp, etwa 2,5 km nördlich der Landebahn, melden. Der Zugang zu den Hügeln ist für die Besucher kostenlos.

Die beste Zeit für einen Besuch ist im Winter (April–Okt.), da im Sommer die Temperaturen am Tag in quälende Höhen

Tsodilo Hills

Sehenswertes

steigen können. Von Dezember bis April gilt es, sich vor den Bienen in Acht zu nehmen.

Sehenswertes & Aktivitäten

Die Hügel können auf fünf Wanderpfaden erkundet werden. Es gibt auf der Strecke zwar einige Wegweiser, doch mit einem Führer (etwa 50–60 P für eine zwei- bis dreistündige Tour bzw. 100 P pro Tag) sind Wanderer auf der sicheren Seite. Führer werden im Main (Rhino) Camp organisiert. Der frühe Morgen ist die günstigste Zeit für eine Wanderung zu den Hügeln, recht angenehm ist auch der späte Nachmittag.

Im Main (Rhino) Camp gibt es ein kleines, verstaubtes **Museum** (Karte S. 338; Eintritt frei; bei Tageslicht) , das mit ein paar ethnografischen Exponaten und wandfüllenden Zitaten zur Felskunst aufwartet.

Außer den im Folgenden genannten Wegen und Malereien zählt das **Zebra Painting** (Karte S. 338) auf einer kleinen Felsnase nördlich des Female Hill zu den interessantesten. Die stilisierte Pferdefigur dient heute als Logo für das Botswana National Museum and Monuments.

Male Hill Trail — WANDERUNG

Auf der Nordseite des Male Hill findet sich die Darstellung eines einzelnen männlichen **Löwen** (Karte S. 338). Der Gipfel des Male Hill ist über den Male Hill Trail zu erreichen. Dieser führt von der Basis des Hügels unweit der Löwenmalerei nach oben. Der Weg ist rau, steinig und von Felsvorsprüngen gesäumt, doch der Blick vom Gipfel ist einer der schönsten in der Kalahari.

Lion Trail — WANDERUNG

Der Lion Trail führt durch ein flaches Tal zwischen Male und Female Hill und verbindet den Male Hill Trail mit einem weiteren Weg, dem Rhino Trail. Ansonsten hat der Weg nichts Besonderes zu bieten.

Rhino Trail — WANDERUNG

Der steile, gut ausgeschilderte Rhino Trail, der vom Overland Camp Site abgeht, ist wohl der interessanteste der Wanderwege. Er führt an einigen typischen Malereien vorbei zu einem Wasserbecken, an dem Libellen und Schmetterlinge um eine grünliche Pfütze herumschwirren. Nicht weit von dieser Stelle entfernt befindet sich ein seltsamer Baum, der Laurens van der Post von seinem San-Führer als **Tree of True Knowledge** (Baum der wahren Erkenntnis; Karte S. 338) beschrieben wurde. Der Führer erzählte, dass der größte Geist am Tag der Schöpfung neben dem übel riechenden Becken kniete. In den Felsen bei dem Becken sieht man mehrere „Hufabdrücke", von denen die Mbukushu glauben, dass sie vom Vieh stammen, das der Gott Ngambe hier absetzte.

Der Rhino Trail führt über den Grat eines Hügels in ein bizarres, grasbewachsenes Tal, das von Gipfeln flankiert ist, die aussehen als entstammten sie einer anderen Welt. Der Weg verläuft an mehrere Felsvorsprüngen und Felsmalereien entlang. Dann senkt er sich in die deutliche Mulde auf der Südostseite des Female Hill. In der Mulde ist die Darstellung eines **Nashorns** (Karte S. 338), das auch eine „Fälschung" enthält, nämlich einen Büffel, der erst in jüngerer Zeit entstand. Direkt gegenüber der Mulde zeigt eine der wenigen Menschendarstellungen in den Tsodilo Hills eine tanzende Gruppe sexuell erregter Männer – Alec Campbell, der bedeutendste Experte der Hügel und ihrer Malereien hat ihr scherzhaft den Beinamen **Tanzende Penisse** gegeben (Karte S. 338).

An der Südwestecke des Female Hill sollten Besucher die erstaunlichen Bilder von **Walen** (Karte S. 338) und Pinguinen nicht versäumen. Diese lassen auf eine sehr frühe Verbindung der San zur namibischen Küste schließen. Um die Ecke und Richtung Westen sind eine **Nashornfamilie** (Karte S. 338) und eine sehr echt aussehende Giraffe zu entdecken.

Divuyu Trail WANDERUNG

Ein Anhängsel des Rhino Trails, der kurze, aber gefährliche, felsige Divuyu Trail führt zu Laurens van der Posts **Bild** (Karte S. 338), das Elenantilopen und Giraffen zeigt. Dieser Weg führt auch zu den **Resten des Dorfes Divuyu** (Karte S. 338).

Cliff Trail WANDERUNG

Eine andere Route, der markierte Cliff Trail, führt an der bescheidenen Felsmalerei mit dem Titel **Ursprung der Sexualität** (Karte S. 338) vorbei und um das nördliche Ende des Female Hill herum in ein tiefes, geheimnisvolles Tal. Wer sich auf dem Pfad befindet, der passiert auch eine natürliche **Zisterne** (Karte S. 338; in einer Felsgrotte nahe der Nordwestecke des Female Hill), die seit Menschengedenken Wasser führt. Die San glauben, dass in diesem natürlichen Wasserreservoir eine große Schlange mit gedrehten Hörnern haust. Besucher müssen das Tier warnen, wenn sie sich nähern, indem sie einen kleinen Stein ins Wasser werfen. Diese Stätte ist ebenfalls von einigen Felsmalereien umgeben.

Schlafen

Inoffizielles Zelten ist überall möglich, doch ist einige Vorsicht wegen der wilden Tiere angebracht. Außerdem sollten Reisende den Einheimischen mit Respekt begegnen.

Die Hauptcampingplätze werden vom National Museum betrieben und bieten nur allereinfachsten Standard. Wer hier bleiben will, muss genügsam sein und sich selbst versorgen. Im Dorf der Mbukushu gibt es einige Grundnahrungsmittel, doch am besten ist es, alles mitzubringen.

Das Zelten ist auf allen Plätzen kostenlos, Besucher müssen sich aber im Main Camp registrieren lassen. Das Personal beschränkt sich meist auf einen Diensthabenden im Main Camp. Zu den weiteren Camps in dieser Gegend zählen das **Malatso Camp** und das **Makoba Woods Camp**.

GRATIS **Main (Rhino) Camp** CAMPINGPLATZ

(Karte S. 338) Der wichtigste Campingplatz der Tsodilo Hills hat einen einfachen Waschraum mit Sitztoiletten und kalten Duschen. Das Personal schließt den Waschraum manchmal abends ab. Der Platz ist selten voll, und es sollte nicht allzu schwierig sein, eine schattige Ecke zu finden. Die Plätze sind allerdings dicht beieinander und der Grund mehr staubig als grün. Dieser Platz liegt dem Ausgangspunkt des Hauptwanderwegs am nächsten.

An- & Weiterreise

AUTO

Auch wenn zahlreiche Wege die Straße von Sehithwa nach Shakawe mit den Tsodilo Hills verbinden, ist nur die gute Kiespiste empfehlenswert. Sie ist ab der Hauptstraße südlich des Dorfs Nxamasere ausgeschildert. Von der Abzweigung bis zum Eingang sind es etwa 35 km.

MOBILE SAFARIS

Es ist zwar möglich, durch einen der Anbieter in Maun eine Autosafari in die Tsodilo Hills zu organisieren, doch es sollte sich eine Gruppe zusammenfinden, um zu verhindern, dass die Kosten ins Unermessliche steigen.

KALAHARI

Die Kalahari, das verdorrte Gegenstück zum Okawango-Delta, ist eine urtümliche Landschaft, die mit ihren Felsbrocken, Dornbüschen und Gestrüpp auf die frühesten Erinnerungen der Menschheit zurückgeht. Der Eindruck eines Landes, wo die Zeit begann, wird hörbar im Heulen des heißen Windes und dem Knacken der Dornenzweige unter den Füßen des Fährtenlesers der San, der die Wüste durchstreift. Auch im zeitlosen Brüllen der Löwen, das die Stille der Wüste durchbricht. Es ist ein Tal durch das Herz der Wüste, das dem Verlauf längst vertrockneter Flüsse folgt.

GRENZÜBERGANG: NAMIBIA

Das **Buitepost–Mamuno Gate** (7 Uhr bis Mitternacht) liegt günstig für Reisen zwischen Windhoek und Gaborone, der Kalahari oder Maun. Wie an den meisten Übergängen verläuft der Grenzübertritt problemlos, doch man sollte bei den Öffnungszeiten der Grenzstation bedenken, dass Namibia von Ende Mai bis Ende August eine Stunde hinter Botsuana liegt. Wie bei jeder Einreise nach Botsuana wird das Auto nach Frischfleisch, Obst und Milchprodukten durchsucht (diese werden konfisziert). Eventuell müssen Auto und Insassen eine Sodalösung passieren; eine der Maßnahmen, um das Land vor der Maul- und Klauenseuche zu schützen.

Die Batswana nennen die Landschaft Kgalagadi: Land des Durstes. Und es ist wahrhaftig ein trockenes, ausgedörrtes Land. Es heißt mitunter, die Kalahari sei die weltweit sandreichste aller Wüsten. Doch solche Statistiken geben ein falsches Bild – dies ist keine Wüste sanft geschwungener Sanddünen. Aber es ist ein Land, das von einem Maler mit der ganzen Palette an Sandfarben gestaltet wurde: blut- und schlammrot, gelb wie ausgebleichte Knochen. Doch in der Nacht werden die Farben kühler, tendieren manchmal zum Weißlichen: indigofarbene Nächte, die sich in tiefstem Schwarz verlieren, mit funkelnden Sternen an einem unendlichen Horizont. Die San sind sich sicher, dass man hier in der Dunkelheit den „Gesang der Sterne" hören kann.

Das 1,2 Mio. km² große Becken der Kalahari erstreckt sich über Teile der Demokratischen Republik Kongo, von Angola, Sambia, Namibia, Botsuana, Simbabwe und Südafrika. In Botsuana gehören dazu auch die Tsodilo Hills und die Makgadikgadi Pans. Doch im Folgenden ist die Rede von der Reihe von Parks und kleinen Städten, die sich im Zentrum und im Süden des Landes befinden.

Ghanzi

15 700 EW.

Die „Hauptstadt der Kalahari" ist nur eine kleine Unterbrechung der Wüste. Es scheint kaum vorstellbar, wie eine Stadt in solch einer unwirtlichen Landschaft gedeihen kann, doch Ghanzi liegt auf einem 500 km langen Kalksteingrat, in dem es zahlreiche artesische Brunnen gibt. Die Stadt hat nur wenige Attraktionen zu bieten, doch ihr Trumpf ist die Lage: Ghanzi liegt 275 km von Maun, 540 km von Windhoek und 636 km von Gaborone entfernt. Wer einige Zeit im Westen des Landes verbringt, kommt früher oder später hierher, sei es zum Tanken, zum Einkaufen von Vorräten oder zum Übernachten.

Interessanterweise stammt der Name „Ghanzi" vom San-Wort für ein einsaitiges Musikinstrument mit einem Kürbis als Klangkörper ab und nicht vom Setswana-Wort *gantsi* (Fliegen), obwohl das zweifellos sehr passend wäre.

Schlafen & Essen

Die meisten Unterkünfte locken mit Fahrten zur Tierbeobachtung, kulturellen Aktivitäten der San und Ähnlichem. Interessante Alternativen zu einem Aufenthalt in Ghanzi bieten die Dqãe Qare Game Farm (S. 343) im nahen D'kar und die Grassland Safari Lodge (S. 344), 60 km östlich.

An der Kreuzung schräg gegenüber des Kalahari Arms Hotels gibt es einen Supermarkt, wo Selbstversorger ihre Vorräte an Ess- und trinkbarem aufstocken können.

Thakadu Bush Camp CAMPINGPLATZ **$$**
(☎7212 0695; www.thakadubushcamp.com; Zeltplatz pro Pers. 70 P, EZ 455–595 P, DZ 615–770 P, 1-/2-Pers.-Cottage mit Gemeinschaftsbad 220/290 P; 🏊) Dieser beliebte Campingplatz ist für eine Nacht oder drei ein Riesenspaß, denn hier werden in netter Atmosphäre gern ein paar Bierchen gekippt, während hoch über den Köpfen die Sterne aufgehen. Auf dem Gelände befinden sich ein erfrischender Pool sowie ein Restaurant mit Bar im Stil eines Pubs. Die Zufahrtstraße ist für Pkws ohne Allradantrieb gerade so machbar – aber gut aufpassen! Der Thakadu-Campingplatz liegt 6 km südwestlich von Ghanzi.

Kalahari Arms Hotel HOTEL **$$**
(☎659 6298; www.kalahariarmshotel.com; Henry Jankie Dr.; Zeltplatz pro Pers. 60 P, EZ/DZ 620/710 P; ❄🏊) Dies ist eine Institution in Ghanzi – mit modernen (wenn auch etwas abgewohnten) Zimmern mit Klimaanlage und Kabelfernsehen. Der Campingplatz ist allerdings eng und mitunter laut. Am hübschesten sind die Zimmer in den *rondavels* im Garten beim Pool und sie kosten nicht mehr als die anderen Unterkünfte. Der Speisesaal im Kalahari Arms ist das einzige wirkliche Restaurant in Ghanzi. Auf der Speisekarte stehen all die gängigen Standardgerichte wie Steaks, Pommes frites und Pasta, aber sie sind nicht gerade preiswert (Hauptgerichte ab 60 P). Doch in Ghanzi bleibt dem Hungrigen die Qual der Wahl erspart.

Tautona Lodge LODGE **$$**
(☎659 7499; www.tautonalodge.com; Zeltplatz pro Pers. 100 P, EZ/DZ 595/780 P, Chalets ab 700/860 P; ❄🏊) Diese recht gute Lodge liegt etwa 5 km nordöstlich von Ghanzi und besitzt ein weitläufiges Gelände mit zwei Swimmingpools und einem Wasserloch, zu dem Antilopen kommen. Die geräumigen Zimmer in Gebäuden, die nach Batswana-Art mit Stroh gedeckt sind, verfügen über Klimaanlage und Kabelfernsehen. Als Schmuck dienen traditionelle Decken. Insgesamt sind die Zimmer vor allem bequem und nicht gerade luxuriös. Es gibt auch eine Reihe von Chalets und Familiensuiten.

Ghanzi Trailblazers CAMPINGPLATZ $
(☎7210 2868; www.ghanzitrailblazers.co.bw; Zeltplatz pro Pers. ab 10 US$, Hütten/Chalets pro Pers. ab 20/40 US$) Dieser zwanglose Platz bietet Spaziergänge mit San-Führern, Reiten und als Unterkünfte einfache San-Hütten sowie schlichte motel-ähnliche Zimmer in Chalets, außerdem einen ordentlichen Campingplatz und einen Bereich für gemeinsame Essen.

Tasty Chicken INTERNATIONAL $
(Henry Jankie Dr.; Hauptgerichte ab 35 P) Hier gibt es kaum etwas anderes als Brathähnchen und Pommes frites, doch in der abgelegenen Kalahari freut sich mancher hungrige Gast auch darüber.

Shoppen

Gantsi Craft KUNSTHANDWERK
(☎659 6241; Henry Jankie Dr.; ⌚Mo–Fr 8–12.30 & 14–17, Sa 8–12 Uhr) Die „Hauptstadt" der Kalahari" hat sich damit von den umliegenden Farmen unabhängig gemacht. Diese Kooperative wurde 1953 als Kunsthandwerksladen und Ausbildungszentrum für die San gegründet. Das Geschäft ist prima, wenn jemand traditionelle San-Kunst erstehen möchte, darunter handgefärbte Textilien, verzierte Taschen, Lederschürzen, Pfeil und Bogen, Musikinstrumente und gewebte Matten. Die Preise liegen 30 bis 50 % unter dem Niveau von Maun oder Gaborone. Die Einnahmen – und das ist sicher auch ein nicht ganz unwichtiger Aspekt – kommen komplett den hiesigen Künstlern zugute.

An- & Weiterreise

Von der Bushaltestelle, die sich hinter der BP-Tankstelle am Kgosi Sebele Way befindet, verkehren Busse nach Maun (63 P, 5 Std., 2-mal tgl.) über D'Kar (15 P, 1 Std.) und nach Gaborone (130 P, 11 Std., 3-mal tgl.).

Ein Combi fährt meist morgens zur namibischen Grenze in Mamuno (35 P, 3 Std.), aber es gibt keine öffentlichen Verkehrsmittel, die die Grenze passieren.

Kalahari

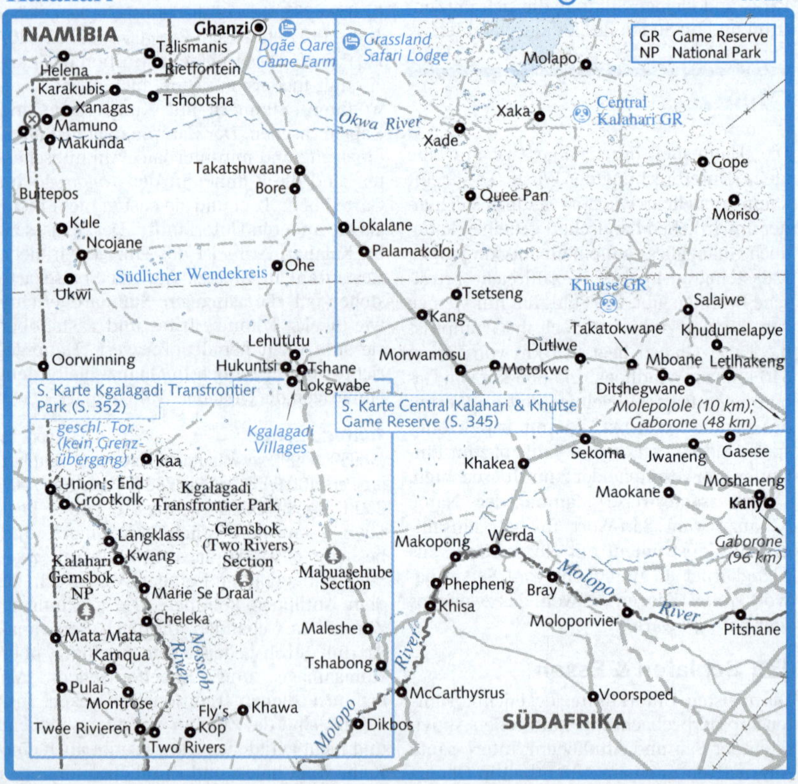

HENDRIK MATTHYS VAN ZYL

Seit dem 19. Jh. fungiert Ghanzi als Zwischenstopp für Reisende und Kaufleute, die die Kalahari durchqueren. Seltsame Typen haben sich schon mehr als genug in dieser Gegend Afrikas sehen lassen, aber der berüchtigtste und gewissenloseste Bursche, der je hier durchgekommen ist, war wohl Hendrik Matthys van Zyl.

Der ehemalige Politiker aus der Transvaalrepublik in Südafrika durchquerte die Kalahari in den 1860er- und 1870er-Jahren mehrere Male – er handelte mit Waffen, machte Jagd auf Elefanten und brachte so ganz nebenbei auch noch ein paar San um. Von 1877 bis 1878 wohnte van Zyl in der Stadt Ghanzi. Er erschoss über 400 Elefanten, die ihm sage und schreibe vier Tonnen Elfenbein einbrachten. Aus dem Erlös baute van Zyl ein zweigeschossiges Anwesen mit Buntglasfenstern, bestückte es mit importierten Möbeln und lebte in der von Armut gebeutelten Wildnis wie ein König.

Dann kam van Zyl jedoch 1880 plötzlich unter mysteriösen Umständen ums Leben, und um die Todesursache begannen sich zig Legenden zu ranken. Eine besagt, dass van Zyl von einem San ermordet wurde, der auf Rache sann – vielleicht sogar von einem seiner eigenen Diener. Eine andere Legende will wissen, dass er von den Khoi Khoi als Vergeltung für die ihnen angetane Ungerechtigkeit ermordet wurde. Kurz nach seinem Tod verschwanden dann seine Frau, seine Tochter und seine drei Söhne auf Nimmerwiedersehen in der Transvaalrepublik.

Vor van Zyls Tod ging das Gerücht um, dass er einen Großteil seines ganz erklecklichen Vermögens in der Gcwihaba (Drotsky's) Cave versteckt haben soll, doch bis zum heutigen Tag wurde in der Höhle nichts dergleichen gefunden.

D'kar

1670 EW.

In dem kleinen Dorf direkt nördlich von Ghanzi lebt eine große Gruppe von Ncoakhoe-San, die eine Kunstgalerie, ein Kulturzentrum und eine Tierfarm betreiben – alles unter der Schirmherrschaft der **Kuru Family of Organisations** (KFO; www.kuru.co.bw), einem Zusammenschluss von nichtstaatlichen Organisationen (NGOs), die auf eine Stärkung der indigenen Völker im südlichen Afrika hinarbeiten.

Sehenswertes

GRATIS **Kuru Art Project** KUNSTHANDWERK

(☎659 6102; ⏲Mo–Fr 8–12.30 & 14–17 Uhr) Dieses großartige Kunstprojekt bietet den örtlichen Künstlern die Möglichkeit, ihre Gemälde und anderen Kunstwerke zu schaffen und zu verkaufen. Es lohnt sich, ein oder zwei Stunden in den verschiedenen Kunstwerken zu stöbern. Das Projekt ist an der einzigen Straße von D'kar gut ausgeschildert und befindet sich nahe der Abzweigung zum Highway von Ghanzi nach Maun.

GRATIS **Museum** KULTURZENTRUM

(⏲Mo–Fr 8–12.30 & 14–17 Uhr) Es bestehen Pläne, dieses verstaubte kleine Museum neu zu gestalten. Bis dahin ist es eine bescheidene Angelegenheit, die mit einigen Exponaten zur Kultur der San aufwartet. Das Museum liegt fast direkt neben dem Kuru Art Project.

Schlafen

Dqãe Qare Game Farm CAMPINGPLATZ $$

(☎7252 7321; www.dqae.org; Zeltplatz pro Pers. 60 P, San-Hütten pro Pers. mit/ohne Halbpension 418/260 P, Zi. in der Lodge pro Pers. mit/ohne Halbpension 499/328 P) In diesem 7500 ha großen Privatreservat laden die örtlichen San-Gemeinden die Besucher zu organisierten Aktivitäten ein. Angeboten werden u. a. geführte Buschwanderungen, bei denen sich zahlreiche Gelegenheiten bieten, Einblicke in die traditionellen Jagd- und Sammeltechniken zu gewinnen. Die Einnahmen kommen ausschließlich den Gemeinden zu Gute. Wer nur wenig Zeit hat, kann einfach für eine Stunde oder auch zwei vorbeikommen. Wer aber entweder auf dem Campingplatz oder in einer der vorhandenen Hütten übernachtet, dem bietet sich die einzigartige Gelegenheit, die San viel entspannter in ihrer Umgebung kennenzulernen. Die Farm befindet sich 15 km südöstlich von D'kar und lässt sich nur mit Fahrzeugen erreichen, die mit Allradantrieb ausgestattet sind. Wem kein Geländewagen zur Verfügung steht, kann seinen Transfer von D'kar/Ghanzi aus über die Farm organisieren lassen. Der

Transport zur Farm kostet 140/245 P für ein Fahrzeug mit vier Personen.

Grassland Safari Lodge LODGE $$$
(☎7210 4270; www.grasslandlodge.com; EZ/DZ Nebensaison 324/540 US$, Hochsaison 408/680 US$) Die Grassland Safari Lodge liegt etwas abseits der ausgetretenen Pfade, etwa 60 km von der Hauptstraße zwischen Ghanzi und Maun entfernt. Sie wird von den Lesern sehr empfohlen. Diese schöne Lodge mit einer eigenen Wasserstelle führt ein Programm zum Schutz von Raubtieren durch und bietet zeitweilig Löwen, Geparden, Leoparden und Wildhunden Unterschlupf. All diese Tiere werden oft von Farmern erschossen, die ihr Vieh schützen wollen. Die Lodge führt auch Fahrten zur Tierbeobachtung und Safaris zu Pferd durch. Sie veranstaltet außerdem ausgezeichnete kulturelle Aktivitäten mit den ortsansässigen San. Die Besitzerin der Grassland Safari Lodge, Nelltjie Bowers, spricht die Naro-Sprache mit ihren Klicklauten. Besucher sollten im Voraus bei der Lodge Hinweise zum Weg erfragen. Es wird auch ein Abholservice aus D'kar angeboten (für zwei Personen 40 US$).

Central Kalahari Game Reserve

Das trockene Herz im trockenen Süden eines trockenen Kontinents bildet das Central Kalahari Game Reserve (CKGR). Das Restaurant ist von epischen Ausmaßen und zu jeder Jahreszeit Ehrfurcht gebietend. Wer Abgelegenheit, die Stille der Wüste und das Brüllen von Löwen in der Nacht liebt, wird dieses Gebiet zu einem Lieblingsplatz erwählen.

Mit 52 000 km² (etwa die Größe Dänemarks) ist dies Afrikas größtes Schutzgebiet. Am bekanntesten im CKGR ist wohl das Deception Valley, wo Mark und Delia Owens von 1974 bis 1981 Schabrackenhyänen und Löwen erforschten und darüber das Buch *Cry of the Kalahari* schrieben. Drei ähnliche fossile Täler – das Okwa, das Quoxo (Meratswe) und das Passarge – geben der schier endlosen Fläche ein wenig Relief, wenngleich die Flüsse schon vor mehr als 16 000 Jahren ausgetrocknet sind.

Zelten ist nur auf ausgewiesenen Campingplätzen erlaubt, die im Voraus gebucht werden müssen. Ohne Reservierung für einen Campingplatz werden Besucher nicht in den Park eingelassen.

Die nächsten zuverlässigen Tankstellen sind in Ghanzi, Maun und Rakops. Das Sammeln von Feuerholz ist im CKGR verboten, man muss sein Holz also mitbringen.

Geführte Touren

Die meisten Lodges und eine Reihe von Anbietern in Maun organisieren Safaris mit dem Auto durch das CKGR. Die Touren kosten zwischen 150 und 250 US$ pro Tag. Die Preise variieren stark je nach Saison und Zahl der Teilnehmer. Wenn eine Gruppe eine solche Tour bucht, kann sie leichter einen günstigen Preis aushandeln.

Schlafen

Campingplätze sind über das ganze Gebiet verteilt. Die meisten bieten kaum Komfort; eine *braai*-Grube (Grillstelle), Eimerduschen und ein Plumpsklo gibt es fast überall. Für einen Vorrat an Wasser, Nahrungsmitteln und Benzin muss jeder selbst sorgen. Die teureren Lodges im CKGR werden in der Regel per Charterflug erreicht.

Kori Camp Site CAMPINGPLATZ $
(☎381 0774; dwnp@gov.bw; Zeltplatz pro Pers. 30 P) Die vier Kori genannten Camps liegen auf einem Hügel, der sanft auf der Westseite des Deception Valley ansteigt. Es gibt reichlich Schatten; einige schöne Aussichten ins Tal machen das Camp zu einem guten Ausgangspunkt für Touren.

Passarge Valley Camp Sites CAMPINGPLATZ $
(☎395 3360; www.bigfoottours.co.bw; Zeltplatz pro Erw./Kind 200/100 P) Diese drei Campingplätze bieten keinerlei Komfort, aber ihre Lage am Talgrund (einige Kilometer voneinander entfernt) gehört zu den Toplagen in der Kalahari. Platz Nr. 2 unter einer schattenspendenden Baumgruppe ist großartig. Hier fühlt man sich, als gehöre einem die Welt.

Piper Pan Camp Site CAMPINGPLATZ $
(☎395 3360; www.bigfoottours.co.bw; Zeltplatz pro Erw./Kind 200/100 P) Piper Pan liegt etwas abseits der Hauptrouten durchs Zentrum des Parks. Die Einsamkeit ist großartig und die Tierbeobachtung dank einer Wasserstelle hervorragend. Die Piper Pans befinden sich 26 km südwestlich der wichtigen Letiahau-Piste. Die GPS-Koordinaten stehen auf der Website von Bigfoot Tours.

Motopi Camp Site CAMPINGPLATZ $
(☎395 3360; wwwbigfoottours.co.bw; Zeltplatz pro Erw./Kind 200/100 P) In der Nordwestecke des Parks liegen diese drei Campingplätze

Central Kalahari & Khutse Game Reserves

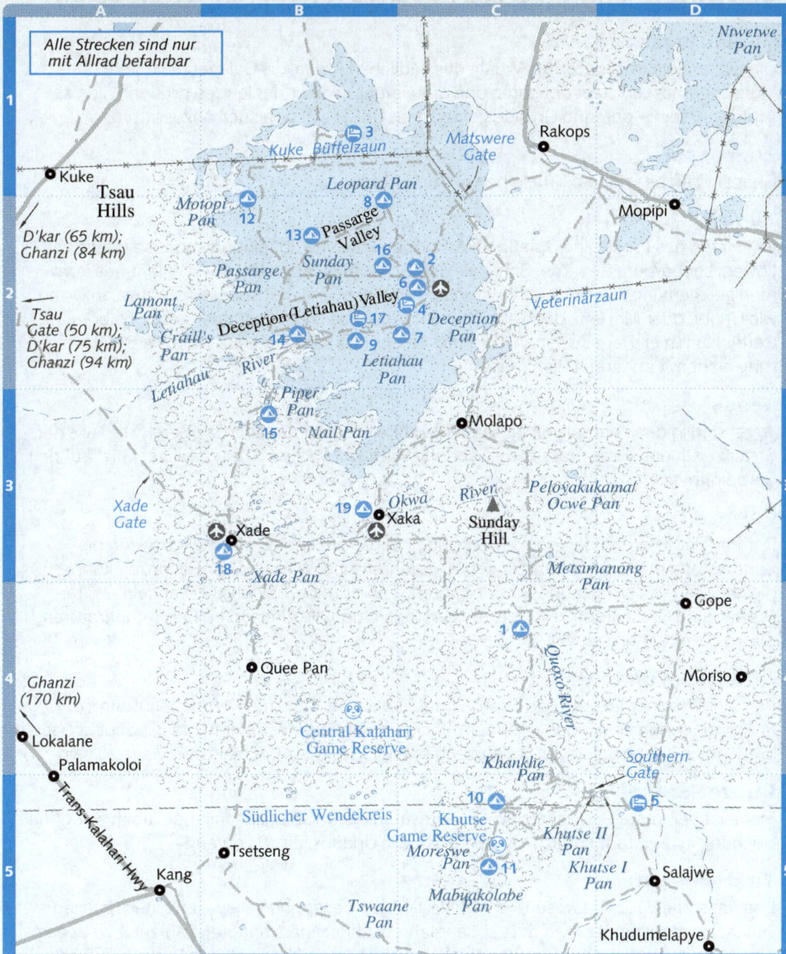

Central Kalahari & Khutse Game Reserves

Schlafen

1 Bape Camp Site ... C4
2 Deception Valley Camp Site ... C2
3 Deception Valley Lodge ... B1
4 Kalahari Plains Camp ... C2
5 Khutse Kalahari Lodge ... D5
6 Kori Camp Site ... C2
7 Lekhubu Camp Site ... C2
8 Leopard Pan Camp Site ... B2
9 Letiahau Pan Camp Site ... B2
10 Molose Pan Camp Site ... C5
11 Moreswe Pan Camp Site ... C5
12 Motopi Camp Site ... B2
13 Passarge Valley Camp Sites ... B2
14 Phokoje Pan Camp Site ... B2
15 Piper Pan Camp Site ... B3
16 Sunday Pan Camp Site ... B2
17 Tau Pan Camp ... B2
18 Xade Campsite ... B3
19 Xaka Campsite ... B3

CENTRAL KALAHARI GAME RESERVE (CKGR) AUF EINEN BLICK

Auf ins Schutzgebiet!

Die Einsamkeit in der größten Wüste des südlichen Afrika, die Gelegenheit, Tiere ohne Menschenmassen zu beobachten und das Gefühl, in einer der letzten großen Wildnisse Afrikas zu sein – das sind Gründe genug, dem CKGR einen Besuch abzustatten.

Zugangsorte

Ghanzi, Rakops und (ein Stückchen entfernt) Maun.

Tiere

Im Herzen des Parks sind Spießböcke, Springböcke und Löffelhunde ebenso häufig wie Löwen, Leoparden, Geparde, Schakale und Schabrackenhyänen. Auch Wildhunde kommen gelegentlich vor. Doch im Wüstenland sind die Tiere weit seltener als etwa an Orten wie Chobe oder Moremi, doch auch die Safari-Fahrzeuge sind dünner gesät. Es braucht Geduld, um hier Tiere zu sehen, doch die Belohnung dafür ist, dass man die Beobachtung nicht mit anderen teilen muss.

Vögel

Vögel sind in den ehemaligen Flusstälern zahlreich, darunter auch größere Arten wie der Strauß oder die Riesentrappe. Der lebhafte Rotbauchwürger ist ein häufiger Gast auf den Campingplätzen.

Reisezeit

Der Park ist während der Trockenzeit (Mai – Sept.) am besten zugänglich, wenn die Sandpisten gut mit Allradfahrzeugen zu befahren sind. Während der Regenzeit können diese Pisten schlammig und für unerfahrene Fahrer nahezu unpassierbar sein. Weitere Risiken sind Grassamen, die Motoren verstopfen und die glühend heißen Temperaturen, die im Oktober herrschen.

Unterwegs im CKGR

Wer nicht in einer Luxuslodge übernachtet, bei der Fahrten zur Tierbeobachtung im Preis inbegriffen sind, oder eine Tour mit einem Safariveranstalter in Maun gebucht hat, braucht ein gut ausgestattetes Fahrzeug mit Allradantrieb, um hier unterwegs zu sein.

Budget-Safaris

Maun ist der beste Ort, um sich einer Autosafari ins CKGR anzuschließen, doch wer ohne Buchung in die Stadt kommt, riskiert, kostbare Urlaubszeit zu vergeuden.

Tipp vom Autor

Das Passarge Valley ist wesentlich ruhiger als das Deception Valley – an einem ganzen Julinachmittag konnte man dort entlangfahren, ohne einem anderen Fahrzeug zu begegnen. Nützlich sind die kostenlosen fotokopierten Karten, die es an den Parkeingängen gibt. Einige Wasserstellen im nördlichen Teil des Schutzgebiets – Letiahau, Pipers, Sunday, Passarge und Motopi – werden künstlich bewässert, um den Tieren Trinkmöglichkeiten zu geben: Hier kann man sehr gut warten und Tiere beobachten.

herrlich abgelegen vom Rest des Gebiets. In der nahen Motopi Pan leben sehr viele Tiere. Löwen sind in der Umgebung häufig zu sehen. Man kann hier stundenlang fahren, ohne ein anderes Fahrzeug zu sehen. Bei der Recherchereise für diesen Reiseführer waren die Angaben des Satellitennavigationsprogramms Tracks4Africa für die drei Plätze falsch. Die Camps liegen ein Stück von der Hauptroute entfernt. Möglicherweise wurde der Fehler inzwischen korrgiert, aber hier vorsichtshalber die richtigen GPS-Koordinaten: Campsite 1 (S 21°10.581', O 23°04.811'), Campsite 2 (S 21°08.074', O 23°04.444') und Campsite 3 (S 21°09.927', O 23°06.097').

Deception Valley Lodge LODGE $$$
(www.deceptionvalley.co.za; EZ/DZ Juni–Okt. 546/840 US$, Nov.–Mai 458/704 US$; 🅧) Am Rand des Schutzgebiets liegt diese exklusive Lodge, deren Gebäude sich wunderbar

in die umgebende Natur einfügt. In den angenehmen Zimmern mischen sich viktorianische und afrikanische Stilelemente. Es gibt eine private Lounge und Duschen im Freien. Die Lodge befindet sich rund 120 km südlich von Maun. Während der Trockenzeit braucht man nicht einmal ein Allradfahrzeug, um sie zu erreichen.

Tau Pan Camp LODGE $$$
(☎686 1449; www.kwando.co.bw; EZ/DZ ab 620/880 US$;) Diese mit Solarstrom betriebene Luxuslodge wurde als erste im CKGR eröffnet. Sie bietet von einem Sandhügel aus einen großartigen Ausblick auf die Tau Pan. Fahrten zur Tierbeobachtung und von San geführte Wanderungen stehen auf der Tagesordnung, und beide halten, was sie versprechen, vor allem wenn Regen fällt. Dann befindet sich hier eines der besten Gebiete zur Tierbeobachtung im ganzen südlichen Afrika. Die Lodge wird sehr umweltbewusst betrieben. Frühere Gäste sind voll des Lobes.

Kalahari Plains Camp ZELTCAMP $$$
(☎in Südafrika 011-807 1800; www.wilderness-safaris.com; EZ/DZ Mitte Juni–Okt. 756/1116 US$, Nov.–Mitte Juni 889/1382 US$;) Diese sechs eleganten, mit Solarstrom betriebenen Zelte werden von dem zuverlässigen Unternehmen Wilderness Safaris geführt. Sie haben Stil und liegen herrlich beim Deception Pass im Nordosten des Parks. In dieser Gegend gibt es zahlreiche schwarzmähnige Kalahari-Löwen. Der exklusive Service und die völlige Abgeschiedenheit geben Besuchern das Gefühl, in einer anderen Welt zu sein.

ℹ An- & Weiterreise

Flugpisten (nur für Charterflüge) gibt es bei Xade, Xaka und Deception Pan.

Um im Schutzgebiet voranzukommen, ist ein Allradfahrzeug unbedingt erforderlich, dazu ein

DIE SAN & DAS CKGR

Das Central Kalahari Game Reserve (CKGR) wurde 1961 eingerichtet, ursprünglich als privates Reservat für die San, um sie vor negativen Einflüssen der modernen Welt zu schützen und das Land ihrer Vorfahren zu sichern. Doch die Regierung von Botsuana änderte später ihre Meinung – Kritiker behaupten, vor allem weil innerhalb des Parks Diamanten gefunden wurden. Im südlichen und westlichen Teil des CKGR leben immer noch kleine Gruppen von San, doch eine erzwungene Umsiedlung vor nicht allzu langer Zeit hat ihre Zahl deutlich dezimiert. Die Zukunft der San ist eines der schwierigsten, politischen Probleme für die gegenwärtige Regierung von Botsuana.

Fast alle San in Botsuana und Namibia wurden vom Land ihrer Ahnen in neue Siedlungen der Regierung wie New Xade im Herzen der Kalahari umgesiedelt. 2006 wurde dieses Umsiedlungsprogramm der Regierung vom UN-Komitee zur Bekämpfung von Rassendiskriminierung gerügt. Doch die Regierung von Botsuana beharrt auf ihrer Behauptung, dass sie mit den Umsiedlungen nur das Beste für die San wolle. Entwicklung, Bildung Modernisierung sind die Schlagworte. Das Problem ist, dass viele San sich der Regierungsversion von Modernisierung aktiv widersetzten, wenn diese die Aufgabe ihres angestammten Landes und ihrer Traditionen bedeutete.

Nachdem der oberste Gerichtshof Südafrikas 2003 zugunsten der im Richtersveld National Park ansässigen Stämme (Verwandte der San) in der Northern Cape Province geurteilt hatte – erstmalig erkannte ein Gericht an, dass indigene Stämme ein Recht an ihrem Land und den dort gefundenen Mineralien besitzen – brachten die San von Botsuana eine ähnliche Klage ein. Die Klage, die die First People of the Kalahari (FPK) im Mai 2006 gegen die Umsiedlungspolitik der Regierung vor Gericht brachte, wurde von rund 1000 San namentlich unterstützt. Während des Prozesses versuchten viele San, ins CKGR zurückzukehren, doch die meisten wurden gewaltsam aus dem Schutzgebiet vertrieben. Im Dezember 2006 urteilte des Oberste Gericht, dass die Vertreibung der San „gegen das Gesetz und gegen die Verfassung" sei. Ein Richter ging so weit, festzustellen, dass ein Jagdverbot für die San in ihrem angestammten Land einem Urteil zum Tod durch Verhungern für die Menschen des CKGR gleichkäme.

Einigen San wurde die Rückkehr ins Schutzgebiet erlaubt, doch die Regierung von Botsuana wehrt sich mit Händen und Füßen dagegen, sich dem Gerichtsurteil vollständig zu beugen.

Kompass oder ein Navi und ein Vorrat an Benzin. Es führen mehrere Pisten für Allradfahrzeuge ins CKGR, doch nicht alle sind offizielle Zugänge. Zugangsmöglichkeiten:

Matswere Gate (GPS: S 21°09.047', O 24°00.445') Der Haupteingang ist ab der Asphaltstraße B300 nordwestlich von Rakops ausgeschildert.

Tsau Gate (GPS: S 21°00.081', O 24°47.845') liegt im äußersten Nordwesten des Parks und ist von Maun aus am leichtesten zu erreichen.

Southern Gate (GPS: S 23°21.388', O 24°36.470') An einer Staubpiste vom Khutse Game Reserve her.

Xade Gate Die Piste zu diesem Zugang beginnt bei D'kar und ist ausgeschildert

Khutse Game Reserve

Dieses 2500 km² große Schutzgebiet, eine Erweiterung am Südende des Central Kalahari Game Reserve, ist ein beliebtes Wochenendziel der Bewohner von Gaborone. Trotzdem ist es immer noch herrlich entlegen, und es gibt nur selten größeren Andrang. Hier finden sich alle Attraktionen der Kalahari, darunter gute Möglichkeiten zur Tierbeobachtung (auch wenn der Tierbestand dünn gesät ist), gut gepflegte Pfade und etwa 60 mit Mineralien angereicherte Lehmbecken, die einst zu Afrikas größtem Binnensee gehörten. Leoparden und Löwen zählen zu den Arten, deren Auftreten am wahrscheinlichsten ist.

Der Name Khutse, der in Sekwena (der Sprache der Setswana) bedeutet „wo man sich hinkniet, um zu trinken", weist darauf hin, dass es in dieser Gegend einst Wasser gab. Heute herrscht hier ständig Dürre.

WEITERE CAMPINGPLÄTZE IN DER KALAHARI

Neben den im Abschnitt „Schlafen" genannten Campingplätzen gibt es weitere in Deception Valley, Leopard Pan, Phokoje Pan, Xade, Bape und Xaka. Das Department of Wildlife and National Parks (S. 378) verwaltet sie alle und ist auch für Buchungen zuständig.

Bigfoot Tours (☎395 3360; www.bigfoottours.co.bw; Zeltplatz pro Erw./Kind 200/100 P) besitzt zusätzliche Campingplätze in Lekhubu, Letiahau und Sunday Pan.

Am Eingang des Parks bekommen Besucher eine kostenlose fotokopierte Karte des Gebiets. Das Zelten ist im Khutse nur auf ausgewiesenen Campingplätzen erlaubt. Tagesgäste können die Parkranger vielleicht überreden, sie auf einen kurzen Blick einzulassen, doch offiziell muss man eine Reservierungsbestätigung von einem Campingplatz vorlegen, um Einlass in den Park zu erhalten – und der Weg nach Gaborone ist weit, wenn man keine hat.

Die letzte zuverlässige Möglichkeit zu tanken, besteht in Molepolole, obwohl manchmal auch in Letlhakeng Gelegenheit dazu ist. Lebensmittel und Getränke gibt es in Molepolole, Letlhakeng und (meist) Salajwe.

Sehenswertes

Khutse ist im Frühling und Herbst am schönsten, doch sollten Besucher Wochenenden und Ferien (einschließlich der südafrikanischen Schulferien) meiden.

Moreswe & Molose Pans

Die Becken am Westrand des Gebiets bieten gute Möglichkeiten zur Tierbeobachtung, weil jedes eine Wasserstelle besitzt. Bei der Recherche zu diesem Reiseführer wurde die Wasserstelle im Moreswe gerade repariert, trotzdem hielten sich Löwen in der Umgebung auf. In Molose ist mehr los, während Moreswe entlegener wirkt. Der kürzeste (aber am wenigsten interessante) Weg vom Eingangstor zum Moreswe ist 62 km lang, doch die längere nördliche Schleife (72 km) führt an einer Reihe von Becken vorbei und bietet größere Chancen, Tiere anzutreffen.

Die Northern Pans

Becken – Galalabadimo, Sutswane, Khutse 2, Motailane, Tshilwane, Mahurushele, Sekushwe und Khwankwe – säumen den nördlichen Hauptweg vom Eingangstor bis nach Nordwesten, wo die Wege ins Herz der Kalahari vordringen. Genau genommen liegt ein großer Bereich des Khutse, darunter die oben zuletzt genannten drei Becken, im Central Kalahari Game Reserve, obwohl er als Teil des Khutse Game Reserve verwaltet wird.

Schlafen

Khutse kann sich einiger wunderbar gelegener Campingplätze rühmen. Außer den Campingplätzen, die in diesem Reiseführer besprochen sind, gibt es weitere Plätze im Khutse, den Mahurushele und den Khankhe Pans. Alle werden von Bigfoot Tours verwaltet.

DIE KALAHARI CONSERVATION SOCIETY

Die Kalahari Conservation Society (KCS) ist eine nichtstaatliche Organisation (NGO), die 1982 vom ehemaligen Präsidenten von Botsuana, Sir Ketumile Masire, ins Leben gerufen wurde. Die KCS wurde angesichts der Erkenntnis gegründet, dass Flora und Fauna in Botsuana starken Belastungen ausgesetzt waren. Die Organisation hat in den letzten 30 Jahren aktiv mit den NGOs und Ministerien zusammengearbeitet, um Umwelt und Ressourcen in Botsuana zu schützen. Bislang hat sich die Organisation für mehr als 50 Schutzprojekte in der Kalahari, im Chobe National Park, im Moremi Game Reserve sowie im Okavango-Delta eingesetzt.

Ziel der KCS ist es, mit Hilfe von Erziehung und Aufklärungskampagnen das Bewusstsein der Öffentlichkeit für die reiche Flora und Fauna des Landes zu schulen, die Forschung auf diesem Gebiet zu intensivieren und zu finanzieren sowie Konzepte zum Schutz von Tieren und Umwelt zu fördern und zu unterstützen. Zur Umsetzung dieser Vorhaben ist die KCS auf Privatspenden und Mitgliedsbeiträge angewiesen.

Weitere Informationen stehen auf der Website www.kcs.org.bw.

Moreswe Pan Campsite CAMPINGPLATZ **$**
(☎395 3360; www.bigfoottours.co.bw; Zeltplatz pro Erw./Kind 200/100 P) Von der Auswahl an Campingplätzen im Khutse sind diese vier Zeltplätze abseits der Zivilisation wunderbare Ruheplätze und haben teilweise atemberaubende Ausblicke über das Becken. Eine Wasserstelle ist in der Nähe. Jeder der Plätze besitzt eine *braai*-Grube zum Grillen, Eimerduschen und ein Plumpsklo. Die drei Großkatzenarten kommen hier vor. Bei der letzten Recherchereise wurde der Platz Nr. 2 für einen der schönsten Zeltplätze des Landes befunden.

Molose Pan Campsite CAMPINGPLATZ **$**
(☎395 3360; www.bigfoottours.co.bw; Zeltplatz pro Erw./Kind 200/100 P) Diese Plätze sind zwar stärker frequentiert als die Campingplätze von Moreswe (die vier Plätze hier liegen 24 km näher zum Eingang), doch sie sind trotzdem ausgezeichnet. Die Wasserstelle in der Nähe wird von der Parkverwaltung unterhalten; das offene Land bietet freie Ausblicke auf Tiere.

Khutse Kalahari Lodge LODGE **$$**
(☎7197 2900; www.khutsekalaharilodge.com; Zi. 750 P) Die einzige Lodge im Gebiet des Khutse Game Reserve ist ab der Straße, die von Letlhakeng zum Eingang des Reservats führt ausgeschildert. Die Zimmer sind ein kleines bisschen abgewohnt und liegen in 24 attraktiv ausgestatteten, *rondavels*, außerdem gibt es einen gemütlichen Essbereich. Zu den Angeboten der Unterkunft zählen Fahrten zu den Tieren im Park und Aktivitäten der San. Um zur Lodge zu kommen wird ein Allradfahrzeug benötigt

An- & Weiterreise

Das Eingangstor und das Parkbüro sind 210 km von Gaborone entfernt. Die Straße ist bis Letlhakeng (109 km vom Parkeingang) asphaltiert, danach folgt rund 100 km weit bis zur Abzweigung nach Kaudwane eine Kiesstraße. Die letzten Kilometer bis zum Parkeingang sind eine Sandpiste. Um den Park zu erkunden, ist ein Auto mit Allradantrieb notwendig.

Kang

6560 EW.

Die kleine Siedlung Kang, 277 km südöstlich von Ghanzi, liegt an der Abzweigung zum Kgalagadi Transfrontier Park. Deshalb ist sie ein wichtiger Durchgangsort für Reisende zwischen Namibia, Südafrika und Botsuana (in manchen Läden der Stadt werden die Währungen aller drei Länder akzeptiert). In einem Schönheitswettbewerb hätte Kang allerdings keine Chance, aber es gibt dort eine zuverlässige Tankstelle und erschwingliche Möglichkeiten zum Übernachten und zum Essen.

Schlafen & Essen

Kang Ultra Stop MOTEL **$$**
(☎651 7294; www.kangultrastop.com; Zeltplatz pro Pers. ab 40 P, Zi. 390–560 P; ❄) Die wichtigste Tankstelle des Ortes versucht, alle Bedürfnisse der Reisenden in einem zu befriedigen. Die Zimmer im Motelstil sind einfach, aber preisgünstig und gepflegt, im Restaurant (Hauptgerichte ab 40 P) werden langweilige, aber sättigende Gerichte wie Hähnchenschnitzel oder Pizza serviert. Außerdem hat die Tankstelle einen Laden, der Alltags-

KGALAGADI-DÖRFER

Hukuntsi, Tshane, Lokgwabe und Lehututu werden alle zusammen als die Kgalagadi-Dörfer bezeichnet. Sie lagen vor der Asphaltierung der Straße nach Kang in einer der abgelegensten Ecken Botsuanas. Backpacker aus aller Welt nutzen die Dörfer gern als Startpunkt für ihre Ausflüge in den Kgalagadi Transfrontier Park.

Das wichtigste Geschäftszentrum der vier Dörfer, **Hukuntsi**, bietet sich an, um zu tanken und die Vorräte aufzustocken. An der Route von Hukuntsi nach Tshatswa (rund 60 km in Richtung Südwesten) liegen glitzernde weiße Salzpfannen, die sich in der Regenzeit mit Wasser füllen und große Populationen von Gemsboks (Oryxantilopen), Straußen und Kuhantilopen versorgen. Von Kang sind es 114 km auf einer befestigten Straße bis Hukuntsi. Es besteht alternativ aber auch die Möglichkeit, von Tshabong die sandige Piste (271 km) zu nehmen, die nur mit einem Geländewagen befahrbar ist.

Tshane befindet sich 12 km östlich von Hukuntsi und kann immerhin mit einer Polizeiwache im Kolonialstil aus der Zeit um 1900 aufwarten.

Lokgwabe, 11 km südlich von Hukuntsi, wurde vom Nama-Führer Simon Koper besiedelt. Er floh, nachdem er 1904 in Namibia den Nama-Aufstand angezettelt hatte, nach Bechuanaland, das unter britischem Protektorat stand. In der Folgezeit wurde er in der ganzen Kalahari von den deutschen Truppen und 800 Kamelen verfolgt. Der Müll der Häscher und ihrer Hilfskräfte aus jenen Tagen, darunter leere Corned-Beef-Dosen, liegt heute noch in der Gegend herum.

Lehututu, 10 km nordwestlich von Tshane, hat seinen Namen vom werbenden Ruf des Nashornvogels. Es war einst ein wichtiger Handelsposten, doch heute ist es bloß noch ein gesichtsloses unbedeutendes Wüstendorf.

Es gibt in dieser Region keine Hotels. Camper sollten den *kgosi* (Häuptling) um Erlaubnis bitten und sich in einem der Dörfer einen Campingplatz empfehlen lassen.

bedarf und Souvenirs verkauft. Es gibt auch eine Bar, an der es am Abend manchmal ziemlich rau zugeht.

Kang Echo Lodge MOTEL **$$**
(☎651 7094; www.echolodge.co.bw; Zi. ab 525 P) Im Stil ähnlich wie das Kang Ultra Stop besitzt die Kang Echo Lodge bequeme, aber langweilige Zimmer im Motel-Stil, die ein kleines Stück abseits der Straße liegen. Das Restaurant und der Laden des Ultra Stop sind nur einen kleinen Spaziergang entfernt.

Nkisi Guesthouse GUESTHOUSE **$$**
(☎651 7374; www.nkisiguesthouse.com; DZ/FZ ab 520/650 P; ❄) Das Nkisi, die dritte Unterkunft im Umkreis der Tankstelle, besitzt ein wenig mehr Stil. In den Zimmern dominieren Erdfarben; einige Zimmer eignen sich auch für Familien und verfügen zusätzlich zum Doppelbett über Stockbetten.

Kang Lodge MOTEL **$$**
(☎651 8050; www.kanglodge.com; EZ/DZ/Suite 330/510/550 P; ❄) Direkt außerhalb des Ortes an der Straße nach Gaborone gelegen, ähnelt die Kang Lodge den Übernachtungsmöglichkeiten im Ort. Allerdings kommen Alleinreisende hier günstiger weg. Das angeschlossene Restaurant (Hauptgerichte ab 40 P) serviert Gerichte, die okay sind.

ℹ An- & Weiterreise

Busse, die zwischen Ghanzi und Gaborone verkehren, fahren durch Kang. Allerdings gibt es keine öffentlichen Verkehrsmittel in den Kgalagadi Transfrontier Park – wer dorthin reisen möchte, braucht ein eigenes Auto oder muss zum Trampen bereit sein.

Kgalagadi Transfrontier Park

Der ehemalige Mabuasehube Gemsbok National Park wurde 2000 mit dem einstigen Kalahari Gemsbok National Park in Südafrika zusammengelegt. Es entstand der neue staatsübergreifende Kgalagadi Transfrontier Park, ein 28 400 km^2 großes Schutzgebiet, das mit einer der größten und faszinierendsten Landschaft auf dem gesamten Kontinent aufwarten kann. Es gibt dort auch Wanderdünen zu sehen, die für die Kalahari allerdings nicht so typisch sind, wie viele Besucher meinen. Immerhin ist dies eine echte Wüste: Im Sommer kann es tagsüber 45 °C heiß werden, und nachts fallen die Temperaturen dann durchaus auf eisige -10 °C.

Im Kgalagadi leben große Herden Springböcke, Oryx- und Elenantilopen sowie Weißschwanzgnus, außerdem die ganze Palette an Raubtieren wie Löwen (ca. 450 Tiere), Geparde, Leoparden, Wildhunde, Schakale und Hyänen. Es finden sich ferner über 250 Vogelarten, darunter mehrere endemische Lerchen- und Bussardarten.

Zelten ist im Park nur auf den ausgewiesenen Campingplätzen erlaubt, die im DWNP-Büro in Gaborone oder in Maun im Voraus zu buchen sind. Ohne diesen Reservierungsnachweis gibt es auf botsuanischer Seite keinen Einlass in den Park.

Die beiden Haupttore (wo die Eintrittsgenehmigung zu kaufen ist) befinden sich in Twee Rivieren (Südafrika) und Two Rivers (Botsuana). Wer in die Mabuasehube Section will, nimmt die Tore an den Pisten von Süden, Norden und Osten her, wobei die Eintrittserlaubnis in der Parkzentrale an der Mpaathutlwa Pan zu erwerben ist. Es gibt auch eine schwierige Piste (nur Geländewagen) von Tshatswa zum nördlichen Tor der Gemsbok (Two Rivers) Section in Kaa.

Diejenigen, die auf den Campingplätzen von Polentswa und Rooiputs zelten, können sich im Two Rivers Camp Site (Botsuana) Feuerholz mitnehmen. Benzin und die nötigen Grundnahrungsmittel sind in Twee Rivieren (Südafrika) erhältlich. In Hukuntsi, Jwaneng, Kang und Tshabong lässt es sich immer zuverlässig tanken. Nützliche Landkarten vom gesamten Park sind an den Toren in Two Rivers und Twee Rivieren zu haben.

Sehenswertes

MABUASEHUBE SECTION

Dieser Abschnitt des Parks umfasst insgesamt eine Fläche von 1800 km^2. Die Hauptattraktionen sind die sehenswerten roten Dünen, die sich um die drei wichtigsten sowie einige weniger bedeutende Salzpfannen gruppieren. Die größte ist die Mabuasehube Pan. Gegen Ende des Winters und zu Frühlingsbeginn nutzen viele wandernden Tierherden diese Pfannen gern als Salzlecke zum Energietanken.

TWO RIVERS SECTION

Dieses Gebiet lässt sich mittlerweile entweder von Kaa oder von Mabuasehube aus erreichen, doch am einfachsten ist die Zufahrt noch immer von Südafrika aus. Das Regenwasser, das sich in den Pools der ausgetrockneten Flussbetten des Auob River und des Nossob River sammelt, lockt jede Menge durstige Tiere an und bietet deshalb hervorragende Möglichkeiten, große Säugetiere in freier Wildbahn zu beobachten.

DER KGALAGADI TRANSFRONTIER PARK AUF EINEN BLICK

Auf in den Kgalagadi Transfrontier Park!

Hier finden Besucher schließlich die Kalahari ihrer Träume: sanfte rote Sanddünen, Trockensavanne und ein reiches Tierleben.

Zugangsort

Kang

Tiere

Der Park ist ein wichtiger Stützpunkt des Kalahari-Löwen, bietet aber unter anderem auch gesunde Populationen von Leoparden, Geparden, Giraffen und Spießböcken.

Reisezeit

Die beste Zeit für einen Besuch ist von Dezember bis Mai, doch der Park ist ganzjährig zugänglich.

Unterwegs im Kgalagadi Transfrontier Park

Um im Park herumzukommen, braucht man ein Allradfahrzeug; einige der Camps sind allerdings auch mit normalem Pkw zugänglich.

Tipp vom Autor

Die Unterkunft unbedingt so früh wie möglich buchen, vor allem wenn die Reise in die Zeit der Schulferien oder von Feiertagen in Südafrika fällt.

Kgalagadi Transfrontier Park

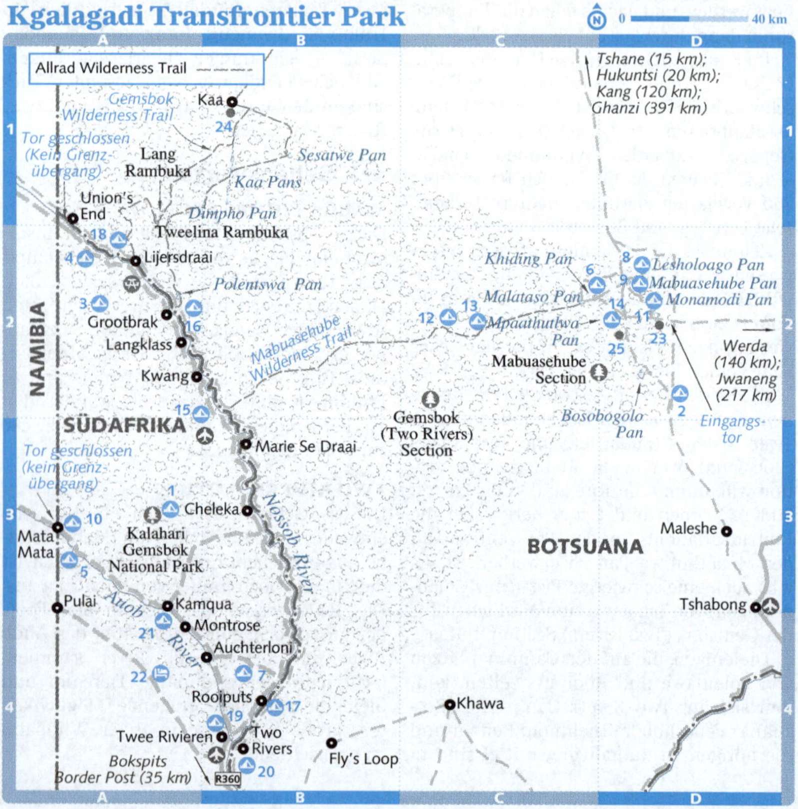

Kgalagadi Transfrontier Park

Schlafen

1 Bitterpan Wilderness Camp ... A3
2 Bosobogolo Pan Camp Site ... D2
3 Gharagab Wilderness Camp ... A2
4 Grootolk Wilderness Camp ... A2
5 Kalahari Tented Camp ... A3
6 Khiding Pan ... C2
7 Kielekranke Wilderness Camp ... B4
8 Lesholoago Pan ... D2
9 Mabuasehube Pan ... D2
10 Mata Mata Rest Camp ... A3
11 Monamodi Pan Camp Site ... D2
12 Motopi 1 Camp Site ... C2
13 Motopi 2 Camp Site ... C2
14 Mpaathutlwa Pan Camp Site ... D2
15 Nossob Rest Camp ... A2
16 Polentswa ... A2
17 Rooiputs ... B4
18 Swart Pan ... A2
19 Twee Rivieren ... B4
20 Two Rivers ... B4
21 Urikaruus Wilderness Camp ... A4
22 Xaus Lodge ... A4

Praktisches

23 Eingangstor ... D2
24 Kaa Eingangstor ... B1
25 Park Headquarters ... D2

KALAHARI GEMSBOK NATIONAL PARK (SÜDAFRIKA)

Dieser Parkbereich zeichnet sich besonders durch eine semiaride Landschaft mit Dünen aus. Charakteristisch für den Park sind auch das von Kameldornbäumen gesprenkelte Grasland und die ausgetrockneten Flussbetten von Auob und Nossob. Viele der Straßen lassen sich mit einem normalen Pkw befahren, was natürlich ein Vorteil ist.

Aktivitäten

In dieser abgelegenen Ecke von Botsuana gibt es mehrere Pisten durch die Wildnis. Der **Nossob Eco Trail** dauert vier Tage, und an Proviant ist wirklich absolut alles mitzubringen. Der Weg führt an einfachen Campingplätzen vorbei. Walkie-Talkies werden für die Expedition gestellt, zu der mindestens zwei und höchstens fünf Fahrzeuge erforderlich sind. Die Kosten liegen pro Wagen (mit maximal fünf Fahrgästen) bei 1730 R. Es wird empfohlen, beim DWNP (S. 379) in Gaborone im Voraus zu buchen.

Der **Swartbas Wilderness Trail** (☎054-561 2000) ist ein zweitägiger Treck mit einfachen Campingeinrichtungen auf dem Weg und lässt sich mit einem robusten Geländewagen bewältigen. Allerdings ist die Piste von April bis November geschlossen.

Schlafen

Alle Campingplätze im botsuanischen Teil des Parks müssen im Voraus über **DWNP** (☎381 0774; dwnp@gov.bw; Zeltplatz pro Pers. 30 P) gebucht werden.

Hütten und Chalets im südafrikanischen Teil sollten für die Zeit von Juni bis September, für Wochenenden, Feiertage und Schulferien im Voraus gebucht werden. Kontakt: **National Parks Board** (☎Südafrika 012-428 9111; www.sanparks.org).

MABUASEHUBE SECTION

Es gibt primitive Campingplätze an der Lesholoago Pan, Khiding Pan, Mabuasehube Pan, Mpaathutlwa Pan, Monamodi Pan und Bosobogolo Pan. Die sanitären Anlagen beschränken sich auf Plumpsklos, doch fast überall gibt es Wasserstellen, an denen man Tiere beobachten kann, so dass die schlichte Ausstattung in den Hintergrund rückt.

An der Straße, die zwischen der Mabuasehube und der Two Rivers Section des Kgalagadi Transfrontier Parks verläuft, liegen die Campingplätze Motopi 1 und Motopi 2. Ersterer befindet sich 71 km westlich von Mabuasehube (95 km von Two Rivers), während Motopi 2 60 km von Mabuasehube und 106 km von Two Rivers entfernt ist.

TWO RIVERS SECTION

Im westlichen Bereich des botsuanischen Teils des Parks gibt es einfach ausgestattete Campingplätze im Nossob Valley in Two Rivers. Obwohl diese Plätze sich auf botsuanischem Gebiet befinden, sind sie nur von Südafrika her zugänglich.

Two Rivers CAMPINGPLATZ $
(DWNP; ☎381 0774; dwnp@gov.bw; Zeltplatz pro Pers. 30 P) Hier gibt es kalte Duschen und Sitztoiletten mit Wasserspülung. Dieser Platz kann von Bokspits in Botsuana erreichbar sein, ohne dass Besucher erst nach Südafrika überwechseln müssen. Bei der Buchung erfragen.

Polentswa CAMPINGPLATZ $
(DWNP; ☎381 0774; dwnp@gov.bw; Zeltplatz pro Pers. 30 P) Auf diesem einfachen Campingplatz gibt es Schatten, außerdem Latrinen, aber kein fließendes Wasser.

Rooiputs CAMPINGPLATZ $
(DWNP; ☎381 0774; dwnp@gov.bw; Zeltplatz pro Pers. 30 P) Ein guter Platz mit Schatten und einfachen Waschräumen, etwa 30 km von Two Rivers entfernt.

Swart Pan CAMPINGPLATZ $
(DWNP; ☎381 0774; dwnp@gov.bw; Zeltplatz pro Pers. 30 P) Einfacher Campingplatz.

KALAHARI GEMSBOK NATIONAL PARK

Alle Hütten und Chalets sind mit Bettzeug und Kochgeräten ausgestattet. Bei jedem Platz gibt es einen Laden, der den Grundbedarf deckt und Lebensmittel, Getränke (einschließlich Alkohol) und meist Benzin verkauft.

Informationen zu den folgenden Camps gibt es unter http://sanparks.org.za/parks/kgalagadi/tourism/accommodation.php.

Twee Rivieren CAMPINGPLATZ, CHALETS $$
(Zeltplatz 155–180 R, Chalets 715–1040 R; ❄🏊) Twee Rivieren ist das am leichtesten zugängliche und beliebteste Camp auf beiden Seiten des Flusses. Es gibt einen Swimmingpool und – ungewöhnlich für diese Gegend – ein Bar-Restaurant im Freien. Die rustikalen Chalets sind modern ausgestattet, mit Klimaanlage, warmen Duschen und einer Küche. Als einziges Camp im Kgalagadi wird es rund um die Uhr mit Strom versorgt und verfügt über ein relativ starkes Handy-Signal.

Nossob Rest Camp CAMPINGPLATZ, CHALETS $$
(Zeltplatz 180 R, Chalets ab 460 R, 2B-/4B-Chalets 630/1275 R, 6-B-Guestehouses 1040 R) Dieses sehr schlichte Camp besticht durch seine schöne Lage am Nossob River, nur 3½ Stunden von Twee Rivieren entfernt. Ein Generator liefert 18 Stunden pro Tag Strom. Die Gegend ist bekannt für die Präsenz zahlreicher Raubtiere.

Mata Mata Rest Camp CAMPINGPLATZ $$
(Zeltplatz 180 R, Chalets ab 615 R, 4B-Guestehouses 1040–1710 R;) Das sehr einfache Mata Mata Camp liegt am malerischen Auob River, nicht weit von der namibischen Grenze und 2½ Stunden von Twee Rivieren entfernt. Ein Generator liefert 18 Stunden täglich Strom; Giraffen sind häufige Besucher im Camp.

Bitterpan Wilderness Camp HÜTTE $$$
(2B-Hütten mit Reetdach 945 R) Um hierher zu kommen, muss man Nossob auf einer einspurigen Piste durchqueren, die nur von Allradfahrzeugen zu befahren ist. Aber diese Zelte auf Stelzen, die im Angesicht der roten Sanddünen über einer glitzernden Wasserstelle zu schweben scheinen, sind schon wegen ihrer Romantik die Reise wert. Dazu das Gefühl der Einsamkeit – all das macht sie zum perfekten Rückzugsort in der Kalahari.

Gharagab Wilderness Camp HÜTTE $$$
(2B-Hütte 965 R) Gharagab im Busch des nördlichen Teils des Parks ist ein staubiger, surreal anmutender, schöner Ort, um zu betrachten, wie die Sonne über der Wasserstelle, den Sanddünen und der dornigen Savanne untergeht. Zum Erreichen des Camps wird ein Allradfahrzeug benötigt. Die Unterkünfte in Blockhütten werden mit Solarstrom und warmem Wasser versorgt.

Grootolk Wilderness Camp HÜTTE $$$
(2B-Hütte 1050 R) 20 km vom Dreiländereck Botsuana–Namibia–Südafrika und Jahrhunderte von der modernen Welt entfernt, sind diese Hütten in der Wüste der Traum eines jeden Aussteigers. Das Camp ist meist ohne Allradfahrzeug zu erreichen, in 2½-stündiger Fahrt von Nossob und in sechs Stunden von Twee Rivieren.

Kielekranke Wilderness Camp HÜTTE $$$
(2B-Hütte 1050 R) Ein weiteres großartiges Ensemble aus Hütten und Zelten, tief in der Kalahari gelegen. Es gibt in Kielekranke die übliche mit Solarstrom betriebene Küche für Selbstversorger. Einchecken muss man in Twee Rivieren, 50 km oder 90 Minuten vom Camp entfernt.

Urikaruus Wilderness Camp HÜTTE $$$
(2B-Hütte 1050 R) Das Camp auf Stelzen duckt sich unter Kameldornakazien und bietet gute Möglichkeiten zur Tierbeobachtung an einem trockenen Flussbett und einer Wasserstelle. Die Hütten sind durch einen erhöhten Steg miteinander verbunden. Sie besitzen Küchen mit Solarstrom. Eingecheckt wird in Twee Rivieren, 72 km oder zwei Stunden Fahrt entfernt.

Kalahari Tented Camp ZELTCAMP $$$
(Zelte 1070–1215 R) Diese Reihe von 15 Zelten (darunter ein Flitterwochenzelt – hübsch) liegt oberhalb einer Wasserstelle im ausgetrockneten Auob River. Die Umgebung besteht aus blutrotem, ausgedörrtem Land. Grundversorgung ist im Mata Mata Rest Camp in 3 km Entfernung erhältlich.

!Xaus Lodge LODGE $$$
(☎ in Südafrika 021-701 7860; www.xauslodge.co.za; EZ/DZ 4030/6200 R;) Wer ein luxuriöseres Erlebnis sucht, bucht eine Nacht in der einzigen eleganteren Unterkunft im Kgalagadi Transfrontier Park. Die Lodge ist im Besitz und wird betrieben von der örtlichen San-Gemeinschaft. Sie ist ein Traum in Ocker, dekoriert mit Wandbehängen, die von der Nähgruppe der örtlichen Frauen hergestellt wurden, und bietet einen Ausblick über ein beeindruckendes, rundes Becken. Der Pool wirkt in diesem trockenen Land etwas fehl am Platz, doch das San-Personal, die kulturellen Aktivitäten und die ausgezeichneten Fahrten zur Tierbeobachtung runden ein grandioses Erlebnis ab.

An- & Weiterreise

Flugpisten (nur für Charterflüge) finden sich in Ghanzi, Tshabong, Twee Rivieren und beim Nossob Camp.

Die Gegend von Two Rivers ist vom Süden her über Two Rivers erreichbar, vom Norden her über Kaa. In den Kalahari Gemsbok National Park gelangt man über Twee Rivieren – beide befinden sich rund 53 km nördlich vom Grenzübergang Bokspits. Die Grenzübergänge nach Namibia in Union's End und Mata Mata sind geschlossen, weil der Verkehr die Tiere stört. In die Mabuasehube Section gelangt man vom Süden (über Tshabong), vom Noden (über Tshane) und vom Osten (über Werda).

BOTSUANA VERSTEHEN

Botsuana aktuell

Botsuanas jüngste Geschichte eignet sich durchaus als Vorbild für viele andere afrikanische Staaten. Statt seine Bodenschätze, wie dies so oft geschieht, einfach zu verschleudern, hat Botsuana seine Einkünfte aus den Diamantenminen dazu genutzt, ein

DER TRAURIGSTE ORT DER WELT?

Die Menschen in Botsuana wirken freundlich und fröhlich – und das Wirtschaftswachstum im Lande zeigt, dass sie offenbar allen Grund zur Freude haben. Das gilt aber nicht für jedermann. 2012 hat die New Economics Foundation (www.neweconomics.org) Menschen in 151 Ländern befragt, um die neueste Ausgabe des Happy Planet Index fertigzustellen. Entgegen einer verbreiteten Auffassung misst dieser Index nicht in erster Linie die Zufriedenheit der Menschen im Alltag. Vielmehr geht es darum, festzustellen, welches Land die natürlichen Resourcen am effizientesten zum Wohle aller Bürger einsetzt und dabei die geringsten ökologischen Nachteile in Kauf nimmt. Mit anderen Worten: Am besten schneiden Länder ab, deren Bewohner ein zufriedenes Leben führen, ohne die Resourcen ihres Landes über Gebühr zu strapazieren. Den Index gibt es seit 2006; anfangs rangierte Botsuana im unteren Bereich, und 2012 landete das Land … auf dem allerletzten Platz.

geordnetes und weitgehend egalitäres Land aufzubauen: ein Land, dessen wirtschaftliche Wachstumsraten jahrzehntelang zu den höchsten der Welt zählten. Hier funktionieren die Dinge einfach, hier rückt die Regierung Themen wie Bildung, Gesundheit und Umweltschutz tatsächlich in den Vordergrund. Selbst angesichts einer so ernsten Bedrohung wie Aids hat die Regierung neue Wege beschritten und allen Bürgern Zugang zu medizinischer Behandlung ermöglicht.

Trotz dieser positiven Nachrichten ist Botsuana natürlich keineswegs vollkommen. Der Umgang des Landes mit der indigenen Bevölkerung der San bleibt Menschenrechtlern ein Dorn im Auge; Ende 2010 hat die Organisation Survival International sogar zum Boykott botsuanischer Diamanten aufgerufen und die Regierung beschuldigt, die San systematisch aus ihrer angestammten Heimat zu vertreiben.

In wirtschaftlicher Hinsicht könnte die Abhängigkeit des Landes von der Diamantenförderung sich noch als großes Problem erweisen, denn Experten gehen davon aus, dass die Förderrate demnächst ihren Gipfelpunkt erreicht haben dürfte und dann im Laufe der folgenden 20 Jahre allmählich absinken wird. Immerhin hat der größte Diamantenhersteller der Welt 2012 einen Teil seiner Verarbeitung von London nach Botsuana verlegt und dem Land damit einen größeren Anteil an der Wertschöpfung eingeräumt. Trotzdem macht die Abhängigkeit vom internationalen Diamantenmarkt die Wirtschaft natürlich verwundbar: Als der Markt 2009 schrumpfte, ging auch die Wirtschaftsleistung Botsuanas um fast 5 % zurück – ein Phänomen, das viele im Lande zum allerersten Mal erlebten. In dieser Zeit brach die Industrieproduktion sogar um 30 % ein. Inzwischen hat Botsuana zu eindrucksvollen Wachstumsraten zurückgefunden, doch die Episode lässt sich durchaus als Warnung verstehen. Die Arbeitslosigkeit liegt amtlichen Angaben zufolge bei 7,5 %, in Wirklichkeit dürfte sie aber wohl fast die 40-%-Marke erreichen.

Botsuanas vielgerühmte politische Stabilität – immerhin regiert die Botswana Democratic Party (BDP) das Land schon seit der Unabhängigkeit – wurde in den vergangenen Jahren zumindest ein klein wenig erschüttert. Nach einem zweimonatigen Streik um Lohnerhöhungen wandten manche Mitglieder der Regierungspartei ihrer eigenen Organisation den Rücken zu. Als die Oppositionsparteien sich aber nicht auf eine gemeinsame Plattform einigen konnten, kehrten einige Regierungsmitglieder wieder in ihre alte politische Heimat zurück. Ein Machtwechsel steht also wohl noch nicht unmittelbar bevor.

Geschichte

Ur- & Frühgeschichte

Wer Botsuana wirklich verstehen möchte, muss tief in die Vergangenheit eintauchen. Die frühesten Wanderungen der Menschheit fanden in den Savannen im Süden und Osten Afrikas statt. Diese Menschen entwickelten einfache Werkzeuge, lernten ein Feuer zu entfachen und lebten als Jäger und Sammler in den weiten Ebenen. Je nach Jahreszeit wanderten sie durch die ausgedehnten Feuchtgebiete, die einst den Norden des Landes bedeckten.

In der Mittleren Steinzeit, die vor ungefähr 20 000 Jahren endete, hatten sich die Boskop, die größte Menschengruppe, die im südlichen Afrika ansässig war, zu einer gut organisierten Jäger- und Sammlergesellschaft entwickelt. Sie gelten als die Vorfahren der heutigen San.

Archäologische Funde und Felsmalereien in den Tsodilo Hills belegen, dass diese Jäger und Sammler ab ca. 17 000 v. Chr. in Hütten und Höhlen in der ganzen Region lebten. Die Felsmalereien, in denen Die Menschen ihre natürliche Lebensumwelt darstellten, zeugen von künstlerischem Geschick. Nach und nach lösten Knochen-, Holz- und schließlich Eisengeräte die unhandlichen Steinwerkzeuge ab. Mit besseren Werkzeugen und Waffen konnte man besser verarbeiten und jagen, wodurch mehr Zeit blieb für weitere Entwicklungen, für Schönheitspflege und für neue kunsthandwerliche Betätigungen wie etwa die Töpferei.

Diese Fortschritte führten dazu, dass viele dieser Jäger und Sammler sich Ackerbau und Viehzucht zuwandten, etwa auf dem Weideland am Okavango-Delta und bei den Seen von Makgadikgadi. Manche von ihnen wanderten später westwärts nach Zentralnamibia. In der Zeit um 70 v. Chr. hatten einige sogar das Kap der Guten Hoffnung erreicht.

Die Besiedlung

Anhand von Tongefäßscherben aus der Frühzeit waren Archäologen und Anthropologen in der Lage, die einzelnen Schritte der komplexen, kreuz und quer verlaufenden Wanderungen unterschiedlicher ethnischer Gruppen in den Süden Afrikas nachzuvollziehen. Von 200 bis 500 n. Chr. drangen Bantu sprechende Bauern aus dem Norden und Osten auch in den Süden vor. Das Verhältnis zwischen den San und den Bantu-Völkern scheint zunächst sehr freundlich gewesen zu sein. Die beiden Gruppen vermischten sich problemlos, trieben Handel und heirateten untereinander.

Schließlich gab es auch viel Dinge, die sie voneinander lernen konnten. Die Bauern brachten neue politische Systeme und bessere landwirtschaftliche und metallverarbeitende Techniken ein. In den Tswapong-Hills bei Palapye haben Forscher Relikte eines frühzeitlichen Eisenschmelzofens gefunden, die sich bis in das Jahr 190 n. Chr. zurückdatieren lassen. Eine der ersten und mächtigsten Bantu-Gruppen, die sich in der Region niederließen, waren die Sotho-Tswana, die aus drei verschiedenen Untergruppierungen bestanden: den aus dem Norden stammenden Basotho (bzw. Pedi), die sich im Transvaal in Südafrika ansiedelten, den aus Lesotho im Süden kommenden Basotho und den Basotho (bzw. Batswana) aus dem Westen, die in den Norden nach Botsuana wanderten.

Um ca. 600 n. Chr. breiteten sich die Viehzüchter, Neuankömmlinge aus Simbabwe, in der Gegend aus. Im 13. Jh. befand sich der größte Teil des östlichen Botsuana unter der Herrschaft von Groß-Simbabwe, einem der legendärsten alten Königreiche Afrikas. Zwischen dem 13. und dem 15. Jh. verleibte sich Groß-Simbabwe zahlreiche Stammesfürstentümerein, die im Nordwesten Botsuanas ein. Die Region gehörte auch mehrere Jahrhunderte später noch zum Gebiet von ursprünglich aus Simbabwe stammenden Dynastien, vor allem zu denen der Torwa bzw. der Rozwi.

Das einzige Volk, das eine weitere bedeutende Wanderungsbewegung nach Botsuana unternahm, waren die Herero Ende des 19. Jhs. Als sie sich in Namibia der offenen Aggression seitens der Deutschen ausgesetzt sahen, flohen sie ostwärts und ließen sich im äußersten Nordwesten Botsuanas nieder.

Aufstieg der Tswana

Eine der bedeutendsten Entwicklungen in der langen Geschichte Botsuanas war die Entstehung der drei Hauptzweige des Tswana-Stammes im 14. Jh. Es handelte sich dabei um einen typischen Fall von Familienfehde, aufgrund derer sich drei Brüder – Kwena, Ngwaketse und Ngwato – von ihrem Vater, Häuptling Malope, lossagten, um in Molepolole, Kanye und Serowe jeweils eine eigene Gefolgschaft um sich zu scharen. Hauptgründe für diese Aufsplitterung waren die zunehmende Dürre und die steigende Zahl an Stammesmitgliedern, die sich auf der Suche nach neuen Weiden und Ackerland räumlich ausbreiteten.

Der Ngwato-Clan spaltete sich Ende des 18. Jhs. weiter auf, und zwar nach einem Streit zwischen Häuptling Khama I. und seinem Bruder Tawana. Dieser kehrte Serowe schließlich den Rücken und gründete in der Gegend um Maun sein eigenes Stammesfürstentum. Die vier heutigen großen Batswana-Gruppierungen – die Batawana, Bakwena, Bangwaketse und Bangwato – sind infolge dieser Zersplitterung entstanden und diese Aufspaltung in mehrere Gruppen prägt die Gesellschaft des Landes bis auf den heutigen Tag.

BÜCHER ZUR GESCHICHTE BOTSUANAS

History of Botswana (Thomas Tlou und Alec Campbell) Das Buch von 1984 ist zwar vor allem für Schulen gedacht, es ist aber immer noch eines der besten Bücher über die Geschichte des Landes von der Steinzeit bis zur Unabhängigkeit.

Reisen und Entdeckungen im südlichen Afrika: Von der Kalahari zu den Victoria-Fällen (David Livingstone) In diesem Klassiker der Reiseliteratur kann man an einer faszinierenden Entdeckungsreise teilhaben. Ergänzend dazu eignet sich Janet Wagner Parsons' Biografie *The Livingstones at Kolobeng*.

Seretse Khama: 1921–1980 (N. Parsons, W. Henderson und T. Tlou) Die immer noch beste Biografie des ersten Präsidenten von Botsuana.

Seretse and Ruth: Botswana's Love Story (Wilf und Trish Mbanga) Eine anrührende Liebesgeschichte und gleichzeitig ein handfester politischer Skandal – geschildert aus der Sicht eines Insiders.

Building of a Nation: A History of Botswana from 1800 to 1910 (J. Ramsay, B. Morton und T. Mgadla) Die wohl beste Darstellung der Kolonialgeschichte des Landes.

Botswana: The Road to Independence (P. Fawcus und A. Tilbury) Eine kompetente Geschichtsdarstellung aus der Feder zweier hochrangiger britischer Beamter aus der Zeit des Protektorats.

Diamonds, Dispossession and Democracy in Botswana (Kenneth Good) Eine scharfe Kritik an den heutigen Machthabern von Botsuana und ihrem Umgang mit den San.

Die Difaqane

Als sich die verschiedenen Völker über den Süden Afrikas ausdehnten und ihre Handelsgebiete festlegten, kam es erstmals zu Problemen bei der Aufteilung des Landes. Um 1700 hatten sich die einst kleinen Dörfer längst zu befestigten Siedlungen auf strategisch günstigen Hügeln entwickelt. Die aggressive Stimmung wurde durch den zunehmenden Handel mit Elfenbein, Vieh und Sklaven noch weiter angeheizt. Mächtige Stämme kämpften um die Kontrolle über diese lukrativen Ressourcen. Der bekannteste Aggressor war der Zulu-Kriegsherr Shaka, der neue Häuptling des Zulu-Stammes. Von seinem Lager in Natal aus führte er eine ganze Reihe brutaler Eroberungszüge mit dem Ziel, alle Stämme und Siedlungen, auf die er traf, zu erobern oder zu zerstören. Um 1830 hatte er sich die Gebiete der Bakwena und Bangwato einverleibt, und den Überlebenden blieb nur die *difaqane* (wörtlich übersetzt „die Verstreuung" bzw. der Exodus). Der Nachfolger Shakas, der ebenso unbarmherzige Ndebele-Feldherr Mzilikazi, entsandte seine Truppen in die Dörfer Botsuanas und zwang die Bewohner zur Flucht bis nach Ghanzi und Tshane inmitten der Kalahari. Seine Krieger unterwarfen auch die Bangwaketse, die daraufhin in die Wüste flohen und sich schließlich bei Letlhakeng niederließen. Die Tswana-Staaten Ngwaketse, Kwena und Ngwato erholten sich erst in den 1840er-Jahren wieder, als die verheerenden Auswirkungen der *difaqane* nachgelassen hatten. Um in Zukunft stärker zu sein, schlossen sie sich unter der Führung von König Segkoma I. zu einem lockeren Bund zusammen. Dieser Zusammenschluss blieb aber in Gebiete mit eigenen Häuptlingen unterteilt, die dann wiederum dem König (in Form von Arbeit oder Vieh) Tribut zollten. Botsuana hatte zwar den Weg zur Einigung beschritten, doch die Einzelstaaten konkurrierten weiter miteinander beim Handel mit Elfenbein und Straußenfedern, der auf neuen Routen mit der Kap-Kolonie im Süden betrieben wurde. Diese Handelswege brachten auch die ersten christlichen Missionare nach Botsuana und ermöglichten es den Buren, ihr Vordringen in Richtung Norden fortzusetzen.

Buren & Briten

Während Mzilikazi den Batswana verheerende Verluste zufügte und die Missionare die Überlebenden zu bewegen versuchten zum Christentum überzutreten, fühlten sich die Buren von ihren britischen Nachbarn am Kap unter Druck gesetzt. (Die Buren waren Nachfahren holländischer Siedler, die sich am östlichen Kap im südlichen Afrika niedergelassen hatten.) Also starteten 1836 rund 20 000 Buren den Großen Treck über den Vaal River in das Territorium der Batswana und Zulu. Die Buren riefen dort ihren eigenen Freistaat aus und übernahmen damit die Macht im Transvaal – ein Schritt, dem die Briten im Rahmen der Sand River Convention von 1852 zustimmten. Letztlich gerieten die Batswana damit unter die Herrschaft der sogenannten Südafrikanischen Republik, was zu Aufständen und deren brutaler Unterdrückung führte. Nach vielen Toten und großen Gebietsverlusten baten die Batswana-Häuptlinge die britische Regierung um Schutz vor den Buren. Großbritannien hatte allerdings im Süden Afrikas schon alle Hände voll zu tun und war nicht erpicht darauf, ein Land mit unsicheren Profitaussichten zu unterstützen. Stattdessen bot es sich als Schlichter bei dem Streit an. Allerdings waren 1877 die Spannungen zwischen Briten und Buren derart gewachsen, dass die Briten schließlich den Transvaal annektierten – und damit den Ersten Burenkrieg auslösten. Der Krieg dauerte bis zur Pretoria-Konvention von 1881, gemäß der sich die Briten aus dem Transvaal zurückzogen, während die Buren im Gegenzug ihre Gefolgschaft gegenüber der Britischen Krone bekundeten.

Nun, da ihnen die Briten nicht mehr im Wege standen, zogen die Buren wieder nordwärts in Batswana-Gebiete. 1882 konnten die Buren die Städte Taung und Mafikeng einnehmen, die sie zu den Republiken Stellaland und Goshen ausriefen. Sie wären wahrscheinlich noch weiter vorgerückt, wäre es nicht zur Annexion Südwestafrikas (des heutigen Namibias) durch die Deutschen in den 1890er-Jahren gekommen.

Die Briten sahen sich mit der Möglichkeit einer Kalahari-übergreifenden Allianz zwischen den Deutschen und den Buren konfrontiert, die das Ende ihres Traums von einer Expansion in das an Bodenschätzen reiche Rhodesien (Simbabwe) bedeutet hätte. Also begannen sie, sich ernsthaft mit der Bitte der Batswana um Schutz zu beschäftigen. 1885 erklärten sie das Land ihrer Tswana-Verbündeten zum Protektorat, zur britischen Kronkolonie Betschuanaland.

Cecil John Rhodes

Die Expansion der Briten im Süden Afrikas geschah mit Hilfe einer Privatgesellschaft unter der Federführung der British South Africa Company (BSAC). Sie gehörte dem millionenschweren britischen Unternehmer und Geschäftsmann Cecil John Rhodes, einer schillernden Persönlichkeit, die den Imperialismus ablehnte.

1889 hatte Rhodes bereits seine Finger beim Diamantenbergbau in Kimberley (Südafrika) im Spiel gehabt. Er war überzeugt, dass andere afrikanische Länder, die über ähnliche Bodenschätze verfügten, nur darauf warteten, ausgebeutet zu werden. Er wollte dies mittels Landkonzessionen tun, die Unternehmen privat erwerben konnten, um neues Land für die Krone zu besiedeln. Rhodes nutzte das System in betrügerischer Absicht aus und erwarb mit juristischen Tricks große Landstriche von Stammeshäuptlingen. Die Briten drückten ein Auge zu, da sie hofften, das ganze Betschuanaland-Protektorat an die BSAC abgeben und sich so die Kosten für die Kolonialadministration sparen zu können.

Schließlich segelten die drei Batswana-Häuptlinge, Bathoen, Khama III. und Sebele, die die Auswirkungen und Folgen von Rhodes' Vorhaben erkannten, in Begleitung des ihnen wohlgesonnenen Missionars W. C. Willoughby nach England, um das Britische Parlament persönlich darum zu bitten, die Regierungskontrolle über Betschuanaland aufrecht zu halten. Statt zu handeln, riet Kolonialminister Joseph Chamberlain den Häuptlingen dazu, direkt mit Rhodes Kontakt aufzunehmen und die Sache untereinander zu regeln.

Natürlich rückte Rhodes keinen Millimeter von seiner Position ab, sodass die Delegation schließlich an die London Missionary Society (LMS) herantrat, die wiederum die britische Öffentlichkeit von dem Thema in Kenntnis setzte. Aus Furcht, die BSAC könne Alkohol in Betschuanaland erlauben, unterstützten die LMS und andere christliche Gruppen den strenggläubigen Christen Khama und seine Begleiter. Die britische Öffentlichkeit war generell der Ansicht, es sei Sache der Krone und nicht Aufgabe des umstrittenen Rhodes, das Empire zu verwalten. Der öffentliche Druck wurde so groß, dass die Regierung gezwungen war, den Häuptlingen nachzugeben. Chamberlain willigte ein, die britische Verwaltung von Betschuanaland fortzusetzen, und gestand der BSAC nur einen kleinen Landstrich im Südosten (heute bekannt als Tuli-Block) zu, der für den Bau einer Eisenbahn nach Rhodesien genutzt werden sollte.

Kolonialzeit

1899 beschloss Großbritannien, es sei an der Zeit, die Staaten im Süden Afrikas zu vereinigen, und erklärte Transvaal den Krieg. Die Buren wurden 1902 besiegt. 1910 wurde die Südafrikanische Union gegründet.

Durch den Verkauf von Vieh, Zugochsen und Getreide an Europäer, die auf der Suche nach Land und Bodenschätzen in den Norden vordrangen, genoss Betschuanaland zunächst ein gewisses Maß an wirtschaftlicher Unabhängigkeit. Allerdings zerstörten der Bau der Eisenbahn durch Betschuanaland bis nach Rhodesien und ein verheerender Ausbruch der Maul- und Klauenseuche in den 1890er-Jahren den Durchgangshandel. Diese wirtschaftliche Verwundbarkeit, mehrere Dürren und der Druck, genug Geld für Steuerzahlungen an die Briten zu verdienen, veranlasste viele Batswana, nach Südafrika zu gehen und sich auf die Suche nach Arbeit auf Farmen und in Minen zu begehen. Bis zu 25 % der männlichen Bevölkerung Botsuanas lebten zeitweise außer Landes. Dies förderte den Zusammenbruch der traditionellen Ackerbautechniken und untergrub die Macht der Häuptlinge.

Die britische Regierung betrachtete das Protektorat weiterhin als Provisorium, das irgendwann an Rhodesien oder die neue Union von Südafrika übergehen sollte. Dementsprechend blieben Investitionen und der Aufbau der Verwaltung in Betschuanaland auf ein äußerstes Minimum beschränkt. Selbst als in den 1930er-Jahren Schritte unternommen wurden, die Verwaltung zu reformieren und landwirtschaftliche und bergbautechnische Entwicklungen einzuleiten, wurden diese angestrebten Verbesserungen unter den führenden Tswana-Häuptlingen mit der Begründung heiß diskutiert, dass dies die Kontrolle durch die Kolonialherren nur noch weiter erhöhen würde.

Deshalb war das Territorium auch weiterhin in acht überwiegend selbstverwaltete „Stammes"-Reservate und fünf weißen Farmern gehörende Gebiete aufgeteilt, wobei das restliche Land der „Krone" (d. h. dem Staat) zuerkannt wurde. Dementsprechend blieb Mafikeng, das sich außerhalb der Protektoratsgrenzen in Südafrika befand, auch bis 1964 administrative Hauptstadt von Betschuanaland.

Unabhängigkeit

Wie sehr die Briten damals die Interessen Botsuanas denen Südafrikas unterordneten, wurde 1950 deutlich. Als sie Seretse Khama als Häuptling der Ngwato absetzten und ihn für sechs Jahre des Landes verwiesen, entfachten sie in Großbritannien und im ganzen Empire eine politische Kontroverse. Dies geschah, wie inzwischen veröffentlichte Geheimdokumente zeigen, um die Regierung Südafrikas zu beschwichtigen, die sich nicht damit abfinden konnte, dass Khama zu einer Zeit, als die Rassentrennung in Südafrika gerade verschärft wurde, ausgerechnet eine Britin heiratete.

Dies alles trug zur zunehmenden Politisierung der Bevölkerung bei. So entstanden in den 1950er- und 1960er-Jahren in Botsuana politische Parteien, die sich für die Unabhängigkeit aussprachen – also in einer Zeit, als auch andere europäische Kolonien in Afrika um ihre Unabhängigkeit kämpften. Nach dem Sharpeville-Massaker von 1960, bei dem die Polizei in einem Ort bei Johannesburg 69 Schwarze erschossen hatte, verschärfte sich die Lage. Jetzt taten sich die südafrikanischen Flüchtlinge Motsamai Mpho vom African National Congress (ANC) und Philip Matante, ein Prediger aus Johannesburg, mit KT Motsete, einem Lehrer aus Malawi, zusammen, um die Bechuanaland People's Party (BPP) zu gründen. Ihr vorrangiges Ziel war die Unabhängigkeit.

1962 gründeten Seretse Khama und der aus Kanye stammende Farmer Ketumile „Quett" Masire die gemäßigte Bechuanaland Democratic Party (BDP). Die BDP entwarf einen Plan zur Erlangung der Unabhängigkeit, bei dem sie auf die Unterstützung von Häuptlingen wie Bathoen II. von den Bangwaketse und konservative Batswana baute. Die BDP forderte zudem die Verlegung der Hauptstadt nach Botsuana (d. h. Gaborone statt Mafikeng) und eine neue ethnisch neutrale Verfassung.

Die Briten stimmten dem Plan der BDP für die gewaltlose Machtübergabe dankbar zu, und so wurde Khama 1965 bei den ersten landesweiten Wahlen zum Präsidenten bestimmt. Am 30. September 1966 erhielt das Land, das nun Republik Botsuana hieß, die volle Unabhängigkeit.

Anders als in vielen anderen in die Unabhängigkeit entlassenen afrikanischen Staaten steuerte Seretse Khama Botsuana umsichtig durch die ersten 14 Jahre der Selbständigkeit. Er sicherte weißen Farmern das ständige Eigentumsrecht über ihr Land zu und nahm eine strikt neutrale Haltung gegenüber Südafrika und Rhodesien ein (zumindest bis gegen Ende seiner Präsidentschaft). Der Grund dafür war natürlich Botsuanas wirtschaftliche Abhängigkeit vom Giganten im Süden. Trotzdem weigerte sich Khama, mit Südafrika Botschafter auszutauschen, und sprach sich bei offiziellen Anlässen im Ausland gegen die Apartheid aus.

Politik heute

Sir Seretse Khama starb 1980 (kurz nach der Unabhängigkeit Simbabwes), aber seine Botswana Democratic Party (BDP) – ehemals Bechuanaland Democratic Party – verfügt auch weiterhin über eine große Mehrheit im Parlament Botsuanas. Sir Ketumile „Quett" Masire, der nach Khama von 1980 bis 1998 als Präsident fungierte, folgte dem Weg seines Vorgängers und setzte die prowestliche Politik behutsam fort.

Festus Mogae übergab das Präsidentenamt am 1. April 2008 an Ian Khama, den Sohn von Seretse Khama; im gleichen Jahr wurde Mogae mit dem angesehenen Mo-Ibrahim-Preis geehrt, einer mit 5 Mio. US$ dotierten Auszeichnung für afrikanische Politiker, die sich durch eine gute Amtsführung und durch eine freiwillige Übergabe ihres Amtes an einen Nachfolger verdient gemacht haben. Die internationale Gemeinschaft schätzte Mogae also, im Land selbst aber war man irritiert über diesen Schritt, da Khama nicht ins neue Amt gewählt worden war. Ian Khama ging zunächst gegen den Alkoholkonsum vor, er forderte frühere Sperrstunden (die aber nur teilweise durchgesetzt wurden). Überdies holte Khama, zuvor Offizier der botsuanischen Armee, eine Reihe ehemaliger Militärkollegen in Regierungsämter, die traditionell Zivilisten vorbehalten waren. Diese Entwicklung wird im Lande durchaus kritisch gesehen. Dennoch hat die BDP mit Khama an der Spitze die Wahlen im Oktober 2009 problemlos für sich entschieden.

So lebt man in Botsuana

Alle Bewohner Botsuanas – unabhängig von Hautfarbe, Herkunft oder Volkszugehörigkeit – nennen sich Batswana (Plural) bzw. Motswana (Singular). Fast alle, auch die Angehörigen von Stämmen, die sich nicht zu den Tswana rechnen, bevorzugen als Verkehrssprache das einheimische Setswana gegenüber dem Englischen, der zweiten Amtssprache. Neben der Sprache hat auch das Bildungswesen einen großen Anteil an der Prägung einer nationalen Identität. Stolz weist die Regierung daher auf den Haushaltsanteil für Bildung hin, der mehr als 30 % des Gesamtetats ausmacht; die Bildungsausgaben pro Kopf liegen damit höher als in jedem anderen Land der Welt.

In Tswana kennzeichnet man die einzelnen Stammesgruppen durch die Vorsilbe „ba" – das bedeutet „das Volk von ...". Die Herero heißen deshalb auch Baherero, die Kgalagadi Bakgalagadi etc. Die acht wichtigsten Stämme (insgesamt gibt es 26) sind im House of Chiefs, dem Haus der Häuptlinge, vertreten.

Tswana

Botsuana bedeutet „Land der Tswana", und tatsächlich fühlen sich 80 % der Menschen dem Volk der Tswana zugehörig. Die Verteilung der Tswana ist rasch erklärt: Als Bauern mit Landeigentum verfügten die Tswana stets über ein klar umrissenes Siedlungsgebiet. Die Bangwato leben vor allem in der Gegend um Serowe, die Bakwena in und um Molepolole und die Bangwaketse bei Kanye. Als sich die Bangwato noch einmal aufspalteten, entstand eine vierte Gruppe, die Batawana.

Die Batswana sind stolz, traditionsverbunden, findig und voller Respekt; sie pflegen ein starkes Gefühl der nationalen Zusammengehörigkeit und halten große Stücke auf ihr Land. Dank ihrer Geschichte – einer Reihe kluger Schachzüge, mit denen sie den schlimmsten Seiten des Kolonialismus ausweichen konnten – haben sie ein Selbstvertrauen gewonnen, wie es im postkolonialen Afrika selten anzutreffen ist.

Angesichts der großen Bedeutung, die der Familie in der botsuanischen Gesellschaft zukommt, wirkt die Katastrophe der Aids-Epidemie besonders verheerend. Bei der letzten Bestandsaufnahme zählte man 90 000 Aids-Waisen, das sind immerhin 4,5 % der Bevölkerung. Der Umgang mit diesem Zusammenbruch traditioneller Familienstrukturen dürfte für die Menschen noch eine große Herausforderung darstellen.

TRADITIONELLE LEBENSART

Die traditionelle Kultur wirkt in Botsuana wie ein soziales Band, das die Gesellschaft zusammenhält. Die Dörfer entstanden dort, wo Wasser verfügbar war, und sie entwickelten sich zu komplexen Gebilden, an deren Spitze jeweils ein *kgosi* (Häuptling) stand. Respekt gegenüber den Älteren, feste reli-

DIAMANTEN: GLÜCKSFALL FÜR EIN LAND

In den 1960er-Jahren zählte Botsuana zu den ärmsten Ländern der Welt, das Bruttoinlandsprodukt pro Kopf lag bei weniger als 200 US$. Von einem Bildungswesen konnte keine Rede sein; weniger als 2 % der Bevölkerung absolvierten die komplette Primarschule, und an den Universitäten waren keine 100 Studenten eingeschrieben. Im gesamten Land gab es nur eine einzige, 12 km lange befestigte Straße.

Mit den ersten Diamantenfunden in Orapa änderte sich die Lage ab 1967 vollständig. Zwei weitere Minen wurden 1977 in Letlhakane und 1982 in Jwaneng angelegt, und Botsuana war plötzlich weltweit der wichtigste Lieferant hochwertiger Edelsteine; bis heute deckt das Land ein Viertel des Weltbedarfs an Diamanten. Mit Ausnahme der Mine von Lerala, die 2008 ihren Betrieb aufnahm, werden alle Minen des Landes von Debswana betrieben, einem Gemeinschaftsunternehmen, an dem das Land Botsuana und das südafrikanische Unternehmen De Beers Anteile halten.

Während andere afrikanische Staaten ihre reichen Bodenschätze vergeuden oder in Konflikte um deren Ausbeutung hineingeschlittert sind, konnte Botsuana sich diesem Trend entziehen. Vielmehr ist es der Regierung gelungen, den neuen Wohlstand einigermaßen gleichmäßig unter der kleinen Bevölkerung zu verteilen: Diamanten-Dollars sind hier in die Infrastruktur geflossen, ins Bildungswesen (Alphabetisierungsgrad der Erwachsenen: 84,4 %) und in die Gesundheitsfürsorge. Der Privatwirtschaft eröffneten sich Wachstumschancen, und ausländische Investitionen sind willkommen. 1994 gelang es Botsuana als erstem Land überhaupt, die Gruppe der am wenigsten entwickelten Länder der Welt hinter sich zu lassen (es handelt sich dabei um eine Klassifizierung der Vereinten Nationen, die aufgrund ökonomischer, sozialer und anderer Faktoren vorgenommen wird). Zwischen 1966 und 2005 verlief das Wirtschaftswachstum in Botsuana sogar schneller als in jedem anderen Land der Erde. Auf dem Corruption Perceptions Index (CPI) von Transparency International, der die wahrnehmbare Korruption bei Amtsträgern misst, gelang Botsuana 2011 eine Platzierung auf Rang 32. Die Korruption ist demnach niedriger als in allen anderen Länder Afrikas. Im gleichen Jahr erreichte das Bruttoinlandsprodukt pro Kopf ansehnliche 16 200 US$; in Simbabwe sind es nur 500 US$, in Sambia 1600 US$, in Namibia immerhin 7500 US$ und in Südafrika 11 100 US$.

Der Regierung des Landes ist freilich durchaus klar, dass eine Branchenvielfalt als wirtschaftliche Basis eigentlich unabdingbar ist. Man gibt sich deshalb große Mühe, auch die Fertigung von Waren und Sparten wie Feinmechanik, Lebensmittel- und Textilverarbeitung zu fördern. Auch für den Tourismus ist in Zukunft eine wichtige Rolle vorgesehen, wobei in diesem Sektor ein Grundproblem besteht: Wie erhöht man die Einnahmen, ohne die Umwelt oder die traditionellen Dorfgemeinschaften zu beeinträchtigen?

giöse Überzeugungen, althergebrachte Geschlechterrollen und die zentrale Funktion des *kgotla* – eines speziellen Versammlungsplatzes, den es in jedem Dorf gibt und wo alle Arten von Beschwerden vorgetragen werden können: dies alles schafft ein wohlgeordnetes gesellschaftliches Gefüge, das sich an einigen festen Regeln orientiert.

In dieser Gemeinschaft hat jede Familie einen Anspruch auf die Nutzung des Landes. Die traditionellen Wohnungen sind auf Gemeinschaft hin angelegt: Es gibt Plätze, an denen man zusammen die Mahlzeiten einnimmt, und separate Schlafhütten, manchmal für mehrere Mitglieder einer Familie. Der *kgotla* ist die wichtigste Einrichtung in jedem Ort, denn hier werden soziale Fragen und anstehende Rechtsstreitigkeiten erörtert und entschieden.

Heute verschwinden die Lehmziegelbauten allmählich, aus Dörfern werden moderne Städte – und trotzdem haben die überkommenen Strukturen überlebt, und das Alltagsleben ist immer noch sehr von der Gemeinschaft geprägt. Die Familie ist den Menschen am wichtigsten; bei aller Geschäftigkeit geht es aber immer noch recht entspannt und gemächlich zu. Auch in Büros und Läden verbringen die Menschen viel Zeit damit, einander zu begrüßen, miteinander zu plaudern und sich nach dem Befinden des anderen zu erkundigen.

Von alters her waren die Batswana Bauern und Viehhirten. Rinder, aber auch Zie-

HIV/AIDS: EINE NATIONALE KATASTROPHE

Im Afrika südlich der Sahara leben zwar nur 11 % der Weltbevölkerung, die Länder verzeichnen aber 67 % aller HIV-Infektionen der Erde. 24 der am stärksten von Aids betroffenen Länder liegen in Afrika, und unter ihnen nimmt Botsuana die zweite Stelle ein. Laut Aussagen von UNAIDS und Weltgesundheitsorganisation sind 24,8 % aller erwachsenen Einwohner des Landes HIV-positiv, wobei Frauen unter den Erkrankten mehr als die Hälfte stellen.

Botsuana symbolisiert auf gewisse Weise die enorme Bedrohung, die Aids für die Entwicklung Afrikas im 21. Jh. darstellt. Das Land ist mit beachtlichen Diamantenvorkommen gesegnet, mit deren Hilfe nach der Unabhängigkeit ein enormer Wirtschaftsaufschwung gelungen ist; viele tausend Bürger verfügen über ein Einkommen, das den Vergleich mit dem Weltmaßstab nicht scheuen muss. Und doch sterben hier Jahr für Jahr fast 6000 Menschen an den Folgen einer HIV-Infektion; infolgedessen liegt die Lebenserwartung (Männer: 56,93 Jahre, Frauen: 54,51 Jahre) deutlich niedriger, als man sie in einem Land mit den wirtschaftlichen Kennzahlen Botsuanas eigentlich vermuten müsste. Gäbe es das Aidsvirus nicht, dürfte die Lebenserwartung in Botsuana vermutlich das Niveau der USA erreichen. 2001 beklagte der damalige Präsident Festus Mogae deshalb, ohne ein Zurückdrängen dieser Seuche sei sein Land von einer Entvölkerung bedroht. Wirtschaftsfachleuchte fügen hinzu, Aids mache Botsuana letztlich auch ärmer, denn das Virus befalle vor allem Menschen in ihren produktivsten Jahren.

Aller Düsternis zum Trotz hat Botsuana einige für afrikanische Verhältnisse sehr bemerkenswerte Schritte getan, um diesen Trend umzukehren. 2001 entschied sich Botsuana als erstes afrikanisches Land dafür, eine antiretrovirale Therapie auf Landesebene anzubieten. Heute gehört Botsuana zu einer kleinen Gruppe von Ländern, die allen infizierten Bürgern eine kostenlose medikamentöse HIV-Behandlung anbieten. Zudem hat das Land sich zum ehrgeizigen Ziel gesetzt, die weitere Ausbreitung dieser Epidemie bis 2016 zu stoppen.

Dieser Ansatz trägt bereits erste Früchte. Die durchschnittliche Lebenserwartung, die 2005 noch bei erschreckenden 35 Jahren lag, ist deutlich angestiegen. Und die Rate der HIV-Übertragungen von Müttern auf ihre Kinder, die zwischen 20 und 40 % gelegen hatte, konnte inzwischen auf rund 2 % gesenkt werden. Überall in Gaborone hängen heute große Plakate mit der Frage: „Wer gehört eigentlich zu DEINEM sexuellen Netzwerk?" Aber natürlich gibt es immer noch viel zu tun. So berichteten Mitarbeiter medizinischer NGOs in Gaborone, das Interesse an Kondomen nehme schon wieder ab, seit Aids-Medikamente für alle zugänglich seien.

Weitere Informationen über die Auswirkungen von Aids auf die Länder im südlichen Afrika findet man unter www.unaids.org, www.avert.org und www.who.int.

gen und Schafe zeigen bis heute den sozialen Rang einer Familie an.

Bakalanga

Botsuanas zweitgrößte ethnische Gruppe, die Bakalanga, stellt rund 11 % der Bevölkerung. Die Bakalanga sind ebenfalls Landbesitzer, und es heißt, diese Gruppe lasse sich bis auf das Reich der Rozwi zurückführen– also auf jene Kultur, die Groß-Simbabwe errichtet hat. In den Wirren der Kolonialzeit spalteten sich die Bakalanga in zwei Gruppen auf; 75 % leben heute im westlichen Simbabwe. In Botsuana findet man sie hauptsächlich, aber nicht ausschließlich rund um Francistown.

Herero

Die Herero stammten ursprünglich vermutlich aus Ost- oder Zentralafrika. Im frühen 16. Jh. überschritten sie den Okavango und wanderten in den Nordosten Namibias ein. 1884 annektierte Deutschland Südwestafrika (das heutige Namibia) und verdrängte die Herero systematisch von ihrem Weideland. Es kam zu jahrelangen Konflikten, die schließlich in einem regelrechten Völkermord an den Herero gipfelten. Die überlebenden Herero flohen über die Grenze nach Botsuana.

Die Flüchtlinge siedelten im Land der Batawana. Anfangs wurden sie unterdrückt, im Laufe der Zeit erhielten sie dann aber ihre Freiheit zurück und durften eigene Herden halten. Heute zählen die Herero zu den wohlhabendsten Viehhirten des Landes.

Basubiya & Wayeyi

Bei den Basubiya, Wayeyi (Bayei) und Mbukushu handelt es sich um Stämme, die vornehmlich an den Flüssen Chobe und Linyanti und im Gebiet des Okavango siedeln. Ihre Geschichte und ihre Wanderungen sind ein Musterbeispiel für Aufstieg und Verfall von Macht und Einfluss. Lange Zeit besaßen die Basubiya die größte Macht; nach kleineren Streitigkeiten vertrieben sie die Wayeyi vom Chobe zum Okavango (so lautet zumindest die Überlieferung). Die Basubiya betrieben Landwirtschaft und konnten sich gegen das näherrückende Reich von Lozi (auf dem Gebiet des heutigen Sambia) nicht mehr zur Wehr setzen; dieses Reich fand dann 1865 selbst sein Ende. Die Basubiya leben immer noch am Chobe. Die Wayeyi stammten ursprünglich aus den gleichen Gebieten in Namibia und Angola wie die Mbukushu. Mitte des 18. Jhs. zogen sie vom Chobe ins Okavango-Delta, um den Konflikten mit den Basubiya auszuweichen. Sie ließen sich zunächst am Ngami-See nieder und verteilten sich anschließend über das Deltagebiet. Zur gleichen Zeit drangen damals die Bangwato (eine Abspaltung von den Batswana) nach Norden vor und gerieten in Kontakt mit den Wayeyi. Im Laufe der Zeit spielten die Neuankömmlinge sich dann gelegentlich als Herren auf, weshalb viele Wayeyi bis heute nicht gut auf die Bangwato zu sprechen sind.

1948 und 1962 unternahmen die Wayeyi zwei erfolglose Versuche, sich aus dem Herrschaftsbereich der Batswana zu befreien. 1995 gingen sie dieses Ziel ein wenig geschickter an und gründeten die Kamanakao Association, als deren Zweck Schutz und Fortentwicklung der Sprache und Kultur der Wayeyi bestimmt wurden. Anschließend besannen sie sich auf ihr altes System der Häuptlinge bzw. Dorfältesten, und am 24. April 1999 wählten die Wayeyi Calvin Diile Kamanakao zu ihrem Chief Kamanakao I. und forderten dessen Aufnahme in das House of Chiefs. Nachdem die Regierung diesen Vorschlag 2001 zurückgewiesen hatte, brachten die Wayeyi ihr Anliegen vor den Obersten Gerichtshof, der dann auch urteilte, dass Oberhäupter, die von ihren eigenen Stämmen oder Völkern gewählt wurden, ins House of Chiefs einzulassen seien. 2008 nahm der damalige Präsident Festus Mogae daher Shikati Fish Matepe Ozoo in dieses Gremium auf. Mittlerweile hat der Hohe Flüchtlingskommissar der Vereinten Nationen allerdings darauf hingewiesen, dass die meisten Kinder der Wayeyi ihre Muttersprache nicht mehr beherrschen, sodass die Anerkennung als eigene ethnische Gruppe in Zukunft fraglich werden könnte.

Mbukushu

Die Mbukushu (oder Hambukushu), die heute im Ngamiland rund um das Okavango-Delta ansässig sind, kamen eigentlich als Flüchtlinge aus dem Caprivistreifen im nordöstlichen Namibia hierher. Ende des 18. Jhs. wurden sie nämlich von den Truppen des Lozi-Reiches unter Chief Ngombela aus ihrer Heimat vertrieben. Die Mbukushu zogen zunächst ins südöstliche Angola, etwas nördlich des heutigen Andara (Namibia). Dort begegneten sie portugiesischen und afrikanischen Händlern, die den Stammesoberhäuptern Männer abkauften, die sie dann ihrerseits als Sklaven weiterverkauften. Um diesem Schicksal zu entgehen, flohen viele Mbukushu an den Okavango, wo sie sich mit den Batawana mischten. Heute leben viele von ihnen in den Dörfern Shakawe und Sepupa und deren Umgebung.

San

Die San sind eigentlich die ersten Ureinwohner Botsuanas; archäologische Funde beweisen, dass sie schon vor 30 000 Jahren in der Kalahari und in den Tsodilo Hills siedelten. Manche Sprachwissenschaftler vermuten sogar, die San seien die eigentlichen Erfinder der menschlichen Sprache gewesen. In

DATEN & FAKTEN

Botsuana zählt zu den am dünnsten besiedelten Ländern der Erde. Hier kommen nur drei Einwohner auf einen Quadratkilometer – damit liegt Botsuana auf einer Stufe mit Australien, Mauretanien und der Mongolei. Schätzungsweise 61 % aller Batswana leben in Städten, die meisten davon im Osten des Landes. Wie viele andere afrikanische Länder hat auch Botsuana eine sehr junge Bevölkerung: Das Durchschnittsalter liegt bei 22,5 Jahren, und ein Drittel der Menschen ist jünger als 14 Jahre.

ETIKETTE

In Botsuana gibt es selbstverständlich eine Menge Benimm-Regeln, aber man erwartet von ausländischen Gästen nicht, dass sie alle Regeln kennen und befolgen. Gesunder Menschenverstand wird aber überall vorausgesetzt: Wer Shorts und T-Shirts in der Kirche trägt, macht sich mit diesem Verhalten nicht unbedingt viele Freunde. Überhaupt beträgt man sich beim Zusammentreffen mit Einheimischen eigentlich am besten immer höflich und zurückhaltend. So sollte man aus der Art und Weise, wie Tänzer in botsuanischen Clubs vor Touristen auftreten, keine falschen Schlüsse ziehen: Der exzessive Austausch von Zärtlichkeiten zwischen Partnern, seien sie nun verheiratet oder nicht, wird in der Öffentlichkeit nicht gern gesehen. Selbst Händchen haltende Paare sind ein äußerst seltener Anblick. Andererseits haben Batswana, die in Dorfgemeinschaften aufwachsen und die Fahrt in überfüllten Fahrzeugen gewohnt sind, nicht das gleiche Gefühl für körperliche Nähe oder Distanz wie ihre westlichen Besucher. Wenn also ein Batswana im eng besetzten Bus seinem Sitznachbarn die Hand auf den Oberschenkel legt, denkt er sich vermutlich überhaupt nichts dabei.

Das Grüßen spielt in Botsuana eine zentrale Rolle. Auf Fragen erhält man viel eher eine Antwort, wenn man die Menschen zunächst mit einem freundlichen *Dumela* grüßt, dem ein *rra* (gegenüber Männern) oder *mma* (bei Frauen) folgt. Außerdem sollte man sich nicht auf westliche Art die Hand geben, sondern beide Hände einsetzen: Beim Begrüßen gibt man die rechte Hand, die linke ruht auf dem Ellbogen. Auch beim Geben oder Entgegennehmen von Geld ruht die linke Hand auf dem Ellbogen.

Die Kultur ist sehr hierarchisch geprägt, und es ist unüblich, dass Kinder ihren Eltern Fragen stellen oder ihnen sogar Widerworte geben. Besucher betrifft das eigentlich nicht, aber man versteht vielleicht besser, warum viele Angestellte – etwa in Lodges – ihren Chefs so ehrerbietig begegnen und niemals eine Ansicht äußern würden, die der ihres Vorgesetzten widerspricht.

vielen anderen Ländern Afrikas sind die San mittlerweile verschwunden, sei es infolge von Kriegen oder durch Vermischung mit anderen Völkern; in Botsuana und Namibia gibt es bis heute Reste der alten San-Gemeinden. Insgesamt leben hier knapp 100 000 San, darunter vermutlich viele, die nicht ausschließlich San zu ihren Vorfahren zählen. 60 % dieser Menschen leben in Botsuana (die größten Gruppen sind die !Kung, G//ana, G/wi und !xo), insgesamt stellen sie dort 3 % der Landesbevölkerung. 35 % der San wohnen in Namibia (die Naro, !Xukwe, Hei//kom und Ju/'hoansi), die restlichen sind über Südafrika, Angola, Simbabwe und Sambia verstreut.

Mehr über das Leben der San erfährt man in Craig und Damon Fosters Film *The Great Dance,* einem Projekt, bei dem einheimische San an jedem Schritt der Umsetzung beteiligt waren.

In Botsuana werden die San häufig „Basarwa" genannt, eine Bezeichnung, die von Seiten der San aber abgelehnt wird.

VERGANGENE ZEITEN

Die San lebten traditionell als nomadische Sammler und Jäger; sie zogen in kleinen Familienverbänden von etwa 25 bis 35 Angehörigen durch klar begrenzte Landstriche. Es gab keine Oberhäupter und keinerlei Hierarchie unter ihnen, und alle Entscheidungen mussten durch Zustimmung der Sippe herbeigeführt werden. Da sie kein Vieh hielten, keine landwirtschaftlichen Produkte anbauten und auch kaum über Eigentum verfügten, waren die San außerordentlich mobil. Alles, was sie für ihren unmittelbaren Lebensunterhalt benötigten, trugen sie bei sich.

Diese enorme Beweglichkeit ermöglichte es den San anfangs, sich jeder „Eroberung" und Kontrolle zu entziehen. Als aber mächtige Volksstämme mit großen Viehherden, die zudem Ackerbau trieben, in die Gebiete der San eindrangen, waren Landstreitigkeiten unausweichlich. Die nomadische Lebensweise der San – manche ihrer Territorien erstreckten sich über mehr als 1000 km² – passte in keiner Weise mehr zur Welt der sesshaften Bauern, und erbittert ausgetragene Konflikte waren die Folge. Verschärft und beschleunigt wurde diese Krise noch durch die Ankunft der europäischen Kolonisatoren Mitte des 17. Jhs. Die Buren verfolgten anfangs zunächst eine Politik der gnadenlosen Ausrottung der einheimischen Bevölkerung; im Verlauf von 200 Jahren töteten sie rund 200 000 Menschen.

Nach solchen schwerwiegenden Konflikten um ihr Land und nach Jahren einer modernen Politik, bei der dem Schutz der Wildbestände der Vorrang eingeräumt wurde, fühlen sich die San zunehmend enteignet und entrechtet. Und da ihre sozialen Strukturen sehr locker sind, fällt es ihnen schwer, den notwendigen Widerstand zu organisieren und ihre Ansprüche so wirkungsvoll in der Öffentlichkeit zu vertreten, wie andere Gruppen dies zielführend getan haben. Trotz dieser Schwierigkeiten haben sie sich immerhin erfolgreich gegen ihre Vertreibung aus dem Central Kalahari Game Reserve zur Wehr setzen können.

DIE ZUKUNFT

Wie so viele indigene Völker überall auf der Welt sind die San weitgehend verarmt. Viele haben als Hilfsarbeiter auf Farmen und Viehstationen angeheuert, oder sie leben in schmutzigen Siedlungen an Wasserlöchern in Westbotsuana und im Nordosten von Namibia. Dort sind sie häufig von Almosen abhängig und kämpfen gegen den Alkoholismus. Währenddessen wird eifrig über den Platz dieser Ethnie in der afrikanischen Gesellschaft von heute diskutiert. Die Perspektiven für die San erscheinen also ziemlich unsicher.

Immerhin eröffnet der Tourismus den San einige wirtschaftliche Chancen, denn in den Lodges in Ghanzi und in der Kalahari werden die San gern als Führer und Fährtenleser engagiert. Um jedoch im 21. Jh. als eigenständiges Volk zu überleben, benötigen die San nicht nur Autonomie und internationale Unterstützung, sondern auch Hilfe und Anerkennung seitens der Regierung in Gaborone.

Wer mehr über die San und die Schwierigkeiten erfahren möchte, denen sie im heutigen Botsuana ausgesetzt sind, informiert sich am besten bei basisnahen Einrichtungen wie **SASI** (South African San Institute; www.san.org.za) oder **Survival International** (www.survivalinternational.org)

Religion

Die botsuanische Gesellschaft ist sehr stark von einer Spiritualität getragen, die teils christlich ist, teils aber auch in überkommenen afrikanischen Glaubensvorstellungen wurzelt. Für die meisten Batswana ist Religion ein ganz wichtiger Teil ihres Lebens – sie gibt der Gesellschaft ihren Halt und setzt das Leben des Einzelnen in Bezug zu einer höheren Ordnung.

Bei den ursprünglichen Stammesreligionen handelte es sich eher um kultische Handlungen, die mit der Ahnenverehrung zu tun hatten. Die Batswana huldigten Modimo, einem höchsten Wesen, das nach ihrer Vorstellung die Welt erschaffen hat und die Ahnen repräsentierte. Andere ethnische Gruppen überliefern teilweise etwas unterschiedliche kosmologische Sichtweisen, doch die Mehrzahl der Religionen im Land kennt ein allmächtiges Wesen (bei den San ist das beispielsweise N!odima, bei den Herero Ndjambi), und es gibt zahlreiche Rituale zur Besänftigung der Ahnen, die nach dem Glauben der Menschen aktiv am Alltagsleben der Nachkommen teilnehmen.

Im Lauf des 19. Jhs. kamen christliche Missionare ins Land; ihre völlig neuartigen Lehren traten an die Stelle der einheimischen Gebräuche. Die Missionare richteten

DAS HOUSE OF CHIEFS

Botsuanas politisches System ist zwar grundsätzlich demokratisch, doch die 35 Mitglieder des *Ntlo ya Dikgosi* (House of Chiefs) spielen darin eine wichtige symbolische Rolle. Das House of Chiefs, eine rein beratende Institution ohne Gesetzgebungskompetenz oder Vetorecht, setzt sich aus unterschiedlichen Gruppen zusammen: Acht Sitze sind den Häuptlinge der acht wichtigsten ethnischen Gruppen vorbehalten, 22 Mitglieder werden in einem indirekten Verfahren für fünf Jahre gewählt (häufig die Häuptlinge kleinerer Stammesgruppen), fünf weitere Mitglieder werden vom Präsidenten des Landes ernannt. Das House of Chiefs prüft alle Gesetzesvorhaben, die die Rechte, Organisationen oder Besitztümer der Stammesgruppen berühren, außerdem ist es bei geplanten Verfassungsänderungen anzuhören. Die Kompetenzen des Hauses sind zwar beschränkt, doch wird kein Präsident ein Gremium ignorieren können, das einen erheblichen Teil seiner Wähler repräsentiert.

FRAUEN IN BOTSUANA

Glaubt man den Statistiken, setzen sich botsuanische Frauen inzwischen auf bewundernswerte Weise gegen die jahrhundertealte Ungleichbehandlung zur Wehr. Klar, unter den Parlamentariern des Landes sind Frauen nur zu 7,9 % vertreten – aber immerhin haben 74,6 % der erwachsenen Frauen in Botsuana mindestens einen Sekundarschulabschluss (bei den Männern sind es 77,5 %), und der Anteil der Frauen an der berufstätigen Bevölkerung liegt bei 72,3 % (Männer: 80,9 %). Überdies ruht eines der wichtigsten Häuptlingsämter des Landes auf den Schultern einer Frau, und unter den Facharbeitern stellen Frauen die Hälfte aller Arbeitskräfte.

Allerdings gibt es auch eine sehr düstere Wahrheit, über die kaum jemand öffentlich spricht. In einer kürzlich durchgeführten Studie der **Women's International League for Peace and Freedom** (www.peacewomen.org) erklärten 86 % der Befragten, Gewalt gegen Frauen sei ein ernstes gesellschaftliches Problem, das eher zu- als abnehme. Mehr als 60 % erklärten schwere körperliche Gewalt und Schläge zum Hauptproblem, 47 % sprachen von Vergewaltigungen. Ein Drittel der Befragten gab an, eine Frau zu kennen, die ihre Familie wegen häuslicher Gewalt verlassen hatte.

Oft wird die althergebrachte Kultur als „Entschuldigung" für Gewalt angeführt, denn Männern ist es traditionell erlaubt, ihre Frauen zu „züchtigen". Dazu erklärt Monica Tabengwa, Leiterin des Metlhaetsile Women's Information Centre: „Die meisten Frauen erwarten Schläge, und die meisten Männer halten es für ihre Pflicht, zu schlagen." Nach uraltem Brauch galten Frauen als rechtlich minderwertig; um etwas zu kaufen oder zu verkaufen oder rechtsgültige Verträge abzuschließen, benötigten sie die Einwilligung ihres Ehemannes. Das könnte sich in Zukunft ändern, denn 2012 hat der Oberste Gerichtshof von Botsuana ein traditionelles Gesetz für nichtig erklärt, nach welchem Frauen das Haus der Familie nicht erben konnten. Die Richter erklärten, dieses Gesetz verstoße gegen die Verfassung, die Männern und Frauen gleiche Rechte zuerkennt.

Vergewaltigung ist in Botsuana verboten, einen Tatbestand der Vergewaltigung in der Ehe kennt die Rechtsprechung aber nicht. Auf Vergewaltigung stehen mindestens zehn Jahre Gefängnis; die Strafe erhöht sich auf 15 Jahre plus körperliche Züchtigungen, wenn der Täter HIV-positiv ist, und auf 20 Jahre plus Züchtigung, wenn er zum Zeitpunkt der Tat von seiner Erkrankung wusste.

die ersten Schulen ein und trugen damit zur Verbreitung der christlichen Botschaft bei

Heute bekennen sich rund 30 % der Batswana zum Christentum (die meisten sind katholisch oder anglikanisch). Etwa 60 % praktizieren die Afrikanische Religion – diese ist, vereinfacht dargestellt, eine Mischung aus den Ritualen der heimischen Ahnenverehrung und Elementen der christlichen Liturgie. Diese Glaubensrichtung verteilt sich auf verschiedene Kirchen, darunter die Heilende Kirche von Botsuana, die Zionist Christian Church und die Apostolic Faith Mission. Ihre Anhänger hat die Afrikanische Religion vor allem im ländlichen Raum.

Kunst & Kultur

Die ersten Künstler des Landes stammten aus dem Volk der San; sie zeichneten die Welt, in der sie lebten, an die Felswände rund um ihre Behausungen. Außerdem waren sie handwerklich geschickt: Sie stellten Werkzeuge, Musikinstrumente und andere Gegenstände aus Holz, Leder und aus den Schalen von Straußeneiern her. Dieser künstlerische Anspruch bei der Gestaltung einfachster Gebrauchsgegenstände – Tassen, Stoffe, Körbe oder Werkzeuge – gehört zum wichtigsten kulturellen Erbe Botsuanas (und ganz Afrikas). Die heutige Kunstszene des Landes beschränkt sich freilich nicht ausschließlich aufs reine Kunsthandwerk; es gibt hier zunehmend auch sehr talentierte Maler und Bildhauer.

Architektur

Die traditionelle Bauweise ist kompakt, ästhehtisch anspruchsvoll und fügt sich in die Landschaft. Ein typisches Dorf war groß und dicht besiedelt; es bestand aus Hunderten runder Lehmziegelhäuser *(ntlo* oder *rondavel),* das Dach war mit *motshikiri*, einem speziellen Schilf, gedeckt.

Der Rohstoff für die Ziegel stammt im Idealfall aus dem betonartigen Baumaterial der Termitenbauten, das mit Erde und Kuhdung vermischt wird. Außen wird häufig eine Farbe aufgetragen; sie besteht ebenfalls aus Kuhdung, in den farbige Erde eingerührt wird. Die Farbe wird dann von Hand auf die Wand des Hauses aufgetragen, das fantasievolle Design nennt sich *lekgapho*.

Auch das Eindecken der Dächer ist eine recht komplizierte Angelegenheit. Die Dachsparren aus sehr solidem Holz werden durch biegsame Zweige miteinander verbunden und dann dicht mit einem speziellen Gras bedeckt. Das Ganze wird dann mit einer Mischung aus Öl und Asche bestrichen, um Termiten fernzuhalten. Ein gut gedecktes Dach hält fünf bis 15 Jahre, eine Rundhütte kann 30 Jahre oder älter werden.

Heutzutage entscheiden sich allerdings die meisten Bauherren für Zement als modernes Baumaterial für ihre Häuser; die traditionelle Bauweise mit ihrem überaus farbenfrohen Dekor wird also möglicherweise allmählich aussterben. Einige sehr schöne Beispiele dieser alten Baukunst sind in dem – englischsprachigen – Buch *Decorated Homes in Botswana* von Sandy und Elinah Grant festgehalten und beschrieben.

Vor Ort lässt sich die heimische Architektur besonders in Mochudi bei Gaborone besichtigen.

Traditionelles Kunsthandwerk

Handgeflochtene Körbe und traditionelle Arbeiten der San sind die Highlights einer ansonsten eher bescheidenen Auswahl heimischen Kunsthandwerks. Als Besucher bekommt man in der Regel auch sehr schöne Holzschnitzereien oder Textilien zu sehen, doch die wenigsten dieser Stücke stammen wirklich aus Botsuana; die meisten werden in Westafrika (vor allem Mali) oder in der Demokratischen Republik Kongo gefertigt. Eine Ausnahme bilden die Produkte von Oodi Weavers in der Nähe von Gaborone.

KORBFLECHTEN

Botsuana ist besonders bekannt für die Körbe, die von Frauen der Wayeyi und Mbukushu im Nordwesten des Okavango-Deltas hergestellt werden. Wie die meisten Kunstformen in Afrika haben sie einen praktischen Zweck, mit ihrer raffinierten Herstellungstechnik und den gelungenen Designs (mit Namen wie „Tränen der Giraffe" oder „Flug der Schwalben") reichen sie weit über das nur Praktische hinaus.

Im feuchten Delta dienen diese Körbe sogar als wasserdichte Behälter für Körner und Saatgut. Sie sind so eng geflochten, dass die Körbe sogar als Bierkrüge benutzt werden. Hergestellt sind sie aus den Blattfasern einer Palme (*mokolane*); diese Fasern werden zuvor in natürliche Pflanzenfarben eingelegt – die fertigen Körbe erhalten so ihr buntes Erscheinungsbild. Die Flechtarbeit erfordert ein hohes Maß an Geschicklichkeit; für Familien auf dem Lande ist diese Arbeit eine wichtige Einkommensquelle.

Am besten kauft man diese Flechtarbeiten bei der Shorobe Baskets Cooperative in Shorobe nördlich von Maun. Normalerweise bekommt man Handwerkserzeugnisse am besten in der Region, in der sie gefertigt wurden (die Preise sind dann in der Regel niedriger, und das Geld geht direkt in die jeweiligen Ortschaften); empfehlenswert ist aber auch Botswanacraft Marketing (S. 296) in Gaborone.

KUNSTHANDWERK DER SAN

Zu den traditionellen Erzeugnissen der San zählen Schmuck, gefertigt aus Straußeneiern, Lederschürzen und -taschen sowie Ketten aus Samen und Nüssen (die aber in einige Länder möglicherweise nicht eingeführt werden dürfen).

In jüngster Zeit ist die althergebrachte Malerei der San wieder ein wenig in Mode gekommen; traditionelle Themen werden heute mittels neuer Techniken dargestellt. Am besten schaut man sich die Kunst und das Kunsthandwerk der San an folgenden Orten an:

» Botswanacraft Marketing (S. 296), Gaborone
» Gantsi Craft (S. 342), Ghanzi
» Kuru Art Project (S. 343), D'kar

TANZ

In traditionsgebundenen Stammesgesellschaften besitzt der Tanz eine hohe symbolische Bedeutung; er drückt soziale Werte aus und markiert die unterschiedlichen Stationen eines Lebens. Der Tanz spielt aber auch in der traditionellen Medizin und in der Ahnenverehrung eine zentrale Rolle; bei der Ahnenverehrung ermöglicht er eine Verbindung zur spirituellen Sphäre. In einer Welt ohne Fernsehen bietet der Tanz außerdem einen willkommenen Anlass für Zusammenkünfte.

Die in Büchern wie *The Healing Land* und in Filmen wie *The Great Dance* am besten dokumentierten Tänze sind diejenigen der

San; deren traditionelle Tänze tragen viele unterschiedliche Bedeutungen. Tänze dienen bei ihnen dazu, den Göttern für eine erfolgreiche Jagd oder Regen zu danken, sie sollen Kranke heilen oder den Schritt eines Mädchens ins Erwachsenenalter feiern. Beim Tanz verwenden die San Gerätschaften wie schön dekorierte Tanzstäbe, Fliegenwedel (die aus Gnuschwänzen hergestellt werden) oder Tanzrasseln – sie bestehen aus Beuteln voller kleiner Steine und zerbrochenen Straußeneiern, die durch Lederriemen miteinander verbunden sind.

Einer der interessantesten Tänze ist der *ndazula,* ein Regentanz, mit dem man den Göttern für eine reiche Ernte Dank sagt. Bekannt ist auch der *borankana,* der eigentlich aus dem Süden Botsuanas stammt, aber mittlerweile im ganzen Land beliebt ist. Der Tanz ist bei Wettkämpfen, Musikwettbewerben und sonstigen Veranstaltungen zu sehen und wird in den Schulen überall im Land einstudiert. Zur *borankana,* so der Setswana-Ausdruck für „traditionelle Unterhaltung", gehören auch einzigartige Rhythmen wie *setlhako* und *sephumuso,* die auch von Musikern wie Nick Nkosanah Ndaba aufgegriffen werden.

Die meisten Besucher dürften traditionelle Tänze wohl in Form stark inszenierter Darbietungen in exklusiven Safari-Camps erleben. Diesen Tänzen mag die Leidenschaft und Spontaneität der wirklichen Tanzereignisse fehlen, sie sind aber durchaus wichtig, weil auf diese Weise eine Kultur bewahrt wird, die ansonsten vielleicht verloren ginge. Näher an der ursprünglichen Art der Darbietung sind die Aufführungen beim Maitisong Festival (S. 266), dem größten Kulturfestival des Landes, das Ende März in Gaborone stattfindet.

Literatur

Das erste Buch, das in Setswana veröffentlicht wurde, war 1857 eine Übersetzung der Bibel; kurz darauf folgte der englische Klassiker religiöser Erbauungsliteratur *The Pilgrims Progress* (*Pilgerreise*) von John Bunyan. Bis ins 20. Jh. hatte Botsuana keine nennenswerte eigenständige literarische Tradition vorzuweisen.

Die berühmteste moderne Autorin Botsuanas ist die in Südafrika geborene Bessie Head (1937–1986), die ihre Heimat allerdings wegen des Apartheidsystems verließ und sich im Dorf Serowe niederließ. Viele ihrer Werke spielen in Serowe; Head schildert die Härten und die Schönheit des dörflichen Lebens in Afrika und die Landschaften ihrer Wahlheimat Botsuana. Zu ihren bekanntesten Werken zählen *Serowe – Village of the Rain Wind, When Rain Clouds Gather* (*RegenWolkenZeit*), *Maru* (*Maru*), *A Question of Power* (*Die Farbe der Macht*), *The Cardinals, A Bewitched Crossroad und The Collector of Treasures* (*Die Schatzsammlerin*), eine Sammlung von interessanten Kurzgeschichten.

Seit den 1980er-Jahren lässt sich ein neuer Trend, eine Art Renaissance der Setswana-Literatur beobachten. Dazu haben nicht zuletzt die viel gelesenen englischen Ausgaben von Romanen wie *Love on the Rocks* (1983) von Andrew Sesinyi oder Gaele Sobott-Mogwes Kurzgeschichten *Colour Me Blue* (1995) beigetragen.

Auch *Jamestown Blues* (1997) und *Place of Reeds* (*Wie Schilf im Wind;* 2005) von Caitlin Davies vermitteln interessante Einblicke in das heutige Alltagsleben in Botsuana; die Autorin war mit einem Motsuana verheiratet und lebte zwölf Jahre lang im Land. *Jamestown Blues* schildert das Leben einer Fremden aus der Perspektive eines jungen Motsuana-Mädchens. In *Place of Reeds* berichtet die Schriftstellerin Caitlin Davies autobiografisch über ihr eigenes Leben als Motsuana-Ehefrau und Mutter.

Unity Dow, die erste Richterin am Obersten Gerichtshof von Botsuana, hat mittlerweile vier Bücher veröffentlicht, die sich mit sozialen Problemen des Landes befassen. In deutscher Übersetzung erschienen ist ihr Roman *Die Beichte.*

DICHTUNG

Wie viele afrikanische Kulturen besitzt auch Botsuana zahlreiche mündlich überlieferte Dichtungen, und ein großer Teil des literarischen Kanons, darunter uralte Mythen und Lyrik, liegt nicht in Übersetzungen vor. Eines der wenigen verfügbaren Bücher in englischer Sprache ist *Bayeyi & Hambukushu: Tales from the Okavango*, herausgegeben von Thomas J. Larson; darin findet man eine Sammlung von Gedichten und Erzählungen aus der mündlich überlieferten Tradition der Okavango-Region.

Der bekannteste Dichter des Landes ist sicherlich Barolong Seboni; er war bereits einmal *poet in residence* im schottischen Edinburgh. Seboni hat mehrere Lyrikbände veröffentlicht, darunter *Love Songs* (1994) und *Windsongs of the Kgalagadi* (1995), in denen auch die überlieferten Mythen und die Geschichte des Landes verarbeitet sind.

DIE BESTEN BÜCHER ÜBER BOTSUANA

Belletristik

Ein Krokodil für Mma Ramotswe (Alexander McCall Smith) Dieses Buch hat eine faszinierende Reihe eröffnet.

Jamestown Blues (Caitlin Davies) Die Handlung spielt in einer Kleinstadt bei einer Salzmine. Aus der Perspektive eines jungen Motswana-Mädchens wird der Zwiespalt zwischen dem Leben der Einheimischen und dem Leben der Zuwanderer sichtbar.

Weiße oder Allein in Afrika: Erzählungen und **Die Maßnahme**: **Roman** (Norman Rush) Beim ersten Titel handelt es sich um eine Sammlung von Kurzgeschichten über das Leben in der Fremde, beim zweiten um eine preisgekrönte Gesellschaftskomödie über zwei Amerikaner, die in den 1980er-Jahren nach Botsuana kommen.

Far and Beyon' (Unity Dow) Die gut erzählte Chronik einer botsuanischen Familie im Spannungsfeld traditioneller und moderner Lebensweisen.

Wie Schilf im Wind (Caitlin Davies) Die faszinierende Geschichte einer botsuanischen Ehefrau und Mutter.

Sachbücher

Die verlorene Welt der Kalahari (Laurens van der Post) Der Klassiker aus den 1950er-Jahren über die schon damals verschwindende Welt der San.

Der Ruf der Kalahari: **Sieben Jahre unter Wildtieren** im Herzen Afrikas (Mark und Delia Owens) Eine wunderbare Reportage über sieben Jahre in der Kalahari.

Ein Engländer in Botswana (Will Randall) Ein lesenswerter Bericht über die Zeit, die der Autor mit der Fußballmannschaft seiner Schule in Botsuana verbrachte.

Twenty Chickens for a Saddle (Robyn Scott) Eine ebenso komische wie informative Schilderung einer Kindheit mitten in der botsuanischen Wildnis.

Serowe: Village of the Rain Wind (Bessie Head) Eine eindringliche Studie über Kultur und Alltag in Serowe im Osten von Botsuana.

Es gibt auch in Botsuana eine engagierte Dichtung, die aktuelle Themen behandelt. *The Silent Bomb* von Billy Mosedame (1968–2004) will beispielsweise das Bewusstsein für die Aidsgefahr schärfen. Der Autor starb im Februar 2004 selbst an den Folgen einer HIV-Infektion.

Musik

Musik ist tief in der Kultur von Botsuana verankert. Das war schon in den Tagen der frühen San-Gesellschaften der Fall, als die Männer sich um die Feuerstellen versammelten und auf einfachen Lamellophonen (*mbira*) musizierten, begleitet vom Spiel der Musikbogen. In D'kar und in den Filialen von Botswanacraft in Gaborone bekommt man CDs und Cassetten mit Aufnahmen dieser traditionellen San-Klänge.

Heutzutage beherrschen anstelle der traditionellen Musik Jazz, Reggae, Gospel und Hip-Hop die Musikszene – im Radio oder in den Nachtclubs und Bars ist fast nichts anderes zu hören.

Ein Gradmesser für Musikbegeisterung und Talent ist *My African Dream, Botsuanas Castingshow* im Stil von *Deutschland sucht den Superstar*. Die Show wird überall im Land gern gesehen, und viele Jugendliche träumen seither von einer großen Karriere als Musiker.

JAZZ & REGGAE

„Bojazz" lautet der umgangssprachliche Ausdruck für eine Musikrichtung, die korrekterweise „Botswana Jazz" heißen müsste. Zu den führenden Vertretern zählt Nick Nkosanah Ndaba, der kürzlich *Dawn of Bojazz* herausgebracht hat, das erste Bojazz-Album, das in Botsuana produziert wurde.

Populär ist auch Ras Baxton, ein Vertreter des Rastafari, der einen sogenannten Tswana-Reggae spielt; allerdings musste er wie so viele andere Batswana-Künstler nach Südafrika gehen, um dort seinen Lebensunterhalt zu verdienen. Banjo Mosele ist im ganzen Land bekannt, und Bonjour Keipidile ist der vielleicht bedeutendste unter den derzeit aktiven Gitarristen des Landes.

In und um Gaborone finden im Winter – also in der Trockenzeit – alle paar Wochen Jazz-Performances statt, u.a. an der Bojanala Waterfront am schönen Gaborone Dam und im großen National Stadium. Diese Aufführungen sind großartig, und sie sind sicher und preiswert. Details dazu erfährt man vor Ort in den englischsprachigen Zeitungen.

FUSION & HIP HOP

Zu den Fusion-Sounds zählt *gumba-gumba*, eine moderne Mischung aus Zulu- und Tswana-Musik, angerichtet mit einer Prise herkömmlichem Jazz; das Wort leitet sich von einem Slangausdruck für „Party" ab. Alfredo Mos ist der Vater der *rumba kwasa*, jener afrikanischen Swingmusik, bei der man die Hüften auf eine Weise kreisen lässt, die Ausländern große Schwierigkeiten bereitet. *Kwasa-kwasa*-König ist derzeit Franco, einer der erfolgreichsten Musiker des Landes – neben Wizards, Vee und Jeff Matheatau.

Sehr beliebt ist auch die botsuanische Version des Hip-Hop, wie die Wizards sie spielen; sie verschmelzen diese Stilrichtung mit Ragga und R&B. Leider müssen talentierte Batswana-Musiker fast immer nach Südafrika ziehen, um von ihrer Kunst leben zu können; trotzdem gab es zur Zeit der Recherche für dieses Buch noch einige interessante Talente in Botsuana selbst, darunter Kast, Scar, Vee und Stagga-Don Dada. Auch Kwaito, eine in den südafrikanischen Townships entstandene Mischung aus Hip-Hop, House und anderen Rhythmen wird in Botsuana gern gehört.

Essen & Trinken

Landestypische Gerichte

In der botsuanischen Küche geht es vor allem um Sättigung und weniger um aufregende kulinarische Experimente. Die meisten Mahlzeiten kommen heute nicht ohne *mabele* (Sorghumhirse) oder *bogobe* (ein Sorghumbrei) aus. Allerdings setzt sich inzwischen der *mealie pap* oder auch einfach nur *pap* genannte Maisbrei mehr und mehr durch. Er bietet gewissermaßen die Grundlage für eine Reihe von Fleisch- und Gemüsesoßen wie *seswaa* (mit Ziegen- oder Lammfleisch), *morogo* (mit wildem Spinat) oder *leputshe* (wilder Kürbis). Zum Frühstück schmecken *pathata* (eine Art englischer Muffin) oder *megunya*, auch als Fettkuchen bekannt. Fettkuchen sind kleine frittierte Teigbällchen, Doughnuts vergleichbar, aber ohne das typische Loch in der Mitte – und in den verschiedensten Geschmacksrichtungen.

Und dann gibt es da noch die Mopanewürmer oder -raupen. Diese fetten Raupen werden von den Mopane-Bäumen „geerntet"

EIN KROKODIL FÜR MMA RAMOTSWE

Mag sein, dass Gaborone einst zu den weniger bekannten Hauptstädten der Erde zählte, aber Alexander McCall Smiths internationaler Erfolgsroman *Ein Krokodil für Mma Ramotswe* hat mit diesem Zustand endgültig Schluss gemacht. Die Geschichte von Mma Precious Ramotswe, Botsuanas erster Detektivin, hat zu einer ganzen Reihe von Romanen geführt (13 bis jetzt; dazu kommen zwei Geschichten für jüngere Leser). Smiths Kriminalromane kommen ohne Härte und Gewalt aus; es handelt sich um reizvoll-skurrile Geschichten, die wunderbar in die friedliche Gesellschaft des Landes zu passen scheinen.

Der britische Autor wurde 1948 im damaligen Rhodesien (heute Simbabwe) geboren; als Juraprofessor ist er ein international renommierter Experte für Medizinrecht. Bevor er sich an die Kriminalliteratur wagte, hatte er bereits einige Kinderbücher verfasst (darunter *The White Hippo* und *Akimbo and the Lion*). Von 1981 bis 1984 lehrte er an der Universität von Botsuana, sein Krimi-Erstling *Ein Krokodil für Mma Ramotswe* (*No. 1 Ladies' Detective Agency*) erschien aber erst 1999. Damit änderte sich sein Leben grundlegend – und Botsuana erhielt einen festen Platz auf der literarischen Landkarte. Smith lebt zwar in Schottland, in Botsuana hat er aber eine Reihe von Projekten finanziert, darunter *Gaborone's No. 1 Ladies' Opera House* (S. 270). Freunde der beliebten Krimis sollten die dazu passende Führung durch Gaborone (S. 265) nicht verpassen; mehr über den Autor erfährt man auf seiner Website (www.alexandermccallsmith.co.uk).

und anschließend gebraten – sie schmecken gut und sind sehr eiweißhaltig. Zu bekommen sind die Raupen im Haupteinkaufszentrum in Gaborone; ansonsten sind sie auch in Francistown sehr verbreitet.

Die Küche der Kalahari

Noch ungewöhnlicher sind die Nahrungsmittel der San, die in der Kalahari gedeihen. Dort gibt es beispielsweise die Wüstenpflanze Morama, deren Schoten essbare Bohnen enthalten. Außerdem speichern die Knollen dieser Pflanze große Mengen an Wasser. Weitere Spezialitäten der Wüste sind die Marulafrucht, wilde Pflaumen, Beeren, Tsama-Melonen, wilde Gurken und Honig. In der Kalahari wächst sogar ein essbarer Pilz (*Grewia flava*), der mit der europäischen Trüffel verwandt ist und mittlerweile unter dem Namen „Kalahari-Trüffel" gehandelt und vermarktet wird.

Essen unterwegs

Es ist eigentlich schade, dass die meisten Reisenden kaum jemals etwas von der einheimischen Küche zu schmecken bekommen; das liegt nicht zuletzt daran, dass Traveler, die auf eigene Faust unterwegs sind, sich meist auch selbst versorgen. In einigen hochpreisigen Safari-Lodges bekommt man immerhin Abwandlungen einiger gängiger Batswana-Rezepte mit Fleisch und Gemüse vorgesetzt. Normalerweise aber ist die Verpflegung der Urlauber eher international; manche hier erhältlichen Gerichte sind im Grunde genommen sogar ein absoluter Luxus, wenn man bedenkt, wie aufwendig es ist, bestimmte Speisen an die entlegensten Orte zu befördern. An einem Punkt aber stimmen der botsuanische und der internationale Geschmack vollkommen überein: bei den Steaks. Die Rinderhaltung spielt hier eine große Rolle, und in den Restaurants fast aller größeren Städte stehen die beliebten Steaks auf der Speisekarte.

In Gaborone stellt das Courtyard Restaurant (S. 268) eine ungewöhnliche Ausnahme dar, denn hier können die Gäste aus dem Ausland tatsächlich echte einheimische Gerichte bestellen: Es gibt beispielsweise Eintopf mit Impala oder Perlhuhn und andere landestypische Speisen.

Ansonsten bieten viele Hotels zumindest Büfetts, die stets auch eine Auswahl an heimischem Obst und Gemüse bereithalten. Und in größeren Städten findet man sogar indische und chinesische Restaurants.

Getränke

Zu den auch für Europäer recht annehmbaren heimischen Biersorten zählen Castle Lager (eine Lizenz aus Südafrika), St. Louis Special Light und Lion Lager. Hervorragend sind auch das Windhoek Lager aus Namibia und Zambezi Lager aus Simbabwe.

Natürlich gibt es auch eine ganze Reihe traditioneller Getränke. Häufig selbst gebraut wird *bojalwa,* ein preiswertes Bier aus Sorghum, das in Chibuku auch kommerziell produziert wird. Ein anderes bekanntes Getränk wird aus fermentierter Marulafrucht hergestellt. Das leichte und bekömmliche *mageu* wird aus *mealies* oder *sorghum mash* gewonnen. *Madila* aus angedickter saurer Milch gibt eine gute Soße ab oder wird pur getrunken (bzw. gegessen).

Kopfschmerzen und Übelkeit bzw. Arthritis werden mit Mosukujane-Tee bzw. Lengane-Tee bekämpft. Beide Sorten schmecken ein wenig streng, aber die Einheimischen schwören auf die medizinische Wirksamkeit der Tees.

Natur & Umwelt

Geografie

Botsuana stellt das geografische Zentrum im Afrika südlich der Sahara dar. Das Land erstreckt sich von Nord nach Süd über 1100 km und von Ost nach West über 960 km und bedeckt eine Fläche von 582 000 km² – Bot-suana ist deutlich größer als Deutschland, Österreich und die Schweiz zusammen. Baotsuana ist außerdem ein Binnenland; im Süden und Südosten grenzt es an Südafrika (Grenzflüsse sind Limpopo und Molopo), im Nordosten liegt Simbabwe, im Norden und Westen Namibia.

DIE KALAHARI

Vor ungefähr 100 Mio. Jahren zerbrach der Großkontinent Gondwana. Bei diesem Vorgang wurden die Kanten des afrikanischen Kontinents angehoben; so entstanden die Bergketten im heutigen südlichen und zentralen Afrika. Im Laufe der Jahrtausende bearbeiteten Wasser und Wind dieses Hochland; der dabei abgeschliffene feine Sand wurde weiter landeinwärts im Kalaharibecken abgelagert. Mit einer Fläche von 2,5 Mio. km² stellt die Kalahari die größte zusammenhängende Sandfläche der Erde dar; sie reicht vom nördlichen Südafrika bis Namibia und Angola im Westen sowie Sambia und Simbabwe im Osten.

Je nachdem, welchen Angaben man traut, macht die Kalahari zwischen 68 und 85 % von Botsuana aus, insbesondere das komplette Zentrum und den Südwesten. Die für Wüsten durchaus typischen Wanderdünen findet man aber nur im äußersten Südwesten, und zwar auf dem Gebiet des Kgalagadi Transfrontier Park. Im Nordosten erstrecken sich die großen Salzwüsten der Makgadikgadi Pans. Einst bildeten sie einen See von gigantischen Ausmaßen; heute stellen sie immerhin den mit mehr als 12 000 km² weltweit größten Komplex aus Salzpfannen dar. Auch diese Landschaft gehört zur Kalahari.

In Botsuana wurden große Teile der Kalahari in immerhin fünf Zonen unter Schutz gestellt (von Nord nach Süd):

Nxai Pans National Park (S. 292)

Makgadikgadi Pans National Park (S. 292)

Central Kalahari Game Reserve (S. 344)

Khutse Game Reserve (S. 348)

Kgalagadi Transfrontier Park (S. 350)

DAS OKAVANGO-DELTA

Das Okavango-Delta ist eine der außergewöhnlichsten Landschaften Afrikas – und ein echtes Kontrastprogramm zum endlosen Sand der Kalahari. Das Delta schlängelt sich von Angola aus ins Land – als ein 13 000 bis 18 000 km² großes feuchtes Paradies aus Kanälen und Inseln, die je nach Wasserstand auftauchen und wieder verschwinden. Im Delta sind mehr als 2000 Pflanzen heimisch, 450 Vogel- und 65 Fischarten – ganz zu schweigen von den schätzungsweise 200 000 großen Säugetieren.

Das Delta verdankt seine Existenz einer tektonischen Mulde im Kalahari-Becken, einer Senke, die bewirkt, dass das Wasser des Okavango verdunstet bzw. von den Pflanzen aufgenommen wird, ohne jemals die Küste zu erreichen. Das Delta ist nämlich extrem flach, die Höhenlage schwankt nur um bescheidene 2 m, weshalb der Fluss des Wassers schlicht und einfach zum Stillstand kommt. Das Wasser steigt und fällt mit dem Niederschlag im fernen Angola; Jahr für Jahr strömt auf diese Weise eine Wassermenge von rund 11 km³ ins Delta. Der hohe Wasserstand ist jahreszeitlich bedingt; die Flut setzt im Januar und Februar im angolanischen Hochland ein, anschließend wandert das Wasser ungefähr 1200 km pro Monat flussabwärts. Sobald das Hochwasser das Delta erreicht hat, verteilt es sich über das gesamte Areal. Das ist von März bis Juni der Fall, der Höhepunkt ist dann im Juli und August erreicht. Während dieser Zeit ist die Wasserfläche im Delta oft dreimal so groß wie vor der Überflutung.

BERGE

Botsuana dürfte zu den flachsten Ländern der Welt zählen, und doch gibt es ein paar topografische Besonderheiten. Der höchste Punkt des Landes ist der vergleichsweise bescheidene Otse Hill (1489 m) rund 45 km südlich von Gaborone.

Sehr viel mehr Beachtung verdienen aber die Tsodilo Hills im äußersten Nordwesten des Landes, die mit ihrer hochdramatischen Felskulisse und den prähistorischen Felsmalerein beeindrucken, außerdem die Tswapong Hills, eine Kette aus niedrigeren und flachen Hügeln, die von schwindelerregenden Canyons durchschnitten werden – eine geradezu ideale Landschaft für Wanderfreunde und Hobbyornithologen. Und schließlich gibt es noch den Tuli Block, der über dem Limpopo im Osten aufragt – eine Landschaft mit Inselbergen *(kopjes)* inmitten der Ebenen am Fluss.

Die Tierwelt

In Botsuana sind 160 bis 500 verschiedene Arten von Säugetieren heimisch, 593 Vogelarten, 150 Reptilien-, mehr als 8000 Insekten- und Spinnenarten sowie 3100 unterschiedliche Pflanzen und Bäume.

LÖWEN

Unter allen Großkatzen bekommt man Löwen noch am leichtesten zu sehen – Leoparden sind scheu und verstecken sich gern im Unterholz, und die Anzahl der Geparden ist ohnehin vergleichsweise gering. Von diesem Eindruck sollte man sich jedoch nicht täuschen lassen: Unter den drei afrikanischen Großkatzenarten ist der Löwe am stärksten gefährdet.

Vermutlich leben in ganz Afrika heute weniger als 30 000 Löwen (daneben gibt es noch eine winzige, stark unter den Folgen der Inzucht leidende Population asiatischer Löwen im Gir Forest im indischen Gujarat); die meisten Experten gehen sogar von einer deutlich niedrigeren Zahl aus. Nur sechs Löwenpopulationen in Afrika – darunter auch die im Okavango-Delta – umfasst mehr als 1000 Tiere und gilt damit als gesichert; jedenfalls sieht die wichtige Organisation **Panthera** (www.panthera.org) die Zahl

NATURFÜHRER & BESTIMMUNGSBÜCHER

Naturkundliche Bestimmungsbücher und Feldführer sind unverzichtbar, will man unterwegs auf Safari Tiere richtig identifizieren. Außerdem sind die meisten von ihnen ziemlich lesenswert und interessant. Die Lieblingsbücher des Autorenteams:

Raubtiere der Welt: Ein Feldführer (Luke Hunter, 2011) Wunderschön illustriert, aktuell und randvoll mit faszinierenden Details.

The Kingdon Field Guide to African Mammals (Jonathon Kingdon, 2003) Die neueste Ausgabe des Klassikers mit mehr als 1150 Arten.

Watching Wildlife: Southern Africa (Matthew Firestone und Nana Luckham, 2. Aufl. 2003) Ein Führer von Lonely Planet mit vielen Farbaufnahmen.

Mammals of Botswana & Surrounding Areas (Veronica Roodt, 2011) Handlicher, gut geschriebener Führer, den man in vielen Lodges und zahlreichen Buchhandlungen in Botsuana bekommt.

Birds of Southern Africa (Ian Sinclair u.a., 4. Aufl., 2011) Ohne Frage das beste Handbuch über die Vogelwelt des Landes.

1000 als Schwellenwert, ab dem ein langfristiges Überleben der Art garantiert ist. Eine der umfassendsten Studien über wild lebende Löwen in Afrika hat in Botsuana rund 3000 Tiere nachgewiesen (und damit rund 10 % aller Löwen auf dem Kontinent). Ihre wichtigsten Lebensräume sind das Okavango-Delta (1438 Löwen), das Central Kalahari Game Reserve (312), der Kgalagadi Transfrontier Park (458) und das Gebiet am Chobe River (213). Für den Bestand dieser Art ist Botsuana also von großer Bedeutung.

Hier wie anderswo werden Löwen aber auch gezielt durch Gift getötet – entweder als Vergeltungsmaßnahme, weil sie Vieh gerissen haben, oder um sie von landwirtschaftlichen Flächen fernzuhalten.

ELEFANTEN

In Botsuana leben mehr Elefanten als in jedem anderen Land der Erde. In vielen Ländern Afrikas machen inzwischen wieder Wilderer Jagd auf diese Riesen (allein 2011 wurden schätzungsweise 25 000 Elefanten wegen ihres Elfenbeins getötet), die Herden in Botsuana sind jedoch weiterhin in gutem Zustand. Jüngsten Hochrechnungen zufolge gibt es in Botsuana derzeit 130 000 Tiere, darunter allein 71 000 im Nationalpark Chobe. Nirgendwo sonst auf der Welt gibt es eine so hohe Elefantendichte wie in Chobe.

NASHÖRNER

Einst gab es reiche Nashornbestände in Botsuana, vor allem im Norden. Spitzmaulnashörner lebten vornehmlich im Einzugsgebiet des Chobe River, Breitmaulnashörner in Chobe, in Moremi und auch anderswo im Okavango-Delta. Die katastrophale Ausrottung der Bestände durch Wilderer in den 1970er- und 1980er-Jahren führte aber dazu, dass beide Arten in Afrika drastisch dezimiert wurden und dass die Tiere fast vollständig aus Botsuana verschwanden. 1992 galt das Spitzmaulnashorn im Land als ausgestorben, das Breitmaulnashorn war nur noch mit 19 Exemplaren vertreten.

Damals wurde das 4300 ha große Khama Rhino Sanctuary eingerichtet, und sämtliche überlebenden Tiere wurden eingefangen und dorthin gebracht, um die Arten vor der Ausrottung zu bewahren. Die Maßnahme hatte durchaus Erfolg; schon bald waren hier 40 Breitmaul- und immerhin vier Spitzmaulnashörner versammelt. Noch effektiver war das 2001 von Umweltschützern, Behörden und Vertretern der Tourismusbranche initiierte Botswana Rhino Reintroduction Project, dessen Ziel es war, Nashörner wieder in die freie Wildbahn zu entlassen. Als diese Auflage des Reiseführers geschrieben wurde, lebten im Moremi Game Reserve insgesamt 32 ausgewilderte Breitmaulnashörner, vor allem in der Nähe von Chief's Island und beim exklusiven Mombo Camp (dessen Betreiber, Wilderness Safaris, waren von Anfang an in dieses Projekt mit einbezogen worden). Zwei Nashörner sind 2003 Wilderern zum Opfer gefallen, aber ansonsten hat sich die Population stabil entwickeln können; die ausgewilderten Tiere haben insgesamt elf Kälber zur Welt gebracht, der Bestand liegt derzeit bei 38 Exemplaren.

Zwei weibliche Tiere haben das ihnen zugewiesene Schutzgebiet verlassen und tauchten zuletzt im Makgadikgadi Pans National Park auf. 2008 brachte man einen Breitmaulnashornbullen aus dem Khama Rhino Sanctuary nach Makgadikgadi in der Hoffnung, dass dort eine eigenständige kleine Population heranwachsen könnte.

Obwohl Botsuana relativ weit von den Hauptjagdgründen der Wilderer entfernt liegt, kann das Land der generellen Problematik nicht völlig ausweichen. So traf man 2012 in Botsuana – ebenso wie in Simbabwe, Sambia, Angola und Namibia – die umstrittene Entscheidung, Nashornpulver an Krankenhäuser und Apotheken der Region zu verkaufen, um den illegalen Handel zu unterbinden. Wilderer machen derzeit nämlich wieder verstärkt Jagd auf Nashörner, deren Horn 2012 auf dem Schwarzmarkt für umgerechnet 52 000 € pro Kilo gehandelt wurde. Im Nachbarland Südafrika stieg die Zahl getöteter Tiere von 13 im Jahr 2007 auf 600 im Jahr 2012; mit einem Gesamtbestand von schätzungsweise 19 000 Exemplaren beherbergt Südafrika rund 90 % aller Nashörner der Erde.

AFRIKANISCHE WILDHUNDE

Eines der faszinierendsten Tiere Botsuanas, der Afrikanische Wildhund, ist inzwischen stark gefährdet. Es gab Zeiten, da streiften eine halbe Million Wildhunde durch 39 Länder Afrikas; heute zählt man nur noch 3000 bis 5300 frei lebende Tiere in gerade einmal 14 Ländern.

Afrikanische Wildhunde leben in Rudeln mit bis zu 28 Tieren – weshalb kein anderes Raubtier derart große Jagderfolge aufweisen kann (bis zu 70 %). Die pure Anzahl der Jäger ist ausschlaggebend – und natürlich ihre Spitzengeschwindigkeit von 66 km/h. Ihre bevorzugten Beutetiere sind Impalas, Moorantilopen, Gnus, Steinböckchen und Warzenschweine.

Fachleute vermuten, dass im Moremi Game Reserve nicht weniger als 30 % aller Afrikanischen Wildhunde überhaupt ein Refugium gefunden haben. Am besten zu sehen bekommt man die Rudel in den Linyanti Marshes. Auch im Central Kalahari Game Reserve dürfte die Art wohl überleben, obwohl die Anzahl der Individuen dort niedriger liegt. Während der Recherchen des Autorenteams vor Ort wurde im Tuli Block in Botsuana gerade ein ganzes Rudel ausgerottet – und zwar durch einen vergifteten Rinderkadaver, den man in der Nähe ihres Baus abgelegt hatte. So etwas geschieht gar nicht so selten, da diese weit umherstreifenden Jäger immer häufiger mit Menschen in Berührung kommen.

BOTSUANAS BEDROHTE ARTEN

Die International Union for the Conservation of Nature (IUCN) stuft auch Tierarten aus Botsuana als „gefährdet" ein. Dazu zählen der Gepard, die Schwarzfußkatze, Löwe und Flusspferd. Schlechter steht es allerdings um die als „bedroht" geltenden Afrikanischen Wildhunde, noch kritischer sieht es für das Spitzmaulnashorn aus.

REPTILIEN

Botsuanas Trockengebiete sind die Heimat von über 150 Reptilienarten. Darunter befinden sich 72 verschiedene Schlangenarten, wie z. B. die giftige Speikobra, die Uräusschlange und die Schwarze Mamba. Obwohl etwa 80 % der Schlangen in Botsuana nicht giftig sind, sollten sich Besucher bei der tödlichen Puffotter vorsehen, die sehr viel häufiger vorkommt als Kobras und Mambas und deren Giftmenge ausreicht, um vier Menschen zu töten. Baumschlangen oder sogenannte Boomslangs, die sehr flink sind, kommen ebenfalls im gesamten Delta vor.

Eidechsen gibt es überall. Die größten davon sind die Warane, gutmütige Kreaturen, die über 2 m lang werden können. Kleinere Gattungen wie die Savannenwarane sind auf Hügeln und in trockeneren Gebieten zu finden. In großer Anzahl vertreten sind auch Reptilien wie zum Beispiel Geckos, Chamäleons und Schildechsen.

Obwohl die Nilkrokodile überall im südlichen Afrika bedroht sind, ist das Okavango-Delta nach wie vor voll von ihnen. Bei der Durchquerung der Kanäle in einem *mokoro* (traditionelles Einbaumkanu) sind sie eher zu hören als zu sehen, nämlich durch ein klatschendes Fluchtgeräusch beim Abtauchen. Frösche in jeder vorstellbaren Form, Größe und Farbe sind da schon angenehmer Zeitgenossen der heimischen Tierwelt. Sie hüpfen vom Schilf in das *mokoro* und wieder zurück und beglücken oder stören einen in der Nacht mit ihren Konzerten im gesamten Flussdelta – und auch anderswo, etwa am Boteti River im Makgadikgadi Pans National Park.

INSEKTEN & SPINNEN

In Botsuana leben ungefähr 8000 Insekten- und Spinnenarten. Die buntesten Schmetterlinge gibt es entlang des Okavango Panhandle (der nordwestliche Ausläufer des Deltas), unter ihnen der Afrikanische Monarch und der Gelbe Schwalbenschwanz. Andere Insekten von Bedeutung sind die Gespenstheuschrecke, die perfekt getarnt im Schilf des Okavango-Deltas sitzt, die riesige, unheimliche, aber harmlose Knopfspinne und die Sackspinne, die zwar harmlos aussieht, aber giftig ist (selten tödlich) und hauptsächlich in ländlichen Gegenden vorkommt. Im Delta leben auch Grashüpfer, Mopanewürmer, Heuschrecken sowie Mücken und Tsetsefliegen in zunehmender und möglicherweise gefährlicher Anzahl.

Skorpione sind in der Kalahari nicht ungewöhnlich, und obwohl ihr Stich nicht tödlich ist, kann er doch schmerzhaft sein.

VÖGEL

Botsuana ist nicht nur die Heimat großer Wildtiere, sondern auch ein Paradies für Vögel. Zwischen September und März, wenn das Delta von Wasser durchflutet ist, kann man eine Vielzahl von Vögeln per Fernglas beobachten. Zu den 593 hier gezählten Vogelarten gehören der im Delta bekannte Afrikanische Scherenschnabel, der vom Aussterben bedrohte Klunkerkranich, der Glockenreiher, das Blaustirn-Blatthühnchen, der Bienenfresser, die Gabelracke, die Weißbauch-Zwerggans und die scheue Binden- oder Ge Pel-Fischeule. Auch in der Trockenzeit sind viele Vogelarten unterwegs. In dieser Zeit kann man Vögel sogar leichter beobachten, da sie sich in großer Individuenzahl um die wenigen noch übrig gebliebenen Wasserquellen scharen.

GEBIETE FÜR DIE VOGELBEOBACHTUNG

In Botsuana liegen die meisten der Gebiete, in denen Vögel sich sehr gut beobachten lassen, im Norden des Landes um das Okavango-Delta: Okavango Panhandle, Chobe Riverfront, Central Kalahari Game Reserve, Khama Rhino Sanctuary und Tuli Block, vor allem um den Fluss Limpopo.

Ein ganz besonders guter Platz zur Beobachtung der Vögel ist das Nata Bird Sanctuary, wo etwa ein Viertel aller botsuanischen Vögel lebt. Während der Regenzeit von November bis März ist das Schutzgebiet von riesigen Schwärmen rosafarbener Flamingos und anderer Zugvögel bedeckt.

BEDROHTE VOGELARTEN

Die Vogelwelt Botsuanas leidet zwangsläufig unter der Überweidung, einer Ausbreitung der städtischen Siedlungsgebiete und unter Insektiziden, die gegen die Tsetse-Fliegen, die gelegentlich das Delta heimsuchen, zum Einsatz kommen.

Unter den Vögeln Botsuanas sind die Klunkerkraniche und die Afrikanischen Scherenschnäbel bedroht. Die Kapgeier, die im Mannyelanong Game Reserve in Otse geschützt werden, bilden auch in der Moremi Gorge in den Tswapong Hills im Osten Botsuanas bedeutende Brutkolonien.

PFLANZEN

Mehr als 3000 verschiedene Pflanzenarten, darunter 650 Baumarten, wurden in Botsuana gezählt.

Die Uferlandschaft des Okavango-Deltas wird von Sumpfgräsern, Seerosen, Binsen und Papyrus dominiert. Auf zahlreichen dicht bewachsenen Inseln finden sich Palmen, Akazien, *Combretum imberbe* und Leberwurstbäume. Das andere Extrem ist die Kalahari mit verschiedenen Savannen, darunter Dornenstrauchsavanne mit Akazien, Feuchtsavanne und Trockensavanne im Südwesten.

Die einzigen Wälder mit den laubabwerfenden Mopane-Bäumen befinden sich im Norden, wo in sechs Waldgebieten auch kommerzielle Holzwirtschaft betrieben wird. Dort kommen auch Mongongo- und Marulabäume vor. In ganz Botsuana ist der Kameldorn häufig; manche Tiere fressen gern davon, und die San nutzen ihn als Feuerholz und für die Gewinnung von Medizin. Ebenfalls häufig ist *Boscia albitrunca*, dessen Wurzeln essbar sind.

Ausführlichere Informationen zu den Pflanzen am Okavango bieten *Common*

NÜTZLICHE ADRESSEN

Birding Botswana (☎7219 1472; www.birdingbotswana.com) Der in Maun beheimatete Anbieter ist auf Safaris zur Vogelbeobachtung spezialisiert.

BirdLife Botswana (☎319 0540; www.birdlifebotswana.org.bw) Die regionale Sektion von BirdLife International ist aktiv an Schutzprojekten beteiligt, etwa dem Bau von Beobachtungsposten, und organisiert Erkundungstouren für Vogelliebhaber.

ZÄUNE: DIE GESCHICHTE EINES KONFLIKTS

Das Hauptproblem, das Botsuanas „Büffelzaun" mit sich bringt, liegt darin, dass er Wildtiere daran hindert, auf ihren seit Generationen gewohnten Wegen zu den Wasserstellen zu ziehen. Botsuana hat zwar große Flächen zu Naturschutzgebieten erklärt, doch diese Bereiche bilden selten komplett unabhängige Ökosysteme. So nahm Botsuanas Gnupopulation in den vergangenen 20 Jahren um 99 % ab, und alle verbleibenden Büffel und Zebras befinden sich nördlich der Zäune.

Die größte Katastrophe ereignete sich während der Dürre von 1983, als der Kuke-Zaun Gnuherden daran hinderte, das Wasser des Okavango zu erreichen; das führte zum Tod von 65 000 Tieren. Das letzte Kapitel von Mark und Delia Owens' *Der Ruf der Kalahari* nennt ein weiteres herzzereißendes Beispiel: Gnus aus der südlichen Kalahari, die auf einmal nicht mehr zu ihrem angestammten Weideland am Lake Xau gelangen konnten. Dass das amerikanische Biologenpaar Owens darüber berichtete, hatte zur Folge, dass die beiden das Land verlassen mussten.

Der 80 km lange Northern Buffalo Fence, der nördlich des Okavango-Deltas verläuft, hat ein ausgedehntes wildreiches Gelände, das aber bisher ungeschützt war, für die Viehzucht geöffnet. Safari-Veranstalter wünschten sich den Zaun so weit nördlich wie möglich, um die je nach Jahreszeit überflutete Selinda Spillway zu erhalten; angehende Viehzüchter wollten ihn so weit südlich wie möglich sehen, um möglichst viel Weideland zu gewinnen. Die Regierung schlug sich auf die Seite der Viehzüchter, und der Zaun öffnete bis zu 20 % des Okavango-Deltas für die professionelle Viehzucht.

2003 wurde der Konflikt erneut sichtbar, als die Errichtung eines weiteren Zaunes um die Makgadikgadi Pans vorgeschlagen wurde. Bei seiner Fertigstellung wird der Zaun sich über 480 km erstrecken, er soll das Aufeinandertreffen von Raubtieren und Vieh am Boteti River verhindern. Doch als der westliche Teil des Zauns fertig war, stellte die Environmental Investigation Agency (EIA; www.eia-international.org) fest, dass der Verlauf die Empfehlung des Department of Wildlife and National Parks' (DWNP) nicht berücksichtigt hatte, sodass der größte Teil des Boteti River nun außerhalb des Parks liegt und die Tiere jetzt von seinem Wasser ferngehalten werden. Schon 2005 wurden die Auswirkungen deutlich: Rund 300 Zebras starben bei dem Versuch, den Fluss zu erreichen. Außerdem wurde der Viehzaun um das Okavango-Delta bereits von wandernden Elefantenherden beschädigt.

Wildflowers of the Okavango Delta und *Trees & Shrubs of the Okavango Delta* von Veronica Roodt. In beiden Büchern finden die interessierten Leser man informative und anschauliche Beschreibungen, die durch Zeichnungen werden.

Umweltprobleme

Botsuana, ein relativ großes, dünn besiedeltes Land, zählt zu den am wenigsten verschmutzten Regionen Afrikas. Dennoch gibt es dort die gleichen ökologischen Probleme wie im restlichen Afrika: Verschlechterung der Böden und fortschreitende Wüstenbildung, Abholzung der Wälder (etwa 21 % des Landes sind von Wald bedeckt), Wasserknappheit und Ausbreitung der Städte. Darüber hinaus bedrohen einige schwere ökologische und den Naturschutz betreffende Probleme die Wüsten, Feuchtgebiete und Savannen des Landes.

DAS DILEMMA DES ZAUNS

Wer an einem tierärztlichen Kontrollpunkt angehalten wurde oder das östliche Okavango-Delta besucht hat, weiß von dem 3000 km langen, 1,5 m hohen „Büffelzaun" des Landes, der offiziell Veterinary Cordon Fence heißt. Es handelt sich dabei allerdings nicht um einen einzelnen Zaun, sondern um eine Reihe von Hindernissen aus Spannstahl, die sich durch einen Teil von Botsuanas wildester Landschaft ziehen.

Die Zäune wurden erstmals 1954 errichtet, um die wilden Büffelherden vom frei laufenden Vieh der Bauern fernzuhalten und so die Ausbreitung der Maul- und Klauenseuche zu verhindern. Rinderzucht zählt zu den bedeutendsten Wirtschaftszweigen des Landes, auch im Hinblick auf den Status, den der Besitzer einer großen Herde in der Gesellschaft der Batswana einnimmt. Gleichzeitig bringen Touristen, die Tiere beobachten wollen, viel Geld ins Land, und der internationale Ruf eines afrikanischen Landes hängt oft davon ab, ob es bereit ist, seine Wildtiere ordentlich zu schützen. Ein Gleichgewicht zwischen diesen beiden wichtigen, doch oft miteinander kollidierenden Wirtschaftsfaktoren herzustellen, zählt zu den schwierigen Aufgaben der Regierung von Botsuana.

GEFAHREN FÜR DAS DELTA

Trotz seines Status als wichtiges Gebiet der Biodiversität und größtes Ramsar-Feuchtgebiet des Planeten genießt das Okavango-Delta keinen internationalen Schutz (einmal abgesehen vom Moremi Game Reserve). Und das, obwohl viele prominente Naturschützer das Gebiet für stark gefährdet halten und es gern zum Unesco-Welterbe erklären möchten.

Feuchtgebiete verschwinden weltweit in beängstigender Geschwindigkeit, teils aufgrund des Klimawandels, teils durch schlechte Verwaltung und Entwicklung, die nicht auf Nachhaltigkeit bedacht ist. Das Okavango-Delta stellt keine Ausnahme dar. Ein Überwachungsteam des DWNP und von BirdLife Botswana hat bereits festgestellt, dass das Delta schrumpft. Der Kubango River – der im Hochland von Angola entspringt – führt inzwischen weniger Wasser und überschwemmt das Delta für immer kürzere Zeitspannen.

Weitere massive Bedrohungen sind die fortgeschrittene Überweidung, die Verschlechterung des Bodens, das kommerzielle Netzfischen und illegales Feuermachen. Außerdem treten in Angola nach dem Ende des Bürgerkriegs ungeplante Entwicklungen in Form von Neubesiedlungen auf, und die Nachfrage nach neuer und effizienter Wassergewinnung für den Bergbau, den häuslichen Bedarf und den Tourismus steigt. Die größte Sorge bereiten jedoch die Pläne, dem Okavango Wasser zu entziehen, um den wachsenden Bedürfnissen Namibias nachzukommen. Ein solcher Vorschlag tauchte erstmals 1997 auf. Er zielt auf den Bau einer 1250 km langen Pipeline vom Okavango nach Windhoek, der Hauptstadt Namibias. Der Vorschlag wird immer wieder einmal diskutiert und anschließend zu den Akten gelegt, umgesetzt ist bisher noch nichts.

1994 unterzeichneten Botsuana, Namibia und Angola die **Okavango River Basin Commission** (Okacom; www.okacom.org), die zur Erhaltung des Deltas beitragen soll. Obwohl die Kommission sehr klare und strenge Richtlinien hat, kommt deren praktische Umsetzung nur langsam voran. Die Entwicklung in Richtung umweltverträgliche Politik, an deren Ende eventuell ein Vertrag stehen könnte, machte nur sehr schleppende Fortschritte. Da in Angola, wo 95 % des Wassers seinen Ursprung hat, seit ungefähr 30 Jahren zum ersten Mal wieder Frieden herrscht, dürfen zukünftig schnellere Erfolge erwartet werden.

JAGD

Mitte 2001 erließ die Regierung ein generelles Verbot für die Jagd auf Löwen und Geparden, weil zunehmend ein beunruhigendes Ungleichgewicht zwischen den Geschlechtern in den Populationen dieser beiden Großkatzen auftrat. Damals waren die Einheimischen nicht gerade erfreut über das Verbot, weil sie befürchteten, ihr wertvolles Vieh nun nicht mehr schützen zu können. Auch die Jäger griffen – bildlich gesprochen – zu den Waffen. Das Verbot wurde 2005 aufgehoben, aber schon zwei Jahre später erneut verhängt. 2011 und 2012 kamen von der Regierung Botsuanas Hinweise auf einen „katastrophalen" Rückgang einiger Arten, die ein allgemeines Jagdverbot möglich erscheinen ließen. So könnte es sein, dass irgendwann ab 2013 die Jagd nahezu vollständig untersagt wird. Gegenwärtig ist die Jagd auf Game Ranches und einige wenige (versteigerte) Lizenzen für die Elefantenjagd in dicht von Menschen besiedelten Gebieten beschränkt.

WILDEREI

Wilderei ist in Botsuana selten, da die relativ stabile Wirtschaft eine so risikoreiche und illegale Aktivität unnötig und unattraktiv erscheinen lässt. Außerdem ist es fast unmöglich, Häute und Stoßzähne aus den entlegenen Gebieten Botsuanas Hunderte von Kilometer über Land zu Häfen im Ausland zu transportieren. Überdies werden Botsuanas Grenzen von der Botswana Defence Force (BDF) sehr gut überwacht. Wenn einmal gewildert wird, geschieht das in der Regel „für den Kochtopf" – also von Einheimischen, die ihre Nahrung durch die Jagd auf Wildtiere aufbessern – und nicht in großem kommerziellen Umfang.

Nationalparks & Schutzgebiete

Etwa ein Drittel der Landfläche Botsuanas steht offiziell unter Schutz; damit gehört

DER STREIT UM DIE JAGD

In der jüngeren Vergangenheit stand die Jagd in Afrika nicht unbedingt im Zentrum der internationalen Aufmerksamkeit. Möglicherweise resultierte daraus der öffentliche Aufschrei, als sich Spaniens König Juan Carlos I. 2011 in Botsuana während eines Jagdausflugs verletzte. Bald tauchten auch Bilder auf, die den König während einer früheren Jagdreise in Botsuana neben einem von ihm erlegten Elefanten zeigten. Ganz abgesehen davon, dass der König zu jener Zeit Ehrenpräsident der spanischen Sektion des World Wildlife Fund (WWF) war, warf die Episode ein ungutes Licht auf die Tourismusindustrie und lenkte das Interesse auf eines der umstrittensten Themen, was den afrikanischen Naturschutz betrifft.

Auch wenn viele Naturschützer das nicht wahrhaben wollen, erkennen einige doch an, dass eine kontrollierte Jagd eine wichtige Rolle bei der Erhaltung der Arten spielen kann. Die Diskussion um die Jagd lässt sich etwa wie folgt zusammenfassen: Die Einkünfte aus dem Tourismus (egal ob Eintrittsgelder in Nationalparks oder Einnahmen für Übernachtungen) erreichen mitunter nicht die lokalen Gemeinden. Das aber verstärkt vor Ort den Eindruck, dass die Wildtiere der Regierung gehören. Die Jagd mit privaten Lizenzen bringt dagegen beträchtliche Einnahmen (vor dem Verbot von 2001 wurde eine Lizenz für die Jagd auf Löwen für 20 000 US$ verkauft), von denen, zumindest theoretisch, ein großer Teil in örtliche Projekte fließt. So bekommen die Wildtiere für die Einheimischen einen messbaren Wert. Durch strenge Kontrollen – Quoten und Abschussgenehmigungen nur für männliche Löwen, die über das beste Alter hinaus sind – könnte die Jagd, so die Verfechter dieser Theorie (zu denen viele Naturschützer zählen), dazu beitragen, Arten vor dem Aussterben zu retten.

Andererseits argumentieren Jagdgegner, die ganze Debatte basiere darauf, dass die Regierung und die privaten Organisatoren es nicht schafften, die Einnahmen aus weniger mörderischen Formen des Tourismus gerecht zu verteilen. Also fragen sie: Weshalb sollte das mit der Jagd anders sein? Sie weisen auch darauf hin, dass die Lösung in einer gerechteren Verteilung der Einkünfte aus dem Tourismus und einer größeren Beteiligung der Gemeinden am Naturschutz liegen sollte – und nicht darin, die Tiere zu töten, von denen der Tourismus abhängt. Und schließlich weisen manche Kritiker noch auf die Doppelmoral hin, die darin zum Ausdruck kommt, dass Einheimische verhaftet und eingesperrt werden, wenn sie jagen (egal ob kommerziell oder für den Eigenbedarf), während reiche (meist weiße) Jäger während kurzer Besuche auf dem Kontinent durchaus Tiere töten dürfen.

Die Debatte ist noch lange nicht abgeschlossen.

das Land zu den am stärksten geschützten Gegenden weltweit. Laut United Nations Environment Program (UNEP) beträgt der geschützte Bereich genau 30,2 %. Die Behörden sprechen von etwa 17 %, die als Nationalparks und andere Schutzgebiete ausgewiesen sind, während weitere 20 % sogenannte *wildlife management areas* (WMA) darstellen. In jedem Fall verdeutlichen die Zahlen, dass es Botsuana ernst meint mit dem Schutz der Tiere. Schon seit Langem wird hier eine vorausschauende Politik des nachhaltigen Tourismus betrieben, die darauf abzielt, die unberührte natürliche Umwelt des Landes zu erhalten.

Reisende mit kleinem Geldbeutel fühlen sich möglicherweise durch die hohen Kosten ausgeschlossen, doch die Eintrittsgelder, die Reisende für den Besuch eines Nationalparks bezahlen, tragen sowohl zur Entwicklung der örtlichen Gemeinden als auch zum Naturschutz bei.

Typisch für die meisten Nationalparks in Botsuana sind weite offene Bereiche praktisch ohne Infrastruktur und ein sehr begrenztes Angebot an Annehmlichkeiten für Besucher. Ausnahmen bilden der Chobe National Park und das Moremi Game Reserve, die beide von verhältnismäßig vielen Reisenden pro Jahr aufgesucht werden.

Die meisten Nationalparks ins Botsuana werben damit, dass in ihnen vier der „Großen Fünf" (Big Five) vorkommen – Büffel, Elefanten, Leoparden und Löwen – lediglich die Nashörner fehlen meist. Allein im Chobe National Park ist die Elefantenpopulation auf geschätzte 71 000 angewachsen (letzte Zählung vor Redaktionsschluss). Im Moremi Game Reserve (dem einzigen Teil des Okavango-Deltas, das offiziell unter Schutz steht) überlebt eine der wenigen gesunden Wildhundpopulationen Afrikas. Da Okavango-Delta und Chobe River ein außergewöhnliches Wasserreservoir in einer semi-ariden Umgebung darstellen, gibt es fast alle Säugetierarten des südlichen Afrika im Moremi Game Reserve, in Teilen des Nationalparks Chobe und in den Linyanti Marshes. In den Nationalparks Makgadikgadi & Nxai Pans ziehen Herden von Gnus, Zebras und anderen Huftieren von ihren Winterweiden in den Ebenen von Makgadikgadi in die üppig grünen Sommergebiete der Region von Nxai Pan – eine der größten Tierwanderungen weltweit.

Besuch von Nationalparks

Alle öffentlichen Nationalparks und Schutzgebiete in Botsuana werden vom **Department of Wildlife & National Parks** (DWNP; ☎397 1405; www.mewt.gov.bw/DWNP/) verwaltet. Weitere Parkbüros gibt es in Maun (S. 318) und Kasane (S. 299).

Ein paar Dinge sollte man beim Besuch der Nationalparks und Schutzgebiete im Kopf behalten:

» Zur Zeit der Entstehung dieses Buchs stand bei den Eintrittspreisen eine Erhöhung an – es ist gut möglich, dass die Preise inzwischen deutlich über den hier genannten liegen.

» Auch wenn es Ausnahmen gibt (wie im Chobe-Riverfront-Bereich des Nationalparks Chobe) und wenn in ganz seltenen Fällen die Parkranger ein Auge zudrücken, kommt niemand in einen Nationalpark oder ein Schutzgebiet, ohne eine Buchung für eine Unterkunft vor Ort vorweisen zu können.

» Heute ist es wieder möglich, den Eintrittspreis am Eingang eines Parks zu bezahlen, nachdem eine Zeit lang eine Reservierung und Vorauszahlung in den DWNP-Büros in Gaborone, Maun oder Kasane erforderlich war (gelegentlich sind

BOTSUANAS HIGHLIGHTS: DIE NATIONALPARKS

PARK	CHARAKTERISTIKA	AKTIVITÄTEN	BESTE ZEIT
Central Kalahari Game Reserve	52 800 km²; eines der größten Schutzgebiete weltweit; semi-arides Grasland	Tierbeobachtung; Wandern; Besuch der Dörfer der San	Juni–Okt.
Chobe National Park	11 700 km²; Mischung aus Grasland und Wald; große Elefantenpopulation	Tierbeobachtung; Vogelbeobachtung; Angeln	ganzjährig
Kgalagadi Transfrontier Park	38 000 km²; grenzübergreifend nach Südafrika; semi-arides Grasland	Tierbeobachtung; Vogelbeobachtung	Dez.–Mai
Khama Rhino Sanctuary	43 km²; letzte Zuflucht der Nashörner in Botsuana	Tierbeobachtung; Vogelbeobachtung	Mai–Sept.
Khutse Game Reserve	2590 km²; schließt an das Central Kalahari Game Reserve an; gleiche Charakteristika	Tierbeobachtung; Wandern; Besuch der Dörfer der San	Juni–Okt.
Makgadikgadi & Nxai Pans National Parks	7300 km²; größte Salzpfannen der Welt; Zebras und Gnus; Flamingos	Tierbeobachtung; Trekking mit San-Führern; Quadfahren	März–Juli
Moremi Game Reserve	3800 km²; Grasland, Schwemmland und Sümpfe; große Tierpopulationen	Tierbeobachtung; Wandern; Rundflüge; Bootstouren	Aug.–Dez.
Northern Tuli Game Reserve	Zusammenschluss von privaten Schutzgebieten; einzigartige Felsformationen	Tierbeobachtung; Reiten; Wandern; Nachtfahrten	Mai–Sept.

EINTRITTSPREISE PRO TAG IN DEN NATIONALPARKS VON BOTSUANA

Kleinkinder und Kinder bis zu sieben Jahren haben freien Eintritt.

	AUSLÄNDER
Erwachsener	120 P
Kind (8–17 Jahren)	60 P
Camping	50 P
Autos < 3500 kg	50 P

immer noch Schilder mit entsprechenden HInweisen zu sehen). Auch wenn das nicht mehr gefordert wird, ist es aber besser, im Voraus zu buchen.

» Die Tore zu jedem DWNP-Park sind von 6 bis 18.30 Uhr (1. April–30. Sept.) und von 5.30 bis 19 Uhr (1. Okt.–31. März) geöffnet. Es ist unerlässlich, dass außerhalb der Öffnungszeiten alle Besucher den Park verlassen oder ihre Unterkünfte aufgesucht haben. Fahrten nach Einbruch der Dunkelheit sind streng verboten (in manchen privaten Parks sind sie aber gestattet).

Camping & Buchung

Bis vor Kurzem betrieb das DWNP sämtliche Campingplätze in den Nationalparks und Schutzgebieten; in jüngster Zeit wurden die meisten aber an private Betreiber verkauft.

Mittlerweile werden nur noch wenige Plätze vom DWNP verwaltet (vor allem im Central Kalahari Game Reserve und dem Kgalagadi Transfrontier Park). Reservierungen für jeden DWNP-Platz sind bis zu zwölf Monate im Voraus bei den DWNP-Büros in Maun oder Gaborone möglich. Buchungen für den Chobe National Park sind auch im DWNP-Büro in Kasane möglich. In diesen Büros wird auch der Eintrittspreis für den jeweiligen Park entrichtet (nach Vorlage einer Reservierung für einen Campingplatz).

Am besten ist es, die Reservierungen persönlich zu erledigen oder durch jemanden vor Ort vornehmen zu lassen. Theoretisch sind auch Buchungen per Telefon oder E-Mail möglich, doch in der Praxis ist es sehr schwierig, jemanden ans Telefon zu bekommen oder eine Mail-Antwort zu erhalten. Bei einer Buchung per Telefon oder E-Mail unbedingt auf einer Bestätigung (per Fax, E-Mail oder Brief) mit einer Buchungsnummer bestehen. Diese Nummer muss angegeben werden, wenn eine Buchung geändert werden soll.

Bei der Reservierung muss angegeben werden:

» der Name des bevorzugten Campingplatzes bzw. der Campingplätze, auf denen man Quartier beziehen möchte, in der gewünschten Reihenfolge

» die Anzahl der Übernachtungen, das Ankunfts- und das Abreisedatum für Park und Campingplatz

» die Anzahl der Erwachsenen und der Kinder

» das Autokennzeichen und auch das Land, in dem das Auto zugelassen ist (darauf kann verzichtet werden, wenn noch kein Auto vorhanden ist)

» Da eine Umbuchung sehr schwierig ist, sollte man alles gründlich überlegen und genügend Zeit für die Anreise und den Aufenthalt vor Ort einplanen. Eine Erstattung (abzüglich einer Gebühr von 10 %) ist nur möglich, wenn die Absage 30 Tage vor dem geplanten Reisetermin erfolgt.

PRAKTISCHE INFORMATIONEN

Allgemeine Informationen

Aktivitäten

Selbst der geruhsamste Urlaub in Botsuana kommt nicht ganz ohne Aktivitäten aus; vielleicht wünscht man eine abenteuerliche Geländewagenexkursionen oder sanftes Dahingleiten in einem traditionellen *mokoro* (Einbaum) auf den Wasserwegen des Okavango-Deltas. Die meisten dieser Aktivitäten sind Teil eines Pauschalangebots und nicht für Individualreisende zugänglich.

MOKORO-AUSFLÜGE
Man sollte auf keinen Fall die Ausflüge mit einem *mokoro* (Einbaumkanu) auf den Kanälen des Okavango-Deltas auslassen, denn diese Fahrten sind ein unvergessliches Erlebnis. Das *mokoro* wird von einem erfahrenen Staker wie eine afrikanische Gondel durchs Wasser bewegt. Obwohl man aus dieser niedrigen Perspektive nur wenige Großtiere sehen kann, werden Vogelkundler doch bestens belohnt. Zudem wird man, hoffentlich aus großer Entfernung, die vielen Flusspferde erspähen können.

MOTORBOOT- & ANGELAUSFLÜGE
Die einzigen beiden Gewässern in Botsuana, auf, denen Motorboote überhaupt so etwas wie Safari-Kreuzfahrten und Angeltouren unternehmen können, sind ide Flüsse Okavango und Chobe.

Zum Angeln kommen nur die tiefen und gleichzeitig schnell fließenden Gewässer des Okavango Panhandle infrage. Die beliebteste Form des Süßwasserangelns ist das Fliegenfischen nach Tigerfischen, obwohl Hechte, Flussbarben (Katzenfische) und Brassen auch sehr verbreitet sind. Die Tigerfischsaison geht von September bis Juni, wohingegen sich die Barben von Mitte September bis Dezember in den Gewässsern tummeln.

QUADS
Einige Lodges in den Makgadikgadi Pans in Nordostbotsuana bieten Quadausflüge über die ausgedehnten Salzpfannen an. Diese Quads sind recht sicher, Erfahrung ist nicht nötig, ein Auto- oder Motorradführerschein ist nicht erforderlich; es macht einfach nur riesigen Spaß. Die meisten Anbieter sind recht versiert, aber leider sind die Reisenden in den letzten Jahren mehr und mehr dazu übergegangen, ihre eigenen Quads mitzubringen und kreuz und quer durch die Salzpfannen zu rasen, ohne auf die Tierwelt der Region zu achten.

REITEN
Ein Ausritt mitten durch Zebra- und Gnuherden ist ein unvergessliches Erlebnis. Man muss allerdings schon ein erfahrener Reiter sein. Anfänger werden auf Pferdesafaris in der Regel nicht mitgenommen. (Man sollte nämlich in der Lage sein, sich in kritischen Situationen eigenständig in Sicherheit zu bringen.)

Die folgenden Veranstalter sind zu empfehlen:

African Animal Adventures (S. 309) Expeditionen von Maun aus.

Grassland Safari Lodge (S. 344) Safaris ins CKGR.

Mashatu Game Reserve (S. 284) In den Tuli Block.

Uncharted Africa (S. 291) Hinaus in die Salzpfannen von Makgadikgadi.

RUNDFLÜGE
Ein Panoramarundflug in einem Leichtflugzeug oder Helikopter hoch über dem Okavango-Delta ist ein großartiges Abenteuer. Diese Rundflüge können entweder beim Veranstalter in Maun oder durch die jeweilige Unterkunft arrangiert werden.

WANDERN
Botsuana liegt als Wanderziel deutlich abgeschlagen hinter seinen Nachbarländern Namibia und Sambia, aber dennoch sind einige Wanderungen möglich.

Wandersafaris unter der Führung eines bewaffneten Wachmanns sind Teil der Freizeitangebote vieler Lodges. Unterwegs den sicheren Schutz eines Fahrzeugs zu verlas

PRAKTISCH & KONKRET

Zeitungen Die regierungseigene *Daily News*, der *Botswana Advertiser* (Gaborone & Ostbotsuana) und die *Ngami Times* (regionale Wochenzeitung für Maun).

Radio Yarona (106,6 FM) und GABZFM (96,2 FM) senden in Gaborone und Umgebung, und RB2 (103 FM) ist der kommerzielle Sender von Radio Botswana. Mit einem Kurzwellenradio lassen sich leicht die BBC-Nachrichten und andere europäische Sender empfangen.

TV Botswana TV (BTV) sendet Nachrichten (in Setswana) und Sport (in Englisch und Setswana) sowie eine Reihe US-amerikanischer Sitcoms. Regierungseigene südafrikanische Sender kann man ebenfalls empfangen. Die meisten besseren Hotels sind auch mit Satellitenfernsehen ausgestattet.

Gewichte & Maße Metrisches System.

CAMPINGPLÄTZE

PARK/RESERVAT/ GEBIET	CAMPINGPLÄTZE	BETREIBER	PREIS PRO ERW./KIND
Central Kalahari Game Reserve	Kori, Deception Valley, Leopard Pan, Phokoje Pan, Xade, Bape und Xaka	**DWNP** (Buchungen per E-Mail dwnp@gov.bw oder ☎318 0774 Büro in Gaberone)	200/100 P
	Passarge Valley, Piper Pan, Motopi, Lekhubu, Leatihau und Sunday Pan	**Big Foot Tours** (www.bigfoottours.co.bw)	200/100 P
Chobe Riverfront	Ihaha	**Kwalate** (Buchungen per E-Mail kwalatesafari@gmail.com)	260/130 P (40/20 US$)
Kgalagadi Transfrontier Park	Alle Campingplätze	**DWNP** (Buchungen per E-Mail dwnp@gov.bw oder ☎318 0774 Büro in Gaberone)	30/15 P
Khutse Game Reserve	Alle Campingplätze	**Big Foot Tours** (www.bigfoottours.co.bw)	200/100 P
Kubu Island	Kubu Island	**Gaing-O-Community Trust** (www.kubuisland.com)	100/50 P
Linyanti	Linyanti Camp	**SKL** (sklcamps.com)	240/120 P (50/25 US$)
Makgadikgadi Pans National Park	Khumaga	**SKL** (sklcamps.com)	240/120 P (50/25 US$)
Moremi Game Reserve	Khwai	**SKL** (sklcamps.com)	240/120 P (50/25 US$)
	South Camp	**Kwalate** (Buchungen per E-Mail kwalatesafari@gmail.com)	P260/130 (US$40/20)
	Third Bridge	**Xomae** (www.xomaesites.com)	226/113 P
	Xakanaxa	**Kwalate** (Buchungen unter E-Mail email kwalatesafari@gmail.com)	P260/130 (40/20 US$)
Nxai Pans National Park	Baines Baobab	**Xomae** (www.xomaesites.com)	350/175 P
	South Camp	**Xomae** (www.xomaesites.com)	226/113 P
Savuti	Savuti Camp	**SKL** (sklcamps.com)	240/120 P (50/25 US$)

sen, schärft die Sinne zur Wahrnehmung der Umgebung. Solche Wanderexkursionen sind unter anderem im Okavango-Delta, im Central Kalahari Game Reserve (CKGR) und in den Makgadikgadi Pans möglich. Die Wanderwege von den Luxus-Lodges der Makgadikgadi Pans oder des CKGR bieten eine faszinierende Möglichkeit, die trockenen Areale mit San-Führern, die die verborgenen Schätze der Landschaft mit ihrer entsprechend angepassten Flora und Fauna zeigen können, zu erkunden.

Man muss gar nicht in einer Luxus-Lodge oder einem Zeltcamp untergebracht sein, um wenigstens eine kleine Ecke des Deltas zu Fuß zu erkunden, denn viele *Mokoro*-Expeditionen, die von Maun aus organisiert werden, beinhalten auch Wandertouren. Wenige, aber doch immer mehr von Maun aus organisierte Autosafaris ins Delta und Moremi Game Reserve sind mit mehrtägigen Wanderungen verbunden.

Die Wandermöglichkeiten außerhalb von Parks und Reservaten sind eher begrenzt, aber die Tsodilo Hills, wo viele Pfade zu Tausenden von Felsmalereien führen, bieten zweifellos die besten Möglichkeiten. Führer findet man am größten Campingplatz der Region. Eine weitere Möglichkeit bieten die Tswapong Hills im Osten des Landes, die bisher nur wenige Touristen entdeckt haben. In beiden Gebieten muss man sich komplett selbst versorgen.

Botschaften & Hochkommissariate

Die meisten diplomatischen Vertretungen befinden sich in Gaborone. Viele Länder haben zusätzlich Botschaften oder Konsulate in Südafrika.

Deutschland (☎395 3143; www.gaborone.diplo.de; Segoditshane Way, 3. Stock, Professional House, Broadhurst Mall; ⏲Mo–Fr 9–12 Uhr)

Frankreich (Karte S. 267; ☎397 3863; www.ambafrance-bw.org; 761 Robinson Rd., PO Box 1424; ⏲Mo–Fr 8–16 Uhr)

Großbritannien (Karte S. 267; ☎395 2841; ukinbotswana.fco.gov.uk/en/; Queens Rd., Plot 1079-1084 Main Mall, PO Box 0023; ⏲Mo–Do 8–12.30 & 13.30–16.30, Fr bis 13 Uhr)

Namibia (Karte S. 264; ☎390 2181; nhc.gabs@info.bw; Plot 186, Morara Close; ⏲Mo–Fr 7.30–13 & 14–16.30 Uhr)

Österreich (Honorarkonsulat; ☎39 51 514; dkhama@info.bw; Plot 50667, Block B3, Fairground Holdings Park; ⏲Mo–Do 9–12 Uhr)

Sambia (Karte S. 267; ☎395 1951; Plot No 1118 Queens Rd., The Mall; ⏲Mo–Fr 8.30–12.30 & 14–16.30 Uhr)

Schweiz (Konsulat der Schweiz; ☎395 6462; gabarone@honrep.ch; Plot 5268, Village Gaborone)

Simbabwe (Karte S. 264; ☎391 4495; www.zimgaborone.gov.zw; Plot 8850, Orapa Close, Government Enclave; ⏲Mo–Fr 8–13 & 14–16.30 Uhr)

Südafrika (Karte S. 267; ☎390 4800; sahcgabs@botsnet.bw; 29 Queens Rd., Plot 29, PO Box 00402; ⏲Mo–Fr 8–12.45 & 13.30–16.30 Uhr)

USA (Karte S. 264; ☎395 3982; botswana.usembassy.gov; Embassy Dr., Government Enclave; ⏲Mo–Do 7.30–17 Uhr, Fr bis 13.30 Uhr)

Ermäßigungen

Es gibt in Botsuana kein einheitliches System von Ermäßigungskarten, aber eine Aufenthaltsbescheinigung ermöglicht Preisnachlässe in Hotels. Jugendherbergsausweise sind eher nutzlos, aber mit einem Studentenausweis bekommt man gewöhnlich um die 15 % Preisnachlass auf manche Bustickets. Senioren, die über 60 Jahre alt sind (mit Altersnachweis), bekommen ebenfalls Ermäßigungen in manchen Bussen und auf manchen Flügen.

Essen

Die Reihenfolge der Restauranteinträge richtet sich ganz nach dem Geschmack des jeweiligen Autors. Jedes genannte Restaurant ist einer der folgenden preiskategorien zugeordnetz.

$	< 10 US$ pro Hauptgang
$$	10–20 US$ pro Hauptgang
$$$	> 20 US$ pro Hauptgang

Feiertage

An offiziellen Feiertagen sind alle Banken, Behörden und größeren Geschäfte geschlossen. Hotels, Restaurants, Bars, kleinere Geschäfte, Tankstellen, Museen, Nationalparks und Grenzübergänge sind jedoch geöffnet, und der öffentliche Nahverkehr läuft ganz normal. Behörden, Banken und einige Geschäfte haben zusätzlich am Tag nach Neujahr, am Tag des Präsidenten, am Unabhängigkeitstag und am zweiten Weihnachtstag geschlossen.

Neujahrstag 1. Januar

Ostern März/April – Karfreitag, Ostersonntag und Ostermontag

Tag der Arbeit 1. Mai

Christi Himmelfahrt Mai/Juni, 40 Tage nach Ostersonntag

Sir Seretse Khama Day 1. Juli

Tag des Präsidenten Dritter Freitag im Juli

Unabhängigkeitstag 30. September

Erster Weihnachtstag 25. Dezember

Zweiter Weihnachtstag 26. Dezember

Foto

Manche Einheimische lieben es, wenn sie fotografiert werden, andere aber nicht; deshalb sollte man immer fragen und sich dann entsprechend verhalten. Am besten keine Fotos von Brücken, Dämmen, Flughäfen, militärischen Einrichtungen, Regierungsgebäuden und anderen Dingen machen, die in irgendeiner Weise eine strategische Bedeutung haben könnten.

Speicherkarten, CDs und Ähnliches gibt es in Gaborone in größeren Einkaufszentren wie Game City zu kaufen. In Maun und Kasane findet man sie nicht so gut, aber es ist prinzipiell möglich.

Frauen unterwegs

Für Frauen stellt das Reisen in Botsuana im Allgemeinen keine besondere Schwierigkeit dar. Die meisten Männer dort sind höflich und respektvoll. Frauen können einheimische Männer manchmal sogar treffen und mit ihnen sprechen, ohne dass ihre Absichten falsch ausgelegt werden. Allerdings sollten allein reisende Frauen in fast allen Nachtclubs oder Bars große Vorsicht walten lassen, da Schwierigkeiten und Probleme erfahrungsgemäß vor allem von Männern ausgehen, die zu viel Alkohol getrunken haben.

Die Gefahr sexueller Übergriffe ist in Botsuana nicht größer als in Europa, aber Frauen sollten selbstverständlich die nötige Vorsicht walten lassen und z. B. nicht ohne Begleitung durch Parks oder Seitenstraßen gehen, vor allem nicht nachts. Und natürlich sollten Frauen nicht unbedingt allein oder nachts trampen und sich für Reisen durch kaum bewohntes Gebiet nach Möglichkeit einer kleinen Gruppe anschließen.

Die gewählte Kleidung ist am besten dezent. Kurze Ärmel sind in Ordnung, und kurze Shorts und weite T-Shirts sind dort akzeptabel, wo sich auch andere Touristen tummeln. In Dörfern und ländlichen Gegenden allerdings sollte man so wenig Haut wie irgend möglich zeigen.

Freiwilligenarbeit

Es gibt in Botsuana nur sehr wenige Möglichkeiten für einen ehrenamtlichen Einsatz. Die infrage kommenden Projekte sind normalerweise klein und lokal angelegt und können in der Regel keine freiwilligen Mitarbeiter aufnehmen. Außerdem ist Botsuana ein gut organisiertes und relativ wohlhabendes Land, in dem der Bedarf an Hilfe nicht so groß ist, wenn man einmal von den Nichtregierungsorganisationen absieht, die sich um Aidskranke kümmern.

PROJEKTE IN BOTSUANA

Die folgenden Einsatzprojekte für Freiwillige in Botsuana waren zur Zeit der Drucklegung verfügbar.

Frontier Conservation Expeditions (www.frontier.ac.uk) Unterrichten und Naturschutz.

Project Trust (www.projecttrust.org.uk) Unterrichten in Schulen bei Maun.

Working Abroad (www.workingabroad.com) Gepardenschutz bei Ghanzi und Gaborone im Mokolodi Nature Reserve.

Die folgenden internationalen Organisationen geben gute Infos zur Freiwilligenarbeit, haben aber vielleicht nicht immer Projekte in Botsuana zur Verfügung.

Coordinating Committee for International Voluntary Service (ccivs.org)

Earthwatch (www.earthwatch.org)

Idealist.org (www.idealist.org)

International Volunteer Programs Association (www.volunteerinternational.org)

Peace Corps (www.peacecorps.gov)

Worldwide Experience (www.worldwideexperience.com)

Worldwide Volunteering (www.wwv.org.uk)

Geld

Botsuanas Währung heißt Pula (P). Pula bedeutet „Segen" oder „Regen". Letzterer ist in dieser Wüstenlandschaft genauso wertvoll wie Geld. Scheine gibt es zu 10, 20, 50 und 100 P und Münzen (Thebe) zu 5, 10, 25, 50 t, 1, 2 und 5 P.

Die Preise sind entweder in Pula oder US-Dollar angegeben. In Spitzenhotels, Lodges und Camps wurden die Preise oft in US-Dollar genannt und entsprechend bezahlt. Ansonsten werden die meisten Transaktionen in Pula getätigt.

Die meisten Banken und Wechselstuben akzeptieren kein sambisches Geld (*kwacha*) oder (teilweise) den Namibiadollar an. In Grenzgebieten kann man manchmal in den Geschäften mit dem Namibiadollar zahlen. Sicherheitshalber sollte man diese Währungen aber vor dem Grenzübertritt loswerden.

BARGELD

Fast alle gängigen Fremdwährungen werden gewechselt – allerdings nicht bei jeder Bankfiliale. US-Dollar, das britische Pfund, Euro und südafrikanischer Rand können überall gewechselt werden.

Ausländische Währungen, vor allem der US-Dollar, werden auch von Mittel- und Spitzenklassehotels, Lodges und Reiseveranstaltern akzeptiert. In Minibussen und Bussen nach und von Südafrika kann auch in südafrikanischen Rand bezahlt werden, das gilt auch für das Entrichten von Kraftfahrzeugsteuern an der Grenze von Südafrika und Botsuana.

Es gibt im Land fünf Geschäftsbanken mit Filialen in allen größeren Städten und Dörfern. Daneben gibt es Wechselstuben, in denen die Kurse zwar weniger günstig sind, aber die Warteschlangen sind dort oft kürzer als in einer Bank.

Es gibt in Botsuana keinen Schwarzmarkt für Währungen. Wer auf der Straße einen Geldumtausch anbietet, handelt illegal und ist vermutlich ein Betrüger; eine Ausnahme sind vielleicht die Jungs, die in Minibussen auf dem Weg nach Südafrika Pula gegen südafrikanische Rand tauschen wollen. Dieses Angebot nutzen auch die Einheimischen, es scheint also vertrauenswürdig zu sein.

Aktuelle Wechselkurse finden sich auf der Website www.xe.com.

GELDAUTOMATEN

An Geldautomaten mit einem entsprechenden Zeichen können Kreditkarten benutzt werden, um an Geld zu kommen, sie können aber natürlich auch am Schalter eingesetzt werden – Visa- und MasterCard gehören zu den gängigsten. Die Gebühren dafür können recht hoch sein und beziehen sich normalerweise auf den Transaktionsvorgang selbst, nicht auf die Höhe der abgehobenen Summe. Daher sollte man jedes Mal so viel wie möglich abheben. Es empfiehlt sich außerdem, vor der Abreise bei seiner jeweiligen Hausbank zu erfragen, mit welchen Banken sie unter Umständen ein Abkommen geschlossen haben; auf diese Weise lässt sich manchmal Geld sparen.

Geldautomaten finden sich an allen Niederlassungen der größeren Banken in ganz Botsuana, darunter in Gaborone, Maun, Francistown und Kasane. Dies ist zweifellos die einfachste (und sicherste) Methode, unterwegs an Bargeld zu kommen.

KREDITKARTEN

In den meisten Geschäften, Restaurants und Hotels (aber nur an einigen Tankstellen werden die gängigen Kreditkarten, insbesondere Visa und MasterCard, aber auch American Express und Diners Club, entgegengenommen.

Die Hauptzweigstellen der Barclays Bank und der Standard Chartered Bank erledigen auch Barauszahlungen am Schalter und nehmen keine Gebühren für Visa und MasterCard. Fast jede Stadt Botsuanas hat wenigstens eine Filiale der Barclays und/oder Standard Chartered, bei der sich Geld wechseln lässt, aber nicht alle dürfen Barauszahlungen tätigen (manche haben die technischen Voraussetzungen dafür auch gar nicht).

WECHSELKURSE

Eurozone	1 €	10,94 P
Schweiz	1 SFr.	8,78 PP
USA	1 US$	8,42 P

Aktuelle Wechselkurse unter www.xe.com

GELDWECHSEL AN DER GRENZE

Hier eine Warnung: Wer Geld an oder in der Nähe der Grenze tauscht und das nicht an einer Bank tut, sollte bedenken, dass Geschäfte vor Ort (manchmal auch Wechselstuben, mitunter auch Läden, die nur nebenbei mit Währungen handeln, sodass die Reisenden ihre Zollgebühren entrichten können) normalerweise atemberaubend hohe Gebühren nehmen. Man sollte nur gerade das Nötigste einwechseln und den Rest an einer Bank oder einer Wechselstube in der nächstgrößeren Stadt.

REISESCHECKS
In den meisten Banken und Wechselstuben können Reiseschecks eingelöst werden. American Express (Amex), Thomas Cook und Visa sind am weitesten verbreitet. Banken berechnen für das Einwechseln überall eine Gebühr zwischen 2 und 3 %; Barclays bietet normalerweise den besten Service und nimmt 2,5 % Gebühr für die meisten Reisescheckarten.

Generell gilt, dass es am besten ist, Reiseschecks in US-Dollar, Euro oder Britischem Pfund zu kaufen. Die Schecks sollten auf eher große Summen ausgestellt sein, um die Anzahl der Scheckeinreichungen und damit die Gebühren niedrig zu halten.

Zum Einlösen der Schecks wird der Personalausweis oder Reisepass benötigt.

TRINKGELD
Trinkgeld ist nicht obligatorisch, auch wenn durch die offizielle Politik der Regierung, den Tourismus der gehobenen Preisklasse zu fördern, in vielen Hotels und Restaurants entsprechende Erwartungen geweckt wurden. Teilweise ist der Servicebetrag bereits im Peis inbegriffen. Ist jedoch keiner enthalten und war man mit der Bedienung zufrieden, sind etwa 10 % Trinkgeld durchaus üblich.

Es ist auch empfehlenswert, dem Parkwächter auf öffentlichen Parkplätzen und den Tankwarten, die etwa die Windschutzscheiben der Autos reinigen, ein Trinkgeld zu geben. Eine Summe von 5 bis 10 P ist angemessen.

Safariführer und Fahrer von Safariwagen erwarten ebenfalls ein Trinkgeld, besonders dann, wenn man sich mehrere Tage in ihrer Obhut befindet.

Internetzugang

Einrichtungen mit Internetzugang werden in diesem Buch mit einem @ gekennzeichnet. Diejenigen mit WLAN bekommen ein 📶 als Symbol.

Cyber-Cafés In größeren und mittelgroßen Städten verbreitet. Die Geschwindigkeiten variieren enorm, und die Preise reichen von 12 P pro Stunde in Gaborone bis zu 40 P andernorts.

Postämter Einige Postämter, unter anderem in Kasane, besitzen einige internetfähige PCs.

WLAN Einigermaßen verbreitet in Mittel- und Spitzenklassehotels in Städten, aber kaum in Safari-Lodges anzutreffen.

Karten

Die beste Karte von Botsuana ist die Karte *Botswana* (1:1.000 000) von **Tracks4Africa** (www.tracks4africa.co.za). Alle paar Jahre wird sie aktualisiert, wobei die Hinweise von Reisenden eingearbeitet werden. Die Karte wird auf reiß- und wasserfestem Papier gedruckt und macht auch Entfernungsangaben und ungefähre Angaben zur Reisedauer. Wenn man sie zusammen mit den unübertroffenen GPS-Karten von Tracks4Africa benutzt, gehört sie zum besten Kartenmaterial, das auf dem Markt ist. Dennoch sollte man Vorsicht walten lassen, denn besonders im Okavango-Delta können die Wege des Vorjahres im aktuellen Jahr unter Wasser stehen, sodass die Karten kein Ersatz für den Expertenrat vor Ort sind.

Wenn man aus irgendwelchen Gründen diese Karte von Tracks4Africa nicht bekommen kann, sind die einzigen Karten, die man außerdem noch empfehlen kann, die von Shell Oil Botswana und Veronica Roodt. Die *Shell Tourist Map of Botswana* (1:1.750 000) ist in größeren Buchläden in Botsuana und Südafrika erhältlich.

Nützlicher sind die Detailkarten (mit unterschiedlichem Maßstab) einzelner Reservate und anderer beliebter Gegenden. Diese beinhalten viele GPS-Koordinaten für wichtige Landmarken. Die Wege sind in Satellitenbilder der jeweiligen Gegend hineingelegt. Einige sind etwas veraltet, aber immer noch hervorragend. Zu den verfügbaren Karten gehören etwa *Okavango Delta, Chobe National Park, Moremi Game Reserve* und *Kgalagadi Transfrontier Park*.

Kinder

Eine Reise nach Botsuana kann für Familien, die mit Kindern reisen, eine echte Herausforderung sein. Das ist vornehmlich so, weil die Entfernungen hier so riesig sind und die lange Zeit in Fahrzeugen, die über holprige Straßen und Wege rumpeln, die Geduld der meisten Kinder sehr strapaziert. Zudem nehmen die besseren Lodges und Safariveranstalter oftmals keine Kinder unter zwölf Jahren (manchmal auch unter sieben) auf. Die, die es tun, verlangen von den Reisenden möglicherweise, dass sie eine Sondersafari für Kinder buchen.

Auf der anderen Seite kann das Campen in der Wildnis ein wunderbares Familienabenteuer sein, vorausgesetzt, man kann die Kinder auf den langen Fahrten beschäftigen (etwa mit Büchern, CDs und Spielen).

Mit noch so großer Wachsamkeit ist es aber fast unmöglich, einen Campingplatz so zu sichern, dass Tiere nicht hinein und Kinder nicht hinaus können. Zusätzlich drohen in den Camps Feuer, Moskitos, Schlangen und stechende Insekten. Aber unabhängig von den langen Wegen und den Gefahren auf dem Campingplatz ist eine selbst organisierte Campingsafari etwas, was die Kinder ihr Lebtag nicht vergessen werden.

Der beste Rat, der Familien mit Kindern hier gegeben werden kann, ist, nicht zu ehrgeizig zu sein, wenn man die vielen Attraktionen Botsuanas vor Augen hat. Anstatt zu versuchen, alles zu sehen, sollte man sich lieber auf ein bis zwei Orte innerhalb einer Woche konzentrieren; dadurch lässt sich viel Reisezeit sparen.

Es gibt Lodges und Safariveranstalter, die spezielle Familienpakete anbieten. Manche haben ausgebildete Kinderführer, die die Kleinen mit fantasievollen Aktionsprogrammen unterhalten, wie beispielsweise der Papierherstellung aus Elefantendung! Die meisten Lodges und Zeltcamps besitzen auch einen Swimmingpool, der als tolle Überraschung nach den vielen Autostunden auf die Kinder wartet.

PRAKTISCH & KONKRET

» Wenn man keinen längeren Aufenthalt in Botsuana plant, sollte man alles, was man braucht, selbst mitbringen. Unbezahlbar wertvoll sind die allgemeinen Hinweise zum Familienurlaub im Ausland in Lonely Planets *Travel with Children* von Brigitte Barta u.a.

» **Babysitten** Viele Lodges weisen ausdrücklich darauf hin, dass sie keine Babysitteragentur sind (mit anderen Worten, jeder ist selber für seine Kinder verantwortlich). Solche Agenturen sind ohnehin extrem selten.

» **Eintrittsgelder in Nationalparks** Für Kinder unter acht Jahren ist der Eintritt frei; Kinder zwischen 9 und 17 Jahren zahlen die Hälfte.

» **Gesundheit** Ein Gesundheitscheck ist vor Antritt der Reise sinnvoll, aber die medizinische Versorgung in Botsuana ist immerhin ganz gut.

» **Hochstühle** Gibt es in Restaurants fast nirgends.

» **Kinderbetten** In Hotels oder Lodges kaum vorhanden.

» **Kindersitze** Sind in manchen Autoverleihfirmen vorrätig, aber sicherer ist es, den eigenen mitzubringen; in Safariwagen gibt es ohnehin keine Kindersitze.

» **Moskitoschutz** Rücksprache mit dem Hausarzt ist vor Antritt der Reise empfehlenswert, denn viele Antimoskitomittel auf DEET-Basis sind für kleine Kinder nicht geeignet. Einige Lodges bieten Moskitonetze; zum Campen sollte man eigene Netze dabei haben.

» **Wickelräume** Gibt es meist nicht.

» **Windeln und Babynahrung** Beides gibt es in den Supermärkten der größeren Städte, sie stammen aber möglicherweise von anderen Herstellern, als die Kinder es gewohnt sind. Zudem sind die Geschäfte vielleicht gerade geschlossen, wenn man an einem Sonn- oder Feiertag in einer Stadt vorbeikommt.

SEHENSWERTES & AKTIVITÄTEN

Im Norden, besonders im Okavango-Delta, im Moremi Game Reserve und im Chobe National Park leben die meisten Wildtiere. Daher braucht man hier gar nicht so weit zu fahren, bis man auf die ersten Elefanten oder Löwen trifft.

Obwohl die Quadfahrten in den Makgadikgadi Pans, die Reitsafaris, die Ausflüge mit dem *mokoro* in die Schilfgewässer des Deltas oder gar die Rundflüge über das Delta sich kaum an ein jüngeres Publikum wenden, können ältere Kinder bereits viel Spaß daran haben. Angeln im Okavango Panhandle dürfte ebenfalls ein tolles Erlebnis sein. Weitere Aktivitäten warten direkt jenseits der Grenze an den Victoriafällen.

Öffnungszeiten

Lonely Planet führt die Öffnungszeiten nur dann auf, wenn sie wesentlich von den folgenden Standardzeiten abweichen. Sonntags ist quasi alles im Lande geschlossen.

Banken Barclays Bank Montag bis Freitag 8.30 bis 15.30 Uhr, Samstag 8.15 bis 10.45 Uhr; Standard Chartered Bank Montag bis Freitag 8.30 bis 15.30 Uhr, Samstag 8.15 bis 11 Uhr

Nationalparks April bis September 6 bis 18.30 Uhr, Oktober bis März 5.30 bis 19 Uhr

Postämter Montag bis Freitag 9 bis 17 Uhr, Samstag 9 bis 12 Uhr oder Montag bis Freitag 7.30 bis 12 Uhr und 14 bis 16.30 Uhr, Samstag 7.30 bis 12.30 Uhr

Restaurants Montag bis Samstag 11 bis 23 Uhr; manche haben auch sonntags zu den gleichen Zeiten geöffnet

REISEHINWEISE DER REGIERUNGEN

Die folgenden Regierungswebsites geben Reisehinweise und andere Informationen.

Deutschland Auswärtiges Amt (www.auswaertiges-amt.de/DE/Laenderinformationen/00-SiHi/BotsuanaSicherheit.html)

Österreich Bundesministerium für europäische und internationale Angelegenheiten (www.bmeia.gv.at/aussenministerium/buergerservice/reiseinformation.html)

Schweiz Eidgenössisches Departement für auswärtige Angelegenheiten (www.eda.admin.ch/reisehinweise)

Post

Botswana Post (www.botspost.co.bw) ist im Allgemeinen verlässlich, kann aber recht langsam sein; man muss damit rechnen, dass Post von und nach Übersee mindest zwei Wochen unterwegs ist.

Wer Pakete verschicken will, geht zum Paketschalter in der Hauptpost, füllt das Formblatt für den Zoll aus und bezahlt etwaig anfallende Zollgebühren. Pakete können mit Klebeband zugeklebt sein, müssen aber zusätzlich immer noch mit Paketband und Siegelwachs versehen werden. So ist es empfehlenswert, Streichhölzer mitzunehmen, um die Knoten mit dem bereitgestellten roten Wachs zu versiegeln.

Reisen mit Behinderung

Menschen mit eingeschränkter Mobilität werden es in Botsuana schwer haben – obwohl hier viele Menschen mit Behinderungen leben, gibt es nur sehr wenige Hilfestellungen, und eine Reise durch das Land kann ein reiner Hindernislauf werden. An Straßen und Fußwegen stellen Bordsteinkanten und Unebenheiten oft Probleme für Rollstuhlfahrer dar. Nur wenige bessere Hotels/Lodges und Restaurants haben Rampen und Geländer. Die Anreise zu den großen Lodges und Camps in den Nationalparks ist angesichts ihrer entlegenen und wilden Lage auch sehr schwierig.

Wer sich für eine Reise nach Botsuana entscheidet, sollte die Gegend sorgfältig auswählen und mit der Lodge und/oder dem Safariveranstalter genauestens klären, was man für den Aufenthalt alles braucht. Die morastige Gegend des Okavango-Deltas ist eine besondere Herausforderung für Menschen mitkörperlicher Behinderung. Die Lodges, sowohl in der Kalahari als auch in den Makgadikgadi Pans, sind recht gut erreichbar, wenn man einen gesunden Begleiter hat. Zudem sollte man bedenken, dass fast jedes Reiseziel in Botsuana eine lange Reise mit Geländewangen und/oder kleinem Flugzeug mit sich bringt.

Schwule & Lesben

Homosexualität ist in Botsuana illegal, und homosexuelle Handlungen werden mit Haftstrafen geahndet. Die mangelnde Toleranz ist in den letzten Jahren noch stärker geworden, weil sich die führenden Politiker der Nachbarländer Namibia und Simbabwe entsprechend abwertend über Homosexuelle geäußert haben.

Um dieser verbreiteten Intoleranz entgegenzuwirken, haben einige Lesben, Schwule und Bisexuelle 1998 die Gruppe **LeGaBiBo** (Lesbians, Gays and Bisexuals of Botswana; ☎393 2516; www.legabibo.org.bw; 5062 Medical Mews, Fairgrounds, Gaborone) gegründet. Ihre erste Amtshandlung war es, unter der Schirmherrschaft von Ditshwanelo, dem botsuanischen Zentrum für Menschenrechte, eine Menschenrechts-Charta zu veröffentlichen. Außerdem veranstaltet sie Workshops zum Thema „Sicherer Sex“, um auf die Gefahren von HIV/Aids hinzuweisen.

Verhaftungen sind eher selten, aber es gibt einen prominenten Fall beim Botswana High Court, bei dem zwei schwule Männer angeklagt waren. In der Urteilsbegründung vom Juli 2003 heißt es: „Die Zeit ist noch nicht gekommen, um homosexuelle Praktiken, die zwischen zwei Männern privat durchgeführt werden, auch wenn sich beide einig sind, zu entkriminalisieren.“ Ditshwanelo setzt sich aber weiter für die Entkriminalisierung von Homosexualität ein. 2011 stieß die LeGaBiBo einen Rechtsstreit mit der Regierung an, indem sie behauptete, dass die gegenwärtigen Gesetze gegen Homosexualität verfassungswidrig seien und Homophobie „unafrikanisch“ sei.

Da das Zartgefühl der Menschen Botsuanas bei diesem Thema so leicht verletzt werden kann und die Ansichten der Batsawana so strikt sind, sollte man von jeglichen Liebesbezeugungen in der Öffentlichkeit Abstand nehmen.

INFOS IM INTERNET

Afriboyz (www.afriboyz.com/Homosexuality-in-Africa.html) Links zu Schwulenthemen in Afrika.

David Tours (www.davidtravel.com) Können sieben- und zwölftägige Reisen nach Nordbotsuana arrangieren, die sich auf Schwule konzentrieren.

Global Gayz (www.globalgayz.com) Links zu Schwulenthemen in verschiedenen Ländern, darunter auch Botsuana.

Purple Roofs (www.purpleroofs.com/africa/kenyata.html) Führt einige schwulenfreundliche Reiseunternehmen in Südafrika und anderswo auf, die dabei helfen können, die eigene Reise zu planen.

Sicher reisen

Botsuana ist modern und gut entwickelt, und fast alles funktioniert. In den Städten kann man das Leitungswasser gefahrlos trinken, und man braucht keinerlei Schutz gegen Cholera oder Gelbfieber.

HIV/Aids ist in Botsuana allerdings ein ernstes Thema. Wenn man jedoch die allgemein bekannten Vorsichtsmaßnahmen beachtet, besteht kein erhöhtes Risiko. Eigentlich droht den Reisenden die größte Gefahr, wenn sie durch den Busch fahren und auf Großwild stoßen.

KRIMINALITÄT

Kriminalität ist in Botsuana kaum ein Problem und geht selten über Taschendiebstähle und Autoeinbrüche hinaus.

Maun war kürzlich wegen seiner erhöhten Kriminalitätsrate in den Schlagzeilen. Daraufhin wurde der Polizeischutz intensiviert, sodass die Stadt mittlerweile wieder sicherer ist.

POLIZEI & MILITÄR

Obwohl die Polizei und Straßensperren durch das Militär, die Bürokratie und die gelangweilten Beamten oft anstrengend sind, sind diese Dinge meist harmlos. Gründliche Kontrollen sind eher selten, aber an Grenzübergängen oder militärischen Kontrollpunkten müssen Reisende unter Umständen ihr Gepäck zur genaueren Untersuchung auspacken.

Die Botswana Defence Force (BDF) nimmt ihre Aufgaben sehr ernst und sollte nicht verärgert werden. Die empfindlichste Militärbasis arbeitet mit der US-Regierung zusammen und liegt in einer entlegenen Gegend abseits der Straße nach Lobatse südwestlich von Gaborone. Hier sollte man nicht zufällig hineinstolpern. Gleiches gilt, besonders im Dunklen, für das State House, der offiziellen Residenz des Präsidenten in Gaborone. Es liegt unweit des Regierungsviertels, wo abends sowieso nichts los ist, weshalb jeder, der dort herumlungert, sofort argwöhnisch betrachtet wird.

VERKEHRSSICHERHEIT

Obwohl die Verkehrsdichte auf den Straßen außerhalb der größeren Städte eher gering ist, beschäftigt die meisten Reisenden doch die Frage nach der Sicherheit auf den Straßen. Botsuana hat mit die höchste Unfallrate der Welt. Trunkenheit und rücksichtsloses Fahren sind ganz normal, besonders am Monatsende, wenn das Restgehalt in Alkohol umgesetzt wird. Rinder, Ziegen, Schafe, Esel und sogar Elefanten stellen oft tödliche Gefahren auf den Straßen dar, und das besonders in der Dämmerung oder bei Dunkelheit. Man sollte überhaupt nur im Ausnahmefall nachts Auto fahren.

Telefon

Der Hauptbetreiber des Telefonfestnetzes ist **Botswana Telecom** (BTC; www.btc.bw). Orts- und Inlandsgespräche zu Stoßzeiten kosten ab 35 P pro Minute und werden je nach Entfernung immer teurer. Bei der Frage, zu welcher Tageszeit man am preisgünstigsten telefoniert, sollte man bedenken, dass die Preise für Inlandsgespräche um fast ein Drittel und für Auslandsgespräche um 20 % sinken, wenn man Montag bis Freitag von 20 bis 7 Uhr morgens, Samstag von 13 Uhr bis Mitternacht und den ganzen Sonntag über telefoniert. Diese Preisnachlässe gelten nicht, wenn man über die Vermittlung telefoniert.

AC Braby (www.brabys.com) hat ein ganz gutes Online-Telefonbuch.

MOBILTELEFONE

In Botsuana gibt es zwei große Mobiltelefonnetze: **Mascom Wireless** (www.mascom.bw) und **Orange Botswana** (www.orange.co.bw), von denen Mascom bei Weitem der größte Anbieter ist. Beide Anbieter haben in den meisten großen und mittelgroßen Städten Geschäftsstellen, in denen man Telefone und SIM-Karten kaufen und das eigene Konto wieder aufladen kann.

Die Reichweite des Netzes wird jedes Jahr größer, aber bevor man sich für den Kauf einer botsuanischen SIM-Karte entscheidet, sollte man bedenken, dass in großen Teilen des Landes (einschließlich eines Großteils der Kalahari und des Okavango-Deltas) kein Netzempfang möglich ist. Das wichtigste Straßennetz ist jedoch versorgt.

Die meisten Mobiltelefonnummern in Botsuana fangen mit 071 oder 072 an.

TELEFONKARTEN

Telefonzellen können für Orts-, Inlands- und Auslandsgespräche genutzt werden, und man findet sie im ganzen Land in den Büros von BTC, in Postämtern und in Einkaufszentren. Die blauen Häuschen (mit der englischen und Setswana-Beschriftung *coin* und *madi*) akzeptieren Münzen, die grünen mit dem Hinweis *card* und *karata* funktionieren nur mit einer Telefonkarte.

Telefonkarten kann man in allen BTC-Büros, in den Postämtern und auch in einigen kleinen Lebensmittelläden kaufen. Orts- und Ferngespräche kann man auch von privaten Telefonläden aus führen. Sie firmieren oft als *phone shops*.

Touristeninformation

Jahrelang wurde die Tourismusindustrie durch einige wenige exklusive Veranstalter kontrolliert, und Besucher aus dem Ausland, die Botsuana bereisen wollen, wurden von der Ankunft bis zur Abreise durchs Land gefahren. Somit bestand praktisch kein Bedarf an Informationsbüros.

In jüngster Zeit ist jedoch die Anzahl der Individualreisen angestiegen, und die Regierung räumt die Notwendigkeit eines Informationsnetzwerks sowohl im Land selbst als auch im Ausland ein.

Das Fremdenverkehrsministerium, das in der Öffentlichkeit als **Botswana Tourism** (www.botswanatourism.co.bw) bekannt ist, besitzt eine hervorragende Website und betreibt eine wachsende Anzahl von Touristenbüros im ganzen Land. Diese Büros sind zwar nicht immer auf dem neusten Stand, können aber extrem wertvolle Hinweise und Broschüren zu Hotels, Touranbietern und Touristeneinrichtungen vor Ort geben.

Infos zu Nationalparks sollte man sich besser beim Department of Wildlife and National Parks (S. 397) besorgen.

WICHTIGE TELEFONNUMMERN

Landesvorwahl	00267
Ortsvorwahl	Ortsvorwahlen gibt es in Botsuana nicht
Notruf	999

Eine weitere nützliche Informationsquelle ist die **Regional Tourism Organisation of Southern Africa** (in Südafrika 011-315 2420; www.retosa.co.za), die den Tourismus im gesamten südlichen Afrika, einschließlich Botsuana, fördert.

Unterkunft

Die Übernachtungsmöglichkeiten in Botsuana sind vielfältig. Auf der einen Seite gibt es wunderschön gelegene Campingplätze für Gäste, die auf eigene Faust unterwegs sind (preiswert). Das andere Extrem sind Lodges der Spitzenklasse, deren Preise schwindelerregend hoch liegen. Dazwischen finden sich einige Angebote der mittleren Preisklasse, besonders in größeren Städten und Orten wie dem Okavango Panhandle. Anderswo gibt es nur wenige Übernachtungsangebote im mittleren Bereich (und nichts für preisbewusste Nichtcamper).

BETTEN- & ALLGEMEINE STEUER

Alle Hotels, Lodges, Campingplätze und andere Unterkünfte erheben nach Regierungsvorschrift eine Bettensteuer von 10 P pro Person und Nacht. Diese Steuer ist fast nie in den angegebenen Übernachtspreisen inbegriffen. Zusätzlich zu dieser Bettensteuer schlägt die Regierung noch 12 % Steuern auf Hotels und Lodges (seltener auf Campingplätze) auf, die jedoch im Unterschied zur Bettensteuer normalerweise in den angegebenen Preisen enthalten ist.

PREISE

Die Reihenfolge der genannten Unterkünfte wurde nach den Vorlieben des jeweiligen Autors festgelegt und jede Unterkunft ist einer der folgenden preiskategorien zugeordnet (der Preis bezieht sich auf ein Doppelzimmer mit Bad in der Hochsaison inklusive Frühstück, es sei denn, etwas anderes wird ausdrücklich angegeben). Bessere Unterkünfte weisen ihre Preise meist in US-Dollar aus.

$	< 50 US$
$$	50–100 US$
$$$	> 100 US$

SAISON

Während die meisten preiswerten und Mittelklassig-Übernachtungsmöglichkeiten normalerweise einen Standardpreis für ein Zimmer haben, erheben die Spitzenhotels und -lodges saisonal variable Preise. Die Hochsaison dauert normalerweise von Juni bis November (manchmal auch um Weihnachten, Neujahr und Ostern herum). Die Nebensaison liegt in der Regenzeit (Dezember bis März/April), und die Zwischensaison ist mit den Monaten April und Mai nur kurz. Die einzige Ausnahme bildet die Kalahari, in der Juni bis November im Allgemeinen als Nebensaison gelten.

UNTERKUNFTSARTEN

CAMPING

An fast allen interessanten Orten und in allen wichtigen Nationalparks gibt es Campingplätze. Einst gehörten sie in den Zuständigkeitsbereich des Department of Wildlife and National Parks (DWNP), sie sind heute allerdings meist in privater Hand.

Das endgültige Urteil darüber, ob diese Privatisierung gut war, steht noch aus. Der Besitzerwechsel hat zu einem enormen Preisanstieg geführt. In manchen Fällen haben die Besitzer die Toilettenanlagen modernisiert und heiße und kalte Duschen sowie Toiletten mit Wasserspülung eingebaut und sorgen insgesamt dafür, dass die Plätze in einem guten Zustand sind. Andere tun jedoch nur wenig, um ihre Plätze zu erhalten, und bieten nur Kalte mit Eimerduschen und Plumpsklos an. Ihr Buchungssystem ist ebenfalls schlecht. Alle Campingplätze stellen *braai* (Grillplätze) zur Verfügung. Als die Autoren in Botsuana waren, kursierten Gerüchte, dass die Geduld des DWNP zu Ende sei und dass man einige (wenn nicht alle) Campingplätze zurückfordern wolle. Daher können sich die folgenden Informationen bereits wieder geändert haben.

Alle Campingplätze *müssen* im Voraus gebucht werden, da sie in Stoßzeiten, wie beispielsweise den südafrikanischen Schulferien, schnell überfüllt sind. Außerdem ist es sehr wichtig, zu wissen, dass man ohne Nachweis über eine Campingplatzbuchung keinen Zutritt zu den Parks, die vom DWNP verwaltet werden, bekommt.

Campingplätze sind meist klein (oft nur mit ein oder zwei Zelt- oder Standplätzen).

Außerhalb von Parks und Reservaten stellen einige Hotels und Lodges Campingplätze zur Verfügung. Diese haben meist Sitztoiletten, Duschen (oft mit Warmwasser), *Braai*-Plätze und Waschgelegenheiten. Ein wesentlicher Vorteil ist, dass die Camper Hotelbar und Restaurant sowie den Hotelpool mitbenutzen dürfen.

Zu den anderen Orten, an denen das Campen möglich ist, gehören die Tsodilo Hills und das Khama Rhino Sanctuary.

Wildes Campen ist außerhalb der Nationalparks, Reservaten oder privatem Land und Regierungsbesitz erlaubt. Wer in der Nähe eines Dorfes campen will, sollte den Dorfvorsteher oder die Polizei nach geeigneten Stell- oder Zeltplätzen fragen.

HOTELS

Jede Stadt besitzt mindestens ein Hotel, und größere Städte und Touristenort, wie etwa Gaborone, Maun, Francistown und Kasane haben sogar Hotels in verschiedenen Preisklassen. Im Allgemeinen haben Reisende, die Hotels der Mittel- und Spitzenklasse suchen, gute Chancen, aber Reisende, die mit kleinem Budget werden es schwer haben, ähnlich erschwingliche Unterkünfte wie in Namibia zu finden, denn hinter den wirklich preiswerten Unterkünften verbergen sich in Botsuana oft Bordelle. Die Nachfrage nach Hotelzimmern, besonders für Geschäftsreisende, ist in Gaborone besonders hoch, sodass es sich hier und auch andernorts empfiehlt, in der Hochsaison früh im Voraus zu buchen.

Das Angebot an Unterkünften umfasst *rondavels*, das sind frei stehende Kabinen oder Hütten mit eigenem Bad, B&B-Zimmer– oftmals mit Gemeinschaftsbad, die man vor allem in Gaborone findet –, Unterkünfte im Motelstil mit Bad und gelegentlich mit Kochgelegenheit, die entlang der Highways im Osten Botsuanas liegen sowie schicke Luxushotels in den Großstädten.

LODGES

Botsuanas Anspruch, das exklusivste Reiseziel in Afrika zu sein, stützt sich auf seine Luxus-Lodges (manchmal auch *camps* genannt). Man findet sie dort, wo auch eine reiche Tierwelt auf die Reisenden wartet, besonders im Chobe National Park, Tuli Block, Moremi Game Reserve, im gesamten Okavango-Delta und etwas seltener in den Parks und Reservaten der Kalahari. Gene-

UNTERKÜNFTE ONLINE BUCHEN

Weitere Übernachtungsempfehlungen von Lonely-Planet-Autoren finden sich unter www.lonelyplanet.com/hotels.

Hier findet man unabhängige Bewertungen, aber auch Empfehlungen für die besten Übernachtungsmöglichkeiten. Das Beste daran ist, dass man online buchen kann.

relle Aussagen über die Lodges sind kaum möglich, aber eines lässt sich feststellen, nämlich dass die meisten stolz sind auf ihre einsame Lage, ihren exklusiven Status, ihr Angebot an Luxus und den einwandfreien Service. Die meisten besitzen fest installierten Luxuszelte, einen Gemeinschaftsraum für die Mahlzeiten, meist mit Blick auf eine Wasserstelle oder ein anderes auffälliges Landschaftselement, sowie einen Swimmingpool.

Für viele Besucher ist der Botsuanaaufenthalt der Urlaub ihres Lebens, und die Übernachtungspreise sind entsprechend – einige fangen mit etwa 1000/1500 US$ pro Person und Nacht in der Neben-/Hauptsaison an, aber viele liegen preislich erheblich höher. Im Preis inbegriffen sind normalerweise alle Mahlzeiten, einige Getränke und die meisten Safaris und andere Freizeitangebote. Die meisten Lodges sind nur mit Geländewagen oder per Flugzeug erreichbar; letzteres kostet noch einmal 100 bis 200 US$ extra.

Versicherung

Ganz, ganz wichtig für Botsuana! Eine sinnvolle Vorsichtsmaßnahme ist eine Reiseversicherung, die Diebstahl, Verlust und medizinische Probleme absichert. Eine weltweit geltende Reiseversicherung gibt es unter www.lonelyplanet.com/travel_services. Hier können online Ansprüche geltend gemacht werden, und man kann den Schutz online erweitern – sogar noch, wenn man schon unterwegs ist.

Medizinischer Schutz ist das wichtigste bei jedem Versicherungsabschluss, aber man sollte auf jeden Fall auch das Kleingedruckte lesen.

In einige Policen werden ausdrücklich „gefährliche Aktivitäten" ausgeschlossen. Dazu können sogar Motorradfahren und Wandern gehören. Wer solche Aktivitäten plant, sollte einen umfassenden Versicherungsschutz wählen, der natürlich teurer sein kann. Mit einem vor Ort erworbenen Motorradführerschein kann es sein, dass der Versicherungsschutz nicht greift.

Viele bevorzugen eine Versicherung, die Arzt- und Krankenhausbehandlungen direkt abrechnet, ohne dass man in Vorleistung gehen und hinterher mit der Versicherung abrechnen muss. Wer doch erst hinterher mit der Versicherung abrechnen will, sollte alle Unterlagen gut aufbewahren.

Einige Versicherungen verlangen, dass man zunächst bei der Zentrale im Heimatland anruft, wo dann das Problem sofort geprüft wird.

Die Versicherung sollte auch Krankentransport und Heimflüge abdecken.

Visa

Besucher erhalten an den internationalen Flughäfen und Grenzen (oder der nächsten Polizeistation, falls an abgelegenen Grenzübergängen kein Beamter vor Ort ist) direkt bei der Einreise ein Touristenvisum. Das Visum ist für Inhaber eines europäischen Reisepasses kostenlos und gilt für einen Zeitraum von 30 Tagen.

Touristen dürfen sich alle zwölf Monate höchstens 90 Tage im Land aufhalten, und ein 30-Tage-Visum kann zweimal verlängert werden. Die Einwanderungsbehörden in Gaborone, Francistown, Maun und Kasane verlängern das Visum kostenlos. Für die Verlängerung muss manchmal ein Flugticket oder ein Nachweis über ausreichende finanzielle Mittel vorgelegt werden.

Wer aus einem mit Gelbfieber infizierten Gebiet nach Botsuana einreist, muss einen Impfnachweis vorlegen.

Zeit

Botsuana ist der Mitteleuropäischen Zeit (jedoch ohne Berücksichtigung der Sommerzeit – die gibt es dort nämlich nicht) um eine Stunde voraus. Während der Mitteleuropäischen Sommerzeit ist die Uhrzeit in Botsuana somit identisch mit der Zeit in Deutschland, Österreich und der Schweiz.

Zoll

Die meisten Artikel aus der Southern African Customs Union (SACU) – Namibia, Südafrika, Lesotho und Swasiland – dürfen in der Regel zollfrei eingeführt werden. Manchmal müssen neue Laptops und Kameras angemeldet werden, aber es wird nur selten kontrolliert.

Besucher dürfen folgende Dinge zollfrei nach Botsuana einführen: bis zu 400 Zigaretten, 50 Zigarren oder 250 g Tabak; 2l Wein oder 1l Bier oder Spirituosen und 50 ml Parfüm oder 250 ml Eau de Cologne.

Am intensivsten fahndet der Zoll nach frischen Fleischprodukten – bitte keine saftigen Steaks für das abendliche Grillen auf dem Campingplatz in Südafrika kaufen und dann versuchen, die Köstlichkeiten über die Grenze zu schmuggeln.

Es gibt keine Beschränkungen bei der Einfuhr von Devisen. Unter Umständen muss man aber bei der Ein- oder Ausreise angeben, wie viele Pula oder wie viel Geld einer fremden Währung man mitführt. Das hängt allerdings von der Grenzstation und dem diensthabenden Beamten ab.

An- & Weiterreise

Botsuana gehört nicht gerade zu den Ländern in Afrika, die man leicht oder kostengünstig erreichen kann. Nur sehr wenige internationale Fluggesellschaften fliegen dorthin. Die meisten steuern Johannesburg oder Kapstadt in Südafrika an, von wo es immerhin Anschlussflüge nach Maun oder Gaborone gibt. Viele Touristen reisen im Rahmen einer längeren Safari auch auf dem Landweg von Südafrika oder Namibia nach Botsuana ein.

Flüge, Touren und Zugtickets können online unter www.lonelyplanet.com/travel_services gebucht werden.

Einreise nach Botsuana

Die Einreise nach Botsuana ist normalerweise kein Problem, wenn man einen gültige Pass dabei hat. Visa gibt es direkt bei der Ankunft für die Besucher der meisten Nationalitäten und werden sofort ausgestellt. Wer mit seinem eigenen oder einem geliehenen Auto auf dem Landweg einreisen will, sollte mit längeren Wartezeiten rechnen, da hier intensiv nach frischem Fleisch, frischem Obst und Milchprodukten gesucht wird, die allesamt konfisziert werden. Wer mit einem Fahrzeug aus Südafrika, Namibia oder anderen umliegenden Ländern einreisen will, sollte eine Bescheinigung der jeweiligen Leihfirma dabei haben, die besagt, dass dieses Auto in Botsuana gefahren werden darf. Dass man die anderen üblichen Autopapiere mit sich führt, versteht sich von selbst.

An allen Grenzstationen Botsuanas muss man 120 P (eine Mischung aus Straßenmaut und Haftpflichtversicherung) zahlen, wenn man mit dem eigenen Pkw einreisen will. Unannehmlichkeiten seitens der Grenzbeamten sind selten.

Nur mäßig nützlich sind die Einreisebestimmungen der Regierung unter www.botswanatourism.co.bw/entryFormalities.php. Auf der Karte *Botswana* von Tracks4Africa finden sich die Öffnungszeiten aller Grenzübergänge, von denen hier einige detailliert beschrieben werden.

REISEPASS

Jeder, der nach Botsuana einreist, benötigt einen Reisepass, der noch mindestens sechs Monate gültig ist. Er sollte noch einige leere Seiten für die vielen Einreisestempel aufweisen – insbesondere, wenn man nach Simbabwe und/oder Sambia zu den Victoriafällen weiterreist.

Flugzeug

FLUGHÄFEN

Kasane Airport (BBK; ☎625 0133)

Maun Airport (MUB; ☎686 1559)

Sir Seretse Khama International Airport (GBE; ☎391 4401) Botsuanas wichtigster Flughafen liegt 11 km nördlich von Gaborone. Obwohl hier viele Flüge aus Johannesburg und Harare ankommen, wird er von Touristen nur selten zur Anreise benutzt.

FLUGLINIEN

Die nationale Fluglinie ist **Air Botswana** (BP; ☎390 5500; www.airbotswana.co.bw), die auf verschiedenen Strecken im ganzen südlichen Afrika verkehrt. Air Botswana hat Büros in Gaborone, Francistown, Maun, Kasane und an den Victoriafällen (Simbabwe). Es ist generell preiswerter, die Tickets von Air Botswana online zu buchen als in den entsprechenden Büros.

Die einzigen Linienflüge nach Botsuana kommen aus Johannesburg und Kapstadt (Südafrika), von den Victoriafällen and aus Harare (Simbabwe), Lusaka (Sambia) und Windhoek (Namibia). Keine einzige europäische oder US-amerikanische Fluggesellschaft fliegt direkt nach Botsuana, sodass die meisten Reisenden entweder über Johanneburg oder Kapstadt (Südafrika) einfliegen (beide werden von einer ganzen Reihe internationaler und nationaler Fluggesellschaften angeflogen).

Zusätzlich zu den folgenden beiden Fluggesellschaften, die nach Botsuana fliegen, wird das Land von vielen Charterflügen versorgt.

Air Namibia (☎in Maun 686 0391; www.airnamibia.com)

South African Airways (☎in Gaborone 397 2397; www.flysaa.com)

Auf dem Landweg

Botsuana hat ein gut ausgebautes Straßennetz, das eine Einreise aus den Nachbarländern problemlos ermöglicht. Alle Grenzübergänge sind täglich geöffnet. Es ist jedoch ratsam, die Übergänge so früh wie möglich zu erreichen, damit eine eventuelle Wartezeit die Zeitplanung nicht ganz aus dem Ruder wirft. Zudem kann es sein, dass trotz der offiziellen Öffnungszeiten, die in diesem Buch aufgeführt sind, manche Grenzposten an kleineren Übergängen zwischen 12.30 und 13.45 Uhr eine kurze Mittagspause einlegen. An einsamen Grenzübergängen muss man sich manchmal auf der botsuanischen Seite ein Visum an der nächsten Polizeistation besorgen, weil hier gar kein Grenzposten steht.

NACH/VON NAMIBIA

GRENZÜBERGÄNGE

Es gibt zwischen Botsuana und Namibia fünf Grenzübergänge:

Gcangwa-Tsumkwe Wenig genutzter Übergang an einem nur für Geländewagen befahrbaren Weg nahe der Tsodilo Hills in Botsuana.

Kasane-Mpalila Island Dieser Grenzübergang kann nur von Gästen überquert werden, die eine Unterkunft in einer Nobel-Lodge auf der Insel vorgebucht haben.

Mamuno Entlegener Übergang an der Straße zwischen Ghanzi und Windhoek.

Mohembo Verbindet Shakawe, Maun und den Okavango Panhandle mit dem nordöstlichen Namibia.

Ngoma Bridge Östlich von Kasane, führt in Namibias Caprivi-Streifen.

AUTO & MOTORRAD

Fahrer, die die Grenze in Mohembo passieren wollen, müssen eine Einreiseerlaubnis für das Mahango Game Reserve bei sich tragen. Diese ist kostenlos, wenn man nur

KLIMAWANDEL & REISEN

Der Klimawandel stellt eine ernste Bedrohung für unsere Ökosysteme dar. Zu diesem Problem tragen Flugreisen immer stärker bei. Lonely Planet sieht im Reisen grundsätzlich einen Gewinn, ist sich aber der Tatsache bewusst, dass jeder seinen Teil dazu beitragen muss, um die globale Erwärmung zu verringern.

Fliegen & Klimawandel

Fast jede Art der motorisierten Fortbewegung erzeugt CO_2 (die Hauptursache für die globale Erwärmung), doch Flugzeuge sind mit Abstand die schlimmsten Klimakiller – nicht nur wegen der großen Entfernungen und der entsprechend großen CO_2-Mengen, sondern auch weil sie diese Treibhausgase direkt in hohen Schichten der Atmosphäre freisetzen. Die Zahlen sind erschreckend: Zwei Personen, die von Europa in die USA und wieder zurück fliegen, erhöhen den Treibhauseffekt in demselben Maße wie ein durchschnittlicher Haushalt in einem ganzen Jahr.

Emissionsausgleich

Die englische Website www.climatecare.org und die deutsche Internetseite www.atmosfair.de bieten sogenannte CO_2-Rechner. Damit kann jeder ermitteln, wie viel Treibhausgase seine Reise produziert. Das Programm errechnet den zum Ausgleich erforderlichen Betrag, mit dem der Reisende nachhaltige Projekte zur Reduzierung der globalen Erwärmung unterstützen kann, beispielsweise Projekte in Indien, Honduras, Kasachstan und Uganda.

Lonely Planet unterstützt gemeinsam mit Rough Guides und anderen Partnern aus der Reisebranche das CO_2-Ausgleichs-Programm von climatecare.org. Alle Reisen von Mitarbeitern und Autoren von Lonely Planet werden ausgeglichen.

Weitere Informationen gibt's auf www.lonelyplanet.com.

hindurchfahren möchte, ansonsten kostet sie 80 N$ pro Person und Tag plus 40 N$ pro Fahrzeug und Tag, wenn man im Reservat umherfahren möchte (kein Allradantrieb erforderlich).

Von Divundu aus geht es westlich Richtung Rundu und dann südwestlich nach Windhoek oder östlich Richtung Katima Mulilo (Namibia), Kasane (Botsuana) und Victoriafälle (Simbabwe); man kann auch die Fähre nach Sambia nehmen.

BUS

Es gibt so gut wie keine öffentlichen Verkehrsmittel zwischen den Ländern. Eine etwas abenteuerliche Option wäre, mit dem täglich verkehrenden Combi (Minibus) von Ghanzi nach Mamuno (3 Std.) zu fahren und dann die Grenze zu Fuß zu überqueren. Auf der namibischen Seite müsste man dann versuchen, nach Gobabis zu kommen (z. B. per Anhalter). Von Gobabis fahren Züge und andere Verkehrsmittel nach Windhoek. Das alles ist allerdings sehr zeitaufwendig und unzuverlässig.

NACH/VON SÜDAFRIKA

Gaborone ist nur 280 km Luftlinie von Johannesburg entfernt. Die Straße zwischen den beiden Orten ist gut befahrbar.

GRENZÜBERGÄNGE

Es gibt 14 Grenzübergänge zwischen Südafrika und Botsuana. Fünf davon bieten Zugang von der südafrikanischen Seite des Kgalagadi Transfrontier Park, fünf liegen günstig zu Gaborone, und die verbleibenden vier sind günstig, wenn man nach Ostbotsuana und den Tuli Block möchte.

Die wichtigsten Grenzübergänge sind:

Bokspits Der beste südafrikanische Zugang zum Kgalagadi Transfontier Park.

Martin's Drift, Sansibar, Platjan & Pont Drift Ostbotsuana und der Tuli Block vom nördlichen Transvaal.

Pioneer Gate Verbindet Gaborone (über Lobatse und Zeerust) mit Johannesburg.

Ramatlabama Verbindet Gaborone mit Mafikeng.

Tlokweng Verbindet Gaborone und Johannesburg durch das Madikwe Game Reserve in Südafrika.

AUTO & MOTORRAD

Die meisten Grenzübergänge sind klar beschildert, aber man sollte bedenken, dass einige Übergänge über die Flüsse Limpopo und Molopo (letzterer liegt im Süden Botsuanas) nur Furten sind, die man bei nassem Wetter nur mit einem Allradfahrzeug durchfahren kann. Bei Hochwasser werden diese Grenzübergänge dann ganz gesperrt.

BUS & COMBI

Intercape Mainliner (☎in Botsuana 397 4294, in Südafrika 021-380 4400; www.intercape.co.za) betreibt Busse von Johannesburg nach Gaborone (ab 240 SAR, 6½ Std., 1-mal tgl.); wenn man den Bus an der Grenze wegen irgendwelcher Visumsformalitäten verlassen muss, wird man aber selten lange aufgehalten. In Gaborone fährt der Intercape Mainliner an der Tankstelle an der Mall ab. Tickets sollten ungefähr eine Woche vor der Fahrt reserviert werden; dies kann auch online geschehen.

Zwischen Südafrika und Botsuana verkehren auch Combis. Sie starten, sobald sie voll sind, vom Ende der Busstation in Gaborone zu verschiedenen Zielen in Südafrika (u. a. Johannesburg; 210 P/220 SAR, 6–7 Std.). Die Combis, die nach Johannesburg fahren, kommen in der Park Station an, einer Busstation, in der man sich besser nicht länger aufhalten sollte (Vorsicht: Gelegenheit macht Diebe). Die Minibusse fahren auch von Selebi-Phikwe zur Grenze bei Martin's Drift (34 P, 2 Std.).

Öffentliche Verkehrsmittel, die zwischen den beiden Ländern verkehren, kann man an südafrikanischen Kennzeichen und/oder Schildern mit der Aufschrift „ZA Cross Border Transport" erkennen.

NACH/VON SIMBABWE

GRENZÜBERGÄNGE

Es gibt drei Grenzübergänge zwischen Botsuana und Simbabwe.

Kazungula Der wichtigste Grenzübergang führt von Kasane zu den Victoriafällen.

Pandamatenga Ein wenig genutzter Übergang abseits der Straße zwischen Kasane und Nata.

Ramokgweban–Plumtree Verbindet Francistown mit Bulawayo und Harare.

BUS

Unglaublich, aber wahr: Es gibt keine öffentlichen Verkehrsmittel zwischen Kasane, dem Tor zu einer der größten Attraktionen Botsuanas (dem Chobe National Park) und den Victoriafällen. Wenn man nicht trampen will, bleibt einem nur der „Touristenshuttle"- Minibusse, die etwa eine Stunde Fahrzeit haben und über die meisten Hotels, Camps und Tourveranstalter in Kasane gebucht werden können. Es gibt keinerlei Kooperation zwischen den Combi-Gesellschaften der verschiedenen Städte, sodass die Combis von den Victoriafällen oft leer nach Kasane zurückfahren. Die meisten Combis fahren von Kasane erst los, wenn sie mindestens zwei Passagiere an Bord haben.

Einige Hotels und Lodges in Kasane bieten auch private Fahrten nach Livingstone/ Victoriafälle (ab 1250 P, 2 Std.) an. Sie holen die vorgebuchten Passagiere normalerweise um 10 Uhr an ihren jeweiligen Hotels ab.

Von der simbabwischen Seite der Grenze aus empfiehlt sich auch Backpackers Bazaar in Victoria Falls. Einige Hotels und Hostels in Simbabwe organisieren für ihre Gäste auch den Rücktransport von der Grenze aus, aber das muss man vorher absprechen.

Andernorts fahren die Busse am frühen oder späteren Nachmittag vom Busbahnhof in Francistown nach Bulawayo (60 P, 2 Std.) und Harare (160 P, 5 Std.) ab. Wenn man zu anderen Zeiten ins westliche Simbabwe möchte, sollte man einen Anschluss in Bulawayo nehmen.

Flussüberquerung

Botsuana und Sambia teilen sich eine der weltweit kürzesten Grenzlinien der Welt: rund 750 m am Sambesi. Die einzige Möglichkeit, den Fluss zu überqueren ist die Fähre von Kazungula aus, die normalerweise von 6 Uhr morgens bis 18 Uhr abends fährt.

Als Autofahrer hängen die Kosten davon ab, welche Fähre man nimmt. Die in Botsuana registrierten Fähren verlangen 200 P für ausländische Fahrzeuge und 80 P für in Botsuana gemeldete Fahrzeuge. Die von Sambia betriebenen Fähren kosten 134 ZMK pro Fahrzeug. Zu Zeit der Drucklegung dieses Buches gab es keine öffentlichen Verkehrsmittel zur Grenze hin. Ein Combi von Kasane zum Grenzübergang in Kazungula dürfte nicht mehr als 35 P kosten. Wenn man einmal da ist, muss man noch die Formalitäten abwickeln und dann zu Fuß an Bord der Fähre gehen. Es gibt keinen öffentlichen Linienverkehr auf der sambischen Seite des Flusses; es gibt allerdings einen Combi, der nach Dambwa, 3 km westlich von Livingstone, fährt. Wer ohne Fahrzeug unterwegs ist, sollte sich am Fährterminal oder auf der Fähre selbst nach einer Mitfahrgelegenheit nach Livingstone, Lusaka oder in andere Orte jenseits des Fähranlegers erkundigen.

Unterwegs vor Ort

Das Angebot an öffentlichen Verkehrsmitteln ist in Botsuana sehr begrenzt. Obwohl es recht häufig verkehrende Inlandsflüge gibt, die auch durchaus verlässlich sind, ist Air Botswana (und auch Charterflüge) nicht gerade billig, und nur eine Handvoll Städte werden regelmäßig angeflogen. Öffentliche Busse und Combis (Minibusse) sind zwar preiswert und recht häufig, verkehren aber nur auf befestigten Straßen zwischen den Städten. Alles in allem ist es daher am besten, ein Fahrzeug zu leihen, um unabhängig und mobil zu sein.

Auto & Motorrad

Am besten mietet man sich ein Auto, um Botsuana zu erkunden. Mit dem eigenen Auto ist man nicht auf öffentliche Verkehrsmittel oder organisierte Touren angewiesen. Die Entfernungen sind jedoch groß. Zudem sollte man sich das Auto außerhalb des Landes (vorzugsweise in Südafrika) mieten, da es dort eine größere Auswahl gibt und die Preise im Allgemeinen niedriger sind.

Motorräder kann man in Botsuana nicht mieten, denn das Gelände ist hier – anders als in Namibia – zum Motorradfahren nicht geeignet. Motorräder haben aus Sicherheitsgründen keinen Zutritt zu Nationalparks und Reservaten.

BENZIN & ERSATZTEILE

Benzin ist in Botsuana relativ teuer – bei Redaktionsschluss kostete Benzin 9,15 P und Diesel 9,40 P –, allerdings variieren die Preise je nach Lage der Tankstellen. In Gaborone, Francistown, Maun, Mahalapye und Palapye haben Tankstellen 24 Stunden geöffnet; andernorts sind sie täglich von etwa 7 bis 19 Uhr in Betrieb.

FÜHRERSCHEIN

Der heimische Führerschein ist in Botsuana sechs Monate lang gültig. Allerdings ist eine beglaubigte englischsprachige Übersetzung erforderlich, sofern das Dokument nicht sowieso in Englisch ausgestellt ist. Daher empfiehlt es sich für Reisende auf jeden Fall, einen internationalen Führerschein zu beantragen, der zwölf Monate lang gültig ist.

MIETWAGEN

Wer nach einem Leihwagen für seine Reise durch Botsuana Ausschau hält, sollte dies in Südafrika tun. Ansonsten ist die Buchung bei einer der Firmen empfehlenswert, die voll ausgerüstete Geländewagen mit gesamter Campingausstattung anbieten.

Die wichtigsten internationalen Verleihfirmen haben Niederlassungen in Botsuana. Die meisten haben aber nur eine Handvoll Geländewagen. Man sollte jedoch immer auch das Kleingedruckte im Vertrag lesen – einige Firmen haben eine Klausel dabei, wonach das Fahren off-road verboten ist. Somit sind solche Firmen nur interessant, wenn man sich auf befestigten Straßen zwischen den wichtigsten bewohnten Zentren bewegen möchte.

Um ein Auto leihen zu können, muss man mindestens 21 Jahre alt sein (einige Firmen verleihen nur an Fahrer über 25 Jahren) und im Heimatland bereits mindestens zwei Jahre lang Fahrpraxis haben (manche fordern sogar fünf Jahre).

Drive Botswana AUTOVERLEIH
(☎ in Palapye 492 3416; www.drivebotswana.com) Organisiert Geländewagen über Explorer Safaris in Südafrika, bietet aber auch Komplettpakete mit Kartenmaterial, Routentips und Campingplatzbuchungen, und das alles ohne Zuschlag. Der Inhaber Andy Raggett ist hervorragend und extrem professionell.

Self Drive Adventures AUTOVERLEIH
(☎ in Maun 686 3755; www.selfdriveadventures.com)

Travel Adventures Botswana AUTOVERLEIH
(☎ in Maun 686 1211; www.traveladventuresbotswana.com)

STRASSENZUSTAND

Seit die Straße zwischen Kasane und Nata verbessert wurde, sind die meisten größeren bewohnten Zentren durch gut befestigte Straßen verbunden. Die bemerkenswerteste Ausnahme ist die Direktverbindung zwischen Kasane und Maun – eine Schotterpiste in sehr schlechtem Zustand. Die Straße von Maun nach Shakawe am Okavango Panhandle vorbei ist eigentlich ganz in Ordnung, hat aber einige Schlaglöcher.

Strecken, bedeckt mit Sand, Matsch, Schotter oder Steinen (manchmal alle vier) verlaufen zwischen den meisten Dörfern und durch einige Nationalparks, sind jedoch, außer nach heftigen Regenfällen, mit normalem Zweiradantrieb befahrbar.

Die meisten anderen „Straßen" sind nur schwer als solche zu erkennen, auf Karten kaum verzeichnet und sollten nur mit Allradantrieb befahren werden. In den schlimmsten Tagen der Regenzeit (Dezember bis Februar) sollten Geländewagen auf manchen Strecken eine Seilwinde dabei haben (z.B. im Chobe oder Moremi National Park). Ein Kompass oder noch besser ein GPS-Gerät mit den Karten von Tracks4-Africa ist für Geländewagenfahrten in den Salzpfannen von Kalahari oder Nordbotsuana zu jeder Zeit absolut nötig.

VERKEHRSREGELN

Um in Botsuana Auto fahren zu dürfen, muss man mindestens 18 Jahre alt sein. Wie in den meisten Ländern im Süden Afrikas herrscht Linksverkehr. Die Geschwindigkeitsbegrenzung ist 60 bis 120km/h auf befestigten Straßen; in geschlossenen Ortschaften fährt man höchstens 60 km/h, auch wenn es keine entsprechenden Schilder gibt. An Hauptstraßen, besonders zwischen Gaborone und Francistown, wird regelmäßig mit mobilen Kameras geblitzt. Die Bußgelder werden sofort fällig und können bei einer Geschwindigkeitsübertretung von 30 km/h bis zu 500 P erreichen. Auf Schotterstraßen darf höchstens 60 bis 80 km/h gefahren werden, in Nationalparks und Reservaten durchweg nur 40 km/h.

Weitere Verkehrsregeln:

» Es ist nicht erlaubt, auf Dächern fahrender Fahrzeuge zu sitzen.

» Auf den Vordersitzen herrscht Gurtpflicht, auf den hinteren nicht.

» Fahren unter Alkoholeinfluss ist verboten; passiert ein Unfall, dann ist unter diesen Voraussetzungen die Versicherungspolice ungültig.

» Auch das Fahren ohne Führerschein ist natürlich strengstens verboten.

» Ein Unfall, bei dem jemand verletzt wird, muss innerhalb von 48 Stunden bei den Behörden angezeigt werden. Wenn die Fahrzeuge nur kleinere Beschädigungen aufweisen, beim Unfall niemand verletzt wurde und alle Beteiligten sich verständigen können, dann können zubächst einfach die Namen und Adressen einfach ausgetauscht werden; nur der Schaden kann dann später durch die Versicherungsgesellschaften geregelt werden.

» Eigentlich sind die Besitzer dafür verantwortlich, ihren Viehbestand von den Straßen fernzuhalten, aber meist laufen die Tiere trotzdem frei herum. Wird ein Nutztier angefahren, dann kommt zusätzlich zum Schaden am Fahrzeug der bürokratische Aufwand hinzu: Der Schaden muss behördlich gemeldet und der Tierhalter muss – nicht immer einfach – ermittelt werden.

» Wildtiere, wie beispielsweise Elefanten und die geschätzten drei Millionen wilden Esel, stellen entlang der Highways eine weitere Gefahrenquelle dar. Die Strecken Maun–Nata und Nata–Kasane werden regelmäßig von Elefanten überquert und sollten vorsichtig befahren werden. Die Wahrscheinlichkeit, Wild- oder Nutztiere anzufahren, ist nachts weitaus höher, weshalb man auf Nachtfahrten lieber ganz verzichten sollte.

» Ein verbreitetes, aber eher harmloses Hindernis sind die sogenannten „Büffelzäune" (offiziell Veterinary Cordon Fences genannt). Sie wurden aufgestellt, um die Übertragung von Krankheiten wilder Tiere auf Nutztiere einzudämmen. In den meisten Fällen werden Fahrzeuge durchsucht (man sucht nach frischen Fleisch- oder Molkereiprodukten). Unter Umständen muss man zu Fuß durch eine Desinfektionslösung laufen (ein zusätzliches Paar Schuhe ist zu empfehlen) und auch das Auto durch eine solche fahren.

VERSICHERUNG

Versicherungen sind auf jeden Fall äußerst ratsam. Unabhängig davon, von welcher Agentur man ein Fahrzeug mietet, sollte unbedingt klar sein, was im Preis enthalten ist (unbegrenzte Kilometer, Steuern, Vollkasko etc.) und inwieweit Selbstbehalte bestehen. Viele Versicherungspolicen decken keine Schäden an der Windschutzscheibe und an den Reifen ab.

Eine Teilkaskoversicherung (*third-party motor insurance*) ist die Mindestanforderung. Es empfiehlt sich jedoch, auch eine Vollkaskoversicherung (*Damage Waiver*) abzuschließen, die pro Tag etwa 150 P für ein gewöhnliches Fahrzeug und etwa 300 P für einen Geländewagen kostet. Auch eine Diebstahlversicherung ist ratsam. Bei beiden Versicherungen beträgt der Selbstbehalt für ein normales Fahrzeug etwa 5000 P und für einen Geländewagen 9000 P. Wer nur kurze Zeit in Botsuana unterwegs ist, sollte sich überlegen, eine Vollkaskoversicherung ohne Selbstbehalt abzuschließen. Diese hat jedoch ihren Preis.

Bus & Combi

Busse und Combis fahren regelmäßig alle Städte und Ortschaften an, aber in schwach besiedelten Regionen wie dem Westen Botsuanas und der Kalahari gibt es entsprechend weniger Verbindungen. Kleine Dörfer sind oft überhaupt nicht an den öffentlichen Verkehr angebunden – es sei denn, sie liegen an einer Hauptstrecke.

Ob und wie häufig Busse und Combis bestimmte Straßen befahren, hängt auch von deren Wichtigkeit und Qualität ab. Auf der direkten Route zwischen Maun und Kasane (durch den Chobe National Park) beispielsweise gibt es keine öffentlichen Verkehrsmittel. Zudem werden Verbindungen gestrichen, wenn die Straßen nach heftigen Regenfällen überflutet sind. Auch gibt es nur wenige Langstreckenbusse, und wer zwischen Gaborone und Kasane oder Maun unterwegs ist, muss in den meisten Fällen in Francistown umsteigen.

Busse sind bequem und fahren, unabhängig davon, ob sie voll sind oder nicht, zu festgelegten Zeiten ab. Da die Abfahrtszeiten der Busse nirgendwo angeschlagen sind, sollte man sich am Busbahnhof durchfragen. Combis dagegen fahren erst dann los, wenn sie voll sind. Tickets für Busse und Combis können nicht im Voraus gekauft werden, sondern müssen im Bus selbst gelöst werden.

Fahrrad

Botsuana ist relativ flach, aber das ist schon das einzige Zugeständnis an Fahrradfahrer. Sofern man nicht sehr erfahren und für die extremen Bedingungen ausgerüstet ist, sollte man die Idee, Botsuana mit dem Fahrrad zu bereisen, sofort wieder verwerfen. Die Entfernungen sind einfach zu groß. Das Klima und die Landschaften sind heiß und trocken. Selbst entlang der Hauptstraßen ist Wasser rar, und Dörfer liegen weit auseinander. In den Nationalparks und Wildreservaten sind Fahrräder nicht erlaubt, und auch entlang des Highways und auf anderen Straßen ist man nicht vor gefährlichen Wildtieren sicher.

Flugzeug

Air Botswana (S. 393) fliegt nur wenige Inlandsstrecken. Normalerweise ist es viel billiger, sich die Tickets auf der Website von Air Botswana online zu besorgen, als persönlich bei einem ihrer Büros vorzusprechen. Die folgende Preise gelten nur für den Hinflug und können sich nach Redaktionsschluss schon verändert haben:

Gaborone–Francistown ab 680 P

Gaborone–Kasane ab 1050 P

Gaborone–Maun ab 882 P

Kasane–Maun ab 369 P

Die Preise für eine Strecke sind gewöhnlich höher als für Hin- und Rückflug, sodass es klug ist, den Reiseverlauf entsprechend im Voraus zu planen; Kinder unter zwei Jahren sitzen auf dem Schoß eines Erwachsenen und kosten 10 % des Normalpreisess, und Kinder zwischen zwei und zwölf Jahren kosten 50 % des Flugpreises. Passagiere dürfen 20 kg Gepäck mitnehmen (inoffiziell ist oft etwas mehr erlaubt, wenn der Flug nicht ausgebucht ist).

CHARTERFLÜGE

Teure Charterflüge sind oft die beste und manchmal aber auch die einzige Möglichkeit, abgelegene Lodges zu erreichen.

Im Durchschnitt kostet ein einfacher Flug von Maun zu einer der abgelegenen Lodges im Okavango-Delta zwischen 150 und 250 US$. Flüge sind reguliert und können nur als Teil einer Safari und mit einer Reservierung in einer der Lodges gebucht werden. Dies ist schon deshalb unerlässlich, da man dort nicht einfach auftauchen und ein Bett für die Nacht erwarten kann, da viele Lodges sehr klein sind. Des Weiteren ist es nicht möglich, eine Übernachtung ohne entsprechenden Rückflug zu buchen. Agenturen in Maun bieten den Reisenden verschiedene Pauschalangebote an.

Passagiere auf Charterflügen dürfen nur 10 bis 12 kg (oder ganz selten einmal 20 kg) Gepäck mitnehmen (bitte die genaue Gewichtsbeschränkung erfragen). Hat man 2 oder 3 kg mehr, drückt der Pilot aber oft ein Auge zu, wenn das Flugzeug nicht gerade voll besetzt ist.

Wer nicht in einer der abgelegenen Lodges übernachten möchte, sollte trotzdem in Maun den interessanten Rundflug über das Delta buchen.

Nahverkehr

Der Nahverkehr in Botsuana ist auf die Bedürfnisse der Bevölkerung ausgerichtet und beschränkt sich auf die Hauptverbindungsstraßen zwischen Städten. Auch wenn die Nahverkehrsmittel billig und zuverlässig sind, so sind sie für Reisende kaum von Nutzen, da die meisten Attraktionen abseits dieser Hauptverkehrsrouten liegen.

COMBI

Combis, erkennbar an ihren blauen Kennzeichen, zirkulieren auf festgelegten Strecken rund um Städte wie Gaborone, Kasane, Ghanzi, Molepolole, Mahalapye, Palapye, Francistown, Selebi-Phikwe, Lobatse und Kanye. Sie fahren häufig, sind billig und zuverlässig. Allerdings sind sie, besonders auf längeren Strecken, nicht allzu sicher (da die Fahrer oft zu schnell fahren) und verkehren nur zwischen größeren Ortschaften. Und oftmals sind die Combis sehr voll, und man sitzt dicht gedrängt.

TAXI

Lizensierte Taxis sind an ihren blauen Kennzeichen erkennbar. Sie warten nur selten an den Flughäfen in Gaborone, Francistown, Kasane und Maun auf Kundschaft. Die einzige Transportmöglichkeit vom Flughafen sind Hotelbusse der Luxushotels und Lodges. Sie sind für Hotelgäste natürlich kostenlos, aber gegen Bezahlung werden auch Nichthotelgäste mitgenommen.

Selbst in Gaborone fahren keine Taxis auf der Suche nach Kundschaft durch die Straßen. Wird ein Taxi benötigt, ruft man die Zentrale an oder geht zu einem Taxistand (meist in der Nähe von Busbahnhöfen und Bahnhöfen). Zu den Taxizentralen gehören unter anderem Speedy Cabs (S. 272) und Final Bravo Cabs (S. 272). Die Preise sind verhandelbar und nur bei Sammeltaxis festgelegt. Wer möchte, kann auch ein Taxi (oder mehrere) für etwa 300 P bis 400 P am Tag (und pro Taxi) chartern. Der Endpreis richtet sich nach der Entfernung.

ZUG

Die Botswana Railways nehmen keine Passagiere mehr an Bord. Falls doch mal Passagiere mitgenommen werden, ist das auf die Strecken beschränkt, die im Osten Botsuanas von Ramokgwebana an der Grenze zu Simbabwe nach Ramatlabama an der Grenze zu Südafrika führt.

Trampen

Da öffentliche Verkehrsmittel nur unregelmäßig fahren oder gar nicht existieren, ist Trampen in Botsuana eine durchaus übliche Fortbewegungsart. Tramper sollten bedenken, dass sie ein kleines, aber doch ernst zu nehmendes Risiko auf sich nehmen. Es ist immer sicherer, zu zweit zu trampen und zuvor Andere darüber zu informieren, wohin man mitgenommen werden möchte.

Häufig wird der Gegenwert eines Bustickets für eine Mitfahrgelegenheit verlangt. Um peinliche Situationen am Ende der Fahrt zu vermeiden, ist es besser, bereits vor dem Einstieg den Preis zu vereinbaren.

Es empfiehlt sich keinesfalls, auf Nebenstraßen zu trampen, wie z. B. im Tuli Block oder von Maun nach Kasane durch den Nationalpark Chobe, da der Verkehr auf diesen Strecken auf wenige Fahrzeuge am Tag beschränkt ist. Es ist ratsam, lieber in einer der Lodges eine Mitfahrgelegenheit rechtzeitig vorher zu organisieren.

Praktische Informationen

Gesundheit

Wenn die erforderlichen Impfungen durchgeführt wurden und grundlegende Sicherheitsvorkehrungen getroffen sind, bekommt man von den meisten Gesundheitsrisiken vermutlich nichts mit. Obwohl Botsuana und Namibia mit einer bemerkenswerten Vielzahl von tropischen Krankheiten aufwarten können, ist es wahrscheinlicher, sich einen ordentlichen Durchfall oder eine Erkältung zu holen, als mit einer exotischen Krankheit in Berührung zu kommen. Das gilt allerdings nicht für Malaria, die vor allen Dingen in den tiefer gelegenen Regionen eine große Gefahr darstellt.

VOR DER REISE

Mit guter Vorbereitung daheim kann man sich später eine Menge Ärger ersparen. Wichtig ist, sich beim Zahnarzt und Hausarzt vorher einmal durchchecken zu lassen, um feststellen zu können, ob chronische Krankheiten (zum Beispiel Bluthochdruck oder Asthma) vorliegen. Auch Ersatzkontaktlinsen und eine zusätzliche Brille (samt einer Kopie des Rezepts vom Augenarzt) sollten mit auf die Reise gehen. Außerdem sollte man eine gut sortierte Reiseapotheke und die erforderlichen Impfungen im Vorfeld nicht vergessen.

Reisende können sich bei der **International Association for Medical Advice to Travellers** (IAMAT; www.iamat.org) anmelden, die Adressen von zertifizierten Ärzten zur Verfügung stellt. Falls ein längerer Aufenthalt in weniger entwickelten Gegenden eingeplant ist, könnte ein Erste-Hilfe-Kurs nützlich sein (Anlaufstelle ist das Rote Kreuz).

Eventuell ergibt sich auch die Möglichkeit eines speziellen Erste-Hilfe-Kurses nur mit solchen Hilfsmitteln, die in unterentwickelten Regionen zu finden sind.

Werden eigene Medikamente mit auf Reisen genommen, sollten diese nur in der Originalverpackung mit gut leserlicher Beschriftung aufbewahrt werden. Immer hilfreich ist auch eine vom Arzt unterschriebene und mit Datum versehene Bescheinigung, die sämtliche Diagnosen und die erforderlichen Medikamente (möglichst mit den Fachbegriffen und Namen bestehender Ersatzprodukte) auflistet. Wenn Spritzen und Nadeln (zum Beispiel bei Diabetes) mitgenommen werden müssen, ist eine ärztliche Bescheinigung über deren medizinische Notwendigkeit unbedingt erforderlich.

Versicherung

Unbedingt vor der Reise sollzte man herausfinden, ob die eigene Krankenversicherung (oder die für die Reise abgeschlossene Auslandskrankenversicherung) eine direkte Bezahlung der Helfer vorsieht oder die Kosten, die der Patient für die Behandlung in Übersee zunächst selbst vorstreckt, nach der Rückkehr zurückerstattet. In Botsuana und Namibia erwarten die meisten Ärzte Barzahlung. Außerdem sollte geklärt sein, ob die Reiseversicherung auch Krankentransporte abdeckt, bei denen der Patient im Flugzeug befördert oder während des Transports medizinisch betreut werden muss, wenn es ins Krankenhaus, die nächste größere Stadt oder schlimmstenfalls sogar zurück nach Hause geht. Da nicht alle Versicherungen diese umfassende Leistung anbieten, sollte man den Vertrag vorher gründlich prüfen. Bei der Suche nach ärztlicher Hilfe können die Versicherungsgesellschaft, ebenso wie die meisten Hotels, helfen und Auskunft über das nächste Krankenhaus geben. In dringenden Notfällen sollte das Konsulat oder die Botschaft kontaktiert werden.

Empfohlene Impfungen

Die Weltgesundheitsorganisation (**World Health Organization, WHO;** www.who.int/en/) empfiehlt allen Reisenden eine Impfung gegen Diphtherie, Tetanus, Masern, Mumps, Röteln, Polio und Hepatitis B, unabhängig vom Reiseziel. Denn diese Krankheiten können schwerwiegende Folgen nach sich ziehen und kommen durchaus vor.

Den **Centers for Disease Control & Prevention** (www.cdc.gov) zufolge werden speziell für Botsuana und Namibia folgende Impfungen empfohlen: Gegen Hepatitis A und B, Tollwut und Typhus, außerdem eine Auffrischung der Tetanus-, Diphtherie- und Masernimpfungen. Gelbfieber stellt in dieser Region keine wirkliche Gefahr dar, aber ein Impfzertifikat ist Vorraussetzung für die Einreise nach einem Aufenthalt in einer gefährdeten Region.

Reiseapotheke

Es kann absolut nicht schaden, eine gut sortierte Reiseapotheke mitzunehmen, um sich im Falle einer kleineren Verletzung oder Krankheit selbst behandeln zu können. Die folgenden Dinge sollten in der Reiseapotheke nicht fehlen:

» Antibiotika (nur mit Rezept), z. B. Ciprobay/Ciproxin oder Norfloxacin

» Tabletten gegen Durchfall (z. B. Imodium)

» Paracetamol oder Aspirin

» Entzündungshemmende Mittel (z. B. Ibuprofen)

» Antihistamine (gegen Heuschnupfen und allergische Reaktionen)

» Antibakterielle Salben gegen Schnitt- und Schürfwunden (nur mit Rezept)

» Tabletten gegen Malaria (bei Aufenthalt in gefährdeten Regionen)

» Bandagen, Mullbinden

» Schere, Sicherheitsnadeln, Pinzette, Taschenmesser

» DEET-haltiges Insektenspray

» Permethrinhaltiges Insektenspray für die Kleidung, Zelte und Moskitonetze

» Puder für hitzebedingten Hautausschlag

» Sonnencreme

» Rehydrationslösung zum Trinken

» Jodtabletten (um Wasser zu desinfizieren)

» Sterile Nadeln, Spritzen und Desinfektionsflüssigkeit bei Aufenthalt in weniger sicheren und entwickelten Gebieten

Informationen im Internet

Es gibt im Internet eine Fülle von hilfreichen Informationen über die richtige Gesundheitsvorsorge auf Reisen. Die Lonely Planet Website www.lonelyplanet.com bietet einen guten Einstieg. Die Weltgesundheitsorganisation (WHO) veröffentlicht jährlich den Ratgeber *International Travel and Health*, auf den kostenlos auf www.who.int/ith/ zugegriffen werden kann.

Eine hilfreiche deutsche Adresse im Internet ist www.travelmed.de, wo nützliche Informationen bereitstehen. Interessant sind auch die Gesundheitsempfehlungen des **Auswärtigen Amtes** (www.auswaertiges-amt.de) in Berlin, die für jedes Reiseland auf der Erde abgerufen werden können.

Amtliche Websites zu Gesundheitsfragen auf Reisen:

Deutschland (www.auswaertiges-amt.de/sid_92C827019FF2EBCA2EE98BB377EBAFCE/DE/Laenderinformationen/SicherheitshinweiseA-Z-Laenderauswahlseite_node.html)

Österreich (www.bmgf.gv.at/)

Schweiz (www.bag.admin.ch/)

Noch mehr Lektüre

» H. Döring: *Ärztlicher Ratgeber für den Aufenthalt in den Tropen (1998)*

» H. Kretschmer, M. Kaiser: *Gesund reisen in ferne Länder* (1996)

» G. Fry: *Travel in Health* (1994)

» Isabelle Young: *Healthy Travel Africa* (2000)

» Brigitte Barta u.a.: *Travel with Children* (2009)

IN BOTSUANA & NAMIBIA

Medizinische Versorgung & Kosten

Qualitativ gute medizinische Betreuung ist in allen größeren Städten in Namibia und Botsuana gewährleistet, und gerade die privaten Krankenhäuser haben einen exzellenten medizinischem Standard. Die öffentlichen Krankenhäuser allerdings sind häufig unterfinanziert und oft hoffnungslos überfüllt. Hinzu kommt, dass in weit abgelegenen Regionen selten verlässliche medizinische Einrichtungen im Lande überhaupt zu finden sind.

In Namibia und Botsuana braucht man gewöhnlich ein Rezept, um Medikamente zu erhalten. Mittel gegen chronische Krankheiten sollten am besten von zu Hause mitgebracht werden.

Bei Bluttransfusionen besteht außerdem ein hohes Risiko, sich mit HIV zu infizieren. Es wird deshalb dringend dazu geraten, Behandlungen nur in sehr renommierten Krankenhäusern durchführen zu lassen. Die BloodCare Foundation (www.blood care.org.uk) stellt in Notfällen sicheres, getestetes Blut zur Verfügung, das innerhalb von 24 Stunden in alle Teile der Welt transportiert werden kann.

Infektionskrankheiten

Nachfolgend gibt es eine Liste von Krankheiten, die in Namibia und Botsuana auftreten, die aber bei rechtzeitiger und richtiger Prävention keine große Gefahr für Reisende darstellen.

Bilharziose (Schistosomiase)

Bilharziose tritt in einigen Teilen von Botsuana und Namibia auf. Die Krankheit wird durch winzige Würmer übertragen, die in stehenden oder langsam fließenden Gewässern vorkommen. Diese Würmer dringen bei Wasserkontakt (zum Beispiel beim Schwimmen) in die menschliche Haut ein und wandern von dort in die Blase oder den Darm. (Der Kreis schließt sich, wenn sie im menschlichen Urin oder Kot ausgeschieden werden und wieder ins Süßwasser gelangen.) Deswegen ist es besser, den Kontakt mit verdächtigem Wasser zu meiden. Die Symptome der Bilharziose reichen bis zu vorübergehendem Fieber und Ausschlag, manchmal bleiben sie aber auch ganz aus. In schwereren Fällen kann auch Blut im Urin oder Stuhl auftreten. Der Nachweis erfolgt über eine Blutuntersuchung, eine Therapie ist dann sofort möglich – allerdings nur durch einen Arzt durchzuführen. Falls die Krankheit nicht behandelt wird, können Störungen der Nierenfunktion oder eine chronische Schädigung der Blase die Folge sein. Eine Ansteckung von Mensch zu Mensch ist aber nicht möglich.

Cholera

Cholera wird durch Bakterien verursacht und durch verunreinigtes Trinkwasser übertragen. Hauptsymptom sind heftige wässrige Durchfälle, die zur völligen Entkräftung führen, wenn die verlorene Flüssigkeit nicht schnell ersetzt wird. In den USA gibt es eine Schluckimpfung gegen Cholera, die jedoch nicht besonders wirksam ist. In den meisten Fällen könnte die Krankheit ganz einfach vermieden werden, wenn man auf Leitungswasser und ungeschältes rohes Obst und Gemüse verzichtet. Die Behandlung erfolgt durch die Zugabe von Flüssigkeit (entweder oral oder per Infusion), manchmal werden allerdings auch Antibiotika nötig. Eine Selbstbehandlung ist nicht empfehlenswert.

Dengue-Fieber

Bei dieser Krankheit, die durch Moskitostiche (bzw. –bisse) übertragen wird, kommt es zu Symptomen wie Fieber und Muskelschmerzen, die an eine starke und langanhaltende Grippeattacke erinnern. Auch ein Hautausschlag ist nicht selten. Moskitostiche also unbedingt vermeiden. Dengue-Fieber kann durch die Einnahme von Paracetamol und Bettruhe in der Regel auskuriert werden.

Filariose

Auch diese Erkrankung wird durch die Stiche infizierter Moskitos weitergegeben. Allerdings dringen hierbei kleine Würmer ins Lymphsystem ein. Symptome der Filariose sind Schwellungen und Juckreiz an den Beinen oder im Genitalbereich. Es gibt keine Möglichkeit der Selbstbehandlung, aber alle medizinischen Einrichtungen verfügen über die nötigen Mittel.

Gelbfieber

Obwohl das Gelbfieber in Botsuana und Namibia keine Gefahr darstellt, brauchen diejenigen, die aus Ländern mit Ansteckungsgefahr dorthin einreisen, ein Impfzertifikat. Eine Liste dieser Länder findet sich auf der Website der **Weltgesundheitsorganisation** (www.who.int/wer/) oder der **Centers for Disease Control & Prevention** (www.cdc.gov/travel/blusheet.htm).

Hepatitis A

Hepatitis A tritt sowohl in Namibia als auch in Botsuana auf. Der Erreger befindet sich in Nahrungsmitteln (vor allem in Schalentieren) und in verseuchtem Wasser. Bei Ausbruch der Krankheit kommt es zur Gelbsucht. Die ist zwar meistens nicht tödlich, beeinträchtigt den Patienten aber stark, und die Heilung verläuft sehr langsam. Auch nach der Genesung sollte man bis zu sechs Monate lang auf Alkohol verzichten; Spätfolgen sind dann bei Hepatitis A normalerweise nicht zu erwarten. Die allerersten Symptome sind ein dunkler Urin und eine deutliche Gelbfärbung des Augapfels. Auch Fieber und Bauchschmerzen können manchmal schon im frühen Stadium auftreten. Eine Impfung gegen Hepatitis A ist möglich und wird als Injektion verabreicht: Zunächst eine Dosis, die bis zu einem Jahr Schutz bietet, und danach die Auffrischung, die zehn Jahre lang vorhält. Hepatitis-A- und Typhusimpfungen lassen sich auch kombinieren. Eine Behandlung und Heilung ohne ärztliche Hilfe ist allerdings nicht möglich.

Hepatitis B

Hepatitis B, die ebenfalls in beiden Ländern vorkommt, wird durch infiziertes Blut, kontaminierte Spritzen und sexuellen Kontakt übertragen. Bei der Geburt kann die Krankheit sogar von der Mutter auf das Kind übergehen. Die Folgen sind Gelbsucht und in manchen Fällen Leberversagen. Die meisten Erkrankten erholen sich zwar vollständig, aber einige tragen das Virus ihr Leben lang im Körper, wo es dann später Leberzirrhose oder -krebs verursachen kann. Wer sich für längere Zeit in hochgefährdeten Gebieten aufhält oder durch seine sozialen oder beruflichen Umstände Gefahr läuft, sich anzustecken, sollte unbedingt an einen Impfschutz denken. In Deutschland sind Hepatitis-B-Impfungen mittlerweile Routine und gehören vielfach schon zum Standardprogramm der Schutzimpfungen bei Kindern. Der Impfpass zeigt, ob diese Impfung durchgeführt wurde oder nicht. Eine mehrmalige Impfung bietet mindestens fünf Jahre Schutz. Eine Behandlung auf eigene Faust ohne medizinische Hilfe ist nicht möglich.

HIV/Aids

HIV, das Virus, das Aids auslöst, stellt in Botsuana und Namibia ein großes Problem dar, denn es hat verheerende Auswirkungen auf das örtliche Gesundheitssystem und die Strukturen der gesamten Gesellschaft. Gerade Botsuana hat eine der höchsten Infektionsraten des gesamten afrikanischen Kontinents aufzuweisen: 24,8 % der Bevölkerung sind betroffen (fast so viele wie im benachbarten Swasiland). In Namibia liegt die Quote bei rund 13 %. Das Virus wird durch infiziertes Blut oder daraus hergestellte Produkte, durch sexuellen Kontakt mit einem infizierten Partner und sogar von der infizierten Mutter auf das eigene Kind übertragen. Ansteckungsgefahr besteht bei jedem Kontakt mit fremdem Blut: Bei medizinischen Eingriffen, wie Operationen, zahnärztlichen Behandlungen und Akupunkturen, die mit kontaminierten Instrumenten vorgenommen werden, natürlich auch bei Infusionen mit virusinfizierten Nadeln.

Zurzeit gibt es noch kein erfolgreiches Heilmittel gegen das HIV-Virus, aber immerhin Medikamente, die den Krankheitsverlauf aufschieben und abmildern. 2002 entschied die Regierung in Botsuana, allen betroffenen Mitbürgern antiretrovirale Medikamente unentgeldlich zur Verfügung zu stellen – Botsuana war damit das erste Land, das eine kostenlose Aids-Behandlung möglich macht. Allerdings sind diese Medikamente für Menschen in weniger entwickelten Regionen immer noch schwer zugänglich, und das Problem der Stigmatisierung der Erkrankten wird immer gravierender. In Namibia steht das Medikament dem größten Teil der Bevölkerung gar nicht zur Verfügung, vor allem, weil die Behandlung zu teuer ist.

Wenn der Verdacht einer Ansteckung mit Aids besteht, ist ein Bluttest unerlässlich. Allerdings kann dieser erst drei Monate nach der möglichen Infektion Klarheit verschaffen, da erst nach dieser Zeitspanne Antikörper im Blut nachweisbar sind. Eine Behandlung ohne Arzt ist unmöglich.

Malaria

Abgesehen von Verkehrsunfällen ist Malaria wohl das größte Gesundheitsrisiko, dem Reisende in dieser Region ausgesetzt sind, deshalb sollten einige Vorsichtsmaßnahmen ergriffen werden. Malaria wird durch einen Parasiten hervorgerufen, der sich im Blut des Anopheles-Moskitos aufhält und durch den Einstich eines weiblichen Tiers auf andere Lebewesen übertragen wird. Es gibt verschiedene Arten der Malaria: Die Falciparum-Malaria ist die gefährlichste Ausprägung und leider auch die im südlichen Afrika vorherrschende. Das Infektionsrisiko hängt von der Jahreszeit und den klimatischen Bedingungen ab. Es gibt verschiedene Mittel, um einer Infektion vorzubeugen, und ständig kommen neue hinzu. Deshalb ist es wichtig, sich vor der Reise bei einem Facharzt zu erkundigen. Er kann entscheiden, für wen welche Mittel geeignet sind: So sollten Epileptiker Mefloquin meiden, Doxycyclin eignet sich nicht für Schwangere und Kinder unter zwölf Jahren.

Im Frühstadium der Malaria treten als häufige Symptome vor allem Kopfschmerzen, Fieber, Gliederschmerzen und Unwohlsein auf, weswegen die Krankheit oft sogar von Ärzten mit einer Grippe verwechselt wird. Andere Symptome sind Bauchschmerzen, Durchfall

MALARIA VON A BIS D

A – Achtung, Risiko Kein Medikament ist absolut wirksam, aber die Schutzwirkung der meisten Medikamente beträgt bis zu 95 %, wenn daneben auch andere Maßnahmen ergriffen wurden.

B – Bisse und Stiche Sie sollten auf jeden Fall vermieden werden. Man schläft am besten in abgeschirmten Zimmern, verwendet ein Schutzspray gegen Moskitos und liegt unter einem entsprechend imprägnierten Netz. Nachts hilft es auch, eingesprühte lange Hosen und Ärmel zu tragen. Bitte alle freien Hautpartien am Abend gut mit geeigneten Schutzmitteln behandeln.

C – Chemische Vorbeugung (d.h. Antimalariamedikamente) Sie wird besonders in Malariagebieten erforderlich. Dazu braucht man ärztlichen Rat, da die Malariaerreger resistent werden können und somit immer wieder neue Medikamente auf den Markt kommen. Außerdem reagieren die Patienten unterschiedlich auf die verschiedenen Produkte. Die meisten Antimalariamittel muss man wenigstens eine Woche vor dem Aufenthalt in Malariagebieten und noch weitere vier Wochen nach der Rückkehr anwenden.

D – Diagnose Wer innerhalb eines Jahres nach Aufenthalt in einem Malariagebiet Fieber oder grippeähnlich Symptome bekommt, sollte eine Malariaerkrankung in Betracht ziehen und sofort einen Arzt aufsuchen.

und Husten. Jeder, der solche Beschwerden in einem Malariagebiet bei sich feststellt, sollte sich deshalb auf Malaria untersuchen lassen, auch wenn er Medikamente zur Vorbeugung eingenommen hat. Wird die Krankheit nicht schon im Anfangsstadium behandelt, tritt innerhalb von 24 Stunden die nächste Stufe ein, vor allem dann, wenn Falciparum der auslösende Parasit ist: Es kommt zur Gelbsucht, dann im weiteren Verlauf zu Bewusstseinsstörungen und schließlich zum Koma, das meist mit dem Tod endet. Eine Behandlung im Krankenhaus ist lebenswichtig, da die Todesrate auch bei bester Versorgung auf der Intensivstation immer noch bei 10 % liegt.

Viele Reisende glauben, Malaria sei eigentlich nicht so schlimm und präventive Mittel gegen Malaria richteten mehr Schaden durch Nebenwirkungen an als die Krankheit selbst. Leider stimmt das nicht. Wer keine Anti-Malariamittel nimmt, geht ein sehr hohes Risiko ein. Etwas Schutz bieten dann natürlich Mückennetze und Anti-Insektensprays. Wenn aber dennoch Fieber oder grippeähnliche Symptome auftreten, muss so schnell wie möglich ein Arzt konsultiert werden. Vom Versuch, Malaria nur mit homöopathischen Mitteln zu bekämpfen, ist abzuraten – auch Homöopathen raten häufig von der Verwendung bestimmter homöopathischer Malariamittel ab.

In der Schwangerschaft führt eine Ansteckung mit Malaria fast immer zu einer Fehlgeburt oder zu vorzeitigen Wehen, und dementsprechend hoch ist die Gefahr für das Leben von Mutter und Kind. Schwangere sollten daher genau überlegen, ob eine Reise in eine Malariaregion wirklich das Risiko wert ist. Erwachsene, die in der Kindheit schon einmal eine Malariaerkrankung überstanden haben, sind übrigens weitgehend immun und haben bei einer neuen Infektion nur sehr abgeschwächte Beschwerden zu befürchten. Die meisten westlichen Reisenden besitzen aber gar keine Immunität. Außerdem nimmt die Immunität schon nach eineinhalb Jahren wieder spürbar ab, sodass selbst Menschen, die in einem Risikogebiet gelebt und die Krankheit überstanden haben, nicht zwangsläufig dauerresistent sind.

Tollwut

Tollwut wird durch den Biss eines infizierten Tieres auf den Menschen übertragen, oder auch, wenn eine offene Wunde mit dem Speichel von infizierten Tieren in Berührung kommt. Im südlichen Afrika sind Erkrankungen bei Menschen eher selten, wobei das Infektionsrisiko in ländlichen Gebieten am größten ist. Tollwut nimmt immer einen tödlichen Verlauf, wenn die klinischen Symptome erst einmal aufgetreten sind. Diese können sogar noch mehrere Monate nach der Ansteckung auftreten, weswegen so schnell wie möglich nach der Infektion (etwa durch einen Biss) eine nachträgliche Impfung erfolgen sollte. Solch eine Impfung (unabhängig davon, ob schon eine vorherige Schutzimpfung verabreicht wurde oder nicht) hält das Virus davon ab, ins zentrale Nervensystem vorzudringen. Wer mit Tieren in Kontakt kommt oder in eine weniger entwickelte Region reisen möchte, sollte sich auf jeden Fall auch vorher impfen lassen. Dabei werden über einen Monat verteilt drei Injektionen gespritzt. Bei einer nachträglichen Impfung erfolgen fünf Injektionen innerhalb von 24 Stunden, und zwar möglichst unmittelbar nach dem Tierbiss. Eine Möglichkeit zur Selbstbehandlung gibt es nicht.

Tuberkulose (TB)

Tuberkulose (TB) wird durch unmittelbaren Kontakt mit der Atemluft eines Erkrankten übertragen, manchmal auch durch kontaminierte Milch oder Milchprodukte. Eine Impfung wird dringend empfohlen, vor allem, wenn man voraussichtlich mit vielen Menschen in Kontakt kommen wird. Allerdings bietet auch eine Impfung nur mäßigen Schutz. Tuberkulose kann völlig ohne Symptome verlaufen und erst später bei einer Routineuntersuchung sichtbar werden. Bei normalem Verlauf sind Husten, Gewichtsverlust oder Fieber die Folge, manchmal Monate oder sogar Jahre nach der Infektion. Eine Behandlung ohne ärztliche Hilfe ist nicht möglich.

Typhus

Typhus wird durch Nahrungsmittel oder Wasser übertragen, die mit infizierten menschlichen Fäkalien in Berührung gekommen sind. Zum Typhus gehören in der Regel Fieber oder ein roter Hautausschlag auf dem Bauch. Manchmal kommt es auch zur Sepsis (Blutvergiftung). Die Typhusimpfung bietet meist einen dreijährigen Schutz. Die Behandlung erfolgt normalerweise durch Antibiotika, und ein tödlicher Verlauf ist selten, solange keine Sepsis auftritt. Typhus sollte generell durch einen Arzt behandelt werden.

Durchfallerkrankungen

Durchfallerkrankungen sind unter Reisenden weit verbreitet und treten manchmal schon aufgrund der Ernährungsumstellung auf. Die Wahrscheinlichkeit, zu erkranken, ist recht groß, vor allen Dingen bei denjenigen, die sich lange in ländlichen Gebieten aufhalten oder in eher preisgünstigen, einheimischen Restaurants essen. Oft genügt auch schon die mit einer Reise verbundene Umstellung der Ernährung – z.B. ungewohnte Gewürze oder Öle –, um einen Durchfall auszulösen. Daher gilt vor allem: Niemals Leitungswasser trinken, es sei denn, man ist sich ganz sicher, dass es unschädlich ist. Eine weitere einfache Schutzmaßnahme: nur frisches, geschältes Obst und gekochtes Gemüse essen. Vorsicht ist auch bei Molkereiprodukten geboten, da sie unpasteurisierte Milch enthalten könnten. Unbedenklich ist vor allem frisch zubereitete (also gut gekochte, noch heiße und völlig gare) Nahrung. Da aber auch Teller, Tabletts und anderes Geschirr verschmutzt sein können, ist auch hier Vorsicht angebracht, gerade was die Angebote von Straßenverkäufern angeht.

Sollte es trotzdem zu einer Durchfallerkrankung kommen, unbedingt den Flüssigkeitsverlust wieder ausgleichen, wobei Rehydrationslösungen mit viel Wasser, etwas Salz und Zucker am besten wirken. Bei leichten Durchfallerscheinungen ist noch keine Behandlung nötig. Sollte der Durchfall aber stärker werden, sind entsprechende Antibiotika oder Anti-Diarrhöe-Mittel (z. B. Imodium) ratsam. Bei Blut im Stuhl, das möglicherweise noch von Fieber, Schüttelfrost oder schlimmen Bauchschmerzen begleitet wird, muss dringend ein Arzt konsultiert werden.

Amöbenruhr

Nachdem die Einzeller, die die Ruhr auslösen, durch verunreinigte Speisen und Getränke aufgenommen wurden, verursachen sie blutigen Stuhlgang. Der Krankheitsverlauf kann relativ undramatisch sein und nur ganz allmählich fortschreiten, doch eine medizinische Behandlung, also mit Hilfe von Antibiotika, ist trotzdem ratsam, da die Krankheit nicht von selbst wieder verschwindet. Neben der Darmerkrankung gibt es auch eine Verlaufsform, die die Leber erheblich schädigt – der Gang zum Arzt ist also wichtig.

Giardiase

Giardiase wird ebenso wie die Ruhr durch die Aufnahme infizierter Nahrung übertragen. Sie bricht gewöhnlich etwa eine Woche nach dem Kontakt mit dem Parasiten aus. Die Symptome können sich auf kurze Anfälle von Reisedurchfall beschränken, aber auch dauerhaft anhaltender, lästiger und schwächender Durchfall ist möglich.

Im Idealfall sollte bei Verdacht auf eine Infektion ein Arzt konsultiert werden, aber in Regionen ohne Zugang zu medizinischer Hilfe kann auch eine Selbstbehandlung mit Antibiotika durchgeführt werden.

Gesundheitsrisiken

Erschöpfung durch Hitze

Zu einem Erschöpfungszustand infolge von Hitze kommt es, wenn die betroffenen Personen heftig schwitzen, also viel Flüssigkeit verlieren, ohne mit Wasser und genügend Salz für einen Ausgleich zu sorgen.

Diese Gefahr besteht vor allem bei ungewohnt anstrengenden Tätigkeiten in großer Hitze. Zu den Symptomen gehören Kopfschmerzen, Schwindelanfälle und sehr große Müdigkeit.

Schon wenn sich Durst bemerkbar macht, leidet der Körper unter Wassermangel – also unbedingt immer genug trinken! Bei einem solchen Erschöpfungsanfall viel Wasser und/oder Fruchtsaft trinken und mit kaltem Wasser oder einem Ventilator für Kühlung sorgen.
Um den Salzverlust auszugleichen, reicht es, salzige Flüssigkeiten, etwa in Form von Suppen, zu sich zu nehmen oder die normalen Speisen etwas stärker als sonst zu salzen.

Hitzschlag

Ein Erschöpfungszustand ist nur Vorbote des viel gefährlicheren Hitzschlags. Dabei fällt zunächst die natürliche Abkühlung durch Schweißbildung aus, es kommt zu einem enormen Anstieg der Körpertemperatur, zu irrationalem und hyperaktivem Verhalten und schließlich zur Ohnmacht oder sogar zum Tod. Wenn ein Hitzschlag auftritt, muss der Körper sofort mit kaltem Wasser begossen oder mit einem Ventilator abgekühlt werden. In den meisten Fällen ist auch eine Infusion erforderlich, um den Verlust von Flüssigkeit und Elektrolyten tatsächlich auszugleichen.

Insektenbisse & -stiche

Die meisten gefährlichen Insekten leben nur im äußersten Nordwesten des Landes in den feuchten Gebieten der Flüsse Kunene, Okavango und Kwando. Das lästigste Insekt ist die Tsetsefliege im östlichen Caprivi, die besonders in den Abendstunden aktiv wird.

Moskitos tragen zwar nicht immer Malaria oder Dengue-Fieber in sich, aber auch „normale" Stiche können sich entzünden. Die Schutzmaßnahmen sind jedenfalls die gleichen wie die gegen Malaria. Am besten verwendet man Insektenschutzmittel auf DEET-Basis. Auch die Behandlung der Kleidung kann helfen; Moskitos, die sich dann auf der speziell imprägnierten Kleidung niederlassen, werden getötet. Bienen- und Wespenstichen hingegen sind nur für Menschen mit einer echten Allergie (Anaphylaxe) gefährlich. Für den Fall eines Stiches sollten Betroffene immer das verordnete Mittel in der Reiseapotheke mit sich führen.

Skorpione kommen in trockenen Gegenden vor. Ihr Stich ist sehr schmerzhaft und kann in manchen Fällen lebensbedrohlich werden. Ein

Schmerzmittel ist also ratsam. Kommt es dann noch zu einem Zusammenbruch, muss dringend medizinische Hilfe in Anspruch genommen werden.

Außerhalb städtischer Gebiete stellen Zecken ein großes Problem dar. Hat sich eine Zecke in die Haut eingebissen, ist die beste Entfernungsmethode, die Haut herunterzudrücken, mit einer Pinzette den Kopf der Zecke zu packen und diesen mit vorsichtiger Drehung nach oben zu ziehen. Dabei ist es wichtig, nicht auf den hinteren Teil des Zeckenkörpers zu drücken – das Tier könnte platzen, und der Körperinhalt läuft dann in die Einstichstelle und kann zu Infektionen führen. Bei einer Zecke, die sich schon in der Haut festgebissen hat, helfen chemische Mittel meist nicht.

Sehr unangenehm sind auch die Bettwanzen, denen man in Hostels und preiswerten Hotels begegnen kann; wo eine Wanze zugebissen hat, bleibt ein schmerzhafter Juckreiz zurück. Man schützt sich vor diesen Plagegeistern am besten, indem man die Matratze mit Insektenspray behandelt (vorher das Laken entfernen).

Sehr unangenehm ist auch die Krätze, eine Hautkrankheit. Übertragen wird sie durch die Krätzemilbe, die ebenfalls in Billigunterkünften heimisch sein kann. Die winzigen Milben dringen in die Haut ein, oft sogar zwischen den Fingern, und hinterlassen darin ihre Eier. Ein unerträglicher Juckreiz ist die Folge. Mittel gegen die Milbe sind in der Apotheke erhältlich; Familienmitglieder müssen gleich mitbehandelt werden, auch wenn sie noch keine Symptome aufweisen.

Schlangenbisse

Grundsätzlich gilt: Schlangenbisse am besten vermeiden! Daher sollte man niemals barfuß laufen oder die Hand in Löcher oder Spalten stecken. Afrikanische Baumschlangen hängen vielfach von überstehenden Baumästen herab, sodass man beim Aufenthalt in Wäldern besondere Vorsicht walten lassen sollte. Beim Campen in Schluchten oder felsigen Gegenden sollte man immer seinen Schlafsack zusammenrollen, wenn er gerade nicht gebraucht wird. Auch die Schuhe sollte man vor dem Anziehen immer erst umdrehen, um sicherzugehen, dass sich nachts keine Schlangen oder sonstiges Getier darin eingerichtet haben. Zudem sollte man die Kleidung vor dem Anziehen immer erst ausschütteln. Schlangen beißen in der Regel erst, wenn sie sich bedroht fühlen oder wenn man zum Beispiel auf sie tritt.

Zur Beruhigung ist aber anzumerken, dass nur die Hälfte der Menschen, die von Schlangen gebissen werden, auch wirklich mit Gift in Berührung kommen. Wer von einer Schlange gebissen wird, sollte auf keinen Fall in Panik verfallen. Wichtig ist in so einem Fall, die gebissene Körperstelle mit einer Schiene (zum Beispiel einem Stock) zu fixieren und eine sehr fest gespannte Bandage an die verletzte Stelle zu legen, ähnlich wie bei einer Verstauchung. Schlangenexperten raten mittlerweile davon ab, die Vene abzuklemmen oder den Biss anzuschneiden oder sogar auszusaugen. Stattdessen muss auf der Stelle medizinische Hilfe herbeigeholt werden. Bei der Wahl des richtigen Gegengifts kann es nützlich sein, die Schlange zu identifizieren – man sollte sich also trotz des Vorfalls das Äußere gut einprägen.

Wasser

In Botsuana und Namibia empfiehlt es sich, nur in Flaschen abgefülltes Mineralwasser zu trinken und Wasser aus Flüssen vor dem Trinken sorgfältig zu desinfizieren.

Traditionelle Medizin

Schätzungen zufolge verlassen sich 85 % der Einwohner von Namibia und Botsuana teilweise oder gänzlich auf die traditionelle Medizin. Da westliche Medizin teuer und in ländlichen Gegenden nur schwer zugänglich ist, sind traditionelle Heiler in Krankheitsfällen oft die erste Anlaufstelle.

Der *sangoma* (traditioneller Heiler) und der *inyanga* (Kräuterspezialist) sind in vielen Gemeinden sehr angesehene Persönlichkeiten, und traditionelle Heilmittel sind auf den örtlichen Märkten weit verbreitet. Leider werden jedoch einige traditionelle Arzneien aus den Körperteilen gefährdeter Tierarten, etwa aus Geparden, Erdferkeln und Leoparden, gewonnen.

Sprache

NOCH MEHR SPRACHEN

Wer sich noch weiter in die Sprachen des südlichen Afrika vertiefen und nützliche Wendungen erlernen möchte, wird im Africa Phrasebook von Lonely Planet fündig. Man bekommt es unter **shop.lonelyplanet.com** oder man besorgt sich die iPhone Phrasebooks von Lonely Planet im Apple App Store.

In Botsuana ist Englisch Amtssprache, aber am häufigsten wird man Setswana (Tswana) hören. An zweiter Stelle steht die Bantu-Sprache Sekalanga, die aus dem Shona abgeleitet ist, das vom Volk der Bakalanga rund um Francistown gesprochen wird.

In Namibia gilt Englisch ebenfalls als offizielle Sprache, aber die Verkehrssprache ist Afrikaans. Nur im Caprivizipfel ziehen die Menschen Englisch vor. Als erste Sprache sprechen die meisten Bewohner Namibias eine der vielen Bantu- oder Khoisan-Sprachen. Zu der Gruppe der Bantu-Sprachen zählen die Sprachen der Ovambo, Kavango, Herero und Bewohner des Caprivizipfels. Zu den Khoisan-Dialekten gehören Khoikhoi-(Nama), Damara- und San-Dialekte wie etwa !Kung San. Viele ursprüngliche Khoisan-Sprecher beherrschen zusätzlich noch wenigstens eine Bantu-Sprache oder eine europäische Sprache, normalerweise Afrikaans. Dank seiner kolonialen Vorgeschichte ist in Namibia auch Deutsch recht verbreitet, während man im äußersten Westen häufig Portugiesisch hört.

AFRIKAANS

Afrikaans hat sich aus dem Dialekt der holländischen Siedler entwickelt, die Südafrika ab dem 17. Jh. besiedelt haben. Bis ins späte 19. Jh. hinein galt es als holländischer Dialekt; 1925 wurde Afrikaans zu einer der Amtssprachen Südafrikas. Heute ist es die erste Sprache von etwa 6 Mio. Menschen. Afrikaans ist auch die Hauptsprache von über 150 000 Bewohnern Namibias.

Wer die blauen Aussprachehilfen wie deutsche Laute liest, wird auf jeden Fall verstanden. Die betonten Silben sind kursiv gedruckt. Man sollte darauf achten, dass ein oh wie ein offenes „o", ein ey wie im englischen Wort „hey" und ein ch immer wie in „Loch" ausgesprochen werden. Das r ist ein gerolltes Zungenspitzen-R.

Grundlegendes

Hallo.	*Hallo.*	ha·*lo*
Auf Wiedersehen.	*Totsiens.*	tot·*sins*
Ja.	*Ja.*	jaa
Nein.	*Nee.*	ney
Bitte.	*Asseblief.*	a·si·*blif*
Danke.	*Dankie.*	dang·ki
Entschuldigung	*Jammer.*	ja·mmer

Wie geht es Dir/Ihnen?
Hoe gaan dit? hu chaan dit

Gut, und Dir/Ihnen?
Goed dankie, en jy? chut *dang*·ki en jai

Wie heißt Du?
Wat's jou naam? wats joh naam

Ich heiße ...
My naam is ... mai naam is ...

Sprechen Sie Englisch/Deutsch?
Praat jy Engels/Duits? praat jay *eng*·ils/deuts

Ich verstehe nicht. *Ek verstaan nie.* ek fer·*staan* ni

Essen & Trinken

Können Sie ein/eine ... empfehlen?	*Kan jy 'n ... aanbeveel?*	kan jai i ... *aan*·be·fil
Bar	*kroeg*	*kruch*
Gericht	*gereg*	chi·*rech*
Ort zum Essen	*eetplek*	*eyt*·plek

Ich hätte gern ..., bitte.	*Ek wil asseblief ... hê.*	ek wil a·si·*blif* ... he
einen Tisch für zwei	*'n tafel vir twee*	i *taa*·fil fir twey
die Rechnung	*die rekening*	di *rey*·ki·ning
die Speisekarte	*die spyskaart*	di *spais*·kaart

Haben Sie vegetarisches Essen?
Het julle vegetariese kos? het *ji*·li fe·gi·*taa*·ri·si kos

Abendessen	*aandete*	*aant*·ey·te
Bier	*bier*	bier
Eier	*eiers*	*ai*·irs
Fisch	*vis*	fis
Fleisch	*vleis*	flays
Frühstück	*ontbyt*	ohnt·*bait*
Gemüse	*groente*	*chrun*·te
Getränk	*drankie*	*drang*·ki
Kaffee	*koffie*	*ko*·fi
Markt	*mark*	mark
Meeresfrüchte	*seekos*	*sey*·kohs
Milch	*melk*	melk
Milchprodukte	*suiwel produkte*	*seu*·vil·pru·*dik*·te
Mittagessen	*middagete*	*mi*·dach·ey·te
Nüsse	*neute*	*ney*·te
Obst	*vrugte*	*fröch*·te
Restaurant	*restaurant*	*res*·to·rant
Tee	*tee*	tije
Wasser	*water*	*waa*·ter
Wein	*wyn*	wain
Zucker	*suiker*	*sei*·ker

Notfälle

Hilfe!	*Help!*	help
Rufen Sie einen Arzt!	*Kry 'n dokter!*	krai i *dok*·ter

Rufen Sie die Polizei!
Kry die polisie! krai di pu·*li*·si

Ich habe mich verirrt.
Ek is verdwaal. ek is fer·*dwaal*

Wo sind die Toiletten?
Waar is die toilette? waar is di teu·*le*·ti

Ich brauche einen Arzt.
Ek het 'n dokter nodig. ek het i *dok*·ter *no*·dich

Hier tut es weh.
Dis hier seer. dis hir sir

Ich bin allergisch gegen (Penizillin).
Ek's allergies vir (penisillien). *eks* a·*ler*·chis fir (pi·ni·si·*lin*)

Shoppen & Service

Ich suche ... *Ek soek na ...* ek suk naa ...

Wie viel kostet das? *Hoeveel kos dit?* *hu*·fil kos dit

Was ist Ihr niedrigster Preis?
Wat is jou laagste prys? wat is ju *laach*·sti prais

Da ist ein Fehler in der Rechnung.
Daar's 'n fout op die rekening. daars i foht op di *rey*·ki·ning

Ich möchte eine Telefonkarte kaufen.
Ek wil asseblief 'n foonkaart koop. ek wil a·se·*blif* i *foon*·kaart koop

Ich möchte gerne Geld wechseln.
Ek wil asseblief geld ruil. ek wil a·se·*blif* chelt rail

Ich möchte gerne das Internet benutzen.
Ek wil asseblief die Internet gebruik. ek wil a·se·*blif* di in·ter·net chi·*braik*

Uhrzeit, Datum & Zahlen

Wie spät ist es?
Hoe laat is dit? hu laat is dit

Es ist (zwei) Uhr.
Dis (twee-)uur. dis (*twey*·)ewr

Halb (eins).

	Half (twee).	half (*twey*)
heute	*vandang*	fin·*dakh*
morgen	*môre*	*mo*·ri
Montag	*Maandag*	maan·dakh
Dienstag	*Dinsdag*	*dins*·dakh
Mittwoch	*Woensdag*	*wuns*·dakh
Donnerstag	*Donderdag*	*don*·ir·dakh
Freitag	*Vrydag*	*vray*·dakh
Samstag	*Saterdag*	*sa*·tir·dakh
Sonntag	*Sondag*	*son*·dakh

1	*een*	eyn
2	*twee*	twey
3	*drie*	dree
4	*vier*	feer
5	*vyf*	fayf
6	*ses*	ses
7	*sewe*	*see*·vi
8	*agt*	akht
9	*nege*	*ney*·khi
10	*tien*	teen
20	*twintig*	*twin*·tikh
30	*dertig*	*der*·tikh
40	*veertig*	*feyr*·tikh
50	*vyftig*	*fayf*·tikh
60	*sestig*	*ses*·tikh
70	*sewentig*	*sey*·vin·tikh
80	*tagtig*	*takh*·tikh
90	*negentig*	*ney*·khin·tikh
100	*honderd*	*hon*·dirt
1000	*duisend*	*day*·sint

Unterkunft

Wo ist ein ...?	*Waar's 'n ...?*	waars i ...
Campingplatz	*kampeerplek*	kam·*peer*·plek
Gästehaus	*gastehuis*	*chas*·ti·heus
Hotel	*hotel*	hu·*tel*

Haben Sie ein Einzel-/Doppelzimmer?
Het jy 'n enkel/ dubbel kamer? — het jai i *eng*·kel/ *di*·bil kaa·mer

Wie viel kostet es pro Nacht/Person?
Hoeveel kos dit per nag/ persoon? — *hu*·fil kos dit per nach/ per·*suen*

Verkehrsmittel & -wege

Boot	*boot*	boot
Bus	*bus*	büs
Flugzeug	*vliegtuig*	*flich*·taig
Zug	*trein*	train

Ein ... Ticket, bitte.	*Een ... kaartjie, asseblief.*	eyn ... *kaar*·ki a·si·*blif*
einfaches	*eenrigting*	*eyn*·rich·ting
Rückfahrt	*retoer*	*re*·tur

Wie viel kostet es nach ...?
Hoeveel kos dit na ...? — *hu*·fil kos dit naa ...

Bitte bringen Sie mich zu (dieser Adresse).
Neem my asseblief na (hierdie adres). — neym mai a·si·*blif* naa (*hir*·di a·dres)

Ist dies die Straße nach ...?
Is dit die pad na ...? — is dit di pat naa ...

Wo ist die (nächste) ...?
Waar's die (naaste) ...? — waars di (*naas*·ti) ...

Können Sie mir das (auf der Karte) zeigen?
Kan jy my (op die kaart) wys? — kan jai mai (op di kaart) wais

Wie lautet die Adresse?
Wat is die adres? — wat is di a·*dres*

Wie weit ist das? *Hoe ver is dit?* — hu fer is dit

Wie komme ich dorthin?
Hoe kom ek daar? — hu kom ek daar

DAMARA/NAMA

Die relativ ähnlichen Dialekte der Damara und Nama, deren Siedlungsgebiete den größten Teil der Wüstenregionen in Namibia ausmachen, gehören zur Gruppe der Khoisansprachen.

Ebenso wie die San-Dialekte zeichnen sie sich durch Klicklaute aus, die durch das Schnalzen der Zunge an Zähnen, Gaumen oder der Innenseite der Wange erzeugt werden. Für gewöhnlich werden sie durch ein Rufzeichen ! dargestellt, aber auch durch einzelne oder doppelte Schrägstriche, /, // und/oder eine vertikale Linie, die zwei horizontale Linien kreuzt, ‡.

Hallo.	*!Gâi tses.*
Guten Morgen.	*!Gâi-//oas.*
Guten Abend.	*!Gâi-!oes.*
Auf Wiedersehen.	*!Gâise hâre.*

Notfälle – Damara/Nama

Hilfe!	*Huitere!*
Rufen Sie einen Arzt!	*Laedi aoba ‡gaire!*
Rufen Sie die Polizei!	*Lapa !nama ‡gaire!*
Lassen Sie mich in Ruhe.	*//Naxu te.*
Ich habe mich verirrt.	*Ka tage hâi.*

Auf Wiedersehen.	(von der Person, die geh) *!Gâise !gûre.* (von der Person, die bleibt)
Ja.	*Î.*
Nein.	*Hâ-â.*
Bitte.	*Toxoba.*
Danke.	*Aio.*
Entschuldigen Sie (am Beginn einer Frage).	*‡Anba tere.*
Entschuldigung.	*Mati.*
Wie geht es Ihnen?	*Matisa?*
Mir geht es gut.	*!Gâi a.*
Sprechen Sie Englisch?	*Engelsa !khoa idu ra?*
Wie heißen Sie?	*Mati du/onhâ?*
Ich heiße ...	*Ti/ons ge a...*
Wo ist der/ die/ das ...?	*Mapa... hâ?*
Gehen Sie geradeaus.	*‡Khanuse ire.*
Biegen Sie rechts ab.	*//Are/khab ai ire.*
Biegen Sie links ab.	*//Am/khab ai ire.*
weit	*!nu a*
nah	*/gu a*

Ich hätte gern ...	*Tage ra ‡khaba...*
Wie viel?	*Mati ko?*
Markt	*‡kharugu*
Geschäft	*!khaib*
klein	*‡khariro*
groß	*kai*

Affe	*/norab*
Elefant	*‡khoab*
Giraffe	*!naib*
Hase	*!oâs*
Hund	*arib*
Hyäne	*‡khira*
Leopard	*/garub*
Löwe	*xami*
Nashorn	*!nabas*
Pavian	*//arub*
Pferd	*hab*
Warzenschwein	*gairib*
Zebra	*!goreb*
Ziege	*piri*

Wie spät ist es?	*Mati ko /laexa i?*
heute	*nets*
morgen	*//ari*

1	*/gui*
2	*/gam*
3	*!nona*
4	*haka*
5	*kore*
6	*!nani*
7	*hû*
8	*//khaisa*
9	*khoese*
10	*disi*
50	*koro disi*
100	*/oa disi*
1000	*/gui /oa disi*

ENGLISCH

Fragewörter

Wer?	*Who?*
Was?	*What?*
Wo?	*Where?*
Wann?	*When?*
Wie?	*How?*
Warum?	*Why?*
Welcher?	*Which?*
Wie viel?	*How much?*
Wie viele?	*How many?*

Gesundheit

Wo ist der/die/ das nächste ...?	*Where's the nearest ...?*
Apotheke	*chemist*
Zahnarzt	*dentist*
Arzt	*doctor*
Krankenhaus	*hospital*
Ich brauche einen Arzt.	*I need a doctor.*

Gibt es in der Nähe eine (Nacht-)Apotheke?
Is there a (night) chemist nearby?

Ich habe mich verirrt.
I'm lost.

Wo ist die Toilette?
Where are the toilets?

Ich bin krank. *I'm sick.*

Es tut hier weh. *It hurts here.*

Ich habe mich übergeben. *I've been vomiting.*

Ich habe Durchfall/Fieber/Kopfscherzen
I have diarrhoea/fever/headache.

Ich bin allergisch gegen... *I'm allergic to ...*

Antibiotika	*antibiotics*
Aspirin	*aspirin*
Penizillin	*penicillin*

Konversation & Nützliches

Guten Tag.	*Hello.*
Hallo.	*Hi.*
Guten ...	*Good ...*
Tag	*day*
Morgen	*morning*
Nachmittag	*afternoon*
Abend	*evening*
Auf Wiedersehen.	*Goodbye.*
Bis später.	*See you later.*
Tschüss.	*Bye.*
Wie geht es Ihnen?	
Wie geht es dir?	*How are you?*
Danke, gut.	*Fine. And you?*
Und Ihnen?	
Und dir?	*... and you?*
Wie ist Ihr Name?	*What's your name?*
Wie heißt du?	
Mein Name ist .../Ich heiße ...	*My name is ...*
Ja.	*Yes.*
Nein.	*No.*
Bitte.	*Please.*
Danke./Vielen Dank.	*Thank you (very much).*
Bitte (sehr).	*You're welcome.*
Entschuldigung.	*Excuse me, ...*
Entschuldigung.	*Sorry.*
Name	*name*
Staatsangehörigkeit	*nationality*
Geburtsdatum	*date of birth*
Geburtsort	*place of birth*
Geschlecht	*sex/gender*
(Reise)Pass	*passport*
Visum	*visa*

Schilder

Polizei	*Police*
Polizeiwache	*Police Station*
Eingang	*Entrance*
Ausgang	*Exit*
Offen	*Open*
Geschlossen	*Closed*
Kein Zutritt	*No Entry*
Rauchen verboten	*No Smoking*
Verboten	*Prohibited*
Toiletten (WC)	*Toilets*
Herren	*Men*
Damen	*Women*

Papierkram

Staatsangehörigkeit	*nationality*
Geburtsdatum	*date of birth*
Geburtsort	*place of birth*
Geschlecht	*sex/gender*
(Reise) Pass	*passport*
Visum	*visa*

Shoppen & Service

Ich suche ... *I'm looking for ...*

Wo ist der/die/das (nächste) ...?
Where's the (nearest) ...?

Wo kann ich ... kaufen? *Where can I buy ...?*

Ich möchte ... kaufen. *I'd like to buy ...*

Wie viel (kostet das)? *How much (is this)?*

Das ist zu viel/

Notfälle – Englisch

Hilfe	*Help*
Es ist ein Notfall!	*It's an emergency!*
Rufen Sie die Polizei!	*Call the police!*
Rufen Sie einen Arzt!	*Call a doctor!*
Rufen Sie einen Krankenwagen!	*Call an ambulance!*
Lassen Sie mich in Ruhe!	*Leave me alone!*
Gehen Sie weg!	*Go away!*

teuer.	*That's too much/expensive.*
Können Sie mit dem Preis heruntergehen?	*Can you lower the price?*
Haben Sie etwas Billigeres?	*Do you have something cheaper?*
Ich schaue mich nur um.	*I'm just looking.*
Können Sie den Preis aufschreiben?	*Can you write down the price?*
Haben Sie noch andere?	*Do you have any others?*
Können Sie ihn/sie/es mir zeigen?	*Can I look at it?*
mehr	*more*
weniger	*less*
kleiner	*smaller*
größer	*bigger*

Nehmen Sie ...?	*Do you accept ...?*
Kreditkarten	*credit cards*
Reiseschecks	*travellers cheques*
Ich möchte ...	*I'd like to ...*
Geld umtauschen	*change money (cash)*
einen Scheck einlösen	*cash a cheque*
Reiseschecks einlösen	*change some travellers cheques*

ein Geldautomat	*an ATM*
eine Geldwechselstube	*an exchange office*
eine Bank	*a bank*
die ... Botschaft	*the ... embassy*
das Krankenhaus	*the hospital*
der Markt	*the market*
die Polizei	*the police*
das Postamt	*the post office*
ein öffentliches Telefon	*a public phone*
eine öffentliche Toilette	*a public toilet*

Wann macht er/sie/es auf/zu?	*What time does it open/close?*
Ich möchte eine Telefonkarte kaufen.	*I want to buy a phone card.*
Wo ist hier ein Internet-Café?	*where's the local Internet cafe?*

Ich möchte ...	*I'd like to ...*
Internetzugang haben	*get Internet access*
meine E-Mails checken	*check my email*

Straßenschilder

Gefahr	*Danger*
Einfahrt verboten	*No Entry*
Einbahnstraße	*One-way*
Einfahrt	*Entrance*
Ausfahrt	*Exit*
Ausfahrt freihalten	*Keep Clear*
Parkverbot	*No Parking*
Halteverbot	*No Stopping*
Mautstelle	*Toll*
Radweg	*Cycle Path*
Umleitung	*Detour*
Überholverbot	*No Overtaking*w

Unterkunft

Wo ist ...?	*Where's a ...?*
eine Pension	*bed and breakfast, guesthouse*
ein Campingplatz	*camping ground*
ein Hotel	*hotel*
ein Privatzimmer	*room in a private home*
eine Jugendherberge	*youth hostel*
Wie ist die Adresse?	*What's the address?*

Ich möchte bitte ein Zimmer reservieren.
I'd like to book a room, please.

Für (drei) Nächte/Wochen.
For (three) nights/weeks.

Haben Sie ein ...?	*Do you have a ... room?*
Einzelzimmer	*single*
Doppelzimmer	*double*
Zimmer mit Doppelbett	*twin*

Wie viel kostet es pro ...?	*How much is it per ...?*
Nacht	*night*
Person	*person*

Kann ich es sehen?	*May I see it?*
Kann ich noch ein Zimmer bekommen?	*Can I get another room?*
Es ist gut, ich nehme es.	*It's fine. I'll take it.*
Ich reise jetzt ab.	*I'm leaving now.*

1	*one*
2	*two*
3	*three*
4	*four*

5	*five*
6	*six*
7	*seven*
8	*eight*
9	*nine*
10	*ten*
11	*eleven*
12	*twelve*
13	*thirteen*
14	*fourteen*
15	*fifteen*
16	*sixteen*
17	*seventeen*
18	*eighteen*
19	*nineteen*
20	*twenty*
21	*twenty-one*
22	*twenty-two*
30	*thirty*
31	*thirty-one*
40	*forty*
50	*fifty*
60	*sixty*
70	*seventy*
80	*eighty*
90	*ninety*
100	*one hundred*
1000	*one thousand*
2000	*two thousand*
eine Million	*one million*

Verkehrsmittel & -wege

ÖFFENTLICHE VERKEHRSMITTEL

Wann fährt . .. ab?	*What time does the ... leave?*
das Boot	*boat*
der Bus	*bus*
der Zug	*train*

Wann fährt der ... Bus?	*What time's the ... bus?*
erste	*first*
letzte	*last*
nächste	*next*

Wo ist der nächste U-Bahnhof?
Where's the nearest under ground station?
Welcher Bus fährt ...? *Which (bus) goes to ...?*

U-Bahn	*underground*
(U-)Bahnhof	*(underground) station*
Straßenbahn	*tram*
Straßenbahnhaltestelle	*tram stop*
S-Bahn	*suburban (train) line*

Eine Fahrkarte ... nach (Cape Town).
A ... ticket to (Kapstadt).

einfache Fahrkarte	*one-way*
Rückfahrkarte	*return*
Fahrkarte erster Klasse	*1st-class*
Fahrkarte zweiter Klasse	*2nd-class*
... ist gestrichen.	*The ... is cancelled.*
... hat Verspätung.	*The ... is delayed.*
Ist dieser Platz frei?	*Is this seat free?*
Muss ich umsteigen?	*Do I need to change trains?*
Sind Sie frei?	*Are you free?*
Was kostet es bis ...?	*How much is it to ...?*
Bitte bringen Sie mich zu (dieser Adresse)	*Please take me .to (this address).*

EIGENE VERKEHRSMITTEL

Wo kann ich ... mieten?	*Where can I hire a...?*
Ich möchte ... mieten.	*I'd like to hire a/an ...*
ein Fahrzeug mit Automatik	*automatic*
ein Fahrrad	*bicycle*
ein Auto	*car*
ein Allradfahrzeug	*4WD*
einen Schaltwagen	*manual*
ein Motorrad	*motorbike*

Wie viel kostet es pro ...?	*How much is it per ...?*
Tag	*day*
Woche	*week*

Benzin	*petrol*
Diesel	*diesel*
bleifreies Benzin	*unleaded*
Autogas	*LPG*

Wo ist eine Tankstelle?	*Where's a petrol station?*
Führt diese Straße nach ...?	

Does this road go to ...?

(Wie lange) Kann ich hier parken *(How long) Can I park here?*

Wo muss ich bezahlen? *Where do I pay?*

Ich brauche einen Mechaniker. *I need a mechanic.*

Ich habe (in ...) eine Panne mit meinem Auto. *The car has broken down (at ...)*

Ich hatte einen Unfall. *I had an accident.*

Das Auto/Motorrad springt nicht an. *The car/motorbike won't start.*

Ich habe eine Reifenpanne. *I have a flat tyre.*

Ich habe kein Benzin mehr. *I've run out of petrol.*

VERSTÄNDIGUNG

Verstehen Sie (mich)? *Do you understand (me)?*

Ich verstehe (nicht). *I (don't) understand.*

Könnten Sie ...? *Could you please ...?*

bitte langsamer sprechen *speak more slowly*

das bitte wiederholen *repeat that*

das bitte aufschreiben *write it down*

WEGWEISER

Können Sie mir bitte helfen? *Could you help me, please?*

Wo ist (eine Bank)? *Where's (a bank)?*

Ich suche (den Dom). *I'm looking for (the cathedral).*

In welcher Richtung ist eine öffentliche Toilette? *Which way's (a public toilet)?*

Wie kann ich da hinkommen? *How can I get there?*

Wie weit ist es? *How far is it?*

Können Sie es mir (auf der Karte) zeigen? *Can you show me (on the map)?*

links *left*
rechts *right*
nahe *near*
weit weg *far away*
hier *here*
dort *there*
an der Ecke *on the corner*
geradeaus *straight ahead*
gegenüber ... *opposite ...*
neben ... *next to ...*
hinter ... *behind ...*
vor ... *in front of ...*
Norden *north*
Süden *south*
Osten *east*
Westen *west*

Biegen Sie ... ab. *Turn ...*
links/rechts *left/right*
an der nächsten Ecke *at the next corner*
bei der Ampel *at the traffic lights*

HERERO/HIMBA

Die Sprachen der Herero und Himba sind sich recht ähnlich und sehr nützlich auf Reisen in die abgelegenen Gebiete des nördlichen Zentralnamibia und besonders im Kaokoveld, wo Afrikaans die Verkehrssprache geblieben ist und nur wenige Menschen Englisch sprechen.

Herero ist eine rollende, sehr melodiöse Sprache mit vielen blumigen Wörtern. Die meisten namibischen Ortsnamen fangen mit „O" an (z.B. Okahandja, Omaruru und Otjiwarongo) und stammen aus der Sprache der Herero.

Hallo. *Tjike.*
Guten Morgen. *Wa penduka.*
Guten Tag. *Wa uhara.*
Guten Abend. *Wa tokerua.*
Gute Nacht. *Ongurova ombua.*
Ja. *Ii.*
Nein. *Kako.*
Bitte. *Arikana.*
Danke. *Okuhepa.*
Wie geht es Ihnen? *Kora?*
Gut, danke. *Mbiri naua, okuhepa.*
Entschuldigung. *Makuvi.*
Sprechen Sie ...? *U hungira...?*
Afrikaans/Englisch *Otjimburu/ Otjingirisa*

Wie viele? *Vi ngapi?*

Notfälle – Herero/Himba

Hilfe! *Vatera!*
Rufen Sie einen Arzt! *Isana onganga!*
Rufen Sie die Polizei! *Isana oporise!*
Ich habe mich verirrt. *Ami mba pandjara.*

Wann?	*Rune?*
Wo?	*Pi?*
Ankunft	*omeero*
Abflug/Abfahrt	*omairo*
von	*okuza*
einfache Fahrt	*ourike*
hin & zurück	*omakotokero*
Ticket	*okatekete*
nach	*ko*
reisen	*ouyenda*
Berg	*ondundu*
Caravanpark	*omasuviro uo zo karavana*
Fluss (Kanal)	*omuramba*
Kurzer/langer Wanderweg	*okaira komakaendro uo pehi (okasupi/okare)*
Punkt	*onde*
Sumpf	*eheke*
Wildreservat	*orumbo ro vipuka*
gestern	*erero*
heute	*ndinondi*
morgen	*muhuka*
Montag	*Omandaha*
Dienstag	*Oritjaveri*
Mittwoch	*Oritjatatu*
Donnerstag	*Oritjaine*
Freitag	*Oritjatano*
Samstag	*Oroviungura*
Sonntag	*Osondaha*
1	*iimue*
2	*imbari*
3	*indatu*
4	*iine*
5	*indano*
6	*hamboumue*
7	*hambomabari*
8	*hambondatu*
9	*imuvyu*
10	*omurongo*

!KUNG SAN

Die Sprachen der verschiedenen San-Völker in Namibia sind voller Klicklaute. Der naheliegendste Dialekt für Reisende ist vermutlich der des !Kung-Volkes, das überwiegend im Norden Namibias lebt.

Diese Klicklaute entstehen dadurch, dass man die Zunge gegen verschiedene Teile des Mundes presst. Namen, die mit einem Ausrufezeichen versehen sind, stammen aus der Khoisan-Sprache und werden mit einem seitlich produzierten Klicklaut wiedergegeben. Das klingt so, als wolle man ein Pferd durch Zungeschnalzen zum Laufen animieren, allerdings mit einem eher dumpfen Laut (ungefähr wie beim Entkorken einer Flasche).

In der normalen Umgangssprache gibt es vier verschiedene Klicklaute (mit der Seite, mit dem Gaumen, mit den Zähnen und mit den Lippen). Diese werden in Namibia normalerweise mit folgenden Symbolen dargestellt: „//", „‡", „/" und „!". Die Schreibung ist jedoch regional unterschiedlich. Daneben gibt auch noch eine andere graphische Darstellungen der Klicklaute: „nx", „ny", „c", „q", „x", „!x", „!q", „k", „zh" und so weiter. Um die Sache zu vereinfachen, werden in der folgenden Liste alle Klicklaute mit einem "!k" dargestellt (die Einheimischen sind normalerweise sehr nachsichtig, wenn Fremde die Klicklaute allesamt wie „k" aussprechen und so die vier Laute auf einen einzigen reduzieren.)

Hallo.	*!Kao.*
Guten Morgen.	*Tuwa.*
Auf Wiedersehen. Machen Sie's gut.	*!King se !kau.*
Wie geht es Ihnen/Dir?	*!Ka tseya?* (zu einem Mann) *!Ka tsiya?* (zu einer Frau)
Danke (sehr).	*(!Kin)!Ka.*
Wie heißen Sie/Du?	*!Kang ya tsedia?* (zu einem Mann) *!Kang ya tsidia?* (zu einer Frau)
Ich heiße ...	*!Kang ya tse/tsi ...* (m/f)

LOZI

Lozi (auch Rotsi) ist der am meisten verbreitete Dialekt im Caprivizipfel; er wird in der gesamten Region, besonders in der Gegend von Katima Mulilo gesprochen. Er kommt ursprünglich aus dem Barotseland in Sambia. Aus der folgenden Aufstellung geht hervor, dass der soziale Status im gesprochenen Lozi eine entscheidende Rolle bei der Wortwahl spielt.

Hallo.	*Eeni, sha.* (zu jedermann) *Lumela.* (zu einer sozial gleichrangigen Person) *Mu lumeleng' sha.* (zu einer oder mehreren Personen von höherem sozialen Rang)

Auf Wiedersehen.	*Siala foo/hande/sinde.* (zu einer sozial gleichrangigen Person) *Musiale foo/hande/sinde.* (zu mehreren sozial gleichrangigen Personen)
Guten Morgen.	*U zuhile.* (zu einer sozial gleich rangigen Person) *Mu zuhile.* (zu mehreren sozial gleichrangigen Personen oder zu einer oder mehreren Personen von höherem sozialen Rang)
Guten Abend/ Tag.	*Ki manzibuana.* (zu jedermann) *U tozi.* (zu einer sozial gleichrangigen Person) *Mu tozi.* (zu einer oder mehreren Personen von höherem sozialen Rang)
Gute Nacht.	*Ki busihu.* (zu jedermann)
Bitte.	*Sha.* (nur zu Menschen eines höheren sozialen Ranges)
Danke (sehr).	*N'i tumezi (hahulu).*
Entschuldigen Sie.	*Ni swalele. (inf)* *Mu ni swalele. (höfl.)*
Ja.	*Ee.* (zu einer sozial gleichrangigen Person) *Eeni.* (zu mehreren sozial gleichrangigen Personen oder einer oder mehreren Personen von höherem sozialen Rang)
Nein.	*Awa.* (zu einer oder mehreren sozial gleichrangigen Personen) *Batili.* (zu einer oder mehreren sozial gleichrangigen Personen)
Sprechen Sie Englisch?	*Wa bulela sikuwa?* (zu sozial gleichrangigen Personen) *W'a utwa sikuwa?* (zu mehreren gleichrangigen Personen oder einer oder mehreren Personen von höherem Rang) *Mw'a bulela sikuwa?* *Mw'a utwa sikuwa?*
Ich verstehe nicht.	*Ha ni utwi.*
Wie heißen Sie?	*Libizo la hao ki wena mang'?* (zu einer sozial gleichrangigen Person) *Libizo la mina ki mina bo mang'?* (zu einer Person von höherem sozialen Rang)
Was ist das?	*S'ale king'?* (nahe) *Ki sika mang' s'ale?* (weiter weg)
Wo?	*Kai?*
Hier.	*Fa./Kafa./Kwanu.*
Da (drüben).	*F'ale./Kw'ale.*
Wie viel?	*Ki bukai?*
Genug.	*Ku felile.*
Wie spät ist es?	*Ki nako mang'?*
heute	*kachenu*
morgen	*kamuso*
gestern	*mabani*
1	*il'ingw'i*
2	*z'e peli or bubeli*
3	*z'e t'alu or bulalu*
4	*z'e ne or bune*
5	*z'e keta-lizoho*
6	*z'e keta-lizoho ka ka li kang'wi*
7	*supile*
10	*lishumi*
20	*mashumi a mabeli*
1000	*likiti*

OVAMBO

Ovambo hat acht Dialekte. Ovambo, Kwanyama und Ndonga sind die offiziellen Sprachen des Ovambo. Ovambo (oder Oshivambo) – insbesondere der Dialekt Kwanyama – ist für die meisten Menschen Namibias die erste Sprache, viele andere Namibier, sowohl Bantu als auch Khoisan, nutzen Ovambo als zweite Sprache.

Guten Morgen.	*Wa lalapo.*
Guten Abend.	*Wa tokelwapo.*
Wie geht es Ihnen?	*Owu li po ngiini?*
Mir geht es gut.	*Ondi li nawa.*
Ja.	*Eeno.*
Nein.	*Aawe.*
Bitte.	*Ombili.*
Danke.	*Tangi.*
Entschuldigung.	*Ombili manga.*
Tut mir leid.	*Onde shi panda.*
Sprechen Sie Englisch?	*Oho popi Oshiingilisa?*
Können Sie mir bitte helfen?	*Eto vuluwu pukulule ndje?*
Wie viel kostet das?	*Ingapi tashi kotha?*
Ich habe mich verirrt.	*Ombili, onda puka.*
Wo ist der/die/das ...?	*Openi pu na...?*
hier/dort	*mpaka/ hwii*

nah	*popepi*
weit	*kokule*
dort entlang	*ondjila*
hier entlang	*no onkondo*
Biegen Sie rechts ab.	*Uka kohulyo.*
Biegen Sie links ab.	*Uka kolumoho.*

heute	*nena*
gestern	*ohela*
morgen	*ongula*
Montag	*Omaandaha*
Dienstag	*Etiyali*
Mittwoch	*Etitatu*
Donnerstag	*Etine*
Freitag	*Etitano*
Samstag	*Olyomakaya*
Sonntag	*Osoondaha*

1	*yimwe*
2	*mbali*
3	*ndatu*
4	*ne*
5	*ntano*
6	*hamano*
7	*heyali*
8	*hetatu*
9	*omugoyi*
10	*omulongo*

SETSWANA

Setswana (auch Tswana genannt) ist eine Bantu-Sprache der Gruppe der Sotho-Tswana-Sprachen, die von 90 % der Bevölkerung Botsuanas verstanden wird. Es ist die Sprache der stärksten ethnischen Gruppe, der Batswana.

Setswana wird mehr oder weniger so ausgesprochen, wie man es schreibt. Eine Ausnahme bildet das g, das sich wie ein deutsches „h" (oder, genauer gesagt, wie ein stark gehauchtes „g") spricht. Das th bildet eine weitere Ausnahme. Es wird wie ein leicht gehauchtes „t" gesprochen..

Grundlegendes

Hallo. (zu einem Mann/einer Frau)	*Dumêla rra/mma.*
	Dumêlang. (zu einer Gruppe)
Hallo!	*Ko ko!* (kündigt die Ankunft vor einem Haus an)
Auf Wiedersehen. (von der Person gesagt, die zurück bleibt)	*Tsamaya sentle.*
(von der Person gesagt, die geht)	*Sala sentle.*
Ja.	*Ee.*
Nein.	*Nnyaa.*
Bitte.	*Tsweetswee.*
Danke.	*Kea leboga.*
Entschuldigung./Tut mir leid.	*Intshwarele.*
Verzeihung.	*Ke kopa tsela.*
Keine Ursache.	*Go siame.*
Wie geht es Ihnen?	*A o tsogile?* (morgens)
Wie geht es Ihnen?	*O tlhotse jang?* (nachmittags/abends)
Danke, gut. (höfl.)	*Ke tlhotse sentle.*
	Ke teng. (informell)
Wie geht es?	*O kae?*
Geht es Ihnen gut?	*A o sa tsogile sentle?*
Ja, mir geht es gut.	*Ee, ke tsogile sentle.*
Wie heißen Sie?	*Leina la gago ke mang?*
Ich heiße ...	*Leina la me ke ...*
Wo kommen Sie her?	*O tswa kae?*
Ich komme aus ...	*Ke tswa kwa ...*
Wo wohnen Sie?	*O nna kae?*
Ich wohne in ...	*Ke nna kwa ...*
Wohin gehen Sie?	*O ya kae?*
Sprechen Sie Englisch?	*A o bua Sekgoa?*
Spricht hier irgend jemand Englisch?	*A go na le o o bua Sekgoa?*
Ich verstehe nicht.	*Ga ke tlhaloganye.*
Könnten Sie bitte langsamer ka bonya sprechen?	*A o ka bua tswee-tswee?*

Essen & Trinken

Was hätten Sie gern?	*O batla eng?*
Ich hätte gern ...	*Ke batla...*
Ich bin Vegetarier(in).	*Ke ja merogo fela.*
Prost!	*Pula!*
Frühstück	*sefitlholo*
Mittagessen	*dijo tsa motshegare*
Abendessen	*selaelo*
Speisen	*dijo*

Speisekarten	*karate tsa dijo*
Brot	*borotho*
Butter	*mafura*
Ei	*mai*
Fisch	*tlhapi*
Fleisch	*nama*
Hammel	*nku*
Hühnchen	*koko*
Kaffee	*kofi*
Milch	*mashi*
Obst	*leungo*
Reis	*raese*
Rindfleisch	*nama ya kgomo*
Ziege	*pudi*
Limonade	*sene tsididi*
Tee	*tee*
(gekochtes) Wasser	*metsi (a a bedileng)*

Notfälle

Hilfe!	*Nthusa!*
Lassen Sie mich in Ruhe!	*Ntlhogela!*
Rufen Sie einen Arzt!	*Bitsa ngaka!*
Rufen Sie die Polizei!	*Bitsa mapodisi!*
Ich habe mich verirrt.	*Ke la tlhegile.*
Ich bin krank.	*Ke a lwala.*
Mein Freund ist krank.	*Tsala yame e a lwala.*
Wo ist der/die/das ...?	*E ko kae ...?*
Arzt	*ngaka*
Krankenhaus	*sepatela*
Zahnarzt	*ngaka ya meno*
Apotheke	*khemesiti*
Aspirin	*pilisi*
Bauchschmerzen	*mala a a botlhoko*
Durchfall	*letshololo*
Kondome	*dikausu*
Medizin	*molemo*
Spritze	*mokento*
Übelkeit	*go feroga sebete*

Shoppen & Service

Ich suche ...	*Ke batla ...*
eine Bank	*ntlo ya polokelo*
das Stadtzentrum	*toropo*
den Markt	*mmaraka*
ein Museum	*ntlo ya ditso*
das Postamt	*poso*
die öffentliche Toilette	*matlwana a boitiketso*
das Tourismusbüro	*ntlo ya bajanala*
Wann öffenet/schließt es?	*Ke nako mang bula/tswala?*
Wie viel kostet es?	*Ke bokae?*
Es ist zu teuer.	*E a dura.*
Können Sie mit dem Preis heruntergehen?	*Fokotsa tlhwatlhwa?*

Zeit, Wochentage & Zahlen

Wie spät ist es?	*Ke nako mang?*
gestern	*maabane*
heute	*gompieno*
morgen	*ka moso*
nächste Woche	*beke e e tlang*
Nachmittag	*tshogololo*
Nacht	*bosigo*
heute Nacht	*bosigong jono*
Montag	*mosupologo*
Dienstag	*labobedi*
Mittwoch	*laboraro*
Donnerstag	*labone*
Freitag	*latlhano*
Samstag	*matlhatso*
Sonntag	*tshipi*
1	*bongwe*
2	*bobedi*
3	*borara*
4	*bone*
5	*botlhano*
6	*borataro*
7	*bosupa*
8	*borobabobedi*
9	*boroba bongwe*
10	*lesome*
20	*masome a mabedi*
30	*masome a mararo*
40	*masome a mane*
50	*masome a matlhano*

60	*masome amarataro*
70	*masome a supa*
80	*masome a a robang bobedi*
90	*masome a a robang bongwe*
100	*lekgolo*
1000	*sekete*

Unterkunft

Campingplatz	*lefelo la go robala mo tenteng*
Gästehaus	*matlo a baeng*
Hotel	*hotele*
Jugendherberge	*matlo a banana*

Wo gibt es ein ... Hotel?	*Hotele e e ... ko gae?*
gutes	*siame*
preiswertes	*go tlase ka di tlotlwa*

Haben Sie ein Zimmer frei?	*A go na le matlo?*

Ich hätte gern ...	*Ke batla ...*
ein Doppelzimmer	*kamore tse pedi*
ein Zimmer mit Bad	*kamore e e nang le ntlwana ya go tlhapela*
ein Einzelzimmer	*kamore e le mongwe*
ein Bett im Schlafsaal	*go tlhakanela kamore*

Wie viel kostet es ...?	*Ke bokae ...?*
für eine Nacht	*bosigo bo le bongwe*
für zwei Nächte	*masego a mated*
pro Person	*motho a le mongwe*

Verkehrsmittel & -wege

Wo ist ...?	*E ko kae ...?*
die Bushaltestelle	*maemelo a di bese*
der Bahnhof	*maemelo a terena*
Wann kommt... an/ fährt... ab?	*E ... goroga nako mung?*
das Boot	*sekepe*
der Bus	*bese*
das Kanu	*mokoro*
der Zug	*terena*

Ich hätte gern ...	*Ke batla ...*
eine einfache Fahrkarte	*karata ya go tsamaya fela*
eine Rückfahrkarte	*karata ya go boa*
eine Fahrkarte erster Klasse	*ya ntlha*
eine Fahrkarte zweiter Klasse	*ya bobedi*

Wo geht es zu/ nach ...?	*Tsela ... e kae?*
Wo ist der/das Bahnhof/Hotel?	*Seteseine/hotele se kae?*
Können Sie mir das auf der Karte zeigen?	*A o mpotshe mo mepeng?*
Könnten Sie mir die Adresse aufschreiben?	*Nkwalele aterese?*
Ist es weit?	*A go kgala?*
Gehen Sie geradeaus.	*Thlamalala.*
Biegen Sie links ab.	*Chikela mo molemong.*
Biegen Sie rechts ab.	*Chikela mo mojeng.*
nah	*gaufi*
weit	*kgakala*

GLOSSAR

ablutions block –Gebäude auf einem Campingplatz, wo sich die Toiletten, Duschen und Waschräume befinden

Afrikaans – Aus dem Niederländischen hervorgegangene Sprache, die in Südafrika gesprochen wird

ANC – African National Congress; Regierungspartei in Südafrika

Apartheid – Wörtlich „getrennte Entwicklung der Rassen"; politisches System, in dem die Menschen nach ihrer Hautfarbe getrennt leben

ATVs – Fahrzeuge, die auf jedem Untergrund fahren können („all-terrain vehicles")

Bantu – Oberbegriff für über 400 Volksgruppen in Afrika, die die gemeinsame Sprache Bantu vereint

Barchan-Dünen – Sichelförmige Wanderdünen

Basarwa – *Batswana*-Wort für Menschen aus dem Volk der San; wörtlich bedeutet es „Stockmenschen" und wird abschätzig gebraucht

Batswana – *Tswana*-Wort für die Menschen aus Botsuana; Adjektiv, das sich auf alles von und aus Botsuana bezieht; außerdem (verwirrenderweise) das Volk der Batswana; Plural von *Motswana*

BDF – Botswana Defence Force; die botsuanische Armee

BDP – Botswana Democratic Party (Demokratische Partei Botsuanas)

Bechuanaland – Von der britischen Regierung geprägter Name der Kronkolonie, die 1885 gegründet wurde

Benguelastrom – Name der kalten Meeresströmung, die von der Antarktis bis Angola an der afrikanischen Westküste entlangfließt

boerewors – Bauernwurst, vor allem bei den niederländischstämmigen Farmern

Boers – Buren; niederländisch für „Bauer", später als Bezeichnung für die gesamte afrikaanssprachige Bevölkerung

bogobe – Sorghum-Brei, als Hauptgericht (eine Art Hirsebrei)

bojalwa – Beliebtes und preiswertes Bier aus Sorghum (einer Hirseart)

bojazz – Jazz aus Botsuana

boomslang – Gefährliche Giftschlange (mit etwa 2 m Länge)

borankana – Setswana-Wort für traditionelle Unterhaltung

borehole – Tiefer Brunnenschacht zur Gewinnung von Wasser, Öl oder Gas

braai – *Afrikaans*-Wort für ein Grillfest mit viel Fleisch, das an einem speziellen Grill namens *braaivleis* zubereitet wird

BSAC – British South Africa Company; Britische Südafrikakompanie im späten 19. Jahrhundert unter der Leitung von Cecil Rhodes

bushveld – Flache, mit Dornengestrüpp bewachsene Grasebene

CDM – Consolidated Diamond Mines, Vereinigung aller Diamantmienen

Chibuku – Kommerziell gebrautes *bojalwa*; ein Bier aus Simbabwe und Botsuana

CKGR – Central Kalahari Game Reserve

combi – Kombi'

conflict diamonds – „Blutdiamanten", die in Konfliktgebieten abgebaut und anschließend illegal verkauft werden

cuca shops – Kleine Buschgeschäfte im Norden Namibias; auch Name eines angolanischen Bieres, das einmal dort verkauft wurde

Debswana – De Beers Botswana Mining Company Ltd; Unternehmen, das den Diamantabbau betreibt; teilweise im Besitz der botsuanischen Regierung

difaqane – Vertreibung bzw. erzwungene Migration vieler südafrikanischer Stämme durch Gewalttaten der Zulu im 19. Jh.

Ditshwanelo – Zentrum für Menschenrechte in Botsuana

drift – Weitgehend trockene Furt über einen Fluss

DTA – Democratic Turnhalle Alliance

DWNP – Department of Wildlife and National Parks, das die staatlichen Nationalparks und -reservate in Botsuana unterhält

elenga – Dorfvorsteher

euphorbia – Diverse Arten kakteenähnlicher Sukkulenten

FPK – First People of the Kalahari; wörtlich etwa „Erste Menschen in der Kalahari", ein lokaler Interessenverband, der sich für die Rechte der San einsetzt, die aus der Zentralkalahari in die Stadt New Xade zwangsumgesiedelt wurden

Gemütlichkeit – Ohne Bedeutungsänderung aus dem Deutschen übernommen

Gondwanaland –Superkontinent, auf dem einst fast alle Landmassen der heutigen südlichen Hemisphäre lagen

GPS – Global Positioning System

Great Zimbabwe – Große antike Stadt (im heutigen Simbabwe), einst das Zentrum des großen Monomotapa-Reiches

guano – Kot von Seevögeln oder Fledermäusen, der

gesammelt und als Dünger verwendet wird

inselberg – Freistehender Gebirgszug oder Hügel, häufig in der Pro-Namib-Wüste oder in Damaraland

karakul – Zentralasiatische Schafe, die hochwertige Wolle liefern

karata – Telefonkarte oder auch Ticket

kgosi – Setswana-Wort für „Häuptling"

kgotla – Traditionell gebaute Gemeindehalle der Batswana oder offener Versammlungsplatz (s. *dikgotla*)

Khoisan – Sprachgruppe, die alle einheimischen Sprachen des südlichen Afrika umfasst

kloof – Schlucht oder kleines Tal

koeksesters – Kleine, klebrige Doughnuts der niederländischstämmigen Bevölkerung, die in Honig oder Zuckersirup getunkt werde

kokerboom –Köcherbaum; wächst vor allem in Südnamibia

konditorei – Konditorei wie in Deutschland; ist auch in größeren Städten Namibias zu finden

kopje – auch *kopie* genannt; kleiner Hügell

kraal – Afrikaansversion des portugisieschen Worts *'curra'*; eine Einzäunung zur Viehhaltung oder um ein bewohntes Dorf

lapa – Kreisförmiger Platz mit einer Feuerstelle, an dem man sich trifft

lediba – Setswana-Wort für „Lagune"; Singular von *madiba*

lekgapho – Dekor im Batswana-Stil zum Verzieren von Rundhütten

location –Township in Südafrika und Namibia

mabele – Setswana-Wort für Sorghum-Hirse, aus der *bogobe* gemacht wird

madiba – Setswana-Wort für „Lagunen", Plural von *lediba*

mahango – Hirse; Hauptmahlzeit im Speiseplan der Owambo, aus der auch ein sehr beliebtes alkoholisches Getränk gebraut wird

marimba – Afrikanisches Xylophon, das aus Streifen von klingendem Holz und Flaschenkürbissen in verschiedenen Größen, die als Resonanzkörper dienen, hergestellt wird

mbira – siehe *thumb piano*

mealie pap – Afrikaansname für Maismehlbrei; Hauptgericht der meisten Namibier

MET – Namibia's Ministry of Environment & Tourism

Modimo – Höchstes Wesen und Schöpfer in der frühen Stammesreligion der Batswana

mokolane – Setswana-Wort für die Palmenart *Hyphaene petersiana*

mokoro – Traditionelles Einbaumkanu, das im Okavango-Delta benutzt wird; Plural *mekoro*

morama – Sehr große essbare Knolle, deren Fruchtfleisch große Mengen Wasser enthält

Motswana – Eine Person vom Volk der Tswana; Singular von *Batswana*

!nara – Melonenart, die in der Wüste Namib wächst

NDF – Namibian Defence Forces; namibisches Militär

Ndjambi – Namibian Defence Forces; namibisches Militär

ngashi – übernatürliches Herero-Wesen als Stellvertreter des Göttlichen

NGO – Nongovernmental organisation; von der Regierung unabhängige Organisation

N!odima – Übernatürliches Wesen in der Mythologie des San-Volkes, das das Gute repräsentiert

n!oresi – Traditionelle Ländereien der San; wörtlich „Land, in dem das Herz ist"

ntlo – rundhütte in Batswana-Dörfern

NWR – Namibian Wildlife Resorts; halbprivates Aufsichtsgremium für Besucheranlagen in den namibischen Nationalparks

omiramba – Uralte Flussarme im Norden und Westen Botsuanas; der Singular ist *omuramba*

oshana – Ausgetrocknetes Flussbett im Norden Namibias und im Nordosten Botsuanas

oshikundu – Alkoholisches Getränk, das aus *mahango* hergestellt wird und im gesamten Norden von Namibia getrunken wird

pan – Trockenes, flaches Gebiet mit Grasland oder Salzablagerungen (Salzpfanne); auch trockener See, der nur in der Regenzeit Wasser enthält

panhandle – Informeller geografischer Begriff für eine Fläche in der Form einer Halbinsel; im Falle von Namibia und Simbabwe bezieht er sich auf das Gebiet des Caprivizipfels

panveld – Gegend mit vielen *pans* (siehe oben)

pap – siehe mealie pap

participation safari – Preisgünstige Safari, bei der die Teilnehmer sich selbst um Zelte und Gepäck kümmern und die Kochvorrichtungen gemeinsam nutzen

pronking – Sprung, bei dem sich alle vier Beine eines Tieres in der Luft befinden (vor allem bei Antilopen und Springböcken zu beobachten)

pula – Währung in Botsuana; 100 Thebe; auch Setswana-Wort für „Regen"

quad bike – Vierrädriges, motorradartiges Fahrzeug; oft auch als ATV (siehe oben) bezeichnet

robot – Ampel

rondavel – Rundhütte

SACU – Southern African Customs Union (Südafrikanische Zollunion), die Botsuana, Südafrika, Lesotho, Namibia und Swasiland umfasst

San – Volksgruppe, die seit über 30 000 Jahren in Botsuana heimisch ist

sangoma – Traditioneller Batswana-Heiler, der glaubt, von Geistern inspiriert zu sein

savannah – Grasland mit vereinzelten Bäumen

seif dunes – Sehr markante linienförmige Sanddünen, wie sie recht häufig im Herzen der Wüste Namib vorkommen

Setswana – Synonym für *Batswana*, die am weitesten verbreitete Sprache Botsuanas

shebeen – Illegale Kneipe

shongololo – Großer Tausendfüßler

Sperrgebiet – Ohne Bedeutungsunterschied aus dem Deutschen übernommen; Diamantenregion im Südwesten Namibias

strandwolf – Afrikaans-Wort für die braune Hyäne, die in der Wüste Namib lebt

Swapo – South-West Africa People's Organization (Südafrikanische Volksorganisation); Befreiungsarmee und Regierungspartei Namibias

thebe – Der hundertste Teil eines *pula*; Setswana-Wort für „Schutzschild"

thumb piano – Daumenklavier; Musikinstrument mit einem hölzernen Klangkörper, das mit dem Daumen gespielt wird; auf Tswana heißt es *mbira*

toktokkie – Afrikaanswort für den Tenebrionidkäfer

township – Vorort; im Allgemeinen sehr dicht besiedeltes Wohngebiet für Schwarze

tsama – Melone, die nur in der Wüste wächst und einst das Volk der San und das von ihm gezüchtete Vieh ernährte

Tswana – alternative Bezeichnung für *Batswana* oder *Setswana*

Unita – National Union for the Total Independence of Angola

veld – Offenes Grasland, häufig auf Plateaus

Veterinary Cordon Fence Drahtzaun von 1,5 m Höhe, der wilde und domestizierte Tiere voneinander trennen soll

vlei – „Flay" ausgesprochen; bezeichnet normalerweise jede offene, tief gelegene Landschaft, manchmal auch Feuchtgebiete ; die Landstriche sind in der Regenzeit häufig überschwemmt

welwitschia – Charakteristische Pflanze der nördlichen Namib

wildlife drive – Ausflug zum Beobachten von Tieren; manchmal auch „game drive"

WMA – Wildlife Management Area

Hinter den Kulissen

WIR FREUEN UNS ÜBER EIN FEEDBACK

Post von Travellern zu bekommen ist für uns ungemein hilfreich – Kritik und Anregungen halten uns auf dem Laufenden und helfen, unsere Bücher zu verbessern. Unser reiseerfahrenes Team liest alle Zuschriften genau durch, um zu erfahren, was an unseren Reiseführern gut und was schlecht ist. Wir können solche Post zwar nicht individuell beantworten, aber jedes Feedback wird garantiert schnurstracks an die jeweiligen Autoren weitergeleitet, rechtzeitig vor der nächsten Nachauflage.

Wer uns schreiben will, erreicht uns über www.lonelyplanet.de/kontakt

Hinweis: Da wir Beiträge möglicherweise in Lonely Planet Produkten (Reiseführer, Websites, digitale Medien) veröffentlichen, ggf. auch in gekürzter Form, bitten wir um Mitteilung, falls ein Kommentar nicht veröffentlicht oder ein Name nicht genannt werden soll. Wer Näheres über unsere Datenschutzpolitik wissen will, erfährt das unter www.lonelyplanet.com/privacy

DANK VON LONELY PLANET

Wir danken den Reisenden, die mit der letzten Ausgabe unterwegs waren und uns nützliche Hinweise, gute Ratschläge und interessante Begebenheiten übermittelt haben:

Dario Balboni, Jill Brinkman, Benjamin Burghart, James Carnegie, Lucy Chadwick, Nichola Cottis, Katy Eager, Hugo & Marieke Erken, Patricia Escher, Jacqui Fenwick, Joanne Hayes, Gisele Netto, Robert Newman, Tobias Schmidt Slordahl, Jan Skoglund, Astrid Stehouwer & Caspar Gooren, Zilke T'jonck, Regula Ziegler.

DANK DER AUTOREN

Alan Murphy

Ein großer Dank geht an meinen Reisegefährten und Freund Smitzy – für seine Geduld, seine Ratschläge und seinen Abenteuergeist (und dafür, dass es zu keinen weiteren Problemen mit der Straßenverkehrsordnung kam). Ein Kompliment geht an meinen Mitautor Anthony für seine professionelle Arbeit. In Namibia habe ich Unzähligen zu danken; eigens erwähnen möchte ich an dieser Stelle Almuth Styles in Swakopmund, deren Hilfe mir sehr willkommen war. Dankbar bin ich aber auch dem Honorarkonsul in Windhoek, der mir wieder zu einer rechtlich einwandfreien Existenz verholfen hat, nachdem all meine Reisedokumente gestohlen waren. An meine wunderbare Frau Alison, die ich unmittelbar vor dieser Rechercheriese geheiratet habe: Du gibst mir Stärke und Heimat.

Anthony Ham

Andy Raggett von Drive Botswana war während der gesamten Reise eine unschätzbare Informationsquelle. Danke auch an Mike Romeo von Explorer Safaris in Johannesburg, an Will Gourlay für den Auftrag und an Alan Murphy für seine kluge Aufteilung der Arbeiten. Ein Dankeschön geht aber auch an Glyn Maude, Keitumetse Ngaka, Olefile Sebogiso, Nick Jacobsen, Monika Schiess und an Jan und Cleo in Khutse. Besonders danke ich Jan und Ron für ihren Optimismus und für ihre absolute Verlässlichkeit. An meine drei Mädchen Marina, Carlota und Valentina: *Os quiero con todo mi corazon*.

Trent Holden & Kate Morgan

Einige Leute, die uns unterwegs bei der Recherche geholfen haben, verdienen wirklich ein sehr GROSSES Dankeschön. Zunächst danken wir Joy in Vic Falls und Kim in Livingstone für ihre Hilfestellungen. Danke auch den Seremwe-Brüdern James und George für ihre Unterstützung; ein Dank an Sally Wynn für ihr unerschöpfliches Wissen über Kariba und Umgebung, an Choice Mushunje von Zimbabwe Parks, Gordon Adams, Ann Bruce und Jane High aus dem Osten und Val aus Bulawayo. Ein Dankeschön geht aber auch an all die Traveler, die wir getroffen haben, darunter John und Linda Hutton, die uns gute Tipps gaben. Und schließlich danken wir natürlich dem Lonely Planet Team, insbesondere Will Gourlay und Glenn van der Knijff, und dem Hauptautor Alan Murphy.

QUELLENNACHWEIS

Die Daten in den Klimatabellen stammen von Peel MC, Finlayson BL & McMahon TA (2007), Aktualisierte Weltkarte der Köppen-Geiger-Klimaklassifikation, „*Hydrology and Earth System Sciences*", 11, 163344.

Abbildung auf dem Umschlag: Oryxantilopen in der Dünenlandschaft des Naukluft National Park, Namibia, Frans Lanting / Corbis©.

Über dieses Buch

Dies ist die 3. deutsche Auflage von *Namibia & Botsuana*, basierend auf der 3. englischen Auflage. Verfasst wurde das Buch von Alan Murphy, Anthony Ham, Trent Holden und Kate Morgan; der Text, auf dem das Farbkapitel über die Tierwelt basiert, stammt von David Lukas. Für die 2. Auflage waren Matthew D. Firestone, Adam Karlin und Nicola Simmonds verantwortlich, Beiträge darin kamen von David Lukas und Mara Vorhees. Autoren der 1. Auflage waren Paula Hardy und Matthew D. Firestone, Beiträge für diese Auflage hatten Dr. Caroline Evans, Ian Ketcheson, Fiona Watson und Elizabeth Bovair zur Verfügung gestellt.

Dieser Band wurde vom Lonely Planet Büro in Melbourne betreut, und zwar von folgenden Mitarbeitern:

Redaktionelle Projektleitung William Gourlay, Glenn van der Knijff

Redaktionsleitung Tracy Whitmey

Leitung der Kartografie Andrew Smith

Layout-Leitung Carol Jackson

Redaktion Brigitte Ellemor, Martine Power

Kartografie Alison Lyall, Adrian Persoglia

Layout Chris Girdler

Redaktionsassistenz Janet Austin, Andrew Bain, Janice Bird, Kate James, Charlotte Orr

Bildredaktion Kylie McLaughlin

Sprache Branislava Vladisavljevic

Ein besonderer Dank gilt Dan Austin, Imogen Bannister, Yvonne Bischofberger, Frank Deim, Brendan Dempsey, Ryan Evans, Larissa Frost, James Hardy, Jane Hart, Genesys India, Jouve India, Asha Ioculari, Anne Mason, Annelies Mertens, Trent Paton, Kirsten Rawlings, Raphael Richards, Averil Robertson, Gerard Walker, Jeanette Wall, Wendy Wright.

Register

000 Kartenseiten
000 Abbildungen

I

J

K

000 Kartenseiten
000 Abbildungen

L

M

N

Auf einen Blick

Mit diesen Symbolen sind wichtige Kategorien leicht zu finden:

- Sehenswertes
- Strände
- Aktivitäten
- Kurse
- Touren
- Festivals & Events
- Schlafen
- Essen
- Ausgehen
- Unterhaltung
- Shoppen
- Information/Transport

Diese Symbole bieten wertvolle Zusatzinformationen:

- Telefonnummern
- Öffnungszeiten
- Parkplatz
- Nichtraucher
- Klimaanlage
- Internetzugang
- WLAN-Anschluss
- Schwimmbad
- Vegetarische Gerichte
- Englischsprachiges Menü
- Familienfreundlich
- Haustiere willkommen
- Bus
- Fähre
- Metro
- U-Bahn
- Straßenbahn
- Zug

Die Reihenfolge spiegelt die Bewertung durch die Autoren wider.

Empfehlungen von Lonely Planet:

- LP TIPP — Das empfiehlt unser Autor
- GRATIS — Hier bezahlt man nichts
- Nachhaltig und umweltverträglich

Unsere Autoren haben diese Einrichtungen ausgewählt, weil man dort großen Wert auf Nachhaltigkeit legt: etwa durch die Förderung einheimischer Gemeinschaften oder Hersteller, durch eine umweltverträgliche Bewirtschaftung oder durch ein Engagement im Naturschutz.

Kartenlegende

Sehenswertes
- Strand
- Buddhistisch
- Burg, Festung
- Christlich
- Hinduistisch
- Islamisch
- Jüdisch
- Denkmal
- Museum/Gallerie
- Ruine
- Winzerei/Weinberg
- Zoo
- andere Sehenswürdigkeit

Aktivitäten, Kurse & Touren
- Tauchen/Schnorcheln
- Kanu/Kayak fahren
- Ski fahren
- Surfen
- Schwimmbad
- Wandern
- Windsurfen
- andere Aktivität/Kurse/Touren

Schlafen
- Schlafen
- Camping

Essen
- Essen

Ausgehen
- Ausgehen
- Café

Unterhaltung
- Unterhaltung

Shopping
- Shoppen

Praktisches
- Bank
- Botschaft/Konsulat
- Krankenhaus/Arzt
- Internet
- Polizei
- Post
- Telefon
- Toilette
- Touristeninformation
- sonstige Information

Transport
- Flughafen
- Grenzübergang
- Bus
- Seilbahn/Standseilbahn
- Fahrradweg
- Fähre
- Metro
- Zug
- Parken
- Tankstelle
- Taxi
- Zug/Eisenbahn
- Tram
- anderes Verkehrsmittel

Verkehrswege
- Mautstraße
- Autobahn
- Hauptstraße
- Landstraße
- Verbindungsstraße
- Piste
- unbefestigte Straße
- Plaza/Einkaufszentrum
- Treppen
- Tunnel
- Fußgängerübergang
- Wanderung
- Wanderweg mit Abstecher
- Wanderpfad

Geografie
- Hütte
- Leuchtturm
- Aussischtsturm
- Berg/Vulkan
- Oase
- Park
- Pass, Canyon
- Picknickplatz
- Wasserfall

Städte
- Hauptstadt
- Landeshauptstadt
- Mittelstadt
- Kleinstadt/Dorf

Grenzen
- international
- Bund/Provinz
- umstrittene Grenze
- regionale-/Vorortgr.
- Park
- Klippen
- Befestigungsanlage

Gewässer
- Fluss/Bach
- periodischer Fluss
- Sumpf/Mangroven
- Riff
- Kanal
- Gewässer
- Trocken-/Salz-/periodischer See
- Gletscher

Gebietsformen
- Strand/Wüste
- Friedhof (christlich)
- Friedhof (anderer)
- Park/Waldgebiet
- Sportplatz
- Sehenswürdigkeit (Gebäude)
- Top-Sehenswürdigkeit (Gebäude)

DIE AUTOREN

Alan Murphy

Hauptautor, Namibia, Alan ist dem allgegenwärtigen Zauber des südlichen Afrika verfallen, seit er 1999 auf der Ladefläche eines Wagens direkt vom südafrikanischen Flughafen aus das Land bereist hat. Seither ist er mehrmals im Auftrag von Lonely Planet zurückgekehrt – so wie dieses Mal für die Neuauflage von *Namibia*. Alan liebt das Beobachten von Tieren, und obwohl er sich nicht mit den Bird-Watching-Freaks messen kann, die stundenlang in einem Busch ausharren und auf einen bestimmten Vogel warten, hat er doch immerhin schon gefühlte Jahre seines Lebens an Wasserlöchern zugebracht. Für diesen Band war Alan zum dritten Mal in Namibia, in einem Land also, das wie geschaffen ist für Fahrten durch immer wieder herrliche Landschaften. Ansonsten lebt Alan mit seiner Frau im Yarra Valley bei Melbourne – für seine Bedürfnisse nur ein klein wenig zu weit vom Flughafen entfernt.

Anthony Ham

Botsuana Anthony reist schon seit mehr als einem Jahrzehnt kreuz und quer durch Afrika, vor allem durch die Sahara, Kenia und Botsuana. Als Autor und Fotograf hat er für Lonely Planet schon viele Bücher geschrieben, darunter die Bände über Kenia, Afrika, Libyen und Westafrika. Daneben arbeitet er aber auch für Zeitschriften und Zeitungen auf der ganzen Welt, z. B. für Travel Africa und Africa Geographic. Ganz besonders interessieren ihn der Umweltschutz, Großtiere, die Menschen und überhaupt die wilde Natur des Kontinents. Auf seiner letzten Reise nach Botsuana hat er mehr als 8100 km zurückgelegt. Wenn er nicht gerade in Afrika unterwegs ist, lebt Anthony teils in Madrid und teils bei seiner Frau und den beiden Kindern in Melbourne.

Trent Holden

Victoriafälle Trent reist regelmäßig nach Afrika, und seiner Meinung nach kann Victoria Falls mühelos mit anderen Zielen auf dem Kontinent mithalten. Dort gefallen ihm nicht nur die Abenteuer, sondern die Aufgeschlossenheit gegenüber Travelern, die lockere Atmosphäre und die freundlichen Einheimischen. Trent lebt momentan im australischen Melbourne. Für Lonely Planet hat er an über 15 Büchern mitgearbeitet, zuletzt über Uganda und Teile Indiens. Wenn er nicht reist, arbeitet er als freiberuflicher Lonely Planet Redakteur, daneben schreibt er über Musik und Gastronomie.

Kate Morgan

Victoriafälle Nachdem sie schon oft durch Ost- und Nordafrika gereist war, wollte Kate unbedingt einmal wissen, was es mit dem Süden auf sich hat. Zu ihrer Freude ging es dann gleich zu den Victoriafällen, wo sie die imposantesten Wasserfälle der Erde von zwei Seiten bestaunen konnte – von Sambia und von Simbabwe. Kate ist freiberufliche Autorin und lebt in Melbourne; für Lonely Planet hat sie schon an mehreren Titeln mitgearbeitet, u.a. über Japan und Phuket. Außerdem hat sie die Musik-Anthologie *Song for the Road* zusammengestellt.

Beiträge von ...

David Lukas lebt am Rande des Yosemite-Nationalparks in den USA; dort lehrt er als Biologe und schreibt über sein Themengebiet. Mittlerweile hat er für mehr als 25 Lonely Planets, darunter die Bände über Ostafrika, Südafrika, Lesotho & Swasiland, die Kapitel über Natur & Umwelt und über Tiere verfasst.

DIE LONELY PLANET STORY

Ein uraltes Auto, ein paar Dollar in den Hosentaschen und Abenteuerlust, mehr brauchten Tony und Maureen Wheeler nicht, als sie 1972 zu der Reise ihres Lebens aufbrachen. Diese führte sie quer durch Europa und Asien bis nach Australien. Nach mehreren Monaten kehrten sie zurück – pleite, aber glücklich –, setzten sich an ihren Küchentisch und verfassten ihren ersten Reiseführer Across Asia on the Cheap. Binnen einer Woche verkauften sie 1500 Bücher und Lonely Planet war geboren. Heute unterhält der Verlag Büros in Melbourne (Australien), London und Oakland (USA) mit über 600 Mitarbeitern und Autoren. Sie alle teilen Tonys Überzeugung, dass ein guter Reiseführer drei Dinge tun sollte: informieren, bilden und unterhalten.

Lonely Planet Publications,
Locked Bag 1, Footscray,
Melbourne, Victoria 3011,
Australia

Verlag der deutschen Ausgabe:
MAIRDUMONT, Marco-Polo-Str. 1, 73760 Ostfildern,
www.mairdumont.com, lonelyplanet@mairdumont.com

Obwohl die Autoren und Lonely Planet alle Anstrengungen bei der Recherche und bei der Produktion dieses Reiseführers unternommen haben, können wir keine Garantie für die Richtigkeit und Vollständigkeit dieses Inhalts geben. Deswegen können wir auch keine Haftung für eventuell entstandenen Schaden übernehmen.

Chefredakteurin deutsche Ausgabe: Birgit Borowski

Übersetzung: Petra Dubilski, Christiane Gsänger, Robert Kutschera, Dr. Annegret Pago, Dr. Thomas Pago, Jutta Ressel M.A., Daniela Schetar, Renate Weinberger
An früheren Auflagen haben außerdem mitgewirkt:
Jutta König, Raphaela Moczynski, Uli Nickel, Thomas Veser, Dr. Heinz Vestner; Mayela Gerhardt, Daniela Grapatin, Dr. Ulrike Jamin, Stefanie Röder, Jürgen Scheunemann, Christina Schmidt
Redaktion und technischer Support: CLP Carlo Lauer & Partner, Aschheim

Namibia & Botsuana
3. deutsche Auflage Oktober 2013, übersetzt von *Botswana & Namibia 3rd edition*, Juni 2013 Lonely Planet Publications Pty

Printed in China